스노볼 2

The Snowball

워런 버핏 공식 전기

스노볼 2

앨리스 슈뢰더 지음 | 이경식 옮김

The Snowball: Warren Buffett and the Business of Life

알에이치코리아

❄

워런이 아홉 살 되던 해 겨울, 바깥에는 눈이 내리고 워런은 누이동생 버티와 함께 마당에서 논다.

워런은 눈송이를 손으로 잡는다. 그러다가 손으로 한 움큼 눈을 뭉친다. 점점 더 많은 눈을 붙인다. 제법 큰 공 모양의 눈뭉치가 된다. 소년은 이제 이걸 땅에 내려놓고 굴리기 시작한다. 눈뭉치는 눈덩이가 되고, 이 눈덩이는 점점 커진다. 신이 난 소년은 마당을 가로질러 눈덩이를 굴리고, 눈덩이는 더욱 커진다. 이윽고 눈덩이는 소년의 집 마당 끝에 다다른다. 잠시 망설이던 소년은 마침내 결심을 하고 이웃집 마당으로 눈덩이를 밀고 간다.

워런은 계속 눈덩이를 밀었고, 이제 그의 시선은 눈 덮인 온 세상을 향했다.

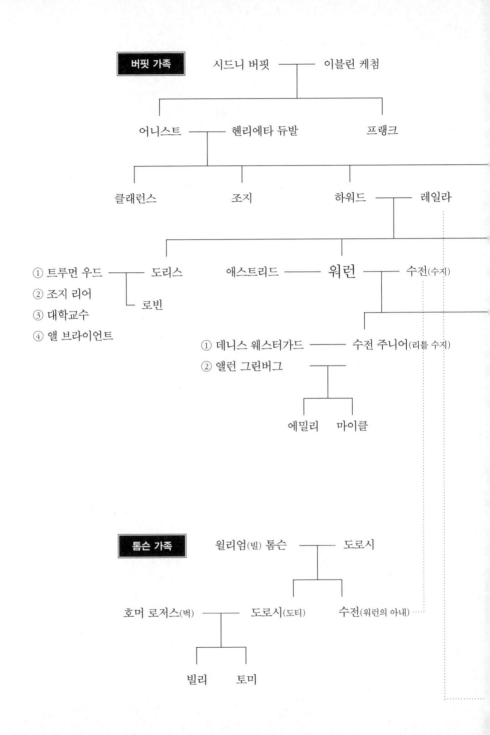

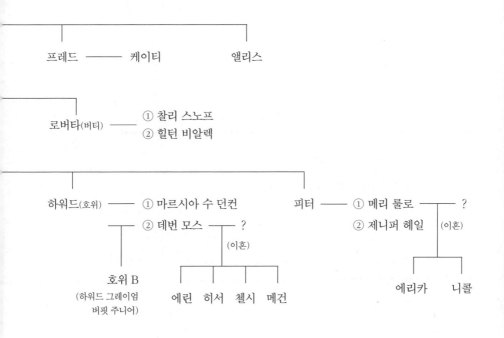

프레드 ——— 케이티   앨리스

로버타(버티) ——— ① 찰리 스노프
                  ② 힐턴 비알렉

하워드(호위) ——— ① 마르시아 수 던컨   피터 ——— ① 메리 룰로 ——— ?
              ② 데번 모스 ——— ?   ② 제니퍼 헤일 (이혼)
                          (이혼)

호위 B   에리카   니콜
(하워드 그레이엄
버핏 주니어)

에린 히서 첼시 메건

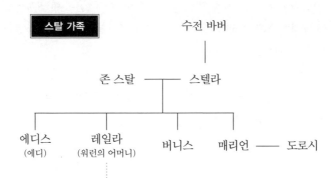

스탈 가족   수전 바버

          존 스탈 ——— 스텔라

에디스   레일라   버니스   매리언 ——— 도로시
(에디)   (워런의 어머니)

차례

＊

스노볼2

스노볼1

PART 4 수지, 노래를 부르다

PART 5

월스트리트의
제왕

The Snowball: Warren Buffett and the Business of Life

43

파라오

워런에게 고마워하는 5백 명의 부자들이 검정 나비넥타이에 턱시도와 야회복을 입고 레드카펫을 걸어 올라가 뉴욕의 멋들어진 메트로폴리탄 클럽으로 들어갔다. 그의 쉰 번째 생일을 축하하는 자리였다. 버크셔 해서웨이 주식이 한 주에 375달러에 거래되었기 때문에 버핏 부부의 순자산은 지난 한 해 반 만에 두 배로 늘어났다.[1] 따라서 그 비싼 장소도 쉽게 빌릴 여유가 있었다. 버핏 그룹 구성원들 사이에는 배우 게리 쿠퍼의 딸과 같은 반(半)명사들도 있었다. 수지는 워런이 좋아하던 펩시콜라 여섯 병들이 세트 모양을 한 케이크를 주문했다. 한편 워런은 고등학교 시절 핀볼 사업 동업자였던 돈 댄리에게 윌슨 동전 투입식 기계 회사의 재무상태표를 가지고 오라고 요구했다.[2] 당시 워런은 어린 시절에 했던 여러 가지 사업들의 흔적을 수집하고 있었다. 그리고 이 물건들을 마치 거룩한 토템처럼 다루며 사람들에게 보여주곤 했다. 이럴 때 그의 표정은 무척이나 엄숙했다. 이것들은 그를 증명하는 생생한 증거물이자 그에게 위안을 주는 유물이나 마찬가지였다.

수지는 자기 밴드를 샌프란시스코에서 데리고 와 중앙에 설치된 무대에서 〈셔플 오프 투 버펄로Shuffle Off to Buffalo〉(뮤지컬 〈42번가42nd Street〉에 나오는 곡−옮긴이)를 자기 남편에 맞게 가사를 바꾸어서 불렀다.

> 워런은 물리도록 캔디를 먹었죠
> 소용도 없는 우표들을 가득 쥐고서…….

수지의 노래는, 저평가된 신문사를 사려고 캠프 용품을 챙겨서 버펄로에 갔던 워런의 최근 행적을 언급하는 데까지 반복되며 이어졌다.

수지의 인기 레퍼토리는 다소 진부했지만 감미로웠다. 새로운 경향이 시작된 것이었다. 워런의 가족과 친구들은 워런이 보는 앞에서, 그가 마치 묵주에 구슬을 꿰듯이 수집해 온 회사들과 투자 내용들을 하나하나 열거하기 시작했다. 눈썹이 안경 밖으로 덩굴손처럼 삐져나온 모습에 검정 나비넥타이에 턱시도 차림의 워런은 예전보다 덜 어색해 보였다. 그가 창조한 새로운 버크셔 해서웨이는 마치 태엽 장치처럼 정확하게 새로운 구슬들을 마구 만들어 냈다. 그의 기업 사냥은 더욱 대담해졌다. 이제는 수십 년 전에 하던 꽁초 줍기 따위는 손도 대지 않았다. 소송 문제도 없었다. 복리라는 위대한 엔진은 그의 충실한 하인으로 기능하면서 기하급수적인 속도로 자산을 불렸다. 대중도 그의 이런 모습을 인정했다. 방식은 늘 동일했다. 투자 대상의 내재 가치를 평가하고, 위험률을 산정하고, 안전 마진을 확보하고, 집중적으로 투자하고, 의사결정권을 확보하고, 그다음에 복리 엔진이 작동하도록 하는 것이었다. 누구라도 이 간단한 개념을 이해할 수 있었다. 그러나 실행할 수 있는 사람은 적었다. 설령 그가 이런 과정이 수월하게 보이도록 했다 하더라도, 이 과정에 내재된 기술과 원칙은 엄청난 양의 작업을 필요로 했다. 그와 그의 직원들이 이런 작업을 감당했다. 그의 제국이 대서양 연안에서 태평양 연안까지 그리고 이리호(湖)에서 로스앤젤레스의 외곽 지역까지 확장되는 동안에도 오마하에 위치한 키위트 플라자는 여전히 본부로 남았다. 이 본부는 조용하지만 끊임없이 바쁘게 돌아가는 상업의 중심지였다. 움푹 패이고 흠집이 난 철제 가구와 리놀륨 바닥은 여전히 변함없었다. 새롭게 투자하는 곳이 늘어날 때마다 할 일은 더 많아졌다. 하지만 본부 직원의 수는 거의 늘어나지 않았다. 워런은 여전히 닫힌 문 안에 있었고, 글래디스가 그의 방 앞을 지켰다. 이제 부자가 된 빌 스콧은 시간제로 일하면서 나머지 시간에는 폴카 밴드 친구들과 함께 연주를 하며 보냈다. 새로운 관리자인 마이크 골드버그가 본부의 직원들을 관리했다. 번 매켄지는 재무 분야를 총괄했다. 직원들은 이따금씩 회의실에서 비밀 회의를 할 때를 제외하고는 대부분 자기 자리를 지켰다. 회의실도 네 명이 앉으면 더 앉을 자리가 없었다. 식수대 앞에서 잡담을 나누는 일도 없었다. 〈버펄로 이브닝 뉴스〉와 관련된 난투가 끝난 뒤에 잠시 한가한 때를 누렸는데, 이 시기를 가리키며 매켄지는 다음과 같이 말했다.

"예전에는 그런 적이 한 번도 없었습니다."[3]

소위 '리커쇼서의 열역학 법칙'을 실험했던 사람들은 태양이 정말 멋지고 따뜻하다는 사실을 깨달았다. 하지만 워런은 너무도 일에 열중했고 또 그의 머리는 너무도 빠른 속도로 일을 처리했기 때문에, 그와 길게 대화한 사람은 화상을 입기 일쑤였다. 친구 한 사람은 이렇게 말했다.

"너무 피곤했습니다." 또 다른 친구는 이렇게 말했다. "워런을 한

번 만나고 나면 따로 시간을 내서 원기를 회복해야 했습니다."

또 그의 휘하에서 한때 일했던 어떤 사람은 이렇게 말했다.

"하루 종일 머리를 두들겨 맞는 것 같았습니다."

워런은 부산하게 움직이는 십대의 에너지와 열정을 가지고 있었다. 자기가 읽은 모든 수치와 사실을 다 기억하는 듯했다. 그는 사람들을 꼬드겨서 힘든 일을 자발적으로 하게 유도하면서 그 사람들이 기적을 만들어 낼 것이라고 여겼다. 한편 다른 사람들이 대는 핑계와 그 사람들의 결점에 대해서 놀라울 만큼 너그러우면서도, 자기에게 비용을 발생시키는 핑계나 결점에 대해서는 결코 너그럽지 않았다. 결과를 강하게 열망했고, 다른 사람들의 수완을 워낙 확신했으며, 또 자기 역량에 비해 다른 사람들의 역량이 한참 뒤떨어진다는 사실을 좀처럼 인식하지 못했기 때문에, 워런은 다른 사람들에게 맡겨진 작업량이 늘 적다고 평가했다. 그는 모든 사람들이 자기 주변을 공전하게 만드는 태양과 같은 존재였기에, 정작 본인은 '리커쇼서의 열역학 법칙'의 효과에 둔감했다.

사람들은 내가 자기들을 압박한다고 말합니다. 하지만 나는 그럴 의도가 전혀 없습니다. 어떤 사람들은 남을 압박하기를 좋아합니다만 나는 그렇지 않습니다. 솔직히 내가 가장 싫어하는 게 바로 그런 겁니다. 내가 그런 짓을 한다고는 생각하지 않습니다. 하지만 이런 말을 하는 사람들이 워낙 많은 걸 보면, 틀린 말이 아닌 건 분명한 것 같습니다.

후배지나 다름없는 곳에서 일하던 관리자들, 즉 버크셔 해서웨이나 블루칩이 소유한 사업체를 운영하던 관리자들은 행운아인 셈이었다. 워런은 보통 이들을 혼자 내버려두었기 때문이다. 그의 관리기법은 쉬지 않고 일하는 자기와 똑같은 완벽주의자를 찾아서 이 사람에게 전적으로 일을 맡긴 다음, 가끔씩 관심과 칭찬을 포함해서 데일 카네기가 주장했던 몇 가지 덕목들을 보여주는 것이었다. 이들은 대부분 다른 데서는 그런 관심이나 칭찬을 받지 못했기 때문에 감동했고, 따라서 더욱 열심히 일에 매달렸다.

1970년대에 주식과 관련해서 워런이 내린 결정들은, 한 해에 15퍼센트씩 오르는 소비자 물가 지수나 큰 폭의 실업률로 대표되는 엄청난 약세 시장에서조차 대담하게 비관주의와 맞서서 싸우자는 것이었다. 그런데 이런 투자가 경제 회생에 필사적으로 나서던 카터 대통령 덕분에 수익을 창출했다. 카터는 1979년 연방준비제도이사회의 새로운 의장으로 폴 볼커를 임명했는데, 볼커는 인플레이션을 통제할 목적으로 중앙은행의 할인율(연방 은행의 대출 금리-옮긴이)을 14퍼센트로 올렸다. 1981년 취임한 로널드 레이건 대통령은 세금을 획기적으로 낮추면서 기업에 대한 규제를 풀기 시작했다. 그리고 비록 볼커가 편 정책들이 야기한 고통의 비명이 전국에 메아리쳤음에도 불구하고 레이건은 여전히 볼커를 지지했다. 경제와 시장은 2년 반동안 빈사 상태를 헤맸다. 그러다가 1982년 말에 마침내 1980년대의 강세 시장이 대규모로 전개되면서 주가가 기업의 수익 성장률을 따라잡기 시작했다.[4]

1970년대 후반에 워런이 흥청망청 썼던 돈의 원천은 대부분, 보험과 쿠폰에서 나온 노다지나 다름없던 소위 '플로트_float(보험금 지급을 위해 보험사가 보험가입자로부터 미리 받는 보험료, 수입보험료라고도 한다-옮긴이)'에 기반한 것이다. 블루칩의 쿠폰 판매가 계속 줄어드는 가운데 내셔널 인뎀너티가 번성을 구가하는 동안, 쿠폰을 미리 판매한 자금으로 형성된 플로트 총액은 느린 속도로 줄어들고 있었기 때문에 이 자금으로 투자한 사업들은 상당한 수익을 얻었다.[5]

〈버펄로 이브닝 뉴스〉가 흑자 전환하자, 워런과 멍거는 더는 블루칩 최대 자산의 가치가 살아 있을 때보다 죽었을 때가 낫지 않느냐는 문제를 놓고 토론할 필요가 없었다. 이 신문사는 계속 살아남을 터였다. 게다가 꾸준하게 수익을 만들어 내고 있었다. 1983년에 두 사람은 마침내 블루칩의 자산 가치 평가액에 합의했고, 얼마 뒤에 버크셔 해서웨이가 블루칩을 합병했다. 꼬여 있던 실타래를 푸는 마지막 수순이었다.[6] 워런과 멍거는 이제 처음으로 온전한 의미로 완전한 동업자가 되었다. 비록 멍거가 가진 지분 소유 비율이 한참 떨어지긴 했지만 말이다.

워런은 버크셔 해서웨이 지분을 2퍼센트 가지고 있던 멍거를 이 회사의 부회장으로 임명했다. 멍거는 또한 웨스코 파이낸셜의 사장 겸 회장이 되었다. 웨스코 파이낸셜은 거대하게 몸집을 불린 버크셔 해서웨이에 비하면 보잘것없는 규모였지만, 그래도 멍거가 온전히 자기 것으로 소유한 회사였다. 이 회사는 버크셔 해서웨이의 거대한 입가에 붙어서 대롱거리는 스파게티 한 가닥과 같았다. 워런이 유일하게 집어삼키지 못했던 아주 작은 조각이었다. 웨스코 파이낸셜의 주주들은 워런이 언젠가는 이 회사를 삼키려고 할 것임을 알았고, 아니나 다를까 웨스코의 주식을 엄청나게 높은 가격으로 평가하기 시작했다.

워런에게 있어 멍거의 재정적인 영향력은 그다지 크지 않았지만, 멍거의 판단은 워런의 생각에 큰 영향을 미쳤다. 두 사람은 워낙 비슷하게 생각했기 때문에 두 사람이 사업에서 보이는 행동의 주된 차이는, 워런이 쉽게 매력을 느낀 거래에 멍거가 이따금씩 거부권을 행사하는 정도였다. 주주들에 대한 두 사람의 태도도 같았다. 합병이 완료된 뒤에 작성된 1983년 연례 보고서에 두 사람은 버크셔 해서웨이의 주주들에게 두 사람이 의거할 일련의 원칙들을 정리했다. 두 사람은 이 원칙들을 '소유주 지향 원칙들'이라고 불렀다. 그 어떤 경영진도 회사의 주주들에게 이런 말을 하지 않았다. 두 사람이 쓴 내용은 다음과 같다.

"우리는 비록 그 형태가 주식회사이긴 하지만 동업자들로 구성된 합자회사라고 봅니다. 우리는 사업 자산을 궁극적으로 보유하는 주체가 회사라고 보지 않습니다. 회사는 우리 주주들이 자산을 소유하는 일종의 수단이라고 봅니다."[7]

놀라울 정도로 단순한 이 말은 회사에 대한 관념을 이전 세대로 되돌리는 것이었다. 현대적인 관념으로 볼 때 주식회사의 수장들은 주주들을 귀찮고 성가시며 무시해도 좋은, 시끄럽거나 조용한 집단으로 여겼다. 어쨌거나 동업자나 섬겨야 할 상전으로 보지 않은 것만은 분명했다.

"우리는 회계로 장난을 치지 않는다, 우리는 빚을 많이 지는 걸 좋아하지 않는다, 우리는 장기적으로 최상의 성과를 얻으려고 기업을 운영한다"라고 워런과 멍거는 말했다. 이런 말들은 모두 판에 박힌 진부한 문구처럼 들렸다. 정직하게 이런 말들을 할 수 있는 경영진은 너무나 드물었기 때문이다.

우연히도 그해에 워런은 다음 내용의 글을 썼다.

"버크셔 해서웨이가 가지고 있는 좋은 회사를 누가 아무리 가격을 높이 쳐준다고 하더라도 우리는 팔 생각이 없습니다. 물론 기준 이하의 성과를 보이는 사업이라도 팔 생각이 없습니다. 설령 경영 성과를 해치는 결과를 낳는다 하더라도 이 회사들이 최소한 어느 정도의 현금을 발생시킬 것으로 예상하고 또 노사 관계가 원만하다고 느끼는 한 말입니다."[8]

이것은 1982년 켄 체이스가 퇴임하면서 뒤를 이어 버크셔 해서웨이의 사장이 된 게리 모리슨에게 던지는 일종의 지침이자 경고였다.

당시 워런은 맨체스터 공장의 문을 닫았으며 뉴베드퍼드의 전체 생산량을 3분의 1로 줄였다.

섬유 사업은 한 해 가운데 딱 10분 동안만 돈을 벌어들일 정도였습니다. 우리는 미국 남성복 안감의 절반을 생산했습니다. 하지만 양복점에 가서 '해서웨이의 안감이 들어간 회색 양복 한 벌 맞추러 왔습니다'라고 말할 사람은 아무도 없었습니다. 우리 공장에서 생산되는 안감 1제곱미터의 원가는 다른 곳에 비해 높았습니다. 그러니 원가를 한 푼이라도 줄이려는 자본주의 틀 안에서 어떻게 됐겠습니까? 우리는 '시어스, 로벅 Sears, Roebuck and Co.'으로부터 '올해의 납품업체'라는 상을 받았습니다.

우리는 이것을 기회로 삼아 2차 대전 때 군용 납품을 했습니다. 나는 '시어스, 로벅'의 회장과 개인적으로 친구 사이였습니다. '당신네 제품이 정말 좋더군요'라고 하기에 내가 '그럼 1제곱미터에 0.5센트씩 더 쳐주지 않겠습니까?'라고 했죠. 그랬더니 나더러 정신 나갔느냐고 하더군요. 그 정도로 끔찍한 사업이었죠.

모리슨은 '현금을 발생시키는' 대신 공장을 현대화할 수 있도록 설비 투자에 현금을 밀어달라고 워런에게 말했다. 당연히 워런은 안 된다고 했다.

그러나 워런은 포위 공격을 받는 공장들을 여전히 붙잡고 놓지 않았다. 그랬기 때문에 그가 가장 수익성 높은 사업체 중 하나인 록퍼드 은행을 파는 것은 마치 주사도 맞지 않고 이빨을 뽑는 것처럼 어려운 일이었다. 하지만 그렇게 해야만 했다. 은행지주회사법에 의하면 워런이 비은행업 분야의 지분, 특히 보험업 분야의 지분을 보유하려면 록퍼드 은행을 매각해야 했다.⁹ 그는 이 은행을 매각한 뒤에도 진 아베크의 초상화가 들어간 지폐를 계속해서 지갑에 넣고 다녔다.

워런은 또한 코튼 숍스에서 은퇴한 벤 로스너를 잃는 것도 싫었다. 로스너의 부하직원들은 그가 쩨쩨하게도 납품되는 화장실 휴지가 한 상자에 몇 개씩 들어 있는지 세어보았다면서 우스갯거리로 삼았지만, 이 부하직원들이 회사를 맡자마자 코튼 숍스는 위기를 맞았다. 번 매켄지는 여러 달 동안 뉴욕의 의류 상가 거리를 숱하게 다니면서 이 회사를 인수할 주체를 찾았다.[10] 마침내, 최근에 들어서야 버크셔 해서웨이에 1년에 200만 달러를 벌어주었던 이 회사의 잔존물을 50만 달러에 사겠다는 구매자 한 사람을 찾았다.

버크셔 해서웨이가 소유하던 회사들 가운데 몇 개는 독립적으로 운영되었다. 그래서 잘 운영되던 회사와 그렇지 않은 회사를 구분하는 게 쉽지 않았다. 웨스코 파이낸셜에서 루 빈센티는 워런이나 멍거로부터 관리를 받지 않겠다고 버텼는데, 그는 여러 해 동안 자기가 알츠하이머를 앓고 있다는 사실을 용케 숨겼다. 다음은 당시를 회상하면서 워런이 하는 말이다.

우리는 루를 그다지 자주 보지 못했습니다. 또 루도 마음을 가다듬고 스스로 그 문제를 극복하려고 애쓰는 스타일이었습니다. 게다가 우리는 그 사실을 알고 싶지도 않았습니다. 찰리와 나는 루를 무척 좋아했기 때문에, 우리는 그 사실을 맞닥뜨리고 싶지 않았던 겁니다.

다음은 멍거가 회상하는 내용이다.

"루 빈센티는 단호했고 지적이었으며 정직하고 또 잔소리가 많은 사람이었습니다. 그는 캘리포니아에서 예금자의 계좌를 컴퓨터로 관리하는 체제로 넘어가기 전 단계의 저축대부조합을 마지막으로 경영했던 사람입니다. 지역 전문대학의 학생을 시간제로 고용해서 수 작업으로 일을 시키는 게 아직은 비용이 싸게 먹혔기 때문입니다. 그러니 나나 워런이 얼마나 흡족했을지 상상할 수 있을 겁니다. 루는 또 성미가 까다롭고 독립적이고 아주 좋은 사람이었습니다. 우리는 루를 무척 좋아했습니다. 그래서 우리는 루가 알츠하이머를 앓고 있다는 사실을 안 뒤에도 알츠하이머 요양원에 가던 바로 그 주까지 그 자리에서 일하게 됐습니다. 루는 자기 역할을 하는 것을 좋아했고, 우리에게 아무런 해도 끼치지 않았습니다."[11]

워런과 멍거는 알츠하이머를 앓는 경영자가 성공적으로 경영하는 사업체가 더 많아졌으면 좋겠다면서, 루 빈센티 이야기를 유쾌한 우화로 바꾸어 버렸다.

워런은 알츠하이머라는 질병에 민감했다. 그는 자기의 강력한 기억력에 자부심을 가지고 있었는데, 어머니 레일라의 건망증이 점점 심해지는 모습을 바라보면서 어쩌면 자신의 정신도 레일라처럼 침침하게 흐려질 수 있다는 생각을 했다. 레일라는 과거에 빠져 살았던 것이다. 젊은 시절 워런이 그랬듯이 머릿속에 들어 있는 나쁜 기억을 욕조의 물을 빼듯이 빼버리고서 자기만의 이상적인 가상 현실 속에서 살고 있었다.

레일라는 칠십대 후반이었고, 아들의 영광은 그녀의 삶에서 가장 큰 기쁨이었다. 하지만 워런은 지금도 여전히 레일라와 함께 있을 때면 몸을 떨었다. 그도 그럴 것이 오래된 분노가 이따금씩 타올랐다. 가족은 누구나 한두 번씩 전화 수화기를 들었다가 다짜고짜 터져 나오는 분노의 목소리에 당황하던 경험을 했다. 레일라에게 당한 사람들은 누구든 수지에게 달려가서 하소연했다. 그러면 수지는 이렇게 말하곤 했다.

"가끔씩 그러시니까 이해해야지. 너에게만 그러는 것도 아니고 모든 가족을 상대로 그러시잖아. 아버지와 고모는 수십 년째 감당하고 있는데 뭘. 그러니까 할머니 하시는 말씀에 너무 신경 쓰지 마. 그 말씀은 사실이 아니니까."[12]

레일라는 특히 피터를 혼자 방치했었다. 때로는 피터가 자기 할아버지인 하워드를 닮았다고 하고 걸음걸이도 빼닮았다고 했는데, 그것이 이유인 듯했다. 하지만 닮은 데는 외모뿐이었다. 피터는 스탠퍼드대학교 졸업이 얼마 남지 않았을 때 자퇴하고 메리 룰로라는 여자와 결혼했다. 피터보다 여섯 살 많으며 이혼한 지 얼마 되지 않은 그녀는 네 살짜리 쌍둥이 자매 니콜과 에리카를 키우고 있었다. 피터는 이 아이들을 마치 친딸처럼 대했고, 이 아이들도 버핏이라는 성을 쓰기 시작했다. 수지는 이 아이들을 무척 사랑했다. 워런은 한때 피터가 버크셔 해서웨이 일에 관심을 가지도록 애썼다. 아끼는 수제자이자 수지의 예전 테니스 친구인 댄 그로스먼을 보내 그 방면의 일에 대해서 설명하고 설득하기도 했지만 피터는 관심이 없었다. 그의 미래는 음악과 떼어놓을 수 없었다.[13] 피터는 음악을 녹음하고 제작하는 회사 '인디펜던트 사운드Independent Sound'를 차리는 데 드는 돈을 마련하려고 3만 달러치 버크셔 해서웨이 주식을 팔았다. 그리고 샌프란시스코의 아파트에 살면서 작곡 작업을 했다. 메리는 그의 매니저 역할을 했다.[14]

수지는 음악을 통해 피터와 친밀한 관계를 유지했다. 한편 두 명의 프로듀서 마빈 레어드, 조엘 페일리와 함께 일하면서 가수로서의 경력을 되살릴 생각을 계속해서 했다. 수지는 이 두 사람을 오마하로 데리고 가서 올드 마켓의 여러 재즈 클럽들을 구경시켰다. 레어드와 페일리는 '자기들이 좋아하는 영어 선생님'을 위해 공연물을 하나 짜고 있다는 느낌이 들었다. 수지는 전혀 부유한 티를 내지 않았다. 하지만 두 사람은 신문사와 캔디 회사인 씨즈캔디에 대해서 들었기 때문에, 어쩌면 수지가 자기들에게 캔디로 보수를 지급할지 모른다는 생각을 했다.

마침내 두 사람은 수지가 공연할 자리를 마련했다. 뉴욕에 있는 식당 델모니코Delmonico(19세기 초에 처음 문을 연 뉴욕 맨해튼의 유명한 스테이크하우스−옮긴이)에서 열릴 예정인, 뉴욕대학교를 위한 자선 행사에서 노래를 부르게 한 것이다. 수지가 두 프로듀서에게 바랐던 공연물은 자기 개성을 제대로 표현하는 것이어야 했다. 보헤미안적이고 집시 느낌이 풍겨야 하며 교활하고 짓궂은 유머도 들어가야 했다. 하지만 결국 수지는 전통적인 메들리를 불렀다. 1977년의 열정적인 솔 음악 대신 표준적인 노래들을 불렀다. 예컨대 〈진주 목걸이String of Pearls〉, 〈난 곧 당신을 만날 거예요I'll Be Seeing You〉, 〈오늘 밤 당신의 모습The Way You Look Tonight〉, 〈새틴 돌Satin Doll〉, 〈테이크 더 에이 트레인Take the A Train〉, 〈심스라이크 올드 타임스Seems Like Old Times〉 등이었다.

이 행사장에서 워런은 아내가 청중을 매료시키는 걸 바라보며 활짝 웃었다. 레어드와 페일리는 워런이 재능 많고 아름다운 아내의 모습을 보여주는 것을 무척 자랑스러워하고 또 행복해한다는 사실을 깨달았다. 수지의 공연은 대부분의 예능 사업 종사자들과 다르게 자기 자신의 자아를 표현하는 게 아니었다. 적어도 레어드와 페일리가 보기에는 그랬다. 수지의 공연은 청중과 하나로 이어지기 위한 수단이었고 또한 남편에게 무언가를 선물하기 위한 수단이었다.[15]

농담 삼아서 스스로를 '음악계의 기둥서방들'이라고 불렀던 레어드와 페일리는 수지의 노래하는 삶의 한 부분이 되어 피터를 만나기도 하고 라구나의 별장으로 가서 수지와 함께 다음 몇 년 동안 수지의 가수 활동을 준비하기도 했다. 당시 수지는 자기가 과연 가수로서 커리어를 실행할 수 있을지 깊이 생각하던 차였다. 한편 이들은 수지 주니어를 한 번도 만나지 않았다. 수지 주니어는 워싱턴으로 이사를 가 있었는데, 워싱턴에서는 캐서린 그레이엄이 수지 주니어에게 처음에는 〈뉴 리퍼블릭New Republic〉, 그다음에는 〈U.S. 뉴스 앤드 월드 리포트U.S. News & World Report〉에서 보조 편집자로 일할 수 있는 자리를 마련해 주었다. 그리고 수지 주니어는 1983년 11월 뉴욕의 메트로폴리탄 클럽에서 화려하게 다시 결혼식을 올렸다. 신랑은 랠프 네이더(미국의 변호사이자 소비자 운동가-옮긴이) 아래에서 일하는 공익 변호사 앨런 그린버그였다. 그린버그는 수지 주니어 아버지의 냉정하고 분석적인 기질을 닮았으며 온종일 도서관에서 사는 사람 같았다. 수지나 워런 모두 새로 맞은 사위가 마음에 들었다. 사람들은 앨런이 자기 장인을 닮았다고 입을 모았다. 이성적이고, 침착하고, 딱 잘라서 싫다고 말할 줄 안다는 것이었다. 신혼부부는 워싱턴에 있는 타운하우스로 이사했다. 하지만 이 집의 대부분을 다른 사람들에게 세주고 작은 아파트에서 살았다. 이 무렵 수지 주니어는 자기 몫의 버크셔 해서웨이 주식을 거의 대부분 팔았다. 한 주에 1천 달러도 되지 않을 때였다.

호위도 자기 누나처럼 첫 번째 결혼 생활을 오래 지속하지 못했다. 절망에 빠진 호위는 아버지 워런에게 호소했고, 워런은 사는 곳을 옮기는 게 좋을지 모르겠다면서 버크셔 해서웨이가 소유한 회사 중 한 곳에서 일해보는 게 어떻냐고 제안했다. 호위는 캘리포니아에 끌려, 결국 로스앤젤레스에 있던 씨즈캔디에 취직했다. 한편 수지는 호위를 댄 그로스먼과 함께 살도록 했다. 당시 워런은 로스앤젤레스에 있던 여러 작은 보험사들 가운데 하나에서 문제가 발생해 이 문제를 해결하도록 그로스먼을 그 회사에 파견해 두고 있었다. 호위는 바닥 걸레질부터 시작해서 작업장 보수까지 했다. 나중에는 상자 주문하는 일을 맡아서 했다. 하지만 이 과정에서 아드레날린이 솟구치는 온갖 곤경을 자초했다. 이런 호위에게 워런은 씨즈캔디에 적어도 2년은 눌러 있어야 한다고 했다. 호위는 체념하고 그렇게 하려고 노력했다. 그러나 그로스먼과는 그렇게 할 수 없었다. 결국 그는 에메랄드 베이의 라구나 비치에 있는 집으로 돌아갔다. 거기에서 그는 한결 평온함을 느꼈다.[16]

에메랄드 베이에 있던 집에서 테니스를 칠 때였다. 복식 경기를 했는데 호위는 우연히 데번 모스라는 금발의 기혼녀와 한 조가 되었다. 딸이 네 명이었고 결혼 생활이 불행한 여자였다. 호위는 이 여자에게 멋지게 보이려고, 테니스장 옆에 있던 시계의 시각이 틀리자 이것을 맞추려고 올라갔다가 떨어져서 발목을 삐었다. 그녀는 호위를 집으로 데려다주었다. 그러고는 나중에 음식을 싸들고 집으로 찾아왔다. 두 사람은 대화를 나누기 시작했다. 호위는 그녀가 돈 많은 남편 곁을 떠나려 한다는 사실을 알았다. 이 부부의 결혼 생활은 호위가 했던 것과 비슷한 온갖 모험의 연속이었는데, 이 부부는 아이들을 집에 두지 않고 다른 곳으로 보냈다. 그녀의 남편은 총기 수집광이어서 집이 수백 정의 무기로 가득 차 있었기 때문이다. 1982년에 호위는 네브래스카에서 새로운 생활을 시작하자고 데번을 설득했다. 그리고 두 사람은 그곳 판사 앞에서 결혼식을 했으며, 워런과 글래디스 카이저가 이 결혼식의 증인이 되었다.[17]

워런에게는 혈육이 아닌 손주가 모두 여섯 명이었다. 그리고 호위와 데번 사이에 아이가 생기면서 손주 한 명이 더 늘어났다. 이 아이의 이름은 하워드 그레이엄 버핏 주니어였고, 사람들은 이 아이를 호위 B.Howie B.라고 불렀다. 워런은 아이들을 좋아했지만 아이들이 곁에 있을 때는 어떻게 놀아주어야 할지 몰라서 어색하고 서투르게 행동했다. 그래서 이 손주들을 자기 아이들을 대할 때처럼 수지에게 모두 맡겼다. 수지는 가족이 모일 때면 열정을 다해서 할머니 역할을 했다. 그러잖아도 충분히 많던 여행 일정 가운데 손주를 보러 네브래스카로 가는 정기적인 일정도 추가했다.

　워런은 호위의 직업과 관련된 문제에 대해서는 매우 적극적으로 나섰다. 처음 호위는 부동산 분야에서 일자리를 잡았지만, 호위가 진짜 하고 싶은 일은 농업이었다. 워런은 자본이 없는 호위에게 농장을 하나 사주기로 했다. 하지만 이 농장을 거저 주는 게 아니었다. 고등학교 시절에 그랬던 것처럼 농장을 호위에게 임대해 주고, 이 농장에서 나오는 수익 가운데 일부를 임대료로 받기로 했다. 호위는 네브래스카 전역을 돌면서 농장을 찾았다. 백 개 가까운 농장을 찾아다니며 아버지 대신 인수 제안을 했다. 워런은 농장은 단지 꿍초일 뿐이며 따라서 필요한 액수보다 더 많은 돈은 한 푼도 쓰지 않겠다고 마음먹고 있었다. 마침내 테카마에 살던 어떤 사람이 농장을 팔겠다고 했고, 워런은 30만 달러를 내놓았다.[18]

　워런은 비록 호위에게 임대료를 받았지만 그 농장에는 발길을 하지 않았다. 수지가 관여했던 화랑과 마찬가지로 그는 농장 일에는 전혀 관심이 없었다. 오로지 거기에서 나오는 돈에만 관심이 있었다. 그는 생필품 업체로서의 그 농장을 남성복 안감 제조업체와 비교하면서 이렇게 말했다.

　　슈퍼마켓에 가서 호위 버핏이 생산한 옥수수를 찾는 사람은 아무도 없다.[19]

　워런이 돈을 가지고 자식들을 통제하려고 애쓰면서도 시간을 내서 돈에 대해 가르치지 않았다는 사실은 이상하게 비칠 수도 있다. 하지만 이런 모습은 자기가 고용한 직원들에게도 동일하게 나타났다. 똑똑한 사람은 가르치지 않아도 충분히 깨우칠 수 있다고 보았던 것이다. 그는 자식들에게 버크셔 해서웨이 주식을 나누어 주면서도 이 주식이 나중에 얼마나 높은 자산 가치를 지닐지 강조하지 않았다. 자산 가치가 복리로 증식되는 과정도 설명하지 않았으며, 돈이 필요할 경우 이 주식을 파는 대신 담보로 맡기고 돈을 빌릴 수 있다는 사실도 설명하지 않았다. 하지만 그가 주주들에게 보낸 편지들, 캐럴 루미스가 손을 보아 더욱 광택이 나는 이 편지들은 금융과 관련된 대부분의 주제들을 다루었으며, 자기가 살면서 생활로 보여주었던 여러 사례들과 함께 주주들에게 훌륭한 교본이 될 것이라고 그는 믿었다. 하지만 자기 아이들에게는 주주들에게 하는 것보다 더 알아듣기 쉽게 개인적으로 가르쳐야 한다는 필요성을 깨닫지 못했던 것 같다.

그렇지만 워런은 자식들이 자기들 소유의 버크셔 해서웨이 주식을 처리하는 데 많은 신경을 썼다. 자기와 버크셔 해서웨이는 한 몸이었기 때문이다. 이 주식을 판다는 것은 곧 자기를 파는 것이었다. 설령 그렇다 하더라도 그는 자기 자식들이 버크셔 해서웨이 덕분에 평생을 놀고먹으며 살게 하고 싶지는 않았다. 오히려 자식들의 미래와 버크셔 해서웨이의 미래는 궁극적으로 하나로 합쳐질 것이며, 또한 이 과정은 회사의 소유권을 통해서가 아니라 자선사업을 통해서 이루어질 것이라고 보았다. 그에게 자선사업은 곧 버핏 재단이 가지고 있는 주식을 대상으로 청지기 역할을 하는 것이었다.

워런은 유산과 자선에 대해서 어떤 생각을 가지고 있는지, 오마하에 살던 신화적인 존재 피터 키위트가 사망한 직후 〈오마하 월드-헤럴드〉에 기고한 헌사에서 밝혔다. 키위트가 세운 회사인 '피터 키위트 손즈Peter Kiewit Sons, Inc.'는 세계에서 가장 수익성이 좋은 건설 회사로 알려져 있었으며, 한때는 '도로왕Colossus of Road's'이라고도 불렸다.[20] 워런과 키위트는 단 한 차례도 거래를 한 적이 없었다. 그러나 키위트는 〈오마하 월드-헤럴드〉를 소유했고 워런은 이 신문사의 이사회에 참석했다.

자식이 없었고 일 중독자로 살았던 키위트는, 버크셔 해서웨이 본부가 있던 키위트 플라자의 꼭대기 층에 마련된 펜트하우스에 살면서 엘리베이터를 타고 출근했다. 워런은 집과 사무실이 가까운 키위트의 주거 환경이 부러웠다.[21] 키위트는 워런에게 또 하나의 본보기 인물이었다. 엄격한 감독자였으며 지독한 구두쇠였고 적지만 간결한 말로써 자기 가치관을 직원들에게 불어넣었다. 회사 운영은 그가 좋아서 하는 일이었다. 그는 '자주 기뻐했지만 결코 만족해하지 않았다'. 그리고 그는 "명성은 좋은 도자기와 같은 것이라서, 비싼 돈을 주고 사야 하지만 쉽게 깨지고 만다"라고 말했다. 그랬기 때문에 윤리적인 문제를 놓고 판단할 때는, '만일 옳고 그름을 확신하지 못한다면 다음 날 아침 신문에 보도될 내용이 자기 마음에 들지 생각해야 한다'고 보았다.[22] 또한 키위트는 워런과 마찬가지로 다른 사람들의 몸무게에 무척 신경을 쓰며 집착했다.

두 사람은 크게 다른 점이 있다. 키위트는 직접 실무에 뛰어들어 진두지휘하는 관리자였고, 사람들에게 알려지는 걸 피했으며, 구두쇠로 비쳤다. 오마하에 있을 때 그는 생산된 지 4년이 지난 포드 자동차를 몰았으며, 직원들에게 모범을 보이려고 스파르타 사람처럼 검소하고 엄격하게 살았다. 하지만 팜 스프링스에 있던 별장으로 갈 때는 캐딜락을 몰았으며 으리으리한 생활을 즐겼다.[23] 그럼에도 불구하고 많은 점에서 피터 키위트는 인생을 어떻게 살아야 옳을지 고민하던 워런 버핏에게 귀감이 되었다. 키위트가 사망했을 때 워런은 그를 존경하는 마음과 자기 자신이 나중에 어떻게 기억되길 바라는지도 함께 헌사에 담았다. 이런 내용은 워런이 썼던 다른 어떤 글보다 생생하게 드러났다. 다음은 워런이 〈오마하 월드-헤럴드〉에 기고한 글 가운데 일부다.[24]

"무일푼에서 시작해 세계적으로 위대한 건설 회사 가운데 하나로 꼽히는 기업을 일구었다. (……) 비록 규모가 가장 크다고는 할 수 없지만 미국 내 해당 분야에서 가장 수익성이 좋은 기업이라고 할 수 있다. 이는 오로지 수천 명을 직원으로 거느린 기업에 탁월함과 효율성을 끊임없이 주장하고 관철했기에 가능했던 업적이다.

그는 소비자가 아니라 압도적으로 생산자였다. (……) 수익은 기업을 키우는 데 다시 투자되었지 개인적인 부를 축적하는 데 낭비되지 않았다.

기본적으로 자기가 버는 것보다 적게 쓰는 사람은 어떤 '보관증'을 미래에 쓸 수 있도록 마련할 수 있다. 이 사람은 나중의 어떤 시점에 축적된 '보관증'을 현금으로 바꿈으로써 자기가 버는 것보다 더 많이 소비할 수 있다. 혹은 살아 있는 동안 기부하거나 죽은 뒤에 유산으로 남기는 방법으로 이 돈을 다른 사람들에게 물려줄 수 있다."

워런은 또, 윌리엄 랜돌프 허스트(1863~1951년. 미국 언론 및 출판계의 거물. 스스로 뉴스를 생산하고 기사화하는 방법을 고안했으며 황색 저널리즘의 기수라는 평가를 받는다-옮긴이)는 자기의 보관증을 모두 탕진해 버렸다는 내용도 적었다. 허스트는 캘리포니아의 태평양 연안인 샌 시메온에 거대한 성을 짓고 유지했으며, 개인 동물원에 있는 북극곰에게 주려고 날마다 거대한 얼음 덩어리를 날랐는데, 그의 이런 호화로운 생활은 이집트의 파라오가 피라미드를 지으려고 보관증을 탕진한 것과 다르지 않다고 썼다. 워런은 피라미드의 경제학에 대해서 생각한 적이 있다. '만일 자기가, 나중에 자기가 죽은 뒤에 들어갈 피라미드를 짓는 데 인부 천 명을 고용한다면'이라는 전제를 달고 다음과 같이 말한다.

모든 것이 경제라는 이름으로 진행되겠죠. 이 공사에 들어가는 10센트짜리 하나까지도 말입니다. 이 과정에서 오가는 모든 증여나 소비는 경제의 한 형태가 될 것입니다. 하지만 이건 미친 짓입니다. 아마 도덕적으로도 온당하지 않을 겁니다. 하지만 피라미드를 짓는 데 필요한 돌을 옮기는 일자리를 사람들에게 제공하는 것은 훌륭한 행위라고 생각하는 사람도 있습니다. 하지만 그것은 잘못된 생각입니다. 그 행위가 생산적이지 않기 때문입니다. 이 사람들은 자본의 투입만 생각하지 산출은 생각하지 않습니다.

만일 자기가 들어갈 피라미드를 짓고 싶고 사회에 존재하는 엄청난 자원을 가져다 거기에 쓰고 싶은 사람이 있다면, 이 사람은 마땅히 엄청나게 많은 비용을 지불해야 합니다. 그만큼 많은 세금을 내야 한다는 말입니다. 그렇게 많은 자원을 소모하는 데 걸맞게 엄청나게 많은 자원을 사회에 내놓아야 한다고 봅니다. 병원도 짓고 아이들이 교육도 받을 수 있게 말입니다.

워런은 이 글에서, 자기가 힘들여서 마련한 보관증을 후손들에게 물려주는 사람들 이야기를 쓰면서 이렇게 말한다.

그래서 수백 명의 이들 후손들은 자기들이 개인적으로 직접 생산한 것보다 훨씬 더 많은 것을 소비할 수 있습니다. 이 후손들의 전 생애는 사회적 자원을 나누어 주는 은행의 창구만 뻔질나게 드나드는 것으로 점철됩니다.

워런은 이렇게 해서 빚어지는 역설적인 결과를 풍자한다.

정말 좋죠. 골프장에서 골프를 칠 때, 사람들이 사회의 복지 체계가 엉망이라고 하는 말이 귀에 들립니다. 부양해야 할 자식을 데리고 있는 열일곱 살 여성에게 무료 급식표를 나누어 주면 끊임없이 의존 관계가 되풀이될 뿐인데 군이 그렇게 할 필요가 있느냐고 합니다. 그런데 이런 말을 하는 사람들은 자기 자식들에게 평생 놀고먹어도 될 재산을 물려줍니다. 이 사람들은 사회복지사와 친하게 지내는 게 아니라 펀드 매니저와 친하게 지냅니다. 음식 배급표를 지급받는 게 아니라 두둑한 배당금을 지급하는 주식과 채권을 가지고 있습니다.

워런은 〈오마하 월드-헤럴드〉에 기고한 글에서, "피터 키위트는 사회라는 거대한 은행에 엄청나게 많은 예금을 예치했다. (……) 하지만 그가 이 예치금에서 찾아간 돈은 얼마 되지 않는다"라고 썼다. 키위트는 자기 재산 가운데 5퍼센트 정도만 가족에게 남기고 나머지 돈은 자기가 살던 지역 사람들을 위해서 써달라며 자선단체에 기부했다. 그는 살아 있을 때도 이런 신조와 원칙으로 살았다. 회사 지분은 대부분 직원들이 소유했으며, 키위트는 이 지분을 외부인이 아닌 직원들 사이에서만 사고팔 수 있도록 했다. 워런은 마지막으로 다음과 같이 결론을 내렸다.

그랬기 때문에 피터 키위트는 지역사회 사람들에게 더 훌륭하게 봉사할 수 있었습니다.

여러 자선사업가 가운데서 특히 워런은 앤드루 카네기와 존 D. 록펠러를 최초로 모범을 보인 인물로 존경했다. 카네기는 미국 전역에 가난한 사람들을 위해서 공공 도서관을 지었다. 카네기 재단은 에이브러햄 플렉스너를 지원해서 미국 전역의 의료 교육 현황을 연구하게 했다.[25] 그리고 1910년 그의 연구보고서인 소위 '플렉스너 보고서'가 미국 의과대학의 충격적인 실체를 드러내며 전국적으로 파장을 일으켰을 때, 록펠러 재단은 플렉스너가 제안한 대로 의료 교육을 혁명적으로 바꾸는 데 필요한 돈을 기부했다. 록펠러는 또한 기부 후원층이 빈약할 수밖에 없는 곳의 문제를 타개하고자 후원 운동에 더욱 힘을 실었다. 가난한 흑인 대학교에는 기부층이 될 만한 부유한 졸업생들이 부족하고 학교가 스스로 발전할 기회가 없음을 발견한 것이다.

이런 후원 활동을 펼침으로써 결과적으로 존 D. 록펠러는 그들의 동창생이 되었습니다. 그는 대중적으로 관심 있는 문제만 붙잡고 씨름한 게 아니었습니다. 대중적인 관심도를 고려하지 않은 채 사회 문제들을 붙잡고 씨름했습니다. 그리고 그런 문제에 대대적으로 지원을 했습니다.

이 시기에 버핏 재단은 72만 5천 달러를 가지고 있었고 해마다 4만 달러 조금 못 되는 돈을 내놓았다. 이 돈은 거의 모두 교육 사업에 들어갔다.[26] 수지가 버핏 재단을 운영했는데, 돈은 사회에 환원되어야 한다는 철학에 수지와 워런이 한 뜻이었음을 보여준다. 만일 수지가 버핏 재단의 의결권을 전적으로 휘두를 수 있었다면 워런이 결정했던 것보다 훨씬 많은 돈을 훨씬 더 신속하게 집행했을 것이다. 하지만 워런은 서두르지 않았다. 자기가 죽은 뒤 오랜 시간이 흘러도 재단의 자산이 복리로 충분히 많이 불어날 수 있게만 한다면, 가난한 사람들에게 나누어 줄 수 있는 돈은 그만큼 더 많이 늘어날 것으로 생각했다. 1983년 말 워런은 이런 주장에 힘을 실었다. 1978년에서부터 1983년 말 사이에 버핏 부부의 순자산은 8,900만 달러에서 6억 8천만 달러로 증가했다.

워런이 돈을 많이 벌수록 친구들이나 낯선 사람, 여러 자선단체들은 키위트 플라자로 그를 찾아와서 돈을 빌려달라거나 기부를 해달라고 했다. 몇몇 사람들은 진짜로 절실하게 돈을 필요로 했다. 어떤 사람들은 워런이 번 돈에 대해서 자기들이 당연히 권리를 행사할 수 있다고 믿는 듯했다. 유나이티드 웨이The United Way(미국의 자선단체−옮긴이), 대학교, 암 관련 단체, 심장병 관련 단체, 노숙자, 환경운동가, 지방 동물원, 교향악단, 보이스카우트, 적십자 등이 손을 내밀었다. 모두 나름의 명분이 있었지만 워런이 했던 대답은 언제나 같았다.

"만일 내가 당신 단체에 돈을 낸다면, 모든 사람들에게 돈을 나눠 줘야 할 겁니다."

어떤 사람들은 그가 하는 말을 이해했지만, 어떤 사람들은 시간과 조언과 지혜는 아끼지 않고 나눠주면서 현금을 나눠주는 일에는 짠돌이로 돌아서는 그의 모습에 당황했다. 그리고 이렇게 생각했다. '현금 얼마 낸다고 죽는 것도 아니면서 왜 저럴까? 기부의 즐거움을 왜 맛보려 하지 않을까?'

하지만 워런이 여전히 눈덩이를 굴리고 있는 한, 자기가 죽은 뒤에 모든 돈을 내놓겠다는 약속은 《이상한 나라의 앨리스》에 나오는 화이트 퀸이 늘 약속만 하고 지키지는 못하는 '내일의 즐거움'이나 다를 게 없었다. '죽은 뒤에'라는 말은 절대로 하지 않겠다는 말이나 다름없었다. 필멸성이라는 위험에 대한 또 하나의 대비책이었다. 위험에 대한 대비책이라면 워런의 전매특허였다. '화이트 퀸 방식의 부정'은 자아를 강화하는 특이한 방식이었다. 워런의 친구 혹은 친척 가운데 자살했거나 가족의 자살 및 자살 시도를 경험한 사람이 적어도 아홉 명은 되었다. 가장 최근에는 친구의 아들이 크리스마스이브에 낭떠러지로 차를 몰아 자살했다. 그리고 릭 게린의 아내 앤은 아들의 여덟 번째 생일을 며칠 앞두고 권총으로 자살했다. 이제 워런은 특별한 상황에서라면 타당할 수도 있을 자살이란 행위에 대해서 넌

덜머리가 날 지경이었다. 그는 가능하면 오래 살 생각이었다. 그리고 마지막 순간까지 돈을 벌 생각이었다.

재산이 점점 늘어나는데도 그는 끊임없이 더 많은 재산을 모으려 하고 가족이나 재단에는 인색하게 굴었다. 이런 모습에 마침내 친구들도 언짢은 내색을 했다. 릭 게린은 조 로젠필드에게 보낸 편지에 워런이 세계 최고의 부자가 될 가능성을 언급하면서 이렇게 썼다.

"워런이 최고의 썰매 끄는 개가 되어서 이 세상에는 보호털과 작은 목표보다 더 큰 게 있다는 사실을 알게 된다면, 워런은 무엇을 할까요? 워런은 그게 황소의 눈이라고 생각하지만(황소는 강세 시장을 의미하는 표현이기도 한다—옮긴이) 우리가 그걸 믿을 정도로 어리석지는 않죠."[27]

버핏 그룹이 바하마의 휴양지인 라이퍼드 케이에서 모임을 가졌을 때, 스노클링과 심해 물고기 낚시라는 여흥 프로그램 사이에 조지 길레스피가 '어린이와 자선단체들은 언제까지 기다려야만 하는가?'라는 주제를 놓고 뜨거운 토론을 조직했다. 여러 해 전에 워런은 해마다 크리스마스에 자식들에게 수천 달러씩 주고는 자기가 죽을 때 50만 달러씩 주겠다고 말했다는 내용을 한 편지에 쓴 적이 있다.[28]

"나는 그것이 충분한 돈이라고 생각합니다. 아이들은 그 돈으로 무엇이든 할 수 있다는 기분이 들 테니까요. 하지만 아무것도 하지 않고 생활하기에는 부족한 돈입니다."[29]

이 표현은 워런이 자주 하는 주문(呪文)이 되었다. 예전에 투자 동업자였던 래리 티시는 이렇게 말했다.

"워런, 그건 아니잖아요. 아이들은 열두 살까지만 제대로 잘 자라면, 절대로 잘못될 일이 없다고요."[30]

캐서린 그레이엄도 굵은 눈물을 줄줄 흘리면서 그에게 이렇게 물었다.

"워런, 당신은 아이들을 사랑하지 않나요?"

캐럴 루미스가 강하게 밀어붙여서 〈포천〉은 표지 기사로 '모든 재산은 자식들에게 물려주어야 옳은가'를 실었다. 가족이 우선이라고 많은 사람들이 말했다. 하지만 워런은 이렇게 말했다.

"우리 아이들은 이 세상에 자기 자리를 만들어 나갈 겁니다. 그리고 자기들이 무얼 하고 싶어 하든 간에 내가 자기들을 응원한다는 사실도 알고 있습니다."

하지만 단지 부유한 가정에서 태어났다는 이유만으로 아이들에게 신탁 기금을 마련해 주는 행위는(워런은 이것을 '평생 먹을 수 있는 무료 급식표'를 주는 행위라고 보았다) 아이들에게 해로우며 또한 반사회적일 수 있다고 했다.[31] 이것이 바로 워런의 논리였다. 이런 그가 한번은 어떤 친구에게 보낸 편지에서 다음과 같이 썼다. 아이들이 걸음마를 겨우 뗐을 때였다.

"아이들에게 돈을 주는 문제를 놓고 어떻게 해야 할지 판단하기 전에 나무는 여태까지 무엇을 생산해 왔는지부터 알아보고 싶군요."[32]

그럼에도 불구하고 워런은 한 가지 결정을 했다. 이 결정은 비록 대단한 게 아니긴 하지만 보다 유연하게 바뀐 그의 모습을 보여준다. 그는 1981년 혁신적인 프로그램을 마련했다. 버크셔 해서웨이가 주주들이 선택한 자선단체에 한 주에 2달러씩 기부하자는 사업이었다. 버크셔는 배당금을 지급하지 않았다. 그러나 이 사업은 주주들로 하여금, 최고 경영진이 임의로 기부 대상을 정하고 기부 행위에 대한 칭송을 독차지하도록 하는 게 아니라, 기부금이 어디로 갈지 직접 정할 수 있게 했다. 이 사업에는 그다지 많은 돈이 할당되지 않았다. 그러나 그에게 이런 시도는 꽉 쥔 주먹이 천천히 열리도록 일단 분위기를 조장하는 것이었다. 주주들도 좋아했다. 이 사업에 대한 참가율은 언제나 100퍼센트에 가까웠다.

정보 수집가인 워런에게는 기부 사업 역시 작은 금맥으로 판명되었다. 이 사업으로 그는 각 주주들이 자선 행위에 얼마나 관심을 가지고 있는지 파악할 수 있었다. 이 사업이 아니었더라면 도저히 파악할 수 없는 정보였다. 이런 정보를 모으는 것은 달리 목적이 있는 게 아니었다. 수녀들의 지문을 채취하는 것보다 훨씬 의미 없는 것이었다. 하지만 워런의 호기심은 채워질 줄 몰랐다. 한 개인으로서의 각 주주들에 대해서 뭐든 알고 싶었다. 주주들을 마치 자기를 포함한 대가족의 일원인 것처럼 보는 듯했는데, 그는 실제로 이들을 가족처럼 생각했다.

이미 두 번이나 '은퇴'했던 쉰세 살의 워런은 자선사업과 유산에 대해서 생각하고 있었다. 은퇴하고 뒷자리로 물러나야 한다는 생각을 하면 어쩐지 맥이 빠졌다. 그는, 자기는 죽은 뒤에도 일할 것이라는 말을 농담 삼아 했고, 진 아베크나 벤 로스너와 같은 나이 든 관리자들을 높이 평가했다. 하지만 이제 두 사람 다 물러났고, 루 빈센티는 알츠하이머를 앓고 있었다. 그러므로 그의 다음 행보가 여든아홉 살의 여자, 자기가 만난 그 어떤 사람보다 오래 살 것 같은 여자와 거래 합의를 하는 것이 된다고 해서 그다지 놀랄 일은 아니었다.

44

—

로즈

로즈 고어릭 블럼킨은 러시아의 민스크 지역에 있는 슈체드린이라는 작은 마을에서 태어났지만, 오마하에 자리를 잡았다. 1893년에 태어난 그녀와 남자 형제 일곱 명은 방 두 개짜리 통나무집의 맨바닥에 볏짚을 깔고 잤다. 랍비이던 그녀의 아버지에게는 매트리스를 살 돈이 없었기 때문이다. 로즈는 이런 말을 했다.

"나는 평생 꿈을 꾸었습니다, 여섯 살 때부터요. 내가 처음 꾸었던 꿈은 미국으로 가는 것이었습니다.

러시아에서는 유대인을 조직적으로 약탈하고 학살했습니다. 사람들은 임신한 여자들을 붙잡아다가 배를 갈라 아이를 빼앗았습니다. 아이의 아버지를 죽이고 마을 한가운데 있던 시장에서 춤을 추었습니다. 내가 여섯 살 때 이런 사실을 알게 되었습니다. 그래서 어른이

5부 • 월스트리트의 제왕 | **037**

되면 미국으로 가겠다고 다짐했습니다."[1]

열세 살 때 로즈는, 딱 하나밖에 없었던 새 신발의 밑창이 닳을까 봐 아까워서 신발을 벗어 쥐고 맨발로 30킬로미터 가까운 거리를 걸어서 가장 가까이 있던 기차역으로 갔다. 주머니에는 4센트 정도 값어치가 있는 돈이 들어 있었지만, 돈을 아끼려고 기차 좌석 아래에 숨어서 482킬로미터 거리를 갔다. 이렇게 해서 가장 가까이 있던 도시인 고멜에 도착했다. 거기에서 스물여섯 개의 대문을 두드린 뒤에 마침내 어떤 포목점 주인이 키 146센티미터 남짓하던 소녀가 무슨 제안을 하는지 들어보겠다고 했다. 소녀는 이렇게 말했다.

"저는 거지가 아니에요. 주머니에 4센트가 있어요. 저를 하룻밤만 재워주시면 내일 아침에 제가 얼마나 훌륭한 아이인지 보여드릴게요."

소녀는 그 집에서 잤고, 다음 날이 되었다.

"가게로 나가서 손님을 기다렸습니다. 천을 펼쳐놓고, 흥정이 끝나서 누가 계산을 하려고 연필을 들면 내가 먼저 암산으로 거래 금액이 얼마인지 가르쳐 줬지요. 그리고 12시가 되자 주인은 자기 가게에서 계속 일하고 싶은 마음이 없느냐고 묻더군요."[2]

열여섯 살 때 소녀는 지배인이 되었고, 기혼 남자 여섯 명을 감독했다. 자기 어머니에게 보낸 편지에 이 남자들에 대해서 썼다.

"이 남자들 걱정은 하지 마세요, 어머니. 이 사람들은 모두 내가 시키는 대로 하니까요."[3]

4년 뒤에는 이사도르 블럼킨이라는 남자와 결혼했다. 고멜에서 구두를 팔던 남자였다.[4] 그 해에 1차 대전이 터졌다. 러시아에서 자경단원들은 미쳐 날뛰었고, 로즈는 결심했다. 가족들에게는 딱 한 사람을 미국으로 보낼 돈밖에 없었다. 그래서 로즈는 남편을 먼저 미국으로 보낸 뒤에 돈을 모으기 시작했다. 2년 뒤, 황제를 추종하던 성직자 라스푸틴이 1916년 12월 혁명주의자들에게 살해되었다. 차르 치하보다 더 혹독하고 잔인한 체제가 이어질 것이 두려웠던 로즈는 2주 뒤에 미국으로 향하는 여정에 올랐다. 먼저 시베리아 횡단 철도를 타고 중국으로 향했다.

기차는 꼬박 한 주를 달려서 국경 도시인 자바이카이스크에 닿았다. 이제 국경을 넘어 중국으로 들어가면 되었다. 그런데 러시아 국경 수비대 병사가 로즈를 가로막았다. 로즈는 그 병사에게 군용 가죽을 사러 가는 길이라고 거짓말하며 돌아오는 길에 슬리보비츠(서양자두를 원료로 만든 브랜디 – 옮긴이)를 한 병 사다주겠다는 약속도 했다. 순진했던 건지 아니면 관대했던 건지 이 병사는 그녀를 통과시켰다. 그녀는 기차를 갈아탔고, 기차는 다시 하얼빈과 만주를 거쳐 톈진에 도착했다. 그때까지 아시아 대륙 전체를 횡단하면서 로즈는 이미 1만 4,500킬로미터의 거리를 달렸다.[5] 톈진에서 가진 돈의 일부를 털어 작은 배를 타고 일본으로 가서 히로시마와 고베를 거쳐 마침내 요코하마에 도착했다. 거기에서 2주를 기다린 뒤 3등 선실 요금만 내면 되는 아바마루호를 탔다. 땅콩을 싣고 미국으로 가는 화물선이었다. 이 배는 여섯 주에 걸친 태평양 횡단 일정 속에서 느릿느릿 시애틀로 향했다. 당시를 회상하면서 그녀는 다음과 같이 회상했다.

"그렇게 많은 땅콩은 정말 처음 봤습니다. 그리고 다시는 그 자리에 있지 않을 것이라고 다짐했습니다."[6]

항해 도중에 식량으로 삼으려고 말린 검은 빵을 준비했지만 얼마나 멀미를 하고 아팠던지 그 빵은 거의 먹지 못했다.[7]

그녀는 유대인 기념일인 퓨림절(페르시아의 왕 하만이 유대인을 죽이려다가 실패한 일을 기념하는 날 – 옮긴이)에 시애틀에 발을 디뎠다. 거의 세 달만이었다. 그녀의 얼굴은 병으로 퉁퉁 부어 있었다. 항구에 내린 그녀를 히브리이민자지원협회HIAS가 맞아서 유대인의 율법에 맞는 코셔 음식을 주고 호텔방을 제공했다.

"이 땅에 발을 디뎠을 때 내가 세상에서 가장 운 좋은 사람이라고 생각했습니다."[8]

히브리이민자지원협회는 그녀의 목에 그녀의 이름과 '아이오와 포트 도지'라고 적은 꼬리표를 달았다. 포트 도지는 그녀의 남편 이사도르가 정착해서 허드렛일을 하던 곳이었다. 협회는 그녀를 기차에 태웠고, 기차는 미니애폴리스를 지나 포트 도지로 갔다. 그곳에서 미국 적십자사가 그녀를 맞아서 남편과 상봉하게 했다. 얼마 뒤 그녀는 임신했고 딸 프랜시스를 낳았다. 그때까지도 그녀는 영어를 할 줄 몰랐다.

2년 뒤에도 로즈는 여전히 영어를 거의 할 줄 몰랐다. 블럼킨 부부는 고립감을 느꼈다. 그래서 로즈가 러시아어와 이디시어로 대화할 수 있는 곳으로 갈 수밖에 없다는 결정을 내리고는 오마하로 이사했다. 당시 오마하에는 철도 산업과 정육 산업 덕분에 3만 2천 명이나 되는 이민자들이 모여 살고 있었다.[9]

이사도르는 전당포 하나를 세냈다. 당시에 그는 이런 말을 했다.

"전당포가 망하는 일은 없다."[10]

로즈는 전업주부로 있으면서 아이를 세 명 더 낳았다. 루이스, 신시아, 실비아였다. 그리고 한 번에 50달러씩 러시아로 돈을 보내 친척 열 명을 미국으로 불러들였다. 그러나 그녀는 남편과 달리 영어로 말을 많이 하지 않았다.

"나는 말수가 너무 적었습니다. 아무리 해도 영어 실력이 늘지 않았습니다. 아이들이 나한테 영어를 가르쳤어요. 프랜시스가 유치원에 다니기 시작할 때 나한테 이러더군요. '내가 엄마한테 애플이 뭐고, 테이블클로스가 뭐고, 또 나이프가 뭔지 가르쳐 줄게요'라고요."[11]

그런데 대공황 시기에 들어서면서 전당포 사업은 시원찮았고 가족은 파산 직전까지 몰렸다. 그때 로즈가 나섰다. 그녀는 남편에게 이렇게 말했다.

"나도 알아요, 박리다매로 싸게 많이 팔면 되잖아요. 물건을 3달러에 사서 3달러 30센트에 팔면 원가를 제하고도 10퍼센트가 이문으로 남잖아요!"

로즈는 유행이 지난 옷들을 떼어다 팔려고 했지만 잘 팔리지 않았다. 그러자 로즈는 자기 가게에 오면 5달러로 속옷, 양복, 넥타이, 신발, 모자까지 남자 한 사람을 머리에서 발끝까지 치장할 수 있다고 홍보하는 전단지 1만 장을 오마하 전역에 돌렸다. 이런 노력 끝에 단 하루에 800달러 매출을 올렸다. 이 돈은 가족이 1년 내내 버는 돈보다 더 많은 금액이었다.[12] 로즈는 가게에서 파는 품목을 보석, 중고 모피 코트, 가구 등으로 넓혔다. 그리고 신상품인 모피 코트를 위탁 판매 방식으로 염가에 팔기 시작했다. 로즈의 가게 때문에 매출이 줄어든 백화점들은 화가 단단히 났다. 하지만 그녀에게는 철학이 있었다.[13] 사람들이 자기를 불쌍하게 여기는 것보다 자기를 미워하는 게 더 낫다는 것이었다.

곧 고객들은 로즈에게 더 많은 가구를 들여놓으라고 요구하기 시작했다. 처음에 그녀는 고객들을 도매상에게 데리고 가서 대신 물건을 사주면서 판매가의 10퍼센트를 이윤으로 남겼다. 이때 전당업을 하는 것과 달리 가구를 파는 일은 '행복한 사업'임을 깨달은 그녀는 1937년에 오빠에게 500달러를 빌려 남편이 하는 전당포 부근의 지하실에 가게를 열었다. 가게 이름은 '블럼킨스Blumkin's'였다. 하지만 가구 도매상들은 그녀를 고객으로 삼고 싶은 마음이 없었다. 상인들이 그녀가 물건을 너무 싼 가격에 판다고 불평했기 때문이다. 결국 로즈는 시카고로 가서 자기 방식을 이해해 주는 사람을 만나 한 달 뒤에 대금을 갚기로 하고 2천 달러어치의 물품을 받았다. 외상값을 주기로 한 날이 다가왔지만 돈이 모자라자, 자기 집에 있던 가구와 가전제품까지 싸게 내다팔아 겨우 약속한 날에 외상값을 갚았다. 그때를 로즈는 다음과 같이 회상했다.

"왜 내가 우리 집에 있던 침대들이며 냉장고를 내다 팔았을까요? 온 집 안을 텅 비우면서 말입니다. 내가 그랬습니다. 나한테 외상으로 물건을 준 사람들이 너무 고마워 도저히 약속을 어길 수 없었다고요."[14]

그날 밤, 로즈는 가게에서 매트리스 두 장을 집으로 가지고 가 온 가족이 그 위에서 잠을 잤다.

"다음 날 나는 냉장고와 난로를 샀습니다. 그제야 아이들이 울음을 멈추더군요."[15]

루이(루이스의 애칭-옮긴이)는 학교에서 따돌림을 당했다. 아버지가 전당포를 한다는 게 이유였다. 루이는 분하고 고통스러웠지만 이런 따돌림과 놀림을 무시했다. 학교가 끝난 뒤에는 가게에서 일을 도왔다. 자정까지 침대며 소파 따위를 배달하는 가운데서도 훌륭한 학생의 소임을 다하며 마침내 다이빙 미국 대표 선수가 되었다. 테크니컬 하이스쿨에 다닐 때였다.

그즈음 로즈는 '네브래스카 퍼니처 마트Nebraska Furniture Mart'라는 회사를 설립했으며, 가족은 예전보다 훨씬 큰 집으로 이사했다. 로즈는 또 사냥철이 되면 부업으로 브라우닝 자동 엽총을 팔기도 하고 빌려주기도 했다. 이때 루이가 가장 좋아하던 일은 집 지하실에서 콘크리트 블록을 놓고 이 엽총의 성능을 시험하는 것이었다.[16]

1941년, 미국이 2차 대전에 참전할 때 루이는 네브래스카대학교에 다니고 있었다. 하지만 몇 학기 마친 뒤에 학교를 그만두고 입대했다. 당시에 루이는 여전히 십대였다. 전쟁 동안 루이와 로즈는 날마다 서로에게 편지를 썼다. 당시 어머니는 사업상의 문제로 낙담했고, 아들은 어머니에게 포기하지 말라고 격려했다.[17] 대형 가구 도매상들이 네브래스카 퍼니처 마트에 물건을 주지 않겠다고 하자, 로즈는 그야말로 '가구 밀매업자'가 되어야 했다. 재고 상품들을 확보하려고 기차를 타고 중서부 전역을 누비면서, '메이시스Macy's'나 '마셜 필즈Marshall Field's' 같은 곳에서 도매점 시가보다 5퍼센트 비싸게 주고 필요한 물품을 구매했다. 당시를 회상하면서 루이는 이렇게 말한다.

"그 사람들은 어머니가 일을 제대로 한다는 사실을 알았습니다. 그 사람들은 어머니를 좋아했습니다. 여기 거실 가구 세트가 새로 들어왔는데 한번 보시라고 하면서 신상품을 소개하고 권했습니다. 값싼 싸구려 물품이 아니었습니다만 어머니는 이런 것들을 샀습니다."

다음은 로즈의 회상이다.

"도매상들이 나를 따돌릴수록 나는 더 열심히 일했습니다."[18]

미국은 모든 사람들에게 속한 거고, 도매상들이 아무리 그래 봐야 미국 전체를 장악할 수는 없을 거라는 게 로즈의 신조이자 태도였다.[19] 그녀는 가구 판매업계 거물들을 미워했고, 이런 미움은 오랫동안 이어졌다.

"주저앉으면 사람들은 침을 뱉습니다. 하지만 돈을 벌기 시작하면 사람들은 관심을 보이기 시작합니다. 쳇, 누가 자기네들을 필요로 한답니까? 거물들 필요 없습니다. 중간급 사람들만 있어도 나는 얼마든지 행복할 수 있으니까요."

로즈가 내걸었던 구호는 '싸게 팔자. 진실을 말하자. 속이지 말자. 리베이트를 받지 말자'였다.[20] 그리고 그녀는 물품을 하나 팔면 종업원들에게 이렇게 얘기했다.

"마음 변하기 전에 얼른 배달해 드려!"[21]

루이는 벌지 전투(유럽의 아르덴 삼림 지대에 형성된 전선에서 1944년 12월부터 다음 해 1월까지 진행된 전투-옮긴이)에서 퍼플 하트 훈장(죽거나 부상 당한 미국 군인에게 주는 훈장-옮긴이)을 받았다. 전쟁이 끝난 뒤 루이는 곧바로 오마하로 돌아왔다. 1946년이었다. 그러고는 일을 시작했다. 구매, 가격 책정, 재고 관리, 회계, 배송, 전시 등 상품 판매에 대한 모든 것을 익혔다. 로즈에게 루이처럼 좋은 동업자는 없었다. 직원을 인정사정 보지 않고 들볶았던 로즈는 어떤 직원이든 조금이라도 마음에 들지 않는 행동을 하면 고래고래 고함을 질렀다.

"얼간이 같으니라고! 이 바보 멍청아!"

로즈는 자기 마음에 들지 않는 직원들을 가차 없이 해고했다. 하지만 루이는 이 직원들을 다시 채용하곤 했다.

4년 뒤, 가게는 번창했다. 하지만 그때 한국 전쟁이 터졌고, 매출액은 줄어들기 시작했다. 로즈는 품목에 카펫을 추가함으로써 떨어지는 매출을 올리려고 시도했다. 시카고에 있는 마셜 필즈를 찾아가, 아파트를 지을 때 마무리 단장 품목으로 들어갈 용도로 판매할 것이라면서 카펫을 팔라고 했다. 마셜 필즈는 '모호크 인더스트리즈Mohawk Industries'의 카펫 제품 3천 야드를 1야드에 3달러 가격에 팔았다. 로즈는 이 카펫을 표준 소매가의 절반인 3달러 95센트에 일반 손님들에게 팔았다. 하지만 마셜 필즈에게 거짓말했다는 사실은 그 뒤로도 오랫동안 그녀를 괴롭혔던 것 같다.[22]

로즈는 다른 카펫 상인들보다 고객들에게 훨씬 낮은 가격에 카펫을 제공함으로써 카펫 판매 분야에 성공적으로 안착했다. 그런데 카펫 제조업체인 모호크는 자기들이 모든 소매상을 대상으로 고수하던 최저 가격 정책을 지킬 생각에 로즈를 상대로 소송을 제기했다. 모호크는 변호사 세 명을 법정으로 보냈지만 로즈는 혼자 나갔다.

"판사에게 그랬죠. '저는 변호사를 선임할 돈도 없습니다. 아무도 나한테는 물건을 대주려고 하지 않아서 그랬습니다. 판사님, 저는 무슨 상품이든 내가 들인 비용에서 이문을 10퍼센트 얹어서 팝니다. 이게 왜 잘못된 겁니까? 나는 고객의 호주머니를 터는 강도가 아니거든요'라고요."[23]

소송은 한 시간 만에 끝났다. 판사는 모호크의 주장을 기각하고는 다음 날 로즈의 네브래스카 퍼니처 마트에 가서 카펫을 1,400달러어치 샀다.

비록 네브래스카 퍼니처 마트의 카펫 매출액이 오르긴 했지만 전쟁 때문에 가구 매출액은 계속 떨어지고 있었다. 로즈는 여전히 납품업자에게 제대로 물품 대금을 지급하지 못했다. 마침내 오마하에 살던 우호적인 은행 직원 한 사람이 로즈에게 뭐가 문제냐고 물었다.

"뭘 어떻게 해야 할지 모르겠네요. 가구를 빵 대신 뜯어 먹고 살 수도 없는 노릇이고."[24]

이 사람이 로즈에게 5만 달러를 빌려주었다. 석 달 뒤에 갚아야 한다는 조건이었다. 로즈는 그 돈을 나중에 갚지 못하면 어떡하나 걱정하느라 밤에 잠도 제대로 자지 못했다. 그러다가 문득 아이디어 하나를 떠올렸다. 오마하 시민강당을 빌리는 것이었다. 이 강당에 소파며 식탁 세트며 커피 탁자며 TV 따위를 가득 채워 넣고, 전시의 물품 부족 현상에 초점을 맞춘 정직한 광고를 신문에 냈다.

고객이 기다리던 세일! 세일 중의 세일! 물품이 부족하다고요? 천만의 말씀! 우리는 이 물품을 뜯어 먹고 살 수는 없습니다! 우리는 물품을 팔아야 합니다! 우리는 지난 60일 동안 엄청나게 많은 상품을 확보했습니다. 우리에게는 창고도 없습니다. 그렇습니다. 우리에게는 재고가 너무 많습니다. 이 물품을 뜯어 먹고 살 수는 없고, 또 평상시처럼 장사를 해서는 여섯 달이 지나도 다 팔 수 없습니다. 그래서 우리는 오마하에서 유례가 없는 대형 매장을 마련했습니다.

(……) 4,180제곱미터의 공간을 전례 없는 할인된 가격의 유명 브랜드 상품들로 가득 채워 놓고 여러분을 기다리고 있습니다.

이 광고를 본 사람들이 마치 마을을 순회하는 서커스단의 공연을 보러 모이는 것처럼 몰려들었다.[25] 네브래스카 퍼니처 마트는 단 사흘 만에 25만 달러어치의 가구를 팔았다. 이제 오마하 사람들은 로즈 블럼킨이 누구인지 알았다. 그리고 네브래스카 퍼니처 마트를 할인 가구점으로 확실하게 인식했다.

"그때 이후로 나는 그 누구에게서도 단 한 푼의 돈도 빌리지 않았습니다."[26]

그해에 이사도르가 심장발작으로 사망했다. 하지만 로즈와 루이는 사업을 계속 이어갔다. 점차 'B 부인'은 오마하에서 모르는 사람이 없는 유명 인사가 되었다. 인생의 온갖 단계에 있는 사람들이 그녀의 가게를 찾았다. 결혼한 사람, 처음으로 자기 집을 장만한 사람, 아기를 낳은 사람, 승진한 사람 등등. 블럼킨 모자는 물품을 대량으로 구입했고, 비용을 최대한 줄였으며, 언제나 비용의 10퍼센트를 이문으로 붙여서 팔았다. 1975년 토네이도가 웨스트사이드에 새로 지은 거대한 매장의 지붕을 찢어발겼을 때, 로즈와 루이는 지체 없이 남은 물품들을 시내에 있던 매장으로 옮긴 뒤 사람들에게 이렇게 말했다.

"이보다 더 낮은 가격의 물품을 찾는다면, 강바닥에서나 찾으실 수 있을 겁니다."

화재가 그 매장을 덮쳤을 때는 소방관들에게 TV를 무료로 나누어 주었다.[27]

B 부인은 어떻게 해야 할지 모든 걸 다 알았고, 이를 빠르게 행동으로 옮겼습니다. 망설이는 법이 없었고 나중에 후회하는 일도 없었

습니다. 탁자 5천 개를 사거나 30년짜리 임대 계약을 하거나 부동산을 매입하거나 사람을 고용할 때도 그랬습니다. 뒤돌아보는 법이 없었습니다. 칼을 뽑고는 곧장 휘둘렀지요. 남들이 아무리 자기보다 능력 있다 하더라도 그 사람과 상의하려고 하지 않았습니다. B 부인은 자기가 무엇을 잘하는지 정확하게 알았습니다. 그리고 그런 일에 대해서 결코 안이하게 생각하지 않았습니다.

블럼킨 모자는 1980년대 초에 북아메리카를 통틀어서 규모가 가장 큰 가구 매장을 세웠다. 넓이가 약 1만 2천 제곱미터인 단일 지붕의 이 매장은 한 해에 1억 달러가 넘는 가구를 팔았다. 이는 비슷한 규모의 다른 업체 매장 매출액의 열 배였다.[28] 그때부터 네브래스카 퍼니처 마트의 매출액은 미국의 경제가 좋든 나쁘든 혹은 오마하 경제가 좋든 나쁘든 상관없이 꾸준하게 성장했다.[29] 로즈가 처음 가정용 가구 소매업 분야에 뛰어들 때 오마하에서 잘나가던 경쟁 업체들은 모두 사라지고 없었다. 다른 업체들이 오마하에 진출해서 경쟁하려고 시도했지만, 로즈는 이들이 내놓은 상품들을 면밀히 조사한 끝에 할인 경쟁을 벌여서 모두 내쫓았다. 네브래스카 퍼니처 마트는 네브래스카주의 주요 도시 시장을 절반이나 지배했다. 시어스와 몽고메리 워드Montgomery Ward, 타깃Target, 그 외 다른 가구 및 설비 소매업체들을 다 합친 것보다 더 많은 매출액을 올렸다. 고객들은 주 경계선을 넘어서 아이오와와 캔자스, 사우스다코타, 노스다코타에서도 찾아왔다.

B 부인은 자기 영역을 더욱 넓혔습니다. 소매 사업 반경이 계속해서 점점 더 넓어졌습니다. 그녀의 주차장은 150킬로미터가 넘는 먼 곳에서 달려온 차량들로 가득 찼죠.[30]

이제 가족들조차 로즈를 'B 부인'이라고 부르기 시작했다. 그녀는 새벽 5시에 일어났고, 과일과 채소만 먹었으며, 술은 입에도 대지 않았다. 동그랗게 부풀리고 스프레이를 뿌려서 고정시킨 검은 머리는, 희끗희끗 셌지만 젊은 사람 못지않은 활력으로 매장을 휘젓고 돌아다니면서 고함을 지르고 자기가 하는 말을 강조하려고 두 팔로 허공을 가로지르는 와중에도 늘 제자리에 고정돼 있었다. 협상에서 차지하는 위치가 점차 높아지고 협상력이 강해지자 그녀는 납품업자들을 압박했다. 한 납품업자의 요구에 그녀는 코웃음을 치면서 이렇게 말했다.

"7달러에요? 그 가격에 사들였다간 우린 내일 당장 파산해 버릴 겁니다!"[31]

예전에 그녀를 깔보았던 도매상들이 이제 그녀 앞에 무릎을 꿇었다. 그녀는 이런 모습을 즐겼다.

예를 들어서 누가 B 부인에게 소파 곁에 붙여 놓는 작은 탁자 2,300개를 팔려고 한다 칩시다. 그러면 B 부인은 자기가 얼마를 지불할 수 있는지, 얼마나 빨리 그 탁자를 팔 수 있는지 단 1분 만에 파악합니다. (……) 그리고 자기가 원하는 가격에 그 탁자를 살 수 있다는 사실도 파악합니다. 탁자를 팔러 오마하에 온 사람이 눈보라 속에서 비행기를 타고 떠나야 할 시간이 임박할 때까지 버티며 계약서에 서명하지 않는 겁니다. 발을 동동 구를 때까지 말입니다. 계약할 때는 무척 지독한 사람이지요.[32]

로즈는 토요일 오후와 일요일을 빼고 나머지 시간에는 늘 열심이었다. 그게 습관이라고 했다. 그녀의 마음속에서는 상품을 진열한 곳이 바로 자기 집이었다. 딸인 신시아 슈나이더는 자기 어머니의 집

실내 장식을 하면서 가구들을 매장에 있는 그대로 배치했는데, 그 이유를 다음과 같이 설명했다.

"그래야 어머니가 편안해하셨거든요."[33]

전등갓도 비닐로 덮인 채였고 가격표가 붙어 있는 가구들도 있었다. 여기에 대해서 로즈는 다음과 같이 말했다.

"나는 부엌과 침실만 이용했습니다. 날이 밝을 때까지 기다릴 수가 없었습니다. 빨리 매장으로 나가봐야 했으니까요."

매장에 나가 있지 않은 유일한 시간이었던 일요일 오후에 로즈는 아들 루이와 함께 자동차를 몰고 시내에 갔다.

"진열된 상품들을 눈으로 구경만 하려고요. 내가 얼마나 많은 이문을 상인들에게 남겨줄까 생각하면서, 그 사람들을 공격할 계획을 세웁니다."[34]

로즈는 자기의 모든 사업적 수완은 자기의 '다이아몬드 어머니'에게서 배운 것이라고 말했다. 로즈의 어머니는 러시아에서 식품점을 운영했었다. 로즈는 어릴 때 잠을 자다 깨어 일어나 보면 어머니가 새벽 3시에도 자지 않고 빨래를 하거나 빵을 굽고 있었다고 했다. 그러면서 평생 그 모습을 잊지 않고 있다고 했다.

"어머니는 3센트를 벌려고 40킬로그램짜리 밀가루 포대를 스무 블록을 거쳐서 옮겼습니다. 그걸 바라보면서 정말 마음이 아팠습니다."[35]

그래서 로즈는 난민이나 가난한 이민자들만 보면 마음이 약해졌다. 때로 그녀는 이런 사람들을 고용해서 '셈하는 건 영어를 몰라도 된다'[36]면서 회계 쪽 일을 맡겼다.

1982년 〈오마하 월드-헤럴드〉와의 인터뷰에서 로즈는 여러 차례 자기 회사를 인수하겠다는 제안을 받았지만 모두 거절했다고 했다.

"이렇게 큰 회사를 인수할 여유가 있다면 어떤 회사들이겠습니까?"

이런 인수 제안을 했던 회사 가운데 하나가 버크셔 해서웨이였다고 그녀는 루이에게 말했다. 이런 말을 하기 몇 해 전, 워런이 그녀에게 인수 제안을 했을 때 그녀는 다음과 같이 말했다.

"차라리 이 회사를 훔치는 게 나을걸요?"[37]

한 해 뒤에 워런은 블럼킨 모자가 독일의 함부르크에 있는 한 회사와 협상을 벌인다는 이야기를 들었다. 세계에서 가장 큰 가구 매장을 운영하던 회사로, 블럼킨 모자의 회사와 매우 비슷한 회사였다. 블럼킨 모자가 회사를 팔려고 하는구나! 당시를 회상하면서 워런은 한 인터뷰에서 다음과 같이 말했다.

"아무리 멍청한 사람이라도 B 부인과 동업자 관계를 맺는 게 멋진 생각이라는 건 알 수 있죠."[38]

이번에는 블럼킨 모자가 진짜로 회사를 팔려는 것 같았다. 20여 년 전에 로즈는 자기 회사를 파는 것을 고려하고 있다는 의사를 넌지시 내비치면서 워런을 자기 매장으로 부른 적이 있었다. 워런은 진심으로 네브래스카 퍼니처 마트를 버크셔 해서웨이 이름으로 사고 싶었다. 그가 매장으로 들어섰을 때 땅딸막한 여성이 벽을 등지고 선 한 무리의 남자들에게 한바탕 연설을 하고 있었다. 그 남자들은 모두 로즈의 사위들이거나 조카들 혹은 손주들이었다. 로즈가 돌아서서 워런에게 말했다.

'이 사람들을 보시죠. 만일 내가 당신에게 이 회사를 판다면, 당신은 이 사람들을 해고하겠죠. 이 사람들은 쓸모없는 인간들입니다. 하지만 나와는 인척 관계가 있기 때문에 나는 이 사람들을 해고하지 못합니다. 하지만 당신은 해고할 수 있죠. 쓸모없는 인간, 쓸모없는 인간이니까요.' 정말 이런 이야기를 한 시간 가까이 했습니다. 쓸모없는 인간이라는 단어를 자주 입에 올리더군요.

하지만 로즈가 하는 욕에 익숙한 남자들은 그런 말에도 덤덤했다.

그러더니 나더러 그만 됐다면서 가라고 하더군요. 내 역할은 거기에서 끝났던 겁니다.

안타깝기 짝이 없는 일이었다. 워런은 진정으로 그 회사를 사고 싶어 했기 때문이다.[39]

소위 쓸모없는 인간들 속에서 B 부인이 유일하게 괜찮게 본 사람이 루이였습니다. 루이는 정말 완벽했습니다.

로즈는 아들이 하는 일에 늘 흡족해했다. 그럴 때면 이렇게 말하곤 했다.
"오이, 오이, 오이, 오이! 정말 끝내주는구나! 정말 잘했어!"[40]
만일 블럼킨 모자가 회사를 팔 마음이 있었다면 그때가 바로 최적의 시기였다. 로즈는 양쪽 무릎 관절을 인공 관절로 바꾸는 수술을 받았고, 대부분의 일상적인 업무를 루이가 맡아서 했다. 그래도 카펫 사업 부문만큼은 여전히 로즈가 맡았다. 이런 모습에 대해서 루이는 다음과 같이 말했다.
"카펫에 대해서는 특별히 애착을 가지셨습니다."[41]
만일 어떤 사람이 와서 이러저러한 크기의 방에 깔 카펫을 사려 한다고 말하면, 그녀는 곧바로 세금을 포함한 가격을 제시했다. 우량 고객일 경우에는 할인 가격을 제시했다. 이 모든 계산이 불과 몇 초만에 그녀의 머릿속에서 끝났다. 로즈는 또 때로 가구 부문을 급습하기도 했는데, 그녀의 자식들조차 자기들 집에 두고 있는 가구들을 온전히 자기들 것이라고 장담하지 못했다. 한번은 로즈가 딸에게 전화해서 손주가 쓰던 아기 침대를 비우라고 했다. 고객이 딱 그런 종류의 침대를 원했고, 마침 매장에는 그 침대가 없었기 때문이다.

"나는 무슨 생각이든 한번 마음먹으면, 그 자리에서 바로 처리해야 직성이 풀립니다. 그게 내 습관입니다."[42]

그럼에도 불구하고 워런이 협상 상대로 설정한 사람은 루이였다. 루이는 이렇게 말했다.

"나에게는 아들이 둘 있습니다. 론과 어브라고요. 이 아이들을 만나서 얘기를 하셔야겠습니다. 언젠가 회사를 물려받아서 운영할 아이들이니까요."

워런은 론과 어브에게 자기 사무실로 한 번 찾아와 달라고 했다. 그래서 두 사람과 친분을 쌓기 시작했다. 그리고 루이에게 편지를 보내서 네브래스카 퍼니처 마트를 버크셔 해서웨이에 팔 경우 장단점을 설명했다. 이 편지에서 워런은 절대로 서둘러 팔아서는 안 된다고 했다. 그리고 가능한 한 솔직하게 접근했다.

만일 당신이 지금 당장 그 회사를 팔지 않으면, 나중에 더 많은 돈을 받고 팔 가능성이 높습니다. 이런 사실을 분명히 인식해야 합니다. 그러면 칼자루를 쥔 상태에서 충분히 많은 시간을 들여서 당신이 진정으로 원하는 인수 주체를 찾아낼 수 있을 겁니다.

그리고는 자기가 제시하는 조건들의 내용을 펼쳐 보였다. 루이가 네브래스카 퍼니처 마트를 가구 회사나 비슷한 업계에 있는 다른 회사에 팔 수도 있을 거라면서 다음과 같이 썼다.

하지만 그런 인수자가 협상 과정에서 어떤 약속을 한다 하더라도, 그 회사의 관리자들은 자기들이 당신 회사를 보다 잘 경영할 수 있다고 생각할 게 분명합니다. 그러고는 머지않아 모든 관리 및 영업 활동에 직접 뛰어들어서 간섭할 겁니다. (……) 그 사람들은 그 사람들 나름대로 원칙과 방식을 가지고 있을 테니까요. 설령 당신네들이 하던 기존 방식이 훨씬 낫다는 게 누구도 의심할 수 없을 정도로 명백하다 하더라도, 사람 마음이라는 게 또 그렇지 않아서 그 사람들은 자기들 방식이 훨씬 낫다고 생각할 수 있으니까요. (……) 또 이런 회사는 보통 상당한 규모의 대출을 받아서 운영되는데, 이 회사의 재무 책임자는 적절한 시기에 공매 방식이든 개인적인 차원이든 당신 회사를 다른 사람 혹은 회사에 팔아넘길 생각을 합니다. 이 사람이 원하는 게 현금을 챙기는 것이고 회사의 사업 자체는 뒷전이라면, 사는 사람이 누구인지는 아무 상관이 없습니다. (……) 하지만 만일 회사를 파는 사람 입장에서 그 회사가 평생을 바칠 창조적인 일터이고 또 개인적으로 삶의 목표이자 의미의 중요한 한 부분이라면, 이런 유형의 인수자들은 심각한 결점이 있다는 사실을 아셔야 합니다.

당신 회사를 사려는 사람은 누구나 당신을 필요로 한다고 말할 겁니다. 어느 정도 머리가 돌아가는 사람이라면 실제로 당신이 필요하다는 사실을 알 테지만 위에서 언급한 여러 가지 이유들로 해서 많은 사람이 하는 그런 말은 빈말로 끝나고 맙니다. 그러나 우리는 우리가 한 약속을 정확하게 지킬 겁니다. 우리가 그런 약속을 했고, 또 우리로서도 그렇게 할 필요가 있기 때문입니다.

워런은 자기가 네브래스카 퍼니처 마트를 인수할 경우, 블럼킨 가족이 동업자 자격으로 회사에 계속 머물기를 바란다고 설명했다. 그리고 만일 그들이 회사를 판 걸 후회한다면, 그 거래는 자기를 포함한 모든 사람들에게 실망스러울 것이라고 했다. 자기는 오로지 두 가지 사항에만 관여할 것이라고 했다. 자본을 배분하는 것(재투자, 기업인

수, 자사주 매입, 배당 등—옮긴이)과 회사의 최고 책임자를 선정하고 이 사람에게 줄 급료를 결정하는 것이었다.

워런은 루이에게 제시할 내용이 하나 더 있었다. 자기는 독일 사람이 아니라는 점이었다. 독일 회사는 9천만 달러가 넘는 금액을 제시했었지만, 유대인 학살을 피해 아시아를 횡단하고 태평양을 건너 미국을 찾아온 B 부인 입장에서 회사를 독일 회사에 파는 것은 끔찍할 정도로 싫었다. 결국 블럼킨 가족은 회사를 버크셔 해서웨이에 팔기로 합의했다. 워런은 계약을 하러 네브래스카 퍼니처 마트의 어마어마하게 큰 매장으로 자동차를 타고 달려갔다. 여든아홉 살의 로즈가 바퀴 세 개짜리 골프 카트를 매장 여기저기로 몰고 다니면서 직원들에게 으르렁대며 잔소리를 하고 있었다.

"너희는 아무짝에도 쓸모가 없어! 너희에게는 동전 한 개도 아까워!"

이런 모습을 루이와 사위 셋은 지켜보기만 했다.[43] 로즈와 대면한 자리에서 워런은 이렇게 말했다.

"나는 회사의 자산이나 재고품 목록을 따로 조사할 생각도 없습니다. B 부인, 당신이 말씀하시는 건 뭐든 다 믿고 그대로 받아들이겠습니다."

로즈는 사위들을 바라보았다. 사위들은 벽을 등지고 서 있었고, 이들 가운데 한 명은 로즈보다 적어도 30센티미터는 키가 더 컸다.

"노먼은 프랜시스와 결혼한 지 41년 되었고, 제리는 실비아와 결혼한 지 36년, 찰스는 신시아와 결혼한 지 39년 되었습니다. 나는 이 사위들에게 '나는 절대로 반품을 받지 않는다!'라고 말했죠."

로즈의 세 딸은 회사의 지분 20퍼센트를 가지고 있었고, 각자 남편들로 하여금 그 거래에 서명하도록 했다. 사위들은 바보가 아니었으므로 버크셔 해서웨이가 아니라 독일 회사와 거래할 경우 돈을 더 많이 받을 수 있다는 사실을 알았다.

B 부인은 사위들을 사정없이 몰아세웠습니다. 이러더군요. '돈을
얼마나 더 받을 수 있다고 생각하는지 지금 당장 말해, 그러면 내가
그 돈을 줄 테니까!' B 부인은 네브래스카 퍼니처 마트를 온전하게
루이의 회사로 만들겠다면서 딸들의 몫을 지불하고 사위들을 회사
에서 빼내겠다고 했습니다. 벌벌 떨며 서 있던 사위들은 차라리 각
자 자기 몫을 챙겨서 회사에서 나가기를 바랐습니다. B 부인은 회사
지분 90퍼센트에 대한 가격은 5,500만 달러라고 했습니다.

로즈는, 자기는 주식을 이해할 수 없다면서 현금을 원한다고 말
했다.

사위 세 사람은 아무 말도 하지 않고 서 있었습니다. 하지만 거래
가 성사되면 돈도 손에 들어오고 지긋지긋하던 회사에서도 독립해
나갈 수 있다는 생각을 하는 것 같았습니다. 그런데 B 부인은 나를
정말로 좋아하고 신뢰했습니다. 사람에 대한 판단을 한 번 하고 나
면 그걸 끝까지 밀고 나갔습니다.

워런은 로즈가 모든 결정을 그야말로 눈 깜짝할 사이에 내린다는
사실을 알고 있었다. 그로서는 그다지 많은 위험 부담을 지는 게 아
니었지만 계약서에 서명한 뒤에 로즈 부인에게 이렇게 말했다.

내가 그랬죠, '만일 마음이 바뀌어 이 계약을 없던 일로 하자고 하
셔도 괜찮습니다'라고요. 나는 어떤 거래를 하면서 이런 말을 한 적
이 없었고, 앞으로도 마찬가지일 겁니다. 하지만 B 부인에게는 어쩐

지 그런 말을 해야 할 것 같았습니다. 그 회사는 B 부인이라는 존재의 한 부분이라는 인상을 강하게 가지고 있었기 때문에, 혹시라도 B 부인의 마음이 바뀔 경우 결정을 번복할 수 있도록 해주고 싶었던 겁니다. 그녀가 협상에 발 묶여 있다고 느끼게 하고 싶지 않았습니다. 하지만 B 부인은 '마음이 바뀔 일은 전혀 없어요'라고 하더군요. 나는 그 자리를 떠나면서 루이에게 이렇게 말했습니다. '나는 사투리나 외국 말 악센트에 정말 약합니다. 그래서 당신 어머님이 하시는 말씀을 온전하게 알아듣지 못하는 경우가 가끔 있습니다. 내가 정말 바라지 않는 것은 당신 어머니가 한 말을 잘못 알아듣는 겁니다.' 그러자 루이가 이러더군요. '그건 걱정하지 않으셔도 됩니다. 어머니는 당신이 하는 말을 다 알아들으시니까요'라고요. 계약서를 작성하고 나서 B 부인에게 그날이 내 생일이라고 말했습니다.

그날은 워런이 쉰세 살 되는 날이었다.

그러자 B 부인이 생일날 유정(油井) 하나를 산 셈이라고 하더군요.

인수 과정에서 블럼킨 가족은 단 한 차례도 회계 감사를 받지 않았다. 워런이 요구하지 않았기 때문이다. 그는 재고 조사를 실시하지도, 회사 자산에 대한 상세한 목록을 보지도 않았다. 매매는 그렇게 끝났다.

"우리는 B 부인에게 5,500만 달러를 수표로 지급했고, B 부인은 우리에게 약속을 했습니다."[44]

그녀의 약속은 '뱅크 오브 잉글랜드Bank of England'만큼이나 확실했다. 그럼에도 불구하고 워런은 여전히 로즈가 후회하는 마음이 없기를 바랐다.

계약서 분량은 달랑 한 장이었다. 계약서 내용은 다음과 같이 시작되었다.

"여러분은 가구 및 설비 소매업을 매우 성공적으로 운영하는 네브래스카 퍼니처 마트사(社)의 주식을 100퍼센트 소유하고 있습니다. (……) 버크셔 해서웨이사는 오랫동안 여러분이 함께 이룩했던 것을 동경해 왔으며, 이로써 귀하들로부터 그 훌륭한 주식을 90퍼센트 매입할 것을 제안합니다."[45]

워런은 이 인수 사실을 알리려고 기자회견을 열어, 이 자리에서 네브래스카 퍼니처 마트의 역사를 비디오로 소개했는데, 로즈는 이 내용을 보면서 눈물을 훔쳤다.[46]

워런은 단지 또 한 명의 비범한 인물을 수집 목록에 추가한 것만이 아니었다. B 부인이 가지고 있던 불굴의 의지, 그녀가 걸었던 고난의 역사, 그녀의 비범한 성격이 지녔던 힘 등이 워런을 경외심으로 사로잡았다.[47] 그는 로즈에게 편지를 써서 다음과 같이 말했다.

"존경하는 B 부인에게. 나는 루이와 그의 두 아들 및 가족의 모든 구성원들에게 지금부터 5년, 10년, 아니 20년 뒤에도 이 거래를 만족하게 여길 것이라고 약속했습니다. 부인에게도 똑같은 약속을 드립니다."[48]

그는 이것보다 더 많은 것을 약속했다. 로즈는 회사 운영에 늘 전권을 휘둘렀고 비밀을 유지해 왔었다. 로즈는 그가 회사의 재정 문제와 관련해서 자기가 했던 모든 내용을 세상에 까발리길 바라지 않았다. 워런은, 버크셔 해서웨이가 증권거래위원회에 재무제표를 제출할 때, 법률이 규정하고 있는 것처럼 네브래스카 퍼니처 마트의 재무 사정을 따로 분리해서 보고하지 않겠다고 약속했다.

워런은 증권거래위원회로부터 권리포기증서(계약상의 청구권이나 불법 행위에 입각한 손해배상청구권 따위를 자진해서 포기하겠다는 증서-옮긴이)를 강요받을 수 있다는 걱정은 전혀 하지 않았다. 좀 더 정확히 말하면, 직원 중 누군가가 권리포기증서를 강요받을 수 있다는 걱정을 하지 않았다. 워런은 직원들에게 호감을 주는 상사였다. 결코 화를 내지 않았으며, 변덕을 부리지 않았고, 말을 함부로 하지 않았으며, 직원 들을 질책하거나 비난하지 않았고, 직원들이 한 일의 결과를 놓고 왈가왈부하지 않았으며, 직원들이 하는 일에 간섭하지 않았다.

그는 또한 똑똑한 사람은 무엇이든 다 할 수 있다는 가정에 따라 회사를 운영했다. 찰리 멍거는 그를 두고, 그가 스트레스를 받지 않으며 단지 다른 사람들에게 스트레스를 유발할 뿐이라고 말했다. 데 일 카네기는 사람들에게 좋은 평판을 부여하고 그들이 그에 걸맞게 행동하도록 해야 한다는 말을 했었는데, 워런은 이 교훈을 잘 익혀두었다. 그는 어떻게 하면 자기 직원들이 최고의 성과를 내도록 할지 알고 있었다.

그가 직원들에게 말했던 내용의 요지는 이랬다.

당신은 능력 있는 사람이니까 이 일을 하는 데 시간이 별로 걸리지 않을 것이고 비용도 별로 들지 않을 것입니다. 그러니 다음 번 메일로 일의 결과를 알려주기 바랍니다. 당신은 당신이 하는 일 분야에서 최고이기 때문입니다. 당신은 세 사람의 몫을 해냅니다.[49]

워런이 로즈에게 한 약속을 지킬 수 있도록 하는 힘든 과제는, 혼란 상태의 블루칩을 수습하는 일을 이제 막 끝낸 번 매켄지에게 떨어졌다. 그는 로즈가 감사를 받거나 재무상의 여러 비밀 사항들을 버크셔 해서웨이 주주들에게 드러내야 하는 고통을 면제받을 수 있도록 증권거래위원회를 설득해야 했다. 매켄지는 인정머리라고는 찾아볼 수 없는 정부의 미로를 힘겹게 탐색하기 시작했고, 워런은 그가 이 일

을 잘 해낼 것이라며 매켄지에게 태평스러운 확신을 심어주었다.[50]

한편 워런은 새로운 사업에 뛰어드는 상황, 새로운 사람들을 만나는 상황이 주는 즐거움을 누렸다. 루이와 그의 두 아들이 점점 좋아졌던 것이다. 저녁이면 네브래스카 퍼니처 마트가 문을 닫는 8시 30분에 맞추어 자동차를 몰아 72번가로 가서 루이와 론, 어브와 함께 저녁을 먹으면서 가구와 상품화 계획을 화제로 몇 시간씩 대화를 나누었다. 그리고 론과 어브를 부부 동반으로 연례 휴가 여행에 데리고 갔다.

그해 가을에 버핏 그룹은 '퀸 엘리자베스 2호(바다의 여왕으로 일컬어지던 영국의 초호화 유람선. 1967년에 진수되었으며 2008년에 마지막 항해를 했다-옮긴이)'를 타고 사나운 일기 속에서 북대서양을 건넜다. 워런의 친구들 가운데 몇몇은, 팁으로 쓸 125달러를 미리 보내줄 것과 여러 차례 있을 공식 만찬 때 입을 턱시도를 가지고 오라는 말을 듣고는 충격을 받을 정도로 놀랐다. 빌 루안의 아내 조이 루안은 워런의 이런 요구에 너무도 겁을 먹은 나머지 옷 가방을 열일곱 개나 들고 나타났다.[51]

배에서 제공하는 식사는 이류급이라고 버핏 그룹 구성원 가운데 한 사람이 말했다. 토론 의제도 전형적인 것과 특이한 것이 뒤섞여 있었다. 예를 들면 다음과 같았다. 이 그룹의 구성원이며 〈포천〉의 기자였던 윈덤 로버트슨은 인플레이션 시기의 투자에 대해서, 조지 길레스피와 로이 톨스는 이혼할 때의 자산 분할에 대해서(이 주제에 대한 토론은 특히 뜨거웠다), 톰 머피는 CBS와 캐피털 시티즈라는 두 TV 방송국의 경쟁에 대해서, 찰리 멍거는 벤저민 프랭클린에 대해서 각각 토론 준비를 했다. 스톡옵션에 대한 논의도 진행되었다. 워런은 경제와 관련된 여러 문제를 해결하기 위해서, 선구적인 경제학자 애덤 스미스의 '보이지 않는 손'[52]에 의거해 '게임 이론'을 활용하는 것과 관련해서 발제를 했다. 보이지 않는 손이라는 개념에 근거하면, 자기 개인의 이익 지평을 넓히려고 노력하는 사람들을 총체적으로 놓고 볼 경우 이들은 사회 모든 구성원들의 이익을 위해서 일하는 셈이라고 스미스는 정리했다.

이 모임에서 워런은 일명 'B 부인'이라 불리던 로즈 블럼킨이라는 영웅적인 이민자의 모험담과 그녀가 일군 그리고 그가 최근에 인수한, 돈을 갈퀴로 긁어모으는 네브래스카 퍼니처 마트라는 놀라운 회사 이야기를 사람들에게 하며 즐거워했다. 하지만 그를 압도하는 사람이 있었다. 에드 앤더슨이었다. 그룹 구성원들 가운데 다수가 얌전을 빼는 스타일이었는데, 앤더슨은 성생활 연구 사업에 자금을 후원한다는 이야기와 성전환 수술을 받은 뒤 잘라낸 성기를 용기에 보관한다는 어떤 사람의 감동적인 이야기를 너무나도 진지하게 꺼내서 사람들이 놀라 자빠지게 만들었다.

버핏 그룹 사람들은 실제로 의자에서 떨어졌다. 악천후 속에서 배가 심하게 흔들렸던 탓이었다. 개인 전용실에서 구토를 하며 늘어져 있지 않은 사람들은 휴게실에 갇혀 있어야 했다. 하지만 휴게실이라고 사정이 좋을 리는 없었다. 배가 폭풍우와 거친 파도를 헤치고 나아갈 때 탁자에 놓인 접시가 바닥으로 미끄러져 떨어지고 재떨이가 허공을 날았으며, 그런 와중에도 버핏 그룹 사람들은 끊이지 않고 이어지는 B 부인의 이야기를 들어야 했기 때문이다.

버핏 그룹은 영국에 도착해서 며칠 동안 여유롭게 관광을 할 예정이었다. 하지만 사우스햄프턴에 도착하고 다섯 시간 뒤에 릭 게린은 뉴욕으로 가는 비행기에 탔다.

그럼에도 불구하고, 북대서양의 거친 바람과 파도, 벤저민 프랭클린의 지루한 훈계, 이혼 계획, 용기에 담긴 남성 성기 등을 통해서 한 가지 메시지는 분명하게 드러났다. 워런이 로즈 블럼킨에 대해서 남

다른 애정과 존경심을 가지고 있다는 사실이었다.[53] 워런은 로즈를 위해서 따로 준비한 게 있었다. 래리 티시를 버핏 그룹의 일원으로 받아들였는데, 여기에는 이유가 있었다. 감사하는 마음을 담아, 한바탕 요란스러운 행사를 통해서 노쇠한 로즈를 신데렐라로 만들어 줄 계획을 세우고 있었던 것이다.

워런은 뉴욕대학교 재단 이사이던 티시의 도움을 받아 로즈가 크레이턴대학교와 뉴욕대학교로부터 명예박사 학위를 받을 수 있도록 했다.[54] 크레이턴대학교의 연단에서 작은 체구의 로즈는 너무나 감격한 나머지 두 손으로 얼굴을 가린 채 울며 이렇게 말했다.

"오이, 오이, 오이! 꿈인지 생신지 모르겠네요."[55]

그 뒤에 감정을 추스른 로즈는 꿈을 이루게 해준 미국이라는 주제로 연설을 했다. 그녀가 졸업생에게 해준 조언은 다음과 같았다.

"우선, 정직해야 합니다. 둘째, 열심히 일해야 합니다. 만일 여러분이 각자 원하는 일자리를 얻지 못한다면, 무슨 일이든 하겠다고 하십시오. 여러분만 훌륭하다면, 사람들은 앞다투어 여러분을 잡으려고 할 것입니다."[56]

뉴욕대학교 행사에 참석하려고 뉴욕에 간 로즈의 가족은 호텔 숙박료가 얼마인지 로즈가 알지 못하게 하려고 애썼다. 예전에 뉴욕에 다녀간 적 있는 로즈는 객실 하나의 하루 숙박료가 75달러를 넘으면 모두 터무니없는 바가지요금이라고 생각했기 때문이다.[57] 로즈는 엘리스 섬(미국의 이민국이 있던 곳 - 옮긴이)과 딜런시가(동유럽의 유대인 이민자들 대부분이 미국에 처음 정착했던 곳 - 옮긴이)를 구경하고 싶다며, 루이의 안내를 받아서 관광에 나섰다. 하지만 도시를 돌아다니는 것 자체가 힘들었다. 로즈가 택시 요금에서부터 사기당한다고 느꼈기 때문이다.[58] 행사 당일 아침 로즈는 가운을 입고 위풍당당하게 상원의원 대니얼 패트릭 모이니한 및 옥타비오 파스(멕시코 출신의 시인이자 사회철학

자. 1990년 노벨문학상 수상-옮긴이)와 나란히 서서 명예박사 학위를 받았다.

뉴욕대학교 행사의 위엄 있는 내빈이었지만 로즈는 두 대학교에서 받은 학위 가운데 어느 것이 더 마음에 드느냐는 질문을 받고는 조금도 망설이지 않고 크레이턴대학교의 학위라고 대답했다. 이 대학교가 그녀의 매장에서 카펫을 샀기 때문이다.

얼마 뒤 버크셔 해서웨이의 감사관들은 처음으로 네브래스카 퍼니처 마트의 재고 조사를 실시했다. 매장의 가치는 8,500만 달러였는데 로즈는 이 회사를 가족이 가지고 있던 지분까지 포함해서 총 6천만 달러에 팔았었다. 로즈는 후회하는 마음으로 병이 날 지경이었다며 〈리가디스Regardie's〉는 이렇게 썼다.

"말을 바꿀 수는 없었습니다만, 정말 깜짝 놀랐습니다. (……) 워런은 [그 가격에 합의하는 데] 1분도 생각하지 않았습니다. 하지만 워런은 연구를 합니다. 장담하건대 워런은 우리 회사의 가치가 그렇게 된다는 걸 처음부터 알고 있었습니다."[59]

물론 워런 역시 네브래스카 퍼니처 마트의 자산 가치가 그 정도일지 알 리 없었다. 하지만 그 가격이면 엄청난 안전 마진이 보장된다는 사실을 알았던 것만은 분명하다.

그럼에도 불구하고 워런은 이제 자기도 블럼킨 가족의 일원이라고 생각했다. 로즈가 아흔 살이 되었을 때 회사는, 해마다 그랬던 것처럼 지역 신문에 며칠에 걸쳐서 전면 광고를 내며 대규모 바겐세일 행사를 조직했다. 워런은 로즈의 생일을 기념하는 바겐세일 날짜가 해마다 달라진다며 로즈를 놀렸다.

B 부인은 자기 생일을 유대력으로 계산했는데, 그 바람에 생일 날짜는 해마다 달랐습니다. 이걸 가지고 나는 그녀를 놀리곤 했죠. 이

생일이 언제나 사업적으로 유리한 날짜로 바뀌었던 겁니다. 그녀의 생일은 정말 탄력적이었습니다. 내가 놀리면 그녀는 나를 바라보고 빙긋 웃으면서 '당신이 유대인의 달력을 몰라서 그런 거예요'라고 말하곤 했습니다.

하지만 두 해 만에 이 동화 같은 이야기는 추하게 바뀌고 말았다. 누구도 거역할 수 없는 로즈가 고객이 바라보는 앞에서 두 손주를 아무짝에도 쓸모없는 놈들이라고 욕한 것이었다. 누구보다 거친 삶을 살았고 또 누구보다 억척스럽게 일했는데 자기보다 사업에 대해서 더 잘 아는 사람이 어디 있느냐는 게 그녀의 논리였다. 론과 어브는 점차 할머니와는 아예 말을 하지 않으려고 했다. 두 사람 처지에서는 충분히 이해할 수 있는 일이었다.

로즈가 아흔다섯 살이던 해에 두 손주는 카펫 구매와 관련된 문제에 대해서 할머니의 판단을 뒤집었고, 로즈는 폭발했다. 그것이 낙타의 무릎을 꿇린 마지막 지푸라기 하나의 무게였던 것이다.

"내가 대장이었고, 녀석들은 내 앞에서 끽소리도 하지 못했는데."[60]

로즈는 이렇게 말하고 회사에 발길을 끊고는 쓰지 않은 휴가비 9만 6천 달러를 청구했다.[61]

하지만 집에 혼자 있는 일은 쉽지 않았다. 로즈도 이 일이 '끔찍하며 미쳐버릴 것 같았다'고 털어놓았다.[62] 신문사들과의 인터뷰에서 그녀는 두 손주를 '멍텅구리'라고 불렀으며 충격적이게도 '나치'라는 표현을 쓰기도 했다.[63] 또 가구업계에서 가장 큰 무역박람회인 노스캐롤라이나 하이 포인트 마켓High Point Market에 혼자 여행할 것임을 넌지시 비추었고, 네브래스카 퍼니처 마트와 길을 사이에 두고 있던 자기 소유의 창고를 새롭게 단장해 '창고 세일' 행사를 열었다. 그러고는 '본인이 가지고 있던 물건들'을 포함해 창고에 있던 재고 물품들

을 깡그리 팔아치우면서 하루에 1만 8천 달러의 매출을 올렸다.[64]

몇 달 뒤, 'B 부인의 창고'는 공식적으로 개장하기도 전에 하루에 총매출액 3천 달러씩을 기록했다.

고객 유치를 두고 벌어질 임박한 전쟁에 대한 질문을 받고 로즈는 지역 신문 기자에게 이렇게 고함을 질렀다.

"그 녀석들에게 혼구멍을 내줘야죠!"

그녀의 새로운 가게가 확보하고 있던 주차장이 좁다는 말이 나오자 그녀는 네브래스카 퍼니처 마트의 주차장을 손으로 가리키며 다음과 같이 말했다.

"저기에 주차하세요. (……) 알아채지도 못할 겁니다."

얼마 뒤 로즈는 주차와 관련된 네브래스카시의 조례를 놓고 손주들과 싸움을 벌이게 되었다. 로즈는 간판 하나를 세웠다. 내용은 '저쪽 가격은 104달러, 우리 가격은 80달러'였다.[65] 그리고 밥 브라운이 ABC 방송국의 뉴스 프로그램인 〈20/20〉에서 네브래스카 퍼니처 마트에 대해서 질문하자 이렇게 대답했다.

"할 수만 있다면 연기처럼 사라져 버리면 좋겠네요. 지옥으로 떨어져야 마땅합니다."[66]

이런 일이 있기 전에 워런은 다음과 같은 말을 했었다.

> B 부인이나 그녀의 자손들과 다투느니 차라리 회색곰과 레슬링을 하겠습니다.[67]

회색곰과 레슬링을 해야 할 상황에서 워런은 친구들이 사이가 틀어졌을 때 늘 그랬던 것처럼 어느 한 편을 들지 않으려고 했다. B 부인은 그의 이런 행동이 자기를 배신하는 것이라고 여겼다. 그래서 한 기자에게 다음과 같이 말했다.

"워런 버핏은 내 친구가 아닙니다. 나는 그 사람이 하루에 1,500만 달러씩 벌게 해줬습니다. 그랬는데도 손주들과 의견 다툼이 일어났을 때 내 편을 들지 않았어요."[68]

로즈의 이런 발언은 워런에게 가혹한 고문이나 마찬가지였다. 그는 다른 사람과 갈등을 빚거나 좋았던 관계가 틀어지는 상황을 견디지 못했기 때문이다.

자기 어머니의 말을 어길 수 없었던 루이도 마냥 로즈의 편을 들 수 없었다. 당시 상황을 루이는 다음과 같은 말로 회상한다.

"어머니는 자기가 이곳에 대한 통제력을 잃었다고 판단하고 무척 화를 내셨습니다."

루이는 언제나 자기 어머니에게 완벽한 아들 노릇을 했었죠. 다른 사람이 자기 말을 듣지 않는다는 사실을 인정하는 일은 B 부인에겐 세상에서 가장 힘든 일이었습니다. 그리고 자기가 가장 사랑하던 것을 포기해야 하는 상황에서 세상을 향해 분노했습니다.

두 해가 지난 뒤, 로즈의 매장인 '웨어하우스Warehouse('창고'라는 뜻)'는 비록 규모는 여전히 작았지만 워낙 빠른 속도로 성장해 마침내 네브래스카 퍼니처 마트에 상당한 위협이 될 정도가 되었다. 결국 루이는 다시 한번 개입해서 로즈에게 이렇게 말했다.

"어머니, 매장을 우리한테 파셔야 합니다. 우리끼리 싸우는 게 무슨 의미가 있습니까?"[69]

그러자 로즈는 워런에게 전화를 했다. 로즈는 네브래스카 퍼니처 마트를 그리워했다. 또한 가족을 그리워했다. 가족과 떨어져서 혼자 사는 생활이 너무나 외로웠다.

"내가 잘못했어요."

가족은 자존심보다 더 소중했고 사업보다 더 소중했다. 로즈는 워런에게 예전으로 돌아가고 싶다고 말했다. 워런은 씨즈캔디의 캔디 상자를 한 팔에 끼고 다른 한 손에는 커다란 분홍색 장미 부케를 들고 로즈를 만나러 갔다. 그는 로즈의 이름을 빌리고 또 그녀의 매장을 빌리는 값으로만 500만 달러를 지급하겠다고 제안했다.

　그는 이번 계약서에 한 가지 조항을 더 넣었다. 다시는 자기를 상대로 경쟁하지 못하도록 비경쟁 조항에 합의하고 서명하게 했던 것이다. 이 조항은 예전 계약서에 넣었어야 옳았다고 늘 생각하던 내용이었다. 아흔아홉 살 노인을 상대로 비경쟁 조항에 합의하라는 것은 어떻게 보면 어처구니없는 노릇이었지만, 그로서는 중요한 문제였다. 그는 철저하게 현실적이었다.

　계약서의 합의 조항은 로즈를 압도하도록 교활할 정도로 정교하게 작성되었다. 만일 로즈가 은퇴하거나 화가 나서 혹은 다른 이유로 그만둘 경우, 나이가 몇 살이든 상관없이 로즈는 그 뒤 5년 동안 워런 및 그녀의 자손들과 사업적으로 경쟁할 수 없도록 명시했던 것이다. 로즈가 설령 백스무 살이라고 하더라도 워런은 안전한 조치를 취해야 했다.

　　나는 B 부인이 영원히 살지 모른다고 생각했습니다. 그 영원함에
　5년을 보탤 필요가 있었습니다.

　로즈는 영어를 읽을 줄도, 쓸 줄도 몰랐다. 하지만 이 조항에 대한 설명을 들은 뒤에 자신의 특징적인 표식으로 서명을 했다. 이 휴전 소식은 지역 신문의 머리기사가 되었다. 당시를 회상하면서 워런은 다음과 같이 말한다.

그제야 나는 B 부인이 다시는 미친 듯 날뛸 일은 없을 것이라고 마음을 놓았습니다.

워런은 B 부인이 흡족하게 여기도록, 그래서 다시는 자신을 상대로 칼을 뽑지 않도록 온갖 노력을 다해 그녀의 비위를 맞추었다.

1993년 4월 7일, 오마하 상공회의소는 로즈가 워런과 피터 키위트 및 여러 명사들과 어깨를 나란히 하도록 그녀의 이름을 기업계 인사 명예의 전당에 올렸다. 워런은 하이랜드 클럽Highland Club에 마련된 무대로 올라갔다. 당시 그는 무릎 떨림 증상이 살짝 있었지만, 사람들 앞에서 생애 처음으로 노래를 불러 B 부인에게 바쳤다. 그날은 로즈의 백 번째 생일이기도 했다. 그는 또한 로즈가 새로 단장하던 지역 극장에 백만 달러를 기부했다.

아무도 믿을 수 없는 일이었다. 워런 버핏이 무려 백만 달러를 기부했던 것이다.

수많은 찬미의 언사들이 넘쳐났지만 아무것도 로즈 블럼킨의 머릿속에 남지 않았다. 심지어 워런 버핏이 자기에게 백만 달러를 줬다는 말도 마찬가지였다. 로즈는 자기가 가진 모든 것, 모든 행운, 자기가 누렸던 모든 기회가 모두 미국이란 나라에 빚졌다는 생각뿐이었다. 로즈는 가족 행사가 있을 때면 언제나 자기가 제일 좋아하던 노래인 〈미국을 축복하소서God Bless America〉를 꼭 연주하게 했다. 때로는 두 번, 세 번씩 연주하게 했다. 로즈는 자신이 받는 찬사에 거듭 이런 말을 하며 황송해했다.

"내가 이럴 자격이 있는지 모르겠어요."[70]

하지만 그 찬사를 기꺼이 다 받았다.

○ **45**

│

견인차를 불러라

오마하, 1982~1989년

퀸 엘리자베스 2호에서 내린 수지 버핏은 'B 부인' 로즈 블럼킨과 관련된 남편의 이야기를 모두 들었다. 뿐만 아니라 남편이 그다음에 매달릴 대상이 무엇인지도 들었다. 그 이야기는 수지뿐만 아니라 모든 사람들이 다 들은 내용이었다. 수지와 워런은 수지의 아파트에 가설한 특별 '핫라인'으로 거의 날마다 통화했다. 전화벨이 울리면 수지는 곧바로 달려가서 전화를 받았다.

"저건 워런 전화야!"

수지는 이렇게 말하고, 친구와 무슨 이야기를 하든 무조건 대화를 중단하고 전화부터 받았다. 수지에게 워런은 여전히 첫 번째 의무 대상이었다. 하지만 워런이 수지를 필요로 하지 않을 때 수지의 생활은 온전히 그녀 자신의 것이었다.

수지는 그래머시 타워의 작은 아파트에서 나와 워싱턴가(街)의 전차 노선에 있는 아늑하고 기분 좋은 공간으로 이사했다. 만(灣)이 한눈에 내려다보이는 풍경이 일품인 곳이었다. 수지가 이곳을 고른 이유는 피터가 아내 메리 및 그녀의 두 딸과 함께 근처에 살았기 때문이다. 피터는 여전히 음악을 했다. 스튜디오를 시간제로 임대해서 생활비를 벌기 시작하는 한편, 의뢰인이 돈을 주고 요구하기만 하면 무엇이든 작곡 작업을 했다. 학생들이 찍는 영화의 영화 음악을 비롯해 영화 제작사 '비디오 웨스트Video West'의 의뢰를 받아 작업을 하기도 했다.[1]

지난 몇 년 사이에 수지의 부모는 모두 세상을 떠났다. 톰슨 박사는 1981년 7월 세상을 떠났고, 도로시 톰슨도 13개월 뒤에 남편의 뒤를 따랐다. 부모와 워낙 친밀하게 지냈던 터라 두 사람의 죽음은 그녀의 삶에 아픈 구멍을 하나 커다랗게 뚫어놓았다. 이런 일이 있은 뒤에도 수지의 과잉 활동 경향은 누그러지지 않았다. 오히려 심해졌다. 워런은 수지라는 존재를 당연하게 여기던 예전의 생각과 행동을 이미 버렸다. 이제 그 어느 때보다 더 우상화하게 된 여성을 기쁘게 해주려고 더욱 노력했다. 이 노력의 결과는 부분적으로 보다 많은 돈을 수지에게 주는 방식으로 나타났다. 젊은 시절 수지가 흥청망청 쇼핑을 한다는 개념은 장바구니 가득 인사 카드 혹은 축하 카드를 사는 것이었다.[2] 그러던 것이 점차 해마다 버그도프 굿맨Bergdorf Goodman 백화점(1901년에 문을 연 뉴욕 5번가의 백화점. 전 세계의 왕족 및 상류층 인사가 주된 고객이다 – 옮긴이)의 신발 매장에서 신발을 왕창 사는 것으로 발전했다.

바늘 하나 들어갈 틈이 없었던 워런의 자린고비 기질이 누그러지기 시작했다. 워런은 이제 수지의 지출에 자비로웠다. 말로 표현하지는 않았지만 엄연한 진실이었다. 수지는 언제라도 자기 돈에 대한 권리를 주장하면서 자기가 직접 그 돈을 관리할 수 있었다. 수지는 모피 코트 두 개를 놓고 고민하면서 자기가 왜 굳이 그런 어려운 선택을 해야 하는지 알고 싶었다. 하지만 대답은 그럴 필요가 없다는 것이었다.

수지에게 온갖 다양한 하층민 친구들이 점점 늘어났고 이들에 대한 관대한 씀씀이 때문에 그녀의 지갑은 더욱 부지런히 열렸다. 그 누구도 묘한 매력의 버핏 가족을 쉽게 떠나지 못했다. 심지어 피터의 대학교 때 여자친구는, 피터와의 약혼이 성사되기 전에 피터가 그녀와의 관계를 다시 생각해서 헤어지게 만든 장본인이 수지였음에도 불구하고 수지의 비서로 일하기도 했다. 옛날부터 친구로 지내던 사람들, 가족이면서 의존하고 매달리던 사람들, 샌프란시스코에서 새로 사귄 사람들을 모두 합하면 그 숫자가 엄청나게 많았다. 보통 사람 같으면 이렇게 많은 사람을 감당할 수 없었겠지만 수지는 그런 보통 사람이 아니었다. 오마하의 구속에서 벗어난 수지는 마음껏 쓸 수 있는 돈을 가지고서 마치 〈마법사의 제자Sorcerer's Apprentice〉의 마법 빗자루를 부리는 것처럼 활기 넘치는 삶을 살았다. 크리스마스가 다가오면 워런은 수지에게 돈이 얼마나 필요할지 물었고, 수지는 아마 7만 5천 달러쯤 필요할 거라고 대답했다.[3] 그러면 워런은 수표를 써주었다.

수지가 특별히 관심을 가진 사람들은 예술가였다. 창조적인 재능을 가진 사람들, 특히 아직 인정받진 못해도 잠재적인 능력이 있다고 본 사람들이었다. 수지가 후원한 미술가 가운데 에드워드 모다크라는 화가가 있었다. 이 사람은 수지가 좋아하던 밝은 색조의 현대적인 감각으로 회화를 그렸으며 또 벽에 거는 가볍고 화려한 장식품을 만들기도 했다. 수지가 후원했던 예술가 가운데는 조카인 빌리 로저스도 포함되어 있었다. 빌리는 수지에게 가장 큰 과제였다. 뛰어난 재즈 기타리스트이던 빌리는 여러 그룹들과 함께 연주를 했다. B. B. 킹(1925년 출생의 흑인 기타리스트-옮긴이)과 함께 연주하기도 했고, 재즈 밴드인 크루세이더스Crusaders의 일원으로 연주하면서는 최대의 성공을 거두었다. 빌리는 결혼해서 아들을 하나 두고 있었으며 로스앤젤레스에 살았다. 하지만 그는 여러 해 동안 서부 연안을 이리저리 떠돌았다. 정착하지 못했고 타락의 길에서 벗어나지 못했다. 그래도 수지는 희망을 버리지 않았고 끝까지 조카를 포기하지 않았다. 약물 중독자로서 조카의 삶이 아무리 누추해도 수지는 언제나 빌리를 친아들처럼 대했다.

1984년, 에이즈로 미국인 2천여 명이 사망했고 2천 명 이상이 에이즈 감염자라는 발표가 있었다. 수지는 샌프란시스코의 동성애자들 사이에서 자기가 해야 할 다음번 과제를 찾았다. 에이즈의 감염 경로 및 에이즈에 대한 전반적인 이해가 부족한 상태에서 동성애자들을 향한 공격성은 병적일 정도로 과열되었다.[4] 사람들은 에이즈를 '동성애자의 암'이라고 말했다. 또 동성애자들의 성적인 일탈을 신이 마땅히 벌해야 한다고 말했다.[5] 가족에게 버림받은 수많은 남자들에게 어머니와 같은 존재이던 수지는 다시 한번 사회적인 편견이 그어놓았던 금단의 선을 넘었다. 부유한 기혼녀였던 그녀가 에이즈 위기의 초기 몇 년 동안 남자 동성애자들의 피난처로 자처했던 것이다.[6]

샌프란시스코에서 수지가 이끌던 삶은 공중에서 외줄을 타는 것처럼 아슬아슬했다. 그야말로 고도의 균형감각이 필요했다. 수지는 여전히 워런 버핏 부인으로 남아 있으면서도 개인적으로는 이혼과 재결합의 울타리 위에 불안정하게 서 있었다. 그러기를 벌써 여섯 해였다. 수지가 처한 상황을 잘 알던 몇몇 사람들은, 수지가 모든 사람들을 기쁘게 해주려고, 또 자기가 진정으로 원하는 것을 알아내는 고통스러운 순간을 피하려고 이 줄타기를 고집한다고 생각했다. 이들은 수지가 자기 자신에 관한 진실을 결코 말할 수 없는 여자라고 생각했다. 하지만 수지가 살았던 삶의 역사를 보면 그렇지 않다. 결코 자기의 모든 걸 어떤 한 사람에게 내주지 않았다. 한 사람과의 인간관계가 아닌 그보다 많은 인간관계로 자기의 관심을 분산시키려고 했다. 수지는 다른 사람을 잘 다스리는 자기 능력에 확신을 가졌으며, 또 거기에는 그럴 만한 근거도 있었다. 하지만 때로 수지는 자기 능력을 지나치게 과신하기도 했다.

수지가 간직하던 여러 가지 비밀들을 아는 사람들이 늘어날수록, 수지로서는 자기 인생에서 가장 중요한 두 남자가 각자 자기와 맺고 있는 관계의 상태에 대해서 아는 것을 통제하기가 점점 어려워졌다. 수지와 전직 테니스 코치 매케이브는 1983년 한때와 1984년 초반에 유럽을 함께 여행했는데, 유럽에서 새로 친구들을 사귀던 수지는 오마하에서부터 알던 사람들과 마주쳤다. 이렇게 해서 수지가 영위하던 두 개의 삶이 갑자기 유럽에서 충돌했다. 1984년 3월, 수지는 레일라의 여든 번째 생일잔치에 참석하려고 오마하에 갔다. 오마하에 머무는 동안 수지는 처음으로 워런에게, 자기가 샌프란시스코로 거처를 옮긴 이유 가운데는 남자 문제도 일부 있었다는 사실을 털어놓았다. 하지만 워런은 수지의 남자 문제는 과거의 일이라고 치부하며 그 남자는 수지가 오마하를 떠난 뒤에 만난 사람일 것이라고 생각했다.[7]

수지는 워런에게 고백하면서도 몇 가지 비밀들은 여전히 숨겼다. 그러나 수지는 마침내 한 가지 길을 선택했다고 볼 수 있다. 워런에게 고백함으로써 워런을 선택한 것이다. 다시는 워런을 떠나지 않을 것이다, 워런과 자기는 부부 사이로 계속 남을 것이다, 그런 생각을 했던 것이다.

워런은 진실을 안 뒤에도 마치 충분히 예상하던 일이었다는 듯 자살은 하지 않았다(수지는 워런이 자살할지 모른다고 두려워했다-옮긴이). 하지만 하룻밤 사이에 몸무게가 4킬로그램은 족히 빠져버린 것 같았다. 그가 감당해야 할 충격은 여러 개였다. 그 가운데서 특히 무거운 충격은, 만일 자기가 알았더라면 도저히 인정할 수 없었던 방식으로 수지가 자신이 준 돈을 썼다는 것이었다. 워런은 라구나 비치에 있는 집을 처음에도 그렇게 좋아한 것은 아니지만, 그런 일이 있은 뒤로는 그 집에 대한 애착이 눈에 띄게 줄어들었다.

레일라의 생일잔치 자리에서 워런은 눈에 띄게 수척했다. 하지만 아무 일도 없었던 것처럼, 가족들이 모이면 으레 하던 대로 행동했다. 그와 애스트리드 사이의 관계는 아무것도 바뀐 게 없었다. 애스트리드는 어떤 일이 일어났는지 알지 못했다. 워런은 버크셔 해서웨이 본부 사무실에 처박혀서 나오지 않았다. 비서 글래디스의 보호를 받으면서 일에만 파묻혔다. 워런은 아름다운 환상이었던 자기 결혼 생활이 참담한 종말을 맞은 걸 목격하는 기분이 어떤지 아무에게도 말하지 않았다. 그의 머릿속에서는 욕조에서 물을 빼듯 과거의 기억을 없애버리는 장치가 작동할 뿐이었다.

비록 버크셔 해서웨이의 옛날 직기들이 철커덕거리는 소리를 내며 여전히 돌아가고 있긴 했지만, 이 오랜 유물을 유지하겠다는 꿈도 시들해졌다. 직조실에서는 폐품 고철로 만든 것처럼 보이는 직기, 구시대 유물 같은 재봉틀, 낡아빠진 증기 휠이 지친 듯이 삐걱거리는 소리를 냈다. 노동자도 400명밖에 남지 않았다. 대부분은 포르투갈 출신 이민자의 후손들이었다. 이들은 직기에 관한 한 숙련공이었고, 많은 사람들이 오십대이거나 그보다 더 나이가 많았다. 이들 가운데 일부는 영어에 능숙하지 못했으며, 또 일부는 직기의 소음 때문에 귀가 잘 들리지 않았다. 새로운 정방기와 직기를 사들이지 않은 상태에서는 그 설비로 더 이상 레이온을 짜내기 어려웠다. 그것으로 끝이었다. 1985년 워런은 버크셔 해서웨이에게서 인공호흡기를 뗐다.[8] 새로 장비를 들여서 기존 설비를 교체하려면 5천만 달러나 들여야 했던 것이다. 그는 이 설비를 경매에 내놓아 16만 3,122달러에 팔았다.[9]

노동자들은 해고에 앞서 계약 내용을 이행하지 못한 책임을 지라고 주장했고 두 달 치 봉급을 따로 받았다. 하지만 이들은 워런을 만나서 직접 이야기하겠다고 했다. 워런은 이들의 요구를 거절했다. 그들은 워런이 인정사정없는 냉혈한이라고 생각했다. 추측건대 아마도 워런은 그 사람들과 마주앉을 자신이 없었던 게 아닐까 싶다.

그 사람들 잘못이라고는 할 수 없지만, 어쨌거나 그 사람들은 트랙터가 등장한 시기에 농장에서 일하던 말 신세가 되었습니다. 자유 시장이 있기에 이런 일이 일어난 겁니다. 만일 당신 나이가 쉰다섯 살이고 포르투갈어밖에 할 줄 모르며 직기 앞에서 30년 동안 일했고 귀가 잘 들리지 않는다면, 현실을 받아들여야 하지 않겠습니까? 다른 어떤 해답도 있을 수 없었습니다. 재교육 이야기를 할 수도 있겠습니다만, 전문대학이나 뭐 그런 데서 재교육을 받는다고 하더라도 그 사람들 모두 컴퓨터 프로그래머가 될 수 있을까요?

그러나 일자리를 잃은 사람들을 어떻게든 해결해야 합니다. 이 나라에서 자유 시장이 수행하는 순기능은 엄청나게 많습니다. 하지만 우리에게는 안전망이 필요합니다. 사회가 이득을 얻는 만큼 이 사람들에게 대가를 지불해야 한다는 말입니다.

사회에 적절한 안전망이 부족하다고 해서 워런이 그 대가를 지불할 마음은 없었다. 노동자들이 고용 계약 조건에 따라 연금을 받도록 보장받았다면, 그들이 받을 수 있는 것은 정확하게 그것뿐이었다.

시장은 완전하지 않습니다. 시장에만 의존해서는 모든 사람에게 충분한 삶을 보장해 줄 수 없습니다.

직물 공장의 문을 닫을 당시에, 버크셔 해서웨이라는 이름을 가지고 있던 지주 회사에서 직물 산업이 차지하는 비중은 파리똥 자국처럼 미미했다. 워런의 계획은 보험 회사가, 네브래스카 퍼니처 마트처럼 전체 산업을 집어삼킨 회사인 버크셔 해서웨이를 운영하도록 하는 것이었다. 1970년대에 워런은 가지각색의 보험 회사들을 인수해서 내셔널 인뎀너티의 등에 태웠다. 내셔널 인뎀너티가 조금이라도 더 힘을 발휘할 수 있도록 하기 위해서였다. 이는 훌륭한 전략이었지만, 여러 해 동안 그 보험사들은 대부분 잘못 돌아가고 있었다.

우선, 제트 잭 링월트는 이미 은퇴하고 없었다. 그리고 내셔널 인뎀너티가 사기꾼 대리인에게 사기당했을 때 소위 '옴니 항공 문제'가 터졌다. 이 문제로 1천만 달러가 넘는 손실이 발생할 수도 있었다. 최종적으로 200만 달러로 막긴 했지만, 이 일은 보험사들과 관련해서 장차 일어날 수많은 문제의 시작일 뿐이었다. 워런은 1970년대 초에 소규모 주택 및 자동차 보험 회사를 인수했었는데 이 회사는 곧바로 수렁에 빠졌고, 새로운 경영자가 가까스로 이 회사를 수렁에서 끌어냈다.

워런이 인수했던 다른 보험사들 역시 이런 유형의 문제를 그대로 반복했다. 수렁에 빠진 다음에 견인차를 불러댔던 것이다. 몇몇 보험사들을 수렁에서 건져 내는 데는 강력한 엔진과 윈치가 필요했다. 버크셔 해서웨이는 캘리포니아의 산재보험 회사도 자회사로 거느리고 있었다. 노동자들이 산업재해를 입었을 때 손실 임금과 건강 관련 혜택을 지급하는 보험이었다.

1977년에는 버크셔 해서웨이가 거느리던 두 개의 산재보험 회사

가운데 하나에서 관리자가 브로커로부터 뇌물을 받아 회사가 전면적인 '재앙'에 빠지는 일이 일어났다.[10] 워런의 부하이던 댄 그로스먼이 이 회사를 구하려고 로스앤젤레스로 날아갔다. 하지만 그는 금세 보험 회사를 제대로 알지 못한다는 사실을 뼈저리게 느껴야 했다. 보험 회사는 보기보다 훨씬 복잡하고 힘들었기 때문이다(예를 들어서 번 매켄지는 한 보험 모집원의 집과 자동차를 압류하려고 이 사람의 집을 찾아가기도 했다[11]). 전문 경영인에게 대금 미납 상품 회수원 일을 맡기는 것은 일반적인 CEO의 경영 스타일이라고 할 수 없다. 하지만 워런의 세상에서는 똑똑한 사람에게는 무슨 일이든 시켰다. 수렁에 빠진 회사를 구하기 위해서 그로스먼이 내놓은 해결책은 견인차를 부르고 전문 경영인 프랭크 드나도를 고용하는 것이었다. 드나도는 꼬인 매듭들을 풀기 시작했다. 워런은 버크셔 해서웨이의 연례 보고서에서 드나도에게 온갖 찬사를 아끼지 않았다.

워런은 또한 재보험 회사(보험사들의 보험을 맡는 회사) 하나를 실험적으로 인수해서 조지 영이라는 온화한 전문가를 고용해 운영하게 했다. 영은 자기가 하는 일을 제대로 파악하는 듯했다. 그래서 돈이 회사 안으로 굴러 들어왔지만 한편으로 너무 많은 손실이 생겼다. 워런은 영과 함께 이 문제를 해결하려고 노력했다. 그리고 그로스먼에게 구원투수 임무를 맡겨 뉴욕으로 보냈다. 다음은 그로스먼이 당시를 회상하면서 하는 말이다.

"모호했습니다. 워런이 런던 로이즈Lloyd's of London(런던에 있는 국제 보험업협회. 세계에서 가장 유력한 보험 인수단이다-옮긴이)와 얘기를 해보고, 내가 할 수 있는 재보험 거래를 찾아보라고 하더군요."

그로스먼은 재보험은 전문가들이 하는 사업이라는 사실을 금방 파악했다. 아무런 지시를 받은 게 없었기 때문에 그는 '루안, 커니프'에 임시로 자리를 하나 마련하고 투자에 대해서 배우기 시작했다.

워런은 이것 말고도 또 다른 보험 회사 관련 사업을 진행하고 있었다. 여러 주에 흩어져 있는 수많은 소규모 보험사들을 하나로 묶어서 '홈스테이트 컴퍼니즈Homestate Companies'를 만드는 일이었다. 이것은 애초에, 전국 규모의 거대한 보험 회사의 지점장 직함을 가지고 있는 사람보다 사장 직함을 가지고 있는 사람을 상대할 때 고객은 자기가 더 나은 대접을 받는다고 느낄 것이라는 발상에서 출발한 사업이었다. 1978년에 워런은 이들 회사가 '실망스러울 정도의 성과'밖에 내지 못했다고 썼다. 고객은 사장과 거래하기를 좋아했다. 그럼에도 불구하고 전국 규모의 회사는 몇몇 강점들을 가지고 있었다. 예를 들면 경험이라는 요소가 그런 강점이었다. 홈스테이트 컴퍼니즈는 새로운 방식의 경영을 필요로 했다. 워런은 스스로 이 문제를 해결할 방책이 없었다. 또한 현금을 모두 움켜쥔다거나 필요할 경우 가격을 올린다거나 하는 워런의 표준적인 경영 기법도, 비록 출발 자체는 나쁘다고 할 수 없었지만, 보험 회사에 막대한 수익을 안겨주지 못했다.

워런의 친구인 톰 머피는 워런에게 그가 권력 포기 수준으로 위임을 한다고 말하곤 했다.[12] 이제 워런은 번 매켄지에게 이 회사들 가운데 하나를 책임지게 했다. 하지만 얼마 가지 않아서 매켄지는 자기가 보험 사업을 제대로 알지 못한다는 사실을 깨닫고는 두 손을 들고 항복해 버렸다.[13] 한편 프랭크 드나도는 서른일곱이라는 젊은 나이에 심장마비로 갑작스럽게 비극적인 죽음을 맞았다. 이렇게 되자 캘리포니아의 노동자 보상 사업 부문은 다시 형편없는 수준으로 되돌아갔다. 워런은 뉴욕에 있던 그로스먼에게 곧바로 뉴욕에서 돌아와 그 회사를 맡아 운영하라고 지시했다.

그렇게 해서 그로스먼은 스물여섯의 나이에, 사기와 횡령을 예방하는 것이 매출액을 높이는 것보다 더 중요한 업무인 보험사 사장이 되어 수십 년 동안 보험사를 상대로 사기를 쳤던 고객들을 맞닥뜨려야 했다. 그로스먼은 도움을 청했지만 그때마다 워런은 농담으로 얼렁뚱땅 넘어가며 그의 등을 떠밀기만 했다. 그 바람에 혼란은 더욱 가중되었다. 그로스먼은 혼란스러운 상태를 제대로 정리하고 해결하는 게 자기의 특기라고 생각하던 인물이었다. 하지만 그는 명석하고 열심히 일하긴 했어도, 자기 나이와 자기 경험에 비추어 볼 때 보험회사를 경영하기에는 자격이 터무니없이 모자란다고 판단해 이런 사실을 워런에게 설명했다. 그러자 워런은 그로스먼을 전적으로 신뢰하며 그가 문제를 해결할 수 있을 것이라 확신한다고 말했다. 스트레스가 그로스먼을 짓눌렀고, 그의 결혼 생활도 엉망이 되었다. 마침내 그로스먼은 워런에게 자기는 도저히 그 일을 맡아서 할 수 없다고 말하고는 샌프란시스코로 가버렸다. 그리고 독자적으로 투자 운용 사업을 시작했다.[14]

누구든 자기 곁을 떠나는 것을 끔찍하게 싫어했던 워런은 그로스먼을 붙잡아서 버핏 그룹에 남게 했다. 버핏 그룹 사람들은 그로스먼을 좋아했고, 구성원들 가운데 많은 사람들이 그로스먼에게 그룹을 떠나지 말라고 설득했다. 하지만 그로스먼은 버핏 부부를 중심으로 사람들이 엮여 있는 복잡한 관계(즉, 수지는 수지대로 자기에게 의존하며 자기를 숭배하는 수많은 사람들에 둘러싸여 있었고, 워런은 워런대로 그를 보호하려는 사람들로 둘러싸여 있던 관계) 속에서 자기 정체성과 자율성을 유지할 수 있을 만큼 자기가 강하다고 생각하지 않았다. 그로스먼은 자기가 무엇을 포기하는지 알고서 모든 사람과 관계를 끊었다. 예전에 친구 사이로 지내던 사람은 그로스먼이 "버핏 부부와 인연을 끊었다"고 말했는데, 이 친구는 그 이유가 무엇인지 이해는 했지만 그로스먼의 선택이 너무 지나쳤다고 생각했다.

보험 제국은 점점 더 커지고 있었지만, 이 사업을 지원할 본부 인력은 그로스먼이 빠지면서 한 명 줄어들었다. 번 매켄지는 B 부인의 재무 관련 속사정들이 외부로 노출되지 않도록 하면서 네브래스카 퍼니처 마트를 버크셔 해서웨이의 장부 숫자에 포함시키는 작업을 하느라 너무 바빠, 워런의 얼굴을 보기가 어려울 정도였다. 그로스먼이 오마하의 키위트 플라자를 떠나 바깥으로 나돌면서 보험사 일을 할 때, 워런은 자기 방과 나란히 붙어 있던 그로스먼의 방을 마이크 골드버그에게 주었다.

골드버그는 예전에 태평양연안증권거래소에서 리커쇼서와 함께 일했던 매켄지사의 전직 컨설턴트였다. 여위고 강단 있는 체형에 냉소적인 집중력과 섬세한 유머의 소유자인 골드버그는, 가능성을 파악하는 기술이 하나이고 인간 성정에 대한 회의적인 시각이 둘인 보험 회사 경영에 타고난 소질을 가지고 있음이 밝혀졌다. 그는 혼자서 업무를 파악했다. 사실 그로스먼에게 시간을 쏟는 것만도 워런에게는 특별한 노력이었던 터라 따로 골드버그에게 신경을 쓸 여유가 없었기 때문이기도 했다.

골드버그의 출현으로 키위트 플라자 사무실 분위기가 완전히 바뀌었다. 중서부 지역 특유의 정중하고 절제된 모습은 한순간에 사라졌다. 골드버그가 보기에 90점밖에 되지 않는 관리자들은 지체 없이 짐을 싸야 했다. 낙제한 홈스테이트 컴퍼니즈에서는 짐을 싼 포장 상자들이 줄줄이 나왔다. 그럴수록 골드버그는 무시무시한 인물로 명성이 쌓여가기 시작했다. 그는 노동자 보상 및 재보험 분야에 새로운 인력들을 추가로 배치했다. 이들 가운데 몇몇은 살아남았고, 몇몇은 악을 쓰고 다그쳐 대는 분위기를 견디지 못해 나갔고, 나머지 사람들은 아예 최저 기준선을 통과하지도 못했다.

골드버그가 쓴 방식은 날마다 관리자들에게 전화해서 그들이 어떤 태도를 가져야 하는지 이해하고 사업에 필요한 사고방식을 강화할 수 있도록 계속해서 묻고 사정없이 몰아대는 것이었다. 실무에 직

접 뛰어들어서 혼란스럽게 보일 정도로 다그쳐 대는 이 방식의 가치
는 결코 만만치 않았다. 당시 골드버그의 지시를 받아야 했던 한 관
리자는 그의 지시를 받고 일해야 하는 상황을 거센 바람이 부는 소
크라테스식 문답법의 동굴 안에서 일하는 것에 비유했다. 하지만 스
트레스를 참아내기만 하면 사람들은 골드버그에게서 많은 것을 배
웠다. 그가 어떤 개성을 지닌 사람이었는지 드러내 주는 또 하나의
증언이 있다. 골드버그 아래에서 일했던 어떤 사람은 그를 '택시를
잡을 때도 고함을 지르는 사람들' 유형이라고 했다.

　1980년대 초반 내내 골드버그는 방향을 바로잡으려고 난관에 맞
섰다. 실망스러웠던 호슈차일드-콘이나 감상적인 버크셔 해서웨이
와 달리(이 두 회사는 처음 워런이 아예 인수하지 말았어야 했을 정도로 상태가 좋
지 않았다) 처음으로, 완벽하다고 할 정도로 멋진 회사들이 워런이 바
라보는 가운데 진창에서 허우적거렸다. 워런은 골드버그가 필요한
일들을 잘 해낼 것이라고 확신했다. 하지만 재보험 분야를 운영하던
쾌활하고 낙관적인 성격의 조지 영이 파렴치한 사기꾼 중개인들에
게 당하는 일이 일어났다. 재보험 사업 분야에서는 풍토병이라고 할
수 있을 정도로 늘상 일어나는 일이었다.[15] 그즈음 워런의 태도는 누
가 봐도 명확했다. 그는 적자를 내는 관리자들을 직접 대면해서 해고
하는 것을 피하려고 했다. 단지 간접적인 방식으로 비판하기만 했다.
이 방식이란 보통 그들에게 돌아가야 할 여러 가지 자원들을 보류하
는 것이었다. 특히 칭찬을 참는 방법을 썼다. 버크셔 해서웨이가 보
유하는 회사들의 숫자가 늘어날수록 이 수법을 더욱 자주 구사했다.
그가 주주들에게 보낸 편지들을 분석해서 보험사들에 대한 새로운
사실을 알아내려면, 간밤에 짖지 않는 개가 죽음을 당한 기이한 사건
에 예리한 시선을 던지는 셜록 홈스가 되어야 했다.[16] 워런은 1970년
대에는 각 개별 보험사의 관리자들에게 온갖 칭찬을 아끼지 않았지

만, 개별 인사들의 이름을 직접 거명하는 일은 점차 줄어들었다. 물론 화려할 정도로 높은 수익을 내는 가이코나 내셔널 인뎀너티의 경우는 예외였다.

하지만 워런은 보험 사업에 대한 글을 꾸준하게 썼다. 사실 1984년 편지에서 그는 이 주제를 예전보다 더 깊이 있게 다루었다. 하지만 버크셔 해서웨이가 소유하던 모든 보험사들을 한데 뭉뚱그려서 말했고, 또 이 회사들이 좋지 않은 성적을 낸 책임이 자기에게 있다고 했다. '출혈'에 책임이 있는 회사나 관리자의 이름을 구체적으로 밝히지 않았던 것이다. 그는 이런 식으로 장장 일곱 쪽에 걸쳐서 서술했다. 경쟁은 '산송장'이 벌이는 것과 같고, 감당해야 하는 손실은 '대여한 정장을 입고 관 속에 누운' 사람에게 날아드는 청구서 더미처럼 뼈아프다고 했다. 비록 CEO로서 자기에게 책임이 있다고 생각하는 건 적절했지만, 그는 거의 자기 몸을 스스로 채찍질함으로써 장차 있을 수 있는 비판을 차단하려고 애쓰는 것처럼 보였다.

또한 그는 비록 현재 상황이 끔찍하긴 하지만 이미 상당한 수준으로 호전되고 있다는 사실을 잘 알면서도 그런 내용을 썼다. 다음해부터 보험사들은 그가 예상했던 것처럼 시너지 효과를 발휘하며 강력한 단일 엔진을 가동하기 시작했던 것이다. 이 보험사들은 막강한 현금 흐름을 창출했고, 그는 이를 연료 삼아서 다른 분야로 더욱 뻗어나갈 수 있었다.

1985년이 되면서 그가 설계해 놓은 독특한 사업 모델은 잠재력을 발휘하기 시작했다. 그 어떤 사업과도 다른 이 사업 모델의 구조는 주주들의 재산을 더욱 빠른 속도로 불려주는 강력한 엔진으로 기능했다.

그리고 이어서 골드버그가 화룡점정을 찍었다. 그 일이 있은 뒤로 재무상태표의 수치들이 유정에서 솟구치는 기름보다 더 검었던 것이다(흑자를 기록했다는 뜻이다-옮긴이). 당시를 회상하면서 워런은 이렇게 말한다.

어느 날이었습니다. 토요일이었고 내가 여기 이렇게 앉아 있는데, 마이크 골드버그가 아지트와 함께 들어오더군요.

아지트 제인은 1951년에 태어났다. 인도의 콜카타 카라그푸르에 있는 저명한 인도공과대학교ɪɪᴛ에서 공학 학위를 받고 인도 IBM에서 3년 동안 일한 뒤에 하버드대학교에서 MBA 과정을 밟은 제인은 워런이나 멍거처럼 의심이 많고 완고한 성격이었다. 제인을 속일 수 있는 사람은 아무도 없었다. 워런은 이 청년에게서 자기 모습을 보았고, 제인은 곧 워런으로부터 로즈 블럼킨에 버금가는 평가를 받았다.

아지트는 보험 회사에서 일해본 경험이 전혀 없습니다. 그러나 나는 그 친구가 마음에 들었죠. 어떻게 해서든 아지트를 가까이 두려고 했습니다. 아지트는 전기를 처음 발견했을 때의 그 전기 같은 존재였죠. 대단했습니다. 아지트를 만난 것은 그동안 우리가 버크셔 해서웨이에서 했던 그 어떤 것과도 비교할 수 없을 정도로 대단한 일이었습니다.

워런은 제인이 어떤 결정을 내리든 자기는 그 결정에 아무런 토도 달지 않았다고 주장했다. 하지만 두 사람이 전화로 대화를 나눌 때 워런은 결코 수동적으로 듣기만 할 그런 위인이 아니었다. 그리고 버크셔 해서웨이에서 자신이 직접 챙기고 싶은 일이 있었다면 그건 바로 제인이 하는 일이었다. 워런은 거래의 가능성 여부를 점치기 좋아했다. 각자의 기질이 관건으로 작용하고 또 순수한 지적 능력과 의지에 따라서 엄청난 금액의 돈을 잃을 수도 있고 벌 수도 있는 거친 협상을 좋아했다. 심리학에 능할수록 유리한 이 극단적일 정도로 논리적인 사업에 임할 때 워런은 자기가 가진 모든 수완들을 동원했다. 제인을 대리인으로 내세워서 이런 일을 하는 것은 그에게 마치 암시장에서 거래하는 것과 비슷했다. 그는 이렇게 일하는 게 정말 마음에 들었다.

그가 제인에게 열중하고 혼란이 정리됨에 따라 골드버그에게 맡겨진 일은 끝났다. 그는 곧 버크셔 해서웨이 내부의 신용 및 부동산 사업 분야를 개척하는 쪽으로 자리를 옮겼다.

제인은 잠도 별로 자지 않는 것 같았다. 오전 5시나 6시쯤 일어나면 자기 자신에게 이렇게 물었다.

"지금 시각에 누가 깨어 있을까? 누구에게 전화를 걸면 될까?"

그의 동료들은 토요일이나 일요일이면 새벽에 그의 전화를 받고 재보험 거래를 주제로 길고 긴 통화를 할 만반의 태세를 갖추고 있어야 했다. 그와 워런은 밤 10시면 어김없이 통화를 했다. 제인은 전 세계의 어느 시간대에 가 있든 이 규칙을 절대로 어기지 않았다.

제인은 딱 맞은 시기에 버크셔 해서웨이에 나타난 셈이었다. 보험 회사의 가격은 최고 지점까지 올라갔다. 제인은 〈비즈니스 인슈런스 Business Insurance〉에 광고를 실었다.

"우리는 더 많은 것을 찾고 있습니다. 프리미엄이 100만 달러를 넘어서는, 보다 높은 위험을 찾고 있습니다."(보험 회사는 채권 등의 금융 상품이 부도나면 대신 돈을 지급하기로 하고, 보험 가입자에게 수수료를 받는다. 이 수수료가 바로 프리미엄이다-옮긴이)

이 광고에는 워런의 특징인 쇼맨십과 예리한 판단이 함께 들어가 있었다. 당시를 회상하면서 워런은 이렇게 말한다.

"우리에게는 명성도 없었고, 유통 체계도 없었으니까요."

하지만 이 광고가 나간 뒤에 수없이 많은 거래 요청이 물밀듯이 들어왔고, 제인은 계속해서 거래 계약을 맺었다.[17]

46

루비콘강을 건너서

오마하, 1982~1987년

1980년대에는 수없이 많은 인수 합병이 일어났다. 이 거래의 대부분은 대출금으로 진행되었다. 다우지수는 17년 동안 움직이지 않았다.[1] 끝도 없이 계속되는 인플레이션은 회사의 수익을 악화시켰다. 하지만 회사들은 급료 총액을 줄이지 않아, 최하층 직원을 제외한 사무직 직원들은 모두 안락한 쿠션에 편안하게 기댈 수 있도록 했다. 회사의 임원들은 혼자 혹은 직원들을 데리고 골프장이나 사냥터로 나갔다. 회사의 수익은 방만한 경영 및 느슨한 일 처리, 아무 생각 없는 관료주의 때문에 엉뚱한 곳으로 줄줄 샜다.[2] 1980년대 초에 주식은 마치 폴리에스터 양복처럼 싼값에 팔렸다. 그러다가 폴 볼커 연방준비제도이사회 의장의 진두지휘하에 무려 15퍼센트나 되던 높은 금리는 인플레이션이 잡히면서 낮아지기 시작했다. 투자 분야 종사자 가운데 눈치 빠른 사람들은 미국 기업이 한껏 부풀어 있다는 사실을 알아차렸다. 회사를 인수하려는 사람은 인수 대상 회사의 자산을 담보로 돈을 빌려서 인수 자금을 마련할 수 있었다. 말하자면 자기 돈을 한 푼도 들이지 않고 대출금만으로 회사를 인수할 수 있었던 것이다. 거대한 회사를 사는 데 노점 하나 장만하는 데 드는 돈도 들지 않았던 셈이다.[3] 이런 한탕을 노리는 사람들이 월스트리트로 대거 몰려왔다. 저마다 대출금이라는 나이프를 들고 두툼한 송아지고기 요리를 뜯어 먹겠다는 심산이었다. 이렇게 해서 인수 합병 붐이 시작되었다.

당시 차입 매수LBO(일련의 투자자들이 어떤 기업을 인수할 때 대상 기업의 전체 주식 혹은 전체 자산 매입에 소요되는 자금의 대부분을 부채로 차입해서 인수하는 것-옮긴이) 초기 행렬의 선두 주자였던 제롬 콜버그는 다음과 같이 말했다.

"주주들에게 돌아갔어야 할 수익이나 가치를 우리가 먹었던 겁니다. 여기에 대한 책임의 상당 부분은 미국이라는 기업에 있었습니다. 이런 문제 제기를 할 수 있거든요. 왜 기업들이 스스로 비용 절감을 하지 않았느냐고 말입니다."[4]

1984년에 소위 '정크본드junk bond'가 대접을 받으면서 열기는 더 뜨거워졌다. 고상한 이름으로는 '추락한 천사'라 불리던 정크본드는, 파산이라는 쓰레기통에 떨어지는 걸 가까스로 면한 상태로 이 쓰레기통의 모서리에 매달려 있던 '펜실베이니아 센트럴 레일로드Penn Central Railroad'와 같은 회사들이 발행한 채권이었다.[5] 이런 회사들이 정크본드를 발행하는 일은 드물었다. 그리고 이 채권의 금리는 매우 높았다. 회사의 신용도가 매우 낮았기 때문이다. 정크본드는 필사적인 수단이었고, 어딘지 의심스럽고 수상했다.

월스트리트에서 정크본드 부서 사람들은 넝마주이인 셈이었다. 이들은 파산의 악몽에 짓눌려서 기꺼이 정크본드를 발행하려는 회사

임원들을 찾아다니는 소수의 은행가들, 깔끔한 재무상태표를 예리한 눈으로 검토하며 파산 전문 변호사와 성난 투자자 그리고 절망적인 상태의 경영진으로부터 소문을 듣고 곤란 투성이의 채권들에 투자 의견 등급을 매기는 부실 채권 애널리스트들이었다.

급부상한 투자은행 '드렉셀 번햄 램버트Drexel Burnham Rambert'의 정크본드 부서 책임자이던 마이클 밀켄이 단순한 어떤 제안 하나를 통해 월스트리트에서 가장 영향력이 큰 인물로 떠오르는 순간, 모든 것이 바뀌었다. 그가 주장한 내용은 이랬다. 개별 정크본드는 위험하지만 여러 종류의 정크본드를 한꺼번에 보유할 경우에는 위험하지 않다. 평균적으로 볼 때 정크본드의 높은 금리는 채권에 따르는 위험을 보상해 주고도 남는다. 다른 말로 하면, (벤 그레이엄과 워런 버핏이 좋아했던) 꽁초와 마찬가지로 정크본드의 총합은 안전 마진을 보장한다는 것이었다.

곧 자산운용가들은, 자기들의 포트폴리오 안에 높은 이율의 정크본드를 구성하는 행위가 더는 투자자들이 맡긴 돈으로 룰렛 게임을 하는 것처럼 위험하지 않다고 여기게 되었다. 이런 움직임은 또 다른 차원에서 확대 발전되었다. 새로운 정크본드를 발행하는 것을 권장하는 분위기가 재빠르게 확산되었던 것이다. 단기 수익을 노리거나 재무 상태가 좋은 강력한 회사를 대상으로 하는 인수 자금도 정크본드로 조달할 수 있게 되었다. 그 결과 건전하던 회사의 재무 상태는 빚투성이의 스위스치즈로 바뀌고 말았다(큰 구멍이 많이 뚫려 있는 치즈의 한 종류 – 옮긴이).

정크본드로 무장하고 적대적 인수에 열중하는 기업 사냥꾼들의 목표는 안일하게 어기적거리며 걷는 기업들을 덮쳐 가로채는 것이었다. 목표물이 된 회사는 보다 우호적이라고 생각되는 인수자에게 몸을 맡기고 만다. 그리고 마지막에 이 회사는 보통 다른 기업 혹은 개인에게 팔리며 재정적으로 황폐해진다. 이 과정에서 투자은행가들이 받는 수수료가 워낙 엄청나게 많았기 때문에, 이들은 이 거래가 저절로 자기들을 찾아오기를 기다리지 않고 워런이 예전에 꽁초 주식을 찾으려고 《무디스 매뉴얼》을 뒤적였던 것처럼 S&P 1000에 속하는 기업들을 대상으로 사냥감을 물색하러 직접 나서기도 했다. 단지 한 무리만의 동의를 얻어서 진행되는 이런 인수 합병의 요란한 야단법석이 대중의 이목을 끌었다. 거물들이 먹잇감을 두고 싸우는 상황들이 일간지를 가득 채웠다. 마이클 밀켄의 연례 정크본드 협의 회인 '약탈자들의 무도회 Predators' Ball'[6]가 유명세를 떨쳤다.

워런은 이런 거래, 즉 주주들로부터 경영진, 길게 늘어서서 수수료를 떼는 은행가, 중개인, 변호사 등의 도움을 받는 기업 사냥꾼에게로 자산이 이전되는 방식을 경멸했다.[7] 그래서 이렇게 말했다.

"우리는 적대적인 인수 합병을 하지 않습니다."

1980년대에 이루어진 거래들을 바라보면서 워런은 불쾌감을 느꼈다. 거래에 필요한 자금이 부채로 동원되었기 때문이다. 대공황 시기를 겪으면서 성장한 사람들에게 빚이란 최악의 상황에서 정말 조심해서 써야 하는 것이었다. 하지만 1980년대에는 이런 개념이 바뀌었다. 빚은 단순히 지렛대일 뿐이었다. 수익을 극대화하기 위해서 부채를 지렛대처럼 이용한다는 것이었다. 이런 개념은 또한 미국 정부가 세금 감면이 경제를 활성화시켜서 궁극적으로 세수 증대를 가져온다는 공급 중시 이론인 소위 '레이거노믹스 Reaganomics'를 채택함으로써 더욱 입지를 굳혔다. 세금 감면이 실질적으로 효과가 있을 것인지, 있다면 얼마나 있을 것인지 하는 문제를 놓고 격렬한 논쟁이 벌어졌다. 경제는 다시 소비 지출로 인해 달아올랐다. 또한 부채에 의해서 이런 상황은 더욱 가열되었다. 사람들은 점차 모든 걸 신용카드로 구매하는 데 익숙해졌다. 그리고 결국, 신용카드 이용 정지에 이를 때까지 갚지도 못할 지불 잔액을 쌓기 시작했다. 악착같이 모아서 저금해야 한다는 대공황 시기의 교훈은 고리타분한 옛날이야기가 되고 말았다. 이제는 '지금 사라 그리고 나중에 갚아라'가 상식적인 소비 문화로 자리를 잡았다.

워런은 여전히 현금으로만 지불했으며 인수 합병 전쟁에서는 백기사 역할을 했다. 1985년 2월의 어느 날, 워런이 워싱턴에 있는데 아침 일찍 톰 머피가 전화해서 그의 잠을 깨우더니, 방금 ABC TV 방송국을 샀다고 했다. 그러면서 이렇게 말했다.

"빨리 오셔서 내가 대금을 어떻게 결제해야 할지 말씀해 주셔야 합니다."[8]

ABC 방송국은 기업 사냥꾼들의 조준경 안에 들어가 있었다. 이 회사는 머피가 백기사로 나서줄 수 있을지 보려고 미끼를 던졌고, 머피가 이것을 물었던 것이다.[9]

"ABC 방송국을 사서 인생이 어떻게 바뀔지 생각해 보시오."

워런이 한 말이었다. 머피는 독실한 천주교 신자였고 돈을 함부로 쓰는 법이 없었다. 게다가 ABC 방송국은 할리우드와 직접 관련이 있는 회사였다. 워런은 아마도 겸손하고 내성적인 머피와 TV라는 화려한 세상 사이의 부조화에 대해서 생각했을 것이다. 머피는 워런이 분명 그랬을 것이라고 믿는다.[10] 하지만 워런의 다음 행보는 그런 부조화 혹은 변화에 대해서 자기는 개의치 않음을 보여주었다. 혹은 적어도 그렇게 비쳤다. 왜냐하면 그는 머피에게, 캐피털 시티즈/ABC가 어떤 '고릴라 투자자'를 설득하고 끌어들여서 기업 사냥꾼들의 목구멍으로 넘어가지 못하도록 막아달라고 할 수 있지 않느냐고 했던 것이다. 그리고 놀랍지도 않은 당연한 순서가 이어졌다. 머피는 워런더러 그 고릴라 투자자가 되어달라고 했다. 워런은 망설이지 않고 캐피털 시티즈의 지분 15퍼센트를 대가로 버크셔 해서웨이에서 5억

1,700만 달러를 내놓겠다고 합의했다.[11]

　기업 사냥꾼들로부터 캐피털 시티즈를 구해줌으로써 워런은 이제 역사상 가장 큰 미디어 업체 거래의 한 참가자가 되었다. 버크셔 해서웨이의 몫만 하더라도 네브래스카 퍼니처 마트의 여섯 배 규모였다. 총 35억 달러를 내고 워런과 머피는 ABC 방송국을 인수했다.[12] 당시 ABC 방송국은 고군분투 중이었고 업계에서 3위로 밀려나 있었다. 워런은 나중에 다음과 같은 말을 했다.

　"방송국 사업은 특별히 매력적인 사업이 아닙니다."[13]

　하지만 그는 어린 시절부터 TV의 놀라운 지배력을 목도해 왔으며, TV가 여론을 형성하는 데 미치는 영향력과 사업적인 잠재력에 대해서도 잘 알고 있었다. ABC 방송국과 캐피털 시티즈가 가지고 있는 자산은 어마어마했다. 출판물만 해도 백여 개였고, 라디오 방송국 스물네 개, TV 방송국 열두 개, 케이블 방송국은 쉰 개가 넘었다.[14] 워런은 캐피털 시티즈/ABC를 워낙 간절히 원했기 때문에 〈워싱턴 포스트〉의 이사직에서도 기꺼이 물러났다. 두 회사가 TV 사업을 놓고 갈등을 일으킬 소지가 있어서 연방통신위원회 규정에 따랐던 것이다.[15] 하지만 워런은 설령 자기가 〈워싱턴 포스트〉의 이사회를 떠난다 하더라도 케이 그레이엄과 돈 그레이엄 모자는 필요할 때마다 비공식적인 접촉을 통해서 자기에게 도움을 청할 것임을 알고 있었다. 이사회를 떠난 날 밤, 워런은 행복한 마음으로 잠자리에 들었다.

　1985년은 굉장한 한 해가 될 터였다. '제너럴 푸즈General Foods'가 '필립 모리스Phillip Morris'에 매각됨으로써 이 단일 종목만으로 버크셔 해서웨이가 3억 3,200만 달러를 벌었던 바로 그 주에, 〈포브스〉는 워런이 얼마나 부자인지 포착하고 그를 미국 400대 부자 목록에 추가시켰다. 당시 그 목록에 들려면 1억 5천만 달러를 가지고 있어야 했다. 하지만 워런은 쉰다섯 살에 이미 10억 달러가 넘는 자산가로 〈포브스)가 선정한 미국의 열네 번째 부자였다. 그가 어린 시절 좋아했던 책의 제목은 '백만장자가 되는 천 가지 방법'으로 바뀌어야 했다. 어린 시절 그는 온갖 사업을 했지만 이런 결과를 낳으리라고는 생각하지 못했다.

그가 버크셔 해서웨이 주식을 처음 살 때는 한 주에 7.50달러였지만 이제는 한 주에 2천 달러가 넘는 가격에 거래되었다. 하지만 워런은 주식을 분할할 마음이 없었다(주식 분할은, 예컨대 주식 한 주를 두 주로, 두 주를 세 주로 나누는 것이다. 주주 입장에서는 지분에 아무런 변화도 없는 대신 주당 이익과 배당, 순자산 등은 적어진다. 주식 분할을 하면 주가가 낮아져 거래가 수월해지는 효과가 있다-옮긴이). 주식 수만큼 수수료가 든다는 게 이유였다. 틀린 말이 아니긴 했지만 다른 이유도 있었다. 주식을 분할하지 않을 때 버크셔 해서웨이는 주식회사가 아니라 동업자들이 모인 합자회사 혹은 클럽처럼 보인다는 것이었다. 그리고 주식 가격이 높아 버크셔 해서웨이 주식이 사람들의 관심을 끈다는 점도 작용했다.

버크셔 해서웨이의 주식 가격이 올라가면서 워런의 명성도 함께 올라갔다. 이제 그가 투자자들이 모여 있는 방에 들어서면 모든 사람들의 시선이 일제히 그에게로 쏠렸다. 캐피털 시티즈가 ABC 방송국을 인수한 뒤 실제로 그의 삶은 바뀌기 시작했다. 케이가 주선하는 거물급 인사 모임에 참석하는 것 외에도 그에게서는 이제 할리우드의 광채가 뿜어져 나왔다. 머피와 함께 드라마 감독이자 제작자인 아그네스 닉슨을 만나 저녁을 함께 먹으면서 그는 〈러빙 Loving〉이라는 쇼 프로그램에 출연해 달라는 부탁을 받았다. 보통 CEO들이라면 아마도 그런 품위 없는 행위를 마다했을 테지만, 그 프로그램에 카메오로 출연하는 것을 무척 바랐던 워런은 거기에 출연하고 받은 출연료 지급표를 사람들에게 보이며 자랑스러워하기까지 했다. 그는 분장하는 걸 좋아했다. 그래서 엘비스 프레슬리로 분장하고 친구들이 벌이는 파티에 나타나곤 했다. 한편 레이건 대통령이 백악관에서 주최하는 공식 만찬에 정장 차림으로 수지 주니어를 데리고 가기도 했다. 그 자리에서 워런은 실베스터 스탤론, 패션 디자이너 도나 카란과 한 테이블에 앉았다. 또 애스트리드와 함께 아카데미상 수상식에 참가해서 돌리 파튼과 함께 저녁을 먹었다(애스트리드는 공식적인 자리에는 거의 가지 않았지만, 이때는 중고 할인 의류점에서 산 옷을 자랑스럽게 입고 수상식장에 참석했다). 이 자리에서 워런은 비록 파튼을 매우 매력적일 뿐만 아니라 호감이 가는 여성이라고 생각했음에도 불구하고 그녀에게 깊은 인상을 심어주지 못했다. 대부분의 다른 여성들에게는 통했던 매력이 그녀에게는 통하지 않았던 것이다.

케이가 벌이는 파티에서 케이 그레이엄은 그날 가장 중요하거나 흥미로운 여성 두 사람 사이에 언제나 워런의 자리를 배정하곤 했는데, 그의 행동과 태도는 예전보다 한결 나아졌다. 하지만 변함없이 쭈뼛거리며 말을 제대로 하지 못했다. 그게 그렇게 어려웠다. 혹은, 그저 성가시고 따분할 뿐이었다.

사실을 말하자면, 여태까지 한 번도 본 적 없고 또 앞으로도 다시 볼 일이 없을 게 분명한 두 사람 사이에 앉아 있는 겁니다. 정도의 차이가 있을 수 있겠지만 어색하고 긴장할 수밖에 없죠. 베이브 페일리(미국 사교계 명사이자 패션의 아이콘이었다-옮긴이)든 마렐라 아넬리(피아트 자동차의 회장이었던 지아니 아넬리의 부인-옮긴이) 혹은 다이애나 왕세자비든 간에 케이는 늘 이 여자들에게서 자기가 열망하는 것을 보았습니다. 나는 이 사람들과 무슨 이야기를 어떻게 해야 할지 도무지 생각이 나지 않았습니다. 다이애나 왕세자비는 돌리 파튼처럼 쉽게 이야기할 수 있는 상대가 아니었습니다. 당신이라면 다이애나 왕세자비 옆에 앉아서 함께 식사하면서 무슨 이야기를 하겠습니까? '다들 안녕하신가요? 성에서는 뭐 특별한 일 있습니까?'라고 물어야 하겠습니까?

1987년이 되어 10억 달러의 자산가는 세상으로부터 상당한 존경을 받게 되었다. 워런은 그 자신이 이미 거대한 코끼리(거물급 인사)가 되었기 때문에 코끼리 박치기를 하려고 사람들을 초대하려면 굳이 케이 그레이엄에게 의지하지 않아도 되었다. 그리고 케이도 이제 더는 예전처럼 그렇게 정기적으로 워런에게 에스코트를 요구하지 않았다. 두 사람이 서로에게 집착하던 열정이 식었기 때문이다. 영향력 있는 인사에게 이끌리던 그녀의 마음은 이제 다른 사람을 향하고 있었다. 오랜 세월 우정을 쌓아왔으며, 최근 아내와 사별했고, 종이처럼 건조하며, 백과사전처럼 명석하고 또 고지식하기 짝이 없던 로버트 맥나마라였다. 케네디 행정부와 존슨 행정부를 거치는 동안 오랜 기간 국방부 장관을 역임했던 인물이었다. 육군의 지구전 전략의 창시자이기도 했다. 그래서 많은 사람들이 베트남 전쟁을 '맥나마라의 전쟁'이라고 여겼다. 그는 또한 미국 정부가 동남아시아 각국의 내정에 관여한 기록을 정리한 '펜타곤 문서'를 작성하라고 지시 내렸던 장본인이기도 했다. 〈워싱턴 포스트〉가 용기 있는 보도로 저널리즘의 교과서로 도약할 수 있었던 계기로 작용했던 바로 그 문서 말이다. 얼마 지나지 않아서 맥나마라는, 〈워싱턴 포스트〉 이사회 구성원 한 사람의 표현을 빌리자면 케이의 '세 번째 남편'이 되었다. 이 말이 틀리지 않았음을 입증이라도 하듯 케이는 맥나마라를 〈워싱턴 포스트〉의 이사진에 올렸다. 맥나마라와 워런은 처음부터 좋은 친구 사이는 아니었다. 하지만 오랜 시간이 지나면서 두 사람 사이에는 서로를 존중하는 휴전 상태가 성립되었다.

워런은 맥나마라와 같은 인물들은 외교적인 방법을 통해서 충분히 다룰 수 있었다. 하지만 보다 심각하고 또 전혀 예상하지 못했던 문제는 명성 때문에 빚어질 수 있는 신체적인 위험이었다. 한번은 키위트 플라자 앞에 나타난 두 남자 중 한 명이 크롬 도금을 한 가짜 45구경 권총을 흔들며 워런을 붙잡고 몸값으로 10만 달러를 요구했다. 나중에 이 남자는 목장 살 돈을 빌리려고 했던 것이라고 진술했다.[16] 경비와 경찰이 이 남자를 제압했고, 다친 데 하나 없이 멀쩡했던 워런은 글래디스에게 이 이야기를 전하며 우스갯소리로 그 남자를 '빌리 밥'(빌리 밥 손턴, 영화배우. 1987년에 〈헌터스 블러드Hunter's Blood〉로 데뷔 – 옮긴이)이라고 불렀다. 워런은 보디가드를 고용하라는 말을 전혀 들으려 하지 않았다. 자신이 소중히 하는 프라이버시와 자유를 침해당한다는 게 이유였다. 하지만 보안 카메라를 설치하고 약 140킬로그램 무게의 보안문을 사무실에 새로 설치했다.[17]

낯선 사람들이 전화해서 막무가내로 워런을 만나야겠다고 하는 일도 자주 일어났다. 이들은 대체로 시간은 딱 1분밖에 걸리지 않을 것이고 오로지 워런만이 자기에게 도움을 줄 수 있다고 했으며, 또 워런이 자기 말에 틀림없이 큰 관심을 가질 것이라고 했다. 글래디스는 사무적이고 건조한 말투로 이 사람들에게 각자 요구하는 내용을 편지로 쓰라고 요구했다.[18] 워런은 버크셔 해서웨이 주식을 살 수 있게 해달라는 편지를 받기 시작했다. 그렇게만 해주면 산사나무 약초 치료 비법을 알려주겠다는 제안도 있었다. 또 전혀 새로운 타입의 아이스크림을 제조하는 데 자금을 투자하라는 내용도 있었다. 사람들은 또 이런 내용으로 워런에게 편지를 썼다.

"버핏 씨에게, 나는 평범하게 사는 게 지긋지긋한 사람입니다. 부자가 되고 싶어 죽겠습니다. 당신은 돈이 많으니까 나한테 조금만 나누어 주시죠."[19]

또 카드 빚과 노름 빚 때문에 죽을 지경이니 제발 도와달라는 편

지도 많았다.[20]

　수집광이었던 워런은 이 수많은 편지들을 차곡차곡 모았다. 이 편지들 가운데 많은 것들이 그에게 자기가 교사로서 그리고 롤모델로서 자기 자신을 어떻게 생각해야 할지 일깨워 주었다. 때로 어떤 편지들은 감동과 놀라움을 주기도 했다. 워런은 만일 도움이 될 것 같고 또 시간이 있으면, 채무자이건 노름꾼이건 간에 그들에게 편지를 써서 채무자로서 책임을 다해야 한다고 단호하지만 친절하게 답변했다. 그리고 그들이 마치 자식이라도 되는 것처럼, 채권자들에게 자신들의 상황을 이야기하고 보다 유리한 채무 이행 조건을 협상해서 구제를 위한 시간을 벌라고 조언했다. 지나치게 많은 빚을 질 때의 위험에 대한 경고도 덧붙였다. 특히 개인적인 차원의 정크본드라고 할 수 있는 신용카드로 인한 빚을 경계하라는 말이 많았다.

　하지만 정작 워런의 자식들은 많은 돈을 어떻게 다루어야 할지 거의 훈련을 받지 않았다. 딱 한 가지 그들이 배운 게 있다면 빚이 얼마나 위험한가 하는 것이었다. 워런은 자식들이 돈을 달라고 손 벌리면 마치 모르는 사람에게 부탁을 받았을 때처럼 완강한 태도를 보였다. 이건 워런이 의도했던 교육이 아니었기 때문에 어떻게 보면 자식들로서는 그나마 이런 교육이라도 받은 게 다행인 셈이었다. 하지만 워런은 여전히 가족들을 상대로 돈을 걸고 몸무게 관리를 시켰다.

　서른 살 조금 넘은 수지 주니어는 얼굴이 하트 모양인 데다 갈색 머리카락을 어깨까지 늘어뜨리고 다녀서 때로는 스물다섯 살 정도로 어리게 보이기도 했다. 하지만 살과의 전쟁을 벌이고 있었다. 워런이 수지 주니어에게 살을 얼마 정도만 빼면 한 달 동안 옷을 얼마나 많이 사든 무제한으로 그 옷값을 지불하겠다고 제안했던 터였다. 단, 조건이 한 가지 있었다. 만일 1년 안에 몸무게가 예전 상태로 돌아간다면 수지 주니어가 아버지에게 그 옷값을 고스란히 돌려줘야 했다. 두 사람 사이의 이런 거래는 단순한 윈윈 게임 이상이었다. 워런으로서는 결과가 어떻게 나오든 상관없이 이기는, 위험률 제로의 거래였다. 자기가 원하는 대로 수지 주니어가 줄어든 몸무게를 계속 유지할 때만 돈이 나가기 때문이었다. 수지 주니어는 다이어트에 돌입했고 목표한 만큼 몸무게를 줄였다. 그러자 그녀의 어머니 수지가 딸에게 신용카드를 보냈다. 거기에는 메모도 한 장 딸려 있었다.

"마음껏 즐겨라!"

처음에 수지 주니어는 아버지에게 비용을 청구하는 게 겁나서 단 한 푼도 쓰지 못했다. 하지만 조금씩 용기를 냈고, 나중에는 생애 처음으로 무제한의 돈을 소유했다는 사실에 눈이 부셔 앞을 보지 못할 정도로 황홀한 상태에서 마구 옷을 샀다. 그리고 날마다 청구서를 식탁 위에 던져 놓았다. 총액이 얼마인지 계산도 하지 않았다. 너무 겁났기 때문이다.

"이런 세상에나!"

수지 주니어의 남편 앨런이 고함을 질렀다. 저녁마다 집으로 돌아와서 아내가 새로 사서 쌓아 놓은 청구서들을 보고는 놀란 입을 다물지 못했다. 이렇게 한 달이 지난 후 수지 주니어는 청구서들을 모아서 금액을 합산해 보았다. 4만 7천 달러였다. 당시를 회상하면서 그녀는 다음과 같이 말한다.

"합계 금액을 보고 아버지가 놀라서 돌아가실지 모른다는 생각을 했습니다."

수지 주니어는 일종의 강화 요법(상을 주는 방식으로 정상적인 반응을 조장하는 정신 치료법―옮긴이)을 받은 셈이었다. 그녀의 어머니의 영향력은 강력했지만 수지 주니어는 돈에 관한 한 누가 더 워런에게 강한 영향력을 행사하는지 알고 있었다. 그 사람은 바로 케이 그레이엄이었다. 케이는 피터에 대해서는 거의 아무것도 알지 못했다. 그리고 케이는 호위에게는 '감히 닿을 수 없는' 존재였다. 호위는 앉아서는 안 되는 엉뚱한 자리에 앉는 게 아닐까, 또 그녀의 집에 있는 물건을 잘못 건드려서 깰까 늘 두려워했다. 이 두 아들에 비해서 누나인 수지 주니어는 케이와 친밀하고도 가깝게 지냈다.[21] 그녀는 케이에게 스스럼없이 전화를 걸었고, 케이는 필요할 경우 그녀의 보호막이 되어주었다.

약속은 약속이었던 만큼 워런은 군말 없이 딸의 옷값을 지불했다. 그러고는 놀라서 다급하게 친구들을 상대로 여론 조사를 했다.

"아내가 그렇게 많은 돈을 옷 사는 데 쓴다면 어떻게 하시겠소?"

남자들은 모두 지나친 행동이라고 입을 모았다. 하지만 이 사람들의 아내들은, 워런에게 그보다 더 큰 금액이 나올 수도 있었는데 그 정도만 해도 다행이라고 여겨야 한다는 데 의견을 모았다.[22]

워런이 호위에게 농장 임대비로 투자한 돈도 몸무게라는 변수와 관련이 있었다. 농장에서 나온 수익의 배분이 호위의 몸무게가 올라가거나 내려가는 데 따라서 달라졌기 때문이다. 워런은 호위의 적정 몸무게가 82.8킬로그램이라고 보았다. 그런데 이 기준을 넘어설 경우 호위는 농장에서 번 돈 가운데 26퍼센트를 아버지에게 지불해야 했다. 그러나 이 기준을 넘어서지 않을 경우에는 22퍼센트만 지급했다. 당시 호위는 워런의 이런 방식을 두고 다음과 같이 말했다.

"이건 우리 가족판 '웨이트 와처스Weight Watchers(체중 감량 서비스 업체−옮긴이)'라고 할 수 있습니다. 난 상관 않습니다. 정말요. 아버지는 당신이 내 건강에 관심 있다는 사실을 보여주시는 거니까요. 정작 맘에 걸리는 사실은, 22퍼센트라고 하더라도 이 주변에 있는 어떤 지주보다 거의 최고로 많이 거둬가는 수준이라는 겁니다."[23]

아무튼 이 거래에서도 워런은 언제나 승자가 될 수밖에 없었다. 돈을 가지거나 그게 아니면 아들이 날씬한 체형을 유지할 수 있도록 했으니까.[24] 이 모든 게 워런 버핏의 고전적인 방식이었다. 친구 한 사람은 워런의 이런 모습을 두고 다음과 같이 말했다.

"그 사람은 윈윈 게임의 달인입니다. (……) 자기가 이기는 게임이 아니면 절대로 하지 않습니다."

피터와 그의 가족은 수지가 살고 있던 워싱턴가의 같은 아파트 건물에 있다가 스콧가의 주택으로 이사한 상태였다. 피터는 새로 생긴 케이블 방송국인 MTV에 방송될 15초짜리 애니메이션에 들어갈 음악을 만드는 일을 맡았다. 피터가 비록 버핏 부부가 낳은 자식들 가운데서 경제 관념이 가장 희박하긴 했지만, 자기 소유의 버크셔 해서웨이 주식을 음악적인 재능과 연결시켜서 돈에 쪼들리지 않고 자신의 커리어와 삶을 이어가고 있었다. 하지만 1980년대 중반에 피터는 아버지가 하던 훈계를 놓고 곰곰이 생각했다. 워런은 이런 말을 했었다.

"슈퍼마켓에 가서 호위 버핏이 생산한 옥수수를 찾는 사람은 아무도 없다."

마찬가지로 피터 버핏의 음악을 확보하려고 광고 대행업체를 고용하는 회사도 없었다. 피터는 이런 사실을 깨달았다. 만일 자기의 독자적인 예술을 추구하고자 한다면, 작곡 주문을 하는 회사들에 빌붙어서 음악을 팔아먹는 일을 당장 집어치워야 했다. 비록 돈을 벌지는 못한다 하더라도 그렇게 해야 했다. 피터는 상업용 음악을 작곡하는 동안 데모 테이프를 녹음하고 뉴에이지 음반사인 '나라다Narada'와 음반을 내기로 계약했다.[25]

여전히 음악 세계에서 취미로 작업을 하고 있던 수지는 피터의 스튜디오에 자주 찾아갔다. 수지는 빌리 로저스가 로스앤젤레스에서 돌아와 있을 때는 이 조카의 연주에 맞추어 노래 부르는 걸 좋아했다. 빌리는 자기 인생을 올바르게 정리하려고 애쓰고 있었다. 그는 삼촌인 워런에게 편지를 써서, 비록 인생의 많은 기회들을 날려버리고 말았지만 이제 다시 찾아올 새로운 기회를 맞을 준비가 되어 있다고 했다.[26] 그러면서, 가족과 함께 새로운 삶을 시작할 수 있는 집을 사고 싶다며 계약금을 주면 고맙겠다고 했다. 마약 중독자인 재즈 기타리스트가 썼다고 보기에는 너무도 멀쩡한 편지였다. 또 이 편지에서 읽을 수 있는 경제적인 개념도 놀라울 정도로 세련되고 정교했다. 수지는 집을 한 채 살 수 있는 계약금을 워런의 허가 없이는 감히 지출할 수 없었는데, 빌리 이름의 이 편지에 수지의 도움이 녹아들어 가 있음은 누가 봐도 뻔했다.

워런은 길고 친절하게 답장을 써서 그렇게 할 수 없다고 전했다. 그는 술과 마약과 빚은 '똑똑한 사람을 엇길로 빠뜨리는' 가장 큰 요인들이라는 찰리 멍거의 말을 인용했다. 그리고 주택 구입 계약금을 빌리는 것은 결코 안전 마진을 보장하지 못한다고 했다.

만일 어떤 다리 하나를 짓는다고 치자. 이 다리에 하중이 4,500킬로그램인 트럭들이 오갈 것이라고 예상한다면, 이 다리가 지탱할 수 있는 하중을 4,501킬로그램으로 설계하지는 않는다. 적어도 6,800킬로그램으로 설계한다. (……) 빚을 잔뜩 진 상태에서 현금 보유액이 하나도 없다면, 그건 큰 실수를 하는 것이다. (……) 개인적으로 나는 지금까지 살면서 빌린 돈은 25퍼센트 이상을 써본 적이 없다. 만 달러밖에 없는 상황에서, 백만 달러가 있으면 좋을 것 같은 온갖 투자 아이디어들이 머릿속에 가득 들어 있을 때도 말이다.[27]

빌리는 곧 다음 편지를 썼다. 혼란스러움 속에서 손으로 직접 쓴 편지였다. 이 편지에서 그는, '조각난 내 인생의 파편들을 하나씩 맞취나갈 생각이며 (……) 아들의 양육권을 얻고 싶다'고 호소했다.[28] 그럼에도 돌아온 대답은 안 된다는 것이었다. 워런은 돈과 관련해서는 철의 원칙을 가지고 있었다. 뿐만 아니라 철저한 현실주의자였던 까닭에 마약 중독자가 하는 약속을 곧이곧대로 믿지 않았다. 언제나 사람들의 선의만 믿었던 수지는 마음이 아파 도저히 조카를 포기할 수 없었다. 워런에게 반항해서 워런이 빌리에게 돈을 주게 할 생각은 없었지만 수지는 그 뒤로도 줄곧 엄청난 열정과 이따금씩 건네주는 용돈으로 조카를 도왔다.

가족 가운데 한 사람은 수지의 활동을 '기동 적십자 부대'라는 말로 표현했다. 수지가 1984년 워런에게 고백하고 두 사람이 자기들의 결혼 생활을 새롭게 이해하고 규정한 뒤로 수지의 기동 적십자 활동은 보다 넓은 범위로 확장되었다. 1984년에 수지는 비장과 췌장 사이에 농양이 생겨서 간단하지 않은 수술을 받았다. 의사들은 왜 거기에 농양이 생겼는지 원인을 밝혀내지 못했지만, 아무튼 수지는 별다른 사고 없이 회복했다. 수지는 스스로를 건강하다고 생각했으며 자기는 다른 사람들에게 보살핌을 받는 사람이 아니라 다른 사람들을 보살피는 사람이라고 여겼다. 수지는 늘 자기 주변에 북적거리는, 아프고 상심하고 도움의 손길이 필요한 사람들을 돌봤다. 그리고 워싱턴가의 작은 아파트에서 종종 가면무도회를 열었고, 자전거를 배우려고 애썼으며, 디너파티나 추수감사절 파티를 열어서 동성애자들과 부랑자들을 불렀다. 청바지와 운동복을 입었고, 한때 쓰고 다니기도 했던 가발을 벗어 던졌다. 그녀의 머리카락은 이제 밝은 갈색이었고, 광채가 나듯 환한 얼굴을 마치 화관처럼 감쌌다.

라구나의 집은 여전히 임시로 빌린 것 같다는 인상을 떨쳐내지 못하고 있었다. 그즈음 아내가 원하는 것은 무엇이든 내줄 마음의 준비가 되어 있던 워런은 수지가 이 집을 확장하고 다시 꾸며도 된다고 허락했다. 래키(라퀠의 애칭–옮긴이)의 아들 톰 뉴먼은 수지에게 체육 지도자이자 전직 간호사이던 인테리어 전문가 캐슬린 콜을 소개했다. 두 사람은 그 집을 수지가 좋아하는 밝은 색 계열의 현대적인 색조로 단장하기 시작했다. 콜은 또 점점 늘어나던 선물 목록의 온갖 선물들을 구입하는 일까지 맡아서 했다.[29]

수지와 워런은 여전히 돈을 놓고 옥신각신했다. 하지만 이런 다툼의 내용, 즉 둘 사이에 오가는 대화의 내용은 언제나 판에 박은 듯 같았다. 수지가 받는 용돈은 빠른 속도로 늘어났다. 하지만 수지에게는 언제나 부족하기만 했다. 늘어난 용돈 덕분에 수지는 콜에게 비서 일을 시킬 수 있었다. 콜은 수지의 전임 비서 역할을 하며 수지의 일정을 관리했다. 덕분에 수지는 더 넓게 활동했고 가족과도 더 많은 시간을 함께 보낼 수 있었다. 호위는 여전히 그 누구보다도 수지의 지원과 애정을 많이 받았다. 수지는 네브래스카로 정기적으로 오가면서 이런저런 도움을 주었으며, 호위의 아이들, 즉 자기 손자손녀들에게 아낌없이 애정을 쏟았다. 에린, 헤더, 첼시, 메건은 자기 피가 섞이지 않은 손녀였고 호위 B는 자기 피가 섞인 손주였다. 워싱턴 디시에 살던 수지 주니어가 첫아이를 임신한 뒤로는 동부 연안으로 부지런히 다니기 시작했다.

수지 주니어와 앨런은 워싱턴의 작은 집을 재건축해야겠다고 생각했다. 계단이 너무 많았고, 부엌도 아기 담요 크기밖에 되지 않았으며, 뒷마당으로 바로 나가는 문도 없었기 때문이다. 수지 주니어는 식탁 두 개가 충분히 들어갈 정도로 부엌을 넓히고 실내에서 뒷마당으로 바로 나갈 수 있도록 재건축 설계를 했다. 예상 비용은 3만 달러였다. 이들 부부에게는 그만한 돈이 없었고 수지 주니어는 어떻게 하면 이 돈을 마련할지 고민했다. 10억 달러 규모의 자산가였던 아버지에게 손을 벌려봐야 아무 소용없을 것임은 이미 잘 알고 있었다. 다행스럽게도 임신은, 몸무게를 놓고 아버지와 한 거래에서 빠져나갈 수 있는 구실이 되었다. 워런은 딸의 옷값으로 지불했던 4만 7천 달러를 돌려받지 못할 터였다. 그럼에도 불구하고, 보다 정확하게 말하면 보석보다는 그래도 옷이 더 가치 있다는 아버지의 믿음에도 불구하고, 수지 주니어와 앨런은 부엌을 넓힐 돈을 구하려고 새로 산 옷을 전당포에 가지고 갈 수는 없었다. 그래서 그녀는 아버지에게 돈을 빌려달라고 부탁했다.

"돈을 빌릴 거면 은행에 가야지?"

워런은 이 한마디로 딸의 부탁을 거절했다. 그러고는 네브래스카 미식축구팀의 선수가 자기 아버지가 예전에 이 팀에서 유명한 쿼터백이었다고 해서 그 포지션을 물려받을 수는 없지 않느냐고 설명했다. 거저 얻는 포지션, 다시 말해서 유산으로 물려받는 재산은 정의에 대한 그의 관념과 맞지 않았다. 그가 생각하는 우주의 균형을 깨뜨리는 것이었다. 하지만 그렇게 이성적인 원칙을 자식들에게까지 엄격하게 적용하는 것은 너무 냉담한 처사였다. 수지는 당시 한 잡지사와 했던 인터뷰에서 다음과 같이 말했다.

"아버지는 원칙에 입각해서 그 돈을 우리에게 주지 않겠다고 하셨습니다. 아버지는 평생 우리에게 가르침을 주고 있습니다. 그래요, 충분히 많이 배운 것 같습니다. 어느 정도까지만 하시고 이제 그만하셔야죠."[30]

얼마 뒤, 의사는 수지 주니어에게 여섯 달 동안 침대에 누워서 절대 안정을 취하라는 처방을 내렸다. 그녀는 작은 침실에서 작은 흑백 TV를 보며 누워서 지냈다. 이런 모습을 본 케이 그레이엄은 깜짝 놀라서 자기 요리사가 준비한 음식을 날랐고 수지 곁에 있어주었다. 또 더 큰 컬러 TV를 한 대 사줘서 워런을 무안하게 만들었다. 수지 역시 딸에게 무슨 일이 벌어지는지 알고는 모든 걸 팽개치고 딸을 돌보려고 달려가 몇 달 동안 워싱턴에서 지냈다. 그리고 집의 상태를 보고는 모든 것을 뒤엎고 재건축 작업을 했다. 수지는 워런이 그 비용을 대지 않으려 한다는 사실에 화를 냈다. 하지만 수지가 쓰는 돈은 모두 워런에게서 나왔다. 두 사람이 돈을 놓고 벌이는 끝없는 줄다리기 때문에 검소함에 관한 워런의 명성은 더욱 높아졌다. 손이 크고 관대하다는 수지의 명성도 덩달아 높아졌다. 두 사람이 이런 관계를 계속 유지한 사실을 놓고 본다면, 두 사람 다 상황이 이렇게 전개되는 것을 바랐던 게 분명하다.

1986년에 에밀리가 태어났다. 이제 버핏 부부의 손주는 샌프란시스코와 오마하, 워싱턴 디시 세 도시에 걸쳐 모두 여덟 명이나 되었다. 에메랄드 베이 라구나 비치의 집을 새로 단장하는 작업이 어느 정도 마무리 단계에 들어가자 수지는 작업 속도를 늦추고 이 집을 친구들, 특히 손주들을 즐겁게 해주는 공간으로 쓰기 시작했다. 그리고 샌프란시스코에서는 스콧가에 피터가 새로 마련한 집 가까이에 있던 퍼시픽 하이츠의 한 아파트로 들어갔다. 브로드웨이에 있던 이 널찍한 아파트는 4층 건물의 맨 위층에 자리했고, 금문교에서 앨커트래즈섬까지 펼쳐지는 멋진 전경을 한눈에 굽어볼 수 있었다.

수지는 이제 실내 장식 전문가인 캐슬린 콜을 개인 비서로 정식 고용했다. 그리고 콜에게 이렇게 말했다.

"파트타임으로 일해도 돼요. 그리고 나머지 시간은 두 아이들을 위해서 써요."

콜은 정신을 차리고 보니 언제부터인가 자신이 버핏 재단과 관련된 일을 했고, 수지의 여행 일정을 조정했으며, 연예 활동을 관장했고, 심부름꾼이나 가정부 그리고 수지가 편의를 봐주려고 채용하는 친구들 등을 포함한 모든 인력을 고용하고 관리하는 일 등을 맡아서 하고 있음을 깨달았다. 수지의 선물 목록은 해마다 늘어났다. 콜은 카탈로그들을 주문하고, 선물로 쓸 물품을 고르고, 이것들을 포장하고 배송하고 들어오고 나가는 것을 관리하고, 또 사람이나 물건이 중복되지 않도록 모든 내용을 기록했다.[31] 또 콜은 어느 순간부턴가 두 군데의 집을 관리하고 있었다. 하나는 여전히 단장 작업이 계속되고 있던 라구나의 집이었고, 또 하나는 2년 동안에 걸친 리모델링을 계획하던 브로드웨이에 새로 장만한 집이었다. 소방관이던 콜의 남편 짐도 수지의 집을 드나들며 파트타임 잡역부로 일했다.

수지가 유럽을 여행하다가 만난 공인회계사 론 팍스라는 친구도 보수를 받지 않고 순전히 호의로써, 그가 농담 삼아서 말한 '수지 버핏 기업' 혹은 또 다른 친구가 말했던 '급여 및 선물 대장'과 관련해서 수지의 지출 및 세금 관련 문제를 처리해 주었다.[32] 팍스는 수지의 친구인 래키 뉴먼의 아들 톰 뉴먼과 동업자 관계였다. 수지는 이들 두 사람과 아주 가깝게 지냈다. 요리사였던 톰 뉴먼은 수지가 파티를 열면 때로 집으로 찾아와서 도왔다. 보통은 영양학적으로 좋지 않은 수지의 식습관을 개선하려고 노력했지만 의도한 성과는 거두지 못했다. 이렇게, 수지에게 봉급을 받는 사람과 수지에게 봉급을 받지 않고 무료로 수지를 돕는 사람들을 모두 합한 수는 버크셔 해서웨이 본부에 있는 직원들 수보다 많았다.

브로드웨이에 새로 마련한 아파트의 리모델링 작업이 계속되는 가운데 빌리 로저스는 로스앤젤레스에서 샌프란시스코로 이주해서 수지와 함께 앨범 작업을 했다. 겉으로 보기에는 약물을 완전히 끊은 것 같았다. 어느 날, 빌리는 피터의 스튜디오에서 음악 작업을 하다가 피터에게서 20달러를 빌려 점심시간에 밖으로 나갔다. 그런데 그 뒤로 이틀 동안이나 아무런 연락이 없자 수지는 피터와 그의 아내 메리와 함께 빌리가 세 들어 사는 곳으로 찾아갔다. 방문은 안으로 잠겨 있었다. 문을 아무리 두드려도 대답이 없자 세 사람은 불안해하며 관리인을 찾아가서 문을 열어달라고 했다. 관리인이 열쇠를 가지러 간 사이에 복도에서 기다리던 세 사람의 귀에 노랫소리가 들렸다. 다른 방에서 흘러나오는 노래였다. "오 제발, 진심이라고 말해주세요. 나를 우울하게 내버려 두지 마세요, 수지 큐."(1967년에 결성된 록 그룹 CCR 혹은 크리던스 클리어워터 리바이벌의 대표곡 〈수지 큐Suzie Q〉의 가사－옮긴이). 또 다른 방에서는 〈케 세라, 세라Que sera, sera〉가 흘러나왔다. 케 세라 세라……

마침내 관리인 여자가 와서 잠긴 문을 열었다. 세 사람은 방 안으로 들어갔다. 빌리는 다리를 꼬고 문에 등을 기댄 채 바닥에 앉아 있었다. 지혈대로 묶은 팔뚝 아래로 주사기가 꽂혀 있었다. 곁에 있던 LP 음반은 턴테이블 위를 소리 없이 돌고 있었다. 마지막 노래는 이틀 전에 이미 끝난 것이었다. 빌리는 완전히 죽어 있었다. 수지는 손바닥으로 조카의 얼굴을 아래로 쓸어서 눈을 감겼다. 그리고 울부짖었다. 피터는 구급차를 부르러 공중전화 부스를 찾아 복도와 계단을 달렸다.[33] 부검 결과 사인은 '급성 코카인 및 모르핀 중독'으로 밝혀졌다.[34]

그 아이는 정말 다정했습니다. 약물로 자살을 했지요.

워런이 하는 말이다. 가족 가운데 한 사람이 싸구려 셋방에서 마약 과다 투여로 사망했다는 사실은 앞으로 또 여러 해 동안 마음을 괴롭힐 터였다. 당시를 회상하면서 도리스는 다음과 같이 말한다.

"그 어떤 때보다 수지는 큰 슬픔을 겪었습니다."

수지는 아들처럼 사랑했던 조카를 잃어버린 것뿐만이 아니었다. 오랜 세월 동안 조카를 구하려고 노력했지만 그 노력이 물거품이 되어버렸던 것이다. 여태까지 살면서 수지는 그런 참담한 실패는 단 한 번도 겪어본 적 없었다.

워런은 열정을 다해서 사람들을 고난에서 구하려 하고 또 도움을 필요로 하는 사람들을 능숙하게 도와주던 아내를 존경했다. 빌리 로저스는 비록 처조카이긴 했지만 그녀가 오랜 세월 동안 허물없이 친구처럼 지내던 수많은 사람들 가운데 한 사람이었다. 이들 가운데 몇몇은 참혹한 선택으로 자기 자신에게 위해를 가했고, 또 어떤 사람들은 불행한 운명의 희생자가 되었다. 하지만 그런 끔찍한 종말을 맞은 사람은 거의 없었다. '어머니 수지'로서 그녀는 그 사람들을 돕는 일은 자기에게 주어진 사명이라고 생각했다. 워런은 이런 수지를 '소매상인'이라고 불렀다. 이처럼 개별적인 사람들을 상대로 마음을 여는 일은 워런으로서는 도저히 할 수 없는 일이었다. 그는 차라리 자기가 가지고 있는 두뇌와 돈을 지렛대 삼아 가능하면 많은 사람들에게 영향력을 행사하는 길을 택했다. 그는 이런 자신을 '도매상인'이라고 여겼다. 자기를 사람들과 연결시키는 끈을 워런은 교사라는 역할에서 찾았다. 하지만 이제 그는 오마하대학교에서 강의를 하고 있지 않았다. 가장 충실한 학생이던 케이 그레이엄과 돈 그레이엄 모자는 완전히 '버핏화'되어 있었다. 그리고 그에게 가장 중요하던 세미나인 버핏 그룹 모임은 홀수 해에만 열렸다. 남에게 가르치는 일을 워낙 좋아하던 그는 자기 강의를 들어줄 사람들을 직접 찾아 나섰다.

1980년 IBM을 피고로 한 반독점법 관련 소송이 있었다. 이 소송은 당대에 가장 유명한 사건이었다. 이 소송에서 워런은 자발적으로 증인으로 나섰다. 〈워싱턴 포스트〉의 이사이던 아제이 밀러도 증인으로 나서긴 했지만 그는 마지못해 나선 것이었다. 밀러는 IBM을 증오하는 듯한 인상의 판사 앞에서 변호사들에게 엄하게 심문을 당했다. 하지만 워런은 달랐다. 그는 자신의 전문성을 드러내는 일, 변호사들 앞에서 시험대에 오르는 과정을 즐겼다. 워런은 자기의 모든 것을 증언에 쏟았다. 밀러는 이런 말을 한다.

"워런은 위대한 증언자죠."[35]

워런은 특히 자기가 한 증언이 미국 기업사에 기념비적인 사건이 되는 재판의 기록물로 남는다는 사실에 무척 좋아했다.

그가 했던 초기 강좌는 1960년대 그가 투자자들에게 보냈던 편지에 담겨 있었다. 이 편지는 복사본이 만들어져서 월스트리트에서 수많은 사람들의 손을 거치며 너덜너덜해지고 거의 읽을 수 없을 정도가 되었다. 그리고 1977년 이후로 그는 버크셔 해서웨이 주주들에게 보내는 편지를 캐럴 루미스의 도움을 받아서 작성하고 연례 보고서 속에 함께 포함시켰다. 이 편지들은 매우 세심하게 구성되어 있으며 배울 만한 내용을 무척 많이 담고 있었다. 이 놀라운 편지는 해가 갈수록 더욱 개인적이고 재미있어졌다. 이 편지의 내용은 경영학 특강이나 다름없었다. 성서에서부터 이상한 나라의 앨리스와 공주의 키스를 받고 마법에서 풀리는 개구리 왕자에 이르는 온갖 이야기들을 인용해서 아무리 어려운 내용이라도 알기 쉽게 설명했다. 이 편지의 상당 부분은 버크셔 해서웨이가 거둔 재무적인 결과 이외의 토론에 할애되었다. 주제는 예를 들면 투자에 대해서 어떻게 생각할 것인가, 암울한 경제가 사업에 미치는 영향을 어떻게 볼 것인가, 기업은 활동의 결과를 어떻게 측정해야 하는가 따위였다. 이 편지들은 워런 안에 내재되어 있던 강연자로서의 모습과 경찰로서의 모습을 동시에 구현하면서 사람들에게 한 인간으로서 그의 모습을 드러냈다. 편지 속에 담긴 그는 매력적이었다. 투자자들은 그에게 보다 많은 것을 원했다. 그래서 주주 총회 자리에서도 아낌없이 자기 자신을 드러냈다.

초기에는 주주 총회가 뉴베드퍼드 공장 위에 있는 시베리 스탠턴의 오래된 사무실에서 진행되었다. 벤 그레이엄과 연관 있는 두세 명이 워런 때문에 왔다. 이 가운데 한 사람이 콘래드 태프였는데, 그레이엄의 강좌를 들은 적이 있는 사람이었다. 워런은 자기의 주주 총회가 공개적이고 민주적이기를 바랐다. 가능하면 예전의 마셜-웰스 총회와 다르기를 바랐던 것이다. 태프는 워런에게 질문 공세를 퍼부었고, 워런은 오히려 이 질문 공세를 즐겼다. 그는 마치 파티장 한구석에 놓인 안락의자에 느긋하게 앉아서 사람들에게 자기가 아는 지식과 통찰력을 나누어 주기라도 하는 듯 기분이 좋았다.

주주 총회는 여러 해 동안 이런 식으로 진행되었다. 아주 소수의 사람만이 참석해서 워런에게 질문을 했다. 심지어 네브래스카나 내셔널 인뎀너티의 카페테리아에서 열릴 때도 그랬다. 참석자 수가 적어도 그는 여전히 이 주주 총회 자체를 즐겼다. 1981년만 해도 총회에 참석한 사람은 스물두 명뿐이었다. 잭 링월트는 실제로 그가 빈자리가 많은 걸 보고 실망할까 봐 직원들을 동원해서 카페테리아의 좌석을 채우기도 했다. 법률적이고 형식적인 질문들이 15분 동안 이어진 뒤에 휴회가 선언되었는데, 콘래드 태프가 일부러 데리고 온 속기사는 그때까지 아무것도 받아 적지 못했다. 그녀는 번 매켄지를 이글거리는 눈으로 쏘아보았고, 매켄지는 그저 어깨를 한 번 으쓱할 뿐이었다.[36]

그러다가 블루칩과 합병한 1983년 7월에 제법 많은 사람이 워런의 이야기를 들으려고 갑자기 카페테리아에 나타났다. 그는 사람들이 던지는 모든 질문에 알기 쉬운 말로 겸손하게 답변했다. 답변 자체가 곧 강의였다. 또한 그는 주주들에게 보낸 편지에서 그랬듯이 민주적이었고 중서부 지역 사람의 특유의 소박함이 묻어났고 시원시원했다.

워런은 벌거벗은 임금님 이야기나 손 안에 있는 새 한 마리와 숲에 있는 새 두 마리 이야기 따위의 비유를 들어서 사람들이 쉽게 이해할 수 있도록 말했다. 또 다른 기업가들이 인정하려 들지 않는 명백한 진실을 이야기하면서 사실을 호도하는 기업의 거품을 터뜨렸다. 그는 인생과 사업을 쉽게 이해할 수 있는 우화로 바꾸어서 교훈적인 이야기로 들려주는 화술을 개발했다. 예를 들면 로즈 블럼킨을 버크셔 해서웨이의 신데렐라로 설명했고, 짚으로 황금을 잣는 방식으로 재보험 사업 부문을 운영했던 아지트 제인을 자신의 럼펠스틸스킨(그림 형제의 동화 속에 나오는 난쟁이, 아기의 영혼을 빼앗으며 살아간다 - 옮긴이)에 비유했다. 그의 화술은 너무도 흥미롭고 또 교훈도 명쾌해서 그가 한 말은 세상 사람들 사이에 널리 퍼져 나가기 시작했다. 그가 자기 자신을 드러내는 방식을 보고 사람들은 오래된 문제들을 새로운 방식으로 바라볼 수 있었다. 주주 총회는 워런이 손댔던 거의 모든 것을 다루었다. 주주 총회의 규모는 그야말로 눈덩이처럼 불어나기 시작했다.

1986년에 워런은 총회 장소를 조슬린 미술관의 위더스푼 강당으로 옮겼다. 400명이 모였다. 그리고 다음해에는 500명이 모였다. 이들 가운데 많은 수가 그를 숭배했다. 자기를 부자로 만들어 주었기 때문이다. 질문과 질문 사이에 몇몇 사람들은 발코니에서 그를 찬양하는 시를 읽기도 했다.[37]

그가 거둔 이례적인 성공과 이 성공이 가져다준 명성 덕분에 '버핏'이라는 이름은 '스키피skipy 땅콩버터'처럼 확실한 브랜드로 자리매김하기 시작했다. 그 바람에 필연적으로 시기를 받기도 했다. 재무 분야를 전공하던 교수들은 당시 그와 같은 사람들은 어쩌다 운이 좋아서 성공했을 뿐이지 존경은커녕 조금의 관심도 기울일 가치가 없는 인물임을 입증하려고 애썼다.

이런 부류의 학자들은 논리적이긴 하지만 반드시 맞다고 할 수 없는 어떤 가정을 했다. 수많은 사람들이 모두 아무리 평균보다 나은 결과를 얻으려고 노력한다 하더라도, 이들은 결국 평균에 머물고 말 것이라는 논리였다. 매사추세츠공과대학MIT의 경제학자 폴 새뮤얼슨은 루이 바슐리에(프랑스의 수학자-옮긴이)의 1900년 이론을 들고 나왔다. 바슐리에는 시장을 술에 취해서 아무렇게나 걷는 걸음걸이random walk에 따라서 작동하는, 전체 속으로 수렴하는 투기자들로 구성된다고 보았던 학자다.[38] 시카고대학교의 유진 파마 교수는 바슐리에의 이론을 실제 현대 시장에서 경험주의적으로 실험하고, 이 이론이 현실 내용을 '효율적'으로 규정한다고 했다. 시장을 이기려는 수많은 투자자들의 필사적인 노력은 결국 무의미한 노력으로 끝나버리고 만다고 그는 말했다. 그러나 투자자의 돈을 관리하고 주식의 미래 움직임을 예측하려고 노력하는 특권에 대한 보상으로 그다지 많지 않은 수수료에서부터 소위 '2-20(자산의 2퍼센트 그리고 수익률의 20퍼센트)'이라는 전설적이라고 할 만한 헤지펀드 수수료에 이르는, 모든 것에서 수수료를 떼는 한 무리의 전문가 집단이 나타났다.

주식 중개인들은 TV 프로그램이나 잡지에 난 기사를 보고 자극을 받아 다음 차례의 강세 주식을 노리며 전문 투자가들과 경쟁하려고 달려드는 모든 개인 투자자들에게서 자기 몫을 챙겼다. 해마다 이런 사람들이 기울인 노력의 총합은 시장이 수행한 (수수료보다 적은) 것에 정확하게 보태졌다.

전문 자산운용가의 컨설턴트이던 찰스 엘리스는 1975년에 〈패자 게임에서 이기는 법Winning the Loser's Game〉이라는 논문에서 시장에서 이루어지는 소매치기 행위를 경고하고 나섰다. 이 논문은 전문적인 자산운용가들이 당시 시장 상승률의 90퍼센트 수준도 따라잡지 못했음을 밝혔다.[39] 엘리스의 이 논문은 또한 개인 투자자들을 비롯해 《백만장자가 되는 투자 방법》 같은 책을 읽거나 그러한 세미나에 참석하는 사람들을 낙담시켰다. 그는 시장에서 돈을 버는 최선의 방법은 높은 수수료를 떼는 중개인이나 투자가에게 굳이 돈을 맡길 필요 없이 시장의 지수에 투자하는 것이라고 말했다. 장기적으로 볼 때 주식시장은 채권보다 더 높은 수익률을 내는 경향이 있으므로, 투자자들은 전체 경제가 성장하면서 열린 과실을 나누어 가질 수 있다는 주장이었다. 여기까지는 나쁘지 않았다.

주식시장은 이용 가능한 모든 정보를 즉각적으로 반영하며 효율적으로 작동한다는 효율시장가설(EMH)을 주장했던 교수들은 여러 해에 걸쳐 컴퓨터로 분석해서 이런 발상을 한층 강화된 이론으로 발전시켰다. 이렇게 해서 나온 이론은 물리학과 수학의 순수함과 엄격함으로 단단하게 무장되어 한 치의 오차나 예외도 허용하지 않았다. 그리고 그 누구도 평균보다 나은 수익률을 기록할 수 없다고 결론 내렸다. 시장은 워낙 효율적이라 어떤 회사에 대한 어떤 정보는 언제든 주식 가격에 반영된다는 것이었다. 그러므로 재무상태표를 파고들거나, 시장에 떠도는 소문에 귀를 기울이거나, 도서관에서 책을 파고들거나, 신문을 읽거나, 회사의 경쟁사들의 동향을 파악하는 따위의 모든 노력은 아무짝에도 쓸모가 없다는 것이었다. 주식이 거래되는 가격은 언제나 그 주식의 온당한 제값이라는 말이었다. 그렇기 때문에 이런 이론을 주장하는 교수들은, 평균보다 높은 수익률을 기록하는 사람은 단지 운이 좋았거나 아니면 내부자 거래를 했다고밖에 보지 않았다.

실제로 월스트리트에서 일하는 사람들은 대부분 비효율적인 가격에 거래된 주식들의 사례를 수도 없이 들 수 있었다.[40] 그러나 효율적인 시장에 대한 예외가 점차 줄어들고 있다는 점은 분명한 사실이었다. 이런 시장에서도 남보다 높은 수익을 거둔 사람들은 대개 쉽게 동요하지 않고 장기적인 연구를 바탕으로 한 깊은 지식을 가지고 있었으며 노력과 시간을 집중적으로 한곳에 쏟아부을 의향이 있었다.

효율시장가설을 주장하는 사람들은 모든 예외를 부정했다. 이 사람들에게 가장 두드러지게 예외적인 존재인 워런 그리고 그가 기록하는 높고도 지속적인 수익률은 불편하기 짝이 없었다. 이 사람들에게 워런은 빙산이 수도 없이 떠 있는 바다를 눈감고 항해하는 사람으로 비쳤다. 이론적으로는 도무지 있을 수 없는 일이었으므로 그가 빙산과 충돌해서 익사하는 일은 시간문제라고 생각했다. MIT의 새뮤얼슨, 시카고대학교의 파마, 로체스터대학교의 마이클 젠슨, 스탠퍼드대학교의 윌리엄 샤프 등과 같은 효율시장론자들은 그를 놓고 논의했다. 과연 그는 예외적인 천재인가, 아니면 통계학의 일시적인 변덕인가? 이례적인 존재는 학문의 대상이 될 가치가 없다는 듯이 그는 이상한 사람 취급과 조롱을 받았다. 프린스턴대학교의 경제학자이던 버턴 말킬은, 주가 상승률보다 높은 수익률을 지속적으로 기록하는 사람은, 원숭이를 놓고 〈월스트리트 저널〉에 나오는 주식 목록을 다트판으로 삼아서 아무거나 찍게 한 다음 그 종목에 투자했는데 이것이 우연히 연속적으로 성공하는 경우와 전혀 다르지 않다고까지 말했다.[41]

워런은 〈월스트리트 저널〉을 무척 좋아했다. 그래서 이 신문의 지역 배급업자와 특별히 따로 계약을 맺었다. 그가 이 사람과 거래한 내용은, 날마다 밤에 오마하로 이 신문 뭉치가 운송되면, 이 가운데 한 부를 뽑아서 자정 전에 자기 집 마당에 놓아달라는 것이었다. 그는 오마하의 그 누구도 읽지 못한 다음 날짜 판 〈월스트리트 저널〉을 잠들지 않고 기다렸다. 그가 뛰어난 투자가가 될 수 있었던 것은 〈월스트리트 저널〉이 그에게 정보를 주었기 때문이다. 설령 어떤 원숭이 한 마리가 밤마다 자정 전에 자기 집 앞마당에 배달되는 〈월스트리트 저널〉을 주워 간다 하더라도, 이 원숭이는 단지 다트판에 다트를 던지는 것만으로는 그의 투자 성과를 따라가지 못했을 것이다.

워런은 자기 사무실에 〈월스트리트 저널〉로 만든 다트판을 가지고 놀아서 이 신문에 실린 지상 논전을 조롱했다. 하지만 효율시장가설이 그의 판단을 아무짝에도 쓸모없는 것으로 만들었다. 더 나아가 벤 그레이엄의 이론까지도 무효로 만들었다. 그렇게 될 수는 없는 노릇이었다. 워런과 멍거는 이런 교수들을 주술사(呪術師) 학위 보유자로 여겼다.[42] 이들은 전체 세대 학생들에게 결코 증명할 수 없는 이론을 가르치고 혼란을 퍼뜨렸다. 합리적인 사고 및 전문적인 강의에 경의를 표하던 그로서는 효율시장가설을 주장하던 교수들에게 화가 날 수밖에 없었다.

1984년 컬럼비아대학교는 《증권 분석》 출간 50주년을 기념하는 세미나를 열었다. 워런은 당시 벤저민 그레이엄의 지적인 후계자로 인식되어 있었다. 그레이엄은 워런더러 《현명한 투자자》를 다듬어서 증보판을 내는 작업을 해달라고 요구했을 정도다. 하지만 두 사람은 특정한 몇몇 사항에 대해서 의견 일치를 보지 못했다. 가장 중요한 사항으로는, 워런은 집중해야 한다고 주장하는 반면에 그레이엄은 분산해야 한다고 믿었던 점을 들 수 있다. 그래서 결국 워런은 《현명한 투자자》의 증보판에 서론만 썼다. 두 사람 사이에 이런 차이가 있었음에도 불구하고 컬럼비아대학교는 이 세미나에 워런을 초대해서 그레이엄의 이론을 대표하게 했다. 이 세미나에서 핵심적인 논쟁의 대상이 되었던 주제는 효율시장가설이었다. 유리스 홀에 있는 강당에서 열린 이 세미나에서 워런의 상대자로 나온 패널 마이클 젠슨이 자리에서 일어나서 다음과 같이 소감을 밝혔다.

"칠면조 사냥(한쪽이 월등히 우세한 싸움을 가리킨다─옮긴이)을 앞둔 칠면조의 심정이 지금 내 심정과 같지 않을까 싶군요."[43]

젠슨은 그 세미나가 일종의 교훈극을 펼치는 자리라고 여겼다. 그리고 이 연극에서 자기가 맡은 역할은, 그레이엄의 영향을 받아서 가치 투자하는 사람들이 가지고 있는 낡은 생각을 압도하고 기를 죽이는 것이라고 생각했다. 어떤 사람들은 얼마든지 오랜 기간 동안 시장의 주가 상승률보다 높은 수익률을 기록할 수 있다고 젠슨은 말했다. 표본의 수가 충분히 많은 경우, 동전 던지기를 하면 제법 많은 사람들은 계속해서 앞면만 잡는다고 말했다. 무작위적인 시행 속에서 얼마든지 나타날 수 있는 경우의 수라고 했다.

맨 앞 줄에서 워런 옆자리에 앉았던, 늙고 노쇠한 데이비드 도드가 워런에게로 고개를 기울이면서 이렇게 속삭였다.

"워런, 저 친구 바지를 벗겨버리게."

워런은 여러 주 전부터 이 세미나 준비를 했다. 그리고 반박 논리로 동전 던지기 이야기가 나올 줄 예상했었다. 자기 차례가 되어 자리에서 일어난 그는 젠슨의 말이 충분히 일리 있다고 우선 동의했다. 하지만 계속해서 앞면을 잡는 사람들이 같은 마을에 사는 사람이라면 이야기가 달라진다고 했다. 예를 들어서, 만일 계속해서 앞면을 잡는 사람들이 모두 그레이엄-도드라는 아주 작은 마을에 살 경우, 이 사람들이 앞면을 잡는 데는 어떤 특별한 무언가가 있는 게 분명하지 않느냐고 했다.

이 말을 마친 뒤에 그는 자산운용가 9명의 수익률을 추적 기록한 도표를 펼쳤다. 빌 루안, 찰리 멍거, 월터 슐로스, 릭 게린, 톰 냅, '트위디, 브라운'의 에드 앤더슨, 자기 자신, FMC 연금 펀드 그리고 이들 외에 두 개의 투자 주체가 더 있었다.[44] 이들의 포트폴리오는 비슷하지 않았다. 비록 초기에는 서로 옷자락을 잡고 묻어가는 경향이 있긴 했지만, 전반적으로 볼 때 모두 각자 독자적인 판단에 따라서 투자했다. 그리고 그레이엄-도드라는 마을에 사는 이들은 모두 20년 가까운 세월 동안 언제나 동전의 앞면만 잡아왔다. 이들은 대부분 아직도 은퇴하지 않고 현업에서 자산운용을 하고 있었다. 이런 집중은 이들이 거둔 성공이 결코 무작위적인 행운에서 비롯된 게 아님을 통계적으로 증명한다고 워런은 결론을 내렸다.

그의 말은 워낙 명백한 것이었기 때문에 청중은 우레와 같은 박수를 쳤다. 사람들은 질문을 퍼부었고 그는 기꺼이 그리고 자세하게 질문에 대답했다. 랜덤워크 이론은 통계학과 난해한 수학 공식을 바탕으로 했다. 그리고 그와 같은 존재는 의미 없는 예외로 규정하며 지워버렸었다. 하지만 이제 그레이엄 추종자들은 안도의 한숨을 쉬었다. 그가 반박할 수 없는 수치를 내세워서 효율시장가설의 절대론을 깨뜨렸기 때문이다.

그해 가을에 워런은 컬럼비아대학교 경영대학원에서 발간하는 잡지 〈헤르메스 Hermes〉에 '그레이엄-도드 마을의 슈퍼투자자들The Super investors of Graham-and-Doddsville'이라는 글을 썼다. 효율시장가설을 맹포격한 이 글 덕분에 투자자들 사이에서 그의 명성은 한층 더 높아졌다. 시간이 가면서 효율시장가설을 주장하던 사람들은 목소리를 낮추었고, 예외를 인정하고 나섰다.[45] 이 가설이 기여했을 수 있는 가장 큰 미덕은, 이 가설에 귀를 기울인 평균적인 사람이 자기가 시장의 수익률을 넘어설 수 있다는 근거 없는 믿음을 되돌아보게 만든 것이다. 투자자들에게서 수수료를 떼서 먹고사는 사람들 말고는 여기에 아무런 반박을 할 수 없었다. 하지만 인간이라는 존재가 드러내는 심리적 속성 속에서 효율시장가설은 경영대학원 수업에서 필요한 이론으로 자리를 잡았고, 자기는 평균적인 투자자들보다 더 똑똑하다고 믿는 개인 투자자들이나 전문 자산운용가들은 점차 늘어났으며, 수수료를 떼는 사람들은 계속해서 자기 몫을 챙겼고, 시장은 여전히 예전과 다름없이 굴러갔다. 결국 '그레이엄-도드 마을의 슈퍼투자자들'은 워런 버핏을 신화적인 숭배의 대상으로 만드는 분위기를 강화하는 데 주로 기여했다.

한편 효율시장가설과 이 가설의 기둥인 자본자산의 가격결정모형CAPM (자본자산의 위험과 수익 사이에 존재하는 균형 관계를 설명하기 위한 모형. 모든 투자자들이 효율적인 분산 투자의 원리에 따라서 행동할 때 개별 증권 또는 포트폴리오의 위험과 수익이 어떤 관계를 가지는지 설명하는 모형이다－옮긴이)은 투자 세계에 예외적일 정도로 깊이 뿌리를 내렸다. 이로 인해서 주식시장을 효율적인 통계학적 기계로 바라보는 관점이 형성되었다. 충분히 신뢰할 수 있을 정도로 효율적인 시장에서 어떤 주식이 위험하다는 것은 그 주식이 가지고 있는 내재적인 가치와 거래 가격 사이의 관계에 따라 규정되는 게 아니라, 변동성 즉 시장의 평균에서 얼마나 벗어날 수 있느냐에 따라서 규정된다는 말이다. 이런 정보와 새롭게 구현된 컴퓨터의 능력을 이용해서 경제학자들과 수학자들은 강단에서 버는 것보다 더 많은 돈을 벌려고 월스트리트로 자리를 옮기기 시작했다.

모든 주식의 변동성을 알 경우 자산운용가들은 핵심 종목들을 중심으로 변동성이 큰 종목과 작은 종목들을 적절하게 배치해서 시장의 지수와 유사하게 포트폴리오를 구성할 수 있었다. 이렇게 구성된 포트폴리오는 항해하는 배의 바닥짐(밸러스트. 부력을 조정하기 위해서 배의 바닥에 싣는 짐－옮긴이) 역할을 했다. 또한 주식의 변동성을 앎으로써 자산운용가들은 여러 개의 주식을 하나로 묶어서 포트폴리오를 구성할 수 있었으며 이를 한층 강화할 수 있는 존재로 '베타(변동성을 의미하는 데 사용되는 그리스 문자－저자)'를 고려하면서 차익을 노리는 거래, 즉 아비트리지를 할 수 있었다.[46] 아비트리지는 헤지펀드에 가장 단순한 형태로 숨어 있는 개념이다. 헤지펀드를 운용하는 사람은 시장 가격이 내려갈 경우의 충격에 대비하려고 한 무리의 주식들을 공매했다.[47] 그렇게 하는 것이 주식이나 채권을 직접 사는 것보다 덜 위험했다.

하지만 아비트리지, 즉 차익거래로 큰돈을 벌려면 부채를 많이 끌어들여야 했다. 떨어지리라 예상하는 증권을 보다 많이 공매하고 오르리라 예상하는 증권을 보다 많이 매입해야 했다.[48] 헤지펀드나 차익거래에서의 이런 레버리지 확대는 정크본드 및 인수 합병과 관련되어 있었다. 정크본드를 이용한 레버리지 인수 합병을 지지하는 모형들은, 아비트리지 모형들과 마찬가지로 효율시장가설의 또 다른 변종이었다. 하지만 레버리지는 기름과 같았다. 주가가 오르는 시장에서 자동차는 더 빨리 달리려고 기름을 더 많이 소비했다. 하지만 주가가 떨어지는 시장에서 기름은 자동차를 폭발하게 만들었다.

그랬기 때문에 훗날 멍거가 언급했듯이, 워런과 멍거는 리스크를 변동성으로 규정하는 것은 '쓸데없는 개소리'라고 여겼다. 두 사람은 리스크를 돈을 잃지 않는 것으로 규정했다. 이들에게 리스크는 '특정 자산을 보유하는 투자기간에 불가분으로 매여 있는 것'이었다.[49] 여러 해 동안 어떤 자산을 보유할 수 있는 사람은 이 자산의 변동성을 무시할 여유가 있다. 차입금이라는 레버리지를 안고 있는 사람은 차입금에 따르는 비용 부담이라는 사치를 누릴 여유가 없다. 게다가 돈을 (빌리는 사람이 아니라) 빌려주는 사람이 염두에 두는 투자기간은 대출의 기간을 규정한다. 그러므로 레버리지의 위험은 여러 가지 선택이 가능하지 못하도록 제한한다. 투자자는 변동성이 큰 시장이 올 때까지 기다리지 못할 수 있다. 비용에 짓눌리고, 오로지 돈을 빌려 준 사람의 호의에 매달린다.

하지만 시장이 예상한 대로 강세로 돌아설 때 변동성에 투자하는 것이 현명해 보일 수 있다. 충분히 많은 시간이 흘렀지만 나쁜 일이라고는 아무것도 일어나지 않을 때, 많은 돈을 버는 사람은 자기들이 많은 위험을 감수하고 있는 게 아니라 자기들이 똑똑하다고 생각한다.[50]

이런 중대한 변화가 월스트리트에서 진행되고 있었지만 워런의 투자 습관은 거의 바뀌지 않았다.[51] 여전히 그를 들뜨게 만드는 것은 '페치하이머 Fechheimer'와 같은 회사를 인수하는 일이었다. 페치하이머는 교도관의 제복을 만드는 회사였다. 톰 머피와 같은 사람들은 정크본드로 무장한 기업 사냥꾼들의 표적이 될까 두려움에 떨어야 했다. 하지만 버크셔 해서웨이는 난공불락이었다. 워런과 그의 친구들이 많은 주식을 가지고 있었기 때문이다. 그의 명성 덕분에 버크셔 해서웨이는 다른 회사들이 이 회사의 그늘에 숨을 수 있는 요새가 되었다. 버크셔 해서웨이는 캐피털 시티즈/ABC 방송국의 주식을 매입한 지 열두 달 만에 1억 2천만 달러를 벌었다. 워런이 이 회사의 주식을 샀다는 사실 하나만으로도 이 회사의 주가는 뛰어올랐고, 회사의 자산 평가액도 수억 달러씩 상향 조정되었다.

오하이오의 거대한 복합 기업인 '스콧 페처 Scott Fetzer'의 최고 지휘자인 랠프 셰이는 차입금을 써서 이 회사를 개인 회사로 만들다가 회사를 어려운 처지에 빠뜨리고 말았다. '커비' 진공청소기에서부터 '월드북' 백과사전에 이르기까지 안정적이고 수익성 높은 사업 부문들을 거느리고 있던 스콧 페처는 먹음직스러운 사냥감으로 떠올랐고, 기업 사냥꾼이던 이반 보스키(기업의 인수 합병으로 1980년대를 풍미했던 악명 높던 기업 사냥꾼 ─ 옮긴이)가 곧바로 입찰에 참가했다.

워런은 셰이에게 짧은 편지 한 통을 보냈다.

"우리는 적대적인 합병을 시도할 생각이 없습니다. 만일 우리와 합병을 원한다면 전화를 주시오."

다급하던 셰이는 그의 제안을 받아들였다. 그래서 버크셔 해서웨이는 4억 1천만 달러에 스콧 페처를 인수했다.[52]

네브래스카 퍼니처 마트를 인수한 지 2년 반 뒤에 워런은 이 회사의 여덟 배 규모인 회사를 인수한 것이다. 개인 기업이 아닌 상장 기업의 CEO가 워런에게 다가와서 자기 회사를 인수해 달라고 하기는 처음이었다. 워런이 아닌 다른 사람 아래에서 일하기보다는 (혹은 그 사람에게 해고당하기보다는) 워런 아래에서 일하고 싶다는 게 이유였다.

'버핏'이라는 이름이 가진 힘을 알아본 또 한 사람이 있었다. 아메리칸 익스프레스의 자회사로 증권 위탁 매매업을 하던 '시어슨 레먼Shearson Lehman'의 CEO 샌퍼드(샌디) 웨일 밑에서 일하던 제이미(제임스) 다이먼이었다.[53] 아메리칸 익스프레스는 자회사인 보험사 '파이어맨스 펀드Fireman's Fund'를 웨일의 경영진에게 매각하고자 했다. 웨일은 이미 잭 번더러 가이코에서 나와 파이어맨스 펀드를 맡아달라는 이야기를 하고 승낙을 받아놓은 상태였다. 다이먼은 워런을 찾아가 이 거래에 자금을 (그리고 그의 명성을) 투자해 달라고 요청했다.

워런과 번 사이의 우정은 돈독했지만 워런은 번을 잃는 걸 아까워하지 않았다. 가이코의 재난을 복구한 뒤에도 번은 쉬지 않고 일련의 인수 합병 작업들을 수행해서 여러 가지 새로운 사업체들을 거느렸다. 워런은 가이코가 핵심 사업에 집중하기를 바랐다. 게다가 가이코에 루 심프슨이라는 투자 담당 책임자를 새로 임명한 상태였다. 심프슨은 시카고 출신의 은퇴자였으며, 주식을 빠르게 거래하거나 값비싼 성장주를 사는 걸 지독하게 싫어했다. 워런은 심프슨을 고용하자마자 곧바로 버핏 그룹에 포함시켰고, 심프슨은 그가 다른 종목의 주식에 투자할 때 가까이에 두고 조언을 구하는 유일한 측근으로 자리를 잡았다. 워런은 심프슨에게 가이코의 모든 투자 사항을 관장하도록 했다. 하지만 심프슨과 번은 다투었다가 금세 화해하기를 반복하는 친형제처럼 지내고 있었다. 심프슨은 주기적으로 가이코에서 뛰쳐나가려고 시도했고, 그때마다 워런은 심프슨을 꾀어 눌러 앉혔다. 이제 번이 가이코에서 나가면 심프슨을 붙잡아 두기가 한결 쉬워질 터였다.

그럼에도 불구하고 워런은 번이 어떤 사업에 손대든 간에 엄청난 수익을 올리는 솜씨가 있음을 잘 알았다. 파이어맨스 펀드 거래에 투자해 달라는 요청을 받았을 때 워런의 판단은 '식권을 그냥 놓쳐버리지 마라'였다. 하지만 아메리칸 익스프레스는 웨일을 그 거래에서 배제하기로 방침을 세웠고, 번을 CEO로 영입해서 파이어맨스 펀드를 공모증자에 내놓았다. 다른 투자자들을 끌어들이기 위해서 워런을 붙잡아 두어야 했기에 아메리칸 익스프레스는 버크셔 해서웨이에 재보험 거래를 제안했다. 워런은 이 제안을 받아들이고 번과 그의 이사회에 비공식적으로 조언하는 역할을 맡았다. 웨일은 배신당했다는 생각에 그를 비난했다. 그 뒤 웨일은 '트래블러스 인슈런스Travelers Insurance'를 인수하고 이 회사를 작은 제국으로 만들었는데, 그때부터 워런에게 앙심을 품었다.

하지만 아메리칸 익스프레스로부터 샌디 웨일에 이르기까지 재계의 모두가 이제는 '버핏'이라는 이름의 힘을 잘 알았다. 이 시점에 워런은 수많은 거대 규모 투자를 계획하고 있으며 또 수많은 경영진에게 자문을 제공하고 있었다. 캐피털 시티즈, 파이어맨스 펀드, 워싱턴 포스트 컴퍼니, 가이코, 오마하 내셔널 코퍼레이션 등의 회사에 이사로 이름을 올리고 있거나 실질적으로 의결권을 행사하고 있었다. 워런은 이제 어떤 전환점에 서 있었다. 루비콘강을 건널지 말지 결정해야 할 시점이었다.

워런은 제법 오랜 기간 동안 이중적인 역할을 수행했었다. 비록 따로 수수료는 받지 않았지만 마치 자기의 '동업자들', 즉 자기에게 투자한 사람들을 위해서 투자 자금을 관리하기라도 하는 것처럼 버크셔 해서웨이를 경영했다. 그는 개인적으로 설정하고 있던 기준들에 입각해서 여러 가지 판단들을 내렸다고 투자자들에게 편지를 써서 설명했다. 그는 기업 기부라는 문제를 풀기 위해 개인적인 해결책으로 주주가 사회에 기여하는 프로그램을 마련했다. 또 주식 분할을 거부했으며, 뉴욕증권거래소에 상장하지도 않았다. 그리고 주주들을 클럽의 회원처럼 여겼다. 워런은 다음과 같이 썼다. 이건 그의 진심이었다.

"비록 우리의 형태는 주식회사지만 우리의 태도는 동업자들이 뭉친 거나 다름없습니다."

또한 그는 대기업 CEO가 누리는 삶을 즐겼다. 여러 회사의 이사회에 참석했으며, 내로라하는 코끼리들과 박치기하기를 즐겼다. 정치가와 언론인 및 다른 CEO들이 자기에게 지식과 조언을 구할 때 기꺼이 그들이 원하는 것을 내놓으며 이런 일을 즐겼다. 월스트리트에 대한 그의 영향력이 워낙 커지다 보니, 주요한 인수 합병 거래는 그가 참여하는지 여부에 좌우되었다. 하지만 무엇보다도 그는 버크셔 해서웨이에 집착했다. 이 회사는 이제 그의 분신이나 다름없었다.

그의 역할은 느슨하게 규정되어 있었고, 이런 역할에 대해서 본인과 주주들 모두 만족했다. 하지만 선택해야 할 시점이 왔다. 자기를 믿고 투자한 동업자들이 모인 회사를 이끌 것인지 아니면 대규모 회사의 CEO로서 자기 역할을 분명히 할 것인지 선택해야 했다. 이제 더는 두 가지 역할을 동시에 할 수 없었다.

세금 때문이었다. 버크셔 해서웨이는 이미 법인 소득세를 내고 있었다. 동업자들이 모인 합자회사라면 물지 않아도 되는 세금이었다. 또 다른 한편으로 워런은 동업자들에게 그들이 맡긴 자금을 운용하는 데 들어가는 비용을 충당할 목적의 수수료를 한 푼도 받고 있지 않았다. 이런 상황은 그를 제외한 모든 사람에게 더할 나위 없이 좋은 것이었다. 혹은 주주들이 보이는 충성심의 대가일 수도 있었다. 하지만 1986년 의회는 대규모 세제 개혁을 단행하는 법률안을 의결했다. 그 결과, 소위 '일반 설비에 대한 정책'이 폐기되었다. 예전에는 기업이 청산하고 자산을 주주들에게 분배할 때는 자산을 매각하더라도 세금을 내지 않았으나, 이제 주주들은 그 소득에 대해서 세금을 물어야 했다. 하지만 그 소득에 대해서 이중으로 세금을 낼 수는 없었다.

'일반 설비에 대한 정책'이 폐기되고 나면 회사가 청산하고 자산을 주주에게 분배할 때, 기업에 발생하는 수익과 주주들에 대한 배당에 대해서 세금이 부과될 예정이었다. 그런데 이 과정에서 이중으로 과세되는 금액이 엄청나게 커서 미국 전역의 가족 소유 기업들은 그 법률이 효력을 발휘하기 전에 회사를 청산하려고 했다. 주주들에게 보내는 편지를 통해서 버크셔 해서웨이의 덩치가 너무 커진 바람에 버크셔 해서웨이의 돈은 투자해서 성공하는 데 오히려 방해가 된다는 말을 여러 차례 했던 워런은, 보다 쉽게 관리할 수 있는 자금을 모아서(하지만 이 자금도 수십억 달러 규모였다) 새로운 동업자 투자 회사를 설립해 수주 내에 투자 사업을 시작하고 수수료를 다시 받을 수 있었다. 버크셔 해서웨이의 재무상태표에는 실현되지 않은 수익 12억 달러가 있었으므로, 만일 워런이 버크셔 해서웨이를 청산했더라면, 그는 주주들이 4억 달러가 넘는 돈을 세금으로 부담하지 않도록 할 수 있었으며, 또한 이중으로 세금을 내는 일 없이 동업자 투자 회사를 새로 시작할 기회도 잡을 수 있었다.[54] 하지만 그는 그렇게 하지 않았다.

그는 연례 보고서에서 세금에 대해서 길고 자세하게 썼다. 그는 세금과 관련된 설명을 하면서 청산이라는 방법은 즉시 떨쳐내 버렸다고 썼다.

예를 들어서, 그럴 가능성은 거의 없다고 봅니다만, 버크셔 해서웨이가 청산에 들어간다면 새로운 법률 아래에서 주주들이 받을 수

있는 매각 대금은 예전에 받을 수 있었던 매각 대금에 비해서 훨씬 적을 겁니다.[55]

예전의 워런 버핏이라면 자기 계좌에 1억 8,500만 달러를 여분으로 남기는 것을 결코 우습게 보지 않았을 것이다. 그리고 법인세를 따로 내지 않고 투자 수익에 따른 수수료까지 따로 챙길 수 있었으니 두말할 필요도 없었다. 하지만 1986년에 그는 버크셔 해서웨이를 청산하지 않았고 이런 결정에 따른 기회비용의 부담을 고스란히 안았다. 그가 평소에 가지고 있던 탐욕은 그를 회사 청산이라는 선택으로 더는 몰고가지 않았다. 다른 어떤 주주보다 그는 많은 비용을 물어야 하기 때문이었다. 오랜 세월 집착해 왔던 버크셔 해서웨이였기에 워런은 이 회사를 가상의 파트너십, 즉 동업자 투자 회사로 계속 유지하는 선택권을 포기했다. 그렇지 않았더라면 아마 1초도 망설이지 않고 청산 작업에 나섰을 것이다.

대신 그는 루비콘강을 건넜다. 자기가 죽은 뒤에도 지속 가능한, '프록터 앤드 갬블Procter & Gamble'이나 '콜게이트-팜올리브Colgate-Palmolive'와 같은 대기업의 CEO 역할을 선택한 것이다.

공통점이라고는 찾아볼 수 없는 온갖 회사들을 소유하는 이 버크셔 해서웨이라는 회사는 자산을 평가하기가 어렵다. 멍거는 이 회사를 농담 삼아서 '동결(凍結) 회사Frozen Corporation'라고 불렀다. 끊임없이 성장하면서도 모든 걸 동결하고 주주들에게는 배당금을 한 푼도 지급하지 않았기 때문이다. 만일 주주들이 돈을 벌어다 주는 이 기계에서 돈을 빼내가지 않았다면, 이 회사의 자산 가치는 과연 얼마나 될까?

하지만 워런은 주주들이 직접 자산을 불릴 수 있었던 것보다 훨씬 빠르게 버크셔 해서웨이의 장부 가격을 높이고 있었다. 그는 이런 사실을 증명할 점수판을 가지고 있었다. 이 점수판은 단기 점수판이 아니라 장기 점수판으로, 주식시장의 주가 상승률보다 높은 수익률을 기록해야 한다는 1년 단위의 압력보다 훨씬 편안한 점수판이었다. 동업자 투자 회사를 청산함으로써 그는 이런 독재에서 스스로를 해방시켰었다. 사실 그는 투자 수익률을 계산할 수 있는 수치를 애초부터 외부에 제시하지 않았다.[56] 게다가 '동결 회사'의 CEO가 되는 것도 즐거운 일이었다. 버펄로의 신문사 하나도 새로 인수했다. 그는 주주들에게 보내는 편지를 신문 사설란에 싣기도 했다. 그러나 비록 공식적으로는 CEO협회에 가입해 있었지만 CEO들이 일반적으로 누리는 사치, 예를 들면 별 다섯 개짜리 휴양 시설을 빈번하게 드나들거나 와인이나 미술품을 모으거나 요트를 사거나 트로피 아내(돈이 많은 나이 든 남자가 마치 성공의 부상처럼 맞아들이는 젊고 예쁜 아내―옮긴이)를 들이거나 하는 따위의 사치를 누릴 생각은 전혀없었다. 이런 점과 관련해서 워런은 나중에 다음과 같이 말한다.

나는 트로피 아내가 우승자의 트로피처럼 보이는 경우를 단 한 번도 경험한 적이 없습니다. 나에게 그런 여자들은 언제나 최고의 바보에게 주어지는 트로피처럼 보였을 뿐입니다.

하지만 1986년의 어느 날, 워런은 친구인 월터 스콧 주니어에게 전화를 했다. 제트기 구입과 관련해서 상의할 목적이었다. 스콧은 자기 아버지와 마찬가지로 털털하고 솔직한 성격의 오마하 토박이였고 '피터 키위트 손즈'에서 평생 동안 일했던 사람이다. 스콧은 다분히 사업가적인 기질을 가지고 있었지만 신선하리만치 개방적이고 편안한 사람이었다. 그는 피터 키위트를 물려받았고, 연방 고속도로 공사에서 담합 입찰을 하다 적발되어 정부가 자금을 대는 모든 공사에 입찰할 수 없게 된 적이 있었는데, 이 일로 회사의 존립까지 위태로웠다. 하지만 그는 솔직함과 굽실거림과 철저한 개혁 조치를 처방전으로 내세우고 회사를 이끌어 길고 긴 회복의 터널을 통과했다. 이것은 정부와의 관계가 껄끄러워져서 생사의 기로에 선 회사를 이끄는 하나의 모범적인 사례가 되었다.[57] 스콧은 워런이 워낙 깊이 신뢰하던 친구였다. 캐서린 그레이엄이 오마하를 방문했을 때 몇 차례 스콧의 아파트에서 숙박했을 정도다.

워런이 월터 스콧에게 전화를 걸어 물었다.

"월터, 개인 소유 비행기를 사는 걸 어떻게 정당화할 수 있죠?"

워런은 피터 키위트가 제트기 여러 대를 가지고 있다는 사실을 알고 있었다. 피터 키위트의 직원들은 멀리 떨어진 건설 현장으로 이비행기를 타고 이동했다. 그러자 스콧이 이렇게 대답했다.

"워런, 정당화할 필요 없습니다. 그냥 합리화하면 됩니다."

이틀 뒤 워런이 다시 전화를 걸어서 이렇게 말했다.

"월터, 이제 합리화했습니다. 그럼 어떻게 하면 조종사를 고용하고 비행기를 유지합니까?"

스콧은 자기 회사가 사려고 하는 새 비행기의 유지 및 보수에 워런이 사는 비행기의 유지 및 보수 조건을 끼워서 해주겠다고 했다. 워런은 그 제안을 순한 양처럼 받아들였고, 중고 팰컨 20을 버크셔 해서웨이 명의로 샀다.[58] 피터 키위트의 직원들이 타고 다니던 것과 같은 기종이었다. 이 비행기 덕분에 워런은 프라이버시를 획기적일 정도로 보장받을 수 있었다. 뿐만 아니라 여행 일정을 잡는 일도 한결 쉬워졌다. 프라이버시를 보장받는 것과 일정 혹은 시간을 자기 마음대로 조정하는 것은 워런이 지상에서 가장 신경 쓰는 몇 가지 일들 가운데서도 몇 손가락 안에 꼽히는 일들이었다.

물론 회사 소유 비행기를 구입한다는 것은 워런이 신경을 많이 쓰던 다른 것, 즉 돈을 낭비하지 말아야 한다는 신조와 충돌을 일으켰다. 워런은 공항에서 있었던 어떤 일 하나를 결코 잊을 수 없었다. 공항에서 케이 그레이엄이 워런에게 공중전화를 사용하게 10센트짜리 동전을 하나만 달라고 했다. 워런은 주머니에 딱 하나 있던 동전을 꺼냈다. 25센트짜리였다. 그는 10센트짜리 동전으로 바꿔 오려고 했지만, 케이는 짓궂게 일부러 그냥 그 동전으로 전화를 하고 나머지 15센트는 없는 셈 치자면서 25센트짜리 동전을 공중전화기 동전 투입구에 쏙 밀어 넣었다. 이랬던 그였기에, 전화 한 통화에 25센트를 쓰는 것을 정당화하는 것에서 조종사 두 명과 제트기 한 대를 두고 마치 파라오가 가마를 타고 여행하는 것처럼 합리화하는 것까지 이르는 과정은 그야말로 단 한 번의 도약으로 킬리만자로를 뛰어넘는 거나 마찬가지였다. 하지만 워런은 이미 그해에 다른 방면에서도 상당한 합리화를 하던 중이었다. 피할 수도 있었던 세금 1억 8,500만 달러를 납부하는 일까지 합리화했던 터였다.

그럼에도 여전히 비행기 문제는 그를 괴롭혔다. 아무리 봐도 제트기는 자기가 성장해 온 환경이나 자기 이미지와 맞지 않았던 것이다. 그래서 펜실베이니아대학교 시절의 룸메이트였던 클라이드 레이하드를 고문하다시피 하면서 다시 한번 합리화의 근거를 찾았다. 레이하드는 한편으로는 당황하고 또 한편으로는 성심을 다해서, 회사가 소유하는 제트기를 이용하면 이동 시간을 단축할 수 있어서 더 많은 돈을 벌 수 있을 것이라고 설명했다.[59] 그 뒤로 워런은 주주들에게 다음과 같은 농담을 하기 시작했다.

"나는 일은 싸게 하고 여행은 비싸게 하는 사람입니다."

팰컨 20 덕분에 워런은 새로운 인생을 경험하게 되었다. 심지어 정장을 입어야 하는 상황에서도 자기가 살아온 방식을 지독할 정도로 고집했지만, '동결 회사'의 CEO로서 그는 거만하고 까다로운 사람들과도 예전보다 훨씬 자주 어울렸다. 1987년에 있었던 일이다.

전(前) 영국 주재 대사인 월터 애넌버그와 그의 아내 레오노어 애넌버그가 워런과 수지를 팜 스프링스의 서니랜즈로 주말 동안 초대했다. 이 자리에는 로널드 레이건과 낸시 레이건도 함께했다. 워런은 레이건 대통령의 백악관에서 만찬을 한 적도 있었고 또 마르타 바인야드에 있던 케이 그레이엄의 집에서 벌어졌던 만찬 파티에서도 레이건 부부를 만났었다. 하지만 현직 대통령과 온전하게 주말을 함께 보낸 적은 그때가 처음이었다.

마치 정교한 미뉴에트 춤과도 같은 것이었습니다. 서니랜즈는 월터에게 일종의 궁전이나 마찬가지로 설계되어 있었죠. 거기에 사는 사람은 두 명이었는데, 시중을 드는 사람은 쉰 명이 넘었으니까요. 그리고 벽에 걸려 있던 미술품들을 모두 합하면 가격이 10억 달러가 넘었습니다. 그곳을 방문한 사람 중에 그 미술품들을 보고서 '오오!'나 '우와아!'라고 탄성을 지르지 않은 사람은 아마 나밖에 없을 겁니다. 나라면 차라리 거기에다 〈플레이보이〉의 표지 사진들로 벽을 도배했을 텐데 말입니다.

하지만 수지는 워런의 이런 취미를 반기지 않았을 것이다.

우리를 '블루룸'으로 안내하더군요. 침대 시트며 책 표지며 모든 것이 다 파란색인 곳이었죠. 심지어 젤리빈도 파란색이더군요. 손님 방마다 시중을 드는 사람이 두 명씩 딸려 있었습니다. 이 사람들은 우리가 침대에서 내려오지 않고서도 아침을 먹을 수 있게 시중을 들었습니다. 날마다 정확한 시각에 아침식사가 왔고, 또 정확한 시각에 음식을 담은 그릇의 뚜껑을 열었지요.

우리가 저녁 먹을 차림으로 나갈 때는 문 양쪽에 시중을 드는 사람이 한 명씩 서 있었습니다. 수지의 시중을 들던 사람은 이렇게 말하곤 했습니다. '오늘 밤 아주 아름다워 보이십니다, 마담.' 그런데 내 시중을 들던 사람은 나를 보고는 그냥 웅얼웅얼 얼버무리더군요. 아마도 그 여자는 한 주 동안 나를 맞을 준비를 하면서 내게 무슨 말을 해줄까 생각했을 겁니다. 하지만 결국 마땅한 말을 찾을 수 없었나 봅니다.

서니랜즈에는 9홀 규모의 개인 골프장이 마련되어 있었습니다. 또 타석수 열 개짜리 개인 연습장도 갖추어져 있었죠. 구좌마다 골프공이 작은 피라미드 모양으로 보기 좋게 놓여 있었습니다. 게다가 거기에 다른 사람은 아무도 없었습니다. 골프 코스는 흠 하나 없이 완벽했어요. 포섬(네 사람이 두 패로 갈려서 하는 경기—옮긴이) 네 개가 돌아갈라치면 월터는 사람이 너무 많다면서 한 팀은 인근의 선더버드 골프장으로 보내곤 했습니다. 내가 연습장에 가서 골프공 네 개를 치면 누군가가 달려와서 골프공 피라미드를 다시 채웠습니다. 그런 곳이 바로 서니랜즈였죠. 산다는 게 그렇게 환상적일 수 없었습니다.

물론 워런은 피라미드나 파라오에 대해서 애넌버그와는 다른 견해를 가지고 있었다. 하지만 그는 애넌버그를 좋아했고 그와 함께 골프 치는 걸 무척 즐겼다. 비록 그는 그런 식으로 돈을 쓴 적이 한 번도 없었지만, 사람은 누구나 자기가 선택한 방식으로 자기 돈을 쓸 권리를 가지고 있다고 믿었다. 그는 애넌버그와 그의 생활을 비난할 생각은 조금도 하지 않았다. 애넌버그는 그때 주말에 워런과 레이건을 한 조에 넣었는데, 경호팀이 이들을 뒤따랐다. 이들은 물에 빠진 골프공을 주워주지 않았다. 워런은 속으로 그렇게 해주길 은근히 바랐지만 말이다.

대통령으로서 레이건을 바라보는 워런의 시선은 복합적이었다. 워런은 레이건의 지정학적 수완을 존경했다. 하지만 레이건 재임 시절에 미국은 세계 최대 채권국에서 세계 최대 채무국으로 입장이 바뀌었다. 정크본드와 레버리지가 월스트리트를 한껏 띄웠던 것과 마찬가지로, 정부는 엄청난 부채를 마구 끌어다 썼다. 이것을 워런은 "오늘 먹는 햄버거 값은 화요일에 기꺼이 갚아줄 거야"라고 말하는 윔피(〈뽀빠이Popeye〉에 등장하는 캐릭터로 햄버거를 입에 달고 다닌다-옮긴이) 스타일의 경제학이라고 보았다.[60] 이에 비해 그의 스타일은 커다란 소방목장을 소유하는 것이었다. 그는 이 방식이 낫다는 사실을 증명할 재무상태표도 가지고 있었다.

버크셔 해서웨이의 재무상태표로 무장한, 아울러 미국 대통령이 서명한 골프 경기 점수판으로 무장한 워런은 이제 권력의 요새이자 널리 찬양받는 지혜의 원천이었다. 그가 나서서 스콧 페처를 성공적으로 구조하자 사람들은 그를 세간의 이목을 끄는 백기사라고 생각했다. 워런 및 그의 회사와 관련된 금융 관련 모든 통계에는 느낌표가 따라붙었다. 예를 들면 이런 식이었다. 버크셔 해서웨이의 주당순자산가치는 23년 동안 무려 연평균 23퍼센트가 넘게 성장했다! 맨처음 워런의 동업자가 되어서 그에게 투자한 사람들은 1천 달러당 110만 달러를 번 셈이다! 버크셔 해서웨이 주식은 한 주에 2,950달러라는 엄청난 가격에 거래된다! 워런의 순자산은 21억 달러나 된다! 월스트리트의 자산운용가이자 투자가인 그가 미국에서 아홉 번째 부자다! 다른 사람의 돈을 관리하던 처지에서 최상층의 부자 반열에 오른 것은 역사상 유례가 없었던 일이다. 처음으로 투자자들에게서 나온 돈이, 주식이나 회사 전체를 사들이는 일련의 판단을 통해서 거대한 기업을 일구는 데 사용되었다. 그러다 보니 점점 더 많은 사람이 워런에게 도움을 청하려고 전화를 걸었다.

'살로먼 브라더스Salomon Brothers, Inc.'를 경영하던 존 구트프룬드가 그랬다. 구트프룬드는 1976년에 가이코를 구하는 일을 도움으로써 워런의 호감을 산 사람이었다.

당시에 구트프룬드 덕분에 살로먼 브라더스의 강점과 약점이 동시에 드러났다. 가이코 주식의 인수는 한 지분 애널리스트의 의견을 바탕으로 해서 이루어졌었다. 만일 살로먼 브라더스가 주식 판매와 관련해서 시장에서 어느 정도 위상이 있었더라면 다른 모든 회사들이 그랬던 것처럼 그 거래를 거들떠보지도 않았을 것이다. 가능한 이득에 따르는 잠재적인 법률적 책임의 위험이 너무 컸기 때문이다. 하지만 관료적이지 않고 두둑한 배짱을 가지고 있었던 살로먼 브라더스는 그런 위험을 감수했다. 그 사업이 꼭 필요했던 것이다. 워런은 언제나, 전력을 다하고 자신이 돈을 버는 데 도움을 주는 사람을 좋아했다. 구트프룬드에게는 군림하려 드는 무자비함과 내성적이면서도 지적인 성격이 공존했다. 이런 점 때문에 워런은, 회사의 특성상 제멋대로일 수밖에 없는 투자은행을 감독할 인물로 그를 신뢰했던 것 같다.

구트프룬드는 뉴욕의 스카스데일에서 잘나가던 육류 운송 트럭 회사 사장의 아들로 성장했다. 뉴욕시티에서 가깝던 스카스데일은 골프 코스로 둘러싸인 근교 도시였다. 그는 오버린대학에서 문학을 전공했으며 영어 교사가 되겠다는 생각을 했는데, 아버지의 골프 친구인 빌리 살로먼에 이끌려 주식을 거래하는 분야에 발을 들여놓았다. 빌리 살로먼은 살로먼 브라더스를 창업한 세 형제 가운데 한 사람의 자손이었다.

살로먼 브라더스는 1910년에 창립했다. 살로먼이라는 성을 가졌던 세 형제 아서, 허버트, 퍼시가 자본금 5천 달러를 들고 월스트리트에서 단기 대출 사업을 시작한 지 채 10년도 지나지 않아서 미국 정부는 살로먼 브라더스에게 재무부채권을 거래할 수 있는 등록증을 줌으로써 이 작은 회사의 고객이 되었다. 이 일은 회사 성장의 발판이 되었다. 살로먼 브라더스는 지혜와 용기와 고객에 대한 충성심으로써 채권을 거래하는 사업을 핵심 사업으로 고수하면서 꾸준히 노력했고, 마침내 30년 만에 엄청난 규모로 성장했다.[61] 비슷하게 고만고만하던 작은 업체들은 그 사이에 모두 문을 닫거나 보다 큰 업체에 먹혀버렸다.

빌리 살로먼은 구트프룬드에게 채권 거래를 보조하는 업무를 맡겼다. 전화로 채권 매매를 대행하는 사람들이 방에 가득했는데, 이 방에서 그는 다른 사람들과 마찬가지로 거래를 성사시키고 수수료 가운데 일부를 자기 몫으로 받았다. 그는 솜씨 좋은 거래자로 인정받았고, 1963년에는 서른네 살의 나이에 파트너 지위까지 올라갔다. 살로먼 브라더스의 동업자들은 모두 빌리 살로먼이 정한 원칙에 따라야 했다. 해마다 이익을 보너스나 수익으로 빼내가는 것이 아니라 무조건 회사에 자본금으로 묻어야 했던 것이다.

1978년에 빌리 살로먼은 구트프룬드를 사장으로 임명하고 일선에서 물러났다. 3년 뒤 구트프룬드는 이스샘프턴에 있던 친구 겸 멘토의 바닷가 집 현관 앞에서, 살로먼 브라더스를 원자재 투자 사업 분야의 거물이던 '피브로Phibro'에게 매각하고 '피브로-살로먼Phibro-Salomon, Inc.'을 만들 것이라고 발표했다. 구트프룬드와 그의 동업자들은 이 거래에서 발생하는 수익에서 각각 평균 약 800만 달러에 이르는 돈을 챙겼다. 하지만 회사를 설립하고 이제는 은퇴한 빌리 살로먼 같은 사람들은 한 푼도 받지 못했다.[62] 예전에 동업자였던 어떤 사람은 이 일을 두고 자기 아버지를 죽인 오이디푸스의 이야기, 즉 그리스 비극이라 일컬었다.

구트프룬드는 피브로의 데이비드 텐들러와 함께 공동 CEO가 되었다. CEO 두 명이 회사를 운영하는 것은 시소 양끝에 앉은 두 사람이 허공에서 균형을 맞추고 정지하는 것만큼이나 어려운 일이다. 그런데 거래를 끝낸 뒤에 피브로의 사업 부문이 지지부진하고 이에 비해 살로먼 브라더스의 사업 부문이 왕성해지자 구트프룬드는 조금도 망설이지 않고 자기가 탄 시소를 힘껏 내리눌러 텐들러를 허공으로 날려보냈다.

구트프룬드는 회사의 경영권을 장악한 뒤 외환 사업 부문을 추가하고 주식 거래 및 인수 부문을 넓히고, 채권 사업 부문을 일본, 스위스, 독일로 확장했다. 그 뒤 몇 년 동안 컴퓨터와 수학 공식으로 무장한 대학교 강단 출신 주술사들이 월스트리트에 대거 진출했으며, 피브로-살로먼에도 박사 학위를 가진 사람들이 득시글거렸다. 이들은 모기지 및 기타 채권들을 해체하고 쪼개고 한데 묶고 거래하는 등의 일 속에 감추어진 수학적 비밀을 파헤쳤다. 채권시장의 완전히 새로운 분야를 개척함으로써 살로먼 브라더스(피브로-살로먼이라는 이름은 사람들의 머리에서 살로먼의 약칭인 '솔리Solley'라는 이름을 결코 대체하지 못했다. 그리고 이 이름은 1986년에 사라졌다-저자)는 몇 해 지나지 않아서 이류 회사에서 월스트리트의 일류 회사로 변신해서 으쓱거렸다. 그럴 만도 했던 게, 이 회사의 트레이더들은 다른 은행의 트레이더들보다 여러 걸음 앞서 있었다.

살로먼 브라더스의 거래소인 소위 '그 방The Room'에서 트레이더들은 회사 전체를 지배했다. 비행기 격납고의 3분의 1 크기에 담배 연기가 자욱하던 이곳에는 책상이 두 줄로 길게 놓여 있었다. 여기에서 트레이더 영업자, 보조자들이 한 손에는 피자 조각을 다른 손에는 전화 수화기를 들고 분주하게 각자 맡은 일을 했다. 일상의 전투는 트레이더들의 왁자지껄함, 짧은 비명, 투덜거림이 배경음으로 깔리는 가운데 신음과 저주와 방귀와 괴성이 구두점을 찍는 오케스트라 속에서 펼쳐졌다. 수익만 많이 올린다면 어떤 괴짜라도 환영이었다. 구트프룬드는 아침마다 이 객장으로 쏜살같이 내려와서 직원들을 살폈다. 그의 눈빛은 뿔테 안경 너머에서 반짝거렸다. 긴 시가를 어적어적 깨물던 그는 실수가 잦은 직원이 있으면 호되게 다그쳤다.

거래소에 있는 사람들은 경쟁심으로 충만한 동지들이었다. 그리고 서로 다른 팀을 이기려고 안달이었다. 살로먼 브라더스가 워낙 확고하게 채권 인수 시장을 지배했던 터라 〈비즈니스위크〉는 이 회사의 이름 앞에 '월스트리트의 제왕'이라는 왕관을 씌웠다.[63] 또한 살로먼 브라더스에서는 '긴 칼들'이 언제든 출춤 준비가 되어 있었다고 했다. 강력한 반대 의견을 내세우면 구트프룬드는 반란의 싹을 자르기 위해서 그런 직원들을 가차 없이 잘라버린다는 것이었다.[64]

살로먼 브라더스의 수익은 1985년 절정에 달했다. 이때 회사는 세금 납부 이후 기준으로 5억 5,700만 달러를 벌었다. 하지만 새로운 사업 부문, 특히 지분 사업 분야는 이런 호조를 유지하지 못했다. 그래서 회사 내부에서 사업 부문별로 경쟁이 걷잡을 수 없이 과열되었다. 살로먼 브라더스 특유의 수익성이 좋은 사업을 개발했던 트레이더들은 회사를 떠나기 시작했다. 다른 회사들이 수백만 달러를 제시하며 스카우트에 나섰기 때문이다. 이들은 곧 경쟁사들에 자리를 잡고 살로먼 브라더스에 칼을 겨누었다. 구트프룬드는 유능한 직원들이 빠져나가는 걸 막으려고 연봉 수준을 높였다. 하지만 지분 거래 부문 및 투자 금융 부문에서 성과를 내지 못했을 때 단호한 조치를 취하지 않았고, 이들의 실패를 바로잡을 5개년 계획을 세웠다. 그의 위협적인 면모는 그의 취약점을 가렸다. 그는 기본적으로 중대한 결정 앞에서 움츠러들었고 전면적인 대결을 회피했다. 시간이 흐르면서 그가 '그 방'에서 보내는 시간은 줄어들었고, 그가 다스리는 왕국에는 독이 퍼졌다. 훗날 구트프룬드는 다음과 같이 말하곤 했다.

"내 문제는 내가 사람과 관련된 문제에 대해서 지나치게 신중하다는 것입니다."[65]

하지만 사람들은 이런 그를 비난하지 않고 그의 아내 수전을 비난했다. 물론 이건 온당한 비난이 아니었다.

수전 구트프룬드는 1980년대 내내 길고 긴 끈으로 자기 남편, 머리카락이 희끗희끗한 살로먼 브라더스의 CEO를 동여맨 채 5번가를 부지런히 오가면서 국제적인 사교 모임에 참석했다. 남편은 이런 아내를 너그럽게 받아들였다. 아니, 심지어 아내와 함께 그런 자리에 참석하는 걸 즐기기까지 했다. 아내가 자기 삶의 지평을 넓혀주었다는 게 이유였다. 아내가 북동풍의 세찬 바람을 일으키자 남편은 키를 돌려서 그 바람 속으로 돌진했다. 그 돌진 속에서 검소함과 절약은 그가 가장 먼저 버려야 할 덕목이었다.

"부자가 되는 데는 돈이 너무 많이 듭니다."

전직 승무원인 어떤 사람이 말콤 포브스(《포브스》의 발행인-옮긴이)에게 농담 삼아 한 듯한 이 말은 매우 유명한 발언이 되었다.[66] 수전의 파티에 참석하는 사람들은 운전기사가 배달하는 초대장을 받았다. 이 초대장에는 노란색 장미꽃 여러 송이가 곁들여졌다. 그녀의 파티에는 네 가지 종류의 캐비아가 등장했다. 그녀는 욕조 곁에 둔 냉장고에 향수를 항상 차게 보관했다. 또 시카고 출신이라는 뿌리를 지우고 프랑스 사람처럼 되고자 무척 열망했던 터라서 집사가 전화를 받을 때는 프랑스어를 쓰게 했다. 영부인이던 낸시 레이건을 처음 만난 자리에서도 "봉주르 마담!"이라고 인사할 정도였다. 뉴욕시티의 리버 하우스에 있는 두 사람의 집 거실에는 백만 달러짜리 양탄자가 깔려 있었고, 그 집에 있던 프랑스 고가구만 해도 수백만 달러가치는 되었다. 그녀는 살로먼 브라더스의 중역 회의실 리모델링 작업을 지휘하기도 했는데, 그 결과 새로 탄생한 회의실은 금과 은의장식물 및 도금류들로 휘황찬란하게 번쩍거려서 마치 '프랑스의 매춘굴처럼' 보였다.[67] 그녀는 또한 프랑스의 세계적인 의상 디자이너 위베르 드 지방시의 옷을 입었다. 지방시는 구트프룬드가 파리에 사 둔 18세기풍 별장의 안뜰 건너편에 살았다. 또 뉴욕에서 이들 부부 는, 같은 아파트 건물에 살던 이웃 주민의 허가도 받지 않은 채 옥상 테라스에 크레인을 설치하고 길이가 6미터 70센티미터나 되고 무게 가 220킬로그램가량 되는 거대한 나무를 크리스마스트리로 쓰려고 아파트로 끌어 올렸는데, 이 일로 분개한 주민들이 소송을 제기하기 도 했다.[68] 그래서 수전 구트프룬드는 1980년대 신사교계(누벨 소사이 어티. 1980년대에 벤처, 금융, 영화, 디자인, 스포츠 등의 분야에서 신흥 부자들이 대 거 출몰하면서 이들이 형성한 상류 사회의 모임 - 옮긴이) 회원들 가운데 가장 빈번하게 패러디 대상이 되었다. 구트프룬드 부부는 잡지의 표지로 도 여러 번 등장했는데, 수전은 톰 울프에게 영감을 주었고 덕분에 소설《허영의 불꽃The Bonfire of the Vanity》이 탄생할 수 있었다.[69] 그래도 수전의 친구들은 수전을 옹호했다. 아무리 풍자가 심했다고 하더라 도, 수전이 부를 과시해서 남편의 주의력이 흐트러지고 판단력이 흐 려진 게 아니냐며 의문을 제기하는 사람은 아무도 없었다. 심지어 존 구트프룬드 본인조차 이런 사실을 인정했다.[70]

이 무렵에 발간된 기업사 속에는 매우 흥미로운 이야기가 하나 들 어 있다. 구트프룬드는 어떤 결정을 내리거나 다른 사람들이 자기를 따르기를 기대하는 대신에, "결과에 영향을 받을 수밖에 없는 사람들 을 모임에 포함시키길 좋아했으며 (……) 장차 진행될 사항에 대해서 이 사람들이 안심하게끔 무진 애를 썼다"는 것이다. 또한 이 기업사 의 저자는, 그럼에도 불구하고 구트프룬드가 "궁극적인 통제권을 장 악하고 있었다. (……) 그는 여러 사람들로부터 자문을 들은 뒤에 최 종적으로 직접 결론을 내렸다"고 썼다.[71] 사실, 현재 '임원'이라는 직 함을 가지고 있는 예전 동업자들 가운데 몇몇은 그의 권위에 전면적으로 도전할 준비를 하고 있었다. 이들은 자기가 책임지던 사업 부문을 착실하게 성장시켰다. 그리고 이제는 턱없이 많은 비용을 낭비한다며 구트프룬드를 비난하는 한편 서로 보다 많은 사업 영역을 확보하려고 경쟁했다.

1986년 말 무렵, 살로먼 브라더스가 그해에 직원을 40퍼센트나 늘리면서 새로이 늘어난 임금 총액의 부담으로 수익은 점차 내려앉기 시작했다. 임원진은 구트프룬드에 반대하고 나섰고 거의 쿠데타에 성공할 뻔했다. 이런 상황에서 이 회사의 최대 주주이던 남아프리카공화국 국적의 회사 '미노코Minorco'가 더는 참지 못하고 회사의 주식을 대량으로 매각하겠다고 했다. 하지만 여러 임원들이 하는 말에 따르면, '아무 일도 일어나지 않았고' 또 다우지수가 44퍼센트나 오르는 상황에서 살로먼 브라더스의 주식은 시들하기만 하자, 미노코는 스스로 주식 매입자를 찾아 나섰다. 바로 화장품 회사 '레브론Revlon'을 인수한 무서운 기업 사냥꾼 론 페럴먼이었다.

회사 경영진은 페럴먼이나 그가 CEO로 내정한 인물 아래에서 일하고 싶은 마음이 없었다.[72] 구트프룬드는 공황 상태에서 워런에게 전화를 걸어, 살로먼 브라더스를 페럴먼으로부터 구해주는 백기사가 되어 살로먼 브라더스에 투자해 달라고 요청했다. 이 방식은 워런이 랠프 셰이의 요청을 받아들여 스콧 페처를 보에스키로부터 구해주던 것과 같았다.[73]

진공청소기를 파는 회사를 소유하는 것과는 전혀 다른 상황이었다. 살로먼 브라더스의 주된 사업 부문은 채권 거래였고, 이런 점이 워런 마음에 들었다. 하지만 설령 그렇다 하더라도 살로먼 브라더스는 투자 금융 부문에 우격다짐으로 밀고 들어가는 중이었으며, 최근에는 시장의 압력에 굴복하고 있었고 정크본드를 이용해 인수 합병 자금을 마련하려고(워런은 이런 방식을 경멸했다) 머천트 뱅킹 사업(투자은행이 자기 돈을 채권이나 주식 등의 증권 및 파생상품 등에 투자하는 사업-옮긴이) 부문까지 진출해 있었다. 경쟁이 고도로 치열한 인수 합병 부문에는 진출이 늦어서 아직 초보자 수준이었다.[74] 살로먼 브라더스를 이 거친 전쟁터에 성공적으로 자리 잡도록 하고 싶었지만 구트프룬드는 결코 마음이 편안하지 않았다. 그는 1년 사이 눈에 띄게 나이가 들어버린 것 같았다.[75]

하지만 채권시장을 재편하는 데 있어 살로먼 브라더스가 지닌 전문성이 워런의 눈에 들었다. 게다가 그때는 달리 투자할 곳이 마땅히 없었다.[76] 비록 워런이 정크본드를 마땅찮게 여기긴 했지만 정크본드를 이용해서 벌어지는 인수 합병을 피하려 들지는 않았다. 사실 그는 이런 거래들에서 기회주의적으로 차익을 챙겼다. 인수자의 주식을 공매도하고 인수 대상자의 주식을 사들였던 것이다. 살로먼 브라더스의 채권 차익거래 부서가 이 회사의 주된 수익을 창출했기 때문에, 사실상 살로먼 브라더스는 차익거래 기계나 마찬가지였다. 워런은 월스트리트에 존재하는 이 분야에 강하게 이끌렸으며 또한 존경심까지 느끼고 있었다.

게다가 그의 후각은 돈 냄새를 맡았다. 구트프룬드가 절망적인 모습을 비쳤기 때문이다. 워런은, 15퍼센트의 수익률이 보장되어야 한다는 조건하에서 버크셔 해서웨이가 살로먼 브라더스의 우선주 7억 달러어치를 사겠다고 했다.[77] 구트프룬드는 겁먹은 직원들에게, 워런에게 수익을 전달할 증권을 마련하라고 지시했다(살로먼 브라더스에서 이런 수익은 오로지 정크본드에 의해서만 발생했다). 만나기로 한 날은 유대인의 신년인 로쉬 하샤나가 있던 주말이었다. 이때면 아무리 관찰력이 예리한 페럴먼이라 하더라도 느슨해질 것이라고 구트프룬드는 예상했다. 워런은 뉴욕으로 날아갔고, 구트프룬드와 워런은 살로먼 브라더스의 변호사들이 소속된 법률 회사 사무실에서 만났다. 워런은 혼자서 들어갔다. 서류 가방도 없었고, 메모할 종이도 한 장 들지 않은 빈손이었다. 그는 구트프룬드와 악수를 나누고 38달러라는 가격에 보통주로 전환될 우선주를 9퍼센트 이자로 사겠다고 동의했다.[78]

9퍼센트의 이자는 주식 가격이 38달러에 이를 때까지, 즉 우선주를 보통주라는 회사 지분으로 전환할 권리를 행사하기 전까지 워런이 누릴 수 있는 수수료인 셈이었다. 그리고 38달러를 넘어설 경우 그 이상 부분은 무한대로 그가 가질 수 있었다. 그런데 만일 주식 가격이 떨어진다 하더라도 그는 그 증권을 살로먼 브라더스에 돌려주고 자기 돈을 돌려받을 수 있었다.[79] 이 거래의 예상 수익은 15퍼센트였다. 그것도 위험성이 지극히 낮은 조건 아래에서 보장된 수익이었다.[80]

이 우선주에 따른 연배당금은 6,300만 달러였는데, 이것은 블루칩이나 버크셔 해서웨이가 〈버펄로 이브닝 뉴스〉와 씨즈캔디 주주들에게 지불했던 배당금을 다 합친 것보다 많은 금액이었다. 살로먼 브라더스 내부에서는 분노가 들끓었다.[81] 이 사람들은 구트프룬드가 미노코의 요구에 우유부단하게 행동하다가 절망적인 상태에서 워런에게 전화했고, 결국 전환주의 가격을 지나치게 높게 책정했다고 보았다. 15퍼센트의 수익률을 챙기게 된 워런은, 마이클 루이스가 나중에 설명하듯이, '살로먼 브라더스가 파산을 면하게만 해주었다'.[82]

살로먼 브라더스가 산 것은 워런 버핏의 명성이었다. 이 거래로 해서 구트프룬드의 권력은 어느 정도 희생되었다. 이 거래가 이루어지는 것과 동시에 워런과 멍거는 살로먼 브라더스의 이사회에 들어갔다. 최종적으로 계약서에 서명하려고 워런은 새로 구입한 제트기를 타고 뉴욕으로 날아갔다. 그리고 '원 뉴욕 플라자One New York Plaza(뉴욕 시티에 있는 사무실 건물, 1969년 건축. 골드만 삭스와 모건 스탠리 등이 입주해 있다—옮긴이)'에서 멍거를 만나 살로먼 브라더스를 자세하게 살폈다.

거래소 옆에 있는 구트프룬드의 사무실 밖에 서서 워런은 그 유명한 '그 방'을 처음으로 보았다. 하도 바빠 머리며 복장을 챙길 틈 없는 어수선한 차림의 수백 명이 초록색 작은 모니터를 앞에 두고 땀을 뻘뻘 흘리고 있었다. 사람들은 대부분 전화 수화기를 귀에 댄 채로 욕설을 내뱉고, 담배 연기를 뿜고, 수백만 달러가 오가는 거래를 했다. 나직한 아우성이 배경음으로 깔린 가운데, 욕설과 비명이 터져 나왔다. 그 광경 위로 뿌연 안개가 걸려 있었다. 수많은 트레이더들이 담배 연기로 초조한 심경을 달래고 있었다. 담배를 끊어봐야 아무 소용없을 것 같았다. 어쨌든 그 방에 있는 모든 사람들의 폐에는 이미 니코틴이 더덕더덕 붙어 있을 터였다.

멍거는 팔짱을 끼고 워런을 향해 고개를 돌렸다.

"그래서 워런, 정말 여기에다 투자하고 싶단 말이지?"

워런은 자기가 지금 막 사려고 하는 안개 자욱한 아수라장을 바라보면서 한동안 아무 말도 하지 않았다. 그리고 오랜 침묵이 흐른 뒤에야 다음과 같은 소리를 냈다.

"으으응."[83]

47

백야

오마하 출신의 미다스가 막강한 살로먼 브라더스를 만져 금빛으로 빛나게 만든 걸 보고 사람들은 놀란 입을 다물지 못했다. 햄버거를 즐겨 먹는 이웃집 억만장자 워런 버핏, 생산된 지 8년이나 된 낡은 캐딜락을 몰고 다니고 3만 1,500달러를 주고 산 집에 계속 살면서 부와 명성의 상징이라고 할 만한 것은 별로 가지고 있지도 않은 그가 월스트리트의 은행에 막대한 투자를 한 것이다.

이제 자기 자신도 그야말로 월스트리트의 한 부분이 되었지만, 워런은 습관처럼 언제나 월스트리트를 맹렬하게 비난했다. 버크셔 해서웨이 주주들에게 보낸 편지에서, 그는 살로먼 브라더스의 행태까지 포함해 인수 합병 자금을 조성하는 데 사용되는 정크본드를 통렬하게 비난했다. 그는 이 정크본드는 '생각하지 않는 사람들이야 어떻

게 되든 신경도 쓰지 않는 사람들이 파는 것'이라고 말했다.[1]

나는 인수 합병 브로커나 애널리스트와 절대로 상종하지 않습니다. 혼자서 직접 생각하고 판단해야 합니다. (……) 롤스로이스를 타고 다니는 사람이 전철을 타고 출근하는 사람에게 자문을 구하려고 안달하는 유일한 데가 바로 월스트리트입니다.[2]

이미 워런은 〈워싱턴 포스트〉에 기고한 글을 통해서 기업 사냥꾼들의 배를 불려주는 소위 '카지노 사회'를 비난한 적이 있었다. 투기로 벌어들인 이익에 대해서 100퍼센트의 세금을 물려야 하는 것 아니냐고 목소리를 높였던 것이다.[3] 확실히 세금을 매길 데는 많이 있었다. 1982년부터 1987년 사이에 다우존스산업평균지수는 777포인트에서 2,722포인트로 올랐다. 돈을 벌고 싶으면 '코를 틀어막고 월스트리트로 가라'고 워런은 경영대학원 학생들에게 말했다. 그런데 자신은 이미 거기에 있었다.

중서부 지역 출신의 인기인을 악의 소굴로 꾀어내는 월스트리트의 이미지는 강력했다. 이 점을 기자들이 놓치고 가만히 내버려 둘 리 없었다. 월스트리트가 그처럼 지옥이고 악의 소굴이라면서 어째서 살로먼 브라더스와 같은 막강한 회사의 지분을 대량으로 가지고 있느냐고 한 기자가 묻자 그는 조금도 망설이지 않고, 존 구트프룬드라는 사람을 믿기 때문이라고 대답했다.

"그 사람은 뛰어나고, 성실하며, 존경할 만한 사람이거든요."[4]

워런은 언제나 사람들에게 빠져 있었다. 주변 사람들은 그가 사랑에 빠진 대상으로 우선 구트프룬드를 꼽았다. 하지만 한때 그는 자기의 이해와 고객의 이해가 충돌을 일으킨다는 이유로 '처방전을 써주는 의사'로서의 원래 일을 내팽개쳤었다. 그런 워런이 단지 존 구트프룬드를 내세웠다는 사실만으로는, 자기 개인의 이익과 고객의 이익이 복잡하게 얽혀서 충돌을 일으키는 투자은행의 일부분을 소유하고 있다는 기본적인 사실로부터 스스로를 보호할 수 없었다. 어떻게 그가 그런 회사의 이사회 자리에 앉아 있을 수 있단 말인가, 어색하기 짝이 없게![5] 그건 마치, 경제가 불황의 늪에 들어선 가운데 돈을 벌겠다는 충동이 그의 고결한 원칙과 대망을 압도해 버린 것 같았다. 그의 일생을 통해서 늘 그랬듯이, 탐욕이 기승을 부릴 때마다 문제가 뒤따랐다.

워런이 살로먼 브라더스에 투자하던 바로 그 시기에 시장은 한계점에 다가서 있었다. 지난 3월 주주들에게 보낸 편지에서 그는, 자산 운용가들은 지나치게 공세적이라고 지적했었다. 그에게는 청산할 투자 회사가 없었다. 하지만 그 뒤 몇 달 동안 그는 주식을 마구 내다팔기 시작했다. 시장이 계속해서 상승할 때 이 움직임을 추동하는 힘 가운데 일부는 'S&P 500 선물(先物)'이라는 새로운 지수임을 그는 알고 있었다. 다른 주요 은행들과 마찬가지로 살로먼 브라더스는, 미래의 특정한 시점에 S&P 500 지수가 얼마나 높을지 혹은 낮을지에 투자하는 파생상품을 거래하고 있었다.[6] 파생상품 계약은 다음과 같이 진행된다. 예를 들어서 '록우드 초콜릿Rockwood Chocolate' 거래에서 선물 계약의 가치는 특정 시점의 카카오콩의 가격에서 '파생'되었다. 만일 이 가격이 계약할 당시 가격보다 낮았다면, 선물 계약을 보험으로 샀던 사람이 승자가 되었다. 그의 손실이 벌충되기 때문이었다. 그런데 만일 카카오콩의 가격이 더 높아졌다면, 선물 계약을 보험으로 팔았던 사람이 승자가 된다. 그 계약 덕분에 그는 시장 가격보다 낮은 가격으로 카카오콩을 살 수 있었다.

워런이 아들 호위의 몸무게와 호위에게서 받을 돈을 놓고 벌인 거래에서 워런이 호위가 확실히 몸무게를 줄일 거라는 위험, 즉 자기가 받을 돈이 수확량의 26퍼센트가 아니라 22퍼센트로 줄어들 위험을 감수할 생각이 없었다고 가정해 보자. 몸무게를 줄일 것인지 말 것인지 칼자루는 호위가 쥐고 있었으니 워런은 누군가로부터 보험을 들고 싶었을 수 있다. 그래서 어쩌면 수지에게 이렇게 말했을 수 있다.

"오늘 내가 당신에게 100달러를 주겠소. 만일 호위가 몸무게를 9킬로그램 줄이고 여섯 달 동안 줄어든 몸무게를 유지한다면, 나중에 내가 덜 받게 될 돈 2천 달러를 당신이 나에게 주시오. 하지만 만일 호위가 줄어든 몸무게를 유지하지 못한다면 이 100달러는 당신이 그냥 가지면 돼요."

이득과 손해를 결정하는 지수는 호위의 몸무게에서 '파생'되었다. 그리고 워런이 그런 거래를 할 것인지 말 것인지는 호위가 살을 뺄 수 있을지 그렇지 않을지의 확률에 따라서 결정된다.

또 다른 예를 들어보자. 워런이 1년 동안 포테이토칩을 먹지 않겠다고 애스트리드와 약속하고 만일 그가 포테이토칩을 먹는다면 애스트리드에게 1천 달러를 주기로 거래했다고 치자. 이것은 '파생' 계약이 아니다. 워런과 애스트리드는 단지 하나의 거래를 할 뿐이다. 워런이 포테이토칩을 먹는 것은 그 어떤 것에서 '파생'된 것이 아니다. 포테이토칩을 먹을지 말지는 전적으로 워런에게 달려 있기 때문이다.

하지만 만일 애스트리드와 워런이 이런 약속을 했는데, 애스트리드가 혹시 자기가 질지도 모른다고 생각해 질 경우 받지 못하게 될 1천 달러에 대해서 보험을 들 요량으로 워런의 동생 버티에게 100달러를 줄 경우, 버티와 애스트리드 사이의 거래는 파생 계약이 된다. 두 사람의 계약에서 칼자루를 쥔 사람은 워런이기 때문이다. 만일 워런이 포테이토칩을 먹지 않으면 애스트리드는 버티에게 100달러를 잃고, 만일 워런이 포테이토칩을 먹으면 버티가 1천 달러를 잃는다. 그

러므로 파생상품은 (애스트리드에게) 보험이거나 혹은 (버티에게) 명백한 도박이다.[7]

파생 계약을 사고파는 사람들은 대부분 개인과 관계가 없는 일반적인 지수를 근거로 삼는다. 계약 상대를 만나지도 않은 채 계약을 한다는 말이다. 1987년에 자산운용가들이 일종의 보험으로 샀던 S&P 주가 지수 선물(주가 지수를 매매 대상으로 하는 선물. 미래의 주가를 예측하며 일정한 날에 매매할 것을 정해둔다-옮긴이)은 주가 지수가 특정 수준 아래로 내려갈 경우 이들에게 거기에 따른 보상을 해주었다. 주가가 계속 올라갈 것이라고 생각했던 사람들은 흔히 보험을 팖으로써 도박을 감행하는 선택을 했다. 수수료 수익을 원했기 때문이다.

워런은 1982년 의회에 편지를 써서 이런 거래들 속에 내재된 위험을 경고하며 선물시장에 대한 규제를 강화해야 한다고 주장했었다.[8] 하지만 아무런 변화도 일어나지 않았다. 그때 이후로 주가 지수 선물은 마치 7월의 모기떼처럼 번성했다. 주가가 떨어지기 시작하면 보험을 판 사람들 앞으로 한꺼번에 청구서가 몰릴 게 뻔했다. 이 청구서에 응하려면 이들은 자기가 가진 주식을 투매할 수밖에 없었다. 지수 선물을 산 사람은 흔히 주가가 떨어질 때 자동적으로 주식을 파는 소위 '프로그램 매매(1976년 뉴욕증권거래소에 처음 도입된 방식으로, 주식을 매매할 때 컴퓨터에 미리 입력한 여러 가지 기준을 통해서 자동적으로 다수의 종목을 한꺼번에 대량으로 매매하는 것-옮긴이)' 방식을 취하기 때문에, 한꺼번에 매물이 쏟아지는 현상이 초래된다.

초가을에 시장은 빌빌거리다 시동을 멈췄다. 1987년 10월 19일 검은 월요일에 이런 일이 벌어졌다. 모든 사람들이 동시에 시장에서 빠져나가려고 발버둥치면서 한꺼번에 508포인트나 떨어지는 기록적인 현상이 벌어졌다. 시장은 1929년에 그랬던 것처럼 거래 마비가 되기 전 일촉즉발의 상황이었고, 결국 하루 낙폭으로는 역사상 가장

높은 기록을 세우고 말았다.[9]

이 폭락 사태의 사흘째 되던 날이 우연히도 버핏 그룹이 모이는 날이었다. 장소는 버지니아의 콜로니얼 윌리엄스버그였다. 케이 그레이엄이 모임 장소를 잡고 관련 경비를 부담했는데, 그녀는 버핏 그룹이 '누가 진행하든 아마추어 티가 나는 엉성한'이라고 워런이 표현했던 예전의 모습에서 벗어나 완전히 새로운 모습으로 탈바꿈하는 계기가 되도록 하는 데 윌리엄스버그라는 도시가 가지고 있는 순수하고 애국적인 분위기를 활용했다(윌리엄스버그는 18세기 영국이 미국을 식민지로 삼았을 때의 수도였다-옮긴이). 윌리엄스버그에서 버핏 그룹 사람들은 어디를 가든 운전은 기사에게 맡겼다. 그리고 예전에는 아침에 일어나면 늘 밀기울 플레이크만 먹곤 했던 사람들이 이번에는 치킨, 스테이크, 햄, 닭의 간, 달걀 등의 메뉴로 구성된 넉넉한 음식을 마음껏 먹었다. 참가자 가운데 한 사람은 이 모임의 아침식사는 '천 명이 먹고도 남을 만큼 많았다'고 했다. 케이는 하룻밤 공식적인 만찬을 하려고, 제임스강을 굽어보는 역사적인 18세기 건물인 카터스 그로브 플랜테이션Carter's Grove Plantation을 빌렸다. 또 할리우드에 돈을 쏟아 넣고 있던 릭 게린이 제작한 영화를 감상하려고 극장도 하나 빌렸다. 준비된 행사들이 하나씩 이어질 때마다 사람들은 탄성을 질렀다. 이어지는 행사들은 더욱더 정교하고 화려했다. 경비도 경비였지만 예전의 모임과는 판이했다.

"케이가 우리를 손님으로 초대해서 얼마나 신나고 즐거운지 모르겠군요."

척 리커쇼서가 이렇게 말하자 그의 말이 들리는 거리에 있던 사람들은 다들 고개를 끄덕였다. 마지막 날 저녁 드윗 월리스 박물관을 빌려서 마련한 디너파티에서 케이는 18세기 의상을 입은 실내악단

이 하이든의 음악을 연주하게 했다.[10]

주가가 한창 치솟을 때 잡혔던 주식 관련 토론의 주제는 '버핏 그룹은 시장과 끝이 났는가?'였다. 하지만 주가가 곤두박질치던 상황에서 사흘 동안 워런, 티시, 고츠먼, 루안, 멍거, 와인버그를 포함한 여러 사람들은 반딧불이처럼 빛을 뿜으며 수시로 방을 들락거리면서 주가를 점검하고 또 흥분을 억누른 채 각자 자기 트레이더들에게 전화했다. 이들은 주가 하락으로 손실을 입은 많은 사람들과 달리 주식을 사들이라고 주문했다.[11]

당시 워런의 누나 도리스는 버지니아의 프레더릭스버그에 살고 있었다. 하워드가 하원의원이 되어 가족 전체가 이사한 뒤에 도리스가 흠뻑 빠졌던 바로 그곳이었다. 도리스는, 거대한 눈사태 속에서 살아남은 사람들이 눈을 헤치고 밖으로 나올 무렵 보험을 팔았던 수많은 사람들 가운데 한 사람이었다. 그녀는 소위 '무방비풋naked put(옵션이 행사되는 경우 인도할 수 있는 기초 증권을 보유하지 않고 발행되는 풋 옵션-옮긴이)'을 팔았다. 이것은 버지니아 폴스 처치의 증권 중개 회사가 판 일종의 파생상품이었다. 무방비풋은 주가가 하락할 경우 다른 사람이 입은 손실을 보전해 주도록 되어 있었다. '무방비'인 이유는 담보가 설정되어 있으며 손실에 대해서 전혀 보호를 받을 수 없었기 때문이다.[12] 그 증권 중개 회사는 무방비풋이 도리스에게 지속적인 수입을 보장해 줄 것이라고 강조했었다. 도리스에게는 지속적인 수입이 필요했던 것이다. 그 회사가 도리스에게 위험을 충분히 설명했을 것 같지는 않다. 특히 '무방비'라는 섬뜩한 단어를 동원했을 리는 전혀 없었다. 도리스는 투자에 관해서는 정교하게 알지 못했지만 견실한 상식으로 무장한 똑똑한 여성이었다. 하지만 도리스는 이 투자를 하면서 워런과 상의하지 않았다. 워런은 국채나 지방 자치단체가 발행한 채권처럼 수익이 상대적으로 낮지만 극단적으로 안전한 투자를 권하는 것으로 유명했다. 특히 이혼한 여성에게는 더욱 그랬다. 정작 본인은 이런 투자를 절대로 하지 않았다.

워런을 전적으로 신뢰했던 도리스는 워런이 모집한 최초 투자자 집단에도 이름을 올렸었다. 버크셔 해서웨이에 투자할 때는 절대적으로 동생을 신뢰했다. 하지만 만일 도리스가 워런에게 조언을 구했더라면, 아주 오래전 둘 다 어린아이이던 시절, 워런이 자기 돈과 도리스의 돈으로 함께 시티즈 서비스의 우선주를 샀을 때 이 주식의 가격이 터무니없이 떨어졌던 일이 두 사람의 기억 속에서 음습한 모습으로 불쑥 되살아났을 것이다. 아무튼 도리스는 워런에게 조언을 구하지 않았다.

도리스는 막대한 손해를 입었다. 버크셔 해서웨이 주식을 팔아서 손실을 메웠지만 그래도 파산의 위험에 떨어야 했다. 엎친 데 덮친 격으로 도리스는 친구들 몇 명에게도 그 무방비풋을 소개했고, 그 바람에 그 친구들이 입은 손해에도 책임을 느꼈다.

도리스는 워런이라는 동생에 대해서는 낭만적인 생각을 가지고 있었다. 자기를 보호해 주는 수호천사로 생각하면서 미니어처 골프채, 펩시콜라의 다양한 병 등 워런의 삶과 관련된 여러 가지 상징적인 물품들을 보관하고 있었다. 하지만 정작 본인에게 문제가 생겼을 때는 직접 워런을 찾지 않았다. 모든 가족이 다 그랬듯이 수지에게 전화를 걸었다. 수지는 워런에게 접근하기 위한 중개인이었다. 당시 도리스는 세 번 결혼해서 세 번 이혼한 상태였다. 본인이 돌아볼 때 첫 번째 결혼은 불안정함에서 벗어나려고 결정했었다. 두 번째 결혼이 실패한 이유 중 하나는 등 떠밀려서 결혼했기 때문이었다. 그래서 결혼 생활을 지키려는 노력도 절실하지 않았다. 덴버에 살던 대학교수와 했던 세 번째 결혼은 끔찍할 정도로 오판이었다. 도리스는 인생의 쓴맛을 충분히 본 상태였지만 불운한 인생에 주눅 들지 않고 맞서 싸웠다. 여태까지 줄곧 그렇게 살았다. 하지만 이번에는 어떻게 하면 좋을지 도무지 알 수 없었다. 수지는 다음과 같이 말하면서 도리스를 위로했었다.

"걱정하지 말아요. 워런은 언제든 형님을 돌봐줄 테니까요."

도리스가 수지에게 자기 상황을 설명하고 도움을 청한 뒤, 워런이 도리스에게 전화를 했다. 어느 토요일 아침 이른 시각이었다. 워런은 만일 자기가 도리스의 빚쟁이들에게 돈을 갚아준다면 도리스의 돈을 앗아간 사람들의 사업을 도와주는 꼴이라고 했다. 그 사람들은 투기꾼이기 때문에 자기가 도리스의 빚을 갚아줌으로써 그 사람들을 어려움에서 구해줄 수는 없다는 게 워런의 논리였다. 워런이 자기를 돕지 않겠다는 뜻임을 아는 순간 도리스의 등줄기에는 식은땀이 흘렀고 다리가 후들후들 떨렸다. 그녀는 동생이 자기를 무시하고 경멸하는 것이라고 확신했다. 하지만 워런은 자기 판단이 가장 이성적이라고 생각했다.

내가 원한다면 도리스가 진 빚 200만 달러를 내줄 수도 있었습니다. 하지만 이게 말이 됩니까? 도리스에게 그 상품을 판 중개인 여자 말입니다, 이 여자가 그 지점에 속한 모든 사람들을 파탄으로 몰아갔어요.

도리스는 수지가 자기를 도와줄 것으로 기대했다. 수지는 그만한 돈을 가졌다. 워런이 그렇게 많은 돈을 주었고 수지는 그 돈을 대부분 사람들에게 그냥 줘버렸다. 그러나 수지는 빌리 로저스에게 돈을 주지 않았던 것과 마찬가지 이유로 도리스에게도 경제적인 도움을 주지 않았다.

성공 투자의 신화적 존재인 워런 버핏의 누나가 지극히 어리석게 투자를 한 바람에 낭패를 당했다는 기사가 〈워싱턴 포스트〉에 실렸다. 워런의 명예를 실추시키는 것은 버핏 가문에서 심각한 죄로 통했다. 게다가 도리스가 이런 낭패를 당한 시점도 끔찍할 정도로 절묘했다. 버핏 가문 사람들이 일곱 달 전에 있었던 빌리 로저스의 약물 과다 투여로 인한 사망 사건의 악몽에 시달리다가 이제 막 헤어나려던 시점이었던 것이다. 그 사건은 버핏 가문에 숨겨져 있던 여러 가지 문제들을 공개적으로 드러낸 뼈아픈 사건이기도 했다. 워런은 자기가 합리화한다는 사실을 어느 정도 알고 있었을 것이다. 워런이 도리스의 분노를 두려워했던 건 분명하다. 도리스는 케이 그레이엄과 마찬가지로 자기가 위협을 받고 있다고 느끼면 궁지에 몰린 동물처럼 자기를 방어했다. 워런은 그 누구보다도 도리스를 잘 알았다. 하지만 다른 사람, 심지어 자신의 누이라도 격앙되고 날카로운 목소리와 행동은 견디지 못했다. 그래서 그는 뒤로 한 걸음 물러났다. 도리스에게 전화도 하지 않았다. 가족 가운데 아무도 도리스에게 연락하지 않았다. 도리스는 가족이 자기와 인연을 끊었다고 생각했다. 버림받고 또 깊은 상처를 받은 도리스는 어머니 레일라에게 자기가 사는 집이 채권자의 손에 넘어가지 않도록 돈을 빌려달라고 울러댔다.[13] 그런데 아이러니컬하게도, 연방준비제도는 금리를 낮추었고, 각 기업은 자사 주식을 사들였으며, 시장은 빠르게 회복되었다. 도리스 같은 희생자들만 뒤처지고 말았다. 쓰라린 고통을 가슴에 안은 채 도리스는 어려운 처지에 놓인 자기에게 법률과 관련된 도움을 주었던 변호사 앨 브라이언트와 결혼했다.

하지만 막후에서 워런은 하워드의 유언이 남긴 신탁 재산에서 도리스에게 매달 1만 달러씩 지급되도록 조처했다. 당시를 회상하면서 도리스는 다음과 같이 말한다.

"그 돈은 내가 그때까지 살면서 써보았던 그 어떤 돈보다 컸습니다."

두 사람 사이의 긴장은 해소되었다. 이제 두 사람은 대화를 나눌 수 있게 되었다. 도리스는 워런이 얼마나 고마운지 워런 앞에 넙죽 엎드리기라도 할 듯했다. 나중에야 이 돈이 원래 자기 돈이며 다만 예정보다 일찍 받은 것뿐이라는 사실을 깨달았다. 그녀의 몫이던 2천 주 조금 넘는 버크셔 해서웨이 주식의 가치는 1964년에 3만 달러였지만 당시 가격으로 1천만 달러로 불어나 있었다. 애초에 그 재산은 레일라가 죽은 뒤에 도리스와 버티에게 네 차례에 나누어 지급하게 되어 있었다. 하지만 워런은 화해의 표현으로 셔우드 재단Sherwood Foundation을 만들었고, 이 재단은 한 해에 50만 달러를 자비로운 선물로 내놓았다. 도리스와 워런의 세 아이 그리고 애스트리드는 자기들이 원하는 대상이나 명분에 따라 무엇이든 선택해서 각자 10만 달러씩 쓸 수 있었다. 마치 워런이 이 다섯 사람을 위해서 700만 달러를 내놓았고 이 돈을 어떤 자산운용 회사에 맡긴 것처럼, 연간 일정한 소득이 이 사람들 앞으로 발생했다. 결국 도리스의 몫은 워런이 거저 준 것처럼 보였던 돈과 금액이 거의 같았다. 형식만 달랐을 뿐 도리스는 마땅히 자기가 받을 돈을 받았던 것이다.

물론 그 돈은 도리스가 빚을 갚거나 집을 지키는 데 쓸 수 있는 형식으로 지급되지 않았다. 워런은 절대로 돈을 즉석에서 현금으로 주지 않았다. 주더라도 자기가 통제할 수 있는 방식으로 책정해서 주었다. 폭풍이 가라앉은 뒤에 도리스는 다시 일어설 수 있는 힘을 회복했다. 도리스는 워런이 곤란한 상황에서도 자기 나름의 방식으로 도움을 준 것을 고맙게 생각했다. 워런이 없었더라면 자기는 애초에 빈털터리 신세가 되었을 것임을 절실하게 잘 알았기 때문이다. 도리스는 작은 돈들을 모아 빚을 갚으려고 애썼고, 이 과정에서 도리스와 워런의 관계는 점차 예전처럼 돌아갔다. 그리고 도리스가 워런을 위해서 주술처럼 간직하던 물품들도 계속 제자리를 지켰다.

주가 대폭락의 또 다른 희생자로 워런이 감당해야 했던 주체는 살로먼 브라더스였다. 버크셔 해서웨이가 살로먼 브라더스에 투자한 지 석 달 뒤에 워런과 멍거는 이 회사 이사회에 참석했다. 그날의 안건은 채권 거래 및 인수 합병 부문의 부진과 검은 월요일의 충격이 회사에 끼친 7,500만 달러의 비용이었다.[14] 살로먼 브라더스는 이 뒷감당을 모두 맡아야만 했다. 대폭락이 있고 불과 며칠 뒤에 구트프룬드는 회사의 귀중한 자산이라고 할 수 있는 장기 근속 직원들마저도 잘랐고, 800명이나 되는 사람들을 정리해고했다. 또한 기업어음 거래 부서처럼 수익성이 별로 없는 사업 부문들을 정리했다. 얼마나 신속하게 정리했던지, 그 결과 몇몇 주요 고객들과의 관계가 도저히 회복 불가능할 정도로 훼손되기도 했다.[15] 회사 내부의 이런 손실 및 검은 월요일의 충격으로 인한 손실은 그해 주주들의 주머니에 커다란 구멍을 낼 형편이었다. 뿐만 아니라 살로먼 브라더스의 주식 가격도 엄청나게 떨어졌다.

살로먼 브라더스의 주주들은 고통을 받고 있었다. 그러나 보상위원회는 직원들의 스톡옵션이 행사될 수 있는 주식의 가격 기준을 낮추는 문제를 토의하기 시작했다. 워런은 회장인 밥 젤러의 요청으로 이 보상위원회에 참석했다.

직원들이 가지고 있던 스톡옵션은 회사의 주식을 미래에 특정가로 살 수 있다는 권리였다. 만일 살로먼 브라더스가 씨즈캔디였다면, 생산 라인에서 일하는 직원들에게 씨즈캔디 제품을 특정 가격에 살 수 있는 권리 증서를 워런이 제공하는 거나 마찬가지였다. 이 경우, 만일 캔디 가격이 해마다 계속 오른다면 권리 증서가 보유하는 가치는 시간이 지남에 따라 점점 더 커진다고 볼 수 있다.

하지만 현재 살로먼 브라더스라는 캔디 공장의 사정은 좋지 않았다. 적자가 예상되었고, 직원들은 봉급 삭감의 고통을 짊어져야 할 처지였다. 보상위원회는 이 봉급 삭감분을 채워줄 수 있도록 직원들에게 파는 캔디의 가격을 내리는 문제를 논의했다. 워런은 이에 반대하는 주장을 했다. 캔디 공장은 소유주, 즉 주주들의 재산이지 직원들의 재산이 아니었다.[16] 워런은 직원 몫의 캔디에서 회사의 수익이 감소한 부분만큼 정확하게 덜어내고자 했다.[17] 그러나 보상위원회의 다른 위원들은, 두 달 전 구트프룬드가 캔디 박스 출시를 발표했을 때 직원들이 특정한 양의 캔디를 약속받았으며 또 캔디가 판매되기 시작하면 캔디를 싸게 사서 봉급이 삭감된 부분을 메울 권리를 가지고 있다고 생각했다. 어쩌면 이 위원들은, 상황이 좋지 않을 때마다 일어나는 월스트리트의 전통적인 현상인 소위 '보너스 받는 날의 대탈주', 즉 돈을 받고 튀는 일을 사전에 막으려고 했던 것일 수도 있다.

워런은 이것이 도덕적으로 옳지 않다고 생각했다. 주주들이 자기들 몫의 수익을 가져가지 못하는데 어떻게 직원들이 자기들 몫을 챙길 수 있단 말인가? 하지만 다른 사람들이 반대했고, 워런의 의견은 2 대 1로 눌렸다. 그는 분노했지만[18] 살로먼 브라더스 이사회에서 그의 역할은 유명무실했다. 그에게 자문을 구하는 경우는 거의 없었고, 있다 하더라도 그대로 따르는 일은 더욱 없었다. 설령 당시에 살로먼 브라더스의 주가가 회복하고 있었다 하더라도 옵션 행사 가격이 수정됨으로써 '거의 즉각적으로' 살로먼 브라더스에 대한 버크셔 해서웨이의 투자는 '예전보다 훨씬 매력이 감소'하고 말았다.

목소리를 높이고 더 치열하게 싸울 수도 있었습니다. 만일 그랬다면 아마도 속은 시원했을 겁니다. 하지만 설령 그랬다 하더라도 역사를 바꾸지는 못했을 겁니다. 정말 싸우는 걸 좋아해서 그런 게 아니라면 아무런 의미가 없는 겁니다.

우회적인 방법으로나마 싸움에 기꺼이 나서던 그의 모습은 샌본 맵, 뎀스터 밀, 시베리 스탠턴 이후로 뚜렷하게 감소했다.

나는 싸우는 걸 즐기지 않습니다. 설령 그럴 필요가 있다 하더라도 그런 식으로는 회사를 운영하지 않을 겁니다. 싸움은 정말 좋아하지 않습니다. 이사회에 참석해서도 찰리와 나는 심지어 반대표도 던지지 않았습니다. 언제나 찬성표만 던졌죠. 게다가 기권하지도 않았습니다. 그런 행위는 노골적인 도전 행위로 비칠 테니까 말입니다. 그리고 살로먼 브라더스에는 다른 일들도 많이 있었습니다. 내가 보기에 정신 나간 것 같은 일들이 꼬리에 꼬리를 물고 이사회 안건으로 올라왔습니다만, 그 사람들은 내가 거기에 대해서 뭐라고 발언하는 걸 바라지 않았습니다. 그러고는 '하실 말씀 없습니까?'라고 묻습니다. 나는 단지 싸울 목적으로는 싸우지 않습니다.

워런은 원래 구트프룬드에 이끌렸다. 구트프룬드는 내성적이고 사려 깊으며 자기 일을 사랑하는 사람이었다. 날마다 아침 7시면 나타나서 커다란 자메이카산(産) 시가 '템플 홀Temple Hall'에 불을 붙이고, 와이셔츠 차림의 소매를 걷어붙인 트레이더들 사이를 느릿느릿 걸으며 이렇게 말했다.

"매일 아침 곰(약세 시장의 상징이다. 반대로 강세 시장의 상징은 황소-옮긴이) 엉덩이를 깨물어 줄 준비가 돼 있어야 해."[19]

실제로 이사회에 참석해서 보고했던 직원들 눈에 워런은 '상대적으로 수동적인' 이사로 비치기도 했다.[20] 워런은 회사의 일이 어떻게 돌아가는지 제대로 파악하지 못했던 것 같다. 전통적인 소매업도 아니고 조립 라인을 통해서 제품을 생산하는 것도 아닌 살로먼 브라더스의 업무는 그에게 익숙하지 않았다.[21] 그가 살로먼 브라더스에 투자한 이유는 순전히 구트프룬드 때문이었다. 또 지금은 이 회사의 방식이 마음에 들지 않았다. 그래서 그는 투자할 때마다 가지고 있었던 다른 카드를 만지작거렸다. 자기 지분을 팔아치우고 이사회에서 나가는 카드였다.[22] 그와 구트프룬드 사이가 틀어졌다는 소문이 월스트리트에 돌았다. 그가 자기 지분을 팔고 떠나거나 아니면 구트프룬드를 쫓아내고 다른 사람을 CEO로 앉힐 거라는 내용이었다.[23] 하지만 그런 일은 일어나지 않았다. 그처럼 유명한 사람이 살로먼 브라더스의 주요 투자자이자 이사로 있다가 갑자기 주식을 팔고 이사 직함을 던져버린다면, 살로먼 브라더스의 주식 가격은 곤두박질칠 것이고, 이렇게 되면 그만 바라보던 주주들은 막대한 손실을 입을 것이고 또한 그 자신도 변덕스럽거나 앙심을 품고 있거나 믿음직하지 못한 인물로 비쳐서 나쁜 평을 얻을 게 뻔했다. 그 무렵 워런의 명성은 그 자체로 버크셔 해서웨이 자산으로 기능하고 있었기 때문에 더욱 가볍게 행동할 수 없었다. 게다가 그는 아직 구트프룬드를 포기하지 않았다. 그가 살로먼 브라더스에 투자한 유일한 이유는 구트프룬드였다. 그가 두 손을 벌려 누군가를 껴안았을 때 이 두 사람을 떼어놓을 수 있는 유일한 도구는 도끼밖에 없었다. 그래서 휴일이 다가올 때마다 그와 구트프룬드는 자기들 사이에 가로놓인 차이점들을 제거하려고 부지런히 노력했다.

한편 1987년의 손실은 그걸로 끝이 아니었다. 캐서린 그레이엄이 버핏 그룹 사람들 앞으로 보낸 편지가 뒤늦게 도착했다. 1987년이 끝나기 두 주 전이었다. 편지를 받은 사람들 가운데 몇몇은 충격을 받았다. 청구서가 동봉되어 있었기 때문이다. 나중에야 밝혀진 사실이지만, 버핏 그룹 모임 때 버핏 그룹 사람들은 캐서린 그레이엄의 손님으로 초대를 받은 게 아니었다. 그녀가 윌리엄스버그에서 화려하게 주최했던 행사의 비용을 분담해야 했던 것이다. 전체 비용은 엄청난 규모였다. 그레이엄도 '숨이 막힐 것 같은 금액'이라고 인정했다. 그러면서 이렇게 덧붙였다.

"늦어서 그리고 적지 않은 비용이라 정말 죄송합니다. 크리스마스가 여전히 즐거운 크리스마스가 되길 기원하며, 아울러 여전히 내가 당신의 친구이기를 기원합니다."[24]

워런은 즐거운 크리스마스를 보냈다. 하지만 이유는 다른 데 있었다. 코카콜라라는 선물을 받아서였다. 이 선물은 본인이 자기 자신에게 보낸 것이었다. 살로먼 브라더스로 인한 상심을 상당 부분 채워주는 것이었다. 이전에 참석했던 백악관 만찬에서 그는 오랜 친구 돈 커우와 다시 만났었다. 커우는 코카콜라 사장이자 최고운영책임자 COO로 있었는데, 그에게 펩시콜라에 체리 시럽을 타서 먹지 말고 아예 코카콜라가 새로 출시한 '체리 코크'를 마셔 보라고 권했다. 그는 커우가 일러준 대로 시도했는데, 그게 마음에 들었다. 충성도가 높기로 유명한, 게다가 유독 펩시에 대한 충성도가 높았던 그가 코카콜라로 바꾸자 그의 가족과 친구들은 그의 이 놀라운 변신에 그저 입을 딱 벌릴 뿐이었다. 그는 여러 해 동안 코카콜라에 투자할까 고민했지만 생각하기에 코카콜라 주식은 그동안 줄곧 너무 비쌌었다. 그런데 코카콜라에 문제가 생겼다. 펩시콜라와 치열한 가격 경쟁을 벌이는 바람에 한 주당 가격이 38달러까지 떨어진 것이었다. 이름만 들어도 소름이 돋는 기업 사냥꾼 페럴먼이 코카콜라를 사냥감으로 찍었고 코카콜라가 자사 주식을 사들인다는 소문도 돌았다. 비록 비싸긴 했어도 코카콜라 주식은 예전에 아메리칸 익스프레스가 그랬던 것처럼 어려움 속에서도 여전히 강력한 브랜드 파워를 가지고 있었다.

워런이 보기에 코카콜라는 결코 꽁초가 아니었다. 엄청난 현금을 긁어모으면서도 운영비는 얼마 들지 않았다. 워런은 코카콜라의 매해 연간 현금 흐름을 계산했다. 이런 계산은 암산으로 얼마든지 할 수 있었다. 코카콜라를 몇 년 동안 연구하면서 그는 과거에 이 회사가 얼마나 많은 돈을 벌었는지 알았다. 그리고 앞으로도 얼마나 오랫동안 성장을 계속할 것인지 제대로 판단할 수 있었다.[25] 이 모든 것들을 바탕으로 해서 코카콜라의 궁극적인 자산 가치를 계산했다.

지금으로부터 먼 훗날 이 회사의 전망이 어떨지 정확하게 예측하기란 어려웠다. 그래서 워런은 안전 마진이라는 개념을 적용시켜서 예상치를 뽑아 보았다. 복잡한 공식이나 모형을 동원하지 않고 단순히 숫자를 계산했다. 이런 계산을 할 때 그는 컴퓨터나 스프레드시트를 쓰지 않았다. 이렇게 계산을 해서도 석기 시대 사람이 휘두르는 돌도끼처럼 명쾌한 해답이 떠올라야 했다. 그렇지 않으면 투자할 가치가 없다는 게 그의 생각이었다.

이제 결정을 내려야 했다. 마지막 계산만 남았다. 우선 그는 코카콜라가 사업으로서 궁극적으로 지닌 가치(즉, 숲속에 있는 새)와 버크셔 해서웨이의 현금(즉, 손 안에 있는 새)을 비교했다. 위험 부담이 전혀 없는 국채에 그 현금을 투자할 때 같은 기간 동안 버크셔 해서웨이는 어느 정도 상당한 수익을 올릴 수 있었다. 그는 이 둘을 비교했다. 국채라는 척도로 보자면 코카콜라는 대단한 존재였다. 그가 보기에 사실 코카콜라에 필적할 수 있는 주식은 없었다. 결론은 내려졌다. 그는 코카콜라 주식을 매입하기 시작했다.

1988년에 있었던 버크셔 해서웨이 주주 총회 자리에 코카콜라 제품이 음료수로 등장하자 주주들은 그를 흉내 내며 코카콜라를 벌컥벌컥 들이켜면서도 자기들이 버크셔 해서웨이를 통해서 코카콜라 주식을 소유하고 있다는 사실을 전혀 몰랐다. 조슬린 미술관 강당에서 열린 그해 주주 총회 자리에 1천 명이 참석했고, 그때부터 이 총회는 새로운 경향을 띠었다. 그해에는 또 멍거가 '동결 회사'라고 별명을 붙인 유사 투자 회사의 탈을 벗고 버크셔 해서웨이가 정식으로 뉴욕증권거래소에 이름을 올리기도 했다. 버크셔 해서웨이 총회는 일정을 예정보다 늦추어야 했다. 너무 많은 참석자들이 주차할 곳을 찾지 못해 시간을 많이 허비했던 것이다. 워런은 좋은 생각 하나를 떠올렸다. 주주들을 데리고 네브래스카 퍼니처 마트 매장으로 가는 것이었다. 그는 스쿨버스 두 대를 빌린 다음, 총회가 끝나면 자신을 따라오도록 주주 수백 명을 설득하고는 주주들을 이끌고 네브래스카 퍼니처 마트 매장으로 향했다. 이런 제안이 주주들에게 먹힌 것은 부분적으로, 그가 5년 동안 기회 있을 때마다 말하고 또 글로 썼던 불굴의 의지를 가진 B 부인의 명성 덕분이었다. 주주들은 B 부인을 직접 만나보고 싶었던 것이다. 그들은 카펫 매장에서 전기 카트를 타고 앉아 있는 작은 탱크 같은 여자의 매력에 흠뻑 빠졌다. 그들은 그녀가 제시하는 가격으로 총 5만 7천 달러어치의 제품을 구매했다.[26]

연말까지도 주주들은 버크셔 해서웨이가 6억 달러 가까운 돈을 투자해서 코카콜라 주식 1,400만 주 이상을 매입했다는 사실을 알지 못했다.[27] 투자와 관련된 워런의 선택과 행동 하나하나가 모두 시장에 영향을 미치는 관계로, 증권거래위원회가 워런에게 주식 거래 내용을 1년 동안 공시하지 않아도 되게끔 특별 허가를 내주었던 것이다. 워런이 코카콜라 주식을 워낙 많이 사들이고 또 코카콜라에서도 자기 주식을 대량으로 사들이면서, 이 둘은 경쟁하며 가격을 올리는 대신 코카콜라 주식의 하루 전체 거래량 가운데 절반씩을 나누어서 매입했다고 월터 슐로스는 증언한다.[28] 곧 버크셔 해서웨이는 코카콜라의 전체 지분 가운데 6퍼센트가 넘는 부분을 소유하게 되었다. 돈으로 따지면 12억 달러나 되었다.[29] 1989년 3월, 버크셔 해서웨이가 코카콜라 주식을 보유하고 있다는 사실이 알려지자 수많은 투자자들이 서로 코카콜라 주식을 사겠다고 아우성을 쳤다. 이 바람에 뉴욕증권거래소는 코카콜라 주가가 통제할 수 없을 정도로 치솟는 것을 방지하기 위해서 일시적으로 거래를 중지해야 했다.

코카콜라의 CEO 로베르토 고이주에타는 워런 버핏이라는 저명한 투자자가 자기 회사 주식을 이런 식으로 홍보해 주자 좋아서 싱글벙글했다. 그는 워런에게 이사가 되어달라고 부탁했다. 코카콜라 이사회의 이사면 북아메리카에서 가장 명성 높은 자리일 수도 있었다. 워런은 흔쾌히 승낙했고 코카콜라에 관한 모든 것에 빠져들었다. 또한 동료 이사들과도 친분을 쌓았다. 이 가운데 '앨런 앤드 컴퍼니'의 회장인 허버트 앨런도 포함되어 있었다. 무뚝뚝하고 직설적으로 말하기로 유명한 사람이었다. 워런과 앨런은 죽이 잘 맞는 친구가 되었다. 앨런은 버핏 부부를 자기들이 주최하는 선 밸리 컨퍼런스에 초대했다. 이 모임은 내로라하는 기업의 CEO들이 모여서 코끼리 박치기를 하는 최고의 기회로 부상하고 있었다. 해마다 7월이면 금융계와 영화계, 언론계의 거두들이 선 밸리에 모여서 즐거운 시간을 가졌던 것이다.

이 모임에 참석한다면 해마다 한 차례의 일정이 자기 달력에 추가된다는 사실을 워런은 알았다 하지만 선 밸리 컨퍼런스는 중요했고, 워런은 이 자리에 참석하고 싶었다. 게다가 지금은 화려하게 선 밸리에 갈 수 있는 도구인 제트기도 가지고 있었다. CEO 클럽의 한 구성원이라는 신분에 맞게 그는 최근에 기존의 중고 팰컨 20을 처분하고 700만 달러 가까운 돈을 들여서 신형 챌린저 제트기를 장만했다. 그는 '인디펜서블Indefensible(변명의 여지가 없는)'이라고 이름을 붙인 이 비행기를 주주들에게 보낸 편지에서 공개하며, 성 아우구스티누스의 기도를 빌려 자기 스스로를 조롱했다.

"주여, 도와주소서, 정숙하고 검소할 수 있게 도와주소서…… 하지만 아직은 아닙니다."

얼마 지나지 않아서 워런은 주주들에게 보낸 편지에서 죽을 때 제트기와 함께 묻히고 싶다고 했다.

선 밸리로 비행 일정을 잡고 공항으로 향하던 길에 그는 병원에 입원해 있던 처형 도티를 찾아갔다. 오랜 세월 알코올의존증으로 고생하고 마른 나뭇가지처럼 여윈 수지의 언니는 심각한 갈랑바레 증후군을 앓고 있었다. 발병 원인이 밝혀지지 않은 자가면역 질환인 이 병의 갑작스러운 발작은 신경계는 물론이고 호흡기 및 다른 기관들까지도 마비시킬 수 있었다. 도티는 의식 불명 상태로, 의사들이 생명유지장치를 떼고 자연이 목숨을 거두어 가도록 하는 게 낫겠다고 권고할 정도로 상태가 악화돼 있었다.

수지는 미친 듯 괴로워하면서 이런 제안을 거부했다. 수지는 여름 내내 그리고 가을까지 오마하에 있으면서 도티를 간호했다. 도티는 느리고 고된 광범위 치료 과정을 거쳤다. 물리 요법도 받았다. 오마하에 오래 있게 되자 수지는 도티의 아파트와 홀을 사이에 두고 맞은편에 있는 아파트를 따로 하나 얻었다. 거기에 있으면서, 오마하와 인근 지역을 관할하는 더글러스 카운티의 행정 책임자commissioner(그 아래에 보안관이나 소방서장 등을 거느린다-옮긴이)를 뽑는 선거에 출마해 선거 운동을 하던 호위를 도왔다. 호위는 임신 중절 합법화를 지지하는 공화당원으로 나섰다. 당시 선거에서 공화당원으로 나서는 것은 당선이 되기에 유리한 조건이었고 임신 중절 합법화를 지지하는 것은 득이 되지는 않았으나 딱히 지장을 주지도 않았다. 한편 워런은 아들의 유세에 재정적인 지원을 하지 않겠다고 마음먹은 상태였다. 부자 아버지를 둔 아들은 돈이 넘쳐난다는 인식을 다시 한번 깨뜨렸다. 그랬기에 호위는 선거 자금을 자기 힘으로 모아야 했다. 수지는 팔을 걷고 나섰다. 옷에 선거 유세용 배지를 더덕더덕 달고서 모금 행사에 참석했다. 아들에 대한 가족들의 지지를 보여주기 위해 어디에서든 사람들 앞에 서서 앞광대가 도드라지는 특유의 미소를 지었다. 수지가 유세장에 모습을 드러냄으로써 호위의 유세는 한결 쉬워졌다.[30] 호위가 당선되자 워런은 그 어느 때보다 좋아했다. 아들이 농장 일을 하는 게 워런으로는 영 마뜩지 않았다. 하지만 정치는 그의 심장을 뛰게 했다. 그는 호위가 이제 어른답게 성숙해진다는 걸 느꼈다. 또 호위가 원대한 야망을 품고 있음을 간파했다. 버핏 집안 사람들은 호위가 자기 할아버지 하워드가 의원으로 선출되었던 지역구에서 의원으로 출마할 것이라는 말을 하기 시작했다.

피터는 샌프란시스코에 살았지만 이제 호위와 수지 주니어는 워런 가까이에 살았다. 이 두 자식은 특히 예전부터 늘 아버지의 관심을 받으려고 애썼었다. 수지 주니어는 최근에 두 번째 아기 마이클을 낳은 뒤 오마하로 돌아와 있었다. 오마하로 오기 전에 그녀는 아버지에게 자기 남편 앨런이 버핏 재단을 맡아서 운영하고 싶어 한다는 말을 했다. 하지만 이런 말을 했다는 사실을 앨런에게는 알리지 않았다. 버핏 재단을 운영하려면 전문적인 역량이 필요했다. 또 가족의 친구이자 인권 운동 활동가인 셜리 스미스의 지시 아래에서 전략적인 재편이 이루어져야 했다. 워런은 딸이 제공한 이 기회를 붙잡았다. 딸을 가까이에 둘 수 있을 뿐만 아니라 딸의 어머니이자 여전히 자기 아내인 수지를 지금보다 더 가깝게 둘 수 있었기 때문이다.

딸이 가까이에 있으니 워런은 또 다른 방식으로 즐거웠다. 수지 주니어가 자기 어머니를 닮아 워런을 잘 보살폈기 때문이다(비록 그 방식이 자기 어머니보다는 좀 더 비즈니스적인 스타일이었지만 말이다). 이제 오마하에서 워런을 보살펴 주는 여자는 두 명으로 늘어났다. 될 수 있으면 많은 여자들로부터 보살핌을 받는 건 워런이 늘 꿈꾸고 합리화하던 상황이었다.

여자들은 자기 자신을 보살피는 일을 성가시다고 생각하지 않습니다. 하지만 남자들은 그렇지 않죠. 남자가 여자를 이해하는 것보다 여자가 남자를 더 잘 이해한다는 게 내 생각입니다. 나는 여자를 포기하느니 차라리 아스파라거스를 먹고 말 겁니다.

여자들로부터 보살핌을 받고자 하는 그의 열망은 워낙 강렬해서, 자기가 무엇을 가장 좋아하는지 여자들이 각자 알아서 파악하고 그 일을 열성적으로 하려는 걸 막지 않았다. 이런 보살핌들의 방향과 차이점들도 여자들이 알아서 하게 맡겨두었다. 그렇게 수지 주니어와 애스트리드가 각자 역할을 나누어 맡아서 워런을 보살피는 일이 시작되었다.

워런이 여태까지 구축해 왔던 인맥 덕분에 새로운 사업체 하나가 버크셔 해서웨이의 자회사로 들어왔다. 그의 주변에 있는 모든 여자들이 좋아할 그런 사업체였다. 그건 바로 오마하의 보석 가게 '보샤임Borsheim'이었다. B 부인의 제부(弟夫)인 루이스 프리드먼이 처음 이 보석 가게를 열었는데, 이 가게는 고가 및 중가의 제품을 할인 가격에 팔았다. 그는 여자들이 옷보다 보석을 얼마나 더 강렬하게 좋아하는지 진작부터 알고 있었다. 아무리 좋은 옷이 '내재 가치'를 가지고 있다 하더라도 보석을 당하지는 못했다. 보샤임 인수를 가장 좋아한 사람은 수지였다. 수지는 회개한 남편으로부터 가히 인상적이라고 할 만한 보석들을 선물받아 모으고 있었다. 수지 주니어 역시 아버지가 선물하는 보석을 고맙고 귀하게 여겼다. 워런의 누이들도 그랬고 캐서린 그레이엄도 그랬다. 보석에 별 관심이 없었던 유일한 여자는 애스트리드였다. 그녀는 값비싼 물건을 받으면 좋아하기보다는 오히려 불편해했는데, 그렇다 하더라도 워런이 보석을 선물하면 굳이 마다하지는 않았다.

1989년 크리스마스에는 워런이 자기 주변에 있는 여자들에게 주려고 선물을 구입하는 일이 그 어느 때보다 간편했다. 귀고리, 진주 목걸이, 시계……. 해마다 이제 누구에게든 이런 것들 가운데 하나를 선물했다. 여자들에게 줄 선물을 선택하기 위한 일종의 시스템을 가동시킨 셈이다. 정작 본인은 한 해 전에 행복하게 사들였던 코카콜라에 필적할 만큼 만족스러운 선물을 받지 못했다. 오히려 끔찍한 선물을 받았는데 어떤 책이 그의 주식 매입 행태를 놓고 엄청나게 비난하고 나섰던 것이었다. 그 책은 살로먼 브라더스에서 채권 판매를 담당했던 마이클 루이스가 쓴 《라이어스 포커 Liar's Porker》였다('라이어스 포커'라는 제목은 같은 이름의 게임에서 딴 것이다. 이 게임은 블러핑, 즉 허풍을 친다는 점에서 포커와 같지만 카드 대신에 지폐의 일련번호를 사용해서 참가자들이 가지고 있는 지폐의 일련번호의 특정 숫자가 몇 개 이상인지 맞히는 게임이다. 내 패를 숨기고 상대방의 패를 읽어서 거짓말로 승리를 얻어내는 포커의 생리에 월스트리트의 생리를 빗댄 표현이다-옮긴이). 살로먼 브라더스의 거만하고 혁신적이며 활력 넘치는 문화를 포착해서 소개했으며 1986년과 1987년에 어째서 이 회사가 무너지기 시작했는지 설명한 《라이어스 포커》는 엄청난 반향을 불러일으키며 베스트셀러가 되었다. 이 책은 살로먼 브라더스의 기이한 모습들을 워낙 생생하게 묘사했기 때문에, 살로먼 브라더스는 월스트리트의 가장 공격적이고 거친 사람들을 모아놓은 일종의 동물원이라는 인상을 영원히 떨쳐낼 수 없을 것 같았다.[31] 1980년대 말의 인수 합병 붐은 워런에게 또 다른 문젯거리였다. 차익거래를 꾸준히 하고 있긴 했지만 기본적인 수익원이었던 부문에서는 이렇다 할 투자처가 없었던 것이다. 투자할 훌륭한 회사가 없자 워런은 호슈차일드-콘을 인수할 때 그랬던 것처럼 기존에 고수하던 기준을 다시 한번 낮추었다.

이번에 미끼는 다른 CEO들이었다. 이들은 CEO라는 자기 직책과 자기에게 주어진 자율성이 훼손될까 걱정하며 워런에게 보다 특별한 투자 제안을 하기 시작했다. 그래서 워런은 버크셔 해서웨이 명의로, 명백하게 수지맞을 것 같은 세 종목의 전환우선주를 샀다. 모두 살로먼 브라더스의 우선주를 살 때와 동일한 조건을 내세워서, 평균 9퍼센트의 이율을 보장받았으며 또한 회사의 주가가 올라갈 때는 보통주로 전환할 수 있는 권리를 보장받았다. 이 세 회사의 업종은 각기 달랐다. 경영이 제대로 이루어지지 않고 있던 제지 회사 '챔피언Champion'은 인수 합병 분야의 선수들 사이에서 먹잇감으로 인식되고 있었다.[32] 씨즈캔디처럼 브랜드 주변에 엄청나게 큰 해자를 방어막으로 갖추고 있어서 경쟁에서 안전했던 '질레트Gillette'는 투자자들로부터 일시적으로 외면을 받고 있었다. 피츠버그에 거점공항을 두었으며 예전에 '엘러게니 에어라인스Allegheny Airlines'라고 불리던 'US 에어US Air'는 규제가 철폐된 새로운 산업 환경에서 허약한 지역 항공사였는데 '챔피언'과 마찬가지로 먹잇감으로 인식되었다.

살로먼 브라더스의 우선주를 매입했을 때와 마찬가지로, 이러한 특수 거래 조건들로 인해 비판자들은 워런을 궁지에 몰린 CEO들의 이익을 보호하는 입장으로 보게 되었다. 그런 조처는 물론 워런이 자신의 주주들의 이익을 극대화하는 한편 그들을 위험으로부터 보호하기 위해서였다. 하지만 이제 그는 어려운 상황에서 벗어나려고 특수한 거래에 의존하는 경영진 내부의 한 사람처럼 보였다.

대출금을 조성해서 이 자금으로 기업을 사서 되팔아 고수익을 올리는 펀드와 기업 사냥꾼이 횡행하던 시기에 이 정도의 탐욕은 사실 아무것도 아니었다. 워런은 마음만 먹으면 기업 사냥 혹은 인수 합병의 제왕이 될 수도 있었다. 하지만 어떤 회사에 투자하든 간에 경영진과 우호적인 관계를 유지하겠다는 그의 단호한 태도 덕분에 그는 골프장에서도 다른 사람들과 곧잘 어울렸다. 벤저민 그레이엄은 늘, 만일 어떤 사람이 어떤 회사의 주식을 거래하면 이런 행위로 인해서 그 사람은 필연적으로 아웃사이더가 될 수밖에 없다는 생각을 했었다. 그 회사 경영진의 심사를 뒤틀리게 하는 선택이라 하더라도 기꺼이 할 수밖에 없는 입장이기 때문이라고 했다. 하지만 그 누구에게서도 미움을 받지 않으려고 했던 그는 가이코의 로리머 데이비드슨과 친구 사이가 되었던 초기 투자 시절 이후로 늘 그 간극을 메우려는 노력을 기울여 왔었다. 이와 관련해서 〈월스트리트 저널〉의 한 기사는 다음과 같이 적고 있다.

"월스트리트의 많은 투자가들은 버핏 씨의 특수한 거래들이 일종의 예의 바른 보호 게임이라고 말한다."[33]

하지만 결국, 아주 유리하게만 보이던 거래가 사실은 미묘하게 불리한 거래였음이 드러났다. 오로지 질레트에서만 성공해서 버크셔 해서웨이는 55억 달러의 수익을 거두었다. US 에어는 최악이었다. 워런은 항공사에 투자하는 게 얼마나 어리석은 짓인지 오랜 세월 숱하게 언급했었다. 그랬음에도 불구하고 다시 항공사에 투자한 대가는 작지 않았다. 이 회사는 배당금 지급을 중단했고, 클리블랜드 워스트 밀이 그랬던 것처럼 이 회사의 주가는 곤두박질쳤다. 그러자 친구 한 사람이 분통을 터뜨렸다.

"그런 빌어먹을 멍청한 짓이 어디 있냐고! 당신네들 도대체 뭐 하는 거야? 당신네들이 가지고 있던 원칙들을 다 어긴 거 아니냔 말이야!"[34]

워런도 나중에 다음과 같이 말함으로써 이 사람의 말에 동의했다.

투자금 결제가 이루어지자마자 회사는 곧바로 적자로 돌아섰고 다시는 흑자로 살아나지 못했습니다. 800으로 시작하는 수신자 부담 전화로 '내 이름은 워런 버핏입니다. 나는 항공사 투자 중독자입니다'라고 말했습니다.[35]

이런 발언에 대해서 찰리 멍거는 다음과 같이 건조하게 언급했다.

"워런은 나한테 그런 전화를 한 적이 없습니다."

이러한 일련의 기업 인수의 모델이었던 살로먼 브라더스의 상황도 좋지 않았다. 주가 대폭락을 거치고 페럴먼에게 먹힐 뻔하던 위기에서 가까스로 빠져나왔지만, 인수 합병 사업 부문의 수지는 좀처럼 회복되지 않았고, 유능한 직원들도 다른 회사로 자리를 옮겼다. 구트프룬드는 또 한 차례 대규모 정리 해고를 단행하면서 회사를 구조조정했다. 하지만 임원진들은 더는 구트프룬드를 두려워하지 않았다. 부회장 한 사람은 당시를 회상하면서 다음과 같이 말했다.

"사람들은 계속해서 존을 위협했고, 존은 이 사람들을 매수하려고 했습니다."

처음에 이 회사에는 부회장 자리가 셋이었지만 나중에는 일곱으로 늘어났다. '그 방' 주변에서는 "부회장이면 기러기처럼 끼룩끼룩 한번 울어보지 그래?"라는 농담이 떠돌았다(기러기 떼가 V 자로 열을 지어 비행할 때 선두에서 나는 새의 체력이 떨어지면 뒤에 있던 새가 선두로 나서는 식으로, 리더가 여럿인 기러기의 비행 방식에 빗대어 한 농담이다-옮긴이).

살로먼 브라더스에서 일인 제왕 시대는 끝났다. 권력은 회사채 담당 사령관, 국채 담당 사령관, 모기지 담당 사령관, 지분 담당 사령관 등 각 부서의 사령관들에게 분산되었다.[36]

이런 사령관들 가운데 가장 강력한 힘으로 다른 사령관들을 압도한 사람이 있었다. 채권 차익거래(아비트리지) 담당 사령관인 마흔 살의 뛰어난 수학자 존 메리웨더였다. 한때 박사학위를 받으려고 준비했던 그는 말씨가 부드럽고 자신을 잘 내세우지 않는 성격이었는데, 하버드대학교나 MIT와 같은 유수한 대학교에 몸담고 있던 교수들을 월스트리트의 두둑한 연봉으로 꾀어내어 팀을 조직하고, 이 팀을 통해서 거대한 야망을 드러냈다. 이 팀의 차익거래자들은 컴퓨터를 붙들고 앉아서 채권 세계를 묘사하는 수학적 모델들을 만지작거리며 시간을 보냈다. 이들은 트림하고 땀을 흘리며 대개 직감으로 일하는 트레이더들과는 완전히 다른 종족이었다. 역대 경마 전적지인 〈데일리 레이싱 폼〉을 보고 우승마를 점치는 사람들과 마찬가지로 이 수학자들은 채권 사업 분야에 혁명을 몰고 왔다. 이들이 발생시킨 수익이 살로먼 브라더스가 벌어들이던 수익의 대부분을 차지했다. 이들은 메리웨더의 작은 보호막 안에서 살았으며, 자기들은 충분히 버는 만큼 거만하게 굴 수 있는 존재라고 스스로 믿었다. 메리웨더는 실수에 대해서는 관대했지만 자기가 멍청하다고 한 번 점찍은 사람들에게는 가차 없었다.

수학자 팀의 구성원들은 모두 그가 직접 선발한 엘리트들이었다. 그는 팀원들과 개인적으로 매우 깊고 복잡한 관계를 맺었다. 그리고 자기에게 주어진 시간 대부분을 자기가 빠져 있던 세 가지 활동, 즉 일과 도박과 골프를 이들과 함께하면서 보냈다. 시장이 문을 닫고 하루 일과가 끝난 뒤에 이들은 라이어스 포커를 하면서 승률을 계산하는 솜씨를 더욱 예리하게 연마했다.[37] 이 게임의 승자는 보통 동안에다가 무표정한 모습의 메리웨더였다.

비록 이사회에서 수동적으로 행동했고 영향력도 미미했지만 워런은 차익거래에 대해서는 확실히 이해하고 있었다. 하지만 세세한 회사 업무에 대한 이사회의 지식 수준은 그보다 앞서 있었고, 게다가 그는 컴퓨터를 잘 알지 못했다. 컴퓨터는 점차 모든 사업에서 중요한 자리를 차지하고 있었으며, 새롭게 변화하는 월스트리트에서는 본질적인 요소로 통했다. 하지만 그는 자기가 모든 것을 컴퓨터에 의존하는 회사의 이사라는 사실을 충분히 알고 있을 뿐만 아니라 컴퓨터가 위험 정도를 높인다고까지 생각했다. 한번은 잭 번의 아들인 마크 번을 방문했다. 마크 번은 살로먼 브라더스에서 외환 옵션을 거래하는 부서에 있었다.

　　마크는 영리한 청년이었습니다. 마크는 집에도 컴퓨터를 두고 있어서 늘 거래를 할 수 있었지요. 그리고 컴퓨터에 엔화가 특정 양 이상으로 움직이면 벨이 울리도록 장치를 해놓았습니다. 한밤에도 자다가 그 소리를 듣고 벌떡 일어날 수 있게 말입니다. 그래서 내가 마크에게 이렇게 말했습니다.

　　'나도 그거 좀 가르쳐 주게. 자네가 이 컴퓨터를 가지고 있고, 새벽 3시에 그것도 새벽 1~2시까지 격렬한 일을 한 뒤에(이게 무슨 일인지는 말할 필요도 없겠지) 잠자리에 들었는데, 벨이 울린단 말이지. 그러면 일어나서 비틀거리며 컴퓨터 앞에 가서 앉아 엔화와 달러와의 관계가 이러저러하게 바뀌었다는 걸 안다는 것 아닌가. 한 가지 궁금한 게 있는데, 거래량의 규모에 따라서 컴퓨터에 입력할 수 있는 게 있고 없는 게 있나? 거래 규모에 한계가 있느냐는 말일세. 만일 자네가 실수하면 컴퓨터가 자네 지시에 반발하나?'

　　그러자 마크가 이러더군요.

　　'그런 거 전혀 없습니다. 내가 거래하고 싶은 만큼 얼마든지 쓸 수 있습니다.'

　　그래서 내가 이렇게 말했습니다.

　　'그래? 그렇다면 자네가 술을 좀 많이 마신 바람에 실수로 숫자 영을 세 개 더 입력했다면, 그대로 실행되나? 회사가 그 거래를 그대로 따라야 하나?'

　　'그렇습니다.'

　　그 뒤로 나는 이 친구에 관한 악몽을 꾸곤 했습니다. 새벽 3시에 여자친구와 질펀하게 놀고 잠들었다가 갑자기 컴퓨터가 부르는 벨 소리를 듣고 일어나서 비몽사몽간에 어떤 거래를 컴퓨터에 입력하고 잠들었는데, 다음 날 아침에 잠에서 깨어 확인해 보니 자기가 간밤에 1조 엔을 입력한 게 아니라 1천조 엔을 입력한 겁니다.

실수를 할 수밖에 없는 사람, 독자적으로 판단할 수 없는 컴퓨터, 이 둘의 조합이 감시나 감독이 전혀 배제된 환경에 놓일 경우 통제 불가능한 엄청난 일이 얼마든지 일어날 수 있다는 게 그의 생각이었다. 하지만 이사회에 참석하는 이사로서 그에게는 그런 상황을 개선할 권한이 없었다. 오로지 설득하려고 애쓰는 것 말고는 방법이 없었다. 그래서 그와 멍거는 살로먼 브라더스의 경영진에게 이런 문제를 끊임없이 제기했지만 경영진은 번번이 묵살했다. 멍거는 감사위원회 (그동안 관리감독의 수호자 역할을 하지 못했다)를 접수한 다음 감사에 착수했다. 예닐곱 시간 동안 이루어진 회계 감사를 통해서 멍거는 살로먼 브라더스의 파생상품 부문이, 준비된 시장이 존재하지도 않는 거래들을 통해서 엄청나게 확대되어 있다는 사실을 발견했다. 그 거래들은 앞으로 상당한 기간 동안 어쩌면 몇 년이 흘러도 완료되지 않을 그런 거래들이었다. 준비금도 얼마 마련되어 있지 않은 상태에서 이 파생상품들은 현금 거래를 최소화한 상태로 장부에 자산으로 평가되어 있었다.[38] 이런 모형을 개발한 사람들은 이 모형의 산출 결과에 따라서 보너스를 받았다. 그러니 이 모형은 그 거래들이 매우 수익성이 높다는 식으로 보고하는 게 당연했다. 이런 식으로 잘못 산정된 수익은 총액이 자그마치 2천만 달러나 되었다.[39] 하지만 감사위원회는 그 거래들이 이미 통상적으로 승인되고 종결된 것이라고 발표했다. 실제로 존재하는 놀랍고도 엄청난 사실 앞에서 진실을 제대로 밝히지 못하고 그냥 덮어 버린 것이었다.

그와 멍거는 투자하는 분야에서만큼은 명백히 어느 누구보다도 뛰어난 기량을 지녔고 누구보다도 큰 목소리로 관여할 수 있었다. 그럼에도 두 사람의 이의제기는 묵살당하고 직원들의 귀에까지 도달하지 못했던 것이다. 한 가지 사례가 있다. 살로먼 브라더스의 자회사인 '피브로Phibro'는 휴스턴에 있는 7년 역사의 '앵글로-스위스Anglo-Suisse'와 합작해서 북극권 남쪽에 있는 웨스트시베리아에 유전을 개발하는 벤처 회사 '백야White Nights(白夜)'를 설립했다. 여기에서 석유가 나오기만 하면 러시아의 석유 생산량은 혁명적이라고 할 정도로 달라질 전망이었다. 이 회사는 러시아에 온갖 시설과 물자를 제공했다. 레크리에이션 센터, 식품, 의복 등 모든 것들은 미국에서 공수되었다. 그런데 처음 이 사업이 안건으로 제기되었을 때 멍거는 이렇게 말했다.

"앵글로-스위스라, 이건 말도 안 되는 겁니다. 이 회사에 관계된 사람 가운데 스위스 사람도 없고 영국계 사람도 없거든요. 이름만 놓고 본다 하더라도, 우리가 그 사업에 참가할 이유가 없습니다."

하지만 살로먼 브라더스는 이 합작 회사에 1억 1,600만 달러를 투입했다. 석유가 러시아의 미래에 핵심적인 자원이며 석유 생산을 하는 데 서구 자본이 필요하다고 생각했던 것이다. 하지만 워런의 표현을 빌리자면, '그 나라는 어디 다른 데로 가버리지도 않을 것이고, 석유도 다른 데로 흘러가 버리지 않을 것이다'. 하지만 러시아의 정치 체제가 바뀌어 버릴 수 있다. 이런 변화를 담보할 수 있는 안전 마진이란 존재할 수 없었다.[40]

당연히 예상하던 일이 전개되었다. 합작 회사 백야가 생산을 시작하자마자 러시아 정부는 수출되는 석유에 부과하는 세금으로 장난을 치며 괴롭히기 시작했다. 세금을 내고 나면 수익이 거의 하나도 남지 않을 정도였다. 게다가 석유 생산량도 실망스러운 수준이었다. 러시아의 거부들은 미국으로 날아가서 매춘부들과 어울리며 즐길 생각만 했다. 러시아 정부의 정책과 태도는 도무지 예측할 수 없었고 비협조적이기까지 했다. 그래서 처음부터 끝까지 차질만 빚어졌을 뿐이다. 누군가는 러시아에서 석유로 엄청난 돈을 벌 게 분명했지만, 그게 살로먼 브라더스일 가능성은 희박했다.

하지만 당시 러시아는 단지 지엽적인 문제에 지나지 않았다. 1989년에 미국은 떠오르는 태양인 일본에게 나라 전체가 잠식당할지도 모른다는 생각에 사로잡혀 있었다. 살로먼 브라더스는 대규모 자금을 일본에 투자했으며, 초기에는 일본 현지 사업체가 순조롭게 영업활동을 했다. 순식간에 직원이 수백 명 단위로 늘어났으며, 현명하게도 현지인에게 상당한 권한을 준 데릭 모건의 지휘 아래 높은 수익을 올렸다. 통상적으로 외국 주식을 사지 않았으며 일본의 주식 종목들이 터무니없이 비싸다고 생각했던 워런은 일본과 관련된 일에는 전혀 관심을 가지지 않았다. 하지만 캐서린 그레이엄은 세계적으로 뛰어난 사업가 가운데 한 사람으로 꼽히던 모리타 아키오에게 매료되어 있었다. 모리타는 전 세계적으로 성공한 기업으로 꼽히던 '소니Sony'의 회장이었다. 그레이엄은 워런과 모리타를 자기가 주최한 만찬에 불러서 인사시켰지만 두 사람이 서로에게 강하게 이끌리는 일은 일어나지 않았다.

그러다가 한번은 워런이 뉴욕에 갔는데, 이때 모리타가 메트로폴리탄 미술관을 굽어보는 5번가의 자기 아파트에서 디너파티를 열어 케이와 워런 그리고 메그 그린필드를 초대했다. 워런은 케이가 모리타에게 푹 빠진 모습을 못마땅하게 지켜보았지만 케이가 이 강력하고 선견지명 있는 인물에 매료된 것에 살짝 의문과 호기심을 가지고 있었던 터라 모리타의 초대를 받아들였다.

워런은 일본 음식을 한 번도 먹어본 적이 없었지만 자기가 먹기에는 문제가 많으리라고 충분히 예상했다. 그는 저녁 모임에 참석하더라도 디너롤에만 손을 대는 경우가 다반사여서 일고여덟 시간 동안 아무것도 먹지 않고 잘 버틸 수 있었다. 하지만 음식을 차리고 맛있게 먹어주길 바라는 주인의 기대를 저버리고 싶지는 않았다. 게다가 명성이 높아질수록, 음식을 잘라두고 여기저기 옮겨서 먹는 척 눈속임을 하는 것도 불가능할 정도로 어려워졌다. 사람들이 다들 그의 이런 모습을 알아차렸던 것이다.

모리타의 아파트 한 면에서는 센트럴 파크가 한눈에 보였다. 장관이었다. 또 다른 장관은 생선회를 준비하는 주방이었다. 요리사 네 명이 유리창 너머에서 정교한 식사를 준비하는 모습은, 모리타의 초대를 받은 손님들에게 또 하나의 볼거리였다.

사람들이 식탁에 앉을 때 워런은 그 요리사들을 바라보았다. 도대체 뭘 하는 거지? 궁금했다. 젓가락은 젓가락 받침대 위에 놓여 있었고, 간장은 미니어처 같은 작은 그릇에 담겨 있었다. 그는 간장을 좋아하지 않았다. 첫 번째 요리가 나왔다. 모든 사람들이 그 요리를 맛있게 먹었다. 그는 뭐라고 중얼중얼 핑계를 대며 자기 앞에 놓인 접시를 치워달라고 했다. 두 번째 요리가 나왔다. 그는 그 음식의 정체가 무엇인지 도무지 알 수 없었다. 두려움이 가득한 눈으로 그 음식을 바라보고는 메그를 흘낏 바라보았다. 식습관이 그와 비슷하던 메그 역시 난감한 눈치였다. 그의 옆자리에 앉은 모리타 부인은 정중하게 웃기만 할 뿐 말은 거의 하지 않았다. 그는 다시 또 뭐라고 핑계를 대면서 시중을 드는 사람에게 요리를 물리라고 고갯짓을 했다. 음식을 손도 대지 않고 주방으로 도로 물리면서 그는 요리사들도 이제는 눈치를 챘으려니 했다.

또다시 정체를 알 수 없는 요리가 나왔다. 고무 같기도 하고 날 음식 같기도 했다. 케이와 모리타 부부는 맛있는 듯 열심히 먹었다. 워런이 세 번째로 핑계를 대며 음식을 물리겠다고 하자 모리타 부인은 역시 정중하게 미소를 지었다. 그는 어색해서 몸을 비비 틀었다. 사

실 그는 스테이크는 피가 뚝뚝 떨어지는 걸 좋아했지만 날 생선은
먹지 않았다. 시중을 드는 사람이 다시 음식 접시를 치워 갔다. 요리
사들은 여전히 고개를 숙인 채 자기들 일에 열중하고 있었다. 그는
진땀을 흘렸다. 이제는 더 핑계 댈 말도 없었다. 요리사들은 바빠 보
였다. 하지만 이 사람들은 유리창 너머에서 자기가 어떻게 하는지 몰
래 슬쩍슬쩍 보는 게 틀림없다고 워런은 생각했다. 계속해서 요리가
나왔지만 그때마다 그는 손도 대지 않고 음식을 물렸다. 주방에서 요
리사들이 자기들끼리 뭐라고 소곤거리는 소리가 그의 귀에 들리는
것만 같았다. 도대체 얼마나 많은 요리들이 더 나와야 한단 말인가?
그는 이 지구상에서 날 음식 요리의 가짓수가 이렇게나 많은 줄은
정말 알지 못했다. 모리타 부인은 그가 음식을 계속 물리자 조금 당
황한 눈치였다. 하지만 이건 그의 막연한 느낌이었지 확실하다고 자
신할 수는 없었다. 그녀는 매번 정중하게 미소를 지었으며 거의 말을
하지 않았기 때문이다. 요리가 하나씩 나올 때마다 시간은 더욱 느리
게 흘렀다. 그는 식탁에 올라온 요리의 가짓수를 세고 있었다. 벌써
열 가지가 넘었다. 그는 음식을 계속해서 물린 것을 만회하기 위해
재치 있으면서도 자조적인 태도로 모리타와 사업에 관한 대화를 하
려고 노력했다. 하지만 이미 창피를 당할 대로 당한 상태임을 그도
잘 알았다. 이런 난처한 와중에도 그의 머릿속에는 오로지 햄버거뿐
이었다. 음식을 손도 대지 않고 물릴 때마다 주방에서 투덜거리는 소
리가 점점 더 커지는 것 같았다. 열다섯 번째 요리가 끝날 때까지 그
는 음식을 입에도 대지 않았다. 하지만 모리타 부부는 그렇게 정중하
고 친절할 수가 없었다. 그럴수록 그는 더 비참해지는 기분이었다.
팝콘 그리고 땅콩과 딸기를 넣은 아이스크림이 기다리고 있는 케이
의 아파트가 미치도록 그리울 뿐이었다. 그때를 회상하면서 그는 다
음과 같이 말한다.

정말 최악이었습니다. 나 때문에 다른 사람들도 불편했겠지만, 그때는 정말 최악이었습니다. 다시는 일본 음식을 먹지 않을 겁니다.

눈을 가리고 5번가를 기어 가서라도 이 요리를 기꺼이 먹었을 살로먼 브라더스의 수백 명 직원들은 값비싼 일식집에서 식사하면서 자기들이 받는 두둑한 보너스에 불만을 품고 반란을 일으켰다. 중요한 건 자기들이 받는 엄청난 금액 그 자체가 아니었다. 문제는 다른 사람들이 받는 엄청난 금액과 비교할 때 자기들이 받는 금액이 적다는 것이었다. 워런과 멍거는 살로먼 브라더스에서 움트고 있던 이런 움직임에 대해서 거의 알지 못했다. 메리웨더가 이끄는 차익거래자들은 돈을 더 많이 받으려고 선동을 하고 있었다. 연봉 2만 9천 달러를 받다가 스카우트된 이 전직 교수들은 자기들이 버는 돈으로 지분 투자 금융 부문처럼 손해만 보는 부서들을 먹여 살린다고 생각했다. 자기들이 번 돈을 떼어서 이들에게 나눠주는 것은 온전히 '사회주의자'의 방식이라고 보았다.[41] 그렇게 나눠주지 않았더라면 자기들이 훨씬 더 많은 돈을 벌었을 것이라고 보았고, 자기들이 회사에 벌어다 주는 수억 달러의 수익 가운데 일부를 떼서 가져가기를 바랐다.[42]

비록 메리웨더는 부끄럼이 많아서 대화할 때 상대방과 눈도 잘 마주치지 못했지만, 그는 이미 세계에서 가장 공격적으로 보너스를 주장하는 사람이 되어 있었고 또 성공적으로 보너스를 올려 받았다. 구트프룬드는 메리웨더를 우두머리로 하는 차익거래팀의 요구를 받아들여 그들이 벌어들이는 수익의 15퍼센트를 떼주었다.[43] 이것은 이들이 동일한 보너스 제도를 공유하는 트레이더들보다 더 많은 돈을 가져갈 수도 있음을 의미했다. 이 거래는 구트프룬드와 살로먼 브라더스의 사장인 톰 스트라우스 사이에서 은밀하게 이루어졌다. 이사회도 이런 사실을 알지 못했고, 살로먼 브라더스의 다른 직원들 역시 마찬가지였다. 아직까지는 그랬다.

1991년까지 그와 멍거는 살로먼 브라더스에서 연이어 실망과 좌절을 겪었다. 두 사람에게 보고되는 재무 결과는 늘 시기가 지난 구닥다리 자료들이었다. 직원들의 보너스 요구는 점점 더 늘어나기만 했다. 이사회에서 처리한 안건들 가운데 많은 부분이 두 사람의 마음에 들지 않았다. 회사의 주식 가격은 8년째 움직이지 않았고 수익은 1억 6,700만 달러로 내려갔다. 대부분은 직원들 앞으로 들어간 돈 때문이었다.

여태까지 악역을 멍거에게 미루어 왔던 워런이 이번에는 직접 나서서 중역 회의에 참석해 경비 삭감을 주장했다. 하지만 보너스 지급 규정이 최종적으로 완성되었을 때 이 보너스 금액은 예전보다 700만 달러나 올라 있었다. 자기가 이끄는 차익거래팀의 보너스 상향 조정을 이끈 메리웨더가 주장해서 관철한 새로운 규정 아래에서, 이 팀의 일원이었던 래리 힐리브랜드는 300만 달러를 받다가 2,300만 달러를 받게 되었다.[44] 힐리브랜드가 이런 어마어마한 보너스를 받는다는 말이 언론에 새 나가자, 그의 동료들 가운데 몇몇은 질투심에 그리고 속았다는 생각에 분통을 터뜨렸다. 이들은 자기들이 받는 수백만 달러가 많다는 생각은 조금도 하지 않았던 것이다.

그런데 워런은 차익거래자들이 받는 이런 보너스에 불만이 없었다. 그는 이렇게 말한다.

나는 사람들이 발휘하는 재능에 합당하게 임금을 지급해야 한다고 믿습니다. 하지만 멍거도 언급하곤 하듯이, 시간을 많이 들였다고 해서 돈을 지불하는 것은 반대합니다.

그 지급 규정은 헤지펀드의 수수료 규정과 비슷했으며, 워런이 예전에 운용하던 투자 회사의 수수료 규정과도 비슷했다.[45] 이 규정은 회사의 다른 부서들에게는 보다 큰 압력으로 작용할 터였다. 그런데 워런이 보다 큰 목소리로 반대한 것은 자기로서는 아무런 내용도 듣지 못하는 상황이었다. 왜 자기에게는 그런 내용을 말해주지 않느냐는 것이었다. 그는 또 제대로 성과를 내지 못하는 사람들의 임금은 마땅히 삭감되어야 하는데 그렇게 하지 않는 회사 방침에 반대했다. 구트프룬드는 회사의 수익률이 감소한 만큼 자기 임금을 35퍼센트 삭감하는 선택을 함으로써 대부분의 직원들보다 한결 현실적인 균형감각을 보였다.[46] 이런 처신을 보고 워런은 구트프룬드가 직원들보다 품위 있다고 생각했다. 또한 구트프룬드의 행동이 그에게는 힘이 되었다. 그는 직원들이 너무도 탐욕스럽다고 생각했기 때문에, 오랫동안 이사회에 참석하면서 한 번도 반대표를 던지지 않고 잠자코 찬성표만 던졌던 오랜 관성을 깨고, 트레이더들을 위한 새로운 보너스 체계 도입 안건에 반대표를 던졌다. 하지만 그의 의견은 표결에서 눌렸다. 그가 반대표를 던졌다는 말이 살로먼 브라더스 직원들 사이에서 퍼졌다. 돈을 사랑하는 억만장자가 자기들을 가리켜 탐욕스럽다고 했다는 사실에 직원들은 분노했다.

워런은 살로먼 브라더스를, 손님을 유인하려고 입구 바깥쪽에서 싼값에 음식을 파는 식당을 갖춘 카지노나 마찬가지라고 여겼다.[47] 밑지고 장사하는 이 식당은 카지노에 손님을 끌려는 공간이었다. 그리고 트레이더들, 특히 메리웨더의 차익거래자들은 이해 상품 없이 순수하게 위험을 무릅쓰고 투자하는 카지노였다. 이것은 워런이 좋아하던 사업이었다. 새로운 지급 규정도 메리웨더가 이끄는 뛰어난 차익거래자들을 회사에 잡아두기 위한 것이었다.[48] 하지만 구트프룬드는 살로먼 브라더스가 정말로 입구 바깥쪽에 밑지고 장사하는 식당을 갖춘 카지노라도 되는 것처럼, 뚜렷하게 다른 두 개의 임금 지급 체계로 회사를 운영함으로써 회사를 불화의 구렁텅이로 몰아갔다.

메리웨더와 힐리브랜드는 구트프룬드에게 워런을 만나게 해달라고 했다. 워런이 가지고 있던 전환우선주를 사들일 생각을 가지고 있었던 것이다. 전환우선주의 조건으로 너무 많은 것들이 딸려 있어서 살로먼 브라더스로서는 너무도 많은 비용을 부담하고 있었다. 이제는 적대적인 인수 합병의 위협에서 멀리 벗어나 있는데 굳이 워런의 힘을 빌려서 보호를 받으며 여기에 따른 값비싼 대가를 지불할 필요가 없다는 게 이들의 생각이었다. 구트프룬드는 두 사람이 워런에게 가서 우선주를 회사에 되파는 게 개인적으로 훨씬 유리한 선택이 될 것이라는 말로 그를 설득해도 된다고 허락했다. 이들과 대면한 워런은 그 제안을 순순히 받아들일 수 있다고 말했다. 하지만 구트프룬드 입장에서는 그와 같은 인물을 투자자로 확보하는 게 좀 더 안정적일 수 있었다. 그도 결국엔 겁을 먹었기 때문이다.[49]

결국 워런은 살로먼 브라더스의 주식을 계속 가지고 있는 것으로 최종 결론을 내렸다. 이미 버크셔 해서웨이의 돈 7억 달러와 자기의 명성을 존 구트프룬드에게 투자한 상태여서, 1991년 기준으로 볼 때 발을 빼고 나오기에는 너무 늦었기 때문이었다.

48

엄지손가락 빨기

1991년 8월 8일 목요일 오후, 워런은 타호호수(캘리포니아 동부와 네바다 서부에 걸친 시에라네바다 산맥 속의 호수─옮긴이)에서 네바다의 르노를 향해 자동차를 몰았다. 애스트리드와 로즈 블럼킨의 두 손주가 이 주말 여행에 동행했다. 워런은 학수고대하던 이 연례 여행에서 느긋하면서도 쾌활한 분위기를 즐기고 있었다. 그날 아침 존 구트프룬드의 사무실에서 전화가 왔었다. 할 이야기가 있다면서 동부 표준시(미국의 동부 표준시는 서부 표준시에 비해서 세 시간 빠르다─옮긴이) 기준으로 오후 9시와 자정 사이에 어디 있을 거냐고 물었다.

매우 이례적인 일이라고 생각한 워런은 쇼를 보러 시내에 갈 것이라고 했다. 그러자 살로먼 브라더스를 대변하는 법률 회사인 '왝텔, 립턴, 로젠 앤드 캐츠Wachtell, Lipton, Rosen & Katz'에 전화를 해보라고 했다.

워런은 잠시 생각을 했다. 어쩌면 회사를 매각하려고 할지도 모른다는 판단이 섰다. 그렇다면 그에게는 좋은 소식이었다. 살로먼 브라더스의 주식은, 그가 보유하고 있던 우선주를 보통주로 바꿀 수 있는 기준 가격인 38달러에 근접한 37달러 전후에 거래되고 있었다. 잘만하면 이익을 실현하고 살로먼 브라더스와 손을 끊을 수도 있겠다 싶었다. 툭하면 자기에게 전화해서 자문을 구하던 구트프룬드가 이번에도 협상 조건과 관련해서 자기 도움을 필요로 할지 모른다는 생각이 들었다.

워런과 그의 일행은 르노에서 오후 시간을 즐겁고 느긋하게 보냈다. 그는 추억에 잠겼다. 1980년에 그는 제안을 하나 받았다. 르노의 명물인 국립자동차박물관이 소장하고 있던 하라 컬렉션, 즉 1932년식 롤스로이스 살라만카, 1922년식 메르세데스 타가 플로리오 레이서, 1932년식 부가티 쿠페, 1955년식 페라리, 1913년식 피어스 애로 등을 포함한 1,400대의 자동차를 매수하라는 제안이었다. 그때 이 자동차들을 모두 산다고 하더라도 비용은 채 100만 달러가 되지 않았다. 그는 망설이다가 사지 않기로 했다. 그런데 몇 년 뒤에 이 소장품들 가운데 일부인 수백 대의 자동차가 경매를 통해 팔려나갔는데, 이때 입찰된 총액이 자그마치 6,900만 달러였다. 이 가운데 특히 부가티 로열(최초 생산 연도가 1927년이며 단 여섯 대만 생산된 부가티의 자동차. 이 가운데 세 대가 모두 각기 다른 국왕에게 팔려서 '로열'이라는 별칭이 붙었다—옮긴이)은 휴스턴의 한 부동산 개발업자에게 무려 650만 달러에 팔렸다.

오후 7시 30분, 워런과 일행은 모두 타호호수에 돌아와 있었다.

우리는 호텔에 갔고 나를 제외한 나머지 사람들은 스테이크 하우스에 갔습니다. 나는 '좀 시간이 걸릴 것 같다'고 얘기하고 공중전화가 있는 곳으로 가서 구트프룬드의 사무실에서 준 번호로 전화를 걸 었습니다.

'브리티시 텔레콤British Telecom'에 대한 투자 금융 거래에서 살로먼 브라더스가 맡은 역할과 권한이 철회될 상황에 놓이자 이 문제를 해 결하기 위해 런던에 가 있다가 돌아오는 길이었다. 그런데 그가 탄 비행기의 출발이 지연되어 구트프룬드와 연락이 되지 않았다. 워런 은 그를 기다려야 할지를 놓고 살로먼 측 사람과 통화하며 꽤 오랫 동안 기다렸고, 마침내 톰 스트라우스와 도널드 푸어스타인이 연결 되어서 현재 진행되고 있는 사항을 워런에게 말했다. 두 사람이 설명 하는 내용은 물론 두 사람이 보는 관점에 따른 것이었다.

마흔아홉 살이던 톰 스트라우스는 구트프룬드의 측면을 보호하려 고 그 자리에 있었다. 그는 다섯 해 전인 1987년의 대숙청 기간 때 살로먼 브라더스의 사장으로 임명된 사람이었다.[1] 회사의 해외 사업 부문을 책임지고 있던 그는 1년 내내 부진의 늪에서 헤어나지 못하 던 지분 투자 사업 부문을 바로잡아야 하는 일, 즉 시시포스가 해야 만 했던 일과 같은 과제를 책임지고 있었다. 하지만 최근의 역사에서 드러났듯이 살로먼 브라더스에서 경영은 통상적인 의미를 벗어나 있었다. 각 사단을 책임지고 있는 사령관은 곧바로 구트프룬드에게 보고했다. 각 사령관의 영향력은 자기 집단이 거두는 수익의 크기에 따라 좌우되었다. 스트라우스는 형식적으로 보자면 분명히 살로먼 브라더스의 사장이었지만, 너무도 빠르게 승진한 바람에 마치 헬륨 가스로 채워진 풍선처럼 거래소의 허공을 붕붕 떠다니고 있었다. 그 리고 각 사업 단위의 사령관들이 주기적으로 때리던 바람에 스트라 우스는 자기가 가고자 하는 방향으로 제대로 나아가지 못했다.

살로먼 브라더스의 법률 담당 부서 책임자이던 돈 푸어스타인은 한때 증권거래소에서 중요한 역할을 수행한 바 있으며, 기술적으로 뛰어난 변호사라는 평가를 받았다.[2] 그는 구트프룬드의 법률 고문이었고 구트프룬드가 장막 뒤에 숨어 드러나지 않게 했던 온갖 지저분한 일들과 관련된 법률적인 문제를 도맡아 처리했기 때문에 '어둠의 왕자'라는 별명을 가지고 있었다.[3] 자기들이 원하는 것이면 무엇이든 다 하는 것에 익숙해 있던 살로먼 브라더스의 각 사업 부문 책임자들은 푸어스타인에게 보고하는 변호사들을 통해서 일했다. 이 변호사들 가운데는 재커리 스노도 포함되어 있었는데, 스노는 트레이딩 부문의 법률 부고문이었다. 살로먼 브라더스의 지역 사령관 구조 때문에 법률 자문 부서는 한편으로는 막강한 권력을 가졌으면서도 또한편으로는 허약하기 짝이 없었다. 법률 자문 부서는 본사에서 진행되는 방식과 거의 흡사하게, 즉 파벌을 조장하고 온갖 사건들에 반응하는 방식으로 회사의 각 지사들을 관리했다. 살로먼 브라더스에는 독특한 트레이딩 문화가 형성되어 있어서 심지어 푸어스타인조차 트레이더 역할을 했다. 푸어스타인은 여러 운영 이사들을 위해서 와인 신디케이트를 이끌었던 것이다. 그의 팩스기는, 그 신디케이트에 참가한 사람들에게 수익성이 좋은 부수입원이던 와인 경매에 관한 공지사항을 쉬지 않고 토해냈다. 이런 과정을 통해서 수집한 와인들은 마시는 것보다 팔고 또 소장하는 양이 훨씬 더 많았다.[4]

하지만 그날 저녁에는 그 누구도 와인이 담긴 잔을 들고 무언가를 위해서 건배하지 않았다. 푸어스타인은 워런과 구트프룬드가 친하다는 사실을 알고 있었다. 그는 구트프룬드가 당연히 워런과 연결되어야 함에도 불구하고 그렇지 못한 상황에서, 매우 민감한 정보를 자기가 직접 워런에게 알려야 한다는 사실이 무척 거북하고 불편했다. 푸어스타인과 스트라우스는 몇 장의 '입장 표명서'를 통해서 '어떤 문제'가 발생했음을 워런에게 알렸다. '왝텔, 립턴'에서 실시한 한 조사를 통해서, 살로먼 브라더스의 국채 부서를 지휘하던 폴 모저가 1990년과 1991년에 재무부가 규정한 경매 입찰과 관련된 규정을 여러 차례 어겼다는 사실이 드러났다는 내용이었다. 모저 그리고 그와 공모한 그의 직속 부하직원은 면직 처분을 받은 상태였으며 회사는 이 사실을 규제 당국에 통지한 상태였다.

도대체 폴 모저가 어떤 사람인지 워런은 궁금했다.

폴 모저는 서른여섯 살이었고, 시카고 지점 채권 판매 부서에서 일하다가 뉴욕 본사로 발탁되었다. 모저는 마치 레이저 빔과 같은 고도의 집중력을 가지고 있었다. 해가 뜨기 전에 벌써 침실에 있는 컴퓨터의 모니터로 업무를 시작해서 런던에서 걸려오는 전화를 받았으며, 배터리 파크 시티(뉴욕 맨해튼 남서쪽 허드슨 강변의 지명 – 옮긴이)에 있던 작은 아파트에서 두 구역 떨어진 그래니트 핑크색(화강암에서 볼 수 있는 차가운 느낌의 옅은 분홍색 – 옮긴이)의 7세계무역센터 빌딩까지 단숨에 달려가서 이 건물에 있던 살로먼 브라더스의 새로운 거래소로 들어갔다. 여기에서 다시 해가 진 뒤까지 모니터를 바라보며 일했다. 그리고 스무 명의 트레이더들을 감독했는데, 작고 깡마른 체구였던 터라 부하직원들은 모두 모저를 위에서 내려다보았다. 모저는 영리하고 매우 공격적이었지만 한편으로는 좌절하고 불안해하는 모습을 비쳤다. 한마디로 별종이었다. 롱아일랜드에서 성장했지만 번지르르한 뉴요커들 사이에서 마치 중서부 지역 출신 풋내기처럼 보였던 모저는 메리웨더 휘하의 차익거래팀에 있다가 국채 책임자이던 크레이그 코츠가 사임하자 그 부서의 책임자로 자리를 옮겼다. 여전히 메리웨더의 한 조직원으로 일하고 있었지만 예전과 달리 이제는 바깥에서 예전에 자기가 속했던 팀을 바라보았다. 워런과 이사회로부터 경영 수지를 개선하라는 압박을 받고 있던 구트프룬드는 외환 업무부서도 모저에게 맡겼다. 그런데 몇 달 지나지 않아서 돈의 '블랙홀'

이던 모저는 이 부서를 수익성이 좋은 흑자 사업 단위로 바꾸어 놓았다.[5] 그러니 구트프룬드에게 모저는 고맙기 짝이 없는 존재였다.

모저는 비록 다른 사람들을 얼간이로 여기기라도 하는 듯 사람을 대할 때 까칠하고 생색내기를 좋아하긴 했지만, 그와 가깝게 일한 사람들은 다들 그를 좋아했다. 살로먼 브라더스의 악명 높던 모기지 부서 사람들과 다르게 음식을 던지거나 피자 열두 판을 한꺼번에 사오라고 시키는 따위의 행동으로 수습직원들을 괴롭히지도 않았다. 때로는 수습직원들과 대화를 나누기도 했다.

모저는 회사에서 일을 잘한 대가로 그해에 475만 달러를 받았다. 상당히 큰 금액이었지만 충분한 금액은 아니었다. 모저는 경쟁심이 대단한 인물이었는데, 이 경쟁심에 불을 지핀 일이 있었다. 예전에 메리웨더 휘하에서 함께 일했던 동료 래리 힐리브랜드가 비밀리에 보너스 협상을 한 뒤에 2,300만 달러를 받았다는 사실을 알게 된 것이다. 메리웨더의 차익거래팀에 있을 때 연봉을 가장 많이 받았던 사람은 바로 모저였다.[6] 자존심이 상할 수밖에 없었다. 그야말로 '돌아버릴 지경'이었다.[7] 모저는 자기 부서는 감사팀의 감사를 받지 않아도 되는 것처럼 주장하고 행동했다. 마치 관리 감독을 초월한 인물인 것처럼 거들먹거렸던 것이다.[8]

모저는 미국 정부 기관의 관리가 재무적 필요에 따라서 정기적으로 접촉했던 수십 명밖에 되지 않는 인사들 가운데 한 명이었다. 모저는 거의 날마다 연방준비위원회 소속 직원과 이야기를 나누었으며 분기마다 한 번씩 재무부 관료들을 매디슨 호텔에서 만나 저녁식사를 함께했다. 소위 '프라이머리 딜러primary dealer(뉴욕연방준비은행이 공인한 정부 증권 딜러. 정부 증권 공모 입찰 때 증거금이 면제되고 금융 정보를 쉽게 입수한다. 정부 증권 거래량 및 자산 구성 현황을 날마다 연방준비은행에 보고해야 한다-옮긴이)'로서의 살로먼 브라더스를 대표해서 모저는 시장에 떠도는 이야기 및 조언을 정부에 제공했으며, 여기에 대한 대가로 정부는 채권을 발행할 일이 있을 때마다 살로먼 브라더스의 모저를 최우선 고객으로서 맨 앞줄에 세웠다. 그러니까 교황의 오른쪽에 앉았던 추기경단의 일원과 같은 대접을 받았던 것이다.

국채는 오로지 프라이머리 딜러만이 살 수 있었다. 그 외의 주체들이 국채를 사려면 프라이머리 딜러를 통해서 입찰해야 했다. 말하자면 프라이머리 딜러는 일종의 중개인 역할을 했다. 이런 제도적인 장치 덕분에 프라이머리 딜러들은 국채 점유율을 높게 유지할 수 있었음은 물론 해당 시장에서 엄청난 영향력을 발휘할 수 있었다. 이들은 자기들에게 채권을 파는 정부와 자기들에게서 채권을 사려는 고객들의 수요를 알 수 있었기 때문에 수요 가격과 공급 가격의 차이에서 수익을 남겼다. 하지만 정부가 이런 막강한 영향력을 행사할 지위를 제공한 만큼, 거기에 상응하는 어떤 대가를 정부에 보장해야 했다. 정부는 프라이머리 딜러들이 미사를 집전하는 추기경들처럼 행동해 주길 기대했다. 이들은 성찬식을 할 때 맨 먼저 와인을 마셨지만 결코 취해서는 안 되었으며 교회를 당황스럽게 만드는 일을 해서도 안 되었다.

국채 경매가 다가오면 프라이머리 딜러들은 우선 전화로 시장 조사를 했다. 고객들이 채권을 어느 정도로 원하는지 사전 조사를 한 것이다. 모저는 시장이 어떻게 돌아갈 것인지 파악한 뒤에 이것을 바탕으로 살로먼 브라더스의 입찰 가격을 결정했다. 지정된 날, 시계가 오후 1시 정각을 가리키기 몇 초 전에, 모저와 같은 국채 담당 부서의 책임자들이 연방준비제도 건물의 공중전화 부스에서 기다리고 있던 자기 '선수'들에게 전화해서 입찰 가격을 불러주면, 이들은 손으로 휘갈겨서 그 가격을 기입한 다음 접수 창구로 달려가 입찰 서류를 목재 접수통 투입구에 밀어넣었다. 정각 1시에 입찰 창구의 접수는 마감되었다. 그러면 입찰은 끝나고 결과가 나오기를 기다리는 일만 남았다. 정부는 이 고전적인 방식을 수십 년 동안 고집해 오고 있었다.

그런데 이 시장에는 두 요소 간의 긴장이 내재해 있었다. 시장에 나오는 채권의 가격과 양을 두고 재무부의 이해와 프라이머리 딜러의 이해가 상충했기 때문이다. 재무부는 특정 양의 채권만 경매에 부치며 최고 가격을 원한 반면에, 딜러들은 경매에서 다른 딜러들보다 많은 몫을 차지하기에 충분할 정도의 돈만 지불하고자 했다. 이 가격이 높으면 나중에 채권을 되팔 때 남길 이문이 줄어드는 터라 딜러들의 이런 태도는 당연한 것이었다. 따라서 입찰 가격은 정교하게 쪼개졌는데, 트레이더들은 1000분의 1달러 단위를 사용했다. 1000분의 1달러면 아무것도 아닌 것처럼 들릴 수 있지만, 규모가 커지면 이야기는 전혀 달라진다. 예를 들어 전체 규모가 1억 달러일 경우 1000분의 1달러는 10만 달러가 된다. 10억 달러일 경우에는 100만 달러에 달한다. 국채는 모기지나 회사채에 비해서 수익성이 낮아 그렇게 대규모로 거래되어야만 딜러들이나 자산운용가들에게 충분한 수익이 보장되었다.

이런 대형 거래의 필요성 때문에 정부는 대형 딜러들과 손잡을 필요가 있었다. 대형 딜러들이야말로 시장을 잘 알고 있었고 또 대규모 채권을 시장에 유통시킬 능력을 갖추고 있었다. 살로먼 브라더스는 당시에 가장 큰 딜러였다. 1980년대 초기에는 재무부가 어떤 회사건 상관없이 재무부 발행 채권의 절반까지 살 수 있도록 허용했었다. 이런 상황에서 살로먼 브라더스는 보통 최대로 많은 몫을 따낸 뒤에 충분히 오래 보유했다. 이 채권의 가격이 떨어질 것을 예상하고 공매도한 사람들, 즉 단기 공매자들은 다시 사서 되갚을 채권 물량이 부족한지라 초조해서 발을 동동 구를 수밖에 없었다. 이 채권을 오래 붙잡고 있으면 있을수록, 공매자들이 필요로 하는 국채는 더욱 귀해졌고, 가격은 더욱 올랐고, 그 사람들은 비명을 질렀다. 거래소에서는 환호성이 터졌다. 살로먼 브라더스는 엄청난 수익을 올리면서 월스트리트의 제왕으로 군림했다. 홀쭉할 수밖에 없는 국채에 대한 이문은 경매에 나오는 물량을 대량 확보함으로써 뚱뚱하게 보장되었다. 사정이 이렇다 보니 예전에는 단조롭고 지루하기만 하던 국채 트레이더들 자리에서는 최대의 수익을 확보하기 위한 치열한 전투 의지가 용솟음쳤다.

그런데 시장에서 소규모 딜러들이 불평하는 목소리가 커지자 재무부는 단일 프라이머리 딜러가 경매를 통해서 확보할 수 있는 채권의 상한선을 낮추었다. 예전에 전체 물량의 50퍼센트이던 한도를 35퍼센트로 낮춘 것이다. 이렇게 되자 경매에서 소위 크게 한 건 하기가 어려워졌다. 살로먼 브라더스는 예전보다 적은 물량의 채권이나마 여전히 집중 매수할 수 있었지만, 더는 국채 시장을 좌우할 수 없게 되었다. 그러니 살로먼 브라더스로서는 당연히 이 새로운 규정이 못마땅할 수밖에 없었다. 그리고 전체 입찰 총액은 제공되는 총 채권액을 상회했기 때문에, 재무부는 모든 입찰자들에게 입찰 규모를 비례적으로 할당했다. 이것은 35퍼센트 물량을 원하는 회사는 35퍼센트 이상의 입찰을 해야 한다는 뜻이었다. 그야말로 저글링 곡예를 해야 했던 것이다.

상황이 이렇자 살로먼 브라더스의 국채 담당 부서는 수익을 내기가 더욱 어려워졌다. 그래도 이 부서의 피를 끓게 만들었던 전투적인 의지는 수그러들지 않았다. 모저는 1990년 재무부의 인내심을 두 차례 시험했다. 발행되는 전체 채권 금액의 100퍼센트가 넘는 양을 입찰했던 것이다. 경매 책임자였던 마이클 배샴은 모저에게 다시는 그러지 말라고 경고했다. 모저는 사과하는 의미로 재무부 차관이던 밥

(로버트의 애칭-옮긴이) 글로버를 만나서 함께 아침을 먹었다. 이 자리에서 모저는 뭐라고 이야기하긴 했지만 결코 사과를 하지는 않았다. 오히려, 부풀려서 입찰하면 채권에 대한 수요가 높아지니 정부 입장에서도 좋은 것 아니냐고 했다.[9] 배샴의 분노는 진정되지 않았고 그는 입찰에 응하는 각 회사의 입찰 금액을 전체 물량의 35퍼센트까지로 제한했다. 이런 입찰 금액 제한은, 살로먼 브라더스가 경매 과정에서 아무리 물량을 많이 확보한다 하더라도 전체의 35퍼센트 미만으로만 확보할 수 있다는 뜻이었다.

다시 푸어스타인과 전화로 연결된 워런 이야기로 돌아와서, 푸어스타인은 워런에게 살로먼 브라더스가 다음 날 아침 언론에 배포할 보도자료문 사본을 읽어주었다. 그날 밤 이사회의 모든 구성원들에게 설명할 내용이기도 했다. 보도자료는 모저가 배샴의 경고를 어떻게 무시했는지 설명했다. 모저는 1990년 12월과 1991년 2월에 있었던 경매에서 정부의 입찰 한도를 초과해서 공인되지 않은 입찰을 했었다.

푸어스타인은 워런에게 사건의 일지를 간략하게 설명하고 이런 내용을 멍거에게는 이미 자세하게 얘기했다고 말했다. 멍거는 미네소타에 있던 오두막 별장에 있었다.[10] 당시 멍거는 푸어스타인에게 엄지손가락 빨기에 대한 이야기를 하면서 다음과 같이 덧붙였었다.

"사람들은 언제나 그렇게 엄지손가락을 빨고 있죠."[11]

워런은 '엄지손가락 빨기'가 멍거식 표현으로, 시간을 끈다는 뜻임을 알고 있었다. 하지만 그다지 크게 걱정은 하지 않았다. 푸어스타인은 멍거와 길게 통화하면서 나누었던 다른 이야기는 언급하지 않았고, 워런은 누군가가 빨고 있는 엄지손가락이 누구의 것인지 깊이 생각하지 않았다. 그는 푸어스타인과 7~8분 통화한 뒤에 전화 수화기를 내려놓았다. 좋은 소식일지 모른다고 기대했던 그는 김이 새는 느낌이었다. 그렇다고 긴급한 사항은 아니다 싶어 멍거에게 곧바로 전화하지 않았고 주말에 전화해서 확인해야겠다고 생각했다. 우선은 타호호수에서의 여행을 즐기고 싶은 마음뿐이었다. 워런은 천천히 스테이크 하우스로 걸어가서 애스트리드 및 블럼킨 가문의 두 형제와 합류했다. 거기에서 식사한 뒤에 네 사람은 조앤 리버스(미국의 스타 코미디언-옮긴이)와 닐 세다카(미국의 스타 가수. 대표곡은 〈You Mean Everything to Me〉-옮긴이)가 함께 공연한 쇼를 보았다.

워런이 이 쇼를 보고 있을 때 존 구트프룬드를 태우고 런던에서 출발한 비행기가 뉴욕에 도착했다. 구트프룬드, 스트라우스, 푸어스타인은 그날 저녁 늦게 증권거래위원회 고위 간부 리처드 브리든과 빌 매클루커스와 자리를 함께했다. 그 세 사람은 뉴욕연방준비은행 총재인 195센티미터의 거구 제럴드 코리건에게도 전화했다.

구트프룬드와 스트라우스는 일련의 다른 입장 표명서들을 가지고 브리든과 매클루커스, 코리건에게 살로먼 브라더스의 이사회에 설명했던 것보다 더 상세한 이야기를 했다. 그 내용은 다음과 같았다. 모저는 단순히 초과해서 입찰하기만 한 게 아니었다. 1991년 2월에 있었던 재무부 경매에서 모저는 35퍼센트라는 한도를 최대한 확보하려고 고객 명의로 위조 입찰서를 제출했으며 이렇게 해서 따낸 채권을 살로먼 브라더스의 계좌에 넣어두었다. 사실 모저는 그 경매에서 두 개 이상의 위조 입찰서를 제출했었다. 그들은 이런 사실이 진작 보고되지 않았던 이유를 미처 파악하지 못하고 지나친 실수였다고 설명했다. 그러나 증권거래위원회와 재무부는 모저를 조사 중이었다. 모저는 5월에 있었던 2년 만기 채권 경매를 통해 확보한 채권을 오랫동안 보유하고 풀지 않음으로써 엄청난 이문을 남겼었다. 감사관들은 모저가 했던 이런 행동들을 엄중하게 조사하고 있었다. 이런 조사는 살로먼 브라더스에서도 당연히 있었던 게 분명했는데, 어떻게 그런 사실을 미처 파악하지 못할 수 있었을까? 이런 맥락에서 볼 때, 살로먼 브라더스 측의 이런 고백이 사실은 모저 개인 차원이 아니라 살로먼 브라더스 전체 차원에서 진행된 불법을 은폐하기 위한 것이 아닐까 의심할 수밖에 없었다.

진상이 어떤 것이었든 간에 일단 살로먼 브라더스 인사들의 고백 자체는 재무부와 연방준비은행에 엄청나게 당혹스러운 것이었다. 코리건은 충격을 받을 정도로 놀랐다. 살로먼 브라더스가 진작 자기를 찾아와서 모저를 해고했으며 다시는 이런 일이 재발하지 않도록 온갖 새로운 규제를 도입하는 등의 조치를 취했다고 보고했어야 옳았다. 그런 내용이라면 24시간 혹은 48시간 안에 자기에게 보고되어야 마땅했다. 그렇다면 자기도 '한동안 공매 참가를 제한하는 선에서 마무리하고, 그런 일이 재발하지 않을 것'으로 판단할 터였다. 코리건은 당시 자기가 구트프렌드와 스트라우스에게, 이런 사실을 즉각 일반에 공표해야 하는 의무가 있음을 '끈질기고 냉철하게' 말했다고 회상한다. 코리건은 자기가 알고 있는 사항을 바탕으로 할 때, 그 사건은 '매우 매우 매우 심각한 문제'로 비화될 수 있다고 추측했다.[12] 하지만 코리건이 보기에 스트라우스와 구프트룬드는 이런 사실을 제대로 인식하지 못하는 듯했다. 구트프룬드가 런던으로 갔으며 따라서 워런이나 멍거 그리고 다른 이사들과 전화 통화를 할 수 있는 기회를 스스로 제한했다는 사실 자체가 이런 의심을 뒷받침하는 근거였다.

다음 날인 8월 9일 금요일, 워런은 애스트리드 및 블럼킨 형제들과 함께 서부 개척 시대의 골드러시를 증언하는 마을인 버지니아시티에서 판자로 된 보도를 산책하면서 느긋하게 휴가를 즐겼다. 그러다가 자기 사무실로 전화를 해봤다. 급박한 사항은 아무것도 없었다. 살로먼 브라더스에서 그 누구도 자기에게 전화하지 않았던 것이다. 살로먼 브라더스는 그날 아침 문제의 그 사건에 관해서 상당히 덤덤한 표현으로 언론에 보도자료를 배포했는데, 살로먼 브라더스의 주가는 5퍼센트나 떨어져서 34.75달러에 거래되고 있었다.

워런은 토요일에 멍거에게 전화를 걸었다. 멍거는 미네소타의 스타 아일랜드에 있는 오두막 별장에 있었다. 멍거는 담담한 어조로 그에게 자기가 아는 이야기를 했다. 그가 알고 있던 것보다 훨씬 상세하고 놀라운 내용이었다. 푸어스타인이 일련의 '입장 표명서들'을 인용하면서 '그 문제의 일부분은 지난 4월에 이미 알려진 상태'라고 말했다는 것이었다. 이 내용이 워런을 포함한 다른 이사들에게 전달되었을 때는 푸어스타인이 있는 사실을 정확하게 그대로 알려주는 것처럼 비쳐졌지만,[13] 멍거는 이 내용을 듣자마자 곧바로 이상한 낌새를 챘다. 어딘가 법률적인 문구 냄새가 나는 그 수동태 표현이 마음에 걸렸다. '이미 알려진 상태'라는 게 무슨 뜻인가? 정확하게 무엇이 알려졌다는 것일까? 그리고 누가 알렸단 말인가?[14] 이런 추궁을 받자 푸어스타인은 멍거에게 사건 전말에 대해서 보다 자세하게 설명했다. 코리건이 들었던 것과 비슷한 내용이었다.[15]

푸어스타인이 다시 설명한 내용은 이랬다. 모저는 4월에 재무부로부터 편지 한 통을 받았다. 그가 입찰했던 경매 중에서 한 건을 조사하고 있음을 알리는 편지였다.[16] 사태가 심각하게 발전한다는 사실을 깨달은 모저는 4월 25일 자기 상사인 존 메리웨더에게 사건의 실체를 털어놓았다. 2월에 있었던 경매에서 35퍼센트 한도를 최대한 확보하려고 살로먼 브라더스 명의로 입찰한 것 외에 고객들 명의로 위조 입찰서를 제출했다는 것이었다.[17] 모저는 메리웨더에게 딱 그것 한 번뿐이라고 맹세했다. 그리고 다시는 그런 짓을 하지 않겠다는 다짐도 했다.

메리웨더는 이 일로 까딱하다간 자기 경력이 끝나버릴지도 모른다고 판단하고는 모저에게 그런 이야기를 전달하고 나서 푸어스타인과 스트라우스을 찾아가 이런 상황을 보고했다. 그리고 4월 29일이 세 사람은 구트프룬드에게 가서 모저가 털어놓은 사실을 보고했다. 구트프룬드는 얼굴을 시뻘겋게 붉히며 화를 냈다고, 훗날 이 세 사람은 말했다.

그러니까 이미 4월에 구트프룬드는 사건의 전모를 알고 있었다. 스트라우스도, 메리웨더도, 법률 고문이던 푸어스타인도 알고 있었다. 다들 알고 있었던 것이다.

푸어스타인은 당시에 구트프룬드에게 모저의 행위가 기본적으로 범죄 행위라 볼 수 있다고 알렸다. 그는, 절차상의 문제로 볼 때 살로먼 브라더스가 법률적인 보고 의무를 가지고 있지는 않다고 보았지만, 만일 그 사실을 보고하지 않을 경우 회사는 규제 기관 담당자들과 심각하게 충돌할 것이며, 그렇게 해서 연방준비은행에까지 사실이 폭로될 게 분명하다고 생각했다. 그리고 이런 판단을 구트프룬드에게 전달했다. 구트프룬드는 그 문제가 잘 처리될 것이라고 말했다. 하지만 흥미롭게도, 구트프룬드는 연방준비은행의 화려한 이탈리아식 건물로 나아가서 제럴드 코리건에게 그 소식을 알리는 구체적인 계획을 세우지 않았다. 게다가 그 위조 입찰은 '딱 한 차례의, 일탈적인 행위'였다고 결론 내리고 모저를 계속해서 국채 담당 부서의 책임자로 두었다. 이 말을 들고 멍거는 다음과 같이 말했던 것이다.

"그게 바로 엄지손가락 빨기입니다. 사람들은 언제나 그렇게 엄지손가락을 빨고 있죠."

멍거는 엄지손가락을 빤다는 표현으로 자기가 의미했던 내용은 '당장 행동해야 하는 시점에 앉아서 쓸데없이 생각하고 사색에 잠기고 상의하는 것'이라고 나중에 말했다.[18]

멍거는 워런에게 언론에 배포한 보도자료 내용을 놓고도 한소리했다고 말했다. 경영진이 그 사실을 알고 있었다는 사실을 포함시켜야 하는 것 아니냐고 따졌던 것이다. 그러자 푸어스타인은 맞다, 당연히 그래야 한다, 라고 대답하면서도 그렇게 해서는 안 되는 이유가 있다고 했다. 살로먼 브라더스의 경영진은, 만일 그런 사실까지 일반에 알릴 경우 회사가 자금을 조성하는 데 차질이 빚어질 수 있다고 생각한다는 것이었다. 살로먼 브라더스는 하루 하루 상환 연장이 되는 단기 기업어음 부채를 수백억 달러가량 가지고 있었다. 그런데 만일 경영진까지 입찰 비리 내용을 알고 있었다는 사실을 일반에 공표할 경우 채권자들이 더는 상환 연장을 해주지 않을지도 모른다는 것이었다. 멍거에게 '자금 조성의 어려움'은 '금융 공황'이나 다름없는 말이었다.[19] 차입금 부족 사태를 예견하며 멍거 역시 입을 다물고 말았었다. 하지만 멍거와 워런은 이제 보다 더 자세한 내용을 공시할 필요성이 있다는 데 의견을 모았다. 두 사람은 장차 벌어질 일에 대해서 단단히 마음의 준비를 했다.

이틀 뒤인 8월 12일 월요일 아침, 〈월스트리트 저널〉이 이 사건을 상세히 다루었다. 기사의 제목도 요란했다. '대량 사재기 압박—살로먼의 재무부채권 경매 규정 위반 시인이 시장을 뒤흔들다—일회 경매에서 확보한 물량이 전체의 85퍼센트나 되는 것으로 추정. 살로먼 브라더스 최고위층에서는 어디까지 알고 있었나?(여기에서 '압박'은 보유 물량을 풀지 않아서 가격을 오르게 만들어 이문을 크게 남기는 행위를 가리킨다―옮긴이)' 이 기사는 시장 조작, 증권법의 사기 금지 규정 위반, 연방 당국에 대한 허위 진술 금지법 위반, 회계 장부 및 기록 관련 위반, 민사상의 책임과 우편 및 전신환 사기법을 위반한 형사상의 책임을 져야 할지 모른다고 했다.[20]

구트프룬드는 워런에게 전화했다. 목소리는 평온했다. 그가 보기에 구트프룬드는 전체 상황을 '주가의 몇 포인트 하락'으로 인식하는 것 같았다. 재앙과 다름없는 기사를 놓고 볼 때 그는 구트프룬드의 이런 태도가 도무지 현실적이지 않다고 생각했다. 이 사태를 어떻게든 별일 아니게 수습할 수 있다고 믿는 듯했다.[21] 이런 모습은 지난주에 보여주었던 근거 없는 평정심과도 일치했다. 워런은 좀 더 많은 내용을 세상에 알리라고 압박했다. 살로먼 브라더스의 국채 부서는 기업어음의 상환 연장에 어려움을 겪기 시작했다. 이는 채권자들이 불안해한다는 신호를 보내기 시작한다는 뜻이었다.[22]

한편 멍거는 '왝텔, 립턴'의 마티 립턴과 연락하려고 수소문했다. 존 구트프룬드의 둘도 없는 친구일 뿐만 아니라 살로먼 브라더스의 외부 법률 고문이기도 한 립턴은 살로먼 브라더스와 깊이 얽혀 있었다. 도널드 푸어스타인은 립턴을 찾기 위해서 그의 아내, 소더비 경매장과 크리스티 경매장 그리고 마티 립턴에게로(반드시 이 순서대로는 아니었다) 부지런히 전화를 걸었다.[23] 하지만 멍거는 립턴과 그의 전화가 워런과 〈월스트리트 저널〉만큼이나 떼려야 뗄 수 없을 정도로 가깝다는 사실을 알고 있었다. 당시는 휴대폰이 아주 드물던 때라서 내로라하는 법률 회사 간판 변호사들도 휴대폰을 쓰지 않았다. 멍거는 '왝텔, 립턴'의 사무실로 전화를 했다. 이 사무실의 전화 체계는 완벽할 정도로 잘 갖추어져 있었다. 멍거는 훗날 증권거래위원회 진술에서 다음과 같이 말할 정도였다.

"전화 체계가 워낙 정교해서 밤이든 낮이든 마티 립턴을 어디에서나 찾아냈습니다. 그렇게 완벽한 체계는 전 세계 역사를 뒤져도 없을 겁니다. (……) 내 생각에는 아마도 마티가 성교를 하는 중이더라도 전화 연락이 될 겁니다."[24]

멍거의 연락이 닿았을 때 립턴이 어디에서 무얼 하고 있었는지는 구체적으로 말하지 않았지만, 아무튼 멍거는 첫 번째 보도자료가 적절하지 못하다면서 추가로 보도자료를 낼 것을 강력하고도 끈질기게 요구했다. 결국 립턴은 이 안건을 놓고 수요일에 이사회를 전화로 연결해서 열기로 했다.

그다지 놀라운 일도 아니지만, 뉴욕 연방준비은행 총재인 제리 코리건은 살로먼 브라더스의 반응이 소극적이라는 사실에 멍거보다 훨씬 더 심각하게 얼굴을 찌푸렸다. 8월 12일 월요일에 코리건은 부총재 중 한 명인 피터 스턴라이트더러 살로먼 브라더스에게 보낼 편지의 초안을 작성하라고 지시했다. 살로먼 브라더스가 한 일련의 행동들로 볼 때 연방준비은행과 '지속적인 관계'를 앞으로도 계속 유지할 수 있을지 의심스러운데, 회사가 이미 알고 있었던 사항들을 시의적절하게 공표하지 못함으로써 이 관계가 '심각하게 훼손되었다'는 내용이었다. 그리고 앞으로 열흘 안에 자체적으로 확인한 모든 '불법 행위와 법률 위반 사항 및 간과했던 사항'을 보고하라고 지시했다.

코리건이 앞서 스트라우스 및 구트프룬드와 나누었던 대화를 놓고 볼 때 이 편지는 사망 선고라도 내릴 수 있다는 강력한 메시지였다. 만일 연방준비은행이 살로먼 브라더스와 정부 사이의 사업 관계를 끊어버린다면, 이 회사에 돈을 빌려준 개인 혹은 법인이나 이 회사에서 채권을 산 고객들 모두 한꺼번에 낭패를 볼 수밖에 없었다.

살로먼 브라더스는 미국에서 두 번째로 규모가 큰 재무상태표를 가지고 있었다. 메릴린치, 뱅크 오브 아메리카 혹은 아메리칸 익스프레스보다도 규모가 컸다. 이 회사의 부채는 대부분 며칠 혹은 길어야 몇 주 안에 만기가 도래하는 단기 자금이었다. 40억 달러밖에 되지 않는 규모의 지분이 무려 1,460억 달러의 부채를 떠받치고 있었다. 그리고 하루에 수백억 달러, 대략 500억 달러 가까운 거래들이 이루어졌다. 하지만 이 거래들이 바로 그날 최종 결제가 이루어지는 건 아니었다. 자칫하다간 이 돈이 허공에서 꼼짝도 못하고 묶일 수 있었다. 살로먼 브라더스는 또한 재무상태표 어디에도 기록되어 있지 않은 수천억 달러 규모의 파생상품을 가지고 있었다. 금리 스와프나 외환 스와프, 선물(先物) 계약 등이 그런 것이었다. 이런 파생상품들은 전 세계 다양한 층위의 경제 주체들과 복잡하고 거대한 의무 관계로 얽혀 있고 이들 중 상당수가 미지불된 계약으로 서로 연계된 채 전 세계적으로 광범위한 금융 거미줄을 형성하고 있었다. 그런데 만일 자금 조성이 불가능해진다면, 살로먼 브라더스의 자산을 매각해야 했다. 자금이 말라버리는 일은 며칠 안에 일어날 수 있는 일이지만, 자산을 매각해서 청산하는 일은 오랜 시간에 걸쳐서 진행될 일이었다. 정부도 비틀거리는 투자은행들에 대출을 해줄 수 있는 국가적인 차원의 정책을 가지고 있지 않았다. 소위 대마불사(大馬不死)의 신화에 사로잡혀 있었기 때문이다. 하지만 살로먼 브라더스라는 대마도 얼마든지 하룻밤 사이에 뒤죽박죽되어 허물어질 수 있었다.[25]

코리건은 의자 등받이에 등을 기댔다. 일단 살로먼 브라더스가 스턴라이트가 쓴 편지를 받으면 경영진도 장전된 총구가 자기들의 머리를 겨누고 있다는 사실을 깨달을 것이며 따라서 거기에 반응해 적절한 대응을 할 것이라고 코리건은 확신했다.

보도자료가 배포되고 〈월스트리트 저널〉 기사가 나온 뒤에 살로먼 브라더스 내부에서는 온갖 소문들이 돌았다. 월요일 오후 늦은 시각에 제일 아래층에 있던 대형 강당에서 전 직원이 참석하는 회의가 열렸다. 500명 가까운 사람들이 강당에 모였다. 강당에 들어가지 못한 수백 명과 전 세계 지사에 있는 사람들은 사무실에서 TV 화면으로 회의를 지켜보았다. 겉은 잘 구워 파삭거리는 머랭으로 되어 있지만 그 안에 서늘한 아이스크림이 숨어 있는 베이크드 알래스카(스펀지케이크를 여러 겹 쌓은 위에 아이스크림을 얹고 머랭으로 싸서 살짝 구운 디저트-옮긴이)와 같은 일련의 사건들을 구트프룬드와 스트라우스가 개략적으로 설명했다. 회의가 끝난 뒤에 채권 부서 책임자인 빌 매킨토시가 구트프룬드의 사무실로 호출되었다. 여기에는 구트프룬드 외에도 스트라우스와 마티 립턴이 함께 있었다. 세 사람 모두 '잔뜩 겁먹은' 상태였다. 그날 직원 전체 회의가 소집되기 전에 그는 구트프룬드에 대한 처벌을 요구했었다. 따라서 매킨토시는 잔뜩 긴장했는데, 의외로 세 사람은 매킨토시에게 현재 상황을 어떻게 생각하느냐는 질문을 했다. 매킨토시는 더 많은 설명을 내놓아야 한다고 했다. 직원 전체 회의나 언론에 배포한 보도자료는 오해의 소지가 있다는 게 그의 생각이었다.[26] 결국 매킨토시와 법률 담당 부고문이던 재크 스노는 또 다른 보도자료문을 작성하는 일을 맡았다.

다음 날 아침, 매킨토시와 스노는 초고 작업을 시작했다. 정오쯤에 매킨토시는, 아시아에 있는 지사들을 지휘하고 막 본사에 돌아와 있던 투자 금융 부문 부회장 데릭 모건에게 가서 현재 진행 상황을 설명했다. 모건은 자기가 지금 듣고 있는 이야기가 엄청난 재앙의 전조임을 깨달았다. 매킨토시는 어딘지 모르게 말을 아끼는 눈치가 역력했다. 모건은 곧바로 자리에서 일어나 스노를 찾아가서는 있는 그대로 진실을 이야기해 달라고 다그쳤다.

사실 스노는 모건에게 실제 있었던 일 가운데 어떤 걸 숨기겠다는 의도가 전혀 없었다. 자기가 알고 있는 사실을 있는 그대로 설명했다. 막후에서 진행되다가 누출되어 버린 일까지 모두 말했다. 4월에 모저가 2월 경매에서 있었던 일을 처음으로 털어놓은 뒤에 메리웨더는, 비록 푸어스타인이 자기는 모저가 한 행동이 기본적으로 범죄 행위라 믿는다고 말했음에도 불구하고, 모저를 해고하지 말아달라고 경영진에 요청했다. 스노는 이 상황에 대한 전말을 비밀리에 들어서 알고 있었다. 그리고 한 달 뒤에도 모저는 여전히 국채 담당자 자리를 유지하고 있었다. 푸어스타인은 구트프룬드에게 일을 말끔히 처리하는 게 좋다고 끈질기게 잔소리했다. 구트프룬드는 그렇게 하겠다고 말했다. 하지만 정부 측에 진실을 알린 사람은 아무도 없었다. 한편 메리웨더는 모저를 눈여겨보는 일을 맡았고, 모저는 예전처럼 행동하지 않는 것처럼 보였다.

그런데 모저가 5월 말에 있었던 2년 만기 채권 경매에 입찰 금액 기준으로 100퍼센트 넘게 입찰하는 데 필요한 자금 조성을 요청했다. 비록 이 자금 가운데 일부는 고객들의 입찰에 들어갈 것이라고 했지만, 살로먼 브라더스 회계 담당 책임자 존 맥팔레인은 깜짝 놀랐다. 맥팔레인은 심각한 상황이라 판단하고 스노와 메리웨더에게 회의를 하자고 불렀다. 스노는 자기 상사인 푸어스타인에게 갔고, 푸어스타인은 모저의 요청이 터무니없다는 쪽으로 결론을 내렸다. 그들은 모저에게 자금을 제공하지 않기로 결정했다.[27]

하지만 모저는 은밀하게 입찰을 하고 돈도 마련했다.[28] 그는 자기를 감시하는 사람들의 눈을 따돌린 끝에 의심스러운 입찰 하나를 성공시켜 막대한 물량을 확보했다. 살로먼 브라더스가 무려 87퍼센트 분량의 국채를 싹쓸이한 것이었다. 그리고 살로먼 브라더스와 몇몇 고객들이 그 2년짜리 채권을 독점적으로 지배했다. 당연히 이 채권의 가격은 치솟았다.[29] 이런 사재기의 '압박' 속에서 손해를 본 피해자들의 피해액은 무려 1억 달러나 되었고, 여러 개의 작은 회사들이 심각한 타격을 입은 끝에 파산의 길로 들어섰다.[30]

살로먼 브라더스 내부에서도 이 건은 큰 불안을 조장했다. 언론에서는 경쟁사들이 살로먼 브라더스를 월스트리트의 해적이라 부른다고 소개했다. 워런을 포함한 이사들은 한 회의에서 회사가 2년 만기 채권 시장에서 사재기를 한 것에 대해 격분을 토로했다. 푸어스타인은 스노에게 6월 경매에서의 사재기 의혹에 대해서 내부적으로 조사하라고 지시했다. 그 결과, 모저가 경매 직전에 헤지펀드 고객 둘과 저녁을 먹었으며 또한 이 고객들이 사재기와 관련된 입찰을 했다는 사실이 드러났다. 그렇다면 그 저녁 자리가 시장 조작을 공모한 자리가 아니었을까 하는 의혹이 제기되었다. 하지만 증거도 없었고, 거기에 대해서는 모저도 나름대로 해명을 했다.[31] 구트프룬드는 자기 위의 대군주격인 재부무 사람과 연방준비은행 사람을 만날 약속을 잡았다. 사재기와 관련된 의혹의 가지들을 쳐낼 생각이었다. 그는 6월 중순에 글로버를 만나러 갔다. 글로버는 소파에 앉아서 시가를 피우고 있었다. 구트프룬드는 사재기 압박이 미친 영향이 자기 잘못이라고 인정하고 재무부 일에 적극적으로 협조하겠다고 했다. 하지만 모저가 5월의 경매에서 의도적으로 부정 행위를 한 혐의에 대해서는 부정하고 모저를 감쌌다. 자기가 알고 있던 다른 사실들에 대해서는 한마디도 입을 열지 않았다. 예전에 있었던 다른 경매에서 모저가 위조 입찰서를 냈다는 사실에 대해서는 입을 굳게 다물었던 것이다. 하지만 살로먼 브라더스 사람들 모르게 증권거래위원회와 법무부 독점금지국에서는 사재기 및 모저의 이전 범법 행위와 관련하여 살로먼 브라더스를 은밀히 내사하기 시작했다.

글로버와 만난 지 일주일 뒤 구트프룬드와 스트라우스 그리고 메리웨더는 2월 경매와 관련해서 재무부에 모든 걸 털어놓아야 할지 논의하려고 한자리에 모였다. 그 결과 그 사재기와 관련된 비난의 목소리가 아직 누그러지지 않은 상황이다 보니 입을 다물기로 결론을 내렸다. 시기가 적절하지 않다고 보았던 것이다. 그로부터 며칠 뒤에 증권거래위원회는 살로먼 브라더스에 편지 한 통을 보냈다. 5월의 경매에 대한 정보를 요청하는 편지였다. 2년짜리 채권 경매와 관련된 문제가 없었던 일로 묻히는 게 아니라 심각한 문제로 비화될 수도 있다는 첫 번째 조짐이었다. 이런 요청서를 받은 사람이면 누구나, 국채 거래 담당 부서의 활동에 증권거래위원회가 갑작스럽게 관심을 가진다는 사실에 신경을 곤두세울 수밖에 없었을 것이다.

이틀 뒤에 구트프룬드는 살로먼 브라더스가 자금을 댄 어떤 부동산 자산을 확인하려고 라스베이거스에 가던 길에 오마하에 들러 워런을 만났다. 이 여행에 대해서 알지 못했던 스노는 모건에게 후일담을 얘기할 때 이 이야기는 빼먹었다. 워런이 훗날 이 내용을 자세하게 이야기했다.

나는 공항으로 마중을 나갔습니다. 존은 사무실에 한 시간 반쯤 머물렀지요. 그것도 약 한 시간은 존이 여기저기 전화를 하느라 보냈습니다. 우리는 30분가량 대화를 했습니다. 존은 대화를 하는 내내 사무실을 서성거렸습니다. 따지고 보면 아무 대화도 못 한 셈이었지요. 오마하에 들르는 게 존으로서는 무척 성가시고 불편한 일이었습니다. 할 얘기가 없었으니까 말입니다.

도대체 구트프룬드가 오마하를 방문한 목적이 무엇인지 궁금해하면서 워런은 그를 데리고 식당으로 가서 서둘러 점심을 먹은 뒤, 최근 버크셔 해서웨이 명의로 인수한 보석업체 보샤임 매장으로 그를 데려갔다. 이 가게는 네브래스카 퍼니처 마트 곁에 있었고, 가게의 경영자는 B 부인의 조카 아이크 프리드먼이었다. 프리드먼은 B 부인과 꼭 닮았는데, 그녀처럼 전설적인 인물이었다.

프리드먼은 구트프룬드를 매우 값비싼 제품들을 진열해 둔 매대 '센터 아일랜드'로 이끌었다. 구트프룬드는 아내 수전에게 줄 선물로 6만 달러짜리 물건을 골랐다. 자기가 보샤임에서 물건을 구입하는 건 워런에게 중요한 문제였다고 훗날 구트프룬드는 말했다.[32] 그다음 구트프룬드는 센터 아일랜드 바로 뒤쪽에 전략적으로 진열해 둔 고급 시계들을 흘낏 보고는 자세히 보려고 가까이 다가갔다. 시계를 파는 것보다 비싼 보석을 파는 게 더 좋았던 프리드먼은 구트프룬드에게 이렇게 말했다.

"아, 시계 말입니까? 잃어버리죠, 고장나죠, 그런데 왜 시계에 비싼 돈을 들이십니까?"

프리드먼은 구트프룬드가 손목에 차고 있던 고급 시계를 보고서는 그 시계를 얼마 주고 샀는지 물었다. 구트프룬드가 얼마라고 대답하자 프리드먼은 구트프룬드가 대답한 가격을 그대로 불렀다.

"1,995달러.[33] 좋습니다. 그 값을 내고 가져가십시오."

당시를 회상하면서 워런은 이렇게 말한다.

"그때 존의 표정을 당신도 보셨어야 하는데 말입니다."

6월 말, 구트프룬드는 보샤임 매장에서 산 시계를 찬 채 버건디 색상의 새틴 리본으로 장식된 보샤임의 보석 상자를 아내에게 선물하려고 뉴욕으로 돌아갔다.

다시 며칠이 지나 7월 초였다. 법무부 독점금지국이 5월에 있었던 경매에서의 사재기, 즉 증권거래위원회가 문의했던 바로 그 사건에 대해서 살로먼 브라더스를 조사한다는 사실을 살로먼 브라더스에 공식적으로 통보했다. 그러자 구트프룬드는 잔뜩 긴장했다고 스노는 증언한다. 구트프룬드는 마티 립턴의 법률 회사이자 살로먼 브라더스의 외부 법률 자문인 '왝텔, 립턴'을 고용해 자체 감사에 들어갔다. 5월의 사재기에 대한 정황을 확보하기 위해서였다.[34] 회사 내에서도 사재기를 둘러싼 의견은 분분했다. 어떤 사람들은 재무부채권시장이 기본적으로 공모가 일어날 수밖에 없는 구조라고 말했다. 프라이머리 딜러가 하는 일은 자기 고객들과 함께 막대한 양의 채권을 시장에 뿌리는 것이었다. 그러다 보니 소소한 사재기 및 그로 인한 가격 상승은 언제든 일어날 수밖에 없는 것 아니냐는 것이었다. 이번 건은 큰 건이지만, 그래서 그게 뭐 어쨌다는 건가. 재무부는 살로먼 브라더스만 꼭 찍어서 괴롭히는 것 아닌가? 살로먼 브라더스를 샌드백으로 만든 것은 권력의 점진적인 침식, 즉《라이어스 포커》에서 묘사되었던 것처럼 오만과 방종의 세월이었다는 주장이었다.[35]

하지만 다른 사람들은 모저가 다시 재무부의 권위에 도전했다는 점에 분노했다. 모저와 배샴의 사이가 좋지 않다는 건 누구나 아는 사실임에도 불구하고 모저가 또다시 엄청난 규모의 국채를 싹쓸이했다는 사실에 이들은 당혹스러워했다. 나중에는 이런 의문이 증폭되었다. 도대체 왜 모저는, 자기가 한 행동이 범죄 행위가 될 수도 있다는 말까지 들은 마당에, 게다가 한 번 사고를 쳐서 집행유예 기간이나 마찬가지였는데도, 굳이 재무부를 그렇게 기이한 방식으로 도발해서 경제지 1면의 머리기사가 되는 것을 자처했을까? 언론의 관심을 받을 게 뻔한 상황에서 말이다.[36]

푸어스타인에게 트레이딩 운영에 대해 보고했던 스노는 5월의 사재기와 관련해서 내부 감사를 책임지고 있었다. 6월에 스노는 무릎 수술을 받느라 사무실에 얼마간 나오지 못했고, 스노는 물론이고 푸어스타인 역시 구트프룬드가 글로버를 만난 일에 전혀 관여하지 않았다. 또한 모저의 행위에 대한 보고를 더 늦추기로 한 이후의 결정에 대해서도 두 사람 다 아는 바가 없었다.[37] 하지만 7월에 복귀한 뒤로 스노는, 자기가 핵심 논의 과정에서 점차 배제된다는 사실을 깨닫기 시작했다. 사람들은 회의를 한다면서 자기들끼리 슬그머니 자리를 옮겼다. 그런 상황에 스노는 마음이 무거웠다. 어느 날 밤 그는 꿈을 꾸고는 다음 날 아침 푸어스타인의 사무실로 가서 꿈 이야기를 했다. 자기와 푸어스타인이 워런에게 전화해서 모저가 했던 위조 입찰에 대한 진실을 털어놓는 꿈이었다. 구트프룬드와 스트라우스가 그 문제에 대해서 아무런 행동도 취하지 않는 바람에 두 사람이 좌절감을 느껴 그런 결정을 했다는 게, 스노가 설명하는 꿈속 행위의 이유였다.

푸어스타인은 스노를 의심하는 눈초리로 보았다.

"아니, 그렇게 할 수는 없어."

푸어스타인은 여전히, 구트프룬드를 설득해서 그가 스스로 정부 당국자에게 털어놓게 하려고 했다. 워런을 찾아간다면 자기와 구트프룬드의 관계가 완전히 틀어지고 말 터였다.[38] 스노가 푸어스타인에게 자기 꿈 이야기를 한 것은, 자신의 상사를 건너뛰고 곧바로 워런에게 전화하겠다는 맥락의 어떤 미묘한 압력을 행사하려던 게 아니었다.[39] 그러나 푸어스타인은 그런 의미로 받아들인 듯했다.

'왝텔, 립턴'의 조사관들은 작업을 시작하고 며칠 지난 뒤, 5월의 사재기에 대한 그간의 조사 내용을 바탕으로 예비 보고서를 작성했다. 바로 그 시점에서야 조사관들은, 모저가 2월 경매에서 위조 입찰을 했다는 사실을 고위 경영진이 이미 4월부터 알고 있었다는 이야기를 들었다.

그 시점에서 보자니 살로먼 브라더스의 행위는 더욱 심각했다. 2월 경매에서의 위조 입찰을 알면서도, 게다가 그것이 범죄 행위에 해당한다고 푸어스타인이 지적했음에도 불구하고, 경영진은 메리웨더의 보증을 믿었고, 예전에는 그런 적이 없었다는 모저의 말을 액면 그대로 받아들였던 것이다. 이 과정에서 어떤 식으로든 모저의 행동을 따로 조사하지도 않았다. 모저에게 아무런 징계도 내리지 않았고 그 자리에서 계속 일하게 함으로써 결국 5월의 사재기까지 저지르게 만들었다. 5월의 불법적인 사재기 문제가 일어나 쟁점이 된 상황에서 살로먼 브라더스는 한층 더 곤란해졌다. 모저가 예전에 저질렀던 위조 입찰의 불법을 알고 있으면서도 이제 와서 당국에 보고할 경우, 살로먼 브라더스는 도둑들이 우글거리는 집단이라는 인상을 줄 수밖에 없을 터였다. 무엇보다도 최악인 것은, 구트프룬드가 이미 6월 중순에 5월의 사재기 건으로 밥 글로버를 만났으면서도 이전의 문제에 관해서는 언급도 하지 않고 어물쩍 넘어가 버린 것이었다.

이제 스노가 모건에게 보고했듯이, 감춰져 있던 문제가 본격적으로 터지자 관련된 모든 사람이 처음 그 일을 알았을 때 곧바로 당국에 보고하지 않은 게 잘못이라고 변명하기 시작했다. 고객에게 아무런 해도 끼치지 않았고 정부에 아무런 금전적 손실도 초래하지 않은 사소한 일회성 실수라며 그냥 넘어간 게 잘못이고 심지어 트레이더의 관점에서 보더라도 말도 안 된다는 것이었다.[40] 사업과 관련된 압박감 속에서 자기는 그게 그토록 중요한 문제인지 몰랐다고 구트프룬드는 말했다.[41]

불행하게도 그건 잘못된 생각이었다. '왝텔, 립턴'의 조사관들은 2월 경매에서만 모저가 협잡한 게 아니라 총 다섯 차례의 경매에서 불법 행위가 저질러졌다는 사실을 밝혀냈다.[42] 그 위조 입찰들 가운데 두 경우만 밝혀졌던 것이다. 스노는, 구트프룬드가 모든 직원에게 했던 불완전한 설명을 따랐던 회사 내외의 모든 변호사들과 그 전날 가졌던 모임에 대해서 부회장 데릭 모건에게 설명했다. 스노는 경영진이 이미 예전부터 모저의 불법 행위를 알고 있었다는 사실을 털어놓아야 한다고 주장해 왔다. 하지만 이 주장은 뭇매를 맞았다. 우선 구트프룬드부터가 스노에게 다음과 같이 말했다.

"여기에 대한 책임은 내가 다 질 테니, 당신은 당신이 할 일만 하면 돼요!"[43]

모건은 이 모든 새로운 정보를 스노에게서 듣기 이전에 이미 크게 걱정하고 있었다. 회사에서 처음 보도자료를 낸 뒤로 한 주가 지났다. 이 한 주 동안 언론에서는 융단폭격을 해댔고, 회사의 주가는 떨어졌으며, 기업어음 만기 연장에 문제가 발생했고, 새로운 위조 입찰 사례들이 드러났으며 구트프룬드와 스트라우스는 내부 회의 자리에 모인 사람들에게 베이크드 알래스카를 제공했다. 스노가 모건에게 모저가 해서는 안 되는 어떤 행위들을 했으며 또 다른 사람들은 해야만 했던 어떤 대처들을 하지 않았는지 추가적인 사항들을 모두 털어놓자, 모건은 발끈 화를 내면서 정말 더는 말하지 않고 숨긴 게 없느냐고 다그쳤다. 그러고는 거래소로 내려가서 모저의 상사인 메리웨더 앞에 섰다.

"존, 대체 어떤 빌어먹을 일이 벌어지고 있는 겁니까?"

메리웨더는 고개를 숙이며 이렇게 말했다.

"너무 늦어버렸습니다."

메리웨더는 더는 말하지 않으려고 했다.[44]

너무 늦었거나 어쨌거나 스노와 매킨토시는 모든 사실을 설명할 두 번째 보도자료의 초안을 잡느라 저녁 시간을 모두 보냈다. 그날 밤, 스트라우스와 구트프룬드는 스턴라이트가 보낸 '장전된 총구' 운운하는 편지에 어떤 식으로든 응답하려고 코리건에게 전화를 했다. 그 편지는 그날 아침 회사로 배달되었었다. 코리건은 두 사람이 전화를 스피커폰 상태로 두고 자기와 통화한다는 것을 알고는, 수많은 변호사들이 그 방에서 자기가 하는 말을 모두 듣고 있겠거니 생각했다. 통화는 우선 스트라우스와 구트프룬드의 설명에서부터 시작되었다. 회사에서 자체 조사를 했으며, 채권시장 점유율을 높이기 위해서 지방자치단체나 정부 기관이 새로 발행하는 채권을 따내려고 입찰할 때 어느 정도 규정을 위반하는 것은 업계의 관행이라고 했다.

코리건은 두 사람이 새삼스럽게 이런 식으로 이야기하는 것을 '물타기하려는 의도, 혹은 더욱 죄질이 나쁜 행위'라고 여겼다. 살로먼 브라더스의 위법 행위인 사재기 혐의와는 아무런 관련이 없는 이야기였으며 더욱 심각한 문제인 위조 입찰과도 아무런 관련이 없는 것이었다. 사실 재무부채권시장과는 아무런 관련이 없었다. 결국 아일랜드인 특유의 기질이 폭발했고, 전화 수화기에다 대고 스트라우스와 구트프룬드에게 고함을 질렀다.

"그 방에 변호사들이 우글거리는 거 다 알고 있어요! 지금이 마지막 기회니까 분명히 하시오, 나한테 할 말이 있는 거요 없는 거요?"

그러자 두 사람은 다른 위반 사항들까지 설명하기 시작했다. 하지만 코리건은 쟁점을 흐리고 합리화하려는 두 사람의 시도를 더 들어주고 싶지 않았다.

"알았어요, 알았어 젠장! 정신 차리고 이 모든 내용을 즉각 일반에 공표하시오. 당신네들 입으로 하는 이야기는 더 듣고 싶지 않아요. 당장 빌어먹을 보도자료를 내란 말이오!"[45]

그날 저녁 늦은 시각, 변호사들이 고위 간부들과 모여서 보도자료문에 담을 내용을 상의했다. 구트프룬드와 스트라우스가 왔다. 매킨토시는 자체적으로 가혹한 징계를 내려야 할 필요가 있다고 말했으나 곧바로 기각되었다. 하지만 이사회 구성원이던 지데일 호로위츠와 살로먼 브라더스의 워싱턴 지사를 운영하던 스티브 벨을 포함한 다른 사람들도 사실을 있는 그대로 털어놓아야 한다고 주장했다. 그런데 아무도 워런과는 연락이 닿지 않았다. 다행히 멍거와는 전화가 연결되었다. 멍거는 두 번째 보도자료문를 낼 때는 구체적으로 사람들의 이름이 거명되어야 한다고 말했다. 구트프룬드의 이름은 자동적으로 들어갔다. 스트라우스는 이 일에 책임이 없고 은폐를 시도했던 그 어떤 결정도 내리지 않았으며 그런 결정이 내려지는 방에 함께 있기만 했을 뿐이라는 사실을 모든 사람이 알고 있었음에도 불구하고, 그의 이름도 자기가 섬기는 상사의 이름과 나란히 들어갔다. 푸어스타인은 구트프룬드더러 위법 사실을 당국에 보고하라고 줄곧 설득했었다는 사실을 들어 멍거는 푸어스타인의 이름은 빠져야 한다고 말했다.

메리웨더는 특이할 정도로 자기 팀과 가까우며 거의 자기 책상을 떠나지 않는 명석하고 조심성 많은 인물로 알려져 있었다. 문제가 발생했을 때 그는 규정대로 정확하게 보고의 의무를 다했었다.[46] 다른 한편으로는 모저를 보증하고 변호해 주었으며, 모저가 예전과 다름 없이 하던 일을 계속할 수 있게 해줬다. 그래서 멍거는 메리웨더의 이름이 들어가야 한다고 했다. 메리웨더는 변호사들이 자기 이름을 보도자료문 초안에 넣는 것을 보고는 다음과 같이 말했다고 매킨토시는 전한다.

"맙소사, 망했어!"[47]

다음 날인 8월 14일 수요일, 전화 회의가 열렸다. 이사 두 명은 유럽에서, 한 사람은 알래스카에서, 워런은 오마하에서, 멍거는 미네소타에서 회의에 참석했다. 이 회의에서 이사들은 전날 밤 코리건에게 전달된 내용 가운데 일부를 들었다. 모저 사건에 관해서 처음으로 듣는 '정돈된, 하지만 반쯤밖에 완성되지 않은 설명'이었다. 살로먼 브라더스 내부에서는 쿠데타가 진행되고 있었다. 고위 간부들 사이에서는 구트프룬드와 스트라우스가 물러나야 하는 것 아니냐는 이야기가 오갔다.[48] 메리웨더 휘하의 차익거래자들은 메리웨더가 CEO가 되길 바랐다. 하지만 그가 모저의 상사였다는 점을 고려할 때 이는 분명 대부분의 사람에게 용납될 수 없는 처사였다. 그러자 차익거래자들은 데릭 모건이 메리웨더와 함께 공동 CEO가 될 수 있지 않겠느냐는 이야기를 흘렸다. 그러나 전화로 진행되던 이사회에서는 경영진 교체에 대해 아무런 말도 하지 않았다. 새로 낼 보도자료문 내용만 놓고 토론했을 뿐이다. 이렇게 해서 정리된 보도자료문은 구체적인 내용을 담아 모두 세 쪽 분량이었고, 조사관들이 추가로 밝혀낸 두 가지 위법 사항들까지 포함하고 있었다.

이 초안은, 경영진이 2월에 있었던 경매의 위법 사실을 4월부터 진작 알고 있었지만 '사업상의 압박으로' 모저의 비리를 당국에 보고하지 못했다고 정리했다. 워런은 이런 설명이 우스꽝스러운 짓거리라고 했고, 이사회에서 논쟁이 일자 멍거는 격분하기 시작했다. 결국 보도자료는 수정되었다. 이번에는, 이런 잘못이 '문제에 대한 충분한 관심과 주의가 부족해서' 발생했다고 설명했다. 이렇게 수정되자, 보도자료에 이름이 언급된 사람들이 충분히 관심과 주의를 기울이지 않아서 그런 문제가 발생했다는 듯한 뉘앙스가 풍겼다. 이사회는 그날 밤 보도자료를 발표할 예정으로 준비하고 있었다.

회의가 끝나갈 무렵, 이사들은 보도자료에 사건의 전모를 충분히 담았다고 생각했지만 거기에는 많은 내용이 언급되지 않고 빠져 있었다. 이 가운데 하나가 연방준비은행의 피터 스턴라이트가 보낸 '장전된 총구' 운운하는 편지였다. 또 하나는 재무부의 밥 글로버와 구트프룬드가 6월에 만났던 일이었다. 이 만남에서 구트프룬드는 모저가 저지른 위법 사항을 마땅히 보고했어야 함에도 그렇게 하지 않았다.

그날 오후, 살로먼 브라더스는 강당에서 다시 한번 전 직원이 모이는 회의를 열었다. 평소에 일일 영업 회의를 진행하던 빌 매킨토시가 여느 때와 다름없이 단상에 올라가 전 직원 앞에서 곧 발표할 보도자료문을 낭독했다. 그 누구도 맡고 싶지 않은 일이었다. 구트프룬드와 스트라우스가 맨 앞줄에 앉아 있었는데, 매킨토시는 두 사람 바로 앞에 서서 다음과 같이 말했다.

"이것이 그동안 벌어진 일입니다. 고객들이 전화를 걸어서 궁금하다고 문의하면, 있는 그대로 이야기하십시오. 경영진을 감싸려고 변명하지 마십시오. 경영진은 명백한 과오를 범했습니다."

그 후에 채권 판매 창구 직원들이 매킨토시의 방으로 몰려들어 애원하듯 말했다.

"고객에게 뭐라고 말해야 합니까?"

매킨토시는 아까 했던 말을 그대로 반복했다.

"경영진을 감싸려고 변명하지 마십시오. 내 생각으로는 그 사람들이 오래갈 것 같지 않습니다. 이미 끝났습니다. 그 사람들은 어제 뉴스에 나오던 사람들입니다. 우리는 살아남아서 훗날을 기약할 수 있도록, 우리가 하던 일을 계속하면서 함께 이 자리를 지켜야 합니다. 명심합시다."[49]

그날 저녁, 국채를 다루는 부서 사람들이 웨스트 빌리지에 있는 매킨토시의 복층 아파트 테라스에 모였다. 허드슨강이 내려다보이는 전망이 멋진 아파트였다. 이날 모임은 바비큐 파티를 위해 이미 예전에 정해져 있던 것이었다. 그런데 이 자리에 섬뜩하게도 톰 스트라우스가 잠시 들렀다가 갔는데, 그가 와 있는 동안은 분위기가 썰렁했다. 마치 온도가 몇 도 내려간 것 같았다.[50] 평소 하던 대로 바비큐 파티를 즐긴다면 10시나 11시까지 떠들썩하게 맥주를 들이켰겠지만, 이날은 다들 8시를 넘기지 않고 자리를 떴다.

보도자료문이 발표된 뒤에 새로 맞은 8월 15일 목요일 아침, 매킨토시가 이제 끝장났다는 소문이 회사에 돌았다. 그는 구트프룬드와 스트라우스가 전체 직원이 보는 앞에서 자기들에게 반항한 일로 자기를 해고하지는 않을 것이라고 생각하며 종일 거래소에 있었다. 한편 살로먼 브라더스에 대한 시장의 신뢰는 금이 갔다. 지난 목요일 37달러에 가깝던 살로먼 브라더스의 주식 가격은 계속 내려가 27달러까지 내려앉았다. 모저 사건보다 더 심각한 문제를 회사가 감추고 있을지도 모른다는 의심 때문에 주주들이 주식을 마구 내다 팔았던 것이다. 은행의 대규모 예금인출 사태, 즉 뱅크런이나 마찬가지였다. 실제로 한 가지 문제가 막 터지려 하고 있었다.

기본적으로 투자은행의 재무 구조는 다단계 투자 성격을 가지고 있다는 점을 투자자들은 잘 알고 있었다. 살로먼 브라더스는 독보적일 정도로 덩치가 컸다. 초대형 보험사보다도 컸다. 자산 규모 측면에서 딱 한 군데 '시티코프Citicorp'보다는 적었다. 대형 투자 회사인 살로먼 브라더스의 채권 담당 부서는 언제나 이 회사가 자체 발행한 중기 채권을 매매하는 중개인 역할을 해왔다. 그런데 갑자기 목요일에 채권을 팔겠다는 주문은 줄을 이었지만 사겠다는 주문은 딱 끊어졌다. 이 주문에 응하려면 트레이더들은 회사가 확보하고 있던 현금으로 그 채권을 사야만 했다. 아무도 그 채권을 사려고 하지 않았으므로 결과적으로 그 채권은 미래에 살로먼 브라더스가 살로먼 브라더스의 금고에서 돈을 꺼내서 스스로에게 대금을 지급할 것이라고 약속하는 한낱 종잇조각에 지나지 않았다. 그 금고가 비어감에 따라서 어떤 변화가 있지 않은 한 그 채권들은 점차 아무짝에도 쓸모없는 휴지조각으로 바뀌어 갔다. 트레이더들은 현금을 보호하기 위해, 채권을 팔겠다는 사람에게 보다 낮은 가격을 제시함으로써 팔 생각을 포기하게 만들려고 나섰다.[51] 그러자 채권을 팔고자 하는 사람들도 사태가 어떻게 돌아가는지 즉각 알아차렸다. 이들의 줄은 더욱더 길게 늘어섰다.

영업이 끝날 무렵, 살로먼 브라더스의 트레이더들이 어쩔 수 없이 사들인 살로먼 브라더스 발행 채권의 총액은 7억 달러나 되었다. 살로먼 브라더스는 대공황 시기에 은행들이 잽싸게 창구를 닫았던 것처럼 '영업 마감'이라는 팻말을 내걸었다.[52] 다른 투자은행들 중에도 살로먼 브라더스의 채권을 사겠다는 은행은 한 군데도 없었다. 살로먼 브라더스는 금방이라도 파산으로 치달을 듯이 위태로운 상태였다.

다음 날인 8월 16일 금요일 아침, 〈뉴욕 타임스〉의 1면에는 구트프룬드의 사진과 함께 다음 내용의 표제가 박혀 있었다. '월스트리트가 살로먼 브라더스의 심각한 위기를 목격하고 있다—불법 입찰의 결과—고위층의 사퇴와 고객 이탈—주가 급락.'[53] 기사 중간에는 구트프룬드와 스트라우스가 눈에 띄게 나온 사진들도 실렸다. 두 사람과 마티 립턴은 뉴욕에 있는 코리건의 사무실로 전화를 했다. 이전화는 워싱턴의 연방준비제도이사회 의장 앨런 그린스펀의 사무실로 연결되었다. 이 방에서 코리건과 그린스펀은 재무부 장관이던 닉 브래디와 새벽부터 전화로 회의하고 있었는데, 안건은 '도대체 누구를 내세워 그 회사를 맡길 것인가'였다.[54] 코리건과 스트라우스는 오랫동안 친구로 지냈지만, 스트라우스는 코리건이 자기를 '스트라우스 씨'라고 부르는 순간 문제가 심각하다는 사실을 깨달았다.[55] 뉴욕 연방준비은행 총재인 코리건은 죽음을 각오하라는 스턴라이트의 편지에 대해서 살로먼 브라더스 이사회가 알고 있었다고 생각했기 때문에 이 회사가 수요일 밤에 발표한 보도자료를 보고는 경악을 금치 못했다. 이사회가 경영진을 교체한다든가 하는 따위의 그 어떤 행동도 취하지 않는 것은 자기를 무시하는 행위라고 해석했던 것이다.[56]

구트프룬드는 자기가 곧 물러날 것이라고 말했다. 그러자 코리건이 물었다.

"스트라우스는요?"

이런 대화가 오가면서 뉴욕 연방준비은행이 관여하는 한 사임은 선택 사항이 아니라 필수적인 사항임이 분명해졌다.[57]

이어서 구트프룬드는 워런에게 전화했다. 오마하 시간으로 오전 6시 45분이었다. 그는 잠자던 중에 전화를 받았다. 하지만 마티 립턴 및 톰 스트라우스와 함께 전화상에 있던 구트프룬드가 문제를 털어놓자 그는 금방 잠을 떨치고 정신이 또렷해졌다.

"방금 내 사망 기사를 읽었습니다."

구트프룬드가 말했다. 〈뉴욕 타임스〉에 난 기사를 언급하는 말이었다. 신문에 난 그의 사진은 그 사건이 아직 몰고 오지 않은 결과가 초래되게 했다. 잠시 무거운 침묵이 이어지는 가운데 워런은 이들이 무엇을 요구하는지 깨달았다. 그는 임시 회장직을 떠맡는 일을 고려해 보겠지만 일단 〈뉴욕 타임스〉의 기사부터 봐야겠다고 했다. 생각할 시간을 몇 분이라도 더 가지고 싶었다. 물론 뉴욕에 가야겠다는 생각은 이미 하고 있었다. 워런은 두 사람에게 가능하면 오후 안으로 뉴욕에 가겠다고 말했다. 마티 립턴은 메리웨더를 즉각 해고하지 않는다는 것은 생각도 할 수 없는 일이라고 말했다. 워런은 최소한 자기가 메리웨더와 이야기하기 전까지는 아무것도 하지 말라고 당부했다.

그는 전화를 끊고는 글래디스 카이저의 집으로 전화해서 그리넬 대학교 총장과 점심을 먹기로 한 약속을 취소해 달라고 했다. 이어서 마르타 바인야드에 있던 조지 길레스피에게 전화를 걸어 주말에 가기로 한 여행을 취소하도록 하고, 뉴욕에 갈지 모르니 조종사에게 대기하고 있으라는 지시를 내리라고 했다.

그로부터 채 한 시간도 지나지 않아서 워런은 사무실에 도착했다. 직원들은 아직 아무도 나오지 않았다. 그는 팩스기가 출력한 '구트프룬드 사망 기사'를 읽었다. 그러고는 마음을 굳혔다.

한편 구트프룬드와 스트라우스는 코리건에게 워런이 임시 회장직 수락을 고려 중이라는 이야기를 했다. 당시를 회상하면서 코리건은 다음과 같이 말한다.

"적어도 나한테는 두 사람 다 솔직한 편은 아니었습니다. 그래서 서둘러 워런 버핏과 직접 이야기해 보고 싶었습니다. (……) 개인적으로 아는 사이는 아니었지만 그의 명성은 익히 알고 있었으니까요."[58]

워런으로서는 자기가 임시 회장이 될 경우 코리건이 어떻게 생각할지 우선 확인할 필요가 있었다. 워싱턴에 있는 코리건과 연락이 닿으려면 시간이 제법 걸릴 터였다. 코리건은 중부 표준시로 주식시장이 개장하는 오전 8시 30분이 지난 뒤에 워런에게 전화했다. 시장에서는 살로먼 브라더스의 주식이 거래 대상으로 오르지 않았다. 이것을 보고 투자자들은 중대한 뉴스가 임박했다는 걸 알았다.

코리건은 워런과의 통화에서, 만일 그가 그 자리를 맡아준다면 '열흘 기한(스턴라이트더러 작성해서 살로먼 브라더스에 보내도록 지시했던 편지에 명시한 기한.-옮긴이)'에 대해서 보다 더 관대해질 수 있다고 말했다. 비록 그가 코리건이 한 말의 의미를 파악하지 못하긴 했지만, 연방준비은행에서는 무언가에 대한 정보를 요구하고 있는 게 분명하다는 사실을 확실히 깨달았다. 목소리로 보건대 코리건은 화가 나 있었다. 코리건은 그가 임시 회장직을 맡는다 하더라도 그 어떤 것에든 구체적인 약속을 해주지 않을 것이라고 말했다. 그리고 그날 밤 뉴욕에서 자기와 개인적으로 만나 임시 회장의 역할에 대해서 이야기해 보자고 했다.

살로먼 브라더스의 거래소에서 알고 있던 사실은 워런이 회사를 구하러 뉴욕으로 날아올 예정이며 회사 주식은 현재 거래되지 않고 있다는 것뿐이었다. 사람들은 워런이 메리웨더를 구트프룬드 자리에 앉힐지도 모른다고 추측했다. 차익거래팀의 구성원들은 '존 메리웨더를 절대로 잃을 수 없다'고 울부짖었다. 그런데 메리웨더의 모습은 어디에도 보이지 않았다.

거래소는 초초함으로 부글부글 끓었다. 하지만 주식은 거래 가능한 목록 속에 들어갈 수 없었다. 왜냐하면 자기가 도착하기 전까지는 구트프룬드가 사임하고 자신이 임시 회장을 맡는다는 내용의 보도자료를 발표하지 말라고 워런이 당부했기 때문이다. 주식이 불확실한 상태에 놓여 있는 가운데, 살로먼 브라더스가 안고 있는 온갖 문제들을 파헤치고 그다음에 어떤 일들이 일어날지 예측하는 내용의 TV 뉴스 보도가 쏟아져 나왔다.

이른 오후에 워런이 도착했다. 그는 45층에 있는 화려한 중역실에 들어선 뒤 보도자료를 발표하라고 했다. 그리고 트레이더들도 살로먼 브라더스의 주식을 거래하기 시작했다.[59] 그날 장이 마감할 때까지 주식은 활발하게 거래되었고, 최종 주가는 약 1달러 오른 28달러였다.

시장이 문을 닫은 뒤에 워런은 중역들을 만나러 강당으로 갔다. 구트프룬드와 스트라우스는 연단으로 올라갔고, 구트프룬드는 자기들은 이미 물러날 준비가 되어 있다고 했다.[60] 구트프룬드의 얼굴은 평소와 다름없이 무표정했다. 스트라우스는 충격을 받은 표정이었다고 워런은 말했다. 그 후에 고위 간부들은 중역실 층에 있는 대형 회의실에 들어갔다. 메리웨더 팀의 핵심 구성원이던 에릭 로젠펠드와 래리 힐리브랜드 두 사람은 막무가내로 그 회의에 참석했다.[61] 문제의 발원지였던 2층 축구장 크기의 거대한 거래소가 내려다보이는 이 회의실의 유리벽 옆에서, 살로먼 브라더스의 고위 간부들은 다음에 해야 할 일들을 정리하기 위해 토의를 했다.

각기 다른 관점을 가진 사람들이 메리웨더를 마치 축구공인 양 걷어차기 시작했다. 모저가 저지른 위법 사항을 보고함으로써 적절하게 행동했다는 점에 이의를 제기하는 사람은 아무도 없었다. 쟁점은 그가 더 조치를 취했어야 하는 게 아닌가 하는 것이었다. 몇몇 사람들은 매킨토시가 주장했던 것처럼 메리웨더가 위법이라는 위험한 불꽃에 너무 가까이 있었던 것뿐이라고 했다.[62] 메리웨더는 부하직원들을 빈틈없이 관리하는 것으로 유명했다. 어떤 사람이 표현했듯이, 그가 관장하는 영역에서는 '참새 한 마리도 그의 눈을 피해서 내려앉을 수 없었다.' 메리웨더는 위조 입찰에 연루되지 않았지만 메리웨더를 그냥 둔 채로 당국이 자비를 베풀어 주길 기대할 수는 없었다. 만일 회사 차원에서 메리웨더에게 아무런 징계도 내리지 않는다면 정부 당국은 회사를 보다 가혹하게 몰아댈 게 분명했다. 비록 스트라우스와 구트프룬드가 참석하지는 않았지만, 이들 역시 메리웨더는 자기들과 함께 회사에서 물러나야 한다는 의견을 워런에게 전했다.[63]

그런데 메리웨더가 적절하지 않은 타이밍에 회의실에 도착해서는 말없이 벽에 기댄 채, 다수의 동료들이 자기 목을 쳐야 한다고 주장하는 회의 과정을 지켜보았다. 스트라우스나 구트프룬드와 달리 워런은 메리웨더 본인이 자발적으로 사직서를 내면 모르겠지만 강제로 사임하게 할 수는 없지 않느냐는 이야기를, 그 회의장에 들어서기 전에 마티 립턴에게 했었다. 그는 충분히 많은 시간을 가지고 심사숙고하고 싶었다. 그는 메리웨더가 회사에서 나가야 한다고 생각하던 사람들의 의견에 동의하지 않았다. 메리웨더는 그저 엄지손가락만 빨고 있지 않았다. 모저가 불법을 저질렀다는 사실을 알고는 즉각 구트프룬드와 스트라우스에게 보고했었다. 메리웨더가 회사에서 나가야 한다고 주장하는 사람들도 메리웨더가 딱히 잘못을 저질렀다고 생각하지는 않는다고 그는 판단했다. 그런 이들은 그저 공황 상태에 빠져서 만일 메리웨더가 나가고 나면 그다음 날로 자기들의 삶이 한결 나아질 거라고 보았다. 메리웨더의 이름을 보도자료문에 넣은 것이 이제 워런에게 큰 부담으로 다가왔다.

회의가 끝난 뒤 그는 구트프룬드 및 스트라우스와 함께, 대기하고 있던 검은색 링컨 타운카에 올랐다. 세 사람을 태운 자동차는 퇴근 시간대 늘어난 자동차들 사이를 뚫고 코리건의 사무실로 향했다.

코리건은 보안을 위해서 예전에 제시했던 기한, 즉 열흘이라는 기한을 그대로 유지할 필요가 있다고 느꼈다. 코리건은 연방준비은행 내에서 연례행사로 하던 간부팀 대 평직원팀의 소프트볼 경기를 하다가 곧바로 와서 세 사람을 맞았던 터라 청바지와 티셔츠 차림에 운동화를 신고 있었다.[64] 당시 냉랭한 분위기를 회상하면서 톰 스트라우스는 훗날 다음과 같이 말했다.

"그때 내 마음 상태로는 그 사람이 정장 차림이었다 하더라도 그 걸 알아보지 못했을 겁니다."

워런은 붙임성 있는 말로 시작했다.

"내가 개인적으로 지고 있는 빚은 캘리포니아에 있는 두 번째 집 에 묻혀 있는 7만 달러뿐입니다. 대출 이자가 무척 낮거든요."

그는 당국의 조사에 철저하게 협조하겠다고 약속했다. 하지만 코리 건은 임시 회장 체계는 대개 잘 돌아가지 못하더라는 말로 워런이 하 는 약속을 액면 그대로 믿으려 하지 않았다. 그러고는 워싱턴에 있는 친구들(정치권 인사를 뜻한다-옮긴이)로부터는 살로먼 브라더스에게 도 움이 될 만한 것들을 구하지 않는 게 좋을 것이라고 덧붙였다.

코리건은 확실한 청소를 요구했다. 워런은 살로먼 브라더스의 정 책, 통제력, 문서화 등의 모든 측면을 강화하기 위한 모든 종류의 근 본적인 변화에 동의한다고 했다. 당시를 회상하면서 코리건은 다음 과 같이 말한다.

"워런이 나에게 구두로 한 약속은 단호했습니다. 그래서 워런을 믿 었죠."

그럼에도 불구하고 코리건은 아무런 약속도 해주지 않았다. 그는 워런을 차갑게 바라보면서 이렇게 말했다.

"만일의 모든 사태에 대비해 두는 게 좋을 겁니다."

더치 엉클(엄하게 꾸짖는 사람을 의미한다-옮긴이) 같은 말이었습니 다. 진심에서 우러나온 말이었지만, 거기에는 분명 더치 엉클 같은 면이 있었습니다. 우리는 미국의 그 어떤 사람보다 많은 돈을 빚지 고 있었습니다. 그것도 단기 자금으로 말입니다. 자금을 조성하는 문 제로 내가 얼마나 많이 걱정하고 있는지 한두 번 슬쩍 비쳤습니다. 비유해서 말하자면, 그 사람이 내 어깨를 감싸며 위로해 주길 바랐지요. 하지만 그런 일은 없었습니다. 만일의 모든 사태에 대비하는 게 좋다, 그 말은 정말이지 내가 어떻게 하면 좋을지 종잡을 수 없는 말이었습니다. 나는 그때 분명 스트리크닌(중추신경 자극제로 쓰이는 독극물 – 옮긴이)이나 뭐 그런 종류를 생각했는데 말입니다.

그런데 코리건은 워런을 바깥으로 내보내고 구트프룬드와 스트라우스 두 사람과 잠시 이야기를 나누었다. 코리건은 이렇게 말했다.

"당신네들은 회사의 직원 한 사람 때문에 이런 어려움을 겪고 있습니다. 그 직원이 저지른 문제 때문에 말입니다. 그런데 그 문제를 제대로 처리하지 못했죠. 그게 당신네들의 문제입니다."[65]

이 말을 한 다음 코리건은 두 사람의 경력을 끝장낼 수밖에 없어서 정말 유감이라고 했다. 그의 두 눈에는 눈물이 고여 있었다.

돌아서서 나오던 길에 스트라우스는 '엄청난 충격'을 받은 눈치였지만 구트프룬드는 또다시 '상당히 침착한 모습'을 보였다.[66] 그는 코리건이 자기를 억지로 물러나게 만들었다고 비난하면서 이런 말을 했다.

"내가 죽어도 그 사람 용서하나 봐라."[67]

세 사람은 다시 자동차를 타고 시내를 가로질러 회사로 돌아와 49번가에 있는 조 앤드 로즈Joe & Rose라는 스테이크 하우스의 뒷방에서 식사를 했다. 스트라우스와 구트프룬드는 다시 한번 메리웨더를 회사에서 내보내야 한다고 주장했다.[68] 그리고 세 사람은 최고운영책임자로 누구를 임명하는 게 좋을지 의논했다. 자정이 가까워진 시각에 워런은 휘청대며 UN 플라자에 있던 캐서린 그레이엄의 아파트에 갔고, 가까스로 잠이 들었다.

훗날, 워런이 살로먼 브라더스의 임시 회장직을 맡은 일을 두고 많은 사람이 많은 내용의 글을 썼다. 어떤 사람들은 7억 달러(워런이 버크셔 해서웨이를 통해서 살로먼 브라더스에 투자한 금액) 때문이라고 했고, 또 어떤 사람들은 다른 주주들에 대해서 책임을 느꼈기 때문이라고 했다. 하지만 정작 본인은 이렇게 말했다.

"누구든 그 일을 맡아야 했으니까요. 논리적으로 볼 때 내가 적임자였고요."

물러나는 사람들을 제외하고는 워런만큼 그 회사에 절실하게 이해관계가 얽힌 사람이 없었다. 단지 돈이 문제가 아니었다. 그만큼이나 중요한 게 또 있었다. 바로 명성이었다. 그가 살로먼 브라더스에 투자했고 존 구트프룬드에게 전권을 위임한 마당에 살로먼 브라더스가 잘못되는 일은 자기 명성이 못질을 당하는 거나 마찬가지였던 것이다.

워런은 자기 아이들에게 이런 말을 한 적이 있다.

"명성을 쌓는 데는 평생이 걸리지만 이 명성을 망가뜨리는 데는 5분밖에 걸리지 않는다."

그는 명성이 망가질 위험성은 기본적으로 자기 행동에서 비롯된다고 보았다. 그러나 정작 그의 명성을 위험에 빠뜨린 것은 그가 믿고 일을 맡긴 사람들이었다. 월스트리트에 투자하면서 자기가 아닌 다른 누군가에게 전권을 맡기고 몸을 뺐던 게 실수였다. 살로먼 브라더스라는 회사 안에 만연한 먹고 튀는 문화를 감독하고 관리하는 구트프룬드의 능력을 그가 잘못 판단했던 것이다.

그 무렵 워런은 미국에서 두 번째로 재산이 많은 사람이었다.[69] 버크셔 해서웨이의 주당 장부 가격은 연평균 23퍼센트로 26년 동안 증가했다. 맨 처음 그의 투자 회사에 투자했던 사람이 맡긴 돈 1천 달러는 300만 달러로 늘어나 있었다. 버크셔 해서웨이는 한 주에 8천 달러에 거래되고 있었다. 워런의 순자산은 무려 38억 달러였다. 그는 이제 세계에서 가장 존경받는 사업가 가운데 한 명으로 꼽혔다.

그 길고 끔찍했던 금요일의 어느 한 시점에 그는 문득, 자기로서는 아무런 통제 수단을 가지고 있지 않았던 살로먼 브라더스에 투자한 일이 처음부터 위험한 일이었다는 사실을 뼈아프게 깨달았다.

그는 살로먼 브라더스의 임시 회장이 되고 싶지 않았다. 그런 식으로 나가다간 위험이 더욱 커질 것이었다. 만일 살로먼 브라더스가 잘못되기라도 하는 날에는 그가 받을 수치와 재앙의 타격이 한층 더 강력해질 터였다. 하지만 자기 자신과 다른 주주들을 그 혼란 속에서 구할 사람은 바로 워런 버핏, 자기 자신뿐이었다.

이미 위험에 노출된 자기 명성의 우산을 더 널리 펴서 회사를 보호해야 했다. 이 어려운 과제를 피할 도리는 없었다. 데릭 모건과 존 메리웨더도 그 일을 해낼 수 없었다. 법률 회사 '멍거, 톨스'의 어떤 사람을 보낸다고 해도 할 수 없었다. 찰리 멍거나 톰 머피 혹은 빌 루안을 보낼 수도 없었다. 캐럴 루미스에게 어떤 아이디어를 흘려서 〈포천〉에 그 아이디어를 담은 신랄한 기사가 실리게 하는 방법으로 그 문제를 해결할 수도 없었다. 심지어 그에게는 모든 어려운 문제의 해결사인 아내 수지조차 이 문제를 해결할 수 없었다. 이번에는 그 누구도 그의 대리인이 될 수 없었다. 오로지 자신만이 살로먼 브라더스를 구할 수 있었다. 만일 그가 외면하고 떠난다면 이 회사가 파산의 길을 걸을 확률은 그만큼 더 높았다.

군대에 옛날부터 내려오는 속담이 있다. 부대가 목표 지점을 향해서 전진하려면 지휘관은 군 대열 측면을 적에게 노출시키는 것을 피할 수 없다는 속담이다. 그는 영웅이 될 수도 있었고 패배자가 될 수도 있었다. 하지만 숨을 수도 없었고 피할 수도 없었다.

8월 17일 토요일 오전 8시, 워런은 초현실적인 분위기가 물씬 풍기는 '왝텔, 립턴'의 사무실에 도착했다. 구트프룬드는 거기 없었다. 궂은 날씨였지만 아내가 있는 낸터킷(뉴잉글랜드에 있는 섬-옮긴이)의 집으로 간다고 했다. 각 부문의 사령관들, 즉 이론상 CEO 후보자들이 면접실 바깥에 모이기 시작했다. 이들 가운데 오로지 몇 명만이 자질이 있었고 실제로 그 직책을 맡길 바랐지만, 그는 이들 모두와 면접을 해야 했다. 한편 법률 회사 '멍거, 톨스' 출신으로, 매우 영리하고 냉정한 조사 전문 변호사들인 래리 페도위츠와 앨런 마틴이 그동안 조사한 사실을 그와 멍거에게 낱낱이 보고했다. 멍거는 이 면접에 참가하려고 와 있었다. 변호사들의 보고를 받은 두 사람은 모저가 했던 예전 거래들을 재무부가 조사하고 있었다는 사실을 알고서 분노했다.[70]

이어서 워런은 자기 인생에서 가장 중요한 고용 결정을 내려야 했다. 과연 누구에게 살로먼 브라더스의 지휘권을 맡길 것인가. 잘못 판단한다면 되돌릴 수도 없었다. 15분짜리 면접을 하기 전에 그는 후보자들에게 메리웨더는 돌아오지 않을 것이라는 말을 해두었다.[71]

그리고 후보자들을 한 사람씩 면접했다. 후보자들에게는 모두 똑같은 질문을 했다. '차기 CEO는 누가 되어야 한다고 생각합니까?'

나는 그 사람과 함께 참호에 들어갈 생각이었습니다. 물론 올바른 사람을 선택해야 했지요. 문제는 과연 누가 회사를 제대로 이끌 리더십 및 자질을 가지고 있느냐 하는 것이었습니다. 혹시 일이 잘못되어 결과적으로 회사를 곤경에 빠뜨리거나 사람들을 물러나게 만드는 등 나를 노심초사하게 하지 않는 인물이어야 했습니다. 후보자들을 상대로 면접을 하면서 든 생각은, CEO를 선택하는 것은 내 유언장에 누구를 재산 관리인으로 내세울 것인지 혹은 내 딸의 남편감으로 누가 적당할지 선택하는 것과 기본적으로 같다는 것이었습니다. 내가 바랐던 인물은 이런 사람이었습니다. 나한테 어떤 것을 알려줄지, 어떤 것을 자기 선에서 해결할 수 있을지 판단할 수 있는 그런 사람. 그리고 나에게 나쁜 소식을 말해줄 사람. 사업을 할 때 좋은 소식은 언제나 저절로 알려지니까요. 나는 아무리 사소한 일이라도 나쁜 일이면 즉각 듣고 싶었습니다. 그래야 적절하게 대처할 수 있으니까요. 또 윤리적인 사람을 바랐습니다. 나중에 내가 자기를 해고할 수 없다는 사실을 알고는 내 머리에 총구를 겨눌 사람이면 안 되니까요.[72]

모든 후보자들 가운데 딱 한 사람을 제외하고[73] 모두 데릭 모건이 적격이라고 생각했다. 모건은 아시아 지부를 지휘하다가 3주 전에 미국으로 돌아와 있었다. 마흔세 살의 모건은 이제 투자 금융 부문을 지휘하고 있었다. 그는 트레이더가 아니었으며, 미국인이 아니라 영국인이었다. 그는 모저 혹은 살로먼 브라더스의 어떤 트레이더와도 닮은 구석이 없었다. 사람들은 다들 그가 건전한 윤리의식과 상식을 가지고 있다고 보았다. 《라이어스 포커》 덕분에 일반 사람들은 살로먼 브라더스를, 아침으로 양파 치즈버거를 우적거리고 있고 스트리퍼의 속옷을 모니터에 걸어놓는 변태들이 우글거리는 장소라고 생각했다.[74] 요컨대 살로먼 브라더스라는 회사는 루이스가 썼듯이 부회장vice chairman이 악의 회장chairman of vice에 가까운 존재로 보이는 곳이었다.[75] 하지만 모건은 흠 하나 없이 완벽한, 위엄 있는 영국인의 초상 그 자체였다. 게다가 지난 몇 년간 도쿄에서 살았기 때문에 재무부채권 경매 추문에 조금이라도 연루되어 있거나 그런 행위에 물들어 있을 가능성도 희박했다.

모건의 모든 자질 가운데 특히 가치가 높은 것으로 꼽을 수 있는 것은 범죄와 거리가 멀다는 점이었다. 저마다 다른 사람을 노리며 칼을 품고 있는 살로먼 브라더스에서 모건을 제외한 다른 모든 후보자들에게는 적이 있었다. 그런데 모건은 그야말로 의문 부호 그 자체였다. 영화 〈퍼트니 스워프Putney Swope〉(1969년 로버트 다우니가 감독한 독립 영화-옮긴이)에 나오는, 명목상 리더로 선출된 흑인 퍼트니 스워프와 같은 인물이었다. 영화에서 이 사람은, CEO가 이사회에서 갑작스럽게 사망하자 중상모략이 판을 치는 광고 대행사의 CEO로 선출되었다. 다른 중역들은 스워프에게 투표함으로써 자기 이외의 다른 경쟁자가 선출될 가능성을 조금이라도 낮추려고 했는데, 그러다가 결국 스워프가 압도적인 표 차이로 선출되었던 것이다.[76] 모건은 존경받는 인물이었지만, 그를 제대로 아는 사람은 아무도 없었다. 다른 후보자 한 사람이 표현했듯이, 다들 모건을 추천한 이유는 '나쁜 인물이라고 판단되는 사람보다 차라리 잘 모르는 사람을 선택하는 게 낫기 때문'이었다.

영화에서 스워프는 자기 자신에게 투표하는 센스를 가지고 있었다. 워런이 모건에게 살로먼 브라더스의 CEO로 누가 적격이냐고 물었을 때 모건은 기민하게 다음과 같이 대답했다.

"회장님께서 혹시 저라고 생각하실까 두렵습니다."

그러고는 그가 누구를 선택하든 CEO를 성심껏 모시겠다고 덧붙였다.[77]

두 가지 다른 점이 그를 사로잡았다. 모건은 소송당할 경우 자기를 보호해 달라는 요청을 하지 않았다. 그리고 스스로 인정하기 싫어했지만 다른 사람에게 급료를 주는 걸 반기지 않던 그에게, 모건이 연봉을 얼마나 줄 거냐고 묻지 않은 점은 무척 인상적이었다.

모건을 포함한 세 사람은 다음 날 사무실을 나와서 이사회에 참석하라는 통보를 받았다. 그날 오후 워런은 택시를 타고 UN 플라자에 있는 케이의 아파트로 돌아갔다. 거기에는 메리웨더 휘하의 차익거래자들이 기다리고 있었다. 이들은 메리웨더를 내보내면 안 된다고 '열정과 논리'를 다해서 워런을 설득했다. 메리웨더가 떠나면 그들 역시 메리웨더를 따라 회사를 나갈 것임을 워런은 잘 알고 있었다.[78] 메리웨더가 없다면 회사의 주된 수익원도 고갈될 게 뻔했다. 그렇다면 살로먼 브라더스에 대한 투자 수익성은 한층 더 낮아질 터였다. 메리웨더도 그 자리에 왔다. 겁먹은 모습이었다. 메리웨더는 사직서를 내길 원치 않았고 워런에게 이에 대해 길게 이야기했다. 그는 흔들리기 시작했다. 그는 모저가 불법 행위를 했음을 알고는 곧바로 상부에 보고했던 메리웨더의 솔직함에 초점을 맞추고 좀 더 깊이 생각했다.

존의 긴 이야기를 다 들은 뒤에 나는 그에게 사직을 요구하지 않겠다고 마음먹었습니다. 당시 나로서는 그게 최선이었습니다. 이 생각은 지금도 변함이 없습니다. 부하직원이 잘못 행동했다는 사실을 알았을 때 그는 곧바로 상사들과 법률 고문에게 이 사실을 보고했습니다. 내가 보기에 행동을 취했어야 하는 사람은 그의 상사와 회사의 법률 고문이었습니다. 그런데도 당시 법률 고문이 사직서를 내야 한다는 말은 어디에도 없었습니다.

그때 구트프룬드가 전화했다. 낸터킷으로 가려던 비행기가 허리케인 때문에 취소되었다면서 다시 뉴욕으로 돌아오는 중이라고 했다. 그러면서 불안해하는 목소리로 이렇게 말했다.
"나는 내일이 없는 사람이오."[79]
멍거를 포함해서 세 사람이 함께 저녁을 먹기로 약속을 잡았다. 그런데 구트프룬드는 우선, 자기가 받을 퇴직 수당 문제와 관련해서 자기가 새로 고용한 변호사 필립 하워드와 이야기해 보라고 했다.
워런과 멍거는 하워드에게 전화를 했다. 스피커폰 상태의 이 전화 통화에서는 거의 대부분 멍거만 이야기했다. 구트프룬드는 회사가 자기에게 3,500만 달러는 지급해야 한다고 생각했다.

그 사람이 그런 말을 하는 동안 나는 줄곧 듣기만 했습니다. 일본인처럼 '예, 입장을 충분히 이해합니다'라고 말하면서 말입니다. 그런데 절대로 '예, 그 말에 동의합니다'라고는 말하지 않았습니다. 우리는 추문의 전모가 밝혀지지 않은 상태에서 그 추문의 한가운데 있는 사람과 보상 문제를 논의하고 합의할 마음이 전혀 없었습니다.

워런은 그때 멍거와 자신은 총액에 대해서 합의할 수 없다고 말했다. 그 금액이 얼마든 간에 신문은 구트프룬드가 물러났다는 사실에 초점을 맞추기보다는 '살로먼 브라더스가 구트프룬드에게 퇴직금 OOO달러 지급'이라는 제목으로 기사를 실을 것이라는 게 이유였다.[80] 하지만 워런과 멍거는 구트프룬드의 개성을 칭찬했다. 두 사람은 하워드에게 구트프룬드는 공정한 보상을 받을 것이고 자기들은 그런 권한을 가지고 있으며 또 여태까지 한번 한 약속을 어긴 적이 없다고 말했다. 그러면서 워런은 이렇게 덧붙였다.

"우리가 약속을 지키지 못할 경우가 딱 하나 있다면, 멍거와 내가 둘 다 갑자기 죽어버리는 거요."

훗날 워런은 자기들이 이렇게 말한 것이 구트프룬드와 첨예하게 대립하는 상황을 피할 생각이었기 때문이라고 했다. 즉 하워드와의 직접적인 충돌을 피하고 싶었던 것이다. '아직은 우리가 사건의 전모를 알지 못하므로' 합의하고 싶지 않다고 할 경우, '관계가 너무 갑작스럽게 틀어지는 느낌'이 들어서였다고 워런은 설명했다.

워런과 멍거는 구트프룬드와 함께 크라이스트 셀라Christ Cella로 스테이크를 먹으러 갔다. 구트프룬드는 무보수의 고문 역할로 회사에 계속 남을 수 없겠느냐고 제안했다. 이런 제안을 워런은 열렬하게 수긍했다.

"나로서는 구할 수 있는 도움이라면 뭐든지 필요할 겁니다."

세 사람은 회사가 처한 여러 문제를 화제로 올렸고, 구트프룬드는 살로먼 브라더스를 이끌 적임자가 데릭 모건이라 생각한다고 말했다.

그런데 어느 한 시점에 이르자, 워런이 아직도 알지 못하던 많은 사실들을 알고 있던 구트프룬드는 불과 몇 분 전까지 그들에게 보이던 온화한 태도를 확 바꾸어 이렇게 말했다.

"당신네들은 나보다 똑똑합니다. 날 엿먹일 거죠, 그렇죠?"[81]

워런과 멍거는 그 자리에서 빠져나와 케이의 아파트에 들어선 뒤에야 안도의 한숨을 쉬었다. 동양 미술품으로 장식된 커다란 방은 워런에게는 행복한 추억이 가득한 곳이었다. 케이는 언제나 부엌에 워런이 좋아하는 음식들을 가득 준비해 두었다. 거기에서 워런과 캐럴 루미스, 조지 길레스피는 함께 자주 브리지 게임을 하며 델리 샌드위치를 시켜 먹었다. 하지만 그날은 그다지 유쾌하지 않았다.

케이의 아파트에 도착하자마자 필립 하워드가 나타났다. 구트프룬드가 받을 퇴직금과 관련된 서류 한 다발을 들고 있었다. 하워드는 멍거에게 이 서류들에 서명해 달라고 했다.[82] 하워드는 두 사람에게 한동안 제법 많은 말을 했고, 워런은 두 사람이 이야기하게 내버려둔 채 밖으로 나가 몇 군데 전화를 했다. 멍거는 점차 짜증이 나기 시작했다. 그들은 이 문제를 놓고 대략 한 시간 넘게 이야기했다.

멍거는 합의하기 싫다고 말하기로, 즉 서명하지 않기로 이미 마음을 정했다. 당시 상황에 대해서 멍거는 나중에 다음과 같이 회상했다.

"나는 하워드가 하는 이야기를 일부러 귀담아듣지 않았습니다. 비록 정중하게 대하긴 했지만 크게 신경을 쓰거나 관심을 두지 않았습니다. (……) 뭐랄까요, 관심을 껐다고나 할까요. (……) 신경을 끊은 상태로 그저 정중하게 듣는 척만 했을 뿐입니다."

하워드가 길고 긴 요구사항을 모두 열거하고 나자 멍거는 서명하진 않겠지만, 구트프룬드가 결국 공정한 보상을 받을 것이라고 강조했다.[83] 목적을 달성하지 못하고 돌아서는 길에 하워드는 머뭇거렸다. 문서로 아무것도 보장받지 못한 사실이 영 찜찜한 눈치였다.

"이혼 후에는 돈을 받지 못하는 법이지 않습니까."

멍거는 이런 하워드에게 다음과 같이 다짐을 주었다.

"필, 당신은 우리 선친께서 하셨던 방식으로 법률 실무를 하는 게 좋을 것 같군요. 다른 사람의 말을 신뢰하는 방식으로요."[84]

하워드와 멍거가 대화를 나누고 있는데 메리웨더와 그의 변호사 테드 레빈이 왔다. 그사이에 메리웨더의 마음은 바뀌어 있었다. 도저히 회사에 남을 수 없는 상황이니만큼 사직서를 내겠다는 것이었다.

그 사람은 회사가 처한 심각한 상황을 최소한 부분적으로는 이해하고 있었습니다. 거실을 쉬지 않고 이리저리 서성거렸고 또 줄담배를 피워댔습니다. 담배 한 대를 다 피우자마자 곧바로 새 담배에 불을 붙이더군요. 자기가 할 수 있는 최상의 선택이 회사를 떠나는 것이라고 했습니다.

나중에 멍거는 언론에 발표할 보도자료에 메리웨더의 이름을 넣는 데 동의한 사실에 죄책감이 든다고 말했다. 그 동의는 압박감에서 저지른 실수였다고 생각했다.[85] 멍거와 워런 모두 메리웨더는 회사에 남아서 함께 잘 헤쳐 나갈 수 있다고 생각했지만, 결국 두 사람은 그의 사직 의사를 받아들였다.

우리는 꽤 오랫동안 이야기를 나누었습니다. 그들은 자정까지 함께 있었습니다.

마침내 다른 사람은 모두 가고 워런과 멍거만 남았다. 워런은 잠자리에 들었다. 모든 일을 확실하게 틀어잡은 건 아니지만, 적어도 꼬여 있던 것들이 바로잡혀 가고 있는 건 분명하다는 느낌이었다.

다음 날인 8월 18일 일요일, 이날은 아무도 편하게 쉬지 못했다.

아침 일찍, 워런의 임시 회장 직책을 재가할 이사회가 열리기 직전에 워런과 구트프룬드, 스트라우스는 살로먼 브라더스 사무실 45층에 있는 한 회의실에서 만났다. 바깥에서는 이사들이 모여들고 있다. 이사 가운데 한 명이던 지데일 호로위츠가 마티 립턴을 데리고 워런에게 여러 이사들과 이틀 동안 논의했다면서, 메리웨더는 부하 직원인 모저를 단속하지 못했으며 만일 회사의 이익을 위해서 메리웨더를 해고하지 않으면 다른 이사들이 사임하겠다고 말한다고 했다. 호로위츠는 워런에게 보다 부드러운 표현을 써서 말했다. 즉, 메리웨더가 계속 살로먼 브라더스의 직원으로 남을 경우 자기는 이사회에 참석하지 않겠다고 말한 것이다. 워런은 메리웨더가 제 발로 나갈 것이라 그 문제는 저절로 해결되었다고 말했다.[86]

그런데 워런이 구트프룬드와 스트라우스와 논의하던 중 회의실에 갑자기 변호사 한 사람이 들어왔다. 그는 재무부에서 보낸 메시지를 들고 있었다. 몇 분 뒤에 살로먼 브라더스의 프라이머리 딜러 자격 박탈 발표를 한다는 통보였다. 이렇게 되면 자기 명의든 고객을 대신하는 것이든 재무부채권 경매에 참가할 수 없었다. 이제 몇 분 뒤면 살로먼 브라더스는 머리에 치명적인 관통상을 입고 쓰러진다는 생각이 세 사람의 머리를 스쳤다.

업계에서 퇴출되고 말 것임을 즉각 알아차렸습니다. 경제적인 손실이 문제가 아니라 월요일자 신문들에 도배될, '재무부가 살로먼 브라더스를 차버렸다'는 제목의 기사가 세상에 전달할 메시지가 문제였죠. 사실, 기존의 경영진을 몰아내고 새로운 경영진을 꾸리는 것에 대한 재무부의 이 반응은, 특이하게도 새로운 경영진이 취한 첫 번째 행동과 정확하게 일치하는 시간대에 전달된, 매우 이례적인 견책이라고 할 수 있었습니다.

워런은 다른 회의실로 가서 재무부의 그 결정을 유예시킬 수 있는 방안을 찾아보려고 재무부에 전화를 걸었으나 통화 중이었다. 그는 전화 회사에 연락해 지금 통화 중인 전화를 끊고 자기와 연결시켜 줄 수 없느냐고 물었다. 잠시만 기다리라고 했다. 곧 전화 회사에서 전화가 걸려왔다. 문제의 그 전화는 고장 난 상태라고 했다. 몇 가지 문제와 혼란과 지연으로 몇 분 동안의 시간이 흐른 뒤에 마침내 워런은 재무부의 어떤 인사와 통화를 했다. 그 사람은 다른 방법이 없다고 말했다. 이미 발표가 나갔다는 것이었다. 세상은 벌써 살로먼 브라더스가 정부의 채권 발행 사업에서 추방된 것을 알고 있었다.

이사들 가운데 상당수가 눈앞에서 자기들의 순자산이 증발하는 광경을 목격하고 있었다. 이미 예견했던 것을 넘어서는 수많은 소송이 줄을 이어 살로먼 브라더스에 쇄도할 터였다. 워런은 겉으로 아무렇지도 않은 듯 보였지만 단호한 결심을 했다. 현실을 똑바로 바라보아야 했다. 구트프룬드는 악몽을 현실로 불러냈다는 이유로 축출당했다. 이제 워런은 결정적인 고비에 서 있었다. 회사를 살리는 문제가 아니라, 살아 있는 시체들이 설쳐 대는 밤시간 내내 좀비 상태의 살로먼 브라더스를 조종해야 했다. 그는 주저했다.

그는 재무부 장관인 닉 브래디에게 전화해서 임시 회장직을 수락하지 않을 것이라 말하겠다고 했다. 자기는 회사를 살리려고 그 일을 맡으려 했던 것이지 회사의 해체를 감독하려고 했던 게 아니라고 했다. 어떻게 하든 명성에 흠이 나는 일은 피할 수 없다고 그는 생각했다. 하지만 임시 회장직을 맡지 않는 게 차라리 슬픔과 고통은 덜할 것 같았다. 이사회도 그의 판단을 이해하고 또 동의했다. 임시 회장직을 맡지 않겠다는 것은 그가 브래디에게 들이밀 수 있는 유일한 카드였다. 또한 이사회는 두 개의 다른 과정을 동시에 밟아 나가기로 결정했다. 워런은 마티 립턴을 돌아보며 이렇게 물었다.

"잘 아는 파산 전문 변호사 있습니까?"

그의 말에 이사회에 참석한 모든 사람이 잠시 동안 얼어붙었다. 푸어스타인과 립턴이 나가서 파산에 대비한 절차를 준비하기 시작했다. 필요하다면, 회사는 궤멸되기보다 질서정연하게 도산 절차를 밟을 터였다.

워런이 임시 회장이 되었음을 발표하려고 오후 2시 30분으로 잡아 놓은 기자회견까지는 앞으로 네 시간 반이 남아 있었다. 이 시간 안에 재무부가 결정을 번복하도록 해야 했다. 일본의 주식시장이 개장하기까지는 일곱 시간도 채 남지 않았고, 런던의 주식시장 개장도 그로부터 일곱 시간 뒤였다. 도쿄 시장이 개장되면 산사태가 시작될 것이다.[87] 돈을 빌려준 사람들은 재빨리 돈을 빼내려고 아우성을 칠 것이다. 자비를 기대하기는 더욱 힘들어졌다. 재무부의 마음을 돌려놓아야 할 뿐만 아니라 재무부더러 사람들 앞에 나서서 결정을 번복해 달라고 설득까지 해야 했다.

살로먼 브라더스의 회계 담당자 존 맥팔레인이 철인 3종 경기를 마친 직후 몸을 따뜻하게 덥혀 주는 옷을 입고 나타났다. 그는 재무부의 행동이 회사에 어떤 결과를 초래하는지 이사들에게 설명했다.[88] 은행들은 이미 이 회사의 기업어음을 팔 것이라는 사실을 알려왔다. 살로먼 브라더스는 금융 회사 역사상 유례가 없을 정도의 대규모 파산을 향해 달려가고 있었다. 만일 정부가 살로먼 브라더스와 맺은 협약을 철회하고 살로먼 브라더스가 자금 조성에 실패한다면, 회사는 자산을 헐값에 청산해야만 했다. 그 결과 세계의 금융시장은 엄청난 파장에 휩싸일 터였다. 살로먼 브라더스와 채권 채무 관계가 얽힌 회사들 역시 대금을 지급받지 못하고 파산의 길을 걸을 게 뻔했다. 모든 게 파산으로 치닫고 있었다. 워런은 정부 당국자들이 자기들이 취했던 완강한 태도를 후회하게 될 것이라고 생각했다.

만일 내가 자유롭게 행동할 수 있었다면 그리고 그다음 주에 내 개인적인 이득을 최대한으로 불릴 욕심을 가지고 있었다면, 그날 오후에 도쿄에서 그리고 그날 밤 늦게 런던에서 내가 가질 수 있었던 살로먼 브라더스의 모든 증권을 공매도했을 뿐만 아니라, 다른 곳의 증권들까지도 함께 공매도했을 것입니다.

우리는 맨해튼의 어떤 곳에 있는 판사를 만나게 되겠죠. 그 사람은 아마 오후 2시에 팝콘을 먹으면서 야구 경기를 보고 있을지도 모릅니다. 우리는 그 사람에게 이렇게 말합니다. '자, 여기 회사 열쇠가 있으니 받으시죠. 이제부터 당신이 회사를 운영하는 겁니다. 그런데 혹시 일본 법률에 대해서 알고 있습니까? 왜냐하면 10억에서 12억 달러쯤 일본에 빚을 지고 있어서 말입니다. 유럽에도 10억에서 12억 달러쯤 빚을 졌습니다. 런던은 새벽 2시에 개장할 겁니다.'

코리건과는 전화가 연결되지 않았다. 워런은 재무부 장관 닉 브래디에게 직접 연결해 달라고 했지만 브래디 역시 연락이 닿지 않았다.

브래디는 예전에 '딜런, 리드 앤드 컴퍼니Dillon, Read & Co.'의 CEO로 일한 적이 있었으며 말콤 체이스 주니어의 조카였다. 즉 버크셔 파인 스피닝을 해서웨이 매뉴팩처링에 팔았던 가문의 일원이었다. 가문의 기업이던 버크셔를 소재로 대학교 논문을 썼고, 또 이 논문의 결론을 무척이나 실망스러워하면서 그 회사의 주식을 팔기로 결정했던 사람이기도 했다. 워런은 말콤 체이스를 통해서 딱 한 번 '딜런, 리드'로 가서 그를 만난 적이 있었다. 두 사람은 친한 사이는 아니지만 '서로에 대해서 괜찮은 감정'을 가지고 있었다고 워런은 말한다. 하지만 명문가 출신인 브래디가 그것도 유서 깊은 '딜런, 리드' 출신의 인물이 존 구트푸룬드와 같은 벼락부자에게 혹은 살로먼 브라더스처럼 벼락출세한 거만한 회사에 좋은 감정을 가질 특별한 이유는 없었다.

그럼에도 불구하고 브래디는 워런이 남긴 메시지를 확인하고 그에게 전화를 걸어왔다. 브래디는 동정심을 표시하면서도 결정을 번복한다는 것은 보통 어려운 문제가 아니라고 분명히 못을 박았다.

그 사람들은 점점 더 멍청해지는 것 같더군요. 그런 느낌이 들었습니다. 하지만 며칠 뒤에 그 행동으로 인한 금융 학살이 확산될 때면 그보다 아주 훨씬 더 멍청하게 보일 게 뻔히 내다보였습니다.[89]

브래디는 그에게 과도하게 반응하는 게 아니냐고 했다. 하지만 다시 전화를 주겠다고 했다. 브리든 증권거래위원회 위원장, 코리건, 연방준비제도이사회 의장 앨런 그린스펀과 협의해 볼 필요성을 느꼈던 것이다.

워런은 가만히 앉아서 브래디의 전화가 오기를 기다렸다. 먼저 브래디에게 전화를 걸지는 않았다. 그는 브래디가 새러토가 스프링스(휴양지로 유명한 뉴욕의 한 지명 – 옮긴이)에 있는 오그덴 핍스(테니스 선수이기도 했으며 주식 중개인이자 유명한 경마 소유주 겸 조교사였다 – 옮긴이)의 클럽하우스에 앉아서 경마를 즐기고 있었다는 사실을 알지 못했다. 그에게 전화를 할지 말지는 브래디가 누리는 특권이었다.

일요일에는 회의실의 전화 체계가 특별했다. 벨이 울리지 않도록 조정되어 있었던 것이다. 그래서 걸려오는 전화를 놓치지 않으려면 초록색 불이 반짝거리는지 전화기를 주시해야 했다. 워런은 초록색 불이 반짝거리길 기다리며 줄곧 전화기만 바라보았다.

"그 어느 때보다도 낙담해 있었습니다."

마침내 누군가가 대신 전화기를 지켜볼 사람을 한 명 붙여주었다.

막후에서는 규제 기관 담당자들끼리 대화를 나누고 있었다. 코리건은 전 연방준비제도이사회 의장이자 현재는 유명한 투자은행의 회장으로 있던 폴 볼커에게 연락했다. 볼커는 브리든과 마찬가지로 살로먼 브라더스에 대해서 몹시 화를 냈다. 규제 기관 담당자들 가운데 워런이 회장직을 맡지 않을 것이라고 믿는 사람은 아무도 없었다. 워런이 너무 많은 돈과 명성을 걸고 있다고 보았다. 그들은 자기들이 내린 결정이 살로먼 브라더스에 불운한 충격을 줄 것임을 알았고 또 그렇게 되어야 마땅하다고 생각했다. 그들은 설령 재무부가 프라이머리 딜러의 자격을 박탈한다고 하더라도 살로먼 브라더스가 파산한다거나 하는 따위의 결과가 일어날 것이라고는 전혀 생각하지 않았다. 워런 버핏에 대한 시장의 신뢰가 워낙 크기 때문에 그의 명성이 우산처럼 살로먼 브라더스를 덮고 있는 한 살로먼 브라더스는 무사히 위기에서 벗어날 것이라 생각했다.

하지만 반드시 그렇게 될 것이라는 확신은 하지 않았다. 금융계 거목이 맥없이 쓰러진 다음에도 과연 금융시장이 무사할 것인지 생각했다. 연방준비제도는 살로먼 브라더스가 다른 은행들에 지불하지 못하는 돈을 메우려면 막대한 돈을 시장에 투입해야 했다. 이 정도의 대형 금융 사건에 대한 구제는 유례가 없는 일이었다. 그로 인한 2차 효과도 만만치 않을 것임을 잘 알고 있었다. 세계 금융시장이 붕괴할 수도 있었다. 그들은 과연 연방준비제도가 그런 상황을 감당할 수 있다고 보았던 것일까? 이 질문에 코리건은 다음과 같이 말한다.

"나는 언제나 낙관주의자였습니다. 늘 나 자신에게 '네가 해야 할

일 하면 되는 거야'라고 말했습니다."⁹⁰

워런이 전화를 기다리는 동안 시간은 자꾸만 흘러갔다. 앨런 그린스펀이 한 차례 전화해서 어떤 일이 있든 간에 자기는 워런이 살로먼 브라더스에 남아주길 바란다고 했다.

설령 다리가 무너지더라도 그 다리에 계속 남아 있으라는 것과 같은 말이었죠.

사람들이 점차 거래소로 모여들기 시작했다. 마치 보이지 않는 어떤 북이 울리는 소리를 듣고 모여드는 것 같았다. 사람들은 담배에 불을 붙이고 '그 방'에 빙 둘러 앉아서 결과가 나오기를 기다렸다. 차익거래팀의 구성원들은 메리웨더의 운명을 슬퍼하며 한자리에 모여 있었다. 위층에서 어떤 일이 진행되는지 아무도 알지 못했다. 시곗바늘은 도쿄 시장이 개장할 시각을 향해 천천히 다가갔다. 째깍거리는 초침 소리는 살로먼 브라더스의 죽음을 알리는 불길한 조종(弔鐘)처럼 들렸다.

규제 기관 담당자들이 이야기를 나누는 동안, 위층에서는 이사들이 마냥 서성거리며 연락을 기다리고 있었다. 브래디가 주기적으로 워런에게 전화를 했지만 특별한 이야기는 없었다. 워런은 스트레스를 받을 때마다 나는 특유의 걸걸한 목소리로 여러 차례 입장을 설명했다. 그는 브래디에게 지금 변호사들이 파산 절차를 밟을 준비를 하고 있다고 전하며 금융시장에서 살로먼 브라더스가 차지하는 중요성을 역설했다. 또 만일 회사가 파산할 경우 빚어질 도미노 효과를 경고했다.

브래디에게 이야기하고 코리건에게 이야기했습니다. 금융시장이 폭파될 것이라고요. 도쿄 시장이 개장할 시각이 점점 다가오지만 우리는 우리 채권을 사들이지 않을 것이라고 했습니다. 그러면 모든 게 끝장이라고요. 10시부터 나는 계속해서, 연이어 터질 이런 결과들을 모두 이야기했습니다. 하지만 그 사람들은 별로 심각하게 받아들이지 않더군요.

브래디는 워런이 한 이야기를 가지고 다른 규제 기관 담당자들과 논의했다. 그들은 대부분 워런이 특별한 대우를 바라는 것이라고 받아들이면서 살로먼 브라더스는 특별한 대우를 받을 자격이 없다고 보았다.[91]

살로먼 브라더스의 이사들은 워런의 주장을 규제 기관 담당자들이 제대로 이해하지 못하는 이유를 도무지 알 수 없었다. 금융시장을 책임지고 있는 사람들이 어째서 살로먼 브라더스가 파산할 것이라는 명백한 사실을 받아들이지 못할까?

오후로 접어들었지만 사정은 나아지지 않았다. 그 어느 때보다 결정적인 순간에 워런의 논리는 설득력을 발휘하지 못했다. 핵심적인 동맹자를 자기 쪽으로 돌려 놓지 못한 것이다.

이제 워런에게 남은 선택권은 단 하나뿐이었다. 그가 갈 수 있는 모든 길, 그가 쓸 수 있는 모든 자원 가운데 가장 귀중한 것. 마지막까지 걸고 싶지 않았던 것을 걸어야 했다. 그는 그것을 지킬 수만 있다면 자기가 정말 하고 싶지 않았던 것들 가운데 어떤 것도 할 수 있을 것 같았다. 목소리를 높여 화를 내며 누구와 싸울 수도 있었다. 누군가를 가차 없이 해고할 수도 있었다. 오랫동안 정성을 다해 쌓았던 우정을 끝장낼 수도 있었다. 일본 음식이나 아스파라거스를 먹을 수도 있었다. 막대한 돈을 거저 줘버릴 수도 있었다. 무엇이든 다 할 수 있었다. 명성이라는 은행에서 인출하는 것 말고는 정말이지 무엇이든 다 할 수 있었다. 지난 수십 년 동안 워런은 자기 금고 안에 값을 따질 수 없을 만큼 소중한 것들을 고이 보듬고 다듬어서 보관해 왔다. 여태까지 살면서, 막대한 이익이 확실하게 보장된 경우를 제외하고는 자기 자신이나 다른 사람을 위해서 그 금고에서 그 소중한 것들을 한꺼번에 많이 꺼내본 적이 없었다.

살로먼 브라더스의 파산을 앞에 두고 그는 자기가 쌓아온 모든 것을 한꺼번에 내걸기로 했다. 유일하게 남은 희망은 순전히 자기를 믿고 제발 한 번만 도와달라고 애걸하며 매달리는 것이었다.

그는 브래디에게 영원히 다 갚지 못할 빚을 지는 셈 치고 그에게 간곡히 부탁할 생각이었다. 그는 나중에 무슨 일이 벌어지든 간에 자기 명성의 모든 것을 걸 참이었다. 쌓으려면 평생이 걸리지만 5분 만에 무너질 수 있다고 스스로 말했던 바로 그 명성이었다.[92] 그는 자기가 가지고 있다고 생각하던 것보다 훨씬 더 많은 용기를 내야 했다.

"닉."

워런의 목소리가 갈라졌다. 고뇌에 찬 음성으로 그는 말을 이었다.

"오늘은 내 인생에서 가장 중요한 날입니다."

브래디도 자기 나름대로 처리해야 할 문제들을 안고 있었다. 브래디는 그의 주장이 문제를 해결하는 데 도움이 된다고 생각하지 않았다. 하지만 그가 하는 말 이면에 담긴 감정을 느꼈다. 그의 목소리에서 살로먼 브라더스가 자기를 나무로 만든 통 안에 넣은 채 나이아가라 폭포로 떨어지게 만들었다고 생각한다는 사실을 느낄 수 있었다. 마침내 브래디는 다음과 같이 말했다.

"걱정하지 마시오, 워런. 잘될 겁니다."

브래디는 전화를 끊고 다시 관계자들과 논의에 들어갔다.

시곗바늘은 기자회견을 하기로 예정된 오후 2시 30분을 향해 다가가고 있었다. 하지만 브래디는 다시 전화를 하지 않았다.

워런은 자기가 쓸 수 있는 마지막 카드를 코리건에게 쓰기로 결심했다. 그리고 전화를 걸었다.

"제리, 아직 나는 임시 회장직을 수락한 게 아닙니다. 재무부가 내린 결정 때문에 우리는 아직 이사회 의결을 마치지 않았습니다. 나는 지금 살로먼 브라더스의 회장이 아닙니다. 30초 후에라도 회장이 될 수 있지만, 역사상 최대 규모의 금융 재앙 뒤치다꺼리를 하면서 여생을 보내고 싶은 마음이 없습니다. 어느 쪽을 선택하든 앞으로 나를 상대로 소송을 걸 사람은 쉰 명도 넘을 겁니다. 하지만 내 일생을 월스트리트의 재난이 빚은 난장판을 걸레질이나 하면서 보낼 생각은 없습니다. 다만 내 인생의 일정 부분을 쏟아서 이 빌어먹을 곳을 지킬 거라 이 말입니다."

찰리 멍거는 워런에게 어떤 상황에서도 그렇게 해서는 안 된다고 말렸다.

"그러면 안 되지. 첫날은 참신할지 몰라도, 그다음 날부터는 꼼짝 못하고 남은 20년을 법정에서 보내야 할 테니까 말이지."

하지만 코리건은 이 경고를 다른 어느 관계자들보다 진지하게 받아들였다.

"다시 전화를 하겠습니다."

워런은 전화를 기다리면서 다음에 자기가 할 행동을 머릿속에 그렸다. 엘리베이터에 타는 자기 모습을 상상했다. 6층에서 내린다. 기자회견장으로 혼자 들어간다. 그리고 기자들 앞에서 이렇게 말한다. "우리는 방금 파산을 선언했습니다."

8월의 더위가 기승을 부리는 가운데, 아래층에는 백 명이 넘는 보도 및 사진 기자들이 살로먼 브라더스의 기자회견이 마련된 강당에 모여 있었다. 다들 야구 경기장이나 수영장 혹은 가족 소풍을 가려다가 갑작스럽게 마련된 기자회견을 취재하러 나온 사람들이었다. 망가진 일요일 오후의 일정을 채워야 할 유일한 소재는, 콜로세움의 모래바닥 위에 쓰러지기 직전인 피투성이의 살로먼 브라더스의 검투사들이었다.

그 사람들은 빅뉴스를 기대하며 앉아 있었죠. 문득 어떤 기자 이야기가 떠오르더군요. 어떤 결혼식을 취재해 오라는 편집장의 지시를 받고 현장으로 달려갔다가 돌아와서는 편집장에게 이렇게 말했습니다. '글쎄요, 거기에는 취재할 만한 게 없었습니다. 이유가 뭐냐고요? 신랑이 나타나지 않았거든요.' 기자회견장에 모인 기자들이 바로 그런 상황에 놓인 사람들이었습니다.

시간은 자꾸 흘렀다. 창백하고 지친 모습의 메리웨더가 나타났다. 그는 지시를 받고 증권거래위원회 위원장인 딕('리처드'의 애칭 – 옮긴이) 브리든에게 도움을 청하러 갔었다. 메리웨더는 브리든이 딱 잘라서 거절하더라고 말했다. 살로먼 브라더스는 속까지 완전히 썩었다는 말을 두 번이나 하더라고 했다.

"속까지 완전히 썩었어요, 속까지 완전히 썩었다고요."

메리웨더가 충격 속에서 다시 한번 그 말을 되뇌었다. 사람들은 모두 재무부의 결정이 연방준비은행과 증권거래위원회와의 논의 속에서 나왔다는 사실을 문득 깨달았다. 이 기관들의 비난은 살로먼 브라더스에 대한 세상의 견해를 급작스럽게 바꾸어 놓았다. 오랜 세월에 걸친 자만에 대한 극적인 반격인 셈이었다.

기자회견을 하기로 약속한 시각은 이미 지나갔다. 기자들은 안달이 났고 짜증을 내기 시작했다. 브래디는 전화를 하지 않았고 전화기의 녹색 불은 깜박이지 않았다.

마침내, 재부부 차관보 제롬 파월이 전화했다. 재무부는 결정을 통째로 번복할 수는 없다고 말했다. 살로먼이 재무부채권의 경매에 고객을 대신해서 참가하는 것만 금지하는 것으로 하면 어떻겠느냐고 했다. 살로먼 브라더스가 자기 자금으로 입찰하는 것은 허용하겠다는 것이었다.

"이러면 되겠습니까?"

파월이 물었다.

"그럴 것 같군요."

워런은 이사회가 열리는 회의실로 성큼성큼 걸어가서 이 사실을 알렸다. 회의장은 금방 안도의 한숨과 기쁨으로 술렁거렸다. 워런을 임시 회장으로 선출하고 데릭 모건을 이사 겸 최고운영책임자로 선출하는 과정이 일사천리로 전개되었다. 그리고 약 2시 45분쯤에 워런은 밖으로 나가서 밖에 있던 누군가에게 거래소로 전화하라고 지시했다.

모건은 트레이더들과 함께 시계를 바라보면서 앉아 있었다. 곁에 있던 책상에서는 존 맥팔레인의 팀이, 일을 시작할 수 있게 되면 전화를 통해 가능한 한 빨리 일본에 있는 회사 자산을 무더기로 팔아치울 비상 계획을 짜고 있었다. 누군가가 위층에서 전화해 모건을 찾아, 엘리베이터 타는 곳에 가서 워런과 만나 이야기하라고 전했다. 모건은 자기가 보스가 될 거라는 통보를 받을지 새로운 보스가 임용되었다는 통보를 받을지 확신하지 못했다. 모건은 엘리베이터 쪽으로 걸어갔다. 엘리베이터가 내려와서 서고, 문이 열렸다. 안에는 워런이 타고 있었다.

"자네, 딱 걸렸어."

그가 타라는 손짓을 했다. 모건은 엘리베이터에 탔다. 두 사람은 이사회가 열리는 회의실로 올라가지 않고 두 층 아래로 내려갔다. 기

자들이 기다리는 곳이었다.[93]

　기자들은 제멋대로 굴었습니다. 짐승들 같았죠. 질문마다 함정과 가시가 숨어 있었습니다. 엄청난 이야기, 특종이었습니다. 그 사건보다 훨씬 더 큰 일이 터진다고 해도 눈 하나 깜짝하지 않을 사람들이었습니다. 그들에게는 그게 좀처럼 쉽게 잡을 수 없는 기회였으니까요. 방송국 기자들은 특히나 더 밉살스럽게 굴었죠. 5시나 6시 뉴스에 내보내려고 무척 재촉해 댔습니다만, 그들에게 협조할 마음이 없었습니다. 그들로서는 내가 형편없이 고꾸라져야 했습니다. 내가 사기꾼으로 드러났어야 했습니다. 일이 그런 식으로 전개되기를 은근히 바랐던 겁니다. 거기에는 온갖 종류의 출판 계약서들이 난무하고 있었습니다. 모두 살로먼 브라더스가 무너진다는 전제가 달려 있었죠.

　워런은 기자회견장 연단에 마련된 의자에 앉아서 팔짱을 끼었다. 그는 몹시 지쳐 보였다. 옅은 갈색 머리카락을 단정하게 부풀려 올린 헤어스타일을 한 모건은 마치 갑자기 자동차 불빛을 받고 놀란 사슴처럼 운집한 기자들을 멍하게 바라보았다. 두 사람 다 짙은 남색 양복에 흰색 셔츠 그리고 검은색 넥타이 차림이었다. 당시를 회상하면서 모건은 다음과 같이 말한다.

　"나는 전혀 준비가 되어 있지 않았습니다. 전혀요. '자네, 딱 걸렸어'라는 말이 내가 들은 전부였습니다."

　모건은 위층에서 일어났던 세세한 사항 가운데 아는 것이 단 하나도 없었다. 이런 상황에서 기자회견은 시작되었다.

　무슨 일이 있었던 겁니까? 기자들이 가장 궁금해하던 사항이었다. 워런은 양복 상의를 귀까지 추슬러 올린 다음에 설명하기 시작했다.

"제대로 보고되지 않았던 것은 내가 생각하기에 설명하기 어려우며 또한 용서받기 어려운 일입니다. 나는 이와 비슷한 멍청한 일들을 내가 더 깊이 관여하는 다른 회사에서도 많이 봤습니다만 결과는 그다지 심각하지 않았던 경우들이었습니다."

살로먼 브라더스의 기업 문화에서 그 추문이 비롯된 겁니까?

"수도원이었다면 이런 일은 벌어지지 않았으리라고 생각됩니다."

어떤 기자 한 사람이 워런에게 임시 회장으로 연봉을 얼마나 받게 되는지 물었다.

"1달러를 받고 일할 생각합니다."

청중석에서 그의 발언을 듣고 있던 이사들도 깜짝 놀랐다. 처음 듣는 말이었다.

기자들은 좀처럼 진정되지 않았다. 기록이 변조되었습니까? 누가 기록을 변조했습니까? 은폐 기도는 없었습니까? 은폐 기도에 가담한 사람은 누굽니까?

"예, 일부 기록이 변조되었습니다. 은폐 기도라고 할 만한 시도도 있었습니다."

그 말에 기자들은 흥분했다. 온갖 질문들이 거칠고 빠르게 날아들었다. 어쩌면 사냥감이 제대로 걸려들었다고 생각하는지도 몰랐다. 잘만 하면 날카로운 이빨로 갈기갈기 찢어 놓을 수 있겠다 싶은 모양이었다. 하지만 이미 파면된 사람들 이름 외에 달리 중요한 인물의 이름이 나오지 않자 분위기는 곧 시들해졌다.

이때 어떤 사람이 회견장으로 와서 워런에게 재무부에서 전화가 왔다고 했다. 그는 자리에서 일어나 기자회견장에서 나왔다. 모건만 홀로 남아 강풍에 흔들리고 있었다. 하지만 모건은 야생동물의 짝짓기 습성을 설명하는 BBC 다큐멘터리 프로그램의 내레이션 대본을 읽는 아나운서와 같이 단조롭고 정확한 톤으로 질문 몇 개를 그럭저

럭 받아넘겼다.

워런은 재무부에서 전달한 보도자료를 들고 다시 기자회견장으로 와서, 살로먼 브라더스는 신용의 일부를 회복했다고 발표했다. 기자들은 다소 진정되었고 다시 질문을 이어나갔다.

이전 경영진은 정말로 자발적으로 물러난 겁니까, 아니면 강요에 의해서 어쩔 수 없이 물러난 겁니까? 워런은 구트프룬드와 스트라우스, 메리웨더는 자발적으로 물러났다고 다시 한번 확인해 주었다. 이전 경영진은 특별 보상을 받았습니까? 살로먼 브라더스가 이전 경영진에게 변호사 비용을 지불하는 겁니까? 불법적인 행위로 회사는 얼마나 벌어들였습니까?

이런 식으로 기자회견이 한 시간 이상 진행되자 멍거 옆에 앉아 있던 이사 한 사람이 멍거의 팔을 쿡 찌르면서 이렇게 말했다.

"워런은 기자회견을 끝낼 생각이 없나보죠?"

이 말에 멍거는 다음과 같이 대답했다.

"아마도 그럴 겁니다. 하지만 워런은 자기가 무엇을 하는지 잘 알고 있으니까 걱정 마십시오."**94**

위조된 가짜 입찰로 정부에 얼마나 피해를 입혔습니까? 살로먼 브라더스와 더는 거래하지 않겠다는 고객은 몇이나 됩니까? 이전 경영진에게 퇴직금을 얼마나 주기로 했습니까? '왝텔, 립턴'이 어째서 이 문제를 보다 심각하게 받아들이지 않았던 겁니까? 당국에서 조사해 적발한 특이한 불법 거래들 가운데 특히 보도자료에서 소위 '10억 달러짜리 짓궂은 장난'이라고 언급된 거래를 자세하게 설명해 주신다면요?

"그건 '장난'이 아닙니다. 물론 여러분은 그걸 어떤 식으로든 특징지어 묘사해야 하겠지만요."

그러자 한 기자가 그 표현은 보도자료문에 나온 표현 아니냐고 날

카롭게 되받았다.

"그건 내가 한 말이 아닙니다. 보도자료문에 실린 표현이지요. 그 보도자료를 낸 사람은 내가 아닙니다. 보도자료 맨 아래에 내 이름은 없습니다. '기괴한 사건'이라고 묘사해도 됩니다. '짓궂은 장난'이라는 것에 대한 내 정의는 그냥 한 번 듣고 웃을 수 있는 것을 말합니다. 하지만 내가 보기에 그건 전혀 우스운 이야기가 아닙니다."

기자들은 대부분 《라이어스 포커》를 읽었는데, 이들은 어떤 설명을 기다렸다. 이들은 살로먼 브라더스는 '멍청이들'이 많기로 유명하다고 알고 있었다. 트레이더들은 서로 다른 사람의 가방에서 옷을 훔쳐 내고 대신 거기에다 젖은 종이수건이나 레이스 달린 분홍색 팬티를 쑤셔 넣었다. 살로먼 브라더스에서 가장 유명한 멍청이는 '라이어스 포커'라는 이름의 게임과 관련된 인물이었다. 한번은 구트프룬드가 메리웨더에게 한 판에 100만 달러를 걸고 이 게임을 하자고 제안하며 물리기도 없고 화내기도 없다고 했다. 그러자 메리웨더는 여기에 질세라 1천만 달러로 하자며 맞받아 쳤고 결국 구트프룬드는 꼬리를 내렸다고 전해진다. 물론 이 이야기 자체가 출처가 의심스러운 요소들을 담고 있는 그야말로 멍청한 것임에도 불구하고 지금까지 1천만 달러는 외부인들이 살로먼 브라더스의 멍청이들을 떠올릴 때 생각하는 마지노선 금액으로 통한다.

하지만 10억 달러를 위해서라면 사람들은 뉴욕항을 고무로 만든 닭 인형으로 자유의 여신상 허벅지 높이만큼 쌓을 수도 있을 판이었다. 그렇다면 '10억 달러짜리 짓궂은 장난'도 가능하지 않았을까? 워런은 다음과 같이 말했다.

"한 여자가 아주 오랜 세월 일한 뒤에 이제 그 부서를 떠나려고 합니다. 퇴직하려 한다는 말입니다. 그런데 어떤 사람이 이 여자를 상대로 장난을 치려고 어떤 주문 하나를 생각해 냈습니다. 그 여자에게 엄청난 금액의 주문을 하라는 업무를 맡기는 것이었죠. 이 주문량은 자그마치 10억 달러어치나 되었습니다. 30년 만기 국채를 새로 발행하는데 10억 달러어치의 주문서를 내라는 겁니다. 이게 좀 모호합니다만, 애초에 이 계획은 그 주문서가 실제로 유효하게 제출되지 않았다는 사실을 여자에게 납득시키고 그 주문서가 제출되지 않아서 고객이 클레임을 걸었다는 식으로 몰아가려고 했던 게 아니었을까 싶습니다. 그 여자를 겁주거나 뭐 그러려는 의도가 아니었을까요? 확실하지는 않지만 말입니다. 그런데 그 입찰서가 실제로 유효하게 제출되었던 겁니다."

150명의 기자들은 입을 다물고 아무 말도 하지 않았다. 잠시 정적이 감돌았다. 짓궂은 장난이 잘못되어 그만 살로먼 브라더스가 10억 달러어치의 채권을 샀다는 말이었다. 살로먼의 문화가 바뀌어야 할 것이라는 점을 워런은 진심으로 말하고 있었다.

"그것은 당연히 제지되었어야 할 장난이었습니다. 내 추측이지만, 이 장난을 한 사람은 정정할 의도를 가지고 있었던 게 분명합니다. 아무튼 그것은 여태까지 시도되었던 장난 가운데서 가장 멍청한 것임에 틀림없습니다."

아무도 입을 열지 않았다. 기자들을 향해 모건이 물었다.

"질문 더 없습니까?"

뜨겁던 열기는 이미 식어 있었다. 이런 식으로 진실을 말하는데 누가 더 질문할 수 있었을까? 그 뒤로 가벼운 질문만 몇 개 더 이어졌다.

기자회견은 끝났다. 워런은 기자회견장을 빠져나가며 손목시계를 보고는 이렇게 말했다.

"오마하로 돌아가야 해요."

모건이 그에게 물었다.

"워런, 여긴 도대체 어떻게 돌아가고 있는 겁니까?"

모건은 성난 정부 관리들 누구와도 이야기를 해본 적이 없었다. 이 사회에 참가해 본 적도 없었다. 그런데 살로먼 브라더스라는 거대한 배는 서서히 침몰하고 있었다.

"경영진을 어떻게 꾸려야 할지 안을 가지고 계십니까? 저한테 해 주실 전략적인 지침 같은 건 없습니까?"

"그런 질문을 나한테 해야 한다면, 내가 사람을 잘못 뽑았나 보네요."

워런은 더 말을 잇지 않고 곧장 가버렸다. 7억 달러와 평생 일군 명성을 겨우 서른 시간 전에 처음 만난 남자의 손에 쥐여준 채 오마하의 집으로 향했다.[95]

그때, 기자회견이 끝나고 난 뒤에 취재진이 우리 얼굴에 카메라를 들이대고 몸을 밀쳐댔습니다. 영화 속 대규모 군중 동원 장면 같았지요. 나는 밖으로 나가서 택시를 잡아탔습니다. 기자 한두 명이 이 장면을 보았습니다. 검은색 리무진들이 줄지어 늘어서서 우리를 기다리는 모습이 아니었죠. 그들은 이게 바로 새로운 살로먼 브라더스라고 느꼈습니다.

월요일 아침, 모건은 밑바닥까지 가라앉은 직원들의 사기를 북돋우려고 '그 방'으로 들어섰다. 그는 재킷을 벗고 소매를 걷어붙였다. 회사는 세 가지 시련을 맞았다고 했다. 첫 번째 시련은 인격이었다. 모저와 그의 2인자였던 토머스 머피를 해고하고 그 밖의 다른 사람들의 사직서를 수리함으로써 첫 번째 시련을 통과했다고 했다. 두 번째 시련은 자신감이었는데, 재무부의 호의를 최소한 부분적으로나마 얻음으로 해서 이 두 번째 시련도 통과했다고 했다. 세 번째 시련은 의지였다.

"이 회사는 예전과 똑같은 회사가 아닙니다. 하지만 우리는 새로운 문화를 가꾸는 동안 예전 문화의 면면들을 잘 보존해야 합니다."[96]

몇몇 트레이더들은 걱정이 되어 동요했다. 뭐가 새로운 문화라는 거지?

하지만 행운은 최소한 살로먼 브라더스의 편이었다. 간밤에 구 소련 수상 미하일 고르바초프가 쿠데타로 실각했다는 소식이 전해졌다. 주식시장은 곧바로 107포인트나 떨어졌다. 금요일 내내 살로먼 브라더스 소식으로 도배했던 경제면의 초점은, 온 세상의 시선이 여덟 명의 측근에 의해 가택 연금 상태에 놓여 있던 고르바초프에게로 쏠리면서 갑자기 그쪽으로 이동했다. 탱크가 모스크바로 진격하고 러시아인들이 국회에서 시위하고 레닌그라드에서 저항하는 장면들이 전파를 타고 보도되자 고객들은 전화로 살로먼 브라더스의 트레이더들을 찾았고, 채권 담당 부서의 손길은 바빠졌다. 채권 판매 담당자 한 사람은 이런 말을 했다.

"신문 1면에서 빠져나가는 방법은 여러 가지가 있습니다. 하지만 붉은 군대를 투입하는 것이야말로 여태까지의 그 어떤 방법보다 가장 창의적인 방법 아닐까 싶네요."[97]

49

화가 난 신들

워런의 명성만으로도 살로먼 브라더스는 충분히 살아남을 수 있을 거라던 규제 기관 담당자들의 믿음은 거의 잘못된 것이라고 할 수 있었다. 살로먼 브라더스는 재무부가 프라이머리 딜러의 자격을 부분적으로 회복시켜 준 이후에도 제대로 살아남지 못했다. 일단 몇몇 대형 고객들이 살로먼 브라더스에 혐오감을 느꼈다. 맨 먼저 엄청난 규모와 영향력을 지닌 '캘퍼스CalPERS(캘리포니아공무원연금)'가 결별을 통보했다. '월드 뱅크World Bank'가 그 뒤를 이었다. 워런은 밤마다, 몇 주 뒤면 만기가 되는 살로먼 브라더스의 수천억 달러 부채가 마치 병든 양들처럼 비틀거리며 쓰러지는 악몽에 시달렸다. 그는 이제 그 문제가 자신이 어떻게 할 수 있는 범위를 넘어섰다고 생각했다.

상황들이 나를 기진맥진하게 만들었지만 나는 달리는 기차에서 뛰어내릴 수 없었습니다. 게다가 그 기차가 어디로 가고 있는지도 몰랐습니다.

나는 우리 회사 사람들이 날마다 하려고 하는 것에 대해서 아무것도 할 수 없었습니다. 내가 여기 올 때까지만 해도 존재하는지도 몰랐던 것들을 발견했지만 그에 대해서 아무것도 할 수 없었습니다. 뉴욕 남부 지구의 연방 검사나 법무부의 반독점국이 하려고 하던 것에 대해서 혹은 당시 일어났던 모든 일에 대해 제리 코리건이 생각했던 것에 대해서 아무것도 할 수 없었습니다. 일을 제대로 풀어나가는 것이야말로 끔찍할 정도로 중요하다는 것을 알았습니다. 그것은 아무리 애써도 내가 어떻게 할 수 있는 게 아니라는 것도 알았습니다. 밤을 꼬박 새우면서 온갖 생각을 할 수는 있었지만, 내가 그렇게 한다고 해서 좋은 결과가 나온다는 보장은 없었습니다. 결국 수많은 사람들에게 엄청난 영향을 미쳤습니다. 그 상황으로 내 인생이 송두리째 바뀔 수 있었습니다.

워런은 다음 주에 다시 뉴욕으로 돌아와야 했다. 상원의원 대니얼 패트릭 모이니한이 살로먼 브라더스 일로 만나고 싶어 했고, 또 그가 직접 나설 필요가 있는 일들이 여럿 있었기 때문이다. 그와 멍거는 모이니한을 회사 건물 47층에 있는 식당 별실로 안내했다. 요리사는 모이니한을 위해서 제대로 된 월스트리트의 식사를 준비해 두고 있었다. 물론 그 상황에 맞는 여러 종류의 와인들도 준비되어 있었다. 모이니한은 샌드위치를 따로 주문하는 그와 멍거를 보며 넌더리를 냈다. 허리케인 밥의 여파가 여전히 동부 연안을 뒤흔들어 놓고 있을 때였다. 갑자기 폭포처럼 쏟아지던 빗줄기가 열린 창문 틈 사이로 들이쳤다. 이것을 보고 워런이 말했다.

"신들이 살로먼 브라더스에 화가 났나 봅니다."[1]

그 주에 또 워런과 멍거는 증권거래위원회의 빌 매클루커스와 리처드 브리든을 만나러 워싱턴으로 갔다. 매클루커스의 말에 따르면, 그때 사무실로 들어오던 두 사람은 '그레이하운드(장거리를 달리는 고속 버스를 일컫는다-옮긴이) 버스 정류장에서 흔히 볼 수 있는 얼굴들' 같았다. 두 사람은 살로먼 브라더스를 살리려는 계획을 늘어놓고 장황하게 이야기했다. 그때 매클루커스는 자기와 이야기하고 있는 한 사람이 어째서 전설적인 인물이며 또 한 사람은 어째서 그 전설에 마침표를 찍는 인물이라고 할 수 있는지 알 수 있었다고 당시를 회상하면서 말한다.[2]

그 뒤에 워런은 혼자 재무부를 방문해서 닉 브래디를 만났다. 브래디는 그에게 그가 허풍을 친다고 생각했었다고 말했다.

"워런, 솔직히 말해서 나는 우리가 어떻게 하든 당신이 임시 회장직을 맡을 줄 알았습니다."[3]

브래디의 마음이 움직인 것은 워런이 진심을 다해서 애원했기 때문이다. 가능하면 빨리 일을 마무리짓고 그 직무를 털고 나오라고 브래디는 말했다.

워런은 살로먼 브라더스의 잘못된 점을 찾거나 듣게 되면 무엇이든 그 즉시 바로잡을 생각이었다. 그의 결심은 단호했다. '제대로 하고, 빠르게 하고, 솔직하게 털어놓으라'가 그가 하던 말이었다. 빠르게 하라는 말은 말 그대로 빠르게 하라는 것이었다. 그는 구트프룬드 아래에서 일했으며 모든 사람을 잘 알고 있던 자기의 새로운 비서 폴라에게, 이사회 구성원들에게 먼저 말을 걸고 그들이 무엇을 알고 있는지 그리고 언제부터 알고 있었는지 질문해 보라고 했다.[4] 법률 회사 '멍거, 톨스'의 신중하고 철저한 변호사 밥 던햄은 살로먼 브라더스 감사 지휘자로 로스앤젤레스에서 날아온 인물인데, 그는 이 계획에 대한 소문을 듣고 제동을 걸었다. 조사는 변호사들이 해야 한다는 게 그의 생각이었다.

던햄은 맨 처음 돈 푸어스타인을 만나 면담했다. 면담이 끝난 뒤에 푸어스타인은 그 자리에서 해고되었다. 그는 워런에게 면담 요청을 했고, 그는 이 말만 했다.

"당신은 일을 더 많이 할 수 있었는데 안 하셨죠."

그는 이런 사실을 처음부터 알았다. 그랬기 때문에 푸어스타인으로서는 그의 일변한 태도를 이해할 수 없었다.[5] 하지만 그는, 푸어스타인은 구트프룬드에 충성하는 마음으로 회사의 이익보다 구트프룬드의 이익을 먼저 생각했다는 결론에 점진적으로 도달했다. 이제 회사의 법률 고문은 던햄이었다. 워런은 회사를 장악하기 시작하면서 비로소 이사회의 실체를 확실하게 파악했다. 그의 표현에 따르면, 이사회는 경영진에 의해서 노련한 '정보 배급'을 받았던 것이다. 그와 멍거는 이제 더 깊은 내막을 알게 되었다. 모저가 4월에 처음 자신의 불법 입찰을 인정했을 당시에 회사는 모저가 이런 사실을 은폐하려고 시도했다는 것을 비롯해, 그가 재무부채권 부정 입찰에 고객들의 이름을 끌어다 쓴 것은 단순히 사무 착오였다고 주장함으로써 고객들을 호도했던 사실까지 알아냈던 것이었다.

이런 식으로 비유할 수도 있습니다. 모저가 성냥으로 불을 켰습니다. 그런데 구트프룬드 씨는 4월 29일 모저가 켠 불을 훅 불어서 꺼 버릴 수도 있었습니다만 아무 조치도 취하지 않았던 겁니다.

그런데 모저에게는 방화벽 기질이 있다는 사실이 드러났습니다. 우리가 생각하던 것보다 더 자주 성냥을 가지고 불장난을 했던 겁니다. 구트프룬드 씨는 이런 모습을 봤을 때 무언가 조치를 취해야 했습니다. 이게 그 사람이 해야 할 의무였습니다. 처음에 그는 아무것도 하지 않았습니다. 그러다가 나중에는, 아마 공황 상태에서 그랬지 않을까 싶습니다만, 거기에다 기름을 붓기 시작했습니다.

이런 행동의 결과는 회사 주주들이 수억 달러의 손실을 부담하는 것이었죠. 직원 8천 명과 이들의 가족이 실직의 공포에 떨어야 했습니다.

내가 생각하기에 해결책은 세상에서 가장 간단한 일이었습니다. 그 간단한 일만 하면 되었던 겁니다. 폴 모저라는 인물이 입찰 과정에서 부정 행위를 했다는 사실을 주요 고객들과 정부 당국자들에게 말만 하면 되었던 겁니다. 아시다시피 이후에 모저는 불법 사실을 정부 당국이 알아채지 못하도록 고객을 끌어들여서 은폐 시도를 했습니다.

이런 불법 행위들은 구트프룬드 씨의 잘못이 전혀 아니었습니다. 그러나 이런 일을 보고받으면 곧바로 전화를 걸어서 '모저, 자넨 해고야!'라고 말하는 게 당연합니다. 10초만 생각해도 알 수 있는 일이죠. 그러고는 제리 코리건에게 가서 이렇게 말하면 됩니다. '제리, 직원이 8천 명이나 되는 회사를 이끌다 보면 별별 문제들이 다 생기게 마련 아니겠습니까. 그런데 모저라는 친구가 넘지 말아야 할 선을 넘었고, 내가 그 사실을 알고는 곧바로 해고했습니다. 더 해야 할 게 있으면 얘기해 주시죠.'[6]

물론 그 문제가 많은 사람에게는 10초를 생각해서 명확해지는 문제가 아닐 수도 있다. 이런 사람들은 온갖 종류의 다른 것들을 생각한다. 예를 들면 다음과 같은 것들이다. 모저는 회사 관점에서 볼 때 귀중한 인재다. 그는 외환 업무 부서를 획기적으로 바꾸어 놓은 실적을 가지고 있었다. 이런 인재를 해고하는 건 결코 유쾌한 일이 아니다. 어쩌면 모저의 명예를 회복시킬 수 있는 길이 있을지도 모른다.

게다가 규제 기관 담당자들을 찾아가서 모저의 불법 사실을 털어놓는 일이 얼마나 껄끄러운 일인가. 이들은 아마도 호된 반응을 보일 것이다. 게다가 엄밀히 따지면, 그런 사실을 당국에 의무적으로 보고해야 한다는 규정은 없다고 다름 아닌 주요 로펌이 얘기하지 않았나. 하지만 워런은 이 모든 것을 뛰어넘었다. 그는 확률 차원에서 생각했다. 재앙이라는 결과가 초래될 수 있을지 따진 다음 재앙이 초래될 가능성이 가장 적어 보이는 길을 빠르게 선택했다. 그것은 모저를 해고하고 즉시 당국에 보고하는 것이었다. 워런은 또한 정직성에 대해서는 흑백논리로 생각했다. 거짓말쟁이나 사기꾼에게는 관용을 베풀 이유가 없다는 게 그의 생각이었다.

이제 워런은, 불행하게도 그 상황에는 자기가 들은 것보다 거짓말과 사기가 훨씬 더 많이 개입되어 있다는 사실을 알게 되었다. 조사관들은 그에게, 푸어스타인이 당시에 이미 모저의 행동이 '기본적으로 범죄 행위'라는 입장을 분명히 표명했었다고 보고했다. 실제 사실의 공표가 필요하지 않다고 했던 나중의 법률 자문 내용 및 이 자문에 선뜻 따른 경영진의 선택과는 판이한 조언이었다. 그리고 회사의 준법감시부에 모저의 행동을 이야기한 사람은 아무도 없었다. 사실 살로먼 브라더스는 준법감시부를 그다지 중요하게 여기지 않았다. 심지어 나중에 준법감시 위원회의 구성원으로 누가 적합했느냐 하는 논란까지 나올 정도였다.[7] 준법감시 책임자는 자기가 배제되었다는 사실을 알고는 황당해했으며, 마땅히 지켜졌어야 할 절차가 무시되었다는 사실에 분개했다.

워런과 멍거는 또한 구트프룬드가 5월의 사재기 사건으로 회사가 기소되는 걸 막으려고 재무부 차관인 밥 글로버를 만난 시기가 6월 초라는 사실도 알게 되었다. 두 사람은, 글로버와의 회동이 있은 직후 회사 경영진이 2월의 불법 입찰을 글로버에게 곧바로 알려야 할지 논의했으며 시기가 적절하지 않다는 결론을 내렸다는 사실도 알아냈다. 글로버는 나중에, 구트프룬드가 자기에게 사실을 말하지 않았기 때문에 자기를 농락한 셈이라고 말했다. 글로버와의 이 부정직한 만남이야말로 정부와의 관계를 악화시키고 살로먼 브라더스의 신뢰성을 위태롭게 하는 계기가 되었다. 바로 거기에서 노골적인 은폐 기도의 낌새가 드러났던 것이다.

구트프룬드가 글로버를 만났을 때 모저의 불법 행위를 충분히 보고할 수 있었다는 사실을 염두에 둘 때, '문제에 대한 충분한 관심과 주의가 부족해서' 보고가 지연되는 문제가 발생했다는 두 번째 보도자료를 이사회가 승인함으로써, 이사회 역시 진실을 은폐하려는 기도에 장단을 맞추었다는 인상을 받을 수밖에 없었다. 물론 이사회는 구트프룬드가 글로버를 만났다는 사실을 전혀 알지 못했다.

워런은 자기가 정부 측과 협상을 벌이던 위기의 주말 내내 이런 사항들에 대해서 전혀 알지 못했다는 사실에 화가 났다. 회사의 독점 사업권을 보호하는 일을 1차적인 의무로 가지고 있던 사람들의 모든 노력은 실패로 돌아갔고 오히려 회사를 위험하게 만들었다. 게다가 워런이 나중에 더욱 화날 수밖에 없었던 문제가 하나 더 있었다. 그는 마지막 한 가지 사실, 즉 '장전된 총구' 운운하는 스턴라이트의 편지가 회사에 배달되었지만 무시되었다는 사실을 아직까지도 모르고 있었던 것이다.

며칠 뒤에 이사회가 소집되었고, 워런은 자기가 알고 있는 사실을 바탕으로 자기 생각을 다른 이사들에게 설명했다. 이사회는 이전 경영진의 잡지 구독권을 취소했다. 비서와 운전기사가 딸린 리무진도 박탈했다. 장거리 전화 서비스와 특송 서비스도 중단시켰다. 살로먼 브라더스 사무실의 출입도 금지했다. 이들의 건강보험도 취소하려고 시도했다. '왝텔, 립턴'은 법률 자문을 그만두겠다고 제안했다. 처음에 워런은 난색을 표했지만 곧 동의했다. 마티 립턴의 법률 자문이 살로먼 브라더스의 명예를 보호하지 못했다는 게 일반적인 의견이었다. [8]

이제 던햄이 살로먼 브라더스의 하루하루 움직임을 감독하는 일을 도왔다. 외부 문제를 담당하는 법률팀을 보강하기 위해서 워런은 '멍거, 톨스 앤드 올슨'[9]에서 가장 최근에 네임 파트너(상호에 이름을 올리는 파트너—옮긴이)가 된 론 올슨을 불렀다. 올슨은 〈버펄로 이브닝 뉴스〉 사건을 맡았으며 현재는 버크셔 해서웨이의 법률 대리인이었다. '멍거, 톨스 앤드 올슨'은 고객을 위해 최상의 결과를 낼 방법을 모색하려고 레이더를 정교하게 운용하고 있었으며, 오랜 경험 끝에 워런이 어떻게 생각하는지를 누구보다 잘 알고 있었다.

워런은 올슨에게 자기는 참신한 전략을 추구하고 싶다고 말했다.[10] 그가 보기에 이미 명성에 치명타를 입은 살로먼 브라더스는 형사 상 기소를 당할 경우 살아남지 못할 가능성이 컸다.[11] 그야말로 말기 암 환자 같았다. 이런 상태의 환자를 살리려면 비록 환자를 더욱 허약하게 만들지 모르는 위험이 있긴 해도 근본적인 치료를 시도해야 한다는 게 그의 생각이었다. 어떻게든 형사상 기소를 당하지 않도록 하는 게 지상 과제였고, 이 과제를 수행하기 위해서 그가 생각한 치료법은 그야말로 뼈저리게 회개하는 모습을 세상에 보여주는 것이었다. 외과적인 수술로 마지막 한 개의 암세포까지 찾아내 제거한 후 혹독한 방사선 치료법을 동원해서 회사를 정화하고 조금이라도 재발할 여지가 있는 병든 세포는 모두 태워버릴 생각이었다.

올슨은 살로먼 브라더스 일을 맡은 첫날 뉴욕 남부 지구의 연방 검사인 오토 오버마이어를 만나러 갔다. 살로먼 브라더스에 대한 형사상 기소를 할 것인지 말 것인지 결정할 사람이었다.

우리가 오토 오버마이어에게 했던 주장은, 확실하게 모범적인 사례를 보이겠다는 것이었습니다. 우리가 보이겠다는 모범은 여태까지 기소 대상자가 보여줬던 그 어떤 것보다 확실한 협조를 하겠다는 것이었습니다. 그리고 여기에서 비롯될 결과는 미래의 피고 측이 취할 행동 및 장차 법무부 체계의 작동 방식에도 영향을 미칠 것이라고 했습니다.

올슨은 유례없는 맹세를 해야 했다. 현장에서 올슨은 변호사 비밀 유지권을 포기하겠다고 했다. 변호사와 회사 사이에 오가는 대화를 검사에게 공개하겠다는 것이었다. 또한 '멍거, 톨스 앤드 올슨'은 조사 과정에서 알아낸 사실을 즉각 알려줄 것이라고 오버마이어에게 말했다.[12] 살로먼 브라더스의 이익을 대변해야 할 '멍거, 톨스 앤드 올슨'이 스스로 정부의 수족이 되겠다는 제안이었다.

오버마이어는 의심이 많았다고 올슨은 말한다.

"그 사람은 우리를 사기 치러 온 수줍음 타는 중서부 지역의 시골 뜨기로 여겼습니다."[13]

그는 어떤 회사가 자기의 최고 이익을 배반하면서까지 검찰에 자발적으로 협조하겠느냐면서 올슨의 제안을 곧이곧대로 믿으려 하지 않았다. 하지만 어쨌거나 살로먼 브라더스가 당장 기소당할 계제는 아니었다. 여러 가지 혐의 사실을 입증하려면 적어도 몇 달은 걸릴 터였다. 이런 상황에서 올슨의 제안은 개혁을 약속하는 립서비스 수준의 제안이 아닌 것이 분명했다.

오버마이어를 만난 뒤 올슨은 워싱턴으로 날아가 증권거래위원회의 브리든을 만났다. '오버마이어에 버금가게 회의적'이던 브리든에게도 올슨은 똑같은 제안을 했다.[14]

처음에는 특권을 포기한다는 게 실제로 어떤 의미인지 분명하지 않았다. 살로먼 브라더스가 법률 자문을 구하던 또 다른 회사 '크래바스, 스웨인 앤드 무어Cravath, Swaine & Moore'의 변호사인 프랭크 배런이, 이 특별한 선물이 법무부에 의미하는 내용을 설명하고 협상하는 책임을 맡았다. 협상은 쉽지 않았다. 이미 약속은 끝나 있었기 때문이다. 살로먼 브라더스로서는 이렇다 할 패가 없었다. 법무부는 약속의 포괄적인 해석을 요구하고 압박하며 원하던 것 대부분을 얻었다.[15] 이 합의로 회사가 직원들을 고발하는 역설적이고도 기이한 상황이 빚어졌다. 직원들이 유죄라는 증거를 '멍거, 톨스 앤드 올슨'이 더 많이 찾아낼수록, 살로먼 브라더스가 검찰에 협조하고 스스로를 깨끗하게 개혁한다는 증거가 되었다. 한편 직원들은 협조하지 않으면 해고되어야 했다. 직원들은 변호사와 의뢰인 간의 비밀 유지 권리를 보장받지 못한 채 조사관들에게 진술해야 했다.[16]

며칠 뒤, 다가오는 의회 청문회에서 워런이 증언하는 데 도움을 달라는 취지로 올슨은 구트프룬드와 그의 변호사를 만났다. 구트프룬드는 그동안 줄곧 협조해 왔었다. 하지만 그의 변호사가 그날 나눌 대화에 대한 행동 원칙을 정하려고 하자 올슨은 그것을 받아들이지 않겠다고 했다. 결국 구트프룬드와 그의 변호사는 나가버렸다.[17] 올슨은 두 사람이 '발뺌'하더라고 워런에게 보고했다.[18]

개방성이라는 새로운 문화가 도입되면서 살로먼 브라더스의 모든 것이 온통 뒤죽박죽되었다. 오버마이어와 만나고 며칠 뒤 올슨과 워런은 한 회의에 참석하려고 7세계무역센터에 있는 살로먼 브라더스의 사무실로 나갔다.

누군가가 으레 그래왔던 것처럼 홍보 회사를 새로 고용해 놓았다. 커다란 사각형 탁자 둘레로 스물네댓 명이 앉아서 두 사람을 기다리고 있었다. 이 가운데 몇몇 사람들은 살로먼 브라더스의 직원들이었지만, 대부분은 시급을 받고 일하는 외부 로비스트와 홍보 전문가였다. 워런은 이들이 제안하는 위기 극복 방안을 잠자코 듣기만 했다. 15분 동안 이야기를 들은 그가 마침내 자리에서 일어났다.

"미안하지만 먼저 자리를 떠야겠군요."

그는 고개를 숙여 올슨에게 귓속말을 했다.

"이 사람들이 우리에게 별로 필요한 것 같지 않다는 말을 나 대신 해주시오."

그러고는 회의실을 나가버렸다.[19] 나중에 그는 이렇게 말했다.

"대중과의 의사소통에 문제가 있었던 게 아닙니다. 홍보에 문제가 있었던 게 아니라 우리가 한 행동에 문제가 있었던 거죠."

자기 생일인 8월 30일에 워런은 워싱턴으로 갔다. 다가오는 의회에서의 증언을 준비할 예정이었다. 살로먼 브라더스의 워싱턴 지사를 운영하던 스티브 벨에게 한 무리의 사람들을 모아놓고 의원들이 워런에게 물어봄직한 질문들을 대신 준비하라고 지시했다.

워런은 가이코의 사무실 옆에 있는 엠버시 스위트 호텔에 방을 잡았다. 비상 상태가 계속되었기 때문에 워런은 이틀 동안 객실에 틀어박혀 있어야 했다. 이 호텔에서 그는 전화 교환수로 일하는 캐롤린 스미스를 만났다. 그녀는 워런의 사실상 비서이자 데이지 메이가 되어서 전화를 돌려주고 저녁 대신 먹을 쿠키를 올려다 주었다. 두 사람이 개인적으로 만난 적은 한 번도 없었다. 하지만 재무부의 닉 브래디가 전화했을 때 워런은 자기 방에 있는 한 회선의 전화로 통화하고 있었는데, 그녀가 직접 브래디의 말을 전해주었다.[20]

이틀 뒤 워런은 살로먼 브라더스의 으리으리한 사무실로 갔다. 거기에서는 벨이 사람들을 모아놓고 모의 청문회 준비를 하고 있었다. 그런데 벨은 워런이 워싱턴에 오기 전에 미리 뉴욕으로 전화해서 그에게 어떤 음식을 내면 좋을지 물어보았었다. 벨이 들은 대답은 다음과 같았다.

"간단한 게 좋죠. 햄버거를 준비하면 됩니다."

지난 수십 년 동안 워런의 식성과 관련해서 수많은 사람이 이런 도움말을 액면 그대로 받아들이려 하지 않았는데 벨도 예외는 아니었다. 점심시간이 되자 요리사가 수수하게 준비한 생선 요리를 내왔다. 워런은 손도 대지 않았다. 이어서 좋은 수입산 치즈를 곁들인 샐러드가 나왔다. 워런은 이것도 본 체 만 체했다. 이어서 세 번째 요리로 송아지 요리 혹은 그와 비슷한 게 나왔다. 워런은 한두 입 먹다가 음식을 그릇 한구석으로 밀쳤다. 벨이 걱정스러운 표정으로 물었다.

"음식을 하나도 들지 않으셨는데…… 혹시 잘못된 게 있습니까? 뭐 다른 거 드시고 싶은 게 있습니까?"

그러자 워런은 이렇게 말했다.

"음식에 관한 내 원칙은 아주 단순합니다. 세 살짜리 아이가 먹지 않는 음식이면 나도 먹지 않는다는 거죠."[21]

다음 날 그와 데릭 모건, 밥 던햄은 의회에서 증언하려고 하원의원 회관인 레이번 하우스 오피스 빌딩으로 갔다. 케이 그레이엄이 워런의 사기를 북돋아 주기 위해 이곳에 찾아와 모건 및 던햄과 함께 맨 앞 줄 자리에 앉았다. 워런은 소위원회 탁자에 혼자 앉아 의회와 당국자들에게 유례가 없는 협조를 맹세하며 사람들에게 강한 인상을 주었다.[22] 그는 이렇게 말했다.

나는 과거에 무슨 일이 일어났는지 정확하게 알아내고 싶습니다. 그래서 결백한 사람들이 누명을 벗고, 더러운 혐의는 죄를 지은 소수의 사람들이 안았으면 합니다.

의원들은 모든 투자자의 구원자인 것처럼 행세했다며 살로먼 브라더스를 통렬하게 비난하고, 그에게 과거와는 완전히 단절하라고 요구했다. 이런 고압적인 태도에도 불구하고 의원들은 워런에게 경외심을 가진 눈치였다. 모건이 전하기로는 워런이 말할 때 "홍해가 갈라지고 신의 계시가 나타났다"라고 했다.[23] 그는 월스트리트가 안고 있는 여러 가지 문제들을 풀어놓았다.

거대한 시장들은 스스로를 돈으로 측정하고 평가하는 사람들을 끌어들입니다. 만일 어떤 사람이 순전히 자기들 재산이 얼마인지 혹은 지난해 소득이 얼마인지만 가지고 스스로를 평가하면서 살아간다면, 머지않아 이들은 곤경에 처하게 될 겁니다.

이런 비유를 한 뒤에 그는 앞으로 살로먼 브라더스는 전혀 다른 기준을 내세울 것이라고 말했다.

회사의 돈을 까먹는 일은 얼마든지 받아들일 수 있습니다. 그러나 조금이라도 회사의 명예에 누가 된다면 나는 무자비하게 변할 겁니다.

그때 이후로 워런의 이 말은 강의실에서 그리고 사례 분석에서 기업의 고결함을 역설하는 본보기가 되었다. 그가 단호하게 원칙을 내세운 데는 그의 많은 면면들이 압축돼 있었다. 이 발언에는 올곧음, 설교 충동, 또렷하고 단순한 행동 원칙에 대한 애호 등과 같은 그의 개인적인 기질이 어우러져 있었으며, 개방성, 진실성, 극단적인 정직함 등 그가 옹호하고자 하는 모든 것이 들어 있었다. 그는 또한 살로먼 브라더스가 이런 것들을 옹호하는 것으로 의원들에게 받아들여지길 바랐다. 만일 버크셔 해서웨이를 그가 쓴 논설문이라고 한다면, 살로먼 브라더스는 그가 신봉하는 금융교라고 할 수 있었다.

그는 7세계무역센터 건물로 돌아와 직원들 앞으로 한 쪽짜리 편지를 써서 법률을 위반한 내용이나 도덕적으로 문제가 될 만한 것들을 모두 자기에게 보고해 달라고 했다. 소액 경비 지출 남용 같은 사소한 도덕적 문제는 면제 대상이 될 수 있다고 하면서도, "의심스러울 때면 나에게 전화를 해주시오"라고 했다. 그리고 이 편지에 자기 집 전화번호를 써넣었다.

"우리는 일류 방식으로 일류 회사를 운영할 것입니다."[24]

그는 자기가 '신문 1면 테스트'라고 불렀던 것을 지침으로 삼아 모든 걸 운영하고자 했다. 그는 무조건 규칙에 복종하지는 말라고 했다.

나는 직원들이, 자기들이 깊이 생각해서 한 어떤 행동이 다음 날 지역 신문의 1면에 견문이 넓고 비판적인 기자의 논평과 함께 실려도 배우자와 아이들, 친구들에게 한 점 부끄러움이 없을 수 있는지 스스로에게 질문을 던지길 바랍니다.[25]

당시 직원들은 회사가 손실을 입지 않게 하려고 필사적으로 노력했다. 고객들에게 전화를 걸어서 살로먼 브라더스를 버리지 말아달라고 애원했다. 또 가능한 한 빠르게 자산을 팔아서 처분했다. 자금 줄이었던 채권을 뭉텅이로 매매하던 존 맥팔레인과 그의 레포(채권을 일정한 기간 뒤에 되사기로 한 약정과 함께 파는 것. 대표적인 단기 자금 조달 방식이다—옮긴이) 부서에서는 수많은 채권자들과 긴밀하게 협상하면서 한편으로는 자산 유출을 관리했다. 하지만 이들 채권자들 가운데 일부는 선금 지급을 거부하기도 했다.[26]

재무상태표 규모는 하루에 약 10억 달러씩이나 줄어들었다. 맥팔레인 및 다른 트레이더들은 채권자들을 여러 차례 만나 거래 계획을 미리 알려달라고 했으며, 회사의 재무상태표와 고객과의 관계를 안정시키는 데 집중하는 한편 회사의 이자 배분 수수료를 점차 올림으로써 수지의 균형을 맞추려고 애썼다.[27] 이들은 회사의 기업어음을 모두 청산하고 부채를 중기 및 장기 차입금으로 재구성했다. 트레이더들은 선물시장과 스와프(파생상품 거래)를 사용해서 자기들이 펼치고 있는 엄청난 규모의 특가 세일이 사람들 눈에 잘 띄지 않도록 하려고 시장을 살금살금 조심스럽게 걸었다. 만일 다른 투자은행이 이런 사실을 알기라도 하는 날에는 투매 현상이 나타날 수도 있었다.[28]

검찰에 기소될지도 모른다는 위협 속에서 살로먼 브라더스의 생존은 누구도 장담할 수 없었다. 직원들은 워런이 쓴 편지의 메시지가 무엇인지 분명하게 이해했다. 금융 당국과 의회가 이렇게 목소리를 높이는 분위기 속에서는 회사가 부정한 엇길로 나가려고 해도 나갈 수 없었다. 그는 또 편지에서 이렇게 썼다.

"나는 직원 각자가 모두 스스로 자기 행동을 감시하는 준법감시관이 되길 바랍니다."

이것은 회사를 살리려면 직원들이 서로를 감시해야 한다는 뜻이었다. 한편, 모든 직원이 '멍거, 톨스 앤드 올슨'이 마치 작고 빠른 정찰선처럼 정부 기관의 책상을 누비면서 혹시 잘못될 수 있는 것은 없는지 탐색하고 다닌다는 것을 알고 있었다. 고객들은 달아나고 트레이더들은 위축될 대로 위축되고 공포가 확산되는 가운데 오랫동안 회사의 문화로 자리 잡았던 허세 문화, 즉 만용을 부리며 위험을 무릅썼던 문화는 사라지기 시작했다.

며칠 뒤 워런은 다시 소환되었다. 이번에는 상원에서 증언해야 했다. 코리건, 브리든 그리고 연방 검사들은 여전히 살로먼 브라더스에 대해서 역겨운 감정을 품고 있었다. 워런은 상원의회당에서 코리건이 앉은 자리로부터 두 줄 뒤에 앉아 증언 차례를 기다리고 있었는데, 상원의원이던 크리스 도드가 코리건에게 연방준비제도가 직무에 태만했던 게 아니냐고 묻는 소리가 그의 귀에 들렸다.[29] 코리건은 아니라고 했다. 그리고 경영진의 태도를 바꾸려고 스턴라이트가 8월 13일 살로먼 브라더스 앞으로 편지를 부쳤지만 경영진에서는 아무런 응답을 하지 않았다고 대답했다. 코리건이 이를 두고 살로먼 브라더스가 자기 얼굴에 침을 뱉는 행위로 해석한다는 사실을 워런은 간파했다.

워런은 그저 머리만 긁적이며 앉아 있었다. 무언가 굉장히 큰 문제가 있다는 건 알았지만, 코리건이 무슨 말을 하는지 도무지 알 수 없었다.[30]

증언할 차례가 되자 워런은 이렇게 말했다.

국가는 국가의 법률이 지켜지길 기대할 권리를 가지고 있습니다. 살로먼 브라더스는 이런 기대에 부응해서 마땅히 자기 의무를 다해야 했지만, 그렇게 하지 못했습니다.

의원들은 살로먼 브라더스의 씀씀이가 지나치게 헤펐다고 지적했다. 이들은 어떻게 일개 채권 차익거래 트레이더가 한 해에 2,300만 달러를 벌 수 있는지 물었다.

저도 그 문제 때문에 혼란스럽습니다.

의원들은 채권 차익거래가 무엇인지, 그게 경제에 보탬이 되는지 알고 싶었다. 워런은 그에 대해 설명한 뒤에 이렇게 덧붙였다.

만일 의원님들이 그것을 공립 학교의 훌륭한 선생님에 비유할 수 있는지 물으시는 거라면, 거기에 대해서는 나를 몰아붙이지 말아달라고 부탁드리고 싶습니다.

한 의원이 물었다. 똑똑한 사람들로 가득한 이사회가 어째서 좀 더 주의를 기울이고 경각심을 갖지 않았을까요? 스턴라이트 편지로 속이 부글부글 끓었지만 워런은 내색을 하지 않고 경영진이 정보를 통제했기 때문이었다고 대답했다.[31] 그리고 경영진이 이사들에게 처음 전화했을 때 경영진에게 올바른 질문을 할 수 있을 정도로 똑똑한 사람은 유일하게 멍거뿐이었음을 인정했다.

워런은 과거 모습의 살로먼 브라더스, 즉 단 한 명의 직원이 끔찍한 짓을 저지르고 경영진은 이 행위를 묵과해서 비극적인 상황을 초래하는 놀라운 문화를 가진 기업을 지키자는 게 아니었다. 《라이어스 포커》가 묘사한 회사를 지켜서는 친구를 얻을 수 있을 것 같지 않았다. 아니, 살로먼은 금융의 고모라(악덕과 부패 때문에 멸망한 성경 속의 도시-옮긴이)였다. 반드시 철저하게 수사해서 서류를 위조하고 보너스를 빼돌리고 개인 욕심을 채우는 일을 뿌리째 뽑아야 했다.

이 대담하고 인상적인 입장은 들끓는 마녀 사냥의 분위기를 잠재웠다. 마녀를 사냥하던 갈퀴는 다시 헛간으로 들어갔다. 이에 따라 직원들도 자기들 자리로 돌아갔다. 다음은 당시를 회상하면서 에릭 로젠펠드가 한 말이다.

"정말 멋진 전략이었습니다. 그건 우리에게 떨어진 행군 명령이었고, 우리는 행군을 시작했습니다."

워런은 살로먼 브라더스로 돌아간 뒤에 스턴라이트 편지 건을 상세히 추적했다. 이사이던 지데일 호로위츠는 당시를 회상하면서 다음과 같이 말했다.

"워런은 격노했습니다. 중죄가 더해진 것이었으니까요. 그 편지에 대해서는 들은 적도 없는 데다 편지에 대한 경영진의 대응도 없었으니 그는 엄청나게 화가 났습니다."

글로버와의 회동보다도 스턴라이트 편지 건을 밝히지 않은 것이야말로 가장 심각한 '정보 배급' 행위였다. 이 정보를 이사회에 알리지 않음으로써 이사회는 코리건이 살로먼 브라더스에게서 어떤 것을 바라는지 전혀 알지 못하는 상황에서 수많은 결정들을 내려야 했다. 이전 경영진에 대한 워런과 멍거의 태도는 한층 확고해졌다. 멍거가 '엄지손가락 빨기'라고 했던 표현의 실질적인 의미가 한층 분명해졌다. '엄지손가락 빨기'란 명백한 사실들을 더 이상 손쓸 수 없는 지경에 이르기까지 무시하는 것을 의미했다. 여기에 대해서 멍거는 다음과 같이 말했다.

"우리는 2주 넘게 지배 당국(재무부와 연방준비제도)에 바짝 주의를 기울였고, 이 과정에서 점점 더 많은 것을 알게 되면서 견해도 바뀌었습니다."

구트프룬드에 관해서 워런은 "우리는 그 사람을 도저히 용서할 수 없었다"라고 말했다.[32]

이런 사실들이 밝혀지는 가운데서 워런은 평정심과 균형감각을 가지고 살로먼 브라더스를 이끌었다. 한편 모건과 방제복으로 무장한 몇몇 직원들은 회사를 청소할 '청소방제팀'을 구성했다. 워런의 태도는 연약하고 부드러웠지만, 이러한 모습 아래로 그의 마음은 마구 요동쳤다. 그는 살로먼 브라더스에 대한 생각을 더는 하지 않으려고 일부러 '몬티Monty'라는 전자오락 게임을 한 번에 몇 시간씩 하곤 했다. 그는 오마하에서 멀리 떨어져 있는 걸 몹시 싫어했다. 글래디스 카이저는 워런이 사무실에 올 때의 경쾌한 발소리와 사무실을 떠나야 할 때의 질질 끄는 발소리를 알아차렸다. 그녀는 퇴직하고 싶었지만 그가 워낙 힘든 한 해를 보내고 있어서 일시적으로 회사에 남아 있었다.[33] 그에겐 이제 뉴욕이 젊을 때처럼 그리고 그레이엄-뉴먼에서 일할 때처럼 맞지 않았다. 그는 혼자 멀찌감치 떨어져 지내며 거래소에는 절대로 나타나지 않았다. 한 간부가 했던 말을 빌리자면, 살로먼 브라더스 사무실 복도에 있는 그의 모습이 희귀할 정도가 되었다. 수지가 샌프란시스코에서 그를 만나러 왔다. 케이 그레이엄도 브리지 게임을 하고 그의 말동무가 되어주기 위해 왔다. 오래지 않아서 브리지 게임을 중심으로 하는 모임이 형성되었다. 캐럴 루미스, 조지 길레스피, 투자은행 '베어 스턴스Bear Sterns'의 CEO 에이스 그린버그 등이 이 모임에 참가하는 고정 인물들이었다. 브리지는 워런이 긴장을 푸는 데 많은 도움이 되었다. 이 게임을 할 때는 게임 외에 다른 생각을 할 수 없었기 때문이다. 시내에서 몇 킬로미터쯤 떨어진 거대한 파크 애비뉴 아파트에서는 그의 오랜 친구 댄 코윈이 살고 있었다. 어렵게 모은 미술품들로 가득 찬 이 아파트에서 그는 암으로 죽어가고 있었다.

워런은 잠을 자지 않았다. 뉴욕에 있을 때 그는 밤 12시 30분에도 집으로 전화를 하곤 했다. 오마하에서 〈월스트리트 저널〉을 그 누구보다 빠르게 받아 보는 특별한 거래를 해둔 터라, 누군가가 그에게 전화로 다음 날 신문 기사를 읽어주어야 했다.[34] 그는 살로먼 브라더스를 소재로 좋지 않은 내용을 담은 기사가 나올까 봐 초조해하며 들었다. 하지만 그가 오마하의 집을 자주 보지 못하는 것만큼 자기 집에 자주 가지 못하는 직원들이 많이 있었다(그는 이런 사실을 남들보다 먼저 그리고 잘 알고 있었다). 이 직원들은 연이어 막아서는 장애물들과 굴욕 속에서 어떻게든 회사를 일으켜 세우려고 하루에 열네 시간 넘게 일했다. 주식이나 채권을 파는 직원들은, 자기들의 가장 중요한 임무가, 회사가 도산하지 않을 것이라고 고객들에게 확신시키는 일임을 잘 알았다. 그리고 고객들에게 열심히 전화하며 이런 임무에 최선을 다했다. 투자은행 고객들은 미리 잡았던 거래 계획을 가능한 한 빠르게 철회하고 있었다. 브리티시 텔레콤은 구트프룬드가 일부러 런던까지 날아가서 어떻게든 살려보려고 했던 중요한 거래를 없던 것으로 하자고 했다. 엄청난 사건이 드러나기 시작하던 초기에, 워런 이 르노에서 걸었던 전화를 받지 못했던 것도 바로 이 여행 때문이 었다. 다른 기업들을 매각하는 업무를 하던 은행원들은 거의 불가능에 가까운 과제를 수행해야 했다. 경쟁사들이 살로먼 브라더스의 불안정한 지위를 이용해 물고 늘어졌기 때문이다.[35]

이 와중에 몇몇 직원들이 초고속 승진을 했다. 모건은 메리웨더 휘하에 있던 차익거래자들 가운데 한 명이던 에릭 로젠펠드에게 트레이더들을 지휘하는 임무를 맡겼다. 그리고 빌 매킨토시를 판매 부서 책임자로 임명했다. 다섯 명 이상의 사람들과 한 팀을 이루어 일해본 적이 없었던 전직 대학 교수 로젠펠드는 갑자기 600명이나 되는 사람들을 관리하고 지휘해야 했다. 그런데 이때 조사관들은 그의 휘하에 있던 트레이더 몇 명을 해고하라고 위협했다. 로젠펠드는 600명을 지휘하는 동시에, 과거에 정확하게 어떤 일들이 있었는지 조사하는 변호사들이 과거 사실을 재구성할 수 있도록 개인적으로 수천 건의 거래를 검토해야 했다.[36]

로젠펠드는 이렇게 승진하는 걸 바라지 않았다. 로젠펠드나 다른 차익거래자들은 메리웨더가 복귀하기를 바랐다. 메리웨더가 쓰던 방은 그가 나갈 때 모습 그대로 남아 있었다. 그가 휘두르던 권력의 상징이던 골프채는 여전히 벽 모서리에 세워져 있었다. 청소하는 사람들도 아무리 먼지가 쌓여도 그 방을 그대로 두었다. 차익거래자들은 한자리에 모여서 트레이딩 거장들에게 자문을 구하는 한편 메리웨더가 돌아올 수 있기를 빌었다. 살로먼 브라더스의 주가는 계속 떨어져서 한 주에 20달러 초반대로 달려가고 있었다.

조사가 진행되고 직원들이 갤리선의 노예들처럼 노를 젓는 가운데서도 워런의 눈은 자꾸만 그가 심취해 있던 것, 즉 버크셔 해서웨이와 투자 쪽으로 돌아갔다. 그는 최근에 신발업체인 'H. H. 브라운 슈즈H. H. Brown Shoes'를 인수했는데, 살로먼 브라더스의 비서이던 폴라 올로프스키를 도서관으로 보내 최근에 파산 신청을 한 또 다른 신발업체인 '모스 슈Morse Shoe'에 대한 증권거래위원회 자료들을 컴퓨터로 검색하라고 지시했다.[37]

하지만 그럼에도 불구하고 그의 관심과 시간을 가장 많이 차지한 것은 여전히 살로먼 브라더스였다. '드렉셀 번햄 램버트Drexel Burnham Lambert'에서 이반 보에스키와 마이클 밀켄이 이미 한 차례 추문을 일으킨 뒤라, 살로먼 브라더스 사건은 월스트리트가 완전히 부패했다는 인식에 불을 지폈다. 워런이 하원에서 증언한 뒤로 다른 금융 중개 회사들이 줄줄이 고백을 하게 되는 등 워런의 전철을 밟았다.[38] 그런데 그 무렵 조사관들은 모저가 여덟 번에 걸쳐 허위로 고객의 입찰을 대리한 다음 이름을 도용한 고객들에게 알리지도 않은 채 그 추가 부분의 채권을 살로먼 브라더스의 계좌로 넣음으로써 규정된 35퍼센트 한도를 초과했었다는 사실을 밝혀냈다. 이 가운데 네 건에서는 전체 발행 채권의 4분의 3 이상을 독식했었다.[39] 마녀 사냥 분위기가 한층 고조되자 워런은 '분담금'을 더욱 올렸다. 이사회에서 다음 문제를 제기했던 것이다. 회사에 손해를 끼치고 발뺌하는 사람들이 고용한 변호사들에게 회사가 비용을 지급할 이유가 과연 있는가? 이 안건으로 토론이 진행되었고,[40] 이사들은 투표 결과 만장일치로 두 가지의 놀라운 결정을 했다. 이전 경영진에게 퇴직금을 지급하지 않겠다는 결정과 이들에게 들어가는 법률 관련 비용, 즉 소송 비용을 대주지 않겠다는 결정이었다.[41]

사건은 이제 두 갈래의 문제로 전개되고 있었다. 연방준비제도가 과연 살로먼 브라더스에게 프라이머리 딜러 자격을 계속 부여할 것인가 하는 문제와, 살로먼 브라더스를 상대로 하는 형사 소송이 제기될 것인가 하는 문제였다. 연방준비제도로서는 살로먼 브라더스의 업무를 일시적으로 정지할 마땅한 대안이 없었다. 연방준비제도이사회 의장인 앨런 그린스펀은 다음과 같이 말했다.

"이건 마치 어떤 사람을 처형한 다음 곧바로 다시 살려내자는 것과 마찬가지입니다."

10월에는 살로먼 브라더스를 버리자는 논의가 진지하게 전개되었다. 이 회사를 그냥 두면 '좌파와 우파의 모든 정치인들이 이 결정을 두고 비난을 해댈 것'이라는 의견이었다.[42]

연방 검찰의 검사들은 기소에 필요한 증거는 충분하다고 생각했다. 형법상으로 볼 때 직원의 행위에 대해서 회사가 면책을 주장할 수 있는 여지는 많지 않았다. 살로먼 브라더스의 형사 소송 담당 변호사이던 게리 나프탈리스는, 만일 회사가 기소된다면 유죄 판결을 받을 가능성이 매우 높다고 자문했다. 여러 가지 명백한 이유들로 해서 회사의 모든 사람은 회사의 형사상 문제가 해결되길 간절히 바랐다. 회사는 목숨이 간당간당한 상황에서 운영되고 있었고, 고객들도 이런 사정을 잘 알았다. 하지만 나프탈리스는 서두르지 않았다. 빠르게 어떤 결정이 내려진다면 그건 기소 결정이 분명할 것이라고 추론했다. 이에 반해서 시간이 조금 더 주어진다면 살로먼 브라더스가 형사 고발을 당할 정도는 아니라고, 설득하고 로비할 시간을 버는 것이라고 판단했다. 시간이 조금 더 주어진다면 회사가 당국에 기꺼이 협조할 것이라는 확실한 의지를 보여줄 수 있다고 생각했다. 또 그렇게 된다면 검사들의 기소 의지도 한풀 꺾일 것이라고 여겼다.[43]

석 달가량 회사를 개혁하는 일을 한 시점에 던햄은 워런과 올슨, 나프탈리스, 프랭크 배런을 이끌고 모처로 갔다. 연방 검사 오토 오버마이어가 주장한 곳으로, 시청 근처의 성 앤드루 플라자에 있던 검사의 사무실에서 채 1킬로미터도 떨어지지 않은 곳이었다. 이곳에서 바야흐로 살로먼 브라더스를 기소하지 않도록 오버마이어를 설득하기 위한 최후의 시도가 벌어졌다.[44]

법을 사랑하고 미국 연방 검찰의 역사와 전통을 깊이 존중하던 보수적인 독일계 검사 오버마이어는 자기 무릎 위에 놓인 엄청난 사건을 제대로 해결하려고 줄곧 노력했다. 그리고 이 사건의 독특한 성격을 다음과 같은 말로 표현했다.

"이것은 뉴욕 지하철에서 벌어진 폭행 사건이 아니다."

실제로 오버마이어는 제리 코리건에게 '놀랄 만큼 자주' 전화해서 재무부채권시장의 상세한 사항들을 배웠다. 2년 만기 채권과 30년 만기 채권이 어떤 차이가 있는지, 경매가 한 해에 몇 차례나 있는지, 또 경매가 어떤 식으로 진행되는지도 배웠다.[45]

워런 일행은 작은 회의실에서 오버마이어와 마주앉았다. 대부분 워런이 말했다. 그는 여태까지 수도 없이 많이 했던 말의 진의를 전하려고 애썼다. 만일 기소당할 경우 회사는 살아남지 못한다는 내용이었다. 그러자 오버마이어는 기소당하고도 살아남은 크라이슬러 사례를 제기했다.[46] 실체가 있는 자산을 파는 회사와 약속 사항을 적은 종잇조각에 지나지 않는 것을 사고파는 회사의 차이가 애초부터 불분명했다. 워런은 《라이어스 포커》가 불어넣은 양파버거를 먹는 게으름뱅이들 이미지를 지우려고 그리고 만일 회사가 망하면 일자리를 잃게 될 수많은 무고한 사람들이 입을 피해를 부각하려고 애썼다. 그는 자신이 결코 가까운 시일 안에 살로먼 브라더스의 주식을 팔지 않을 것이고, 또 자기 직원들이 계속해서 회사를 살리려고 노력할 것이라고 약속했다. 또한 회사 내부에서 진행되는 문화적인 변화의 본질을 알리려고 애썼다. 그의 이런 노력이 오버마이어에게 깊은 인상을 심어주었지만 오버마이어는 그런 내색을 일절 하지 않았다. 오버마이어로서는 고려해야 할 요소들이 그것 말고도 많았다.[47] 워런 일행은 자신들의 시도가 성공했는지 실패했는지 여부도 알지 못한 채 돌아갔다.

한겨울이 될 때까지 살로먼 브라더스의 프라이머리 딜러 지위는 여전히 불안정했다. 아직도 고객을 대신해서 채권을 주문하는 권한은 회복되지 않은 상태였다. 재무부는 언제라도 프라이머리 딜러의 자격을 완전히 박탈할 수 있었다. 회사가 형사 고발을 당할 수도 있는 위기 속에서 워런과 멍거는 회사가 살아남았을 때의 사회적인 이득을 증명하려고 노력했다. 워런은 〈월스트리트 저널〉에 회사의 새로운 가치 기준을 설명하는 전면 광고를 실었다.[48]

나는 우리 직원들이 우리가 세운 원칙을 확고하게 따라가도록 하지, 원칙이 사람을 따라가도록 하지 않겠다고 했습니다. 물론 그렇게 쉬운 일이 아니더군요.

하루하루가 지나면서 워런은 점점 압도당했다. 월스트리트 사람들이 당연하게 여기던 씀씀이 큰 생활 방식에 충격을 받았다. 중역 식당의 주방은 뉴욕 어떤 식당의 주방보다 더 컸고, 이 주방의 주방장은 미국 최고의 요리 학교 CIA 출신이었으며 이 주방장 아래로 페이스트리 담당 요리사와 부주방장 및 수많은 요리사들이 있었다. 직원들은 이 주방에서 지구상 어떤 요리든 원하는 메뉴로 점심을 주문해 먹을 수 있을 정도였다.[49] 뉴욕 생활을 하던 초기에 워런은 어떤 은행의 CEO로부터 회사의 중역 식당에서 점심을 함께하자는 초대를 받았다. 주방 요리사들의 솜씨를 겨뤄보자는 취지에서 한 초대였다. 그런데 워런은 그 요리사들의 솜씨를 시험하기 위한 과제로, 하루도 안 빠지고 매일 점심으로 먹는 햄버거를 주문했다.

난데없는 햄버거 주문에 요리사는 실망했다. 하지만 그는 감자를 원통형 모양으로 거미줄처럼 얇게 썬 다음에 부글부글 끓는 기름에 파삭하게 튀겨냈다. 완벽한 감자칩을 수북하게 쌓은 접시가 햄거버와 함께 워런의 식탁에 올랐다. 하지만 워런은 이 감자칩을 건성으로 먹으면서 맥도널드의 프렌치프라이를 한없이 그리워했다.

그에게 이런 중역 식당은 월스트리트의 문화를 상징하는 것이었다. 끔찍하기 짝이 없는 문화였다. 그는 돈이 귀하고 모든 게 사람이 걷는 걸음 속도로 진행되던 시대에 태어나 그런 방식으로 세상을 살아온 사람이다. 하지만 월스트리트에서는 돈이 넘쳐흘렀고 모든 게 컴퓨터의 전송 속도만큼이나 빠르게 돌아갔다. 사람들은 새벽 5시에 집에서 나와 밤 9시나 10시에 집에 들어갔다. 고용주들은 사람들이 이렇게 일하는 대가로 엄청난 돈을 지불했고, 그 대신 직장에서 보내는 시간은 1초도 허비하지 못하게 다그쳤다. 또한 다람쥐가 쳇바퀴를 돌리는 속도만큼 빠르게 일하길 바라며 확실한 서비스를 제공했다. 워런은 어릴 때 증권거래소에서 일하던 어떤 사람이 즉석에서 손으로 직접 만든 시가를 피우는 걸 보고 강렬한 인상을 받았지만 지금 이런 것들은 그저 놀라워서 어처구니가 없을 뿐이었다.

회사 아래층에는 이발소가 있었는데 사람들이 이 이발소 이야기는 아예 나한테 하지도 않았습니다. 내가 어떻게 나올지 겁냈던 겁니다. 사무실을 돌아다니면서 구두를 닦아주는 사람도 있었습니다. 구두를 닦는 비용을 따로 내지 않아도 되었습니다.

살로먼의 중역들은, 어떤 하급 직원이 표현한 말을 빌리자면, '신이 자기들에게 포크 말고는 아무것도 들지 말라고 명령을 내린 것처럼' 생각하고 행동했다. 그런데 보통 사람들이라면 당연하다고 여길,

억만장자인 새 회장이 보여준 행동에 살로먼 브라더스 직원들은 충격을 받았다. 어느 날 밤 브리지 게임을 하러 가던 길에 워런은 기사에게 자동차를 세우라고 했다. 그러고는 직접 길거리의 가게로 들어갔다. 그리고 얼마 뒤에 그가 다시 자동차로 돌아왔을 때, 기사는 놀란 입을 다물지 못했다. 회장이 햄 샌드위치와 코카콜라를 여러 봉지에 가득 담아 왔기 때문이다.[50] 이게 바로 새로 바뀐 살로먼 브라더스의 모습이었다.

분수령이 된 것은 급료를 두고 벌어진 싸움이었다. 초가을에 워런은 직원들에게 그해의 연말 보너스를 1억 1천만 달러 삭감할 것이라는 발표를 했었다. 그는 한 신문에 게재한 광고에 다음과 같이 썼다.

"주주들에게 돈을 적게 벌어준 직원은 자기가 받는 급료에 이런 부족분이 반영될 것이라는 점을 명심해야 할 겁니다."[51]

그가 보기에는 단순하고도 명백한 사실이었다. 생산성이 높은 부서나 사람은 당연히 거기에 맞는 보수를 받아야 했다. 그렇지 못한 부서나 사람도 거기에 맞게 보수를 받아야 했다. 모건은 자격에 따른 보상 문화가 자리 잡아야 한다는 점에서 워런의 의견에 동의했다. 단지 집을 세 채 가지고 있고 이혼한 아내 두 명에게 생활비를 보내준다는 명목으로 수백만 달러를 받을 자격은 없었다.[52] 하지만 워런이 이번만은 인간 본성의 한계를 잘못 계산했다. 보너스 지급일에 두둑한 돈벼락을 맞는 일에 익숙하던 직원들은 회사가 자기들을 착취하려 한다고 생각했다.

직원들이 자기가 거둔 성과를 모두 집으로 가져가서는 안 되며 주주들이 무일푼으로 남아서는 안 된다는 워런의 논리는 살로먼 브라더스 직원들에게 설득력이 없었다. 직원들은 반대로 생각했다. 오랜 세월 동안 성과를 집으로 가져갔기 때문이다. 전년도와 비교할 때 줄어든 보너스 액수는 엄청났다. 직원들은 워런이 보너스를 쟁점으로 부각시켜서 모저의 행위로 인한 잘못의 일정 부분을 자기들에게 돌리려 한다고 생각했다. 직원들 입장에서 볼 때 자기들은 회사가 부닥친 재난에 어떤 원인도 제공하지 않았다. 재난의 여파로 인한 온갖 굴욕과 비참함을 견디면서 오로지 회사를 향한 충성심 하나로 자리를 지키고 있었다. 이들은 코끼리가 지나간 어지러운 뒷자리를 청소했다. 그리고 전투 수당을 받을 자격이 자기들에게 있다고 생각했다. 사업의 성과가 나지 않는 건 자기들 책임이 아니었다. 회사가 기소당할지도 모르는 상황에서 어떻게 투자은행 사업이 예전처럼 원활하게 진행될 수 있단 말인가? 워런이 이런 사정을 모른단 말인가? 직원들은, 투자은행 업무에 종사하는 이들이 고급 커프스단추 차림의 거만한 자들일 뿐, 아무짝에도 쓸모없다고 워런이 생각한다는 것을 월스트리트의 모든 사람들이 알고 있다는 사실에 직면했다. 한편 이런 여러 문제에도 불구하고 살로먼 브라더스는 그해에 상당한 수준의 성과를 올렸다. 욕심 많은 억만장자로부터 탐욕스럽다는 말을 또다시 들어야 한다는 사실에 직원들은 분개했다.

트레이더들, 금융 투자가들, 은행원들은 박탈감을 느꼈지만 연말까지 버텨야 했다. 연말은 전통적으로 이직의 시기로, 개인별 보너스가 지급되고, 또 이 보너스보다는 적지만 그래도 총 규모가 수백만 달러나 되는 이월 보너스(보너스 가운데 일정 금액을 떼놓았던 돈-옮긴이)가 현금으로 지급되는 시기였다.

휴일이 임박해서 보너스가 분배될 때 이 지급액을 둘러싼 전투는 최고조에 달했다. 회사의 최고위 간부 열세 명의 보너스가 전년도에 비해서 반으로 삭감되었다. 보너스 금액이 발표되자마자 회사의 복도와 거래소에서는 분개하는 목소리들이 터져 나왔다. 예산도 깎이고 보너스도 깎이자 트레이더들과 금융 투자가들은 달아나 버렸다. 금융 투자 부서 인원의 절반이 회사를 그만두었다. 거래소에 남은 나머지 사람들은 임시 파업에 들어갔다.

어느 날, 워런은 두 구역을 걸어 아메리칸 익스프레스로 가서 이곳의 CEO 짐 로빈슨과 함께 점심을 먹었다.

"짐, 나는 정말 이런 일이 있을 수 있다고 전혀 생각하지 않았습니다. 그런데 방금 그 일이 일어났습니다. 보너스로 9억 달러를 지급했습니다."

하지만 그는 모건과 모건이 개혁을 단행하기 위해 영입한 한두 사람 이외에 모든 사람이 자기에게 분통을 터뜨린다고 생각했다.[53]

그 사람들은 돈을 가지고 튀었지요. 모든 사람이 그렇게 떨어져나 갔습니다. 모든 게 회사의 직원을 위해서 운영된다는 건 너무도 명백한 사실이었습니다.[54] 투자 금융 업무를 하는 사람들은 한 푼도 벌지 않았습니다. 하지만 이들은 자기들을 특권 계급으로 여겼지요. 이들은 트레이더들을 증오했습니다. 트레이더들이 돈을 벌고 따라서 더 큰 영향력을 행사했다는 게 그 이유 가운데 하나였습니다.

워런은 살로먼 브라더스를 막 구해냈고, 이런 점이 직원들에게 중요하게 작용할 것이라고 생각했지만 그게 아니었다. 회사를 떠난 어느 직원이 언급한 바에 따르면, "우리는 약 5분 동안만 고맙다는 생각을 했습니다"라고 한다. 워런이 없었더라면 일자리를 잃고 말았을 것이라는 사실을 직원들은 얇은 보너스 봉투의 악몽 속에서 잊어버렸다. "워런은 사람을 상대로 하는 사업을 이해하지 못했다"는 게 회사를 떠난 직원들이 공통적으로 내뱉던 불평이었다. 살로먼 브라더스는 가격을 올리거나 간접비용을 줄일 수 있는 회사가 아니었다. 또 모회사로 현금을 빼돌릴 수 있는 그런 회사도 아니었다(하지만 사실 워런은 할 수 있는 최대한 그렇게 했다). 올슨이 표현했듯이, '하루에 수천 번

난도질당하며 고통받는 시기'에, 다른 곳으로 이직할 수 있는 선택권을 지닌 똑똑한 직원을 계속 데리고 있으려면 이들에게 동기를 부여해야 했다. 워런은 새로운 임금 체계를 문화적인 시금석으로 바라보았다. 회사를 떠나는 사람은 오로지 돈만 바라고 일하는 사람이라서 이런 사람 없이도 회사는 충분히 잘 해나갈 것이며, 회사에 남는 사람은 자기가 원하는 유형의 회사에 동의한다고 서명하는 사람으로 보았던 것이다.

돈만 바라는 용병들의 세상인 월스트리트에서 살로먼 브라더스의 상층부 인사들은 조금씩 돈을 좇아 여기저기로 떠돌기 시작했다. 그리고 이들은 자리를 옮길 때 경쟁사로 고객 장부를 들고 들어갔다. 워런은 잠을 이룰 수가 없었다. 당시를 회상하면서 그는 이렇게 말한다.

도저히 신경을 끊을 수 없었습니다.

워런은 비상구가 없고 자기가 전체적인 통제력을 갖고 있지 않은 사안에 대해서는 회피하며 일생을 살아온 사람이었다.

나는 늘 무언가에 휘말리지 않으려고 조심하며 살아왔습니다. 살로먼 브라더스에서 나는 내가 지키고 싶지 않을 걸 지키는 내 모습을 보았습니다. 그러고 나서 자기 조직에 비판적인 내 모습을 발견했지요.

여러 달이 지났고, 오버마이어는 여전히 살로먼 브라더스의 행위가 기소 대상이 될 만큼 위중했는지 저울질하고 있었다. 그는 기소당할 경우 살로먼 브라더스의 운명에 대해서는 충분히 알고 있었다. 그래서 이런 말을 했다.

척 리커쇼서. 1976년경 워런이 부닥쳤던 복잡한
문제에 대해서 그는 "금방이라도 기소장이
날아들 것 같은 분위기였습니다"라고 말했다.

잠옷을 입고 트럼펫을 부는 워런.
로즈힐 초등학교에 다닐 때의 악몽 같던 경험
이후로 앞 연주자의 연주를 그대로 따라 하는
연주는 절대로 하지 않는다.

손주들에게 둘러싸여서 책을 읽는 찰리 멍거.

워런은 샤론 오스버그와
한 조가 되어서 1994년
뉴멕시코의 앨버커키에서
열린 브리지 게임 세계
선수권대회에 참가했다.
두 사람은 결승전 진출권을
따냈지만, 워런이
탈진하는 바람에
결승전을 포기했다.
세계브리지연맹 측은
펄쩍 뛰었다.

워런과 빌 게이츠.
1991년 7월에 워싱턴의
후드 운하 지역에 있던
빌의 가족 별장에서 두 사람이
처음 만났을 때의 모습이다.

1993년에 워런은 처음으로
컴퓨터 마우스를 잡았다.
샤론 오스버그 말로는
두려움이 전혀 없었다고 한다.

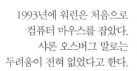

워런과 '미스터 코카콜라'로 불리던
돈 커우가 워런이 가장 좋아하던
음료수를 들고 있다.
코카콜라는 버크셔 해서웨이가
가장 많은 주식 자산을
보유하고 있는 회사이기도 하다.

아들 호위 및 며느리 데번과 함께한 워런.
두 사람은 1982년에 결혼했다.

워런의 오랜 친구 빌 루안, 2005년에 사망.

1993년의 부활절 일요일에
빌 게이츠는 멜린다 프렌치에게는
비밀로 한 채 오마하로
비행기를 몰고 가서,
보샤임에서 워런과
애스트리드를 만나게 하고
약혼반지를 선물하는
깜짝 파티를 열었다.

19

1996년 5월, 피터 버핏과
제니퍼 헤일의 결혼식에 함께한
워런과 애스트리드.

선 밸리에서 워런이
골프 카트를 운전하고
수지와 케이 그레이엄이
즐거워한다.

주주 총회가 열리던 주간에
멍거와 워런이 기자들의 질문에
답변하고 있다.

선 밸리에서
다이앤 폰 퍼스텐버그,
허버트 앨런, 배리 딜러와
함께한 워런.

오른쪽에서 왼쪽으로 코카콜라의 CEO 로베르토 고이주에타, 빌 게이츠, 워런 버핏.
1997년 선 밸리에서 돈 커우(맨 왼쪽)의 사회로 진행된 패널과의 토론 행사에서. 이 자리에서
게이츠는 코카콜라를 경영하는 일은 신기술 회사를 경영하는 것보다 훨씬 쉽다는
워런의 견해를 쉽게 설명하려다가 결국 고이주에타의 분노를 샀다.

수지 주니어가
자기 아버지의 야구 유니폼
등번호를 가리킨다.
주가는 한때 1달러의
16분의 1 단위로
거래된 적이 있었다.

워런과 두 누이 로버타 버핏 비알렉(왼쪽), 도리스 버핏.

1989년 미국 의원 팀 대
미국 기업 팀의 브리지 게임 시합에 참가한
워런이 브리지 게임에 집중하고 있다.

마르타스 바인야드의 케이 그레이엄 집에서
케이와 함께한 워런.

1994년 빌과 멜린다의
결혼식 축하연장에서
건배를 제안하는 워런.

1998년 롱텀캐피털 매니지먼트
위기 당시 빌 게이츠 부부와 함께
여행하던 중 그랜드 캐니언에서
위성 전화로 통화를 시도하는 워런과
이 모습을 보고 놀라는 빌 게이츠.

1995년에 만난
그레이엄 그룹의 원년 멤버들.
왼쪽부터 워런, 톰 냅, 멍거,
로이 톨스, 샌디 고츠먼,
빌 스콧, 마셜 와인버그,
월터 슐로스, 에드 앤더슨,
빌 루안.

미키마우스와 미니마우스 복장의 워런과 수지.
1997년 ABC/캐피털 시티즈의 한 행사장에서.

낙타를 타고 가는 워런, 1995년 게이츠 부부와 함께 중국 여행을 하던 중에.

"그것은 그 회사에게 사형 선고가 될 것이다."[55]

위조 입찰을 놓고 오버마이어는 모저의 행위가 회사의 배를 불리겠다는 것보다는 재무부가 설정한 규정에 대한 반항에서 비롯되었다는 점이 중요하다고 생각했다. 그 위조 입찰로 인해서 정부가 심각한 재정적 손실을 입지도 않았다.[56] 또한 오버마이어는 워런이 했던 약속과 그가 일구는 새로운 문화를 높이 평가했다.

증권거래위원회의 브리든과 함께 오버마이어는 살로먼 브라더스를 상대로 이 회사가 기소를 피할 수 있는 조정 작업에 들어갔다. '크래바스, 스웨인 앤드 무어'의 변호사인 프랭크 배런은 증권거래위원회로 가서 브리든의 대리인인 빌 매클루커스와 만나 자기 회사가 조정 작업에서 수행할 역할을 논의했다. 이 자리에서 매클루커스는 배런에게 법무부와 재무부가 부가할 벌금은 1억 달러의 배상금과 별도로 1억 9천만 달러가 될 것이라는 정보를 제공했다. 배런은 깜짝 놀랐다. 시장이나 고객들에게 심각한 손해를 끼치지도 않았는데 트레이더 한 명이 단지 재무부가 정한 규정을 어겼다는 이유만으로 물리는 범칙금으로는 너무도 큰 금액이었다. 어째서 그렇게 큰 금액이 산출된 것이냐고 배런이 물었다.

"이봐요 프랭크, 리처드 브리든이 1억 9천만 달러가 될 거라고 말해서 그런 금액이 나왔다는 걸 이해하셔야 합니다."[57]

문제의 그 일요일 아침, 메리웨더가 리처드 브리든을 만나고 수척한 모습으로 돌아와서 브리든의 말을 빌려 살로먼 브라더스를 '속까지 완전히 썩었다'고 말했던 상황이 배런의 머리에 스쳤다. 아무리 애원해 봐야 소용없을 것 같았다. 결국 살로먼 브라더스는 그 엄청난 벌금을 지불한다는 데 동의했다.

워런은 '속까지 완전히 썩었다'는 이미지를 가능하면 빠르게 털어내려고 노력했다. 윤리적이면서 겸손하다는 의미로 '지미 스튜어트'

라고 불렸던 그는 조금이라도 미심쩍다 싶은 거래는 줄줄이 취소하고 거절했다. 회사 내부에서는 당연히 역풍이 불었지만 아랑곳하지 않았다. 그런데 갑자기 난데없이 또 다른 위기가 찾아들어 조정 내용을 송두리째 뒤흔들었다.

모저가 정부에게 유죄를 인정하겠다고 나선 것이었다(미국에서는 유죄를 인정하면 감형시켜 주는 제도가 있다-옮긴이).

모저는 자기가 다른 트레이더들과 함께 세금 회피 목적으로 했던 몇몇 거래를 자백했다. 이 거래에서 모저는 다른 회사들이 손해를 볼 가능성에 대비해서 이 회사들과 은밀한 사적 협약을 맺었었다. 그런데 탈세 목적이 개입되었다면 형사 고발의 강력한 근거가 되었다.

모저는 자신이 살아남아야겠다는 동기 외에 다른 동기도 있었다. 살로먼 브라더스에 대해서 좋지 않은 감정을 품을 근거가 적지 않았던 것이다. 회사의 이전 경영진이 자기 문제를 적절하게 처리했더라면, 비록 회사에서 잘리고 또 사기 혐의로 기소되어 교도소 신세를 질 테지만 역사상 최대 금융 사건을 일으킨 주범이라는 식으로 자기 이름이 모든 신문에 도배되는 일은 없었을 것이라는 게 모저의 생각이었다.

비상 이사회가 열리고 있던 시간에 오버마이어는 올슨에게 전화를 했다. 탈세 거래와 관련해서 조정 내용을 정리하자고 했다. 오버마이어는 비록 모저가 새로운 사실을 밝히긴 했지만 기존의 조정 내용을 무효화하지 않을 작정이라고 했다. 그 문제에 관해서는 살로먼 브라더스가 국세청을 상대로 논의하면 될 것이라고 했다. 그것을 제외한 나머지 위법 행위들은 심각한 것이며 따라서 '회사는 무릎을 꿇어야'[58] 마땅하지만, 그렇다고 해서 사형 선고를 받을 정도는 아니라는 게 자기 생각이라고 했다.

5월 20일, 오버마이어의 사무실에서 올슨에게 전화를 걸어와, 정부는 살로먼 브라더스를 기소하지 않을 것이며 이 회사에 대한 모든 혐의를 기각했다고 통고했다. 연방 검찰과 증권거래위원회는 살로먼 브라더스의 불법 행위에 대한 조정 내용을 발표했다. 배상금 1억 달러를 포함하자면 벌금 규모로는 역대 두 번째였다. 발표 내용은 또, 모저가 했던 불법 입찰 행위 외에는 불법 행위를 입증할 증거가 없으며, 모저의 불법 행위도 회사 자체에서 밝혀낸 것이라고 했다. 모저는 넉 달 동안 복역하고 110만 달러의 벌금을 내라는 선고를 받았다. 또한 평생 금융업에 종사하지 못한다는 선고도 함께 받았다.[59] 구트프룬드, 메리웨더, 스트라우스는 부하직원인 모저를 감독하지 못했다는 명목으로 소액의 벌금형과 함께 몇 개월 동안 금융업에 종사할 수 없도록 하는 징계를 받았다.[60]

몇몇 사람들은 드렉셀 번햄이 주식 파킹(주식의 소유자를 감추려고 남의 명의를 사용하는 일 ─ 옮긴이)과 주가 조작 혐의로 6억 5천만 달러를 물고 결국 파산했던 점을 들어, 살로먼 브라더스가 드렉셀 번햄 램버트에 비해서 솜방망이 처벌을 받았다고 생각했다. 하지만 이 사건을 지켜본 사람들은 대부분 직원 한 사람이 저지른 기술적인 규정 위반에 대한 벌금 액수에 놀라서 입을 다물지 못했다. 사실 자기 잘못을 너무 노골적으로 인정해 버림으로써 살로먼 브라더스는 협상 수단을 일찌감치 포기한 거라고 몇몇 사람들은 생각했다. 하지만 그 막대한 금액의 벌금은 사실, 살로먼 브라더스가 보고 의무에 심각할 정도로 태만했고 또 의회 청문회에서 규제 기관 담당자들이 무능하게 손을 놓고 있었던 것처럼 비치게 행동했다는 일종의 괘씸죄가 반영된 것이었다. 살로먼 브라더스는 멍하게 엄지손가락만 빨고 있던 대가로 하마터면 파산이라는 엄청난 비용을 치를 뻔한 셈이었다. 요컨대 이 사건은 범죄 그 자체가 핵심이 아니라 그 사실을 은폐하려 했던 게 핵심이었다.

사흘 뒤, 댄 코윈이 암으로 사망했다. 워런은 진심에서 우러나오는 추도사를 썼다. 이 추도사를 자기가 직접 읽고 싶었다. 그래서 비서 폴라 올로프스키를 자기가 묵고 있던 호텔로 불러 원본을 가지고 가 타이프를 치라고 지시했다. 비서가 타이핑한 원고를 가지고 오자, 워런은 고통에 잠긴 모습으로, 코윈의 장례식에서 자기가 추도사를 읽지 않고 수지가 대신 읽을 것이라고 말했다.[61] 워런은 장례식장으로 갔다. 그는 당시를 다음과 같이 회상한다.

나는 장례식이 끝날 때까지 내내 사시나무 떨듯 온몸을 떨며 앉아 있었습니다.

그리고 다시 업무에 복귀했다. 살로먼 브라더스는 모저가 400만 달러를 회사에 벌어다 주었지만 결국 그의 불법적인 행위로 회사가 져야 했던 비용은 사업에서의 손실금과 벌금, 벌칙, 법률 관련 비용 등을 모두 합해서 8억 달러나 된다고 추산했다. 프라이머리 딜러로서의 위상도 여전히 불안정했다. 하지만 언젠가 족쇄가 완전히 풀릴 것임은 분명했다.[62] 회사를 빠져나가는 직원의 수도 현저하게 줄어들었고, 신용평가 기관들도 살로먼 브라더스의 부채 등급을 상향 조정하기 시작했다. 고객들도 다시 돌아오기 시작했다. 살로먼 브라더스의 주가가 33달러까지 올라갔을 때, 완전히 오마하로 복귀하기를 바랐던 워런은 임시 회장직에서 물러나겠다고 발표했다. 데릭 모건이 CEO 자리에 올랐고, 워런은 '멍거, 톨스 앤드 올슨'의 변호사 밥 던햄을 회장으로 임명했다. 이 모든 일이 끝났을 때를 회상하면서 글래디스 카이저는 다음과 같이 말한다.

"정말 커다란 안도의 한숨이 나오는 걸 실감했습니다. 하루아침에 워런은 다시 우리 곁으로 돌아왔습니다."

슬픔이 가득 묻어 있던 1992년 봄, 살로먼 브라더스가 비틀거리면서 일어서고 있었지만 회사를 거의 말아먹을 뻔했던 사람들을 어떻게 처리할 것인가 하는 문제는 여전히 해결되지 않은 채로 남아 있었다. 모저 다음으로 책임을 물어야 할 공적인 비난의 대상이 되었던 인물은 존 구트프룬드였다. 보고의 의무가 법률적으로 규정되어 있는 건 아니라고 자문을 받았다 할지라도 근본적인 책임을 져야 할 사람은 바로 구트프룬드였다.

구트프룬드가 회사로부터 얼마의 돈을 받을 것인지 논의할 시간이 다가왔다. 구트프룬드는 워런과 멍거가 살아 있는 한 보장한다고 약속했던 공정한 처우를 요구했다. 하지만 무엇이 공정한 것인가에 대한 기준은 이미 완전히 바뀌어 있었다.

구트프룬드가 내세운 변호사 하워드는 이 부분에 관해서 지난 8월의 그 치명적이었던 주말에 이미 찰리 멍거와 이야기를 끝냈다고 생각했다. 그리고 멍거가 길고 긴 항목의 고용 계약 해지 조건을 수긍한 상태에서 사직서를 받아들였다고 생각했다. 구트프룬드는 자기가 회사를 구하기 위해서 스스로 칼을 입에 물고 엎어졌다고 생각했으며, 회사는 주식과 퇴직 수당 및 소급 적용 급료를 모두 합해 3,500만 달러를 자기에게 지불해야 한다고 생각했다.

하지만 회사는 찰리 멍거가 구트프룬드의 변호사를 상대로 그런 약속을 하지 않았다는 입장이었다. 이사회는 구트프룬드의 수혜 조항을 엄격하게 해석하기로 합의하고, 또 그에게 부여했던 스톡옵션을 취소했다(사실, 그의 스톡옵션 조항에 어떤 조건에서든 몰수 조항은 없었다). 이렇게 해서 이사회가 산출한 금액은 860만 달러였다.

구트프룬드는 모욕감으로 치를 떨고 분개하면서 이사회 결정을 받아들일 수 없다고 했다.

"그건 잘못된 겁니다. 나는 당연히 원칙에 따라서 싸웠습니다."[63]

그가 선임한 변호사들은 이사회가 제안한 사항은 협상하겠다는 의미가 전혀 아니라고 해석했다. 모욕적일 정도로 적은 돈이라서 고려할 가치가 없다고 일축했다. 1993년에 구트프룬드는 이 문제를 중재 재판소에 의뢰했다.

중재는 분쟁을 해결하는 하나의 방식으로 중립적인 인사들이 양측의 주장을 들은 뒤에 구속력이 있는 결정을 내리는 제도다. 중재는 또한 마지막 결정적인 판결이나 마찬가지이기도 하다. 중재 결정이 한 번 내려지고 나면 더는 협상의 여지가 없기 때문이다.

존 구트프룬드는 방 세 개짜리 작은 사무실에 둥지를 틀고 있었다. 이 사무실에서 그는 시간제로 고용한 비서가 없을 때는 자신이 직접 전화를 받았다. 그는 언론이 이제 '마리 앙투아네트'라는 별명을 붙인 아내 수전이 자기더러 한 번 물러나면 다시는 다른 회사로 자리를 옮길 수 없을 것이라면서 사직서를 내지 말라고 했던 사실을 떠올렸다. 그때 수전은 마치 사임할지 말지를 선택할 수 있는 권한이 전적으로 구트프룬드에게 있는 것처럼 말했었다. 두 사람은 뉴욕의 사교계에서 쫓겨난 상태였다. 언론은 구트프룬드를 야만적으로 대했다. 구트프룬드는 언론이 자기를 그렇게 대할 줄은 상상도 하지 못했었다. 언론에서는 구트프룬드를 보에스키나 밀켄 같은 중죄범에 비유했던 것이다.[64] 예전에 친하게 지내던 사람들 가운데서도 많은 사람들이 그를 버렸다. 살로먼 브라더스로부터 한 푼의 소송 비용도 지원받지 못한 상태로 그는 막대한 비용을 들여서 수많은 민사 소송을 감당해야 했다.

구트프룬드는 중재라는 장치를 통해서 자기 입장을 정당화하려고 했다. 하지만 살로먼 브라더스의 치부를 놓고 공개적으로 이러쿵저러쿵 해봐야 상처받은 자존심을 조금은 회복할 수 있겠지만 워런은 냉정한 얼굴로 돌아설 것이고 타협 가능성은 더욱 낮아질 게 분명했다. 워런이 살로먼 브라더스에 자기 이미지의 많은 부분을 걸었고 구트프룬드가 그의 위신을 깎아내렸던 터라, 중재 과정에서 어떤 이야기를 다시 하고 이 이야기를 끈질긴 언론이 기사화한다고 하더라도 그가 구트프룬드의 행동을 보다 관대하게 해석할 여지는 거의 없었다. 이제 워런과 구트프룬드는 워런 특유의 의미로 말하는 동업자 관계가 아니었기 때문에, 예전이었다면 용서하고 넘어갈 수 있었을 문제들도 그렇게 될 수 없었다. 이런 문제들은 많았다. 그리고 심각한 수준이었다.

- 1987년의 스톡옵션 행사 가격 조정. 이것은 워런에게 엄청나게 많은 비용을 발생시켰다.
- '장전된 총구' 운운했던 연방준비은행 스턴라이트의 편지. 워런은 이 편지의 존재를 너무 늦게야 알았고, 그 대가는 엄청났다.
- 재무부 밥 글로버와의 만남에서 구트프룬드는 보고해야 할 사항을 함구했고, 워런과 이사회도 이런 사실을 몰랐다.
- 고용된 사람이 정당한 명분에 따라 해고되었을 때 자기 주식을 보유할 수 있도록 한 지분 규정. 이것을 구트프룬드는 이사회와 주주들에게 제출했지만, 그 시기가 1991년의 그 치명적이었던 봄이었던 터라 너무 늦었다.

워런은 이 모든 것이 결코 일어나지 말았어야 할 비극이었으며 구트프룬드의 행위는 상식에서 벗어난 일탈이라고 생각했다. 비록 워런이 다른 사람과 충돌하는 걸 회피하곤 했지만, 어쩔 수 없이 싸워야 할 때는 그의 위임을 받은 대리인들이 그를 대신해서 궁지에 몰린 하이에나처럼 필사적으로 싸웠다. 구트프룬드는 나폴레옹보다 더 지독한 신경질쟁이였다는 식으로 말하곤 했던 찰리 멍거는 중재 과정에서 악역으로 지목되었다.[65] 멍거가 하는 증언이 절대적으로 작용할 전망이었다. 멍거가 구트프룬드의 변호사인 필립 하워드와 협상했던 인물이기 때문이었다.

증권거래소에 있는 한 우중충한 회의실에서 구트프룬드의 운명을 결정할 사람은 나이 지긋한 중재자 세 명이었다.[66] 이 세 사람을 지명한 사람은 뉴욕증권거래소의 젊은 사장 딕 그래소였다. '크래바스, 스웨인 앤드 무어'에서 나온 변호인단은 (살로먼 브라더스의 이사회 구성원들, 직원들, 예전 직원들, 워런, 멍거 등이 했던 증언을 등에 업고서) 중재자들이 보는 앞에서 구트프룬드를 완전히 가루로 만들었다. 이 중재 회의는 총 60차례 넘게 열렸으며 기간도 여러 달 걸렸다.

중재자들은 멍거와 필립 하워드가 만났던 일에 대해서 수도 없이 들었다. 이 만남에서 하워드는 구트프룬드가 바라는 여러 보상 항목들을 나열하며 설명했고 멍거는 이 이야기를 어떤 태도와 방식으로든 들었다. 하워드가 구트프룬드의 서류에 서명을 받지 않았다는 점에 대해서는 모든 사람이 동의했다. 하지만 그날 저녁에 있었던 나머지 일들에 대한 해석은 서로 달랐다. 하워드는 멍거가 분명히 자기와 문제의 그 협상을 매듭지었다고 확신했다.

구트프룬드의 변호사는 찰리 멍거를 증언자로 소환했다. '크래바스, 스웨인 앤드 무어'의 프랭크 배런은 증언 준비를 시키려고 했지만 멍거는 이런 과정을 참을 수 없어했다. 배런이 멍거 혼자서 준비하도록 했지만, 법률 비용을 지불하는 걸 끔찍하게 싫어했던 변호사 멍거는 중재자들에게 예정에도 없던 말을 했다. '크래바스, 스웨인 앤드 무어'는 증언 준비 과정에서 값비싼 변호사 보조원들과 '아스피린 심부름만 하는 사람들'을 지나치게 많이 고용했다는 내용이었다.[67] 멍거가 증언을 시작할 때 그의 입에서 나온 단어 하나하나는 모두 "우리가 검토했던 것과 아무런 상관이 없었다"고 배런은 말한다.

"찰리 멍거를 증인석에 앉힌 일은, 내가 여태까지 변호사로 일하면서 경험했던 그 어떤 증언보다 신경이 날카로워지고 머리털이 곤두서는 경험이었습니다."[68]

멍거가 증인으로서 가졌던 자신감은 대단했다. 하지만 수석 중재자는 여러 차례에 걸쳐서 짜증을 내며 멍거에게 주의를 촉구했다.

"멍거 씨, 대답을 하시기 전에 질문을 자세히 들어주시겠습니까?"

멍거는 필립 하워드를 만났던 날 밤의 자기 상태를 설명했다.

"상대방이 하는 이야기를 일부러 듣지 않았습니다. (……) 정중하게 행동했습니다만 많은 주의를 기울이지는 않았습니다. (……) 뭐랄까, 신경을 껐습니다. (……) 그러니까 신경을 끈 채로 정중하게 앉아 있었던 겁니다."

구트프룬드의 변호사는 멍거에게, 듣지 않으려 했을 뿐만 아니라 말도 하지 않겠다고 처음부터 마음먹고 자기와 마주앉았던 게 아니냐고 물었다.

"아닙니다. 내가 말해야 할 때는 분명하게 말했습니다. 내가 가지고 있는 결점 가운데 하나는, 내가 너무 솔직하게 말한다는 겁니다. 아마도 무관심의 대역을 뚫고 들어온 몇몇 개인적인 것들에 대해 논의했을 겁니다. 이런 대화 버릇은 가장 짜증나는 것이기도 합니다. 이 버릇은 평생 나를 따라다녔습니다. 그래서 무언가가 무관심을 비집고 들어오려 할 때마다 그에 대한 반론을 생각하곤 합니다."

당시에 하워드는 구트프룬드를 상대로 소송을 제기하지 않겠다는 보증을 확실하게 해달라고 요구했었다. 법률적인 문제였기 때문에 이것은 멍거가 가지고 있던 무관심의 대역을 뚫고 들어왔다.

"내 생각에는 이렇게 말했던 것 같습니다. '당신은 당신이 필요한 것이 무엇인지조차 알지 못합니다. 소송이 있을 것인지, 엄청난 혼란과 다툼이 있을 것인지는 신만이 압니다. 일이 어떻게 전개될지 누가 알겠습니까? 이 시점에 이런 쟁점들 가운데 하나라도 제기하는 게 온당하다고 생각한다면 당신은 당신 고객을 잘못 대변하는 겁니다'라고요."

그러자 구트프룬드의 변호사는 그 대화 역시 주의를 기울이지 않고 했던 대화가 아니었느냐고 물었다.

"천만에요, 나는 [남의 말을 들을 때가 아니라] 내가 말을 할 때는 내 말에 주의를 기울입니다."

멍거는 맹세한다면서 그렇게 말했다.

"나는 내가 하는 말을 곧잘 기억해 냅니다."

"이 대화 역시 자주 그렇듯이 고의적으로 상대방의 말을 듣지 않으려고 하는 대화 아닌가요?"라고 하워드가 물었다.

"뭐라고 하셨습니까? 또 집중하지 못했네요. 일부러 그런 건 아닙니다."

"이 대화 역시 자주 그렇듯이 고의적으로 상대방의 말을 듣지 않으려고 하는 대화 아닌가요?"

"부끄럽습니다만, 또 놓쳤네요. 한 번만 더 말씀해 주시겠습니까? 이번에는 노력해서 제대로 듣겠습니다."

구트프룬드의 변호사는 똑같은 질문을 세 번째 했다. 그러자 멍거가 이렇게 말했다.

"맞습니다, 듣는 시늉만 했습니다."

중재자들과 변호사들과 구트프룬드가 어떤 정신 상태에서 이런 말을 들을 수 있었을지는 충분히 상상할 수 있다. 유감스럽게도, 오해의 많은 부분은 찰리 멍거의 마음이 작동하는 내용이 외부로 표출되는 기호에 필립 하워드가 익숙하지 않아서 발생했던 것 같다. 하워드는 그날 밤 자기와 멍거가 정상적인 대화를 나누고 있다는 착각 속에서 아무 소용없는 노력을 기울였던 것이다. 멍거는 가끔씩 하워드의 말에 대꾸했다. 하지만 그것은 자기가 설정한 무관심의 대역 너머로 넘어온 무작위적인 몇몇 단어들에 촉발된 간헐적인 생각의 반응일 뿐이었다. 멍거가 반대할 때마다 하워드는, 자기가 멍거에게 일방적으로 주장을 늘어놓는 게 아니라 자기들 두 사람이 협상을 하고 있다고 생각했다. 멍거가 아무 말도 하지 않거나 투덜거리면서 대화가 계속 이어질 때, 하워드는 이를 멍거가 동의했거나 적어도 그때까지 나온 내용에 반대하지 않는다는 뜻으로 해석했다. 멍거가 신경을 끄고 있다는 사실을 아무도 하워드에게 알려주지 않았던 것이다.

구트프룬드의 변호사는 멍거에게 워런이 증언했던 말을 상기시켰다. 이 증언에서 워런은 구트프룬드에게 그 모든 일이 일어날 수 있도록 할 힘이 자기에게 있다는 말을 했었다.

멍거 씨, 버핏 씨가 이렇게 말했던 사실을 기억하십니까?

"내가 한 말을 기억하듯이 버핏 씨의 그 말을 기억하지는 못하겠습니다. 하지만 우리가 공정하게 처리할 것임을 믿어도 좋다는 내용이 요지였다는 점은 확실합니다."[69]

쟁점은 '공정하게'를 어떻게 해석하느냐였다. 살로먼 브라더스는, 구트프룬드가 요구하는 돈은 구트프룬드의 것이며 그가 그 돈을 벌었다는 점에 대해서는 이의를 제기하지 않았다. 논쟁은, 만일 그 모든 사실이 알려졌더라면 구트프룬드가 회사에서 잘렸을까 하는 것으로 압축되었다. 구트프룬드가 해고당했어야 하는 게 당연한지를 증명하는 것이 핵심적인 문제였다. 도널드 푸어스타인도, 글로버를 통해서 새롭게 안 사실들을 구트프룬드가 감추는 과정에서 금융 당국에 정직하지 않았었다는 점을 인정했다. 비록 모든 사람이 이 일을 두고 기이하고 그답지 않은 행동이라고 생각했지만, 그 일은 실제로 일어났던 것이다.

살로먼 브라더스에 공평히 말하자면, 구트프룬드는 자기가 마땅히 해고되었어야 했음을 증명하려고 회사가 어째서 그렇게 엄청난 노력을 기울이는지 알았다. 모든 사람의 관심사는 자기를 헐뜯고 욕하는 것임을 구트프룬드는 알고 있었다. 하지만 자기가 받을 금액이 기대에 미치지 못한다는 사실이 그를 괴롭혔다. 어떤 시점에서든 이 줄다리기는 끝이 나야 한다고 그는 생각했다.

그럼에도 불구하고, 워런을 포함해서 모든 사람은 구트프룬드가 그 돈의 일부를 받을 자격이 있다고 생각했다. 워런은 가이코에서 자기와 함께 이사로 이름을 올리고 있던 동료이자 구트프룬드와 친하게 지내던 샘 버틀러에게 도움을 요청했다. 버틀러는 구트프룬드에게 두 차례 전화해서 1,400만 달러 제안을 전달했다. 그러면서 덧붙여 이렇게 속삭였다.

"조금 더 받게 해줄 수도 있을 것 같아요."

워런은 1,800만 달러까지 지급할 생각을 가지고 있었다.[70] 하지만 구트프룬드는 거기에 이르는 과정에서 받은 모욕을 생각했다. 그가 생각하기에 찰리 멍거는 성격이 옹졸하고 저 혼자 잘난 척하는 인물이었다. 구트푸룬드는 분개하며 그 제안을 거부했다. 이렇게 해서 결정은 중재자들의 손으로 넘어갔다.

증언은 1994년 봄까지 계속 이어졌다. 주장은 끝없이 반복되면서 이어졌고, 대립은 팽팽했다. 한 쪽은 구트프룬드가 결백하다고 하고 다른 한 쪽은 구트프룬드가 악의 화신이라고 했다. 중재자들의 인내도 바닥을 드러냈다. 그리고 최후 진술 과정에서 구트프룬드의 변호인단은 도표 하나를 들고 나왔다. 이 도표를 통해서 그들은 이자와 그간의 추가 경비와 주식 재평가 금액 및 기타 금액을 추가해서 요구 금액을 5,630만 달러로 올렸다.

중재의 최종 결론이 나올 시점이 느리지만 고통스럽게 다가오면서, 살로먼 브라더스 측의 변호사들 및 관련자들은 나름대로 결과를 점치며 돈을 걸었다. 중재자들은 과연 구트프룬드에게 얼마를 지급하라고 할까? 최하 금액이 1,200만 달러였고 최대 금액이 2,200만 달러였다.[71]

중재자들이 어떤 요소에 더 무거운 가중치를 두고 판단했는지는 아무도 모를 것이다. 중재 명령이 내려졌을 때, 살로먼 브라더스는 구트프룬드에게 한 푼도 주지 않았다. 단 10센트마저도.

50

로또

전 세계의 절반, 1991~1995년

워런은 개혁가로서, 살로먼 브라더스의 구원자로서 의회에서 증언을 함으로써 부유한 투자가라는 명성 이외에 영웅이라는 명성까지 얻었다. 살로먼 브라더스는 단순히 '착한 놈, 나쁜 놈' 이야기와 같은 차원이 아니었다. 그 이상이었다. 규제 당국과 검찰 앞에서 몸을 사리기는커녕 오히려 이들을 포용하면서 회사의 추문으로 빚어진 대형 사건을 해결하려고 했던 독특한 접근법이 성공하며, 수많은 사람이 마음에 품고 있던 고결함에 대한 열망을 자극하고 이들을 감동시켰다. 정직함이 보상받는다는 사실, 명예의 손상은 명예로써 회복될 수 있다는 사실을 입증한 것이었다. 위기의 대소동이 가라앉은 뒤 워런 버핏이라는 밝은 별이 높이 떴다. 버크셔 해서웨이의 주식 가격은 한껏 치솟아 한 주에 1만 달러를 넘어섰다. 이제 그의 자산은 44억

286 | 스노볼 2

달러에 달했다. 수지의 주식 가치만 해도 5억 달러나 되었다. 처음부터 워런에게 투자했던 사람들은 1957년 당시의 투자금 1천 달러가 350만 달러로 바뀌어 있는 놀라운 기적의 주인공이 되어 있었다.

워런이 어떤 공간으로 들어서건 그 공간에는 짜릿한 전율이 흘렀다. 그와 한 공간에 있는 사람들은 위대함의 아우라에 스치는 듯한 느낌을 받았다. 사람들은 그를 만져 보고 싶었다. 하지만 그의 앞에 서면 놀라서 말을 잃어버렸다. 혹은 자기도 모르게 무의미한 말을 중얼거렸다. 그가 무슨 말을 하든지 사람들은 그가 한 말을 모두 받아들였다.

스물한 살 때 나는 재무 관련 조언을 최고로 잘했습니다만, 사람들은 내 말을 들으려 하지 않았죠. 최고로 똑똑한 말을 할 수 있었지만, 내 말에 귀를 기울인 사람은 그다지 많지 않았습니다. 그런데 이제는 세상에서 가장 터무니없는 소리를 하더라도 많은 사람이 그 말에 어떤 위대한 의미가 담겨 있다고 생각하게 되었습니다.

어디를 가든 그의 주변에는 명성이 따라다녔다. 기자들은 시도 때도 없이 전화했다. 수많은 출판업자들이 그를 따라다니면서 자서전을 쓰라고 졸랐다. 사진 기자들도 그림자처럼 그를 따라다니기 시작했다. 자자 가보(미스 헝가리 출신의 미국 배우. 결혼을 아홉 번 하고 이혼을 일곱 번 했다―옮긴이)도 편지를 써서 친필 서명을 한 사진을 한 장 달라고 부탁했다. '워런 버핏'에 관한 책들이 나오기 시작했다. 날마다 그를 보는 사람들, 즉 그를 보호하는 사람들은 그에 관한 열광을 도무지 이해할 수 없었다. 어떤 여자는 버크셔 해서웨이 사무실에 나타나서 그에게 절을 하기 시작했다. 글래디스 카이저는 당혹스러워서 어쩔 줄 몰랐다.

"제발 절 좀 하지 마세요!"

살로먼 브라더스의 전현직 직원들은 대부분 다른 사람에 비해 워런에게 별다른 감명을 받지 못했다. 돈을 물 쓰듯 쓰는 이 회사의 문화를 깨뜨렸으며 화려하던 보너스 지급 축제를 중단시켰기 때문이다. 워런은 그들이 하는 짓을 경멸했으며 그들 역시 이런 사실을 알았다. 직원들에게는 나름의 불만족스러운 사연이 있었던 것이다. 그들에게는 별로 밝히고 싶지 않은 사연들이 있었다. 그리고 얼마 지나지 않아 워런의 상반된 두 성격, 즉 부끄럼 잘 타는 성격과 냉정하리만치 합리적인 성격 사이의 극명한 대조는 전국적으로 언론의 조명을 받았다. 레모네이드 잔을 들고 현관 포치에 앉아서 소탈한 이야기를 들려주고 장황한 설교를 하며 가르치는 상징적인 모습과 사업가로서 오랜 세월에 걸쳐 쌓아 올린 세련된 위업 사이의 간극을 과연 어떻게 설명할 수 있을까? 월스트리트 사람들을 사기꾼이나 교활한 사람들 집단이라고 말하고 또 글을 쓰면서 월스트리트의 거대한 투자은행의 임시 회장직을 맡고 있었다는 사실을 어떻게 설명할 수 있을까?

그가 하려던 것은 살로먼 브라더스 직원에 대한 급여 체계를 주주의 이익에 부합하도록 조정하는 것이었다. 하지만 보상 체계에 대한 그의 이런 관심은, 거의 모든 부서가 해당 부서 고객의 이해와 기본적으로 상충하는 문제를 가지고 있는 회사에 대한 근본적인 회의감에서 비롯한 한 측면일 뿐이었다. 프롭트레이딩(금융 기관이 이익을 목적으로 자기자본이나 차입금을 채권, 옵션 등의 금융 상품에 투자하는 것 – 옮긴이)을 제외한 모든 사업 부문을 포기함으로써 회사를 완벽하게 축소하지 않는 한 이 문제가 온전하게 해결될 길은 없었다. 그러나 1991년까지도 〈월스트리트 저널〉과 〈뉴 리퍼블릭 New Republic〉¹은 두 세계에 양다리를 걸치고 선 그의 모습에 주목하고 이 두 세계 사이에 존재하는 불균형을 지적하는 기사들을 실었다. 워런은 스스로를 오즈의 나라에서 잠을 깼던 중서부 지역의 중산층이라고 드러내고 있었지만, 다른 한편으로는 일상처럼 수많은 거물 명사들과 어울려 코끼리 박치기를 했다. 동일한 범주로 묶을 수 없는 이런 판이한 모습에 언론은 그의 정체를 폭로하려고 기를 썼다. 〈월스트리트 저널〉의 기사 옆에는 '버핏이 어울리는 집단은 돈과 권력을 가진 사람들'이라는 제목의 보조 기사가 달렸다. 이 보조 기사는 월터 애넌버그와 같은 유명인사의 이름을 언급했다.[2] 이 기사에 언급된 사람들 가운데 여러 명은 나중에 자기들이 그 기사에 잘못 인용되었다고 밝혔다. 이 가운데는 톰 머피와 워런이 새로 친구로 사귄 빌 게이츠가 있었다. 게이츠는 '마이크로소프트 코퍼레이션Microsoft Corporation'의 CEO였는데, 그는 머피와 이런저런 이야기를 하다가 TV 상업 광고 제작 비용 때문에 (찰리 멍거의 표현을 빌리자면) 얼마나 많은 '돈을 뜯겼는지' 이야기했다. 버핏 그룹의 모임에서 있었던 이 대화를 〈월스트리트 저널〉이 기사로 실어서 자세하게 소개했다. 기사가 소개한 내용은, 광고비가 어디로 향하는지, 광고비가 얼마가 되어야 하는지 진지하게 논의하는 모습이었는데, 까딱하다간 '반독점의 회색 지대'로 떨어질 수도 있는 내용이었다.[3] 워런과 그의 친구들은 이 문제를 놓고 〈월스트리트 저널〉의 편집자들과 티격태격했지만, 별 영향력을 미치지는 못했다. 그런데 연방거래위원회FTC가 마이크로소프트와 IBM이 컴퓨터 소프트웨어 시장에서 담합했을지도 모른다는 혐의를 가지고 조사에 착수한 지 채 1년도 지나지 않았던 터라 반독점에 위배되는 문제가 포함된 이런 사항들로 구설수에 오르자 빌 게이츠로서는 상당히 난감했다. 바로 이 시점에 게이츠는 워런에게 편지를 써서 혹시라도 자기 때문에 당혹스러운 느낌이 들었다면 사과한다고 했다.[4] 게이츠와 워런이 정식으로 인사한 지 채 다섯 달도 되지 않은 시점이었다.

두 사람은 그해 여름 독립 기념일 휴일 때 처음 만났었다. 그때 케이 그레이엄과 그녀의 〈워싱턴 포스트〉 논설 주간이자 친구이던 메그 그린필드가 긴 휴일을 함께 보내자면서 워런을 베인브리지 아일랜드에 있던 자신의 집으로 불렀다. 워런 입장에서는, 시애틀에서 배로 30분 거리에 있으며 배나 수상비행기를 타거나 다리 위의 자동차를 히치하이킹하는 게 아니라면 밖으로 나올 수 없는 이 섬에 가는 것은 '순전히 케이를 위한 행사'였다. 한편 빌 게이츠는 후드 운하 지역에 자기 가족을 위해서 지은 네 개 동의 집으로 구성된 별장을 가지고 있었는데, 그린필드가 인근에 있던 이 별장으로 워런을 데리고 가면서 두 사람은 처음 대면하게 되었다. 워런보다 스물다섯 살 아래인 게이츠는 워런에게 무척 매력적인 인물이었다. 가장 큰 이유는 무척 똑똑한 사람이라고 소문이 나 있다는 것이었다. 또 두 사람이 〈포브스〉가 선정하는 부자 경쟁에서 앞서거니 뒤서거니 하는 사이라는 점도 작용했다. 하지만 워런에게 컴퓨터는 끔찍할 정도로 먹기 싫은 방울양배추나 마찬가지였다. 그때까지 워런은 단 한 번도 컴퓨터를 다뤄보려고 시도한 적이 없었다. 그린필드는 빌 게이츠의 부모인 빌 시니어와 메리를 마음에 들어 할 것이며, 또 이 사람들 외에도 흥미로운 사람들이 거기에 많이 있을 거라는 말로 워런을 설득했고, 워런은 비록 썩 내키지는 않았지만 그린필드가 이끄는 대로 게이츠의 별장으로 갔다.

우선 그린필드의 집으로 가야 했다. 그레이엄과 워런을 태운 자동차가 흙과 자갈이 깔린 길을 따라서 그린필드의 집으로 다가섰다. 유리벽으로 된 현대적인 집이었다. 현관 옆에서는 분홍색과 자주색이 뒤섞인 스위트피가 마치 양복 주머니에 멋을 부려 꽂은 손수건처럼 화려한 자태로 너울거렸다. 이 주말은 출발부터 예사롭지 않았다. 케이와 저널리스트인 롤리 에번스 부부가 그린필드 집의 손님방 두 개를 하나씩 차지하는 것으로 되어 있었다. 손님방은 퓨젓 해협을 바라보고 있어서 전망이 무척 좋았다. 그러나 워런은 본채에서 제법 멀리 떨어진 작은 게스트하우스에서 머물게 될 예정이었다. 거기에 가보니 거실에 침대 하나가 임시로 놓여 있었다. 다른 방들은 모두 차 있어서 어쩔 수 없다고 했다.

하지만 주변 상황에 전혀 신경을 쓰지 않는 워런에게 이런 일은 문제가 되지 않았다. 그린필드는 그가 묵는 방에 체리 코크, 씨즈캔디, 꿀을 발라서 구운 땅콩 등을 가득 채워두었다. 조금이라도 더 그를 편안하게 해주고자 한 배려였다. 그런데 그가 쓸 욕실에 'No TP'라고 적힌 표지가 붙어 있었다. 당황한 그는 케이와 그린필드에게 도움을 요청했고, 달리 그 문구를 설명해 줄 사람이 없자 두 사람은 문제의 현장을 찾았다. 하지만 두 사람 다 그게 무엇을 뜻하는지 알 수 없긴 마찬가지였고 그들은 아마도 배수 부분에 문제가 있다는 의미일 거라고 결론을 내렸다. 본채는 너무 멀어서 낮에 본채를 방문하는 때 외에는 화장실을 빌려서 쓰기가 곤란한 상황이었다. 그린필드가 인근 주유소에 있는 화장실을 쓰는 게 좋겠다고 제안해 워런은 그렇게 하기로 했다.

그날 저녁 워런은 자기만의 공간에서 꿀을 발라 구운 땅콩을 먹고 체리 코크를 마셨다. 여러 회고록에 따라 전해지는 이야기가 다르지만, 그가 이른 새벽에 주유소의 화장실을 찾아갔지만 화장실 문이 닫혀 있더라는 이야기도 있다.[5] 어쨌든 간에 다음 날 아침 본채에 모인 사람들은 'No TP'가 무슨 뜻인지 알아내려고 다시 머리를 짜기 시작했다.

아침을 먹은 뒤에 그린필드는 손님들을 이끌고 시내로 나갔다. 제법 많은 사람이 접이의자들을 길가에 펼쳐 놓고 앉아 있었다. 독립기념일 행진을 구경하려고 모인 사람들이었다. 파란색 연미복과 성조기를 본뜬 별과 줄무늬 모자를 쓴 엉클 샘이 브라스밴드의 행진을 지켜보았다. 소방차, 구급차, 골동품 자동차 등으로 구성된 차량 행렬이 천천히 지나갔다. 집에서 직접 만든 옷을 입은 개들도 주인과 함께 빠른 걸음으로 지나갔다. 고등학생 치어리더들이 지나갔고, 머리 위로 거대한 성조기를 펼쳐 들고 가는 사람들이 그 뒤를 따랐다. 또 다른 골동품 자동차 한두 대가 지나가고 딸기 분장을 한 한 무리의 사람들이 지나갔다. 그 뒤로 키와니스 클럽Kiwanis Club(1915년에 설립되어 미국 인디애나주에 본부를 두고 있는 자원봉사 단체-옮긴이)이 선정한 올해의 인물들이 지나갔다. 독립 기념일 행사 구경을 마친 뒤에 그린필드는 연례행사로 하던 가든파티를 열었다. 이 파티에서는 여름 드레스 차림 혹은 스포츠 재킷에 넥타이를 맨 손님들이 잔디밭에서 집까지 싱싱하게 피어 있는 꽃들을 배경으로 격렬한 크로켓 시합을 펼쳤다.

다음 날 아침 워런은 카디건을 입고 부스스한 머리를 단정하게 빗었다. 빌 게이츠 가족의 별장에 가기로 되어 있었기 때문이다. 그린필드의 작은 자동차 안에 워런과 케이, 에번스 부부, 그린필드, 이렇게 다섯 명이 끼여서 탔다. 자동차는 한 시간 반 동안 달린 뒤에 목적지에 도착했다.

거기에 가던 중에 나는 이렇게 말했습니다. '도대체 우리가 그 사람들과 뭘 하면서 하루를 보낼 생각입니까? 공손히 굴려면 얼마나 오랫동안 거기에 머물러야 합니까?'라고요.

게이츠도 워런과 비슷한 생각을 했다. 당시를 회상하면서 그는 다음과 같이 말한다.

"어머니와 툭하면 나누던 대화가 있었습니다. 가족끼리 오붓하게 저녁을 먹자, 라고 하시면 나는, 안 돼요 너무 바빠서요, 일해야 하거든요, 라고 대답했습니다. 그러니까 어머니께서 이러시더군요. 캐서린 그레이엄도 오고 워런 버핏도 온단다, 라고요."

게이츠는 케이 그레이엄을 만나보고 싶었다. 이제 일흔네 살인 전설적인 인물이던 그녀는 나이가 들긴 했지만 여전히 귀족적이고 도도한 모습을 잃지 않고 있었다. 엘리자베스 여왕이 재치 있게 말을 잘한다면 바로 그레이엄과 같은 모습일 것이라는 생각을 했다.

"하지만 나는 어머니께 이렇게 대답했습니다. '주식 종목을 고르고 돈을 투자하기만 하는 사람에 대해서는 아는 게 하나도 없다고요. 물어볼 말도 별로 없고요. 나하고는 좀 먼 사람이잖아요.' 하지만 어머니는 계속 저더러 꼭 오라고 당부하셨습니다."

그래서 게이츠는 여차하면 쉽게 살짝 빠져나올 요량으로 헬리콥터를 타고 갔다. 그린필드의 작은 차가 차고에 멈춰 서고 사람들이 차에서 내리자 이를 지켜보던 게이츠는 깜짝 놀라고 말았다. 작은 차 안에서 유명인사들이 한 명씩 줄줄이 나왔기 때문이다. 마치 서커스의 한 장면 같았다.[6]

케이는 안내를 받아 게이츠를 만났다. 게이츠는 대학교를 갓 졸업한 학생 같았다. 그는 골프 셔츠 위에 붉은색 스웨터를 입고 있었다. 셔츠의 깃을 세운 모습이 마치 커피 잔의 받침 접시처럼 보였다. 게이츠가 수상비행기를 타도록 케이를 도와줄 때 워런은 빌 게이츠 시니어와 그의 부인 메리와 인사를 나누었다. 그때 트레이라는 이름으로도 알려져 있던 빌 3세가 이들에게 다가와 워런과 인사를 나누었다.[7]

사람들은 이 두 사람의 첫 만남을 주시했다. 게이츠는 관심 없는 분야에 대해서는 참지 못하고 그런 내색을 하는 것으로 유명했다. 워런은 어떤 사람과 함께 있는 게 지루하다고 해서 예전처럼 자리에서 일어나 책을 읽으러 가지는 않았다. 대신 자기가 원하지 않는 대화에서 재빠르게 벗어나는 기술을 터득하고 있었다.

워런은 다른 이야기들은 접어두고 곧바로 게이츠에게 IBM이 미래에도 잘나갈지, IBM이 마이크로소프트의 경쟁자인지 물었다. 또 컴퓨터 회사들은 수없이 나타났다가 사라지는데 이유가 뭐냐고 물었다. 게이츠가 설명하기 시작했고 워런에게 두 종목을 사라고 추천했다. 인텔과 마이크로소프트였다. 그러고는 워런에게 신문사 경영에 대해서 물었다. 그는 다른 미디어들 때문에 신문사는 점점 더 어려워지고 있다고 대답했다. 만난 지 몇 분 지나지 않아서 두 사람은 벌써 깊은 대화에 빠져 들었다.

우리는 계속 이야기를 나누었습니다. 계속, 계속, 계속 이야기를 했습니다. 다른 사람은 거들떠보지도 않고 말입니다. 나는 빌이 하는 사업에 대해서 엄청나게 많은 질문을 했습니다. 질문을 하면서도 나는, 빌이 하는 대답을 하나라도 제대로 알아들을 수 있을 거라는 기대는 하지 않았습니다. 하지만 빌은 훌륭한 교사였습니다. 우리 대화가 끊어질 수 없었죠.

하루가 지나가고 있었다. 크로켓 게임이 시작되었지만 두 사람은 그대로 계속 이야기를 나누었다. 시애틀의 하원 대변인이던 톰 폴리, '벌링턴 노던Burlington Northern'의 CEO 겸 회장이던 제리 그린스타인, 전직 환경보호국 국장이던 빌 러켈쇼스, 삼선을 한 전직 주지사의 아들 아서 랭글리와 그의 아내 제인 그리고 두 사람 사이의 아들 아트, 그린필드의 절친한 친구 조 그린가드, 그 지역의 의사, 판사, 신문사 소유주, 미술품 수집가 등 유명인사들이 두 사람 주변에 모여들었지만 두 사람의 대화는 끊어지지 않았다.[8] 게이츠와 워런은 자갈이 깔린 해변을 산책했다. 두 사람은 서로에게 이끌리기 시작했다.

우리는 다른 저명인사들을 거들떠보지도 않고 있었습니다. 빌의 아버지가 마침내 이러시더군요, 부드러운 말투로요. 우리 두 사람이 나머지 다른 사람들과도 좀 더 많이 어울리는 게 좋겠다고요.

빌은 나더러 컴퓨터를 시작해 보라고 하더군요. 나는 컴퓨터가 나한테 무슨 도움이 될지 모르겠다고 했습니다. 나는 내가 보유하고 있는 주식의 포트폴리오 상황이 5분 단위로 어떻게 바뀌는지는 별로 신경 쓰지 않는다고 했지요. 소득세 신고는 컴퓨터를 쓰지 않고도 머리로 얼마든지 할 수 있다고 했습니다. 그러자 게이츠는 마이크로소프트에서 제일 예쁜 아가씨를 보내 컴퓨터 사용법을 배울 수 있게 해주겠다고 하더군요. 유쾌한 마음으로 진짜 그렇게 할 사람이었습니다. 그래서 내가 이랬습니다. '당신은 정말 내가 거절할 수 없다시피 한 제안을 하네요. 하지만 사양하겠습니다'라고요.

칵테일을 마실 무렵 해는 수평선 너머로 지고 있었다. 그때까지도 워런과 게이츠는 계속 대화를 나누었다. 해가 완전히 지기 전에 헬리콥터는 돌아가야 했다. 하지만 게이츠는 헬리콥터와 함께 돌아가지 않았다.[9]

저녁을 먹는 자리에서 빌 게이츠 시니어가 사람들에게 이런 질문을 던졌습니다. 사람들이 인생에 성공하는 가장 중요한 요소가 뭐라고 생각하느냐고요. 나는 '집중'이라고 했습니다. 빌도 똑같은 대답을 하더군요.

그 자리에 함께 있던 사람들 가운데 얼마나 많은 사람이 그가 말했던 '집중'이란 말의 의미를 온전하게 이해했는지는 확실하지 않다. 그의 타고난 집중력은 감히 필적할 수 없는 것이었다. 그것은 탁월함의 대가인 '전념'을 의미했다. 미국 발명가의 표본이라고 할 수 있는 토머스 에디슨, 가족 엔터테인먼트 산업의 제왕인 월트 디즈니, 솔 음악의 대부인 제임스 브라운을 있게 한 규율 및 열정적인 완벽주의 를 의미했다. 온 세상의 조롱거리가 될 것임을 뻔히 알면서도 두 차례의 세계 대전에 미국은 참전하지 말아야 한다는 자기 의사를 의회 투표를 통해 유일하게 표현한 지네트 랜킨(1880~1973년. 미국의 첫 여성 하원의원-옮긴이)을 이끌었던 심도 있는 헌신과 정신적인 독립성을 의 미했다. 이상에 오로지 한마음으로 집착하는 것을 의미했다. '집중' 은 투자 자본을 적절하게 배분함으로써 수십억 달러의 재산을 일구 면서도 'No TP'라는 단순한 기호가 뜻하는 것을 알지 못해서 당황하 는 그런 사람을 의미하기도 했다.

그 주말의 어떤 한 시점에, 집중의 정도가 덜했던 어떤 손님 한 사람이 'NO TP'는 'TP(toilet paper)' 즉 화장실 휴지를 처리하기 힘든, 주의해서 다뤄야 하는 배관이라 화장실 휴지를 변기 안에 넣지 말라는 뜻임을 알아냈다. 마침내 욕실의 수수께끼가 풀렸고 워런은 이제 주유소의 화장실을 찾아가지 않아도 되었다. 하지만 그날 모인 사람들 가운데 어떤 배신자가 'No TP' 이야기가 너무도 우스운 얘깃거리라서 묵혀 두기에는 아깝다고 생각해 게이츠 가족을 소개하는 자리에서 이 이야기를 했다. 이 배신자는 바로 에번스 부부 가운데 한 명, 케이 혹은 그린필드였다.

하루 뒤에 워런은 그 섬에서 나와 화장실이 정상인 오마하로 돌아 갔다. 그는 게이츠가 명석한 인물이며 사업을 제대로 잘 이해한다는 사실을 알았다. 하지만 케이티 버핏에게 콘트롤 데이터에 투자하지 말라고 조언하고 인텔이 처음 창업할 때에도 본격적인 투자를 하지 않았던 때 이후로, 워런은 인터넷을 포함한 기술 관련 회사들을 적절한 투자처로 신뢰한 적이 한 번도 없었다. 이런 회사들은 수도 없이 나타났다가 사라졌고 이들이 만든 제품은 너무도 쉽게, 금방 구닥다리 물건이 되어버렸다. 그런데 이제 관심이 바뀌어 그는 마이크로소프트 주식 100주를 샀다. 이것은 그에게 시리얼 한 조각을 먹는 거나 다름이 없었다. 그는 때로 어떤 회사의 동향을 눈여겨보겠다는 의미로 그 회사의 주식을 100주씩 사곤 했지만 인텔 주식은 선뜻 사지 못했다. 그리넬대학은 인텔 주식으로 엄청난 돈을 벌었지만 이미 그 주식을 매도해 버렸다.[10] 워런은 미래 성장에 많은 것을 의지하며 또한 자기가 온전하게 파악하지 못하는 인텔과 같은 회사의 주식은 결코 사지 않았다.

하지만 그는 다음번 버핏 모임 때 게이츠를 초대했다. 그 직후에 장차 살로먼 브라더스가 겪을 시련의 출발점에서 돈 푸어스타인, 톰 스트라우스와 통화했고, 그 뒤 두 달 동안 그의 머릿속에는 오로지 살로먼 브라더스가 처한 곤경만 맴돌았다.

7세계무역센터 회의실 및 의회와 규제 기관 당국자들의 다그침에서 며칠간 자유롭게 풀려난 워런은 10월에 캐나다 밴쿠버의 브리티시컬럼비아에서 열리는 버핏 그룹의 모임에 참석하러 갔다. 화학 제조 회사 FMC의 회장인 밥 맬럿과 그의 아내 이비가 이 모임을 준비했는데, 두 사람은 하룻밤은 북미 원주민의 문화를 기리는 의미에서 '포틀래치 디너'를 마련하고('포틀래치'는 북아메리카 북서안 인디언 사이의 선물 나누기 행사를 의미한다-옮긴이) 북미 원주민의 춤을 즐기는 시간으로 일정을 짰다. 춤꾼들을 소개한 사람은, 원래 그 춤은 사흘 동안 이어지는 것이었지만 짧게 축약한 것이라는 설명을 했다. 그 뒤 이어진 몇 시간 동안 버핏 그룹 사람들은 딱딱한 나무 의자에서 몸을 비틀고 하품을 했다. 기분을 전환할 거리도 없었고 달리 도망칠 데도 없었다. 이런 와중에 록산 브랜트가 워런에게 상체를 기울이며 속삭였다.

"살로먼 브라더스와 이거 둘 중 어느 게 더 지겹나요?"

"이게 더 지겹네요."[11]

빌 게이츠는 이 춤 행사가 있던 날 밤을 피했다. 자기가 특별히 관심을 가졌던 프로그램에만 참석할 생각이었기 때문이다. 버핏 그룹 사람들은 1950년, 1960년, 1970년, 1980년, 1990년에 가장 가치가 높았던 상위 열 개 회사들이 어떤 회사들인지, 이 목록이 10년 단위로 어떻게 바뀌었는지 살펴볼 예정이었다. 무엇이 기업의 지속성 있는 경쟁우위를 만들어 낼까? 무엇이 기업을 경쟁력 있게 만들며, 또 왜 기업은 그 경쟁력을 계속 유지하지 못할까? 이런 것들이 핵심적으로 다루어 볼 주제들이었다. 아무리 잘나가는 회사라 하더라도 대부분 경쟁력을 유지하지 못하고 결국 뒤처지기 때문이었다.

안개로 수상비행기 출발이 늦춰지는 바람에 게이츠와 그의 여자 친구 멜린다 프렌치는 늦게 도착했다. 두 사람은 불필요한 관심을 끌지 않으려고 뒷문을 통해 조심스럽게 토론장으로 들어갔다(빌과 멜린다는 1994년 1월에 결혼한다-옮긴이). 멜린다는 그 방에 들어설 때만 해도 자기들은 금방 자리에서 일어날 것이라고 생각했었다. 하지만 대략 네 번째 슬라이드를 본 뒤에 어쩌면 자기들이 그날 그곳에서 하룻밤을 보내야 할지도 모른다고 생각했다.[12] 톰 머피와 댄 버크는 둘 다 IBM의 이사였는데, 이들은 하드웨어의 선두주자이던 IBM이 어째서 소프트웨어의 선두주자가 되지 못했는지 설명하기 시작했다. 두 사람의 설명이 끝난 뒤에 워런은 이렇게 말했다.

"내가 생각하기에는 여기 있는 누군가가 이 문제에 대해서 좀 더 설명해 줄 수 있을 것 같습니다."

모든 사람들이 고개를 돌려서 빌 게이츠를 바라보았다.[13] 설명과 토론은 계속 이어졌다. 만일 당신이 1960년의 시어스라면 어째서 제일 똑똑한 직원들을 뽑고 가장 적정한 가격에 물건을 팔 수 없을까요? 선두주자의 자리를 지키지 못하도록 한 요소, 그럼에도 불구하고 당신이 미처 인식하지 못한 요소는 무엇일까요? 대상이 어떤 회사였든 간에 이 질문에 대해서 사람들이 제출한 답변은 대부분 오만함이나 자기만족이었다. 워런은 이것을 '제도적 관행'이라고 불렀다. 기업이 자기만을 위한 활동에 몰입하는 동시에, 남들보다 앞서가려고 노력하기보다는 경쟁자들을 모방하는 경향을 가리키는 말이었다. 몇몇 기업은 참신한 생각을 가진 젊은 인재들을 영입하지 않았다. 때로 경영진은 업계의 지형 변화에 적절히 대응하지 못했다. 이런 문제들을 해결하기가 쉽다는 말은 아무도 하지 않았다. 얼마 뒤에 워런은 참가한 모든 사람에게 각자 자기가 가장 좋아하는 주식 종목을 하나씩 선택하라고 했다.

"코닥은 어떻습니까?"

빌 루안은 게이츠의 대답을 바라며 그를 바라보았다. 게이츠가 대답했다.

"코닥은 끝장났습니다."[14]

버핏 그룹에 속한 사람들 가운데서 인터넷과 디지털 기술이 필름 카메라를 몰아내리란 걸 안 사람은 아무도 없었다. 1991년 당시에는 심지어 코닥조차 이런 사실을 알지 못했다.[15]

"빌은 아마도 모든 TV 방송국이 끝장날 거라고 생각하나 보군요."

래리 티시가 한 말이었다. 그의 회사 '로우스 코퍼레이션Loews Corp.'은 CBS 방송국의 지분을 가지고 있었다.

"아뇨, 그건 그렇게 단순하지 않습니다."

게이츠가 말했다.

"방송국이 프로그램을 만들고 방송하는 방식은 카메라 필름과는 다릅니다. 이것이 근본적으로 바뀌는 일은 없을 겁니다. 사람들이 다양성을 향해서 나아갈 때 어느 정도의 쇠퇴는 있을 수 있겠지요. 하지만 방송국은 콘텐츠를 소유하며 이 콘텐츠를 필요에 따라 얼마든지 변용할 수 있습니다. 사람들의 관심이 TV에서 인터넷으로 옮아감에 따라 방송국은 흥미로운 도전에 직면해 있습니다. 하지만 방송국은 사진과 전혀 사정이 다릅니다. 사진은 필름을 다른 걸로 대체할 수 있습니다. 따라서 필름을 만드는 기술은 콘텐츠와 달리 완전히 무의미해질 겁니다."[16]

이제 모든 사람이 게이츠와 이야기하고 싶어 했다. 게이츠야말로 새로운 디지털 세상과 이것이 자기들에게 의미하는 것을 설명해 줄 수 있는 사람이었다. 당시를 회상하면서 게이츠가 하는 말이다.

"다음에 우리가 하기로 되어 있던 일정은 오후에 배를 타는 것이었습니다. 그런데 케이가, 내가 워런하고만 이야기하지 않도록 손을 썼습니다."

다행이었다. 특정한 사람에게 열중하는 것을 좋아하던 워런은 빌 게이츠의 샴쌍둥이가 되고 싶어 게이츠를 독점하려 들었을 것이었다. 사람들은 월터 스콧과 수잔 스콧 부부 소유의 커다란 배 아이스베어호(號)를 타고 나갔다. 케이는 게이츠를 티시와 머피와 커우 및 나머지 사람들에게 소개했다.[17] 불과 한나절 만에 게이츠와 그의 여자친구 멜린다는 사실상 버핏 그룹의 일원이 되었다. 수많은 사람이 이런저런 대화에 참가했다가 빠져나갔다. 이런 와중에 게이츠는 머피에게 TV 광고료가 너무 비싸다는 이야기를 했다. 그런데 한 달 뒤에 〈월스트리트 저널〉에 기사 하나가 실렸다. 워런을, 있는 그대로의 모습인 복잡한 성격의 소유자가 아니라 위선자로 묘사하는 기사였다. 이 기사가 나가자 버핏 그룹 사람들은 후회했다. 광고료 이야기를 한 걸 후회한 게 아니라, 그 모임이 끝난 뒤에 한 기자가 던진 질문들에 답한 걸 후회했다. 그 기자는 그들의 정확한 답을 남길 수 있는 녹음기조차 준비하지 않은 채였다.

1993년에 버크셔 해서웨이의 주식은 거의 두 배로 뛰어 있었다. 여기에는 살로먼 브라더스가 무사히 살아남았다는 사실이 어느 정도 기여했다. 워런이 존 구트프룬드와 중재 과정을 거치고 있을 무렵, 그 주식은 한 주에 1만 8천 달러를 돌파했다. 워런은 이제 85억 달러의 재산가가 되어 있었다. 그리고 수지가 가지고 있던 주식의 가치도 7억 달러였다. 맨 처음 워런에게 투자했던 초기 동업자들이 1957년에 투자했던 1천 달러는 이제 600만 달러가 되어 있었다. 그는 이제 미국에서 가장 부유한 사람이었다.

휴일 동안 워런과 캐럴 루미스는 연례적으로 하던 일을 했다. 버크셔 해서웨이의 주주들에게 보내는 회장 편지를 쓰고 교정하는 작업이었다. 이번에는 전국적으로, 아니 세계적으로 훨씬 많은 사람들이 그 편지를 읽을 것임을 알았으므로 더욱 신경을 썼다. 1994년 5월, 중재자들이 구트프룬드에게 한 푼도 주지 않아도 된다는 선고를 내렸던 바로 그 달에 워런은 연례 주주 총회를 열었다. 2,700명이 넘는 사람들이 오피엄 극장에 모여들었다. 워런은 씨즈캔디, 신발 회사들 그리고 역시 버크셔 해서웨이가 소유하고 있던 월드북 백과사전 등의 자회사들에 이야기해서 로비에 각 회사별로 부스를 마련하라고 했다. 씨즈캔디는 이 부스에서 363킬로그램 분량의 사탕을 팔았다. 신발도 500켤레가 팔려 나갔다.[18] 월드북 백과사전 역시 잘 팔렸지만 이때까지만 하더라도 워런은 이 회사 역시 코닥과 마찬가지로 인터넷 때문에 한물가게 될 줄은 몰랐다. 주주들의 상품 구매에 상기된 워런은 보샤임 보석가게에 모습을 나타냈다가 네브래스카 퍼니처 마트 매장에도 모습을 나타냈다. 당시를 회상하면서 루이스 블럼킨은 이렇게 말한다.

"워런은 매트리스를 전시해 놓은 매장으로 갔습니다. 그리고 거기에서 상품을 팔았습니다."[19]

워런은 주주 총회장에서 상품을 파는 문제를 보다 적극적으로 생각하기 시작했다. 그래서 주주 총회 장소를 홀리데이 인Holiday Inn으로 바꾸기로 마음먹었다. 판매 부스를 마련할 공간이 더 많았기 때문이다. 다음 해에 그는 주주 총회장 부스에서 '진수Ginsu 나이프'[20]도 팔기로 했다.

커져만 가는 그의 명성은 가족 구성원들에게도 영향을 미쳤다. 워런은 80억 달러가 넘는 재산을 가지고 있었고, 그의 자선 재단도 세계에서 다섯 번째로 컸다. 워런과 수지는 자기들이 가지고 있는 재산을 모두 이 재단에 기부하기로 마음먹었으므로 두 사람이 사망하면 이 재단이 버크셔 해서웨이의 최대 주주가 될 터였다. 이런 점을 고려해 워런은 수지를 버크셔 해서웨이 이사로 만들었다. 사실 수지는 버핏 재단의 이사장이긴 했지만 사업에 대해서는 아무것도 알지 못했다. 이 재단은 해마다 약 350만 달러를 사회에 환원했었는데, 이 규모는 1994년에 두 배로 뛰었다. 하지만 버핏 가족과 비슷한 규모의 자산가 및 그 가족들이 사회에 내놓는 기부금에 비하면 여전히 작은 규모였다. 다만 버핏 부부가 사망한 뒤에 이 재단이 얼마나 막대한 재산을 소유하게 될지는 이미 잘 알려져 있었던 터라 버핏 재단과 이 재단의 이사장에게 갑자기 사회의 이목이 쏠렸다.

워런과 부부 관계는 계속 유지하면서도 독자적인 삶을 살려고 샌프란시스코로 이주했던 수지는 전혀 다른 두 개의 삶을 조화롭고 균형 있게 유지할 수 있을 것이라고 기대했다. 하지만 남편이 기업계의 상징적인 인물이 되면서 그런 기대는 무너졌다. 어디를 가든 '워런 버핏의 아내'라는 꼬리표가 따라붙었다. 수지는 한편으로는 자기의 프라이버시와 자유가 훼손되기를 바라지 않으면서도, 다른 한편으로는 워런을 즐겁게 해주고 싶었고 재단 운영을 즐겼으며 또 공인으로 살면서 코끼리 박치기를 하는 삶에 은근히 이끌렸다. 하지만 이제 버핏 재단의 이사장이었고 버크셔 해서웨이의 이사였기 때문에 수지는 누가 뭐래도 확실한 공인이었다. 아무리 도망치려고 해도 소용없는 덫에 걸리고 만 셈이었다. 사회로부터 쏟아지는 관심을 차단하려고 수지는 자기에게 주어진 역할을 대단치 않게 생각하고 또 자기는 워런이 가지고 있는 명성의 부속품일 뿐 전혀 중요한 인물이 아니라고 사람들에게 설명했다. 아무도 자기에게 관심을 가지지 않는 게 마땅하고, 또 자기나 자기의 삶을 소재로 아무도 글을 쓸 필요가 없다고도 했다. 수지는 자기 사생활이 침범당하지 않게 하려고 무척 애썼다. 샌프란시스코에서 눈에 띄지 않는 생활을 했고 점점 높아만 가는 남편의 지위로 인한 여러 가지 기회와 상황을, 가능한 한 외면하려고 했다. 수지는 이따금씩 자기의 삶이 그렇게 난처하게 된 게 워런의 잘못이기라도 한 것처럼 다양한 사람들에게 워런을 향한 분개심을 드러냈다.

수지가 워런과 연례적으로 함께하는 행사는 해마다 7월에 열리는 선 밸리 모임, 2년에 한 번씩 열리는 버핏 그룹의 정기 모임(이 행사가 열리는 장소는 늘 바뀌었다), 크리스마스와 신년에 에메랄드 베이의 라구나 비치에 있는 집에 모이는 가족 행사, 해마다 5월에 뉴욕에서 2주 동안 가족 전체가 모이는 또 한 차례의 가족 행사였다. 이런 행사들이 없을 때 수지는 길고 긴 목록의 '환자들'과 상담을 하고, 손주들을 만나러 가거나 에메랄드 베이에서 손주들을 맞았고, 사위인 앨런 그린버그와 함께 버핏 재단 일을 했다. 버핏 재단 일 때문에 수지와 앨런은 멀리 베트남까지 가기도 했다. 또한 수지는 손님들을 맞아서 대접하고, 파티에 참석하고, 공연장에 가고; 박물관에 가고, 온천을 즐기고, 발톱 손질을 하고, 쇼핑을 하고, 라구나의 집을 끊임없이 리모델링하고, 그간 사귄 수많은 사람들과의 친분을 유지하고, 수백 장의 카드를 쓰고 수백 개의 선물을 보내고, 또 친구들과 자주 여행을 했다. 그리고 죽어가는 사람이나 아픈 사람이 있으면 기꺼이 모든 일을 젖혀 두고 병상을 찾아 위로했다.

그녀의 이런 행보는 언제나 한결같진 못했다. 1987년의 고통스러웠던 장 유착과 1993년의 더 심한 장 유착, 자궁 절제 수술 탓에, 그녀의 행보는 점차 느려졌다. 캐슬린 콜은 어느 날 문득, 자기 친구이자 자기가 모시는 상사를 너무도 자주 응급실로 싣고 간다는 사실을 깨달았다. 그래서 수지더러 운동을 하라고 구슬리기도 하고, 주방을 저지방 간식들로 채워 투시롤 사탕, 쿠키, 우유 따위의 음식을 멀리하도록 하려고 애썼다. 하지만 필라테스 운동기구들은 워런을 졸라서 산 복층 아파트의 아래층에 버려진 채 먼지만 뒤집어쓰고 있었다. 몇몇 친구들의 말에 따르면, 수지는 다른 사람을 돌보는 일에 지나치게 몰두했다.[21] 콜이 네브래스카로 전화를 걸어서 수지가 병원에 입원했다고 말할 때마다 가족들은 이상하리만큼 놀라거나 불안해하지 않았다. 마치 다들 한결같이 평온함을 유지하는 수지의 성정을 그대로 물려받았거나 배운 듯했다.[22]

"감사합니다, 하느님. 덕분에 저는 이렇게 건강합니다."

수지가 자주 하던 말이었다. 수지는 이처럼 자기는 아픈 사람을 보살피는 건강한 사람이라는 시각을 견지했다.

수지는 이제 자기 아파트에 죽어가는 환자를 불러들여 호스피스 일까지 했다. 그녀가 맡았던 첫 번째 환자는 에이즈로 죽어가는 화가였다. 수지는 이 화가더러 거처를 자기 집으로 옮기라고 하고 삶의 마지막 몇 주를 거기에서 보내도록 했던 것이다. 콜은 어느 순간 말기 암 환자의 정맥주사 링거를 관리하고 있는 자기 모습을 보았다. 그런 와중에 수지가 고용한 다른 사람들은 방을 부지런히 들락거리면서 재단 관련 문제나 라구나 비치의 집을 리모델링하는 문제와 관련해서 수지와 상의했다.[23] 그 집의 리모델링 작업은 10년 넘도록 계속되고 있었다. 그 이후로 수지는 친하게 지내던 동성애자 남자들 가운데 에이즈에 걸려 죽음이 임박한 사람이 있으면 그를 자기 아파트로 불러서 함께 있도록 했다. 수지와 콜은 죽어가는 친구들 가운데 몇몇을 데리고 여행을 가기도 했다. 그들이 늘 마음에 품고 있었던 꿈을 이루도록 해주는 일이었다. 한 사람은 일본으로 갔고, 또 한 사람은 다람살라(히말라야 산맥 고지대에 있으며 티베트 망명 정부가 있는 곳-옮긴이)로 갔다. 다람살라에서는 수지가 다리를 놓아서 달라이 라마를 개인적으로 만날 수 있도록 해줬다. 죽음을 몇 주 앞둔 사람으로서는 놀라운 정신적 경험이 되었을 게 분명했다. 또 수지는 한 친구의 부탁을 받아들여서 이 사람이 죽은 뒤 장례식 대신에 〈새장 속의 광대La Cage aux Folles〉(1973년 프랑스에서 발표된 연극인데, 1978년에 영화로, 1983년에 뮤지컬로 각색되었다-옮긴이)와 같은 분위기의 가면무도회 파티를 열었다. 그리고 친구들의 유골 재를 벽난로 선반에 두어 누군가가 죽은 사람들을 기억할 수 있게 했다. 피터는 이런 자기 어머니를 '달라이 마마'라고 불렀다.

언제나 자기 어머니의 힘과 혼을 쏙 빼놓았던 호위는 이제 어머니의 품을 벗어났다. 아버지의 높은 명성이 자기 삶에 영향을 주기 시작하던 바로 그 무렵이었다. 1989년에 호위는 '네브래스카 에탄올 오서러티 앤드 디벨롭먼트 보드'의 회장이 되었다. 이 일을 통해서 마티 안드레아스와 친해졌다. 안드레아스는, 에탄올 사업에 깊이 관여하고 있던 일리노이의 대규모 농업 회사 '아처 대니얼스 미들랜드Archer Daniels Midland, ADM'의 중역이었으며 또 이 회사의 CEO이던 드웨인 안드레아스의 조카이기도 했는데, 드웨인은 워런과 함께 살로먼 브라더스의 이사직을 맡고 있었다. 2년 뒤, 서른여섯 살의 호위는 아처 대니얼스로부터 이사가 되어 달라는 부탁을 받았고, 이 회사의 최연소 이사가 되었다.

드웨인 안드레아스는 워터게이트 사건 때 불법적인 선거 운동 기부를 했다는 혐의를 받고 기소되었다가 무죄 판결을 받았던 사람이다. 그는 또, ADM에 도움이 되는 에탄올 관련 세금 보조금 지급 안건을 의회에서 계속 통과시키는 한 여야 정치인을 가리지 않고 막대한 금액을 후원금으로 내놓았다. 부자들과 힘 있는 회사는 자기 이득을 챙기려고 정치인들에게 영향력을 행사해서는 안 된다는 워런의 견해는 아처 대니얼스가 정치권에 자금줄을 대는 행위와 철저하게 반대되는 것이었다.

호위가 ADM의 이사가 되고 여섯 달이 지난 뒤, 안드레아스는 호위에게 회사의 대외 관계 및 홍보 업무를 맡아달라고 제안했다. 호위에게는 이런 분야나 금융 분야의 경험이 하나도 없었다. 그러나 호위는 형제들 가운데서 돈이나 사업과 관련해서는 버핏 가문의 특성을 가장 많이 물려받은 인물이었다. 그 방면으로는 기본적인 나침반을 유전적으로 가지고 있었던 것이다. 예를 들자면 이런 적이 있었다. 지역의 중학교 학생들을 위한 자선 기금을 마련하는 빵 판매 행사를 할 때였다. 계산대에서 일하던 그에게 사람들이 50센트짜리 물건을 사면서 5달러짜리 지폐를 내놓자 그는 다음과 같이 행사의 원칙을 말했다.

"우리는 거스름돈을 마련해 놓지 않았습니다. 기금을 마련하는 행사잖아요."

결국 오후 내내 사람들은 자기 주머니에 있던 돈을 그대로 기부해야 했다. 호위가 거스름돈을 내주지 않았기 때문이다.[24] 마찬가지로 ADM으로부터 제안을 받은 뒤에 자기 아버지에게 전화해서 상의할 때도 호위는 빈틈이 없었다. 그는 어떤 것이든 당연하게 받아들이지 않고 그보다 더 많은 걸 생각했다. 그는 자기가 만일 그 일을 받아들이면 셔우드 재단을 통해서 받을 수 있는 돈은 어떻게 될 것인지 물었다. 워런은 그 돈을 거두어 가지는 않을 것이라고 했다. "그렇군요"라고 호위는 대답했다. 충분히 이해할 수 있는 일이지만, 어쩌면 호위는 또 ADM에서 책상에 앉아 일하게 될 때 그 일이 뱃살에 끼칠 영향을 생각했을 수 있다. 그렇다면 아버지에게 임대료를 그만큼 올려 주어야 했다. 이 문제는 어떻게 될까? 워런은 결국 호위의 몸무게와 상관없이 농장 임대료를 일률적으로 농장 수익의 7퍼센트만 내라고 했다.[25] 호위는 이 임대료를 추가로 조금 더 낮춘 뒤에, ADM 본사가 있는 일리노이의 디케이터로 이주하기로 합의했다. 회사는 호위에게 애널리스트들과의 공동 작업을 맡겼다.[26]

표면적으로만 보자면 ADM에서 호위가 맡은 일은 기업 윤리의 귀감인 자기 아버지의 명성이나 '버핏'이라는 성씨를 파는 것과는 아무런 상관이 없었다. 그랬다면 호위는 그 일을 맡지 않았을 것이다. 옥수수에서 추출하는 대안 에너지 에탄올에 관해서 그가 가지고 있던 전문성 수준으로 보더라도 충분히 그럴 수 있었다. 그는 아버지로부터 특권에 대한 경멸을 알게 모르게 주입받았던 것이다. 하지만 비록 호위가 아버지의 재산을 노리고 자기를 이용하려 드는 사람들을 무척이나 오랫동안 경험했다 하더라도, 대기업에 대해서는 여전히 순진하고 고지식했다. 대기업이 이사회 이사에게 그 회사의 대외 관계를 담당하는 대변인 직을 맡긴다는 사실이 특이하다는 생각을 전혀 하지 않았던 것이다.

ADM과 같은 회사에 투자한 적도 없었고 안드레아스가 했던 것처럼 사업을 위해서 정치권에 자금줄을 대는 사람을 고용한 적도 없었던 워런은, 정부에 깊이 의존하는 회사의 이사진에 이름을 올리거나 이 회사가 제안한 일을 하지 말라고 호위를 설득하지는 않았다. 평소 그답지 않은 이런 반응에는 많은 뜻이 숨어 있었다. 아들이 사업과 관련된 경험을 쌓고, 가능하다면 최소한 어느 정도라도 자기가 걸었던 길을 아들도 따라서 걸어주기를 간절히 바랐던 것이다.

호위의 증언에 따르면, 안드레아스는 거친 인물이었으며 요구하는 게 무척 많았다. 그는 호위에게 멕시코에 있는 밀가루 공장들을 인수하는 일이나 '북아메리카자유무역협정 NAFTA'과 관련된 일을 맡겼다. 하지만 호위의 성격은 예전과 전혀 다르지 않았다. 아드레날린이 솟구치는 대로 행동하고, 활력이 넘쳤으며, 고통스러울 정도로 정직했고, 또 쉽게 상처받았다. 가족이 함께 여행을 하거나 한자리에 모일 때면, 그는 여전히 고릴라 의상을 입고 옷장에서 갑자기 튀어나와 사람들을 깜짝 놀라게 했다.[27] 호위는 자기 어머니에게 감정에 북받쳐서 쓴 편지를 여러 통 보냈다. 그의 사무실은 십대 소년의 침실 같았다. ADM의 작은 소품들로 가득 차 있었다. ADM이나 코카콜라의 로고가 박힌 장난감 트럭들, 혹은 ADM 사가를 연주하는 코카콜라 병들이 그런 소품들이었다.[28] 그럼에도 불구하고 호위는 오랜 세월에 걸쳐서 받아야 할 경영 수업을 단기간에 압축해서 받는다고 느꼈다.

1992년에 워런은 호위더러 자기가 죽은 뒤에 버크셔 해서웨이의 비상임 회장이 될 것이라고 말하면서 이 회사의 이사회에 한번 참석해 보라고 불렀다. 호위의 사업 경험은 여전히 일천했다. 대학교를 끝까지 다녀서 학사학위를 받은 적도 없었고 투자 사업보다는 농업에 더 관심이 많았다. 이제야 비로소 이력서에 써넣을 수 있는 그럴듯한 활동을 시작한 셈이었다. 워런은 가족 기업이나 다름없는 회사의 최대 주주였기 때문에 호위를 이사회에 참석시킬 권한을 가지고 있었다. 워런은 자기가 죽은 뒤에 아들이 그 문화를 계속 이어갈 것이라고 생각했다. 그리고 자기 아들이 점차 성숙해져서 마침내 절조 있는 인물로 성장할 것임을 알았다.

하지만 자기가 죽은 뒤에 버크셔 해서웨이 회장으로 아직 제대로 된 검증 절차를 거쳤다고 할 수 없는 아들을 세우겠다고 결심한 워런으로서는, 부의 세습과 부모의 혜택을 특권처럼 누리는 일 따위에 대해서 지난 세월 동안 줄곧 해왔던 날선 비판과 자신의 결정을 어떻게든 조화시키고 자기 행동을 합리화해야 했다. 게다가 호위가 맡을 역할이 과연 버크셔 해서웨이의 차기 CEO 역할을 제대로 보완할 수 있을지도 명확하지 않았다. 그런데 그게 관건일 수도 있었다. 여러모로 볼 때, 워런으로서는 자기가 죽은 뒤에 회사의 권력이 어떤 특정 개인에게 집중되지 않도록 조처하는 게 가장 중요했다. 이것은 버크셔 해서웨이의 잠재력을 억누를 수도, 아닐 수도 있었다. 그러나 '제도적 관행'의 섬뜩한 위협은 확실히 물리쳐줄 것 같았다. 워런은 이 제도적 관행이야말로 버크셔 해서웨이가 직면한 가장 큰 위험이라고 보았다. 워런은 무덤에 들어간 뒤까지도 어느 정도 회사를 통제하고자 했던 것이다. 이런 커다란 장기적 목표를 달성하기 위한 첫 번째 단계가 바로 호위를 버크셔 해서웨이의 차기 회장으로 만드는 과정이었다.

두 번째 단계로 그는 수지 주니어와 피터를 버핏 재단의 이사로 만들었다. 자기 어머니가 죽고 나면 수지 주니어가 어머니의 뒤를 이어서 버핏 재단을 이끌어 줄 것이라는 게 워런의 바람이자 계획이었다. 하지만, 모든 점을 고려할 때 이런 일은 워런 본인이 살아 있는 동안에는 벌어지지 않을 일이었다. 버핏 재단에 대한 워런의 이런 견해는, 다른 많은 것들의 경우와 마찬가지로 확고했다. 수지가 이 재단을 책임진다는 것이었다. 수지 주니어가 재단을 떠맡는 일은 아마도 앞으로 오랜 세월이 지난 뒤의 일일 터였다. 그동안 그는 다른 분야에서 수지 주니어에게 의존했다. 수습 단계의 자선사업가로서 그녀는 자기 아버지가 오마하에서 벌이는 여러 가지 사회활동 및 사교활동에서 매우 적극적인 역할을 떠맡고 있었다. 그해에 수지 주니어는 자기 아버지에게 걸맞은 싼 자동차를 사려고 먼 곳까지 뒤지고 다닌 끝에 우박으로 손상된 자동차를 찾아내기도 했다. 또 아버지를 도와서 제1회 오마하 클래식 대회의 자원봉사자들을 조직했다. 이 대회는 워런이 조직한 자선 골프 대회였고, 이 대회에는 동료 CEO들 뿐만 아니라 몇몇 저명인사들이 참석할 예정이었다.[29] 아버지의 명성이 높아짐에 따라서 그녀는 코끼리 박치기에 나서는 아버지를 더욱 더 자주 에스코트하게 되었다. 이미 칠십대이던 케이 그레이엄이 이런 역할을 하러 자주 나서지 못한 것도 그런 배경 가운데 하나였다. 워런과 함께 아주 이따금씩만 행사에 참석했던 애스트리드는 동물원에서 자원봉사를 했고, 행사를 주관하거나 위원회에 참석하는 일 따위에는 전혀 관심이 없었다. 워런의 명성이 아무리 높아져도 애스트리드의 생활은 예전과 거의 달라지지 않았다. 달라진 게 있다면 가끔씩 집 부근을 얼쩡거리며 자기를 뚫어져라 쳐다보는 사람들과 부닥쳐야 한다는 것 정도였다.

이런 점과 관련해서는 피터도 애스트리드나 마찬가지였다. 자기 아버지의 명성은 매처럼 빠르게 솟아올랐지만, 피터의 발은 여전히 땅에 붙어 있었다. 그는 자기 음반 회사의 본부가 있는 밀워키로 가서 메리와 함께 화려한 집 한 채를 구입하여 스튜디오 겸용으로 썼다. 그런데 이 화려한 저택이 워런 버핏 아들의 소유라고 신문에 보도되었다. 이 일로 인해 피터는 과시하기를 좋아하는 인물로 대중에 비쳤고 결국 자기 아버지의 뜻을 어기고 아버지를 당혹스럽게 만든 아들이 되고 말았다. 피터는 메리와 원만하지 못한 결혼 생활을 하다가 살로먼 브라더스의 일이 터지기 직전인 1991년 5월 갈라섰고, 그때 이후로 정식 이혼에 이르기까지 골치 아픈 일들이 이어졌다. 가족이나 친구들의 경험을 통해서 어려운 이혼 문제를 많이 보았던 터라 워런은 피터가 처한 쉽지 않은 상황을 충분히 이해했다. 피터는 이혼한 뒤에 메리가 낳아서 데리고 온 쌍둥이 딸 에리카와 니콜을 정식으로 입양했다. 수지가 이 아이들을 손녀로 늘 귀여워했기 때문에, 워런은 피터의 이런 선택에 별말을 하지 않았다. 나중에야 드러나는 사실이지만, 그는 피터가 두 아이를 입양할 경우 피터와 메리가 이혼한 뒤에도 계속 연결될 수 있으며 굳이 이런 관계를 유지하면서 거기에 구속될 필요가 없다고 보았다.

천성적으로 자기성찰적인 피터는 메리와의 결혼 생활을 마감한 것은 일종의 계시이자, 이후의 삶을 위한 촉매였다고 생각했다. 그는 오랜 세월 동안 다른 사람들의 그늘에 가리어지고 그들에게 잠식당하며 살던 끝에 마침내 견고한 정체성을 확립하던 중이었다. 정신적으로 적지 않은 상처를 입은 이 기간 동안 그는 음악가로서 상당한 성과를 거두었다. 이미 여러 장의 뉴에이지 앨범을 발표한 상태였다. 리틀빅혼 전투(미국 육군과 아메리칸 원주민 사이에 벌어진 전투로, 부족 단위로 분열되어 있던 아메리카 원주민이 연합하여 미국 육군을 상대로 승리를 거둔 기념비적인 전투 - 옮긴이)를 소재로 한《샛별의 아들Son of the Morning Star》이라는 책을 읽은 뒤에 아메리카 원주민의 정서는 그를 강력하게 뒤흔들었고, 그의 음악은 이 정서를 반영하기 시작했다. 그의 이런 노력은 영화 〈늑대와 춤을Dances With Wolves〉에서 모닥불 앞에서 춤을 추는 장면의 배경 음악을 낳았으며, 이 영화가 개봉할 당시에 그가 라이브 연주를 하기도 했다. 피터는 이제 영화 〈주홍글씨The Scarlet Letter〉와 CBS 방송국 미니시리즈의 음악을 맡아 작업하고 있었으며, 또한 아메리칸 인디언의 잃어버린, 그러나 되찾아야 할 정체성을 주제로 멀티미디어 쇼를 준비하고 있었다.

피터는 존경받았지만 유명하지는 않았다. 열심히 일하는 음악가였지만 스타는 아니었다. 음악 세계에서 '버핏'이라는 이름은 아무것도 아니었다. 그의 아버지는 아들이 작업한 영화 음악 및 기타 음악들을 자랑스럽게 여겼지만 명성과 사업적인 성공이 없는 예술성은 그에게 커다란 의미가 아니었다. 이건 워런이 가지고 있었던 사업과 투자에 대한 열정이 피터에게 커다란 의미가 아니었던 것과 마찬가지였다. 두 사람이 살던 세계는 하나로 이어지지 않았다. 하지만 이상하게도 워런과 피터는 가족들 가운데서 가장 많이 닮아 있었다. 두 사람 다 어린 시절부터 마음에 담아 두었던 직업에 모든 열정을 바쳤으며, 또 그 일에 워낙 몰두하다 보니 둘 다 아내가 자기들을 바깥세상과 연결해 주는 유도관이 되어주길 바랐다.

한편 워런 버핏에게는 이제 사실상 세 번째 아들이 생겼다. 바로 빌 게이츠였다.

이 특이한 관계에 대해 게이츠는 처음에 이렇게 말했다.

"워런은 아주 조금 어른 같고 나는 아이 같은 느낌이 든다."

그러다가 이 관계는 점차 '둘 다 동시에 이런 사실을 깨닫는' 것으로 발전했다.[30] 멍거는 워런이 거둔 성공의 대부분이 그가 '학습 기계'라는 사실 덕분이라고 거듭 밝혔다. 비록 그가 소프트웨어를 코딩하는 방법을 배울 것은 아니었고 또 게이츠가 지난 70년 동안 모든 기업들의 활동을 설명할 수 있는 통계 수치를 배울 것은 아니었지만, 두 사람의 공통된 지성과 관심사와 사고방식 덕분에 두 사람은 상당한 수준의 공통점을 가졌다. 한 가지 일에 집중하는 것도 닮았다. 워런은 게이츠에게 투자에 대해서 가르쳤으며, 게이츠가 자기 사업을 놓고 곰곰이 생각할 때 상담역이 되어주었다. 게이츠가 워런에게서 가장 깊은 인상을 받은 것은, 여러 개의 모형으로 나누어서 생각하는 그의 방식이었다. 워런은 기업을 훌륭하게 만드는 요소들에 대해서 자기가 생각하는 것을 게이츠에게 일러주고 싶어서 안달이었고, 게이츠는 그 이야기를 워런에게 듣고 싶어 안달이었다.

워런은 보다 훌륭한 회사들을 발견했더라면 언제라도 이 회사들을 모두 샀을 것이다. 그는 이런 회사를 찾는 작업을 한시도 멈추지 않았다. 하지만 '그레이엄-도드 마을의 슈퍼투자자들'이 사는 도시는 점차 붐비기 시작했다. 월스트리트 전체가 빡빡해지고 또 꽉꽉해졌다. 남들이 보지 못한 기회를 찾기가 점점 더 어려워졌다. 워런은 예전보다 더 여유 시간을 내었고 또 그만큼 삶에 균형이 잡혔다. 디너파티에 참석해 있다가 금융 전문지인 〈아메리칸 뱅커American Banker〉를 읽으려고 슬그머니 자리에서 빠져나가는 일은 더 이상 없었다. 그는 사람들과 어울리는 걸 정말로 좋아하며 즐겼다. 사업에 대한 그의 집중은 결코 잦아들지 않았지만, 1990년대가 한 해씩 지나가면서 거래 규모는 점차 커지는 반면에 그 빈도는 더 드물고 산발적이 되었다.

그러던 와중에 새로운 흥밋거리가 하나 나타났다. 이 흥밋거리로 인해 버크셔 해서웨이를 향한 그의 열정이 무뎌질 일은 없었지만, 그가 매기고 있던 사회적인 우선순위와 그의 여행 일정, 심지어 그가 맺고 있던 우정에서도 놀라운 변화가 일어나게 되었다.

이제 남는 시간 동안 워런이 하고 싶은 일은 브리지 게임이었다. 그가 사교활동의 하나로 브리지 게임을 한 지도 벌써 50년 가까이 되었다. 그는 살로먼 브라더스 일 때문에 뉴욕에 머무르는 동안에는 보다 진지하게 승부욕을 발휘하며 브리지 게임을 했다. 그러던 중 1993년의 어느 날, 국제 브리지 토너먼트 대회에 참가해서 조지 길레스피와 한 조가 되어 게임을 하다가 샤론 오스버그를 처음 보았다. 오스버그는 캐럴 루미스와 한 조가 되어서 게임을 하고 있었다.

오스버그는 어릴 때부터 손에서 카드를 놓지 않았다. 대학교 때 처음 브리지 게임을 시작했던 전직 컴퓨터 프로그래머인 오스버그는 웰스 파고에 재직하며 인터넷 스타트업 사업을 운영하던 무렵에 두 차례 브리지 게임 챔피언 자리에 올랐다. 오스버그가 작은 체구에 흑갈색 머리, 귀염상의 얼굴을 가진 사십대 중반이라는 사실은 전혀 문제가 되지 않았다.

워런이 루미스에게 부탁했다.

"다음번에 샤론이 대륙을 횡단할 때는 오마하에 한 번 들르라고 해주시죠. 나한테 전화하라고요."

루미스에게서 그의 말을 전해 들은 오스버그의 대답은 이랬다.

"오마하가 어디 있나요?"

오스버그가 용기를 내어 그에게 전화를 하는 데는 사흘이 걸렸다. 당시를 회상하면서 그녀는 다음과 같이 말한다.

"무서워서 죽는 줄 알았어요. 전설적인 인물과 얘기를 나눠본 적이 한 번도 없었거든요."[31]

통화 후 일주일 정도 지나 샌프란시스코에 살던 오스버그가 워런의 사무실을 찾았다. 당시를 두고 그녀는 이렇게 이야기한다.

"그렇게 겁을 먹었던 적이 없어요. 심호흡을 해야 했지요."

퇴사한 글래디스 카이저의 후임 비서로 일하던 데비 보사네크가 오스버그를 워런의 방으로 안내했다. 그는 박스에서 주사위 세 개를 꺼내 건네며 오스버그를 맞았다. 주사위 각 면에는 17, 21, 6, 0과 같은 특이한 숫자들이 새겨져 있었다. 워런이 말했다.

"얼마든지 오랫동안 그 숫자를 관찰해도 좋습니다. 충분히 다 보았으면 세 개 가운데서 하나를 고르면 됩니다. 그러면 나도 나머지 두 개 가운데서 하나를 고르지요. 그런 다음에 주사위를 던져서 누가 이기나 봅시다."

오스버그는 너무 놀라서 굳어버린 나머지, 주사위 면에 새겨진 숫자들이 뿌옇게 흐려져 보일 정도였다. 몇 분이 지나도 오스버그가 아무런 말을 하지 않자 워런이 말했다.

"자, 어서 한번 던져봅시다."

이 말을 한 지 다시 3분 뒤, 워런은 오스버그가 사무실 바닥에 엎

드려서 주사위를 던지게 했다. 그리고 두 사람 사이에 서먹한 분위기
는 완전히 사라졌다.

워런의 주사위 세 개가 가지고 있는 비밀은 가위바위보 게임과 같
다는 데 있었다.[32] 다만 사람들이 동시에 게임을 진행하지 않을 뿐이
었다. 그러니 먼저 주사위를 선택하는 사람은 나중에 주사위를 선택
하는 사람에게 질 수밖에 없었다. 빌 게이츠는 솔 크립키(1940년에 태
어난 미국의 철학자이자 논리학자-옮긴이)가 그랬던 것처럼 이 사실을 알
아냈지만, 그 밖의 다른 사람들은 모두 워런에게 속고 말았다.[33]

그러고 나서 워런은 자기가 최근에 즐겨 가기 시작한 스테이크 하
우스인 고라츠Gorat's로 오스버그를 데리고 갔다. 그는 오스버그를 자동
차에 태우고 주택지를 관통해서 지난 다음, 약국과 '오토존AutoZone(미국
최대 자동차 용품업체-옮긴이)' 매장 곁에 있는 한 건물의 주차장에 차를
세웠다. 1950년대의 랜치하우스(지붕의 경사가 완만한 단층집-옮긴이)처
럼 보이는 건물이었고, 쇠로 만든 수송아지 머리를 현관 옆에 달고
있었다. 검은색의 대륙들이 그려진 지구 모양의 커다란 파란색 구체
가 '세계에서 가장 맛있는 스테이크'라는 문구를 밝게 비추고 있었
다. 가족 단위로 온 손님들이 실내를 가득 채운 채 포마이카 테이블
에 앉아서 식사를 하고 있었다. 오스버그는 음식 선택을 잘못했다가
후회할지 모른다는 생각에 이렇게 말했다.

"저는 회장님이 주문하시는 걸로 하겠습니다."

몇 분 뒤에 그녀는 자기 앞에 놓인 '야구글러브만 한 날고기 한 조
각'을 바라보았다. 그리고 살아 있는 전설이 언짢은 마음이 들지 않
도록 그 음식을 꾸역꾸역 먹었다. 식사 후 두 사람은 오마하의 브리
지 클럽으로 가서 브리지 게임을 했고, 10시에 워런은 오스버그를 자
동차에 태우고 오마하 드라이브에 나서서 자기가 수집한 소장품들
을 보여주었다. 오스버그는 네브래스카 퍼니처 마트와 워런의 집과

그가 성장한 집, 보샤임 매장을 보았다. 이 모든 것을 달리는 차 안에서, 그것도 어두운 밤에 보았다. 그런 다음 워런은 오스버그를 호텔 앞에 내려주었다. 두 사람은 각각 다음 날 아침 일찍 길을 떠날 예정이었다.

다음 날 아침, 오스버그가 호텔에서 체크아웃할 때 직원이 그녀에게 책 한 권을 건네면서 이렇게 말했다.

"어떤 사람이 와서 당신에게 이걸 주라고 맡겼습니다."

그날 새벽 4시 30분에 워런은 그 호텔에 와서 두툼한 책 한 권을 놓고 갔다. 주주들에게 주는 연례 보고서 모음집이었다. 이것을 그는 개인적으로 프린트해서 제본해 두고 있었던 것이다.[34] 이로써 오스버그는 워런 버핏의 사람들 가운데 한 명이 되었다.

그 뒤 오래지 않아 워런은 오스버그가 출장차 워싱턴에 갔을 때 케이 그레이엄을 만나보게 했다. 케이는 친구 세 사람과 함께 있었다. 스튜어트 앨솝(〈인포월드InfoWorld〉 편집장 출신으로 〈포천〉에 고정 칼럼을 썼다—옮긴이)과 사별한 티시 앨솝, 전직 CIA 국장인 리처드 헬름스의 아내 신시아 헬름스, 유고슬라비아에 대사로 가 있다가 최근에 소환되어 돌아온 워런 짐머먼의 아내 티니 짐머먼이었다. 오스버그는 이 네 사람과 함께 브리지 게임을 했다. 얼마 뒤부터 오스버그는 정기적으로 워싱턴에서 케이의 집에 머물며 샌드라 데이 오코너(1981년 미국 역사상 최초로 여성 연방 대법원 판사가 되었다—옮긴이)와 같은 인물들을 상대로 브리지 게임을 했다. 그리고 손님방에서 워런에게 이런 전화를 하곤 했다.

"세상에나! 화장실에 진짜 피카소 그림이 있더라고요!"

화장실에 있던 피카소 그림에 대해서 워런은 다음과 같이 말한다.

30년 동안 있으면서도 나는 그런 사실을 알아차리지 못했습니다.

내가 아는 거라고는 케이가 잊어버리고 샴푸를 놓아두지 않았다는 사실 따위뿐이었습니다.[35]

워런은 오스버그가 뉴욕으로 출장을 가는 일정에 맞추어서 자기 여행 일정도 조정했다. 두 사람은 케이의 아파트에서 캐럴 루미스, 조지 길레스피와 함께 브리지 게임을 했다.

"우리는 서로 좋아했습니다. 비록 샤론은 이런 말을 하지 않으려고 했지만 말입니다. 하지만 우리 게임 실력이 너무 형편없어서 샤론이 식겁했었죠."

오스버그는 온화한 성격이었다. 워런은 누구로부터 비판을 받을 때면 불끈하는 성격이었지만, 오스버그는 이런 그의 성질을 촉발할 수 있는 감정의 단추를 누르지 않으면서도 그의 잘못된 부분을 바로잡아 줄 수 있었다. 사실 그는 혹시 자기를 비판할지도 모른다고 두려워하는 사람과는 아예 함께 있는 자리를 피하거나 설령 함께 있다 하더라도 될 수 있으면 일찍 자리를 떴다. 몇 차례 판이 돌아가고 나면 오스버그는 그에게 왜 특정 카드를 고집했느냐고 묻곤 했다.

"자, 이제는 학습할 시간이거든요."

오스버그는 이렇게 말하고는 워런이 어떤 카드를 어떻게 했어야 하는지 설명했다.

오래지 않아서 두 사람은 친한 친구 사이가 되었다. 오스버그는 워런이 상대가 있어야만 브리지 게임을 할 수 있다는 사실이 말도 안 된다고 생각했다. 그에게는 컴퓨터가 필요했다. 이 문제를 놓고서 두 사람은 벌써 몇 달째 입씨름을 했다.

"글쎄요, 하셔야 할걸요."

"전혀. 난 전혀 그럴 마음이 없어요."

"컴퓨터로 브리지 게임도 할 수 있다니까요?"

"에이, 그럴 리가."

결국 오스버그는 이렇게 말했다.

"워런, 정말 딱 한 번만 시도라도 해보세요."

"알았어요, 알았어. 오마하로 한 번 와요. 와서 컴퓨터를 세팅해 줘요. 그리고 우리 집에 묵어야 합니다."

빌 게이츠조차 하지 못했던 일을 브리지 게임과 오스버그가 해냈다. 워런은 블럼킨 형제들에게 네브래스카 퍼니처 마트의 직원을 시켜서 컴퓨터를 설치하라고 시켰다. 그리고 전용 제트기 인디펜서블호를 타고 오스버그가 토너먼트 대회를 치르는 중서부의 어떤 도시로 가서 오스버그를 오마하로 데리고 왔다. 오스버그는 애스트리드와 인사를 나눈 뒤 그에게 마우스를 어떻게 사용하는지, 인터넷 서핑을 어떻게 하는지 가르쳐 주었다. 당시를 회상하면서 오스버그는 다음과 같이 말한다.

"워런은 두려움이 없었습니다. 정말 두려워하지 않았습니다. 컴퓨터로 브리지 게임을 하고 싶었거든요."

다른 건 아무것도 바라지 않았다. 오로지 브리지 게임이었다.

"인터넷으로 들어가서 브리지 게임을 하는 데 필요한 것들을 종이에다 적어줘요. 다른 건 알고 싶지도 않고, 그것만 있으면 돼요. 다른 건 이렇다 저렇다 설명하려고 하지 말고요."[36]

워런은 닉네임을 '티본tbone'으로 정하고 한 주에 네댓 밤을 인터넷에서 샤론 및 다른 참가자들을 상대로 브리지 게임을 하면서 보냈다. 샤론의 닉네임은 '샤로노sharono'였다. 그래서 애스트리드는 워런이 브리지 게임에 로그온하기 전에 일찌감치 저녁상을 차려주곤 했다.

오래지 않아 워런은 인터넷 브리지 게임에 푹 빠져버렸다. 이런 그를 말릴 수 있는 건 아무것도 없었다. 한번은 박쥐 한 마리가 거실에 들어와서 펄럭거리며 벽에다 박치기를 하고 커튼에 매달린 일이 있었다. 애스트리드는 비명을 지르며 워런을 불렀다.

"워런! 박쥐가 들어왔어요!"

이때 그는 테리천으로 만든 닳아 빠진 가운을 입고 한쪽에서 모니터를 바라보며 브리지 게임을 하고 있었는데, 애스트리드가 아무리 비명을 질러도 모니터에서 시선을 떼지 않았다. 대신 이렇게 말했다.

"난 괜찮아."[37]

애스트리드는 방역업체 직원을 불렀고, 이들이 와서 박쥐를 쫓아냈다. 이런 와중에도 워런은 브리지 게임을 계속했다.

워런은 오스버그에게 교습을 받고서 자기 실력이 상당히 향상되었다고 생각해 쟁쟁한 실력자들과 겨루는 대회에 참가하고 싶어 했다.

"크게 못 놀 것 없죠."

오스버그의 말이었다. 두 사람은 세계브리지챔피언대회에 혼성 복식조로 참가 신청서를 접수했다. 수백 명이 들어찬 앨버커키 컨벤션센터에 모여 참가자들은 원탁에서 경기를 벌였다. 구경꾼들은 원탁들 주변을 어슬렁거리면서 관전했다. 미국에서 가장 부자인 남자와 두 차례나 세계 챔피언 자리에 올랐던 샤론 오스버그가 한 조가 되어 대회장에 들어서자 사람들의 시선이 쏠리고 웅성거림이 일었다. 이제 많은 사람이 워런의 호리호리한 몸매와 까치가 집을 지은 듯한 그의 헤어스타일을 알아보았기 때문이다. 랭킹에도 들지 않은 아마추어가 곧바로 세계 대회에 참가한 건 이례적인 일이었다. 워런으로서도 이는 충격적인 사건이었다.

오스버그는 자기들이 초반에 금방 탈락할 것이라고 생각했다. 그래서 워런이 충분히 즐기며 경험을 쌓는 데 목적을 두었다. 하지만 워런은 달랐다. 원탁 앞에 앉은 그는 승리 외에는 아무것도 생각하지 않는 듯했다. 실내의 수많은 사람들이 전혀 보이지 않는 듯했다. 그의 솜씨는 대회에 참가한 대부분의 다른 선수들 수준에 미치지 못했지만 그는 마치 자기 집 거실에 있을 때처럼 평온한 마음으로 집중할 수 있었다.

샤론이 있으면 나는 수비를 아주 잘합니다. 샤론의 의도를 느낌만으로 거의 다 파악하니까요. 샤론이 하는 어떤 선택은 무엇이든 다 어떤 의미를 가지고 있다고 신뢰할 수 있습니다.

집중력을 발휘한 덕분에 그는 부족한 실력이라는 근본적인 약점을 극복했다. 마침내 두 사람은 결승전에 올랐고 오스버그는 이런 결과에 깜짝 놀랐다. 당시를 회상하면서 오스버그는 다음과 같이 말한다.

"그때 우리는 컨디션이 좋았습니다."

하지만 하루 반에 걸쳐서 거기까지 올라가느라 워런은 완전히 지친 상태였다. 유일하게 쉬는 시간이라고는 잠시 빠져나와서 햄버거를 먹었던 한 시간뿐이었다. 그는 마치 마라톤을 완주한 사람처럼 보였다. 결승전을 앞둔 휴식시간에 그는 오스버그에게 이렇게 말했다.

"난 못하겠어요."

"네에?!"

오스버그는 깜짝 놀랐다.

"못하겠다고요. 기권한다고 이야기해요. 내가 사업 때문에 급하게 나가봐야 한다고요."

오스버그는 본부석으로 가서 이 상황을 설명했다.

대회 역사상 결승전에 오른 팀이 기권한 적은 단 한 번도 없었다. 세계브리지연맹 관계자들은 펄쩍 뛰었다. 워런 버핏이 대회에 참가해서는 지위와 명망으로 대회를 홍보하며 결승전까지 올랐는데 경기를 포기하겠다는 게 말이 되느냐는 것이었다. 무조건 결승전을 치러야 한다는 게 대회 운영자들의 주장이었다. 오스버그가 계속 경기를 치를 수 없는 상황이라고 하자, 연맹 측은 오스버그에게 그녀의 랭킹을 무효로 하고 그녀가 가지고 있는 연맹 자격증을 박탈하겠다고 으름장을 놓았다. 그래도 오스버그는 굽히지 않았다. "나만 경기를 못 하는 게 아닙니다."

그녀는 워런이 긴급하게 경기장을 떠나야 하기 때문에 어쩔 수 없다고 거듭 우겼다.

결국 연맹 측이 두 손을 들었다. 오스버그는 워런의 대리인일 뿐이며, 그렇기 때문에 두 사람이 결승전을 하지 않는다 하더라도 오스버그에게 제재를 가할 수는 없다는 결론을 내렸던 것이다.

한층 자신감을 얻은 워런은 이제 빌 게이츠에게 손을 뻗었다. 남는 시간을 브리지 게임으로 빈둥거리며 보내던 게이츠에게 보다 본격적으로 브리지 게임을 해보라고 한 것이다. 그는 오스버그를 시애틀의 빌 게이츠 시니어 집으로 보내 빌 게이츠 시니어가 컴퓨터로 인터넷 브리지 게임을 할 수 있도록 했다. 이렇게 해서 오스버그를 게이츠 가족들 속으로 밀어 넣었다.

이전까지 워런과 게이츠는 주로 미식축구장이나 골프장, 마이크로소프트가 벌인 행사 등의 자리에서만 만났다. 하지만 브리지 게임을 통해서 두 사람은 점점 더 가까워졌다. 1993년 부활절 주말에 게이츠와 멜린다는 약혼식을 올렸다. 샌디에이고에서 돌아오던 길에 게이츠는 자기들이 집으로 향하고 있다고 멜린다가 생각하도록 속이려고 조종사더러 시애틀 공항 관제탑에서 기상 정보를 주는 것처럼 하라고 시켰다.

마침내 비행기가 공항에 착륙했다. 그런데 문이 열렸을 때 탑승 계단 아래에 깔린 붉은 카펫 위에 워런과 애스트리드가 서서 기다리고 있었다. 멜린다가 깜짝 놀랐다. 워런은 손님들을 자동차에 태우고 보샤임 보석 가게로 갔다. 가게의 CEO이던 수전 자크가 게이츠 부부를 맞아서 약혼 반지 고르는 걸 도왔다.

아홉 달 뒤, 워런은 게이츠 부부의 신년 결혼식에 참가하려고 하와이로 날아갔다. 결혼식 장소는 정확하게 라나이섬의 '포시즌스 마넬레 베이 골프장'의 12번 홀 티샷 지점이었다. 동생 버티가 하와이의 빅 아일랜드에 집을 한 채 가지고 있었지만 워런이 하와이에 간 건 그때가 처음이었다. 워런은 게이츠의 결혼식을 두고 마치 자기 아들이 장가라도 가는 것처럼 흥분했다. 그는 빌 게이츠가 멜린다 프렌치와 결혼한 일이 그가 평생을 살면서 했던 결정 가운데 가장 현명한 결정이라고 생각했다.

하지만 두 사람의 결혼식은 찰리 멍거의 일흔 번째 생일잔치와 겹쳤다. 멍거의 생일잔치가 같은 주에 있었던 것이다. 친구들과의 우정에 충성을 다하기로 유명한 워런은 오랜 친구들의 기대를 저버린 적이 없었으나 인간관계를 원만하게 유지하기 위해서 때로 묘수를 써야 했다. 일정이 겹쳐서 한 쪽을 실망시켜야 할 경우, 워런은 보통 자기에게 더 화를 많이 낼 것 같은 사람을 선택하는 방식으로 이런 문제를 해결했다. 뒤집으면, 가장 가깝게 느끼고 또 믿는 친구들에게는 어느 정도 소홀했다는 말이 된다. 이들은 자기를 비난하거나 자기에게 화를 내지 않을 것이라고 믿었기 때문이다. 그래서 워런에게 거절당한 친구는 역설적으로, 그가 자기를 가장 신뢰하고 진정으로 가깝게 여긴다고 믿으며 자위해야 했다. 워런을 사랑했던 사람들은 그의 이런 모습을 충분히 이해했다. 그래서 참았다.

워런과 오랜 친구 사이인 멍거는 그가 자기에게 아무리 잘못하더라도 모든 것을 너그럽게 넘길 수 있었다. 일흔 번째 생일잔치에 참석하지 못하는 것도 문제가 되지 않았다. 게이츠는 새로 사귄 친구였기 때문이다. 사실 게이츠를 사랑한다는 점만 떼놓고 보자면 워런은 멜린다를 근소한 차이로 뒤쫓고 있었다. 그래서 생일잔치 대신 결혼식을 선택했고, 케이 그레이엄을 동반해서 그 자리에 참석했다. 일흔다섯 살이던 그녀는 그즈음 들어서 예전처럼 그렇게 자주 여행을 다니지는 않았지만 이런 자리에는 여전히 빠지지 않고 참석했다. 게다가 게이츠는 미국 최고 부자 자리를 다투는 경쟁에서 얼마 전에 워런을 제치고 일등이 된 터였다. 이 두 사람이 그해 신년에 라나이라는 작은 섬을 지구상에서 가장 부유한 리조트 장소로 만들었다. 워런은 멍거의 생일잔치에 수지를 대신 보냈고, 수지는 이 자리에서 노래를 불렀다.[38]

오랜 세월 워런의 말판에서 퀸 역할을 했던 수지는 이런 일에 익숙했다. 수지는 워런이 자기 인생에서 만난 여자들에게서 필요로 했던 것들을 나름대로 정의하고 있었다. 그리고 그 여자들을 어떤 실용적인 개념의 범주들 속으로 각각 밀어 넣었다. 언젠가 한 번 수지가 고라츠에서 워런, 애스트리드, 최근에 서로 알게 된 샤론 오스버그와 함께 저녁을 먹은 적이 있었다. 워런이 가까이 했던 여자들 가운데 케이 그레이엄과 캐럴 루미스 두 사람만 그 자리에 없었다. 이런 사실이 문득 떠오른 수지는 큰 소리로 웃으면서 머리를 흔들었다. 그러고는 이렇게 말했다.

"모든 것을 다 가질 수 있는 사람, 이런 생각이 퍼뜩 드네요."

수지가 파악한 바로, 오스버그는 브리지 게임이라는 범주 안에 존재하는 인물이었다. 하지만 수지는 언제나, 워런의 여자들이 하는 어떤 실용적인 역할이 그다지 중요한 것이라고는 생각하지 않았다. 그리고 워런의 여자 친구들은 모두, 릴 애브너에게 정성을 다했던 데이지 메이처럼 워런에게 정성을 다했다.

얼마 뒤부터 워런은 하루에도 여러 차례 오스버그에게 전화를 걸어서 대화를 나누었고 여행을 갈 때도 함께 데리고 갔다. 오스버그는 워런이 가장 신뢰하는 친구들 가운데 한 명으로 확실하게 자리를 잡았다. 하지만 오스버그는 앞에 나서지 않고 뒷자리에만 머문다는 점에서 애스트리드와 아주 비슷했다. 사실 워런은 어린 시절부터 자기가 맺고 있는 인간관계들을, 자기를 중심으로 한 점조직처럼 관리했었고, 이런 그의 다른 인간관계들을 헝클어뜨리는 일을 오스버그는 절대로 하지 않았다. 1990년대 중반까지 일반 사람들은 워런이 실제로 무엇을 하면서 어떻게 시간을 보내는지 거의 알지 못했다. 그는 여전히 사람들에게 상처를 줘서 분노를 사는 일을 피하려고 애썼다. 요란한 소리를 내는 바퀴에 우선적으로 기름칠을 하듯이 자기에게 가장 화를 많이 낼 것 같은 사람에게 우선적으로 관심과 시간을 배분했다.

오스버그는 애스트리드와 마찬가지로 요란한 소리로 관심을 요구하지 않았다. 수지 주니어의 추수감사절 만찬에 조용히 초대받아 빌 게이츠와 브리지 게임을 했다. 빌 게이츠가 결혼하고 1년이 지났다. 1995년 1월 1일 게이츠 부부는 샌디에이고에 있던 자기들 집에서 결혼 1주년 기념 파티를 열었다. 워런은 게이츠와 찰리 멍거, 샤론 오스버그에게 신년 브리지 게임 대회를 열자고 제안하며 이들을 초대했다. 장소는 에메랄드 베이의 워런 집이었다. 수지는 가족들이 함께 모여 있을 때조차 자기가 좋아하는 일이면 집요하게 추구하는 남편의 성격을 잘 알고 있던 터라서 그 시각에 가족 및 친구들과 함께 시간을 보냈고, 게이츠와 오스버그와 워런은 멍거가 오기만을 기다렸다. 언제나 시간을 정확하게 지키던 그는 게임을 시작해야 할 시각이 지났음을 잘 알고 있었지만, 다른 사람들이 별로 개의치 않는 눈치라서 멍거의 지각을 그냥 참고 기다렸다.

게이츠는 기분이 좋아 보였다. 하지만 잡담을 나누면서도 워런은 점점 초조해지고 짜증이 났다. 계속 기다려야 했기 때문이다. 몇 분

더 기다려도 멍거가 나타나지 않자, 워런과 게이츠를 상대로 해서 화제가 끊어지지 않도록 계속 대화를 이끌던 오스버그가 다른 사람들을 배려하는 마음에서 자신이 워런과 게이츠의 파트너 역할을 동시에 할 테니 우선 셋이서 게임을 시작하자고 했다. 그렇게 세 사람은 브리지 게임을 시작했다.

45분이 지났는데도 멍거는 나타나지 않았다. 농담을 하고 대화를 이끌면서 대회 주최자 역할을 성실하게 하던 워런은 눈에 띌 정도로 안절부절못했다. 그러더니 갑자기 자리를 박차고 일어났다.

"멍거가 어디 있는지 알겠습니다!"

워런은 로스앤젤레스 골프장으로 전화를 했다. 그의 전화를 받은 사람은 멍거를 찾으러 나섰고, 몇 분 뒤에 골프 친구들과 함께 골프장 식당에 앉아 있던 멍거를 찾아냈다. 사무실에 나가지 않을 때면 그는 늘 골프장으로 나갔고, 이날도 습관적으로 골프장으로 갔던 것이다. 멍거는 막 샌드위치를 한 입 베어 물려던 참이었다.

"거기서 뭐 합니까 찰리? 우리하고 브리지 게임 하기로 했잖아요."

"몇 분 뒤에 도착합니다."

멍거는 단 한 마디의 사과도 하지 않고 전화를 끊었다. 샌드위치도 내려놓았다. 그리고 자동차로 향했다.

30분 혹은 그보다 조금 더 시간이 지난 뒤에 멍거는 에메랄드 베이의 워런 집으로 어슬렁거리며 들어서더니 마치 아무 일도 없었다는 듯 테이블 자리에 앉았다. 빌 게이츠가 첫 번째 맞는 결혼기념일에 그를 한 시간 반 동안이나 기다리게 했다는 사실을 전혀 알지 못하는 사람 같았다. 그러고는 이렇게 말했다.

"해피 뉴 이어! 자, 게임 시작합시다."

다른 세 사람은 어이가 없어서 잠시 아무 말도 하지 못했다. 먼저 침묵을 깬 사람은 게이츠였다.

"좋아요, 시작하죠."

드디어 네 사람은 브리지 게임을 하기 시작했다.

워런의 충실한 친구들 또 한 집단이 2년에 한 번씩 열리던 버핏 그룹의 정기 모임에 참석했다. 시기는 1995년 9월이었고 장소는 아일랜드의 더블린에 있는 킬데어 클럽이었다(당시 워런은 게이츠의 샴쌍둥이가 되어도 좋다고 생각했을 정도였다. 자연히 게이츠는 워런이 하는 모든 일에 다리를 걸쳤고, 이 모임에도 당연히 참석했다). 게이츠까지 참석하자 아일랜드 정부는 버핏 그룹 사람들을 마치 황제들이라도 되는 것처럼 극진하게 맞았다. 공항에서는 정부 소유의 리무진이 대기했고, 보안 요원들은 헬리콥터 여러 대를 동원해서 이들을 경호했다. 이들은 '기네스Guinness' 회장, 아일랜드 공화국의 수상 부부, 미국 대사와 함께 만찬을 했으며, 트리니티 대학의 자갈돌이 깔린 길을 걸어 구도서관 건물 1층 회랑에 전시되어 있던 《켈스 복음서》(9세기 아일랜드에서 제작된 필사본 성경으로, 손으로 그린 아름다운 삽화들이 각 장을 채우고 있어서 세상에서 가장 아름다운 책 가운데 하나로 꼽힌다 - 옮긴이)를 보았다. 그리고 킬데어 카운티에 있는 아일랜드 국립종마장에서 매끄러운 몸매의 종마를 보고 놀라 박수를 치기도 했다. 버핏 그룹 사람들로서는 한 번도 누려본 적 없는 호사였다. 캐서린 그레이엄이 준비했던 윌리엄스버그에서 가졌던 모임이 아무리 화려했다지만 이것과 비교할 수는 없었다. 믿을 수 없을 정도로 섬세하고 놀라운 수공품 및 골동품으로 가득 채워진 킬데어 클럽은 식재료를 직접 재배했으며, 유럽 출신 요리사들이 만든 음식을 제공했다.

예전에 없었던 엄청나고 화려한 환경에 둘러싸이긴 했지만 그리고 이제 엄청난 재산을 가지고 있는 사람들이 많아지긴 했지만 버핏 그룹 사람들은 예전과 거의 바뀐게 없었다. 워런은 이 사람들 중 일부를 1년에 한 번 혹은 잘해야 두 번밖에 보지 못했다. 그래도 여전히 이들에게 헌신적이었다. 빌 루안은 사람 사귀기를 좋아하며 재미있는 말들을 끊이지 않고 늘어놓았다. 월터 슐로스는 아직도 작은 아파트에 살면서 평생 해왔던 방식 그대로 주식 종목들을 선택하고 투자했다. 그중 가장 많은 재산을 모은 축에 꼽히는 스탠백 부부는 비행기를 탈 때 여전히 다른 좌석은 사양하고 이코노미석만 고집했다. 샌디 고츠먼은 늘 모든 것을 미심쩍은 눈초리로 바라보며 온갖 질문들을 던졌으며 모든 거래에 수수료를 챙기려고 들었다. 톰 냅은 메인의 해안 지역을 엄청난 규모로 매입하는 일을 막 끝낸 뒤 하와이로 눈을 돌려 새로운 사업을 막 시작하고 있었다. 잭 번은 변함없이 활력이 넘쳤다. 로이 톨스는 예나 지금이나 침묵을 지키며 자기 생각에만 빠져 있다가 가끔 한 번씩 재치 넘치는 농담을 던지곤 했다. 에드 앤더슨과 조앤 파슨스는 인간의 성생활을 연구하는 일에 막대한 돈을 퍼붓고 있었다. 에드는 계속해서 (정말 더러워서 도저히 어떻게 할 수 없는 건 빼고) 길거리에 떨어져 있는 동전을 주웠다. 마셜 와인버그는 아직도 충동을 억누르지 못하는 바람둥이였다. 루 심프슨은 훌륭한 종목을 선택하는 데 선수여서 일찌감치 '그레이엄-도드 마을의 슈퍼투자자'가 되어 있었다. 캐럴 루미스는 버크셔 해서웨이 주식으로 자가용 제트기를 타고 다닐 정도로 돈이 많았지만 지금도 피클 한 병을 살 때마다, 어린 시절에 맞았던 대공황 시기에 피클 한 병만 있어도 더할 나위 없이 호사였던 일을 떠올리곤 했다.[39] 대규모 댐과 교량 건설을 하던 일에서 은퇴한 월터 스콧은 대신 거대한 저택들을 짓고 있었다. 조이스 코윈은 극장계로 간 뒤 여전히 눈보라 속에서도 택시를 타는 대신 브로드웨이를 걸었고 센트럴 파크를 지나 어퍼 이스트 사이드(고급 주택가들이 줄지어 들어서 있다─옮긴이)까지 걸었다. 이제 버핏 그룹의 일원이 된 아지트 제인은 모임이 열리는 기간 동안 대부분의 시간을 자기 방에 틀어박혀서 워런을 기쁘게 하려고 무서운 속도로 끊임없이 거래를 했다. 한때 브라이언트 판사를 제외하고 워런이 알고 있던 거의 대부분의 사람이 좋아했던 론 올슨은 이제 로스앤젤레스 거의 대부분의 사람들로부터 사랑을 받고 있었다. 빌 스콧, 마이크 골드버그, 척 리커쇼서 등은 모두 현업에서 은퇴해 다양한 방식으로 인생을 즐겼다. 이들은 모두 따뜻한 햇볕을 여러 해 동안 가까이 하면서 소위 '리커쇼서의 열역학 법칙'의 효과로부터 각기 다른 단계의 회복 과정을 거치고 있었다.[40] 빌 게이츠는 여러 가지 점에서 다른 사람과 달랐지만 버핏 그룹 사람들처럼 지적인 관심으로 가득 찼고 허식은 찾아볼 수가 없었다. 케이 그레이엄은 계속해서 버핏 그룹 사람들을 자극하는 사교계로 통하는 유일한 끈으로 남아 있었다. 하지만 버핏 그룹 사람들도 계속해서 사교계의 유혹에 끄떡도 하지 않았다. 그레이엄은 자주 이런 말을 하곤 했다.

"오, 다이애나 왕세자비…… 정말 좋은 사람이에요. 이건 명백하다는 말이 표현할 수 있는 것보다 훨씬 더 명백한 사실이에요."

호사스러운 킬데어 모임 중에 워런은, 19세기에서 20세기로 이어지던 시기에 기업가이자 자선사업가이던 앤드루 카네기가 1889년에 펴낸 에세이집 《부의 복음The Gospel of Wealth》을 참가자들에게 한 권씩 돌렸다. 워런은 자기의 예순다섯 번째 생일을 축하하고 그때까지 자기가 살았던 인생을 찬찬히 되돌아보면서, 카네기의 이 책을 다시 읽었다. 그는 카네기가 내세웠던 명제인 '부자로 죽는 사람은 불명예스럽게 죽는다'라는 말을 버핏 그룹 사람들에게 토론 주제로 던졌다. 카네기는 이 말을 가슴에 새기고 자기가 모은 거의 모든 재산을 털어서 미국 전역의 마을과 도시에 도서관을 지었다.[41] 역사의 한 면을 장식할 수 있는 위대한 모습이었다. 워런은, 카네기의 말을 약간 바꾸어서 표현하자면 부자로 그리고 불명예스럽게 죽을 계획을 줄곧 세우고 있었다. 그래야만 자기가 죽은 뒤에도 사회에 나눠줄 수 있는 돈이 더 많아진다는 게 그가 내세우는 이유였다. 그는 자기 재능을 가장 잘 발휘하는 길은 죽을 때까지 계속해서 돈을 버는 것이며 자기는 개인적으로 재단이 하는 일에 관여하고 싶지 않다고 했다. 그 일은 수지가 알아서 하면 되었다. 다만 다른 사람들 생각을 듣고 싶었고, 또 다른 사람들에게 적어도 이 문제에 관한 생각의 여지를 주고 싶었다.

다들 돌아가면서 한마디씩 했다. 맨 먼저 빌 루안이 발언에 나섰다. 평생 돈에 대해서 그다지 크게 안달복달하지 않았고 따라서 다른 사람들에 비해 상대적으로 재산이 적었던 루안은, 최악의 상태이던 뉴욕의 공립 학교들을 개조할 사업에 막 착수하려던 참이라고 했다. 그는 나중에 컬럼비아대학교와 손잡고 뉴욕시티의 학생 수천 명을 정서 장애와 자살의 위험으로부터 구하는 일을 하게 된다.[42] 프레드 스탠백과 앨리스 스탠백 부부는 미국에서 환경 문제와 관련된 사업에서 가장 중요한 기부자로 자리를 잡고 있었다. 톰 머피는 '세이브 더 칠드런Save the Children'의 회장이었다. 론 올슨의 아내 제인 올슨은 '휴먼 라이츠 워치Human Rights Watch'의 국제 이사회 의장이었다. 댄 코윈이 죽기 전에 코윈 부부는 그동안 모은 중요한 미술품들을 미국민속미술관에 기부했다. 찰리 멍거는 선한 사마리아인 병원과 교육 사업에 기부했다. 월터 스콧과 수잔 스콧 부부는 거금을 오마하에 기부했다. 루스 고츠먼은 알베르트 아인슈타인 의과대학의 감시이사회 (감시와 집행이라는 이사회의 기능을 이사회의 조직 분리를 통해서 각기 따로 할 때 감시를 담당하는 이사회—옮긴이)에서 일하고 있었다. 마셜 와인버그는 자기가 가지고 있던 거의 모든 돈을 장학금, 전 세계의 보건, 중동 평화, 교육 관련 연구 사업에 점차 기부하고 있었다. 그밖에 다른 사람들은 나름의 기부 명분이 있었다.

이제 빌 게이츠 차례였다. 게이츠는, 질문의 핵심이 얼마나 많은 돈으로 얼마나 많은 생명을 살리느냐가 되어서는 안 된다고 말했다. 사회에 돈을 내놓기 위해서는 우선 돈을 벌어야 한다는 점에서 워런과 같은 의견이라고 말했다. 하지만 어느 정도 돈을 번 뒤에는 곧바로 그 돈을 사회에 내놓아 현재 고통받고 있는 사람들을 살리는 데 쓸 생각이라고 말했다.[43]

버핏 재단이 쓰는 돈은 워런이 가진 재산에 비하면 아주 적은 돈이었다. 그는 크게 두 가지 문제에 주목했다. 인구 과잉과 핵 확산이었다. 해결책을 찾아내는 게 가망 없을 정도로 어려운 문제들이었다. 만일 핵전쟁이 터질 가능성을 조금이라도 줄일 실효성 있는 방안이 있었더라면 그는 최우선 순위를 매기고 이 문제에 집중하면서 가능한 한 많은 돈을 내놓았을 것이다. 하지만 이를 기부금으로 해결할 수 있는 여지는 거의 없었다. 핵 문제에 대한 그의 분석은 특히나 통계적이었다.

핵 공격은 피할 수 없습니다. 인류가 맞닥뜨린 궁극적인 문제입니다. 만일 1년 안에 어떤 문제가 일어날 확률이 10퍼센트라면, 50년 안에 그 문제가 일어날 확률은 99.5퍼센트입니다. 이 확률을 3퍼센트로 낮춘다면, 50년 안에 그 문제가 일어날 확률도 78퍼센트로 줄어듭니다. 1퍼센트로 낮춘다면, 50년 안의 확률은 40퍼센트로 줄어듭니다. 이것이야말로 진정으로 가치 있는 목표가 아닐까 싶습니다. 이렇게만 된다면 세상은 완전히 달라질 겁니다.

워런이 보기에 또 하나의 문제는 인구 문제였다. 지구에 사람이 너무 많다는 것이었다. 버핏 재단은 핵 문제를 해결할 마땅한 방안을 가지고 있지 않았지만 인구 문제에 대해서는 1980년대 중반부터 재단

지출금의 거의 대부분을 쏟으며 해결책을 모색했다. 워런은 인구 문제 역시 통계학적으로 접근했다. 1950년에 세계 인구는 약 25억 명이었다. 그런데 그 뒤 20년이 지나, 폴 에를리히의《인구 폭탄The Population Bomb》이 발간된 지 얼마 지나지 않아서 세계 인구는 37억 명에 육박했다.[44] 에를리히는 1970년대와 1980년대에 전 세계적인 대량 기근 사태가 일어나 수억 명이 굶어 죽을 것이라고 예견했다. 1990년에 세계 인구는 50억 명이라는 선을 돌파했지만 대량 기근 사태는 일어나지 않았다. 그렇기 때문에 비록 인구가 폭발적으로 늘어나고 있지만 많은 전문가들이 이제 에를리히의 이론을 심각하게 받아들이지 않았다. 논의의 초점은 기술의 발전이 인구 성장, 종 다양성의 감소, 지구 온난화 등과 같은 문제보다 빠르게 진행될 수 있을까 하는 점에 집중되었다. 워런은 인구 증가와 자원 감소를 '안전 마진'이라는 개념으로 바라보았다.

지구는 나름대로의 환경 수용력을 가지고 있습니다. 이 능력은 맬서스가 예측했던 것보다 훨씬, 훨씬, 훨씬, 아주 훨씬 더 큽니다. 이 환경 수용력에 대한 한 가지 중요한 사실은, 사람들은 실수를 최소한의 차원에서 하고자 한다는 것입니다. 만일 당신이 거대한 우주선을 달에 쏘아 올릴 계획을 세운다고 합시다. 그리고 이 우주선에 200명이 탈 수 있는데 달까지 가는 데 시간이 얼마나 걸리는지 모른다고 합시다. 그러면 아마도 당신은 이 우주선에 150명 이상은 태우지 않을 것입니다. 우리는 지금 이런 우주선과 같은 걸 가지고 있습니다. 그런데 이 우주선이 확보하고 있는 비축물이 얼마나 되어야 할지 알지 못합니다. 지구의 인구가 60억 명이 아니라 120억 명일 때[45] 인류의 평균적인 수명과 행복이 더 나아지리라고 주장할 사람은 아마도 없을 겁니다. 한계가 분명히 있습니다. 그리고 만일 이 한계가 어디까지인지 알지 못하는 한, 안전하게 시도하는 게 최상입니다. 이것이 바로 지구의 생존을 위한 안전 마진 접근법입니다.

1970년대 이후로 워런은 통제할 수 없을 정도로 늘어나는 인구 문제에 대한 해결책으로 낙태와 피임을 할 수 있는 여성의 권리에 초점을 맞추었다. 이 권리는 수지가 진심으로 바라며 투쟁하던 것이기도 했으며, 또한 당시 인권 단체들이 공통적으로 표방하던 관점이기도 했다.[46] 법률 회사인 '멍거, 톨스'가 캘리포니아에서 매우 중요한 소송이었던 벨로우스 사건을 맡으면서, 워런은 이 문제를 가까이에서 지켜볼 수 있었다.[47] 이 소송은 장차, 일명 '로 대 웨이드' 사건에서 연방 대법원이 여성의 낙태 권리를 인정하는 1973년의 기념비적인 판결을 내리는 데 초석이 된다. 멍거는 열정을 다해서 벨로우스 사건에 임했다. 멍거와 그의 법률 회사가 이 사건을 맡고 나선 이유는, 젊은 여성들이 불법적인 낙태로 불구가 되거나 심지어 사망하는 사회적인 문제를 더는 방관할 수 없었기 때문이다. 워런과 멍거는 에큐메니컬 공동체로 불리던 '교회'를 후원했다. 이 공간은 미국에서 낙태에 관한 지하 철도(남북 전쟁 전에 남부 지역의 노예들이 탈출할 수 있도록 도움을 주었던 비밀 조직 이름이 '지하 철도'였다–옮긴이)의 한 부분이 되었다.[48]

워런은 특별히 개릿 하딘의 논리에 감동을 받았다. 하딘은 1968년에 쓴 논문 〈공유지의 비극The Tragedy of the Commons〉에서, 사람들이 공기나 바다와 같은 자원을 특정인의 소유권이 없는 상태에서 공동으로 소유할 때 사람들이 이 자원을 남용하고 마침내 회복 불가능하게 만들어 버린다고 주장했다.[49] 그는 하딘이 생각했던 여러 원칙들을 받아들였지만, '인구 통제population control(산아 제한)' 운동의 지도자로서 하딘이 제안한 해결책에는 분명히 반대 입장을 취했다. 하딘은 전체

주의적인 발상을 가지고서 우생학적인 접근을 꾀했기 때문이다. 하딘은 인간의 온순한 성정은 유전으로 이어지며 이미 지구 전체에 퍼져버렸다고 썼다. 그리고 이런 현상을 '유전자적 자살'이라고 보았다.

"주변을 한번 둘러보라. 당신 이웃 사람들 가운데서 영웅이 몇 명이나 있는지 세어보라. 그리고 당신 동료들 가운데서는 몇 명이나 있는가? (……) 지난날의 영웅들은 다 어디로 가버렸는가? 스파르타는 지금 어디에 있는가?"[50]

워런은 스파르타를 되살리려는 시도는 이미 있었다고 생각했다. 이런 시도를 한 사람은 바로 아돌프 히틀러였다. 스파르타 사람들은 허약하거나 '바람직하지 않은' 아기들을 산골짝에 내다 버림으로써 유전자적으로 스스로를 손질했다. 현대의 우생학은 프랜시스 골턴이 정식화한 사회 철학이었다. 골턴은 사촌이던 찰스 다윈의 연구 결과에 천착해서 인류를 선택적으로 번식시키면 개체군의 질을 개선할 수 있다는 이론을 세웠다. 이런 발상은 20세기 초에 극단적일 정도로 광범위한 지지를 받았지만 나치 독일의 실험을 거치면서 폐기되었다.[51] 하딘이 추구하던 접근법을 채택할 경우 인류를 여러 경쟁 집단으로 쪼개는 치명적인 결과가 초래될 수밖에 없었다.[52] 그래서 워런은 지구라는 우주선의 문제를 해결하려면 인권을 바탕으로 접근해야 한다는 입장에 서서 우생학적인 견해를 반대했다.

1994년이 되면서 워런의 강조점은 '인구 통제'에서 여성의 생식 권리로 이동했다.[53] 이런 변화는 인구 통제 운동에 대한 이견들이 전 세계적으로 진화했던 현상과 맥락을 같이했다. 여자는 '인구 통제라는 목적을 이루기 위한 손쉬운 수단'이라는 대접을 더는 받지 않았다.[54] 워런은 인구 문제를 해결하는 데 동원되는 수단이 강제성을 띨 경우 이것이 결코 진정한 해결책이 되지 못한다는 생각을 늘 하고 있었다.[55] 그는 한 걸음 더 나아갔다.

이제 나는 지구가 아무리 많은 인구로 폭발한다 하더라도 아이를 임신할 여성의 권리를 제한할 생각은 전혀 없습니다. 지구상에 오로지 두 사람밖에 남지 않아서 종족 보존이 절실하다 할지라도 여성이 생식과 관련해서 가지는 선택의 권리를 박탈할 마음이 없습니다. 나는 세계가 여성이 원해서 낳는 인구로 제한되어야 한다고 생각합니다. 이 지구에 몇 명이 살아야 한다는 식으로 숫자로 규정하는 데는 반대합니다. 설령 모든 사람이 자식을 일곱 명씩 낳는다 하더라도, 개릿 하딘이 말했던 것처럼 하지 않을 것이며 여성의 권리를 숫자와 결부시키지 않을 겁니다.

그래서 버핏 재단은 여성의 생식 권리를 지원했다.

생식 권리, 인권, 인구 통제 등의 복잡하고도 미묘한 뉘앙스의 차이점들은 모두 낙태를 둘러싼 논쟁 속에 매몰되었다. 워런의 주장은 궁극적으로 그가 '난소 로또'[56]라고 불렀던 것을 바탕으로 삼았다. 그는 이 개념을 '책임 있는 부Responsible Wealth'라는 단체를 통해서 적극적으로 세상에 퍼뜨렸다. 이 개념은 그에게 커다란 반향을 불러일으켰다.[57]

아시다시피 나는 이 세상에 살면서 상당히 괜찮았습니다. 내가 1930년에 미국에서 태어날 확률은 50 대 1 정도로 나한테 불리했습니다. 하지만 나는 어머니의 자궁에서 나와 미국이라는 나라에 태어나면서 로또에 당첨된 겁니다. 다른 나라에서 태어났더라면 내가 거둘 수 있었던 성공의 가능성은 훨씬 적었을 겁니다.

어머니의 자궁에 쌍둥이 둘이 있다고 칩시다. 둘 다 명석하고 에너지가 넘칩니다. 이때 램프의 요정이 이 아이들에게 이렇게 말한다고 칩시다. '너희 가운데 한 명은 미국에서 태어날 것이고, 또 한 명은 방글라데시에서 태어날 것이다. 만일 방글라데시에서 태어난다면, 세금은 한 푼도 내지 않을 것이다. 그렇다면 방글라데시에서 태어나는 아이의 소득은 미국에서 태어난 아이의 소득에 비해서 몇 퍼센트나 될까?' 이 말은, 어떤 사람의 운명은 그 사람이 사는 사회와 관계가 있으며 오로지 타고난 특성에 의해서만 결정되는 게 아니라는 사실을 암시합니다. '내가 내 힘으로 모든 걸 다 이루었어'라고 말하는 사람, 즉 자기가 호레이쇼 앨저(19세가 말의 미국 아동문학가. 가난한 소년이 근면과 절약과 정직으로 성공한다는 내용의 성공담을 담은 소설들을 썼다—옮긴이)의 소설 주인공이라고 생각하는 사람들조차 미국에서 태어났기 때문에 방글라데시에서보다 평생 더 많은 소득을 벌어들인다고 말할 겁니다. 그게 바로 '난소 로또'입니다.

난소 로또는 정치와 자선사업에 대한 그의 모든 의견을 결정하는 토대였다. 그가 이상적으로 생각한 사회는 승자가 승리를 얻으려고 자유롭게 겨루며 또한 패자에게 도움을 줌으로써 승자와 패자 사이의 격차가 줄어드는 사회였다. 그는 평생을 살면서 극단적인 불평등을 수없이 목격했다. 구타와 폭력이 난무하던 민권 운동 시기에 성장했던 것이다. 주 의회의 국회의사당에서 벌어진 폭력, 폭도들이 공무원을 처형대에 올려놓고 목에 올가미를 걸었던 일에 대해서는 수도 없이 많이 들었다. 한 집단이, 자기들이 다른 집단보다 우월하다고 느꼈던 시기와 장소에서 일어났던 일이었다. 어쩌면 워런은 채 의식하지도 못한 채 이미 오래전에, 자기 아버지의 자유의지론적인 입장을 버리고[58] '나머지 다른 계급들이 의존하는 계급'에 대해서 썼던 네브래스카의 윌리엄 제닝스 브라이언의 민주적 이상주의 쪽으로 기울었던 것일지도 모른다.

워런은 철학과 지리학적인 면에서 모두 한 번 자기 자리를 잡으면 좀처럼 다른 자리로 옮기려 하지 않았다. 이런 점에서 누구에게도 지지 않았던 그였지만, 충분한 확신이 쌓이면 가끔씩 구조적인 이동을 감행했다. 아일랜드에서 가졌던 버핏 그룹 모임에서 돌아온 뒤 워런과 수지는 밴쿠버에서 만나 17일 일정으로 중국 여행길에 올랐다. 워런이 이 여행에 나선 데는 게이츠 부부의 역할이 컸다. 게이츠 부부는 이 여행이 그에게 유쾌한 여행이 될 수 있도록 무척 애썼다. 여행에 앞서서 두 사람은 워런을 비롯한 다른 손님들에게 어떤 음식을 먹고 싶은지 설문지를 돌렸다. 소니 회장 모리타 아키오의 집에서 겪었던 일을 두 번 다시 겪고 싶지 않았던 워런은 이렇게 답변했다.

"'나는 중국 음식은 안 먹습니다. 정 뭣하다면 나한테 그냥 밥만 주면 됩니다. 먹는 척하며 접시 위에서 이리저리 굴려대기만 하다가 일정이 끝나면 내 방으로 가서 땅콩을 먹을 겁니다. 그리고 날마다 〈월스트리트 저널〉을 가져다주시기 바랍니다. 그게 없으면 정말 힘드니까요."[59]

이렇게 해서 워런은 중국으로 갔다.

베이징의 웅장하고 오래된 팰리스 호텔에 여장을 푼 일행은 '아시아 소사이어티Asia Society'(아시아에 대한 미국의 이해 증진을 위해서 록펠러 3세가 1956년에 창설한 비영리·비정치 재단—옮긴이) 회장인 로버트 옥스남 박사를 만났다. 여행하는 동안 일행에게 강의를 해줄 사람이었다.[60] 일행은 호텔의 에메랄드 룸에서 현대 중국을 화제로 대화를 나누며 장엄한 쓰촨식 요리를 저녁으로 먹었다(쓰촨식 요리는 광둥식 요리에 비해 더 맵다—옮긴이). 종업원들은 회전식 식탁 위에 찻잎 훈제 오리고기, 칠리 소스로 두 번 구운 돼지고기, 매운 닭고기, 쓰촨식 훠궈 등의 코스 요리를 끊임없이 내놓았다. 물론 워런이 도저히 먹을 수 없는 것들이었다. 하지만 게이츠는 주관 여행사인 '아버크롬비 앤드 켄트'가 미리 현지로 사람을 보내서 주방의 요리사들에게 워런을 위해 특별히 햄버거와 프렌치프라이 만드는 법을 가르치도록 지시했었다. 그래서 쓰촨식 요리의 새 음식이 나올 때마다 워런은 프렌치프라이를 받았다. 심지어 디저트로도 프렌치프라이를 받았다. 그는 무척 기쁘고 만족했다.

다음 날 아침 일행은 자금성, 베이징대학교, 국립고궁박물관을 돌며 관광을 했다. 점심은 궁중요리 전문 팡산 식당에서 먹었고, 저녁은 중국의 영빈관인 댜오위타이에서 먹었다. 하지만 이때도 다른 사람들이 다들 중국 요리의 향연을 즐길 때 워런은 햄버거와 프렌치프라이를 먹었다.

베이징에서 일행은 중국 총리를 만났다. 워런은 빌 게이츠의 주선으로 중국의 열두 살 소녀 챔피언과 탁구 시합을 하기도 했다. 사흘째 되던 날 옥스남 박사는 만리장성의 역사와 그곳에 얽힌 민간전승 이야기들을 들려주었다. 만리장성의 가장 높은 곳에 올랐을 때 이들을 위해 준비된 샴페인이 나왔다. 물론 워런을 위한 체리 코크도 따로 준비되어 있었다. 1,100년에 걸친 혁신적 기술과 인간의 노동 그리고 중국 역사를 대표하는 세계 최대 건축물인 만리장성을 내려다보면서 모든 사람은 워런이 무언가 심오한 뜻이 담긴 말을 하기를 기다렸다. 워런도 이 광경에 확실히 감동을 받은 것 같았다. 그는 이렇게 재담을 던졌다.

"이 건설 사업에 벽돌 공급 계약을 맺었더라면 정말 좋았을 텐데 말입니다."

다음 날 아침 그는 일정 가운데 하나로 잡혀 있던 무술 수업을 빼먹고 코카콜라 현지 공장을 방문했다. 다시 하루 뒤, 일행은 중국의 군수송기를 타고 몽골과 인접한 중국 북서부 지역의 도시인 우루무치로 날아갔다. 이 도시는 옛날 실크로드의 중요한 기착지였다. 거기에서 일행은 기차를 타고 중국 대륙의 북서부 지역을 가로지르기로 되어 있었다. 하지만 기차라고 해서 평범한 기차가 아니었다. 게이츠 부부가 일행을 위해서 따로 손을 써서 마오쩌둥의 개인 기차로 쓰였던 특별한 기차를 빌렸던 것이다. 일행은 마오쩌둥의 기차를 빌린 최초의 서양인이 되었다. 이 기차는 실크로드의 옛 경로를 따라서 달렸다. 중간에 가끔씩 멈춰 서기도 했다. 일행이 사막에서 낙타를 타고, 고대 도시나 동굴을 찾아가고, 시안에서 자이언트 판다를 보고, 또 지구상에서 가장 큰 매장지로 일컬어지는 진시황릉의 병마용갱을 볼 수 있도록 한 배려였다. 이 여행을 하는 동안 사람들은 몇 시간씩 대화를 할 수 있었다. 그런 중에 워런과 게이츠는 어째서 어떤 은행들은 다른 은행들보다 좋은지, 어째서 소매업이 그렇게 힘든 사업인지, 마이크로소프트 주식의 가치가 얼마나 되는지 따위를 소재로 대화를 했다.[61]

열흘째 되던 날, 일행은 싼샤댐 건설 현장을 방문했고, 무도회장과 이발소, 마사지실, 정장을 입고 갑판에서 〈짚더미 속의 칠면조Turkey in the Straw〉(19세기 초까지 거슬러 올라가는 미국 민요 – 옮긴이)를 연주하는 음악가를 갖춘 5층 갑판의 거대한 유람선 M. S. 이스트퀸 호를 탔다.

배는 싼샤댐의 세 협곡 가운데 첫 번째 협곡인 선농시(神農溪)로 들어섰다. 승객들 가운데 많은 사람이 노란색 구명조끼를 입고 여러 척의 보트에 옮겨 탔다. 삿대로 가는 이 배를 좁은 강변에 늘어선 사람들이 줄로 연결해서 끌었다. 보트 하나당 남자 열 명이 거친 물살을 거슬러서 끌었고, 이때 젊은 여자들이 남자들에게 힘을 내라는 뜻으로 노래를 불렀다.

워런은 이 아가씨들을 놓고 농담을 했는데, 그날 밤 광둥식 요리로 저녁을 먹을 때 갑자기 난소 로또 생각이 났다. 그래서 이런 말을 했다.

"우리가 탄 보트를 끌던 남자들 가운데는 아마도 빌 게이츠가 되었을 사람들도 있을 겁니다. 그 사람들은 여기에 태어났기 때문에 관광객이 탄 보트를 끌면서 평생을 보낼 겁니다. 이 사람들에게는 기회가 주어지지 않았고, 지금도 마찬가지입니다. 우리가 성공의 기회를 맞게 된 건 정말 순전히 운이 좋아서입니다."

션농시에서 배는 오우탕(武當) 협곡을 향해서 나아가며 여러 마을을 지나갔다. 마을에서는 초등학생들이 달려 나와서 낯선 미국인에게 인사했다. 안개 속에 깎아지른 듯 서 있는 봉우리들 사이에서 비단 직조 공장도 보였다. 자갈돌을 깔아놓은 전통 마을을 지나서 보트는 천천히 양쯔강 하류로 향했다. 그리고 마침내 구이린(桂林)에 도착했다. 여기에서는 리강(灕江)의 유람선인 바지선을 타고 지구상에서 가장 풍경이 아름답다는, 당나라 시인 한유의 표현을 빌리자면 '옥으로 만든 머리핀들과도 같은' 초록색 망토로 뒤덮인 뾰족뾰족한 수천 개의 석회암이 줄지어 늘어선 원시 풍경의 강을 따라 유람이 이어졌다. 강을 타고 이어진 60~90미터에 이르는, 사람의 손길이 닿지 않은 선사시대 거대한 석주(石柱)를 가까이에서 경험하려고 일행 가운데 많은 사람이 배에서 내려 자전거를 타고 강둑을 달렸다. 배가 장엄한 송림이 펼쳐진 풍경 사이로 떠갈 때, 워런과 게이츠 부자는 각자 아내들로부터 허락을 받고 몇 시간 동안 브리지 게임을 즐겼다.

일행은 마침내 여행의 마지막 기착지인 홍콩에 도착했다. 그러자 워런은 한밤중이었음에도 불구하고 게이츠 부부를 이끌고 곧바로 맥도널드로 가서 햄버거를 샀다.

홍콩에서 샌프란시스코로, 샌프란시스코에서 오마하로 가는 동안 내내 나는 신문만 읽었습니다.

중국 여행 이후로 많은 시간이 흘렀다. 몇 년의 세월이 흘렀다. 하지만 워런의 마음은 여행 때의 어떤 한 순간으로 반복해서 되돌아가고 있었다. 그의 마음을 사로잡은 건 중국의 풍광이 아니었다. 워런은 이 풍광에 그닥 주목하지 않았다. 기념사진으로 남아 있던 낙타 타기도 아니었다. 다른 모든 사람이 중국 음식의 향연을 즐길 때 자기에게만 끊임없이 제공되었던 프렌치프라이도 아니었다. 워런은 �싼샤댐 건설 사업을 생각했고, 션농시의 보트들을 생각했다. 하지만 그를 사로잡고 놓아주지 않았던 건 한데 모여서 노래를 부르던 션농시의 아가씨들이 아니었다. 평생 동안 끊임없이 관광객이 탄 보트를 물살을 거슬러서 힘들게 끌어야 하는 남자들의 운명이었다. 개인의 운명과 숙명에 대한 생각이 그의 머릿속을 떠나지 않고 괴롭혔다.

51

곰은 어찌됐든 간에

　브리지 게임을 하면서도, 골프를 하면서도, 아일랜드 여행을 하면서도, 중국 여행을 하면서도 워런은 날마다 〈월스트리트 저널〉을 눈에 불을 켜고 샅샅이 훑으면서 버크셔 해서웨이가 사들일 만한 주식을 찾았다. 하지만 이제 적절한 가격에 사들일 괜찮은 회사를 찾기란 점점 더 어려워졌다. 워런은 여전히 코카콜라에 돈을 넣고 있었다. 이렇게 모은 코카콜라 주식은 모두 1억 주였고 금액으로는 13억 달러였다. 또 신발업체도 새로 인수했다. '덱스터 슈Dexter Shoe'라는 회사였다. 하지만 이 분야는 다소 그의 '능력의 동심원' 밖에 있었다. 그는 수입품 신발에 대한 수요가 줄어들 것이라고 전망했다.[1] 보샤임이라는 보석업체를 익히 들어서 알고 있던 바넷 헬츠버그 주니어라는 한 보석상은 뉴욕 5번가에서 워런이 어떤 사람과 대화를 하고 있는 것을 보고는 그에게 다가가 '헬츠버그 다이아몬드Helzberg Diamonds'를 거의 그 자리에서 팔았다. 그는 아메리칸 익스프레스 주식도 다시 사기 시작했다.

워런은 또 가이코의 나머지 주식들도 사고 싶었다.

1993년 10월 이후로 가이코는 공동 CEO 체제로 경영되었다. 최고투자책임자인 루 심프슨과, 열여덟 살 때부터 가이코에서 일해 왔으며 지금은 보험 사업부를 지휘하는, 말씨가 부드럽고 은발이며 테디베어 같은 인상의 소유자 토니 나이슬리가 그 주인공들이었다. 나이슬리는 조직을 최대 출력으로 가동시켰고, 가이코는 한동안 주춤하던 시기를 지나 해마다 50만 명 가까운 신규 고객에게 보험 상품을 팔았다. 1994년 8월, 워런은 나이슬리와 심프슨, 샘 버틀러와 이야기를 했다. 버틀러는 이사회 소속 집행위원회 위원장이었으며, 여러 해 전에 잭 번을 발탁해서 위기에 빠진 회사를 구한 인물이기도 했다. 월스트리트와 거래하기를 그다지 좋아하지 않았던 나이슬리는 공동 CEO가 된 뒤로 줄곧, 가이코는 비공개 회사로 운영되어야 한다는 생각을 가지고 있었다.[2] 수많은 애널리스트와 자산운용가를 위해서 일하느니 차라리 워런 아래에서 일하는 게 더 낫겠다고 생각했던 것이다.

버틀러가 그 협상 과정을 이끌었다. 그는 매각 대금을 주식으로 받길 원했고, 가격은 70달러대였다. 워런은 이 가격이 터무니없이 높다고 생각했으며 주식 대신 현금 지급을 원했다. 가격은 50달러대 후반으로.[3] 협상은 꼬박 1년 동안 계속되었다. 워런은 둥근 톱을 빼 들었다. 그리고 이 톱으로 가이코의 바닥을 잘라내기 시작했다. 버틀러로 하여금 가이코가 허약하고 쉽게 무너질 수 있다는 인상을 확실히 심어주려는 일종의 협상 기술이었다. 시장은 점점 더 걷잡을 수 없어지고 있다고 그는 말했다. 하이테크 인터넷 종목은 미쳐 날뛰어 가이코를 포함한 산업 전반을 위태롭게 할 것이라고 했다. 현재 가이코는 전화 판매라는 강점을 가지고 있지만, 조만간 인터넷이 이 영역을 잠식할 것이고 결국 경쟁 우위 요소는 소멸할 것이라고 했다. 평균적인 사람들이 개인 이메일 주소를 가지고 있기 이전인 1994년에 이미 워런은 컴퓨터에 대해서 거의 아무것도 몰랐다고 추정되었음에도 불구하고, 앞으로 다가올 몇십 년 안에 인터넷이 자동차 보험에 얼마나 강력한 영향을 미칠 것인지 정확하게, 어쩌면 자동차 보험업에 종사하는 사람들보다도 더 정확하게 파악했던 게 분명하다.

하지만 버틀러는 거칠고 노련한 변호사로, 워런에게 호락호락 당할 인물이 아니었다. 버크셔 해서웨이의 주가는 2년 만에 두 배로 뛰었다. 그해 4월에 이 주식은 한 주에 2만 2천 달러에 거래되었고 〈머니 Money〉라는 잡지는 〈오버프라이스드 스톡 서비스 Overpriced Stock Service〉라는 뉴스레터를 인용해서, 버크셔 해서웨이 주식의 가격은 '신이 이 회사를 경영할 때만 가능한 수치'라고 적었다. 이런 기사에 당연히 자극을 받았을 버틀러는 자기가 제시한 매도 가격을 내리지 않겠다고 했다. 버틀러는 가능하면 버크셔 해서웨이 주식을 많이 받으려고 했다. 워런과 버틀러 사이의 협상은 교착 상태에 빠지고 말았다. 마침내 워런은 궁극의 무기를 빼들었다. 바로 찰리 멍거였다. 멍거를 악당 역으로 내세웠던 것이다. 살로먼 브라더스에서는 이 전술이 잘 먹혀들었지만 샘 버틀러는 워낙 거친 인물이어서 멍거도 별수 없었다.

1년 뒤, 워런이 가이코를 원한다면 버틀러가 제시하는 가격을 받아들일 수밖에 없다는 사실이 분명해졌다. 워런은 가이코를 워낙 간절하게 원했기 때문에 두 손을 드는 수밖에 없었다. 1995년 8월에 워런은 가이코 잔여 지분 52퍼센트를 인수하면서 23억 달러를 지불했다. 이전에 48퍼센트까지 인수하면서 4,600만 달러를 지불했었다.

그런데 워런은 이번 대금은 현금이 아니라 버크셔 해서웨이 주식으로 지불했다. 치열하게 싸우긴 했지만, 1차분을 싸게 샀다는 점을 감안할 경우 전체적으로 매입 가격은 합리적이었다고 그는 생각했다.

가이코 거래가 전환점이었다. 그동안 주식시장은 야단법석으로 돌아가고 있었다. 1993년에 이어서 1994년에도 수많은 인기 종목이 새로 시장에 상장되었다.[4] 1995년 2월에 다우지수는 처음으로 4천 포인트를 찍었다. 마이크로소프트는 '윈도 95'를 출시해서 첫날 7억 달러어치를 팔았다. 어느 날 갑자기 사무실에서 일하는 사람들의 책상에 모두 개인용 컴퓨터가 놓였다. 또 학부모들은 아이가 방과 후에 집에서 숙제를 하도록 컴퓨터를 구입했다. 유치원생 자녀를 둔 학부모들도 카풀 정보를 이메일로 주고받으려고 컴퓨터를 구입했다. 웹 디자이너는 폭주하는 주문에 비명을 질렀다. 컴퓨터 해커 관련 기사가 신문 1면을 장식했다.

1995년에는 인터넷 서비스 제공업체인 '넷스케이프Netscape'가 주식을 공개해서 확장에 필요한 자금을 모았다. 이 회사는 그동안 돈을 한 푼도 벌지 못했지만, 많은 사람이 넷스케이프 제품을 잘 알고 있었다. 상황이 이렇다 보니 넷스케이프 주식을 사겠다는 전화 주문이 워낙 많았고, 모건 스탠리는 폭주하는 이 주문을 제대로 처리하려고 수신자 부담 전화 체계를 따로 마련해야 할 정도였다. 넷스케이프는 애초에 350만 주를 팔려고 했지만 주식을 사겠다는 주문의 물량은 1억 주나 되었다.[5]

비록 컴퓨터로 브리지 게임을 하고 가이코와의 협상 과정에서 인터넷의 전망과 관련해서 날카로운 통찰력을 보여주긴 했지만, 기본적으로 신기술에 대한 워런의 지식은 들쭉날쭉했다. 개인적으로는 여전히 컴퓨터에 관심이 없었다. 하지만 세상 사람들은 온통 컴퓨터를 가능하면 빨리 구입하려고 정신이 없었다. 빌 게이츠는 이런 현상을 새로운 도전의 기회로 삼았다. 게이츠는 워런과 멍거를 마이크로 소프트의 한 모임에 불러서 신기술에 대해서 이야기했다. 그런데 전날 저녁에 빌과 멜린다가 저녁식사 모임을 열었을 때 그들 부부는 초대 손님인 멍거 옆 자리에 네이션 미어볼드를 앉혔다. 그는 마이크로소프트의 최고기술책임자였다. 멍거와 미어볼드는 벌거숭이두더지쥐(동아프리카에 서식하는 설치류로 털이 없다-옮긴이)를 화제로 길게 대화를 나누었다. 이 쥐는 마치 부댕 블랑이라는 프랑스의 하얀색 소시지에 이빨이 달려 있는 것처럼 보인다. 이 동물은 찢기거나 긁히거나 불에 데어도 고통을 느끼지 못한다(이 동물은 고통을 뇌로 전달하는 데 필수적인 소위 'P 물질'이라는 뉴로 펩티드가 부족해 흔히 실험용으로 많이 쓰인다). 과학 분야에 광적인 관심을 가지고 있던 멍거는 이 동물과 관련된 지식을 아주 조금 가지고 있었다. 샌디 고츠먼은 한때 실험용 동물 수요가 점차 늘어나자 실험용 쥐에 투자한 적이 있다. 하지만 이 투자에서는 기대했던 만큼 수익이 나지 않았다. 그래서 뉴욕시티에 있던 한 건물은 실험용 쥐들로 온통 바글바글하기도 했다.

　벌거숭이두더지쥐는 매우 놀라운 특성을 가지고 있다. 고통에 둔감할 뿐만 아니라 단성생식을 한다. 여왕이 수컷의 도움을 받지 않고 얼마든지 새끼를 낳을 수 있다. 멍거와 미어볼드는 벌거숭이두더지쥐의 교미 습성을 놓고 신나게 대화를 했고, 다른 사람들은 믿을 수 없는 이야기라는 표정으로 두 사람이 하는 말을 그저 듣기만 했다.[6]

　다음 날 아침, 게이츠는 워런과 멍거를 마이크로소프트로 데리고 갔다. 마이크로소프트의 2인자인 스티브 발머와 여섯 명의 기술자들이 두 사람을 만나도록 예정되어 있었다. 그런데 이들이 도저히 이해할 수 없는 일이 있었다. 믿을 수 없을 정도로 명석한 이 두 사람이 컴퓨터의 세계에 아직도 제대로 발을 들여놓지 못했다는 점이었다. 그러니까 그들에게 이 두 사람은 숲에서 발견된, 동굴 생활을 하는 석학이나 마찬가지였다. 비행기가 하늘을 나는 건 보았지만 비행기 타기를 한사코 거부하는 혈거인인 셈이었다. 그랬기에 워런은 인터 넷이 중요하다는 사실은 감각적으로 인식했음에도 불구하고 가이코 가 서둘러 인터넷을 활용해서 보험을 팔도록 지시를 내려야겠다는 생각은 아직 하지 못했던 것이다. 워런에게 컴퓨터는 그저 브리지 게 임을 할 수 있도록 자기와 다른 사람들을 연결해 주는 터널일 뿐이 었다.

빌은 그게 참 신기했나 봅니다. 컴퓨터에 전혀 관심 없는 사람이 응용 프로그램에는 흠뻑 빠질 수 있다는 걸 알았으니까요. 자기 주 변에 있는 모든 사람은 컴퓨터 그 자체에 관심을 가지고 있었습니 다. 하지만 나는 컴퓨터 자체가 아니라 응용 프로그램에만 관심이 있었던 거죠. 그러니까, 처음에는 컴퓨터에 관심이 있는 사람들에게 컴퓨터를 팔고, 그다음에는 나처럼 컴퓨터 자체에는 아무런 관심도 없는 사람들에게 컴퓨터를 팔아먹을 수 있다는 이야기가 됩니다.

컴퓨터를 자기의 '능력 밖'이라고 여겼던 워런이 만일 마이크로소 프트와 인텔의 주식을 샀었더라면 게이츠를 젖히고 미국에서 최고 부자 자리에 오를 수도 있었을 것이다. 하지만 워런은 여전히 이등이 었다. 그는 상관하지 않았다. 아니, 오히려 상관했다. 그것도 많이. 이 등이 아니라 일등이 되고 싶었다. 그러나 그것보다 더 중요한 게 있 었다. 과도한 위험을 피하는 것이었다. 그는 이 문제를 더 많이 상관 했다. 그는 어떤 회사가 제2의 마이크로소프트나 인텔이 될지, 어떤 회사가 추락하고 사라져 버릴지 알지 못했다. 이 와중에 그는 안전 마진이라는 지침을 절대 놓치지 않았다. 수많은 기술 관련 사업 및 회사의 수명은 벌거숭이두더지쥐의 수명만큼이나 짧다는 걸 알아서였다.

워런에게 설령 그렇게 할 기질이 있었다 하더라도 그런 위험을 무릅쓸 필요가 없었다. 오래전에 했던 어떤 결정들이 그로서는 여전히 유효했기 때문이다. 아지트 제인을 고용한 일은, 앤드루라는 허리케인이 1992년에 플로리다 남부 지역을 지도에서 지워버리다시피 했을 때(이때 발생한 피해 금액은 192억 달러였다-옮긴이) 워런이 '재앙에 대비한 재보험 사업'이라는 새로운 사업을 시작할 수도 있다는 것을 의미했다. 쉽게 상상하기 어려운 천재지변에 대한 고가의 재보험이었다. 그리고 2년 뒤에 캘리포니아의 노스리지에서 지진이 일어났다. 당시 이런 재앙에 투입할 자금 수십억 달러를 가지고 있던 사람은 워런 말고는 거의 없었다. 그리고 버크셔 해서웨이는 그 돈을 댔다.

워런은 블럼킨 형제와 줄곧 교류했었는데, 이 관계 덕분에 솔트레이크시티에 본사를 둔 가구 체인점 'R. C. 윌리'를 인수했다. 인수 가능한 소규모 회사들을 찾으려고 《무디스 매뉴얼》을 뒤지던 일은 아주 먼 옛날의 일이었다. 대신 그는 다시 한번 백기사로 나서서 '플라이트세이프티 FlightSafety'를 기업 사냥꾼으로부터 구했다. 이 회사는 조종사들을 훈련시키고 또 훈련에 필요한 거대한 비행 시뮬레이터를 만들던 매우 특이하고 수익성 높은 회사였다. 그리고 '스타 퍼니처 Star Furniture'와 '인터내셔널 데어리 퀸 International Dairy Queen'을 인수할 작정이었다. 하지만 그가 제안받은 인수 아이디어들 대부분은, (그의 표현을 빌리자면) 원래 양치기 개인 콜리를 주문했는데 이것 대신 사냥개 코커 스패니얼이 나타난 꼴이었다. 그는 이런 제안에 대해 다음과 같은 재담으로 응수했다고 버크셔 해서웨이 연례 보고서에서 밝혔다.

"전화가 오지 않는다면, 그게 바로 나인 줄 아세요."

어떤 사람들은 워런이 덱스터 슈와 같은 회사를 사는 걸로 볼 때 무슨 회사든 다 살 것이라고 생각했다. 하지만 그는 그 거래를 후회하기 시작했다. 덱스터는 외국 경쟁사들의 압박에 말라죽어 갔다. 소비자들은 여전히 외국에서 수입되는 신발들을 찾았던 것이다. 하지만 실패작은 드물었고 홈런을 친 투자는 많았다. 캐피털 시티즈/ABC가 디즈니에 190억 달러에 인수 합병되었고, 이 거래로 버크셔 해서웨이는 투자 원금의 네 배 가까이 되는 20억 달러를 벌었다. 또한 톰 머피가 디즈니의 사외이사로 취임했고, 머피를 통해 워런은 디즈니의 CEO인 마이클 아이스너와 연결되었다. 버핏 부부는 이제 선 밸리에서 코카콜라 임원들로부터 시작해 스타 영화배우들에 이르는 수많은 사람들과 쉽게 어울렸다. 워런은 또한 〈워싱턴 포스트〉의 이사로 복귀했다. 〈워싱턴 포스트〉는 또 한 사람의 워런 측근이라고 할 수 있는 돈 그레이엄이 경영하고 있었고, 덕분에 워런은 자기가 좋아하는 신문사와 다시 함께할 수 있어서 더할 나위 없이 즐거웠다.

1996년 초 버크셔 해서웨이의 주가가 갑자기 한 주에 3만 4천 달러로 치솟아, 회사의 기업 가치는 410억 달러가 되었다. 1957년에 워런에게 1천 달러를 투자한 뒤에 그대로 묻어 두었던 사람은, 이 돈이 1,200만 달러로 바뀌어 있는 기적과 같은 주인공이 되었다. 이 금액은 불과 두 해 전과 비교할 때 두 배로 뛴 것이었다. 이로써 워런의 재산은 160억 달러가 되었다. 수지도 15억 달러어치의 버크셔 해서웨이 주식을 가지고 있었다. 예전에 수지는 이 주식을 건드리지 않겠다고 약속했었다.[7] 수지와 찰리 멍거도 이제는 억만장자가 되어 〈포브스〉 선정 400대 부자 목록에 이름을 올렸다. 예전에 존재감도 없었던 버크셔 해서웨이라는 회사는 이제 모든 사람이 알아주는 회사가 되었다. 그리고 그해에 미국 전역에서 온 5천 명이 주주 총회 겸 할인 행사장에 참가했다.

워런은 버크셔 해서웨이 주식을 단 한 차례도 분할하지 않았다는 점에 대해서 자부심을 가졌으며, 앞으로도 그렇게 하지 않겠다고 맹세했다.

다음은 그가 1988년에 했던 말이다.

"나의 자아는 버크셔 해서웨이 안에 녹아 있습니다. (……) 이 회사의 주식 가격에 내 인생 전부를 연동시킬 수 있습니다."[8]

그런데 버크셔 해서웨이의 주식 가격이 구입하기에 너무나도 비싸다 보니, 워런의 투자 방식을 모방하는 투자 회사들이 나타났다. 버크셔 해서웨이의 주식 보유 포트폴리오를 그대로 모방하고, 사람들로 하여금 적은 단위로 투자하게 하는 게 이 투자사들의 방식이었다. 그러니까 뮤추얼펀드와 비슷한 형태였다. 하지만 버크셔 해서웨이는 뮤추얼펀드가 아니었다. 끊임없이 돌아가는 진공청소기였다. 온갖 회사와 주식을 빨아들인 다음에 더 많은 현금을 만들어서 다시 그 현금으로 다른 회사와 주식을 사들였다. 이런 일은 단순히 버크셔 해서웨이를 모방한다고 해서 복제될 수 없었다. 다른 무엇보다도 모방하는 회사에는 워런 버핏이 없었다.

모방 투자사들이 워런을 따라갈 수 없는 이유는 또 있었다. 이 투자사들이 버크셔 해서웨이를 따라 주식을 산다 하더라도, 그가 이 주식을 사면서 지불했던 가격보다 훨씬 비싼 가격을 지불해야 했기 때문이다. 아울러 이 과정에서 발생하는 수수료 부담도 만만찮았다. 말하자면 이런 투자사들은 투자자들을 속인 셈이었다. 이런 상황을 목격한 워런은 정의의 경찰 기질이 다시 발동했다.

나는 사람들이 빠른 시간 안에 많은 돈을 벌 수 있다는 생각으로 버크셔 해서웨이 주식을 사지 않았으면 합니다. 처음에는 절대로 그렇게 될 수 없습니다. 그러면 어떤 사람들은 자기 탓을 하겠지만 또 어떤 사람들은 내 탓을 할 겁니다. 어쨌거나 다들 실망하는 건 마찬가지겠죠. 나는 사람들을 실망시키고 싶지 않습니다. 처음 주식을 팔기 시작하던 바로 그 순간부터 나는, 어쩌면 내가 사람들에게 엄청난 기대를 심어줄지 모른다는 생각이 끔찍할 정도로 무서웠습니다.

자기를 모방하는 투자 회사가 있다는 소문을 들은 워런은 이런 회사들이 발 붙일 자리를 없애야겠다는 생각으로 새로운 종류의 주식을 발행했다. 소위 '베이비 비Baby B', 즉 'B 주식'이었다. 이것은 비싼 'A 주식'의 30분의 1 혹은 3.33퍼센트 가치가 있는 주식이었다. 워런은 이 주식 발행을 대단히 만족스러워했다.

버핏 씨나 멍거 씨 모두 현재 그 가격에 버크셔 해서웨이 주식을 사지는 않을 것입니다. 가족들이나 친구들에게도 그렇게 하지 말라고 추천할 것입니다. (……) 회사가 'B 주식'을 아무리 많이 판다 하더라도, 현재의 주주들은 자기 주식이 가지고 있는 본원적인 가치가 감소한다거나 하는 불이익은 전혀 받지 않을 것입니다.[9]

주식을 무제한으로 판매함으로써 주식의 공급 부족으로 주식 가격이 오르는 일은 없을 것임을 분명히 밝혔다.

여러분도 사람들이, 그 주식이 두 배로 뛰어오를 것이라고 생각하는 걸 원하지 않으실 겁니다. 여러분이 한동안 독자적인 시장 행동을 할 수도 있습니다. 그리고 주식 공급이 한정되어 있을 때 모든 돈이 여기로 몰림에 따라서 나는 영웅이 될 수도 있었습니다. 하지만 우리는 이렇게 말했습니다. 우리는 세상이 원하는 만큼 그 주식을 계속 팔겠다고요. 이렇게 하면 인기주가 될 이유가 없다고요.

동시에, 자기는 살 생각이 없는 주식을 남에게 판다는 역설과 이를 명시적으로 이야기하는 일이 그에게는 대단히 즐거웠다. 게다가 'B 주식' 발행은 '동업자'인 주주들에게 그가 가지고 있던 의무감도 충족시켰다. 'B 주식' 판매로 인한 현금은 모두 주주들에게 상당한 이익이 될 것이었다.

그때까지 이런 일을 했던 CEO는 한 명도 없었다. 언론은 그의 정직성을 논하는 기사를 실었다. 하지만 투자자들은 어쨌거나 'B 주식'을 게걸스럽게 사들였다. 그는 이들이 어리석다고 생각했으며, 이런 이야기를 사석에서 자주 했다. 그러나 사람들이 'B 주식'을 마구 사들인다는 사실이 그를 흡족하게 했음은 부인할 수 없다. 사람들은 오로지 워런 버핏이라는 사람을 보고서 그 주식을 샀기 때문이다.

만일 'B 주식'이 실패로 끝났더라면 아마도 그는 남몰래 실망의 한숨을 쉬었을지도 모른다. 'B 주식'은 그야말로 워런 버핏다운 발상이었다. 위험이 전혀 없었기 때문이다. 결과가 어떻게 되든 간에 주주들에게도 이익이고 그에게도 이익이었기 때문이다.

'베이비 B'는 버핏 클럽(버크셔 해서웨이가 일반적인 주식회사라기보다는 동업자들의 투자 회사 성격을 갖는다는 점에서, 일종의 '클럽'으로 볼 수 있다는 뜻-옮긴이)의 특성을 영원히 바꾸어 놓았다. 1996년 5월 이후, 버크셔 해서웨이의 주주는 4만 명이 더 늘었다. 다음 해에 그는 주주 총회 장소를 지저분한 아크사벤 경기장으로 옮겼고, 이 자리에 7,500명이 참석했다. 이들은 네브래스카 퍼니처 마트에서 500만 달러를 썼다. 이 주주 총회 자리는 자본가들을 위한 우드스톡 혹은 '버크셔 해서웨이 축제'가 되었다(여기에서 '우드스톡'은, 1969년 8월 뉴욕시티 교외에 있는 우드스톡에서 열린 록 페스티벌을 의미한다-옮긴이). 1998년 주주 총회에는 주주 1만 명이 참석했다. 돈과 사람과 명성이 점점 불어날 즈음, 그가 일하던 세상의 바닥 깊은 곳에서는 어떤 변화가 일어나고 있었다. 그와 모든 사람들에게 심대한 영향을 미칠 수도 있는 그런 변화였다.

'월스트리트'와 같은 것들은 이제 더는 실제적으로 존재하지 않았다. 이제 금융시장은 물리적인 공간으로 존재하지 않았다. 전 세계의 구석구석까지 뻗쳐 있는 인터넷에 연결된 컴퓨터 모니터에 존재했다. 살로먼 브라더스가 어리석게도 1980년대에 해고했던 마이클 블룸버그라는 사람은 누구라도 원할 만한 모든 금융 정보를 포착하는 특별한 컴퓨터 체계를 발명했다(블룸버그는 살로먼 브라더스에서 받은 퇴직금으로 '블룸버그 통신사'를 창업했다-옮긴이). 이 컴퓨터 체계는 그래프를 만들었고, 도표를 만들었으며, 계산을 했고, 뉴스를 전했으며, 또 누가 어떤 말을 했는지 소개했다. 또한 이 체계를 이용하면 과거 수치들을 비교할 수 있었다. 운 좋게 블룸버그 터미널을 책상에 마련하고 있던 사람이면 누구나 온갖 회사들, 채권들, 통화들 및 원자재들을 공시적 및 통시적으로 비교할 수 있었다. 1990년대 초가 되면서 블룸버그 터미널은 어디에나 있는 설비로 자리를 잡았다.

블룸버그의 영업사원은 버크셔 해서웨이에 3년째 계속해서 전화를 걸었다. 하지만 돌아오는 대답은 언제나 관심 없다는 것이었다. 워런은 1분 단위로 시장 상황을 파악하고 컴퓨터를 조작하는 행동은 투자를 제대로 하는 방식이 아니라고 생각했다. 하지만 마침내 채권을 거래하려면 블룸버그 터미널을 갖추어야 한다는 사실은 컴퓨터를 싫어하던 그에게도 피할 수 없는 명백한 현실이 되었다. 블룸버그 터미널은 그의 방에서 제법 떨어져 있었고, 그는 결코 이것을 들여다보지 않았다. 이 터미널을 확인하는 일은 채권 트레이더인 마크 밀러드의 몫이었다.[10]

컴퓨터화된 새로운 거래의 상징인 블룸버그 터미널의 출현은 살로먼 브라더스가 당시 겪고 있던 정체성 관련 문제를 고스란히 반영했다. 이 정체성을 둘러싼 싸움은 회사 안에서 줄곧 계속되고 있었고, 둔화된 영업 활동은 결코 원래의 모습을 회복하지 못한 채 헐떡거렸다. 1994년에 모건은, 직원들 역시 주주들과 마찬가지로 위험 부담을 똑같이 안아야 한다는 논리로 살로먼 브라더스의 급여 체계를 조정하려 했다. 경기가 좋으면 보너스를 받지만 그렇지 않을 때는 예전보다 낮은 급여를 받도록 한 것이다. 회사 안에서는 그의 주장에 동의하는 사람들이 있었다.[11] 그러나 이런 급여 체계는 월스트리트에서 표준적인 것이 아니었고 결국 간부 직원 서른다섯 명이 회사에서 나갔다. 워런은 위험을 함께 부담하려 들지 않는 직원들의 태도를 혐오했다.

따로 보너스를 챙겨줄 메리웨더가 없는 상황에서 차익거래자들은 자기들의 몫을 주장하며 싸웠다. 워런은 그들이 수익을 낼 경우 거기에 따라서 기꺼이 보상해 줄 준비가 되어 있었다(회사 수익의 대부분은 여전히 차익거래에서 나오고 있었다). 하지만 경쟁이 더 치열해지면서 이들도 기대 수익률을 달성하는 일이 점점 어려워졌다.

차익거래는, 비슷하거나 혹은 관련이 있는 자산들 사이에 일시적으로 존재하는 가격 차이는 궁극적으로 소멸된다는 사실에 초점을 맞추고 투자한다. 예를 들어서 거의 동일한 두 개의 채권이 현재보다 미래에 보다 더 비슷한 가격에 거래될 수 있을 것이라는 가능성에 돈을 거는 행위다.[12] 그런데 이제 경쟁이 워낙 치열하게 전개되다 보니 쉬운 거래는 점점 더 찾아보기 어려워졌다. 차익거래자들은 더 큰 위험 부담을 안고 더 큰 포지션들을 확보했다. 돈을 잃을 때는 더 집중적으로 거래량을 늘렸다. 어느 경우에나 이들은 이렇게 했다. 거래에 따르는 이문이 점점 줄어들었고, 때로는 심지어 빚을 내어서까지 보다 더 큰 거래를 함으로써 손해를 벌충할 수 있었기 때문이다.

원칙적으로는 그렇게 하지 않는 게 정상이었다. 잃은 돈을 찾으려고 돈을 잃은 방식을 굳이 그대로 답습할 필요는 없다. 그 이유는 돈을 잃는 수학적 원리에 있다. 이 원리는 다음과 같이 작동한다. 예를 들어 설명해 보자. 만일 어떤 사람이 1달러를 가지고 있었는데 이 가운데서 50센트를 잃었다면, 이 사람은 자기가 잃은 것을 벌충하기 위해 남은 돈을 두 배로 불려야 한다. 이건 결코 쉬운 일이 아니다. 그래서 다음번 투자 때는 기존의 50센트 외에 50센트를 남에게 빌려서 투자하고 싶은 유혹을 느낀다. 본전을 찾으려면, 이렇게 해서 마련한 돈 1달러로 50퍼센트의 수익률을 올려야 한다. 물론 빌린 돈에 따른 이자 부담을 생각하면 50퍼센트보다 더 높은 수익률을 올려야 한다. 두 배의 수익률을 올려야 하는 상황보다는 쉽지만 50센트의 돈을 빌려서 투자할 때는 기존의 50센트만 투자할 때보다 위험이 두 배로 커진다. 다시 50퍼센트를 잃는다면, 이 사람은 끝장나고 만다. 가지고 있던 모든 투자 자금을 투자 손실로 날려버리는 것이다. 이런 이유로 워런은 투자의 제1원칙으로 돈을 잃지 말라고 하는 것이다. 그가 말하는 제2원칙은 제1원칙을 잊어버리지 말라는 것이다. 그리고 제3원칙은 빚을 지지 말라는 것이다.

　하지만 차익거래자들의 전략은 자기들이 전망하는 추정 가치가 옳다는 것을 전제로 한다. 그러므로 시장의 흐름이 전망과 다르게 전개될 경우, 이들이 잃어버린 돈을 회수하기 위해서 할 수 있는 방법은 마냥 기다리는 것뿐이다. 변동성이라는 차원에서 정의된 '위험'은 투자자들이 끈기를 가지고 기다릴 수 있다고 가정한다. 물론, 투자하려고 자금을 빌리는 사람은 누구나 시간과 관련해서 느긋하게 기다리는 호사를 누릴 여유가 많지 않다. 게다가 잃은 돈을 벌충하려고 거래 규모를 확대하려면 필요시에 다른 데서 자금을 억지로 끌어와야 하는데, 이 자금은 수익성 있는 다른 곳에 얼마든지 투자될 수 있는 돈이어서 기회비용이 발생한다.

래리 힐리브랜드는 모기지 담보 채권의 금리 차이를 보고 차익거래를 해서 4억 달러를 잃었다. 힐리브랜드는 회사가 투자금을 두 배로 불려주기만 하면 모기지 차익거래에서 잃었던 돈을 회수할 수 있다고 확신했다. 그는 이때 힐리브랜드의 의견에 동의하고 자금을 내주었다. 그리고 결국 그 차익거래에서 수익이 발생했다.

살로먼 브라더스의 이 차익거래자들은 자기들이 가지고 있는 능력에 대해서 거의 초자연적이라고 할 수 있는 믿음을 가졌다. 그리고 자기들이 투자하는 분야에 투자자들이 몰리면, 보다 많은 변수와 보다 높은 불확실성이 존재하는 보다 다양한 유형의 차익거래로 계속 확장해 들어가고자 했다. 이들은 복잡한 수학적 계산으로 뽑아낸 여러 가지 컴퓨터 공식들에 깊이 의존했지만 이런 것들을 단지 참조만할 뿐이라고 늘 말했다.

워런과 멍거는 공식을 이용해서 투자하는 사람은 크루즈 컨트롤로 자동차를 운전하는 사람과 같다고 생각했다. 이 운전자는 자기가 충분히 조심한다고 생각하지만, 어느 지점에서 도로가 굽이지는지 빗길이라 미끄러운지, 차량들로 붐비는지 얼마든지 사실과 다르게 파악할 수 있다.

사실, 이 차익거래자들이 보다 많은 투자금보다도 더 진정으로 바랐던 것은 존 메리웨더의 복귀였다. 살로먼 브라더스가 상처를 추스르고 회복하는 동안 메리웨더는 뒤로 물러나서 자기를 불러주길 기다렸고 차익거래자들은 그의 복귀를 호소했다. 하지만 그런 일은 없었다. 데릭 모건이 여러 가지 평계를 대긴 했지만 사람들은 모건이 메리웨더의 복귀를 바라지 않는다는 사실을 다 알고 있었다. 그럼에도 불구하고 워런과 멍거는 몇 가지 조건을 달아서 메리웨더의 복귀를 추진했다. 옛날 자리로 돌아올 수 있긴 해도 예전과 같은 자율성을 보장할 수는 없으며 활동 내용을 모건에게 보고해야 한다는 조건이었다. 운신의 폭이 좁고 통제를 받아야 하는 조건으로는 일하고 싶지 않았던 메리웨더는 협상을 거절하고 1994년에 독자적으로 '롱텀캐피털 매니지먼트Long-Term Capital Management'라는 헤지펀드 회사를 차렸다. 이 회사는 살로먼 브라더스의 채권 차익거래 부서와 동일하게 운영될 전망이었다. 한 가지 달라진 점이 있다면, 메리웨더와 그의 동업자들이 수익을 고스란히 자기들 주머니에 넣는다는 것이었다.

메리웨더의 핵심 부하들이 한 명씩 살로먼 브라더스에서 빠져나가, 코네티컷의 그리니치에 있는 롱텀캐피털의 메리웨더와 합류해 항구가 바라보이는 사무실로 출근했다. 돈을 가장 많이 벌어다 주던 직원들을 잃어버린 데릭 모건은 워런이 대량 매물로 내놓은 주식 종목을 보고는, 그가 살로먼 브라더스에서 손을 털 날을 대비하기 시작했다.[13]

워런은 1996년 주주들에게 보낸 편지에서 '사실상 모든 주식이' 과대평가되어 있다고 적었다. 시장이 후끈 달아오를 때마다 그랬다. 월스트리트가 투자처로서 각광을 받았기 때문이다. 그해에 모건은 살로먼 브라더스가 메릴린치와 경쟁할 수 있는 전 세계적인 금융 쇼핑몰의 선두주자라는 점을 내세워서 트래블러스 인슈런스의 CEO 샌디 웨일에게 회사 매각을 권유할 수 있는 적기라고 생각했다. 들리는 말에 따르면 웨일은 10년도 더 된 과거에 있었던 파이어맨스 펀드 매각 때 쥐어짜인 일로 워런에게 여전히 앙심을 품고 있었다. 웨일은 살로먼 브라더스의 차익거래 사업 단위를 신뢰하지 않았다. 하지만 웨일은 이 회사가 세계적인 규모로 확장할 수 있는 가능성을 보았다. 그래서 살로먼 브라더스를 트래블러스 명의로 샀다. 당시 이를 지켜본 몇몇 사람들은, 살로먼 브라더스가 워런 버핏 지배 아래에서 제대로 돌아가지 않았기 때문에 웨일이 이런 살로먼 브라더스를 정상적으로 돌아가게 만들어서 워런의 코를 납작하게 만들어 놓겠다는 의도가 작용했을지도 모른다고 말한다. 워런은 웨일의 결정이 주주의 자산 가치를 높이는 훌륭한 결정이라면서 쌍수를 들어 환영했다.[14] 트래블러스는 90억 달러를 살로먼 브라더스에 지불했고, 덕분에 워런은 그동안 문제아로 골치만 썩이던 투자처에서 발을 뺄 수 있었다.[15]

워런이 투자 회사를 소유하기 좋아한다는 사실을 알고 있던 메리웨더는 동업자 한 명과 함께 롱텀캐피털의 1994년 2월 출범을 앞두고 이 회사가 운용할 자금을 조성하기 위해 오마하에 갔었다. 이제 워런을 방문하는 손님들은 의례적으로 가서 식사를 해야 하는 고라츠에서 세 사람은 함께 저녁식사를 했고, 이 자리에서 메리웨더는 워런에게 롱텀캐피털이 얼마나 많은 돈을 벌지 혹은 잃을 건지를 포함해 롱텀캐피털의 전망에 대해서 설명했다. 메리웨더는 회사가 확보한 자산보다 적어도 스물다섯 배의 차입금을 끌어들인다는 생각을 가지고 있었다. 이 자금으로 수천 개의 거래를 해서 수익을 내겠다는 것이었다. 그리고 롱텀캐피털이 입을 수 있는 최대 손실 규모는 자산의 20퍼센트이지만 이렇게 될 확률은 겨우 1퍼센트밖에 되지 않는다고 메리웨더는 말했다.[16] 아무도 손해를 볼 가능성을 그보다 높게 보지 않았다(만일 그랬다면, 아무도 투자하지 않을 것이다. 수치 자체는 말이 되지 않는다. 모든 금융 사업에서 나타나는 이런 모든 모델들에서 설정하는 예측 내용은 언제나 최대치의 손실 가능성, 즉 '땅이 뒤흔들리는 규모의 손실' 가능성은 없다고 설정한다. 이 경우에 투자자들이 감수해야 하는 위험을 보상할 정도로 기대 수익이 높을 수가 없기 때문이다).

회사 이름의 '롱텀'이라는 말은 투자자들이 투자금을 장기간에 걸쳐서 묻어 놓아야 한다는 데서 나온 것이다. 메리웨더로서는, 만일 롱텀캐피털이 돈을 잃기 시작하면 손실분을 회복할 때까지 투자자들이 투자금을 빼지 않고 기다리는 시간이 필요했다. 하지만 차입금 규모가 엄청나다는 사실과 위험을 완벽하게 제어할 수 있는 장치가 마련되어 있지 않다는 점 때문에 워런과 멍거는 메리웨더의 제안에 마음이 끌리지 않았다. 당시를 회상하면서 멍거는 다음과 같이 말한다.

"우리는 그 사람들이 매우 똑똑하다고 생각했습니다. 하지만 그들이 말하는 계획이 너무 복잡하고 또 차입금 문제 때문에 의심을 품을 수밖에 없었죠. 우리가 투자자로 나설 때 다른 투자자들이 따라 나설 수 있다는 점 때문에도 경계할 수밖에 없었습니다."

멍거는 오마하의 도축장을 떠올리면서 롱텀캐피털이 자기들을 유다 염소(도살장으로 가는 가축 떼를 맨 앞에서 인도하는 가축―옮긴이)가 되어주길 바란다고 생각했다.

"유다 염소 한 마리가 다른 가축들을 도살장으로 이끌고 가곤 했습니다. 이 염소는 15년이나 살았지만 이 염소를 따라간 가축들은 배신당하고 날마다 죽어나갔죠. 그렇다고 해서 우리가 롱텀캐피털 사람들의 지성을 높이 평가하지 않았던 건 아닙니다."[17]

롱텀캐피털은 고객이 맡긴 투자금 1달러당 관리 수수료로 매년 2센트를 뗐고 수익이 발생할 경우 그 수익의 25퍼센트를 수수료로 뗐다. 고객들은 이런 약정서에 서명했다. '천재와 함께하는 투자'라는 접근법은 월스트리트의 다른 펀드 및 회사들의 심기를 불편하게 만들었다. 그럼에도 불구하고 이 회사는 12억 5천만 달러라는 투자금을 조성했다. 신생 헤지펀드로는 가장 큰 규모였다. 살로먼 브라더스의 채권 차익거래팀이 이제 롱텀캐피털의 이름 아래 다시 뭉쳤다. 이들은 보안을 철저하게 지켰다. 외부의 간섭을 받지도 않았고 살로먼 브라더스에서처럼 수익금을 다른 무능한 직원들과 나눌 필요도 없었다. 그리고 3년 동안 투자자들이 맡긴 돈을 네 배로 불렸다. 1997년 말에는 투자금이 70억 달러로 늘어났다. 그런데 신생 헤지펀드들과 경쟁하면서 수익률이 떨어지기 시작했다. 메리웨더는 23억 달러를 투자자들에게 돌려주었다. 나머지 47억 달러가 시장에서 소화할 수 있는 전량이었다. 롱텀캐피털은 투자금 47억 달러에 차입금을 보태 무려 1,290억 달러를 운용했다. 워런이 꾸준하게 재산을 쌓아왔던 것과 거의 비슷하게, 차입금에 붙이는 수수료라는 마법의 장치를 통해서 롱텀캐피털의 동업자들은 그 자본의 거의 절반 가까운 돈을 이미 자기들 것으로 확보했다.[18] 쉰 살의 메리웨더는 대화할 때 상대방의 눈을 제대로 바라보지 못했지만(미국이나 유럽에서는 대화할 때 상대방과 시선을 마주치는 것을 예의 바른 행동이라고 보며, 시선을 피하는 것은 그 사람이 부정직하기 때문이라고 생각한다-옮긴이), 메리웨더와 그의 회사는 눈부신 명성을 으스댔다. 이들은 자기들이 보유한 포트폴리오 내용을 최대한 활용해 고객들을 상대로 그리고 이 회사에 대출을 해주는 쉰 개가 넘는 은행들을 상대로 또 중개인들을 상대로 해서 우월적인 계약을 맺었다.

워런이 세운 기록을 갈아치우는 게 그즈음 전 세계 대부분의 자산 운용가들이 가지고 있던 목표였다. 몇몇 사람들은 메리웨더가 살로먼 브라더스에서 자기를 지켜주지 않았고 또 나중에 자기를 복귀시켜 주지 않았던 일로 인해 워런에게 무의식적으로나마 앙심을 품었다고 생각했다.[19] 롱텀캐피털은 버크셔 해서웨이가 보유한 주식들의 가치에 비해 회사 가치가 과대평가되어 있다고 판단하고 버크셔 해서웨이 주식을 비밀리에 공매도했다.[20] 이뿐만 아니라 롱텀캐피털은 버뮤다에 재보험 회사 '오스프레이 리Osprey Re'를 세웠다. 이 회사의 이름은 롱텀캐피털이 입주한 건물 밖에 있는 분수지에 세워진, 발톱으로 먹잇감을 낚아챈 모습의 구리로 만든 물수리osprey를 보고 지은 것이다. 오스프레이 리는 지진이나 허리케인 및 이와 유사한 자연재해에 대한 보험을 다루는 회사였다. 즉, 아지트 제인이 버티고 있던 재해 재보험 영역으로 입성하겠다는 것이었다. 보험업이라는 고속도로 옆 배수로에는 온갖 사고 자동차 잔해들이 가득 차 있었다. 신중함의 표본이라고 할 수 있는 워런은 젊은 시절에도 신중함을 잃어버린 적이 거의 없었다. 풋내기가 나타날 때마다, 그 풋내기가 장차 저지르고 말 사고를 정리하기 위한 견인차를 미리 챙겨두는 편이 좋았다.

롱텀캐피털의 금고가 넘쳐나고 1998년 초여름까지 다음 몇 년 동안 모방자들이 뒤를 이으면서, 이런 헤지펀드들에 돈을 빌려준 은행들은 점차, 주기적으로 늘 그래 왔듯이 돈을 빌려간 사람들이 약속대로 돈을 갚아줄 것이라고 너무 낙관적으로 바라보았던 게 아닌가 하는 서늘한 생각을 하기 시작했다. 롱텀캐피털의 경쟁자들은 대출 이자가 오르자 자기들이 보유하던 포지션들 가운데서 상대적으로 위험해 보이는 것들을 투매하기 시작했다. 그러자 주가는 더욱 내려가고, 상황은 매도 주기로 접어들었다. 롱텀캐피털은 반대쪽 길을 선택했다. 가장 안전한 것은 팔고 가장 위험한 것을 샀다. 그쪽이 상대적으로 더 쌌기 때문이다. 롱텀캐피털이 가지고 있던 정교한 여러 모델들에 따르면, 시간이 지나 금융시장은 더욱 효율적으로 바뀔 전망이고 따라서 위험한 종목들의 가격도 보다 안전한 종목들의 가격으로 수렴할 전망이었다. 롱텀캐피털이 가장 중요하게, 가장 크게 판돈을 걸었던 판단은 시장의 변동성이 줄어들 것이라는 전망이었다. 이것은 시장이 반등함에 따라서 주가의 변동폭이 보다 작은 호를 그릴 것이라는 말이었다. 역사적으로도 그래 왔다. 하지만 역사에서 언제나 반복되었듯이, 일반적으로 그렇다는 말은 늘 그렇다는 말이 아니었다. 롱텀캐피털도 이걸 알았다. 그래서 투자자들로 하여금 투자금을 (회사가 판단하기에) 안전한 시기에 접어들 때까지 투자처에 꽁꽁 묶어두게 했다.

1998년 8월 17일, 러시아가 갑자기 채무 불이행 선언을 했다. 빚을 갚지 못하겠다는 것이었다. 세계 경제에서 중요한 자리를 차지하는 나라의 정부가 빚을 갚지 못하면 전 세계 금융시장이 몸서리치게 된다. 투자자들은 눈에 보이는 모든 것을 투매하기 시작했다. 한 자산운용가는 롱텀캐피털에게 일찍이, 엄청나게 많은 거래를 하면서 각각의 거래에서 아주 조금씩 수익을 챙기는 전략은 마치 '불도저가 작업하는 위험한 공간에서 떨어진 동전을 줍는 행위'나 마찬가지라고 경고했었다.[21] 그런데 놀랍게도 이 불도저는 페라리 엔진을 장착하고 있다는 사실이 밝혀졌다. 이 불도저가 롱텀캐피털을 향해 시속 120킬로미터의 속도로 달려오고 있었다. 8월 23일 일요일을 워런은 다음과 같이 회상한다.

나는 컴퓨터로 브리지 게임을 하고 있었죠. 그런데 전화가 왔습니다. 롱텀캐피털에 있던 에릭 로젠펠드였습니다.

에릭 로젠펠드는 마흔다섯 살이었지만 청년처럼 앳된 얼굴이었으며, 메리웨더팀의 핵심적인 인물이었다. 살로먼 브라더스 시절에는 모저가 했던 수천 건의 거래를 세밀하게 조사하고 잘못된 부분들을 바로잡는 일을 했었다. 워런은 로젠펠드를 무척 좋아했다. 로젠펠드는 메리웨더를 대신해 회사의 합병 차익거래(대규모 인수 합병을 할 때 여기에 반대하는 주주가 회사 측에 자기 주식을 되사가라고 청구할 수 있다. 이때 이 매수 청구 가격이 현 시세보다 높을 경우, 매수를 시도하는 기업의 주식을 공매도하고 동시에 매수 대상 기업의 주식을 매입하는 거래로 단기간에 안정적인 수익을 남길 수 있다. 위험 차익거래라고도 한다-옮긴이) 포지션들을 매도함으로써 포지션의 크기를 줄이는 작업을 맡았다.

"여러 해 동안 에릭과 연락하고 지내지 않았습니다. 그런데 갑자기 전화가 온 겁니다. 에릭은 잔뜩 겁에 질린 목소리로, 나더러 자기들이 가지고 있는 대형 차익거래 포지션들을 가져가지 않겠느냐고 했습니다. 60억 달러 규모였습니다. 그들은 주식 차익거래가 순전히 수학적이라고 생각했습니다."[22]

워런은 유연하게 자기 방식대로 접근했다.

> 난 그냥 에릭에게 이렇게 말했습니다. 일정 부분만 사지 전체는 사지 않겠다고요.

불과 며칠 만에 롱텀캐피털은 시장의 소용돌이로 자본의 반을 잃어버렸다. 롱텀캐피털의 동업자들은 이 비참한 소식을 투자자들에게 보고해야 하는 8월 31일 이전까지, 잘 구축되어 있던 데이터베이스의 모든 사람들에게 사정을 설명하고 또 투자 자금을 마련하려고 온갖 노력을 하면서 한 주를 보냈지만 부질없었다. 이들은 래리 힐리브랜드의 의견에 동의하는 것 말고 다른 방법이 없었다. 힐리브랜드는 자기가 직접 오마하 순례에 나서서 롱텀캐피털이 보유하고 있는 것들을 솔직하게 드러내고 도움을 구하고자 한 것이다. 힐리브랜드는 살로먼 브라더스 시절에, 모저로 하여금 불타는 경쟁심을 느끼게 만들었던 2,300만 달러라는 엄청난 보너스 때문에 그때까지도 '2,300만 달러의 사나이'라는 별명으로 불리던 초절정 논리지상주의자였다.

다음 날 다우지수는 4퍼센트 떨어졌고, 〈월스트리트 저널〉은 이를 두고 '글로벌 마진 콜'이라고 불렀다('마진 콜'은 선물 계약 기간 중에 선물 가격 변화에 따라서 증거금을 추가로 납부하라는 요구다-옮긴이). 투자자들은 공황 상태에서 투매에 나섰다. 워런은 공항으로 나가 힐리브랜드를 맞아서 키위트 플라자로 데리고 왔다. 워런의 사무실은 작고 검소했다. 직원도 많지 않았고 코카콜라 관련 기념품들이 잔뜩 쌓여 있었다. 여기에 비하면 그리니치에 있는 롱텀캐피털의 임대 사무실은 초호화관이었다. 우선 당구대만 두 대가 있었고, 넓이의 900제곱미터 가까운 직원 전용 체육관이 있었으며 이 체육관에는 상근 트레이너까지 있었다.

힐리브랜드는 회사에 개인적으로 투자하려고, 롱텀캐피털이 이미 담보로 한 대출금을 다시 담보로 해서 엄청나게 많은 빚을 당겨서 썼다. 힐리브랜드는 워런에게 롱텀캐피털이 보유하는 모든 포지션들을 설명하고 또 자기가 엄청나게 좋은 제안을 한다는 사실을 강조하느라 온종일 시간을 보냈다.[23]

내가 자본을 투자하길 바라더군요. 에릭은 일곱 개인가 여덟 개인가 되는 대형 포지션들을 설명했습니다. 나는 그런 포지션들에 어떤 일들이 일어나고 있으며 또 가격이 어떻게 형성되는지 알고 있었죠. 그리고 시간이 지나면서 점점 관심이 커졌습니다. 왜냐하면 포지션들 간의 상관관계가 엉망이었고 분산되어 있었기 때문이죠. 하지만 에릭은 도무지 말이 되지 않는 거래를 제안했습니다. 자기들이 꺼낼 패가 남아 있다고 생각하더군요. 나는 거절했죠. 그러니 뭐 결과는 뻔할 수밖에요.[24]

워런은 힐리브랜드에게 이렇게 말했다.

나는 다른 사람들이 운용하는 펀드에 투자하는 투자자가 아니오.

워런은 롱텀캐피털에 투자하는 데 관심이 있었던 게 아니라 롱텀캐피털을 인수해서 소유하는 데 관심이 있었던 것이다.

롱텀캐피털은 인수자를 바란 게 아니라 투자자를 바랐다. 또 다른 투자자를 거의 설득할 뻔했지만, 그 사람은 손을 저으며 물러나고 말았다.²⁵ 8월 말이 다가왔다. 주식시장이 무너지고²⁶ 채권시장에서 위험을 극도로 꺼리는 정서가 발생하는 상황이 교묘하게 맞물리는 지극히 드문 분위기 속에서, 롱텀캐피털은 전체 투자금의 반에 해당되는 19억 달러를 잃었다고 투자자들에게 보고해야 했다. 투자금을 20퍼센트 잃을 확률은 서부 연안에 발생하는 지진처럼 백 년에 한 번 일어나는 정도라고 했었는데, 현재 닥친 상황은 그야말로 4등급 규모의 허리케인(시속 210~249킬로미터의 풍속으로 나무를 뿌리째 뽑아서 날린다. 2005년 9월 뉴올리언스를 덮친 카트리나가 4등급이었다-옮긴이)이 뉴욕시티를 덮친 거나 마찬가지였다. 메리웨더는 투자자들에게 편지를 써서 투자금의 반을 잃어버린 것은 '충격'이라고 하면서 이렇게 덧붙여 언급했다.

"현재 이 상황은 우리 회사가 여태까지 맞았던 그 어떤 기회보다 가장 훌륭한 기회라고 생각합니다. (……) 투자자 여러분에게 롱텀캐피털의 수수료 관련 특별 조항으로 다시 더 투자할 기회를 드립니다."²⁷

롱텀캐피털은 마치, 위기가 끝나기를 기다렸다가 상황이 호전되어 수익을 낼 수 있게끔 투자 자금을 조성할 수 있는 것처럼 행동했다. 하지만 회사가 끌어다 쓴 차입금 때문에 그럴 형편이 되지 않았다. 이것은 위험을 돈을 잃는 것 이외의 다른 어떤 것으로 규정하는 오류였다. 롱텀캐피털은 이런 상황에 대비가 되어 있지 않았다. 이 회사의 편협한 문화와 여러 해에 걸친 관행이 동업자 자격의 모든 자산운용가들의 눈을 가려서 현실을 보지 못하게 했던 것이다. 회사에 대한 통제권이 확보되지 않는 상황에서 자기 돈을 투자해 그 회사를 구하려 들 투자자는 그 어디에도 없다는 냉혹한 현실을 말이다.

메리웨더의 편지를 읽은 바로 그날 워런은 메리웨더의 이 간청을 첨부해 한 동료에게 편지를 보냈다. 그는 다음과 같이 썼다.

다음 네 가지 조건이 동시에 맞아떨어질 때 어떤 일이 일어나는지 알 수 있는 아주 특별한 사례를 첨부합니다. 1) 열두 사람의 지능지수 평균이 160이다. 2) 이들이 그 분야에서 일한 햇수를 모두 합하면 250년이다. 3) 각자 가지고 있는 순자산을 거의 몽땅 한곳에 집중해서 투자한다. 4) 그리고 엄청난 규모의 차입금을 끌어다 쓴다.[28]

0에 어떤 수를 곱하더라도 결과는 0이 될 뿐이라고 워런은 말했다. 해당 일자의 총 손실 예상액이 아무리 적다고 하더라도, 만일 계속해서 이런 투자 행위를 반복하면 그 위험은 누적되고 곱절이 된다. 만일 이런 투자를 충분히 오래 계속한다면, 언젠가는 투자금이 0이 될 가능성은 100퍼센트다.[29] 하지만 롱텀캐피털은 0은커녕 손실이, 그것도 20퍼센트라는 손실이 계속 누적될 때의 위험을 예측할 생각은 하지도 않았다.

9월에도 지진은 계속 롱텀캐피털을 흔들어 댔다. 회사는 필사적으로 투자금을 구하러 다녔다. 이제 투자금의 60퍼센트가 날아가고 없었다. 다른 트레이더들은 롱텀캐피털이 보유한 것으로 아는 포지션들을 공매도하면서 롱텀캐피털을 압박했다. 롱텀캐피털이 그 포지션들을 팔아야 할 것임을 알고 있었던 것이다. 투자자들은 위험한 곳에서 빠져나와 안전한 곳으로 몰려가고 있었다. 롱텀캐피털의 모델들이 경제적인 관점에서 볼 때 아무런 의미가 없다고 보았기 때문에 도저히 있을 수 없는 일이라고 예상했던 상황이 진행되고 있었다. 롱텀캐피털은 골드만 삭스를 고용했고, 골드만 삭스는 회사의 절반을 인수하는 동업자로 참가했다. 회사는 40억 달러를 필요로 했다. 위기에 빠진 헤지펀드 회사가 조성할 수 있으리라고는 상상도 할 수 없을 만큼 큰돈이었다.

골드만 삭스는 워런과 접촉했다. 그가 롱텀캐피털에 대한 긴급 융자에 관심이 있는지 알아보기 위해서였다. 그는 관심이 없었으나 골드만 삭스와 함께 롱텀캐피털의 전체 자산 및 부채를 인수하는 일은 고려해 보겠다고 했다. 그들이 함께한다면 충분히 위기를 넘길 수 있을 정도로 버틸 수 있고 또 이익도 낼 수 있을 터였다. 단, 그는 한 가지 조건을 달았다. 메리웨더를 배제해야 한다는 것이었다.

롱텀캐피털은 버크셔 해서웨이의 한 자회사에 빚을 지고 있었다. 또 버크셔 해서웨이에 빚을 진 사람들에게도 빚을 지고 있었다. 다음은 그가 했던 말이다.

"파생상품 거래에서 문제를 피하려면 성병을 피하는 방식이 필요합니다. 문제가 되는 것은 '우리'가 누구와 잠자리를 하느냐가 아니라 '그들'이 누구와 잠자리를 하느냐 하는 점입니다."

그 주 금요일에 워런은 게이츠 부부를 만나 알래스카에서 캘리포니아까지 가는 13일 일정의 '골드 러시 여행'을 시작하려고 시애틀로 가면서 한 자산운용가에게 전화를 걸어 이렇게 말했다.

"담보를 설정하거나 마진 콜을 이행하지 않으면 어떤 핑계도 받아들이지 마시오, 절대로."[30]

워런이 한 말의 내용은, 호위처럼 자기에게 땅이나 돈을 빌린 사람이 하루라도 임대료나 이자를 내지 않으면 곧바로 차압 절차에 들어가라는 것이었다.

다음 날 아침, 워런과 수지, 게이츠 부부 그리고 다른 부부 세 쌍은 알래스카의 주노로 날아가서 헬리콥터를 타고 얼음 벌판 위를 날았다. 이들은 배를 타고 피오르로 가서 푸른색의 거대한 빙하와 총 높이가 900미터나 되는 폭포를 보았다. 그러나 워런은 그날 저녁 배에서 빙하를 소개하는 슬라이드 영상을 점잖게 바라보면서도 속으로는 온통 과연 골드만 삭스가 자기와 손잡고 롱텀캐피털 인수에 나설 것인가 하는 생각뿐이었다. 약탈적인 매도자들이 가격을 워낙 떨어뜨려 놓았기 때문에 롱텀캐피털은 그야말로 꽁초가 되어 있었다. 워런으로서는 그렇게 엄청난 양의 투매 자산을 매입할 기회를 그처럼 빨리 맞은 적이 없었다.

다음 날, 일행은 팩 크리크Pack Creek에 자주 나타난다는 수백 마리의 갈색 큰곰 떼를 구경하러 썰물이 진 바닷가로 나갔다. 이때 골드만 삭스의 회장 존 코자인이 워런의 위성전화로 전화를 했다. 하지만 통화가 자꾸만 끊어졌다.

통화가 자꾸만 끊어졌습니다. 배 양쪽에 높이가 800미터 가까이 되는 거대한 얼음벽들이 둘러 서 있었거든요. 선장이 한 곳을 손으로 가리키면서 '보세요, 저기 곰이 있습니다'라고 고함을 지르더군요. 나는 이렇게 대꾸했습니다. '곰은 어찌됐든 간에, 제발 이 위성전화가 터지는 곳으로 좀 갑시다'라고요.

그날 오후 워런이 두세 시간 동안 통화 불통에 애태우는 사이 배는 일행이 혹등고래를 볼 수 있도록 프레더릭 해협을 가로질렀다. 한편 코자인은 뉴욕에서 애태우고 있었다. 그러다가 마침내 워런과 짧게 연결되었다. 그 통화가 마지막 통화가 되었다. 워런이 그날 저녁 체념하고 알래스카의 해양 동물에 관한 슬라이드를 보려고 터벅터벅 걸어갈 무렵, 코자인은 롱텀캐피털이 존 메리웨더와 관계를 끊는다면 이 회사의 입찰에 나설 수 있다고 생각을 정리하고 있었다.

월요일, 워런은 여전히 통화권 밖에 있었고 코자인의 마음속에서는 입찰하지 못하게 될지도 모른다는 비관적인 생각이 점점 커져갔다. 코자인은 뉴욕연방준비은행에서 거래 분야를 지휘하던 피터 피셔와 이미 논의하고 있었는데, 롱텀캐피털에 돈을 빌려준 사람들을 한데 묶어서 긴급구제금융을 할 수 있는 방안을 모색했다. 연방준비제도이사회는 전화 회의를 했고, 이 자리에서 이사장인 앨런 그린스펀은 '국제적인 금융 혼란'이 일어날지도 모르며 이 혼란은 어디선가 '엄청난 파탄'을 몰고 올지도 모른다는 발언을 했다.[31] 이로써 연방준비제도이사회가 금리를 내릴지도 모른다는 기대가 팽배했다.

한편 롱텀캐피털은 또 다른 5억 달러를 잃었다. 은행들이 롱텀캐피털의 장부를 살펴서 정보를 캐내고 롱텀캐피털에 불리하게 작용하도록 이용했던 것이다.[32] 이제 롱텀캐피털 펀드에 남은 돈은 10억 달러도 되지 않았다. 회사의 동업자들이 전체 펀드에서 차지하는 지분을 높이려고 한 해 전에 23억 달러의 돈을 투자자들에게 돌려주었다는 사실이 통탄스러울 뿐이었다. 만일 그 돈을 가지고 있다면 롱텀캐피털은 자력으로 위기를 극복할 수 있었을 것이다. 하지만 이제는 투자금 1달러당 100달러의 빚을 지고 있는 게 현실이었다. 제정신을 가진 대출 기관이라면 결코 반가워하지 않을 부채 비율이었다.

워런은 게이츠 일행과 몬태나의 보즈먼으로 가던 길이었다. 그날 아침에 코자인은 워런과 연락이 닿았고, 파생상품 회사를 소유하고 있던 대형 보험사 'AIG'를 입찰에 함께 참가시켜도 좋다는 허락을 받았다. AIG 회장 행크 그린버그는 워런과 사이가 원만하던 사람이었다. AIG는 경험과 메리웨더를 대신할 팀을 가지고 있었다. 그리고 그린버그라는 강력한 존재는 워런이라는 존재감에 균형감을 주었다. 그린버그의 AIG라면 워런의 인수 제안을 메리웨더가 쉽게 거절하지 못할 것 같았다.

다음 날 아침, 마흔다섯 명의 은행가들이 연방준비은행에 모였다. 지난 4년 동안 자기들을 그처럼 닦달해 대고 거만하게 굴던 고객의 긴급구제금융을 논의하려는 자리였다. 롱텀캐피털이라는 고객은 마지막까지도 은행들을 못살게 굴었다. 만일 롱텀캐피털이 잘못되기라도 하는 날에는 다른 헤지펀드 회사들도 줄줄이 쓰러질 게 분명했기 때문이다. 도미노가 쓰러지듯이 은행이 줄줄이 쓰러져서 전 세계에 금융 대혼란이 일어날 수 있었다. 그야말로 살로먼 브라더스 위기 사태의 재연이었다. 이런 사태는 워런과 멍거가 1993년 이후로 주주 총회에서 줄곧 경고해 왔던 것이었다. 몇몇 은행들은 롱텀캐피털에 긴급구제금융을 지원하는 데 힘을 보태 이 펀드를 살려놓지 못하면 자기들도 살아남지 못할 것이라는 두려움에 휩싸였다. 울며 겨자 먹기로 추가 자금을 빌려주는 방안을 모색할 수밖에 없었다. 하지만 이미 펀드에 투자해서 잃어버린 돈 외에 또다시 들어가야 하는 이 돈은 롱텀캐피털이 빚을 갚는 데 들어갈 뿐이었다. 코자인이 이들에게 워런 역시 롱텀캐피털을 인수하려고 한다는 말을 전했다. 그가 롱텀캐피털에 긴급 자금을 지원할 경우 자기들도 살아날 구멍이 생기는 멋진 소식이었지만, 그가 이 거래를 통해서 크게 한몫 챙기려 한다는 사실을 은행 사람들은 곧이곧대로 믿으려 하지 않았다. 어쨌거나 그는 늘 성공했었다. 사람들은 희망을 가지면서도 반신반의했다. 뉴욕연방준비은행 총재인 윌리엄 맥도너가 그에게 전화를 걸어서 인수할 의향이 정말 있는지 물었다. 옐로스톤 국립공원으로 가는 버스에 막 오르려던 그는 그렇다고, 입찰 준비가 되어 있으며 곧바로 그렇게 할 수 있다고 했다. 그는 버크셔 해서웨이와 AIG, 골드만삭스 그리고 개인 구매자 그룹이 정부의 도움을 받지 않고 모든 문제를 해결할 수 있음에도 불구하고 왜 연방준비은행까지 나서서 긴급구제금융을 지휘하려고 하는지 이유를 알 수 없었다. 그래서 뉴욕

시간으로 11시쯤에 지직대는 위성전화기로 롱텀캐피털에 전화해서 자기 태도를 분명하게 밝혔다.

"나는 롱텀캐피털이 가지고 있는 전체 포지션을 모두 인수할 생각입니다. 내 입장은 내 대리인을 통해서 들으면 됩니다. 내 대리인의 말이 곧 내 말임을 알아주기 바랍니다. 내 말을 진지하게 받아들여주시길 바랍니다."

당시를 회상하면서 그는 다음과 같이 말한다.

나는 버스를 지연시키고 싶지 않았습니다. 그래서 그냥 갔죠. 정말 힘들었습니다. 그리고 찰리는 하와이에 있었죠. 관련된 기본적인 포지션들이 어떤 것인지 나는 알고 있었습니다. 그 포지션들의 위험이 점점 더 극심해지고 있다는 것도 알았습니다. 그 수요일 아침의 상황은 급박하게 돌아가서 한 시간 단위로 바뀌곤 했습니다.

한 시간 뒤에 골드만 삭스는 한 장짜리 팩스를 메리웨더에게 보냈다. 롱텀캐피털을 2억 5천만 달러에 사겠다는 제안이었다. 메리웨더 및 다른 동업자들은 모두 해고한다는 조건도 달려 있었다. 메리웨더가 이 제안을 받아들이면, AIG와 버크셔 해서웨이, 골드만 삭스가 37억 5천만 달러를 롱텀캐피털에 투자하겠다는 내용이었다. 그 투자금의 대부분은 버크셔 해서웨이가 부담할 것이라고 했다. 롱텀캐피털이 더 나은 다른 조건을 탐색할 기회를 최소한으로 제한하려고 워런은 한 시간 안에 대답을 달라고 했다.

그 무렵 롱텀캐피털에는 5억 달러 조금 더 되는 돈밖에 남아 있지 않았다. 그런데 워런이 이것의 절반도 되지 않는 2억 5천만 달러를 제시했다. 빚과 손실을 빼고 나면 메리웨더와 그의 동업자들은 거의 빈털터리가 될 처지였다. 20억 달러 가까웠던 투자금을 모두 날려버린 것이었다. 약정서는 골드만 삭스가 작성했는데, 이 문서에는 한 가지 실수가 담겨 있었다. 롱텀캐피털의 자산이 아니라 롱텀캐피털이라는 헤지펀드 회사를 산다는 제안이었다. 워런은 그게 아니라 자산을 사고 싶어 했고, 이런 사실은 메리웨더도 잘 알고 있었다. 메리웨더의 변호사는 회사가 아니라 전체 포트폴리오를 팔려면 동업자들로부터 동의를 받아야 한다고 말했다.[33] 롱텀캐피털은 승인 대기 중인 상태에서 임시로 긴급 투자를 요청했지만 워런과 전화 연결이 되지 않았다. 나중에 워런은, 만일 그 사람들과 통화가 되었다면 자기는 그 요청을 받아들였을 것이라고 말했다. 옐로스톤에서, 여행길에 동행하던 모든 사람이 온천 일대를 구경하는 동안 그는 위성전화기의 숫자판을 누르고 또 누르면서 골드만 삭스의 코자인과 AIG의 행크 그린버그와 통화하려고 애썼다. 하지만 전화기는 끝내 불통이었다. 뉴욕에서 일이 어떻게 돌아가는지 그는 전혀 알지 못했다.

롱텀캐피털 사람들도 채권자 은행들이 모인 방 안에서 어떤 일이 진행되는지 알지 못했다. 맥도너는 이러지도 저러지도 못했다. 버크셔 해서웨이와 골드만 삭스, AIG로 구성된 컨소시엄으로부터 제안을 받아놓고 있었지만 실제로 진행되는 건 아무것도 없었기 때문이다. 민간에서 나서서 롱텀캐피털을 인수하겠다는 이야기가 나오는 마당에 정부가 개입해서 긴급 구제 논의를 한다는 게 영 모양이 좋지 않았다. 그걸 정당화하기는 쉽지 않았다. 하지만 마침내 맥도너는 그 자리에 모여 있던 은행 대표들에게 다른 입찰은 '구조적인 이유'로 이루어지지 않았다고 말했다. 그 자리에 없었던 워런은 반론을 펼칠 수도 없었다. 연방준비은행의 중개로 열네 개 은행들이 총 36억 달러를 모아서 롱텀캐피털에 빌려주기로 합의했다. 딱 한 은행인 '베어 스턴스'만이 이 결정에 반대하며 참가하지 않겠다고 했다. 이 바람에 베어 스턴스는 나머지 은행들로부터 오랫동안 원한을 샀다.

메리웨더 사람들은, 스스로 생각하기에 소위 식민지 시대의 '연한 (年限) 계약 노동자'가 썼던 계약서보다 조금 나은 정도의 조항들을 놓고 협상을 했다(식민지 미국으로 이주하고 싶지만 배 삯이 없는 사람들은, 배 삯을 내지 않는 대신 일정 기간 동안 식민지에서 무상으로 일해주겠다는 소위 '연한 계약 노동자' 계약서를 쓰고 미국으로 가는 배를 탔다 — 옮긴이). **34**

그날 밤 레이크 호텔에 돌아와서야 워런은 어떤 일들이 벌어졌는지 알았다. 메리웨더가 자기를 인수자로 달가워하지 않는다는 걸 느꼈다. 만일 그렇지 않았다면 어떤 식으로든 해결책을 찾았을 터였다. 어쩌면 롱텀캐피털에 있던 한 인사가 말했던 것처럼, "워런 버핏은 한 가지만 생각한다. 자기 명성이다. 살로먼 브라더스 사건 때문에 존 메리웨더와 함께 어떤 사업을 하는 걸 원하지 않았던 것이다"**35** 와 같은 판단이 메리웨더의 심중에서 크게 작용했을지도 모른다. 메리웨더가 워런과 거래해서 받을 수 있었던 것보다 은행권으로부터 긴급구제금융을 받음으로써 더 나은 조건을 보장받았던 건 분명하다.

다음 날, 일행이 간헐천인 올드 페이스풀Old Faithful을 구경하려고 버스에 오를 때 워런은 여전히 어제 있었던 일을 되돌릴 방법이 없을지 궁리했다. 그런데 게이츠가 준비해 둔 비장의 카드가 있었다. 브리지 게임이었다. 이른 오후 일행은 몬태나의 리빙스턴에 도착해서 객차가 아홉 개 달린 개인 소유의 기차에 탔다. 게이츠가 빌린 기차로, 실내는 광택이 나는 목재와 역시 광택이 나는 가죽으로 장식되어 있었다. 여기에서 샤론 오스버그가 프레드 기텔먼이라는 한 남자와 함께 일행을 기다리고 있었다. 기텔먼은 감정을 잘 드러내지 않는 컴퓨터 프로그래머이자 브리지 게임 선수였다. 두 사람은 기차에 탔고, 다른 사람들은 모두 윈드리버협곡Wind River Canyon의 절벽과 폭포를 보고 탄성을 질렀지만, 투명한 돔이 있는 위층의 라운지에서는 브리지 게임의 열혈광인 네 사람이 12시간 마라톤 게임에 들어갔다. 아래로 장엄한 풍경이 흘러가는 가운데, 워런의 전화기는 주기적으로 울렸고 그는 뉴욕에 있는 누군가와 롱텀캐피털에 대해서 통화했다. 어쩌면 임박한 은행권의 긴급구제금융을 없던 걸로 하고 롱텀캐피털을 민간이 인수하는 쪽으로 방향을 돌릴 불씨가 아직은 살아 있을지도 몰랐다. 하지만 상황이 그렇게 돌아가지는 않았다.[36]

다음 날 아침, 브리지 게임의 마지막 판이 끝난 뒤 기차는 멈추어 섰고 오스버그와 기텔먼은 덴버에서 내렸다. 기차는 다시 데블스 홀 캐니언Devil's Hole Canyon과 데드맨스 굴치 Dead Man's Gulch를 통과했다. 다음 며칠 동안 사람들이 급류 래프팅과 산악자전거를 즐기며 기차는 한가하게 그랜드 캐니언Grand Canyon을 지나 나파 밸리Napa Valley로 갈 때, 워런은 신문에서 롱텀캐피털의 긴급구제금융 소식을 읽었고 그의 마음속에서 희망은 조금씩 줄어들었다.

금융 당국이 살로먼 브라더스가 파산하도록 내버려 둔 지가 불과 7년 전이었다. 그 파산에 뒤따를 모든 결과들에 대해서도 나 몰라라 했었다. 그런데 지금 연방준비제도가 앞장서서 한 민간 투자 회사의 긴급구제금융을 주선한 것이다. 한 거대 헤지펀드 회사의 파산 및 이와 비슷한 사례들이 연쇄적으로 일어나지 않도록 방지하려는 유례없는 시장 개입이었다. 나중에 연방준비제도는 금융계의 불안이 경제를 마비시키는 것으로 비화되지 않도록 하려는 비상 대책으로, 7주 동안 금리를 세 차례나 낮추었다. 경제 마비 현상이 나타날 것이라는 확실한 전망은 어디에도 없었다. 하지만 효과는 확실하게 나타났다. 주식시장에서 주가는 엄청나게 뛰어올랐던 것이다.[37] 롱텀캐피털의 동업자들과 직원들은 여러 포지션들의 문제를 해결하고 또 긴급하게 받은 대출금을 갚느라 1년 동안 열심히 일했고 그에 대한 보상으로 25만 달러를 받았다. 한 해에 수백만 달러씩 벌던 사람들에게 이 돈은 그야말로 극빈자의 임금이었다.[38] 2,400만 달러의 빚을

지고 있던 힐리브랜드는 두 뺨에 눈물을 줄줄 흘리면서 고용 계약서에 서명했다.[39] 아무도 굶어 죽는 사람이 없었지만, 에릭 로젠펠드는 회사가 소장하고 있던 명품 와인들을 경매에 내놓아야 했다. 이들은 대부분 나중에 좋은 일자리를 찾았다. 메리웨더는 다시 현업에 복귀해서 예전에 휘하에 거느렸던 사람들 가운데 몇 명을 데리고 이제는 규모가 작고 차입금이 적은 펀드를 운용했다. 사람들은 하마터면 전 세계의 금융시장이 뒤집어질 뻔했다는 점에 비추어 보면 메리웨더를 비롯한 롱텀캐피털의 동업자들이 가벼운 벌을 받았다고 생각했다. 그리고 워런은 롱텀캐피털을 인수하지 못한 걸 자기 인생에서 놓쳐버린 몇 가지 위대한 기회 가운데 하나라고 여겼다.

에릭 로젠펠드는 통찰력을 가지고 있었다. 그는 다음과 같이 생각했다. 세상이 미쳐서 돌아갈 때는 수학적인 모델들이 맞아떨어지지 않을지도 모른다. 이때 많은 자본이 필요하다. 예를 들어서 버크셔 해서웨이가 제안했던 그런 돈이다. 그러니 천억 달러 규모의 투자금을 위험에 노출시킬 때는 막대한 자본을 가지고 있어서 차입금 문제를 해결해 줄 수 있는 동업자, 요컨대 비바람이 불 때 커다란 우산이 되어줄 수 있는 그런 동업자가 필요하다.[40] 로젠펠드의 이런 견해는, 어쩌면 버크셔 해서웨이와 같은 회사가 롱텀캐피털을 소유했으면 사정이 더 나았을지도 모른다는 뜻이었다. 하지만 그건 롱텀캐피털의 소유권을 포기해야 한다는 걸 의미하기도 했다. 둘 가운데서 하나를 선택할 수밖에 없었다. 만일 버크셔 해서웨이가 위험을 부담하는 동시에 돈도 함께 투자하길 바란다면, 투자 수익은 버크셔 해서웨이에게 돌아가는 게 마땅했다.

달리 생각하는 것, 즉 위험은 어떻게든 다른 사람에게 전가하면서 보상을 바라는 것은 현실성이 없었다. 하지만 그런 관점은 1990년대 후반에 금융시장에서 점점 커져 지배적인 관점으로 자리 잡았다. 이 관점이 장차 시간이 흐르면서 엄청난 결과를 초래하게 된다.

위기에 빠진 한 민간 투자 회사를 중앙은행이 나서서 긴급구제금융으로 살려내는 행위의 의미는 막대하다. 하지만 대마불사라 하여 만일 어떤 헤지펀드 회사의 규모가 아무리 크다 하더라도 그렇기 때문에 쓰러지게 할 수 없다면, 도대체 어떤 큰 금융 기관의 파산이 허용된단 말인가? 정부는 스스로 안전 마진이 되는 위험을 무릅썼다.[41] 파생상품은 폭발 직전까지 갔지만 결국 이로 인해서 심각한 사태는 일어나지 않았다. 모든 사태가 진정되고 나자 시장은 마치 심각한 사태는 결코 일어날 수 없는 것처럼 보였다. 소위 '모럴 해저드'라는 이런 위협은 규제 당국이 만성적으로 고민하는 문제다. 하지만 세상에는 위험을 사랑하는 사람들로 언제나 가득 찰 것이다. 사업에 관한 워런의 핏줄에는 차가운 피만 흘렀지만 수많은 다른 사람에게서는 아드레날린이 격렬하게 고동쳤다. 심지어 워런 버핏의 가족 가운데서도 이런 사람이 몇 명 있었다.

52

닭 사료

일리노이의 디케이터와 애틀랜타, 1995~1999년

호위와 데번은 달아나서 몸을 숨겼다. 호위는 어느 금요일 ADM의 사무실에서 나왔고, 다시는 그 사무실로 돌아가지 못한다는 사실을 알았다. 집 앞에는 기자들이 떼 지어 진을 치고 있었다. 호위와 데번은 짐을 꾸리기 시작했다. 그리고 일요일 새벽, 돈을 주고 빌린 프로펠러 비행기를 타고 디케이터를 빠져나와 시카고로 갔다. 거기에서 가족들과 친하게 지내는 돈 커우를 만났고, 커우는 두 사람을 자기 개인 비행기로 선 밸리까지 태워다 주었다. 기자들은 허버트 앨런이 주최하는 선 밸리 컨퍼런스에는 참석할 수 없었기 때문에, 호위는 거기에 있으면 자기들이 안전할 것이라고 생각했다.

ADM에서 만났던 다혈질의 관리자 마크 휘태커가 어느 날 불쑥 호위에게 자기는 FBI 스파이 역할을 하고 있다고 털어놓은 뒤부터 호위는 열흘 동안 자기 사무실에서 불안하게 서성였다. 휘태커는 호위에게 모월 모일 화요일 저녁 6시에 FBI가 집으로 찾아가서 몇 가지 질문을 할 것이라고 했던 것이다. 호위는 그제서야 왜 휘태커가 며칠 동안 계속해서 초록색이 감도는 폴리에스터 양복을 입고 자기 앞에 나타났는지 알았다. 도청장치를 몸에 숨기고 있는 게 분명했다. 휘태커는 자기 정체를 드러낸 뒤로 날마다 호위에게 전화해서 자신의 걱정거리를 늘어놓았다. 호위는 휘태커에게 거리를 두려 했다. 호위는 휘태커를 추궁하지는 않았지만 휘태커의 목소리에서 묻어 나오는 당혹감으로 미루어 짐작하건대 스트레스를 심하게 받는 것 같았다.

문제의 그 화요일 저녁, 데번도 FBI 요원이 방문할 것임을 알고 있었던 터라 저녁식사를 준비하는 그녀의 손은 떨렸다. 현관에서 벨이 울렸다. 그 소리에 호위는 갑자기 속이 메슥거려 구역질이 날 것 같았다. 양복을 입은 남자가 들어와서 ADM의 호위더러 당신은 최종 표적이 아니라고 말했다. FBI 요원 300명이 미국 전역에 흩어져서 닭 사료에 쓰이던 ADM의 '리신' 제품의 가격 담합과 관련해서 관련자들을 만나 조사하고 있다고 했다.

호위는 두려웠지만 FBI에 무조건 협조해야겠다고 마음먹었다. 호위는 드웨인 안드레아스를 신뢰하지 않는다고 말했다. 정치적인 기부금을 전달하는 통로 역할을 해달라고 호위에게 부탁했었기 때문이다. 안드레아스의 전력으로 보건대, 이런 역할을 맡은 누군가가 부당하게 피해를 입었을 게 분명했다.[1] 호위는 이 요원에게 지난 가을에 자기가 하원의원 접대와 같은 기업 윤리와 관련된 질문 몇 가지를 하자 안드레아스가 면박을 주었다는 이야기를 했다. 하지만 가격 담합에 대해서는 전혀 아는 게 없다고 했다.

요원들이 가자마자 호위는 아버지에게 전화를 걸었다. 어떻게 해야 할지 모르겠어요. 내가 아는 건 아무것도 없어요. 그 사람들이 말하는 혐의가 사실이란 걸 내가 어떻게 알 수 있겠어요? 회사에서 내는 모든 보도자료에는 내 이름이 들어가 있어요. 내가 어떻게 전 세계를 대상으로 하는 회사의 대변인 노릇을 할 수 있겠어요? 어떻게 해야 할까요? 사직서를 내야 할까요?

워런은 빤한 대답을 하지 않으려고 애써 참았다. 그 대답이란, 도대체 어째서 자식 세 명 가운데 호위란 녀석만 처음으로 기업계에 발을 내디디고 얼마 지나지 않아서 FBI가 집으로 찾아오게 만드느냐는 것이었다. 그는 일단 주관적인 판단을 배제한 채 아들의 말을 듣고는 ADM에 계속 남아 있을지 아니면 사표를 쓸지는 본인이 알아서 판단할 문제라고 운을 뗀 뒤, 짤막한 도움말을 줬다. 그 결정을 스물네 시간 안에 내려야 하며, 만일 그 시간이 지나도록 계속 그 회사에 머물 경우 본인도 그 사람들 가운데 한 명이 되고 말 것이고, 그렇게 된다면 그때는 어떤 일이 일어나든 간에 그 문제에서 발을 빼기는 어려울 것이라는 내용이었다.

아버지의 도움말 덕분에 모든 것이 선명해졌다. 호위는 마냥 기다린다고 해서 자기가 어떤 판단을 내리는 데 필요한 정보를 더 많이 확보할 수 있는 게 아님을 깨달았다. 마냥 기다리면 결국 회사에 남는다는 결정으로 기울 수밖에 없었다. 호위는 자기가 선택할 수 있는 경우의 수를 꼽아보고 이것들이 지금 당장 어떤 것을 의미하는지 파악했다.

만일 자기가 사표를 냈는데 FBI의 혐의가 근거 없는 것으로 드러날 경우 친구를 잃는 동시에 얼간이 취급을 당할 것이다.

만일 회사에 계속 남았는데 혐의가 사실로 드러날 경우 자기는 범죄자들과 한통속으로 비칠 것이다.

다음 날 호위는 회사에 출근해서 사직서를 냈다. 그리고 회사의 법률 고문을 만나 그날 이후 배포하는 보도자료에 자기 이름을 넣지 말라고 요구하는 한편 그렇지 않을 경우 법률적인 조치를 취하겠다고 통고했다. 이사회에서 물러나는 것은 간단한 일이 아니었다. 이사가 사임한다는 것은 혐의 사실대로 회사가 유죄임을 인정한다고 큰소리로 외치는 것이나 마찬가지 행위였다. ADM의 사람들은 호위가 이사직에서 사임하지 않도록 말렸다. 이들은 사임 유예를 요구하며 어떻게 제대로 알아보지도 않고 혐의 사실을 진실로 인정할 수 있느냐고 물었다. 하지만 호위의 결심은 완강했다.

이틀 뒤, 그의 이사직 사임이 공표되었고 기자들은 그의 집 현관 앞에 진을 쳤다. '버핏'이라는 성이 추문과 연결되자 기자들은 날고기 냄새를 맡은 로트와일러처럼 집요하게 달려들었다. 이런 상황에서는 가능하면 빠르게 자리를 피하는 게 상책이다 싶었다.

기자들의 출입을 금지하고 있던 선 밸리에서 호위는 비록 기자들은 없지만 거기도 결코 안전한 장소가 아니라는 사실을 깨달았다. 선 밸리 로지의 로비에서 호위가 맨 처음 만난 사람이 하필이면 그와 함께 ADM의 이사로 있던 사람이었다. 주말 내내 함께 있게 될 이 사람은 호위의 가슴을 손가락으로 쿡 찌르면서 이렇게 말했다.

"당신, 일생일대의 실수를 한 거요."[2]

그러나 호위의 판단은 옳았다. 까딱하다간 더 이상 잘못될 수 없을 정도로 깊은 구렁텅이에 빠질 뻔했다. 그 사건은 부회장인 마이클 안드레아스가 포함된 최고위 경영진 세 사람을 감옥에 보낸 미국 역사상 최대의 가격 담합 사건으로 밝혀졌고, 호위는 하마터면 이 사건에 연루될 뻔했다가 간신히 스스로를 구한 것이다.[3] ADM은 막대한 액수의 벌금을 물었고 이 사건으로 인해 빚어진 오명은 앞으로 여러 해 동안 지워지지 않고 회사를 따라다니게 되었다.

하지만 이 사건으로 호위는 일자리를 잃었다. 수지는 이런 아들이 염려되었다. 뿐만 아니라 최근에 앨런과 이혼한 큰딸 수지 주니어도 이만저만 걱정이 아니었다. 수지는 워런을 설득해서 세 자식에게 5년마다 한 번씩 생일에 백만 달러씩 주도록 했다. 지금까지 이어지는 이 전통은 이때 처음 생겼다. 워런은 그냥 이렇게 하기만 한 게 아니라 자기가 처음 시작한 이 전통을 사람들에게 자랑했다. 언제부턴가 워런은 돈 문제에 관해서 매우 관대해졌다. 수지에게 주는 용돈도 엄청나게 많아졌다. 수지가 간절하게 부탁하자 라구나에 원래 있던 집의 바로 옆집까지 사주었다. 이 집은 '기숙사'로 불리면서 자식들과 손주들 및 손님들이 머무는 곳으로 사용되었다.[4] 엘리베이터도 없이 백만 계단 높이에 우뚝 서 있지만, 금문교와 앨커트래즈섬이 한 눈에 굽어보이는 멋진 전망을 자랑하던 샌프란시스코의 퍼시픽 하이츠 아파트(수지의 아파트는 사실 4층에 있었다 – 옮긴이)는 벽면을 흰색 래커로 새로 칠했으며 수지의 트레이드마크인 밝은 노란색 카펫을 깔아 놓았다. 이 아파트에는 수지가 직접 샀거나 여행하면서 수집했거나 친구들에게서 선물로 받은 물건들이 빼곡하게 진열되어 있었다. 예술가 친구들이 그리거나 만든 그림과 가면, 중국의 제대보(祭臺褓), 발리의 태피스트리, 티파니(1837년 미국의 찰스 루이스 티파니가 세운 보석 회사이자 보석 브랜드 – 옮긴이) 유리잔, 온갖 종류의 기념품 및 장식용 소품 등이었다. 비싼 것도 있었지만 저렴하고 색다른 것들이 많았다. 이런 것들이 벽이며 캐비닛이며 옷장이며 서랍에 흘러넘쳤다.

이 수집품들은 보는 사람의 관점에 따라서, 수지의 개성을 반영하는 형형색색의 아름다움과 놀라움으로 다가오기도 했고, 혹은 잡동사니를 모아놓은 까치둥지처럼 비치기도 했다.

수지는 늘 보다 넓은 공간을 마련하려고 워런을 졸랐다. 원래 있던 아파트 건물의 1층에 워런을 졸라서 또 다른 아파트를 샀으면서도, 워런 몰래 샌프란시스코에서 창고로 쓸 방들을 빌려서 점점 늘어만 가는 수집품들로 채우기 시작했다.

아프거나 죽어가는 사람들에게 봉사하는 일도 늘어나는 수집품의 속도만큼이나 빨라졌다. 수지는 1990년대까지 계속해서 에이즈 환자들을 돌봤다. 그런데 그때 언니 도티가 말기 암과 싸우고 있었다. 도티가 알코올의존증으로 고통스러워할 때, 건강 문제와 부부 사이의 문제로 힘들어할 때, 자식인 빌리를 먼저 저세상으로 떠나보내고 괴로워할 때 수지는 늘 언니 곁을 지켰다. 수지는 오마하에 머물며 도티가 세상을 떠나기 직전 마지막 몇 달간 그녀를 간호했다. 그리고 도티는 마침내 세상을 떠났다. 도티 역시 수지가 살릴 수 없었던 안타까운 사람이었다. 도티의 죽음은 조카 빌리가 약물 과다 복용으로 사망했을 때 이후로 가장 큰 고통이었다. 도티가 죽고 나자 수지의 친가에서 남은 사람은 수지밖에 없었다.

1996년 여름, 아흔두 살의 레일라가 세상을 떠났을 때 수지가 곁을 지키며 워런을 도왔다. 레일라는 마지막 몇 년 동안까지도 쉬지 않고 가족을 괴롭혔다. 특히 도리스에게 그랬다. 전화를 걸거나 직접 찾아가서 거의 한 시간씩이나 쉬지 않고 거칠게 몰아세웠다. 이런 일을 당하면 도리스는 결국 눈물을 철철 흘리고 말았다. 그러면 레일라는 이렇게 말하곤 했다.

"이렇게라도 좀 이야기를 하니까 기쁘구나."

워런은 여전히 레일라를 피했다. 레일라를 돌봐야 하는 일은 대부분 수지 주니어에게 맡겼다. 워런은 자기 어머니에게 하는 것보다 로즈 블럼킨과 말을 더 많이 했고 그녀를 더 좋아했다. 애스트리드와 샤론 오스버그가 워런을 데리고 레일라를 방문할 때 그는 만신창이 같은 모습이었다. 두 여자가 레일라와 대화하는 동안 워런은 대화에 참여하지 않고 불안해하는 모습으로 옆자리에 앉아 있었다. 기억력이 쇠퇴하자 레일라는 남편 하워드와 함께했던 38년 6개월간의 결혼 생활 이야기를 주로 했다. 그리고 워런의 어린 시절에 있었던 어떤 유명한 사건 하나가 그녀의 기억 속에 또렷이 박혀 있는 것 같았다. 그래서인지 툭하면 이렇게 묻곤 했다.

"린드버그 아들 유괴 살해 사건은 정말 애석한 일 아냐? 애석한 일 맞지?"

레일라는 워런의 예순여섯 번째 생일에 사망했다. 레일라가 떠난 뒤에 장례식장에 가족이 모두 모였다. 그들이 슬퍼하는 감정 속에는 다른 감정들도 복잡하게 뒤섞여 있었다. 그녀는 늘 그랬던 자기 모습 그대로 영원한 안식을 취했다. 가족들이 자기에게 품었던 변화에 대한 모든 희망을 무덤으로 가지고 갔다.

어머니가 돌아가신 뒤에 참 많이 울었습니다. 슬프거나 어머니가 보고 싶어서 그랬던 게 아닙니다. 낭비된 게 너무 아까워서 그랬습니다. 어머니에게는 좋은 점들이 많았지만, 나쁜 점들 때문에 어머니와는 사이가 멀었죠. 아버지와 난 이 점에 대해서 이야기를 나눠본 적이 단 한 번도 없었습니다. 더 잘할 수 있었는데 그렇게 하지 못한 것이 안타깝습니다.

부모가 모두 세상을 떠나자 이제 워런이 전체 가족에서 가장 어른이 되어 삶과 죽음 사이의 좁은 경계에 서서 다른 가족들을 지켜보았다. 하지만 레일라의 사망으로 삶에 가장 큰 변화가 생긴 사람은 워런의 누이들이었다. 누이들은 어머니가 자기들에게 버크셔 해서웨이 주식을 엄청나게 많이 물려줬다는 사실을 알고는 깜짝 놀랐다. 자기들이 원래 가지고 있던 양보다 더 많았다. 이뿐만 아니라 하워드의 유언이 남긴 신탁 재산에서 나오는 돈도 있었다. 버티는 버크셔 해서웨이 주식을 원래 받았던 그대로 가지고 있었으며, 또한 세상에 대한 따뜻한 마음도 함께 가지고 있었다. 그녀는 그동안 살면서 사람들이 보지 않는 곳에서 늘 자기의 열정과 노력을 다른 사람에게 베풀었다. 그러면서도 앞에 나서서 티내려고 하지 않았다. 도리스도 이제 엄청난 부자였다. 1987년에 소위 '무방비풋'을 샀다가 쫄딱 망한 뒤 처음으로 큰 재산을 가지게 되었다. 도리스에게 어머니의 죽음은 새로운 인생의 시작이 되었다. 그녀는 자기의 독자적인 재단인 '선샤인 레이디 재단Sunshine Lady Foundation'을 세웠다. 그리고 '에디스 스탈 크래프트 우수 교사상'을 주기 시작했다. 이모 에디스(에디) 스탈의 이름을 따서 제정한 이 상은, 워런이 앨리스 고모의 이름을 따서 제정한 상을 본떠서 만든 것이었다(앨리스와 에디 모두 교사였다-옮긴이).

워런의 누이들은 이제 부자였다. 워런의 자식 세 명 가운데 둘도 상당한 재산을 가지고 있었다. 수지가 5년에 한 번씩 생일 선물로 주라고 한 백만 달러 덕분이었다. 워런은 수지에게 들어가는 돈에 대해서 세세한 내역이 뭐냐고 물어본 적이 한 번도 없었지만, 도대체 수지가 그 많은 돈을 어디에다 쓰는지 머리를 긁으며 궁금해했다. 하지만 자식들에게 증여하는 막대한 금액에 따르는 세금 문제를 정리해야 했기 때문에, 수지는 어쩔 수 없이 워런에게 자기가 다른 사람들에게 얼마나 돈을 쓰는지 자세하게 설명해야 했다. 워런은 수지가 다른 사람들에게 관대하다는 사실을 언제나 자랑스럽게 여겼다. 물론 그런 혜택을 받는 사람이 누구냐에 따라서 때로는 언짢은 마음이 들기도 했는데, 수지의 선물 가운데 유독 그의 심기를 불편하게 만드는 큰 선물들이 있었다. 이는 그가 이해하고 있던, 자기와 수지 사이에 유지되는 법률적 부부 관계에 대한 본질적 특성과 완전히 상충되는 것이었다(수지에게 다른 남자가 있다는 사실에 대한 완곡한 표현이다-옮긴이). 워런은 수지가 다른 인간관계를 이미 청산했다고 생각했지만 그게 아니었다. 비록 자기 자신과 수지가 독립적으로 부부 관계를 유지하기로 합의한 상태이긴 했어도 분통 터지는 건 어쩔 수 없었다.

수지의 유언장을 놓고 두 사람 사이에 격론이 벌어졌다. 수지의 친구들 가운데서 어떤 사람이 수지의 유산을 받을 것인가를 두고 두 사람의 의견은 첨예하게 갈렸다. 결국 워런의 주장대로 되었지만 나중에 이런 다툼은 워런의 기억 속에서 사라졌다. 그의 머릿속에서는 다시 한번, 욕조에서 물을 빼듯 과거의 기억을 없애버리는 장치가 활발하게 작동했던 것이다. 수지와 자기 사이의 부정적인 모든 기억은 사라졌다. 수지는 다시 예전처럼 워런의 이상적인 여성으로 자리를 잡았다. 워런에게는 그런 수지가 필요했다.

워런은 수지가 죽은 뒤 그녀의 유산을 수지의 친구들이 받는 문제에 대해서는 단호한 입장을 취했지만 수지가 다독인 덕분에 워런은 자식들에게 줄 돈 문제에 대해서는 관대해졌다. 워런은 살아 있는 동안 세 자식에게 기꺼이 5년마다 백만 달러씩 내놓았으며, 뿐만 아니라 죽은 뒤에도 자녀들 앞으로 상당한 재산을 남길 생각이었다.[5] 윌리엄 랜돌프 허스트가 만든, 곰이 우글거리는 동물원처럼 돈을 흥청망청 쓰는 것은 아니었다. 하지만 그저 넉넉하다 싶은 수준은 넘었다.

호위는 여전히 일리노이의 디케이터에 살고 있었는데, 맨 처음 받은 백만 달러로 디케이터에 약 3.6제곱킬로미터짜리 농장을 샀다. 이제 호위의 농장은 두 개였고, 하나는 온전히 자기 소유였다. ADM과 관련된 소송이 모두 끝난 뒤에 돈 커우는 호위에게 코카콜라의 병입 회사인 '코카콜라 엔터프라이즈'의 전문 이사로 활동하는 게 어떠냐고 제안했다. 비록 ADM이라는 회사에 취직해서 어느 정도 경험을 쌓긴 했지만, 솔직히 호위는 콤바인을 몰며 농사일을 하는 게 더 좋았다.

코카콜라 엔터프라이즈는 ADM보다 훨씬 더 유명하고 또 존경받는 기업이었기 때문에 그 회사에 이사로 간다는 것은 불길에서 빠져나온 뒤에 기름이 부글부글 끓는 프라이팬으로 들어가는 거나 마찬가지였다. 그래도 호위는 커우의 제안을 받아들여서 코카콜라 엔터프라이즈의 이사가 되었다.

거대 병입 회사 코카콜라 엔터프라이즈는 코카콜라의 고객들이던 소규모 병입 회사들을 통합해서 만든 것이다. 이 회사들은 코카콜라가 만든 시럽 농축액을 사서 소다수와 혼합한 다음 이것을 팔았다. 즉, 코카콜라의 중매인이나 마찬가지여서 코카콜라와의 관계는 회사 존립에 절대적이었다. 서로 불가분의 관계였던 것이다.

워런과는 오마하에서 아주 오래전부터 친한 사이였던 돈 커우가 현재 코카콜라의 사장이었다. 그의 상사로, 귀족의 면모를 지닌 쿠바 태생의 코카콜라 회장이자 CEO 로베르토 고이주에타는 '코카콜라 그것뿐!Coke Is It'이나 '이 세상에 코크를 사주고 싶어 I'd like to buy the world a Coke'와 같은 광고 문구로 세계 최고의 브랜드를 만들어 내 기업계에서 커다란 존경을 받고 있었다. 워런은 코카콜라가 이제 독자적으로 생존할 수 있는 기업이 되었다고 생각했고 이런 위업을 달성한 고이주에타를 높이 평가했다.

1997년에 게이츠는 커우가 사회를 맡아서 진행하던 선 밸리의 한 토론회에 워런 및 고이주에타와 함께 패널로 참석했다.

나는 평소에 빌과 이야기하면서 햄 샌드위치라도 코카콜라를 경영할 수 있다는 표현을 쓰곤 했습니다. 빌은 그때 사회성이 좀 모자랐습니다. 아무튼 우리는 함께 패널로 나섰는데, 청중들이 지켜보는 가운데 빌은, 코카콜라를 경영하는 일은 너무도 쉬운 일이라는 식의 발언을 하고 말았습니다.

당시를 회상하면서 게이츠는 이렇게 말한다.

"나는 코카콜라가 어째서 그렇게 놀라운 회사인지 설명하려고 애썼습니다. 이런 설명을 하던 와중에, 나는 예순 살이 되기 전에 마이크로소프트에서 물러날 계획이라는 말을 하면서 마이크로소프트에서 하는 일은 너무도 힘들고 거칠어서 경영을 하는 와중에 핸들을 돌리려면 젊은 사장이 필요할 것이라고 했습니다. 그때 마이크로소프트가 매우 흥미진진한 회사라는 생각을 강조하려고 이런 말을 덧붙였습니다. '코카콜라와 다르게 말입니다'라고요.

이 말을 듣고 고이주에타는 내가 아주 건방지다고 생각했습니다. 코카콜라를 경영하는 사람이라면 누구라도 점심만 먹고 골프장으로 나가서 놀아도 되지만, 자기는 대가만이 할 수 있는 어떤 심오하고도 어려운 작업을 하고 있다고 믿는 그런 거만한 애송이라고 생각했던 겁니다."[6]

여기에 대해서 워런은 이런 설명을 덧붙인다.

그때부터 로베르토는 빌이라면 치를 떨었습니다.

워런은 될 수 있으면 기술주를 피했다. 부분적인 이유로는, 빠르게 돌아가는 이런 회사는 햄 샌드위치가 경영할 수 없었기 때문이다. 그는 햄 샌드위치가 경영할 수 있는 회사를 소유하는 게 절대로 부끄러운 일이 아니라고 생각했다. 사실 그는 버크셔 해서웨이를 햄 샌드위치가 경영해도 되는 그런 회사 수준으로 이끌고 싶었다. 비록 자기가 죽은 뒤에 그러길 바랐지만 말이다.

그러나 1997년에 이미 코카콜라는 거대한 목표를 설정했었다. 이 목표는 햄 샌드위치로는 어림도 없었다. 고이주에타만으로도 부족했다. 이 목표를 달성하려면 엄청나게 많은 재무 관련 전문가들이 필요했다.

코카콜라는 코카콜라 엔터프라이즈 지분의 40퍼센트를 가지고 있었는데, 이 회사 지분을 100퍼센트 가지고 있는 것처럼 행동하는 경향이 있었다. 여러 병입 회사들을 한데 그러모아서 코카콜라 엔터프라이즈를 만든 것도 수익 발생의 시기를 조절하거나 코카콜라의 순수익을 높일 목적으로 병입 회사들을 사거나 팔려는 거대한 전략의 일부분이었다. 이것은 불법적이지도 않았고 기만적인 행위도 아니었지만 환영에 불과했다. 코카콜라의 이사였던 워런은, 회사의 재무 상황이 사실과 다르게 잘못 표시될 수 있는 가능성을 늘 인식하고 있었다.

로베르토는 회사를 운영하는 데 있어 굉장한 일들을 많이 했습니다. 그래서 내가 그 사람을 좋아했던 겁니다. 하지만 로베르토는 도저히 달성할 수 없는 수치를 목표로 내세우고는 거기에 스스로 손발이 묶이곤 했습니다. 예를 들면 10퍼센트 후반대의 수익률을 내겠다고 했죠. 무려 18퍼센트 수익률을요. 대형 회사들은 오랜 기간에 걸쳐서 10퍼센트 후반대의 수익률을 달성하기 어렵습니다. 특정한 어떤 짧은 기간 동안이라면 불가능하지 않습니다만, 계속해서 그런 기록을 내기는 어렵습니다.

한번은 이런 적이 있었습니다. 로베르토가 이사회에 들어와서 회사가 추가로 수익을 올릴 수 있는 방법을 설명하기 시작했습니다. 병입 회사들을 사고팔아서 이익을 내자는 것이었습니다. 이것이야말로 미래의 길이라고 재무위원회를 설득하려고 노력했습니다.

회사가 병입 회사들에 지불하는 가격은 터무니없이 낮았습니다. 나는 최고재무책임자에게 이런 문제와 관련해서 질문했습니다. 그런데 로베르토는 이사회를 보통 10시에 시작해서 12시 정오에 끝냈습니다. 질문할 여유를 주지 않는 분위기였습니다. 그러다 보니, 시각이 12시 가까이 되어서 회의를 1시까지 끌고 갈지 모르는 어떤 문제를 제기하거나 토론을 하자고 하는 게 다른 사람들에게 폐를 끼치는 정중하지 못한 행위라는 인식이 사람들 사이에 퍼져 있었습니다. 로베르토에게는 그 누구도 문제를 제기할 수 없다는 그런 인식이 이사들 사이에 퍼져 있었던 겁니다. 사람들이 로베르토에 대해서 기본적으로 이런 인식을 가지고 있고 또 회사의 수익률이 나쁘지 않다 보니까, 이 두 가지 요소가 상승 작용을 일으켜서 막강한 힘을 발휘했던 거죠.

예전에는 기업의 이사가 하는 활동을 존중과 정중함을 바탕으로 하는 일종의 사교활동으로 인식했다. 워런은 바로 이런 시대에 태어났고 또 살았다. 1998년에는 이런 풍토가 전체 미국 기업의 이사회를 지배했다. 이런 문화는 기업 이사회의 역학 구조상 이사들이 경영에 개입할 수 있는 여지가 거의 없는 현실 상황을 반영한 것이었다.

이사회 이사들은 멀리서라도 경영진에게 이래라저래라 할 수 없습니다. 신문이나 잡지에서 보면 이사회에서 회사의 전략을 이러저러하게 정했다는 따위의 기사가 있지만, 이런 것들은 다 헛소리입니다. 이사가 할 수 있는 일은 실질적으로 아무것도 없습니다. 만일 어떤 CEO가, 어떤 한 이사가 똑똑하고 또 자기 편을 들어 준다 싶으면, 이 사람이 하는 말에 어느 정도 귀를 기울입니다. 하지만 이 사람이 하는 말과 상관없이 언제나 자기가 하고 싶은 대로 하고 맙니다. 십중팔구 다 그렇습니다. 나도 버크셔 해서웨이를 그런 식으로 경영합니다. 로베르토는 나를 좋아했지만 그렇다고 해서 그 사람이 나에게서 많은 도움과 생각을 구하려고 하지는 않았습니다.

워런은 이사직을 박차고 나와야겠다고 생각할 정도로 코카콜라의 경영에 잘못된 부분을 보지 못했다. 하지만 호위는 그와 다른 문제를 안고 있었다. 코카콜라의 압력에 저항하려고 했던 호위는 당시를 회상하면서 다음과 같이 말한다.

"나는 이사회에 참석하던 이사들 가운데 누구보다도 회사로부터 자유로웠습니다. 왜냐하면 나는 버크셔 해서웨이의 이사였고 코카콜라에 있던 그 누구도 나를 위압할 수는 없었기 때문입니다. 나는 코카콜라 엔터프라이즈의 입장에 서서 코카콜라에 문제를 제기하는 데 전혀 거칠 게 없었습니다."

하지만 호위는 결국 코카콜라 엔터프라이즈 이사회에서 물러났다. 그가 참석했던 두 개의 이사회 사이에는 잠재적인 갈등 요소들이 너무도 많았던 것이다. 바다가 잔잔할 때보다 거칠 때 어부가 더 많은 것을 배울 수 있다는 점을 염두에 두고 커우가 호위를 코카콜라 엔터프라이즈 이사회라는 또 다른 경영대학원의 거친 과정 속으로 밀어넣었다면, 커우의 생각이 제대로 맞아떨어진 셈이었다. 기업계에서 위험 신호를 감지하는 호위의 레이더는 그사이 한층 예리하게 발달해 있었다. 호위는, 비록 두 개의 이사회에 계속 참석하고 있긴 했지만, 길지 않은 기업계 경험을 바탕으로 생각할 때 당장이라도 기업 세계 바깥으로 뛰어나가서 짜릿한 흥분에 목마른 갈증을 마음껏 달래고 싶었다.

1990년대 중반에 고이주에타와 그의 최고재무책임자 더그 아이베스터는 회사의 빠른 수익 흐름에 대한 환영을 유지하려고 코카콜라 수익에 병입 회사들을 매매해서 발생시킨 수익을 더 많이 섞어넣었다. 그런데 1997년, 고이주에타는 자기가 암에 걸렸다는 사실을 발표했고 얼마 지나지 않아서 사망했다. 이사회와 회사, 투자자들 모두 충격을 받았다. 고이주에타는 지도적인 정치가 스타일의 CEO였다. 코카콜라를 세계적인 거대 기업으로 발전시킨 어마어마한 인물이다 보니, 과연 누가 그의 뒤를 이을 수 있을지 쉽게 상상할 수도 없었다. 이사회는 그동안 모든 판단과 결정을 절대적이라고 할 정도로 고이주에타에게 맡겼기 때문에 그가 후계자로 지목한 아이베스터, 회의 탁자를 두들겨 대는 이 무뚝뚝한 아이베스터 이외의 다른 대안에 대해서는 거의 생각을 하지 않았다.[7] 아이베스터는 대단한 명성을 가지고 있었다. 코카콜라와 병입 회사들의 재무 관련 사항들을 조정해서 모든 것을 코카콜라의 이익에 부합하도록 마지막 하나까지 쥐어짬으로써, 회사가 최근에 거둔 여러 성공 사례들 가운데 많은 부분에 기여했다는 명성이었다. 고이주에타가 귀족적인 지도자였다면 아이베스터는 일선에서 직접 뛰는 행동파였다. 아이베스터는 신기술을 중요시했고 실리콘 밸리에 매료되어 있었다.

워런은 아이베스터를 좋아했고 그가 고이주에타의 뒤를 잇기를 바랐다. 직물 공장 기계공의 아들로 태어나서 입지전적인 인물로 성장한 아이베스터는 분석적이고 수치에 능했다.[8] 물론 고이주에타 아래에서 워런이 엄청난 재산을 불리는 데도 일조했다. 또 거친 환경에서 자기 혼자 힘으로 살아남은 사람들 특유의 기개를 가지고 있었다. 워런은 아이베스터의 이런 면모가 특히 마음에 들었다. 워런은 회계와 관련된 교묘한 술책의 책임이 아이베스터에게 있는 게 아니라 고이주에타에게 있다고 보았다.

수익을 짜내는 데 그 방식이 확실히 효과가 있었던 것만은 분명하다. 코카콜라 주식 한 주는 70달러에 거래되고 있었다. 버크셔 해서웨이의 주가는 시장과 함께 춤을 췄다. 1997년 6월에 4만 8천 달러이던 가격은 그다음 9개월 동안 6만 7천 달러로 올랐다. 시장 지수가 올라가면 올라갈수록 워런이 투자하기는 더 어려워졌지만 버크셔 해서웨이의 주식은 더욱 올라갔다. 이는 버크셔 해서웨이가 보유한 종목들이 시장과 함께 상승한다는 점만 빼고는 전혀 이치에 맞지 않았다. 1998년에는 다우지수가 9천 포인트를 돌파하고 마의 1만 포인트를 향해서 달렸다. 버크셔 해서웨이의 주가는 7만 달러를 돌파했다. 주주 총회에서 워런은 투자자들에게 이렇게 말했다.

"우리가 생각하는 힘든 시기는 바로 이런 때입니다."⁹

투자할 현금은 많았고 마땅한 투자 대상은 별로 없자, 항공사 주식은 사지 않겠다는 결심을 깼다.

그는 버크셔 해서웨이 명의로 '넷제츠NetJets'를 7억 2,500만 달러에 사들였다.¹⁰ 그동안 가지고 있던 인디펜서블호를 팔고 개인용 제트기 임대업을 하는 넷제츠의 고객이 되었다. 이 회사는 다양한 기종과 다양한 크기의 제트기를 보유하고 고객들에게 임대했다. 이 회사의 비행기는 모두 '퀘벡 시에라'를 뜻하는 'QS'로 시작되는 번호를 달고 있었다. 수지는 워런을 통해서 1995년부터 한 해에 200시간을 비행할 수 있는 넷제츠의 4분의 1 지분을 샀다. 이때 수지는 이 비행기를 '리칠리 디저브드호The Richly Deserved'라고 부르곤 했다(이 이름은 '비싼 대접을 받을 자격이 있는'이라는 뜻이다. 하지만 워런은 이 비행기를 '없어서는 안 되는'이라는 뜻으로, 예전의 '인디펜서블호'와 발음이 비슷한 '인디스펜서블호Indispensible'라고 불렀다 -옮긴이).¹¹ 수지는 또 QS가 사실은 '퀸 수지'를 뜻하는 것이라고 농담을 하기도 했다. 워런은 넷제츠를 워낙 소중하게 여겼던 터라 이 회사의 인수 작업이 채 마무리되기도 전에 이 회사가 하는 광고에 출연하고 홍보에 힘을 실었다. 하지만 표면적으로 보자면 넷제츠 인수는 매우 이례적이었다. 한 해 뒤에 그는 선 밸리에서 미국 기업계를 대표하는 사람들 앞에서 연설하면서, 만일 '(라이트 형제가 최초로 비행에 성공했던) 키티 호크의 그 역사적인 자리에 다시 설 수 있다면, 나는 오빌 라이트의 비행기를 격추시켰을 것'이라고 말했기 때문이다.

하지만 이 회사를 인수한 이유는 매우 건전했던 것 같다. 넷제츠는 시장을 지배하던 회사였다. 경쟁자들이 따라잡기에는 진입 장벽이 이미 너무 높았다. 개인용 제트기 판매 및 임대 사업은 신문 사업과 달리, 일등이 아닌 이등은 아무런 의미가 없다는 사실을 워런은 간파했다. 결국 다른 경쟁자들은 모두 떨어져 나갈 게 뻔했다.[12] 넷제츠는 그야말로 경쟁 자체를 따돌릴 정도로 성장하고 있었기 때문이다. 이 인수를 계기로 워런은 넷제츠의 회장이었던 리처드 산툴리와 알게 되었다. 산툴리는 예전에 골드만 삭스에서 카오스 이론을 동원한 수학으로 거래 유형을 파악하는 일을 했었는데, 이 수학적인 능력을 지금은 비행 일정을 짜는 데 활용하고 있었다. 넷제츠는 비행 여섯 시간 전에만 예약하면 언제든 비행기를 쓸 수 있도록 하는 서비스를 운영하고 있었는데, 넷제츠의 고객인 수많은 저명인사들을 산툴리는 사적인 다양한 행사들을 통해서 즐겁게 해주면서 관리했다. 워런은 산툴리를 통해서 전에는 만나지 못했던 전혀 다른 집단 사람들을 만났다. 아널드 슈워제네거나 타이거 우즈 같은 스타들이 바로 그런 인물들이었다.

투자자들은 워런이 넷제츠를 인수하자 갈채를 보냈다. 하지만 거의 같은 시기에 버크셔 해서웨이가 '제너럴 리 General Re'를 인수하자 경악했다. 이 회사는 거대한 재보험사로서 다른 보험사들이 안고 있던 소위 '과도한 위험'을 되사는 회사였다. 220억 달러라는 인수 대금은 넷제츠 인수 대금의 거의 서른 배가 넘었다. 여태까지 그의 최대 규모 거래 기록을 가지고 있던 가이코 인수도 무색하게 만든 엄청나게 큰 거래였다.[13]

워런은 제너럴 리의 경영진을 만나자 다음과 같이 말했다.

"나는 철저하게 손을 뗄 겁니다. 당신들 일이니까 당신들이 알아서 경영하시면 됩니다. 절대로 간섭하지 않을 겁니다."

그리고 나서는 갑자기 가이코와 관련된 수치들을 읊기 시작했다.

"여러분도 잘 알고 계시겠지만, 가이코의 히트율(전화 상담이 들어온 것 가운데 실제 보험 상품의 판매로 이어지는 비율 – 저자)은 최근에 조금 떨어졌습니다. 지난주에 이 수치가 얼마였느냐 하면……."

이때 제너럴 리의 최고심사책임자인 태드 몬트로스는 속으로 "이런!" 하고 외쳤다. 이것이 간섭하지 않는 것이라고?

"우리가 제너럴 리에 대해서 알고 있는 것보다 워런이 가이코에 대해서 알고 있는 게 훨씬 많았습니다."[14]

하지만 워런은 제너럴 리의 속사정에 대해서는 많이 알지 못했다. 워런은 이 회사의 실적을 연구하고 이 결과를 기본적인 바탕으로 해서 인수 결정을 내렸었다. 그는 이 회사가 가지고 있는 명성이 마음에 들었다. 제너럴 리는 한때 어딘지 의심스럽고 정직하지 못해 보이던 보험업계에서 그레이스 켈리(1929~1982년, 미국의 명문가에서 태어났고 영화배우로 활동하다가 모나코의 왕비가 되었다 – 옮긴이) 같은 존재였다. 제너럴 리는 흰색 장갑을 낀 채 줄곧 우아한 숙녀처럼 행동해 왔었고 다른 보험사들에 비해 좋은 평을 받았다. 하지만 워런이 보험사들을 인수하던 양상을 고려할 때(사실 이 보험사들은 워런이 인수한 직후에는 언제나 곧바로 길가의 배수로에 처박히는 신세가 되었다 – 옮긴이) 그리고 이 회사를 인수하는 데 들어간 막대한 자금을 고려할 때, 저 멀리서 우르릉거리면서 워밍업을 하고 있는 견인차의 엔진 소리가 희미하게 들렸다. 저 앞에 보이는 언덕 위에서 들리는 소리였다.

하지만 가장 크게 관심을 끈 건 제너럴 리를 사면서 지불한 높은 인수 비용이었다. 그리고 워런이 현금이 아니라 주식으로 이 대금을 지불했다는 사실이었다. 버크셔 해서웨이의 주식 가격이 8만 900달러라는 최고 가격을 기록한 바로 그날에 이 회사 주식 20퍼센트와 제너럴 리를 맞바꾸었던 것이다. 유례없이 높은 가격에 거래되던 자기 주식을 선뜻 내놓았다는 사실에 사람들은 워런도 버크셔 해서웨이가 과대평가되었다고 판단하는 게 아닌가 하고 생각했다.[15] 여태까지 워런은 버크셔 해서웨이 주식을 완전히 지배하려 들었었다. 그런데 이 주식을 내놓음으로써 그가 버크셔 해서웨이에 대해 행사할 수 있는 지분 권리도 43퍼센트에서 38퍼센트 미만으로 떨어졌다. 대규모 인수 거래에서 버크셔 해서웨이 주식을 내놓았던 가장 최근의 사례는 가이코였다. 그의 이런 행동을 보고 투자자들은 버크셔 해서웨이가 과대평가되었다고 믿었었다. 그랬기 때문에 사람들은 제너럴 리의 인수를 통해서 그가 보냈을지도 모르는 어떤 메시지를 깊이 생각했다.

버크셔 해서웨이의 주가는, 부분적으로는 이 회사가 보유하는 주식 종목의 가격 등락에 따라서 오르기도 하고 내리기도 했다. 당시 버크셔 해서웨이의 주가가 특이할 정도로 높았던 것은 당시 버크셔 해서웨이가 천문학적인 가격에 거래되던 코카콜라의 주식 2억 주를 가지고 있었기 때문이다. 만일 워런이 제너럴 리의 인수를 통해서 버크셔 해서웨이가 과대평가되었다는 메시지를 전달했다면, 이건 코카콜라처럼 그 회사가 보유하는 주식 종목들이 과대평가되었다는 뜻이 아닐까? 그것은 주식시장 전체에 대한 어떤 암시일 수도 있었다. 주식시장 전체가 과대평가되었다는 게 그의 생각일 수도 있다는 말이었다.

청량음료 업계의 제왕인 코카콜라는 한창 으스대고 있었다. 코카콜라에 대한 그의 투자 규모는 10년 만에 열네 배로 늘어나서 130억 달러나 되었다. 그리고 마치 자기는 코카콜라 주식을 영원히 팔지 않을 것처럼 코카콜라는 주주들에게 '필연적인' 종목이라는 발언도 했다.[16] 그는 코카콜라가 평생 동안 최고의 투자 대상으로 남을 것이라고 생각했다. 버크셔 해서웨이는 이제 코카콜라의 지분을 8퍼센트 이상 보유하고 있었다. 코카콜라의 주식은 2000년 예상 수익의 40

배 가격에 팔렸다. 이런 멀티플은 이 주식이 적어도 한 해에 20퍼센트씩은 꾸준히 오를 것이라는 투자자들의 믿음을 반영했다. 이런 기준에 도달하려면 코카콜라는 5년 동안 수익을 해마다 25퍼센트씩 증가시켜야 했다. 불가능한 일이었다. 그러려면 매출액을 거의 세 배로 늘려야 했는데, 이는 1999년의 청량음료 시장 전체를 장악해야 가능한 수치였다. 역시 불가능한 일이었다.[17] 아무리 제품을 많이 팔고 또 회계 장부에 아무리 속임수를 쓰더라도 그런 결과를 만들어 낼 수는 없었다. 워런도 이런 사실을 알았다. 그럼에도 불구하고 코카콜라 주식을 팔지 않았다.

이유 가운데 하나는 관성이었다. 워런은 아무것도 하지 않고 '가만히 눌러앉아서' 자기가 번 돈의 대부분을 벌었다는 말을 즐겨 했다. 가이코의 주가가 2달러까지 떨어졌어도 이 주식을 계속 가지고 있었던 투자자들과 마찬가지로 워런은 관성 때문에 수많은 실수들을 피할 수 있었다. 부작위의 죄와 작위의 죄를 모두 피했던 것이다. 게다가 코카콜라 주식을 너무도 많이 가지고 있었기 때문에 이 주식을 팔려면 엄청난 두통을 감수해야만 했다. 세계 최고의 투자가이자 코카콜라 이사인 워런 버핏이 코카콜라 주식을 투매하고 나선다는 사실이 나타내는 상징성을 결코 간과할 수 없었던 것이다. 그랬다면 코카콜라의 주가는 곤두박질칠 게 뻔했다. 또한 수익, 제품, 향수(鄕愁), 연예계 사업 그리고 마음에 드는 사람들이 유쾌하게 한데 뒤섞인 코카콜라는 그가 가장 좋아하던 주식이었다. '이것이 진짜It's the Real Thing'라는 코카콜라의 광고 문구는 그에게 단지 광고 문구에 지나지 않는 말이 아니었다. 그것은 황금과 곡식과 소금을 끝없이 쏟아내는 옛날이야기 속의 요술 맷돌처럼 영원히 현금을 쏟아내는 마법의 기계였다.

워런은 버크셔 해서웨이 주식으로 제너럴 리를 사들일 때 "그건 시장의 요구가 전혀 아닙니다"[18]라고 말함으로써 시장 및 코카콜라에 대한 질문들을 회피했다. 또한 버크셔 해서웨이 주식은 제너럴 리 합병 이전에 '꽤 정당하게' 평가되었으며, 합쳐진 두 회사는 '시너지 효과'를 낼 것이라고 말했다. 한편 찰리 멍거는 워런의 제너럴 리 합병과 관련된 질문을 받고는 거래의 막바지 단계에 그가 상의해 왔다고 말했다. 그 거래에 자기는 관여하지 않았다는 말이다.[19] 충분히 예상했던 대로, 투자자들은 버크셔 해서웨이 및 이 회사가 주식을 보유한 코카콜라 등의 회사들이 과대평가되어 있거나 혹은 (어쩌면 전자, 후자 모두 해당할지도 모른다고) 워런이 시너지 효과를 발휘할 것이라고 믿었던 게 환상일지 모른다고 보고 버크셔 해서웨이의 주식을 재평가하기 시작했다.[20]

여기에 대한 그의 설명은 그해 여름 선 밸리에서 나왔다.

우리는 제너럴 리를 사고 싶었습니다. 하지만 그건 자그마치 220억 달러나 되는 대규모 투자였습니다.

이 가운데 대부분은 주식으로 지불되었다. 그는 이것들을 신속하게 팔았다.

220억 달러의 채권을 더함으로써 버크셔 해서웨이에서의 채권-주식 비율이 바뀌었습니다. 이게 난 나쁘지 않았습니다. 그 거래를 통해서 포트폴리오 구성을 바꿀 수 있었거든요.

허버트 앨런과 함께 코카콜라 이사회에 가만히 눌러앉아 있던 워런은, 코카콜라를 포함해서 버크셔 해서웨이가 보유하던 주식들을 제너럴 리라는 채권의 바다에 잠기게 하는 게 '나쁘지 않았다.' 이 발언은 정황상 철저하게 이치에 맞는 말이었다. 그는 이전에 주주들에게 보낸 편지에서, 만일 금리가 평균보다 아래 머문다면 그리고 만일 회사가 계속해서 '비범한' 자본 수익률을 낳아준다면, 요컨대 있을 것 같지 않은 일들이 계속해서 일어나기만 한다면, 그 주식들은 결코 '과대평가된 게 아니다'라고 썼다. 이런 진술은 미래 시장에 대한 예측을 피하는 에두른 표현이었다. 그는 시장의 방향 변화를 예측하는 사람들은 보통 '두 번 해서 열 번' 틀린다고 생각했다. 그래서 시장에 대해서는 거의 발언하지 않았다. 그런 발언을 할 때도 보통 매우 조심스러워하고 수줍어했다. 하지만 시장이 과대평가되었다는 바로 그 문장 안에 '과대평가된 게 아니다'라는 표현을 넣은 것은 정말 재치 넘치는 솜씨였다. 사람들은 자기들이 원하는 대로 이 메시지를 해석할 수 있었는데, 눈치 빠르고 똑똑하기만 하다면 제대로 포착할 수 있었다.[21]

이와 비슷한 맥락에서, 위에서 언급한 바로 그 선 밸리 연설에서 워런은 자기의 주식 포트폴리오를 희석시킨 것이 '나쁘지 않다'라고 말했다. 그것도 인터넷 관련 주식이 벌거숭이두더지쥐보다 더 빠르게 단성생식을 하고 있던 시기에 인터넷 관련 회사의 CEO들로 가득한 청중 앞에서 워런은 '나쁘지 않다'는 발언에 더해, 편지에다 썼던 경고, 즉 시장이 투자자들의 기대를 만족시키려면 금리가 평균보다 낮은 수준으로 계속 유지되어야 하며 또 경제 상황이 이례적으로 계속 뜨겁게 달아 있어야 한다는 경고까지 함께 섞었다. 손 안에 있는 새 한 마리 대숲에 있는 여러 마리의 새라는 이솝 우화에 나오는 이야기를 들어서 투자란 오늘 돈을 맡겨두었다가 내일 더 많은 돈을 찾아가는 것임을 설명한 것도 바로 이 연설에서였다. 이자는 숲에 있는 여러 마리의 새를 얻으려고 기다리는 데 대한 대가라고 했고, 무려 17년 동안이나 시장은 아무런 변화를 나타내지 않을 때도 있다고 했으며, 현재처럼 주식의 가치가 경제가 성장하는 속도보다 훨씬 더 빠르게 성장할 때도 있다고 했다. 그리고 투자자들을 유정을 찾아서 떼 지어 지옥까지 달려가는 석유 시굴자에 비유하며 연설을 마쳤다.

만일 워런이 자기 포트폴리오를 새로 구성해서 채권에 집중한다면, 그건 어쩌면 이제는 주식보다는 채권이 돈을 벌기에 더 쉬운 수단이며 앞으로도 이런 상황은 더욱 강화될 것이라고 그가 생각한다는 사실을 의미할 수도 있었다.[22]

다음 해 10월에 그는 사람들이 대부분 가던 방향과 반대 방향으로 또 한 차례 움직였다. 당시 시장을 기준으로 볼 때 매우 보수적인 움직임이었다. 아이오와 소재의 공익(公益) 회사 '미드아메리칸 에너지 홀딩 컴퍼니MidAmerican Energy Holding Company'를 인수한 것이다. 세계 곳곳에 지사를 두고 있었으며 대안 에너지 개발도 하던 회사였다. 그는 미드아메리칸 에너지의 지분 75퍼센트를 사기 위해서 70억 달러의 부채 외에 20억 달러를 넣었다. 이 회사의 나머지 25퍼센트는 월터 스콧, 이 회사의 CEO이며 스콧의 수제자인 데이비드 소콜, 소콜의 심복 그레그 아벨의 소유로 남아 있었다.

투자자들은 어리둥절했다. 도대체 왜 워런은 규제 업종인 전기 회사를 인수할 생각을 했을까? 그 회사는 착실하게 성장하고 있었고 경영도 잘 되고 있었으며 상대적으로 안정적인 수익을 보장했다. 이런 상황은 앞으로 상당 기간 동안 지속될 게 분명했다.

워런은 이 회사를 제너럴 리에 이어서 버크셔 해서웨이의 두 번째 초석으로 바라보았다. 자기가 공익 및 에너지 사업에서 예측 가능한 그리고 제한된 성장률을 충분히 보상하고도 남을 수익률을 올려줄 뛰어난 사람들과 함께 일하게 될 것이라고 판단했다. 하지만 그는 기술주를 사지 않겠다고 함으로써 이미 조롱을 받고 있었다. 이런 상황에서 전기 회사를 사다니, 고루하기 짝이 없어 보였다.

그의 생각은 달랐다. 투자와 관련해서 그가 추구했던 짜릿함은 전기 회사를 거래할 때의 짜릿한 흥분감 그 자체가 아니라 전력 단위인 킬로와트였다.

그는 미드아메리칸 에너지와 제너럴 리를 인수함으로써 코카콜라가 버크셔 해서웨이 주주들에게 미치는 충격의 강도를 희석시켰다. 그래도 버크셔 해서웨이는 여전히 코카콜라 주식을 2억 주나 가지고 있었다. 그는 코카콜라에 대해서 늘 생각했지만 코카콜라에서는 골치 아픈 일들이 끊이지 않고 일어났다. 1999년 말, 그가 보유한 코카콜라 주식의 가치는 95억 달러로 떨어졌다. 덩달아서 버크셔 해서웨이의 주가도 떨어졌다. 그는 단기적인 불안정에 대해서는 전혀 걱정하지 않았다. 하지만 주로 코카콜라 때문에 버크셔 해서웨이 한 주로는 이제 최고급 스포츠카 한 대를 살 수 없게 되었다. 그의 머릿속에서는 6월에 있었던 사건이 지워지지 않았다. 코카콜라 제품이 벨기에와 프랑스에서 어린이들에게 유해하다는 보고서들이 계속 올라왔었다. 어떤 조치를 내려야 할지 파악하기란 어려운 일이 아니었다. 이미 고인이 된 고이주에타라면 미스터 코카콜라인 돈 커우에게 그 일을 처리하게 했을 터였다. 당장 그리로 날아가서 아이들을 만나보고 부모들에게는 청량음료 무료 쿠폰을 듬뿍 안겨주고 언론에는 최대한 열정적으로 영리하게 해명하라는 식으로 말이다. 하지만 아이베스터는 사건이 터졌던 당시 프랑스에 있었으면서도 이 사건에 대해서는 한마디도 언급하지 않고 해당 지역의 병입 회사들에게 문제를 해결하라고 맡긴 채 곧바로 미국으로 돌아왔다.

결코 옆으로 물러나서 느긋하게 참고 기다리는 성격이 아니었던 허버트 앨런이 아이베스터에게 전화를 걸어서 물었다.

"왜 직접 가서 얼굴을 비치지 않는 거요?"

그러자 아이베스터는 이렇게 대답했다.

"사람들을 보냈습니다. 게다가 그 아이들은 진짜 아픈 것도 아니었어요."

앨런은 화를 참지 못하고 폭발했다.

"이것 보세요. 이 아이들은 시위하면서 '이제 아프다고 했으니 코카콜라를 공짜로 받을 거예요'라고 말하는 아이들이 아니라고요. 그들은 자신이 아프다고 생각해요. 그들이 아프든 아프지 않든 간에, 그들의 부모님한테 가서 평생 무료로 코카콜라를 주겠다고 한다고 무슨 손해가 나겠습니까?"**23**

앨런이 보기에 아이베스터는 이 말을 전혀 이해하지 못하는 것 같았다. 아이베스터 생각에는 코카콜라가 잘못한 게 없었다. 그게 다였다.

여러 주 동안 해당 지역의 병입 회사들은 코카콜라 제품이 안전하다는 사실을 소비자들에게 설득하려고 노력했다. 그런데 그렇지 않을지도 모른다는 사실이 드러났다. 여러 병입 공장들이 곰팡이와 화학물질로 오염되어 있다는 사실을 코카콜라가 진작부터 알고 있었음을 인정한 것이었다. 코카콜라는 그 오염이 일시적인 착오였고 어린이들에게 해가 될 정도로 심각 수준이 전혀 아니었다고 주장했다. 워런은 깜짝 놀랐다. 이런 오만한 반응은 곧바로 코카콜라의 자만심 강한 이미지와 나쁜 방향으로 상승작용을 일으켰다. 아이베스터는 이미 유럽 연합에서 발생한 문제를 제대로 처리하지 못하고 있는 상태였다. 미국이 최고라는 이미지 및 독점시장 추구 전략 때문에 코카콜라는 이미 오만의 결정체라는 나쁜 명성을 쌓고 있었다. 〈펀치 앤드 주디 쇼Punch and Judy Show〉(펀치와 그의 아내 주디를 주인공으로 하는 익살스러운 영국의 인형극-옮긴이)에서 코카콜라 대표들을 마구 패주는 유럽 공무원들의 모습이 반복해서 소개되었다. 전 세계에서 비난 여론이 들끓었고, 가장 사랑하는 제품에 대해 가지고 있던 소비자의 신뢰는 점차 시들해져 갔다.**24**

몇 주 뒤, 아이베스터는 유럽에 나타나 매우 정교하게 구성된 법률적인 언사로 사과했다. 하지만 실질적으로 그의 사과문에는 '우리가 잘못했습니다'라는 문구가 없었다. 언론의 보도는 잠잠해졌고, 유럽 대륙 전역에서 코카콜라 자동판매기의 전기 코드는 콘센트에 다시 연결되었다. 그러나 이 사건은 1억 달러가 넘는 손해를 초래했으며 또한 코카콜라라는 브랜드에 치유 불가능한 손상을 입혔다. 워런의 속은 시커멓게 탔다.

속이 타기는 허버트 앨런도 마찬가지였다. 앨런은 경영 일선의 세부사항까지 들추며 코카콜라가 정상 궤도에서 이탈하지 않았는지 질문했다. 지난 2년 동안 매출액이 줄어들었음에도 불구하고 적게 잡아서 3,500명이나 되는 추가 인력이 애틀랜타의 코카콜라 플라자에 투입되었다는 사실이 드러났다. 앨런은 급격하게 늘어나는 급여 대장의 목록을 보고는 '회사에 암세포가 번지고 있음'을 포착했다.[25] 소비자를 만나는 말단 조직을 늘리고, 합병을 통해 성장하고, 또 수천 명의 직원을 새로 고용한다는 회사의 전략은 먹혀들고 있지 않았다. 분기마다 아이베스터는 성장률을 개선하겠다고 약속했다. 하지만 분기마다 코카콜라의 매출액은 떨어졌다. 어느 날 아이베스터의 사무실에서 앨런은 그에게 이렇게 물었다.

"도대체 어떻게 하실 생각이오?"

그러자 아이베스터가 말했다.

"나도 잘 모르겠습니다. 해결책이 없습니다."[26]

당시를 회상하면서 앨런은 다음과 같이 말한다.

"그 사건이 그 사람을 완전히 압도했던 겁니다. 모든 것이 한데 합쳐져서 그 사람을 압도했습니다. 그 사람은 무엇을 어떻게 해야 할지 전혀 몰랐습니다."

코카콜라가 밀레니엄을 의식해서 이름을 붙인 '인피니티 프로젝트Project Infinity'가 그런 분위기 위로, 타이어 회사 '굿이어Goodyear'가 하늘에 띄운 비행선처럼 둥둥 떠다녔다. 당시를 회상하면서 앨런은 이 프로젝트를 다음과 같이 설명한다.

"그것은 모든 사람의 컴퓨터가 화장실로 연결되어 얼마나 많은 비누가 디스펜서에서 나가는지 누구나 알 수 있게 해주는 그런 계획들 가운데 하나였지요."

'인피니티 프로젝트'라는 이름조차 끝없이 줄어드는 수익과 통제 불능의 지출을 언급하는 것처럼 보였다.[27] 이 프로젝트 때문에 앨런은 미쳐버릴 것 같았다. 수십억 달러를 들여서 코카콜라가 대체 무엇을 얻으려 하는지 알 수 없었다. 도대체 인피니티 프로젝트로 회사가 안고 있는 기본적인 문제들을 어떻게 해결하겠다는 말인가?

워런은 불쾌했지만 그 불쾌함에 몸을 맡기지는 않았다. 어떤 회사가 되었건 이사로 이름을 올릴 때마다 느끼던 감정이었다. 그는 탄식하며 이렇게 말했다.

모든 회사가 그렇습니다. IT 부서를 운영하는 사람들은 언제나 가장 최근의 정보, 가장 뜨겁고 시끄러운 정보를 원합니다. 아무리 아는 게 많고 아무리 똑똑하다 한들 이런 사람들을 어떻게 당하겠습니까?

어쩌면 이런저런 컴퓨터 관련 프로젝트들 때문에 더는 코카콜라를 팔지 못할 수도 있습니다. 직원의 수를 줄이는 대신에 오히려 더 많은 사람들을 뽑아야 할 수도 있습니다. 판매 회사는 2년에 한 번씩 소프트웨어와 하드웨어를 업데이트하도록 제품을 조작해 놓았습니다. 그렇게 하지 않으면 시스템이 멈춰버리도록 말이죠. 그러니 이건 단 한 차례의 지출로 끝나는 비용이 아닙니다.

기술 관련 항목의 지출을 조절하는 것이 경영에서 가장 힘들고 어려운 일 가운데 하나로 꼽힙니다. 코카콜라에서는 특히 더 그렇습니다. 성공한 회사는 부유한 가족과 마찬가지거든요. 집에 재산이 많아 보십시오, 가정에 기강을 바로세우기가 여간 힘들지 않습니다.

워런은 물론 자기 자신의 회사나 재산이 많은 자기 집안을 그런 식으로 경영하지 않았다.

성가신 소식은 또 있었다. 코카콜라의 병입 회사들과 가장 사이가 좋은 사람으로 남아 있던 돈 커우가 전해준 소식이었다. 커우는 코카콜라에서 나가 앨런 앤드 컴퍼니의 회장이 되어 있었다. 하지만 생전에 고이주에타는 커우를 이사회 자문으로 임명해 둔 상태여서 커우는 예전과 다름없이 코카콜라의 식구나 마찬가지였다. 그런데 워런은 커우로부터 아이베스터가 듣도 보도 못한 방식으로 병입 회사들을 압박하고 있다는 사실을 전해 듣고는 매우 당혹스러웠다. 아이베스터가 일궈낸 훌륭한 성과의 많은 부분이 이처럼 병입 회사들과 코카콜라 사이의 좋은 관계를 해친 결과물이라는 사실을 깨달았기 때문이다. 그리고 아이베스터가 더욱더 강력하게 병입 회사들을 압박하는 바람에 백 년 가까이 지속되었던 병입 회사와 코카콜라 사이의 우호적인 관계는 결별 직전까지 내몰려 있었다.[28] 돈 커우는 불만을 품은 병입 회사들 사이에서 '고해성사를 받아주는 신부'와 같은 존재였다.[29] 병입 회사들은 폭동을 일으키기 직전이었다. 한편 아이베스터는 커우의 공식적인 역할, 즉 자기가 필요할 때 곁에 아무 말도 하지 않고 가만히 있어 주는 역할까지도 박탈했다. 아이베스터는 코카콜라의 아서 왕일 수 있다. 커우는 아서 왕을 도운 마법사 멀린과 같은 존재였다. 따라서 합당한 존경을 받아야만 했지만 그런 대우를 받지 못했다.

병입 회사들의 불만은 코카콜라의 느린 성장에 어떻게 대처해야 할지 아이베스터가 과연 알고나 있을까 하는 질문에 다시 불을 지폈다. 코카콜라의 철학은 언제나 고객과의 관계가 가장 중요하다는 것이었다. CEO가 해야 할 일은 커우나 앨런, 워런이 생각했던 것처럼 코카콜라라는 브랜드를 전 세계에 보다 널리 뚜렷하게 만드는 것이었음에도 불구하고, 아이베스터는 회사가 안고 있는 사업적 문제를 계속해서 회계로만 풀려고 들었고 회계를 분식(粉飾)하는 일에만 신경을 썼다.

살아 있을 때 고이주에타는 회사의 수익을 조작하려고 애썼으며 아이베스터는 그 곁에서 수익을 조작한 사람으로 결실을 거두어들였는데, 이제 CEO가 되었다고 왜 예전과 다르게 행동해야 하는가? 이 질문에 대해서 이사 한 사람은 다음과 같이 대답한다.

"재무위원회가 모든 것의 중심, 즉 최고 사령탑이었습니다."

이런 일은 코카콜라와 같은 마케팅 중심 회사에서는 찾아보기 어려운 특이한 현상이었다. 결국, 아이베스터의 잘못이 아니라는 것이었다. 이사회는 고이주에타가 죽은 뒤에도 고인의 뜻을 따랐고, 그에 따라 재무 조작 부서의 책임자를 코카콜라의 새로운 CEO로 옹립했던 것이다.

하지만 워런은, 자기로서는 너무도 명백한 사실이었지만 이런 사실을 다른 이사들은 자기처럼 생각하지 않는다는 걸 잘 알고 있었다. 아이베스터가 잘못한 내용을 지적하곤 했지만, 결국 워런은 불안하기 짝이 없는 상태로 온 가을을 보내고 말았다. 추수감사절 무렵이 되자, 코카콜라가 겪은 그간의 고역을 생각할 때 이사로서 그가 수행하는 지극히 제한적인 역할은 거의 한계점에 다다랐다.[30]

두 해 전만 하더라도 아이베스터를 '21세기 CEO'라고 치켜세웠던 〈포천〉이 코카콜라가 안고 있는 여러 문제들이 모두 아이베스터 탓이라며 비난하는 기사를 실었다.[31] 아이베스터로서는 썩 좋지 않은 징조였다. 〈포천〉이 이런 식으로 공격한 CEO들에게 행운의 여신이 마지막 순간에 미소를 지은 적은 거의 없었다. 특히 예전에 표지 기사의 주인공으로 실리면서 치켜세우는 말을 많이 들은 적 있는 사람에게는 더욱 그랬다. 이런 식으로 누군가에게 공개적으로 한 방 먹인다는 것은, 〈포천〉의 기자들이 정보통으로 활용하는 강력한 인물들이 그 사람에 대해서 언짢게 여긴다는 의미였다. 또한 자기들이 한때 껴안았던 장난감 곰인형을 곧 내팽개칠 것이라는 의미였다.

추수감사절 직후에 허버트 앨런은 워런에게 전화를 했다.

"내 생각에, 우리 둘 다 아이베스터에게 문제가 있다고 보는 것 같습니다."

이 말에 워런도 동의했다.

"아무래도 우리가 사람을 잘못 고른 것 같습니다."[32]

그러자 앨런이 말했다.

"바로 그겁니다."

두 사람은 아이베스터를 몰아낼 계획을 세우기 시작했다.

아이베스터가 물러나야 한다는 사실에 이사회가 전체적으로 동의할 때까지 적어도 1년은 걸릴 거라고 두 사람은 보았다. 다음은 당시를 회상하면서 앨런이 하는 말이다.

"그때까지 기다린다면 회사는 엉망진창이 되고 말겠다 싶었습니다. 그래서 우리 두 사람이 느끼는 바를 아이베스터에게 직접 알리는 게 좋겠다고 결론을 내렸습니다."

앨런이 아이베스터에게 전화해서 워런과 함께 만나기를 청한다고 했다. 이들은 시카고에서 보기로 했다. 아이베스터는 맥도널드 측과 만난 뒤 시카고에 들르겠다고 했다.

1999년 12월 1일 수요일, 구름이 잔뜩 낀 쌀쌀한 날이었다. 워런과 앨런은 비행기를 타고 시카고로 날아갔다. 아이베스터의 난폭함은 이미 정평이 나 있었다. 이런 사실은 정면 대치에 대한 워런의 두려움을 부추겼다. 하지만 그는 마음을 단단히 먹었다. 나중에 어떤 사람은 그때 워런이 무척 냉정하게 보이더라고 말했다. 세 사람은 거두절미하고 곧장 본론으로 들어갔다. 워런과 앨런은 코카콜라를 위해서 애써온 아이베스터의 노고를 높이 평가하지만 이제 더는 그의 능력을 신뢰하지 않는다고 사무적인 톤으로 말했다.[33]

두 사람이 그렇게 통보했다고 해서 아이베스터가 실질적으로 해고된 것은 아니었다. 그들에게는 아이베스터를 해고할 권한이 없었다. 이 점에 대해서 워런은 이렇게 말한다.

"이사회에서 표결로 결정했다면 아마도 그 사람이 이겼을 겁니다. 이런 사실을 그 사람도 알고 있었습니다."

그들의 통보를 냉정하게 받아들인 아이베스터는 애틀랜타로 급하게 돌아간 지, 나흘 뒤에 이사들에게 전화로 긴급 이사회를 연다고 통지했다. 영문을 몰랐던 이사들은 초조한 마음으로 그날이 오기를 기다렸다.

일요일에 이사회가 열렸다. 아이베스터는 이사들에게 자기는 회사를 이끌어 갈 적임자가 아니라는 결론을 내렸다며 곧바로 사임하겠다고 말했다. 워런과 앨런이 원했던 바로 그 방식이었다. 하지만 아이베스터는 인수 인계 절차 없이 그날 당장 그만두겠다고 했다. 이사들은 어안이 벙벙한 채 침묵 속에서 아이베스터가 하는 말만 듣고 있었다. 아이베스터는 또 이 결정은 순전히 자발적인 것이라고 했다. 뱃전 밖으로 내민 널빤지를 스스로 걸어서 바닷물에 뛰어듦으로써 처형대의 총구를 피했다는 점에서 보자면, 그의 이런 발언은 사실 틀린 게 아니었다.[34]

이사들은 도대체 무슨 일이 있었느냐, 병이 생겼느냐, 회사에 심각한 문제가 생겼느냐고 물었다. 왜 미리 언질을 주지 않았느냐는 말도 했다. 굳이 그렇게 급하게 그만둘 이유가 있느냐고 말리기도 했다.

하지만 아이베스터는 자기가 작성해 온 대본에서 조금도 벗어나지 않았다.[35]

꽤 오래전부터 이사회는 몇몇 사람의 저항에도 불구하고 아이베스터가 만일 자동차 사고 따위의 불의의 사고로 자기가 사망할 경우 누가 자기 뒤를 이을지 적어둔 봉투가 있다고 주장해 왔었다. 이 봉투가 개봉되고 보니 그 사람은 코카콜라의 중동 및 극동 지역 책임자인 더그 대프트였다. 대프트는 이미 반쯤은 은퇴한 상태였지만 이사회는 특히 워런과 앨런은 곧바로 대프트를 아이베스터의 후계자로 만들었다. 진지하게 고려할 만한 다른 대안이 없었던 것이다.

코카콜라를 바라보는 시장의 시선이 나빠지면서 비난이 일기 시작했다.[36] 투자자들은 아이베스터가 널빤지 위를 걸어서 바다에 몸을 던졌다는 사실을 눈치챘다. 아이베스터는 상당수의 이사들과 개인적으로 대화를 나누면서 실제로 어떤 일이 있었는지 말했던 것이다. 이사회는 이제 자기들의 권한이 얼마나 침해당했는지 깨닫고는 분노했다. 물론 이 분노의 정도는 사람마다 조금씩 달랐다.

언론이 나서서 마구 짖어대는 가운데 내막이 조금 더 밝혀져야 한다는 사실이 분명해졌다. 〈포천〉이 시카고에서 있었던 세 사람의 회동에 대해서 자세한 사항을 독점 기사로 실었다.[37] 이 자리에서 아이베스터는 1억 1,500만 달러라는 충격적인 규모의 위로금을 달라고 협상했었는데, 이런 사실에 그를 비난하는 사람들과 그를 지지하던 사람들이 동시에 분개했다. 아이베스터가 그 돈을 받아냈거나 혹은 부당한 대우를 받았다는 인상을 받았던 것이다. 그리고 사람들은 이제 회사 내부의 어떤 집단이 코카콜라 이사회를 장악하고 있었다는 사실을 깨달았다.

일은 아주 나쁘게 처리되었습니다. 한 가지 위안을 삼을 수 있었던 사실은, 우리가 할 수 있었던 게 그것뿐이라는 점이었죠. 우리가 한 방식은 거의 재앙이나 다름없었습니다. 하지만 그렇게 하지 않았다면, 거의가 아니라 확실하게 재앙을 맞았을 겁니다. 이사회에서 투표해서는 결코 아이베스터를 물러나게 하지 못했을 거라고 생각합니다. 장담합니다. 어떤 변화를 빠르게 이뤄낼 수 있는 유일한 방법은 우리의 바로 그 방법이었다는 게 내 생각입니다. 우리 두 사람이 함께 나섰기 때문에 가능했던 일입니다. 우리가 개별적으로 나섰다면 그런 변화는 절대로 일어나지 않았을 겁니다.

그해가 끝나갈 무렵 워런이 쌓았던 명성은 훨씬 더 공공연하게 훼손되었다. 그가 여태까지 했던 그 어떤 선택보다 규모가 컸고 또 수익성이 좋았던 투자처인 코카콜라의 주가가 아이베스터의 퇴임 뒤로 3분의 1이나 깎였기 때문이다. 그가 무자비한 방식으로라도 개입해야겠다고 느끼고 또 행동에 나섰던 점이 회사나 본인에게 역풍으로 작용했다. 그가 살로먼 브라더스 때 그랬던 것처럼 회사를 구하려고 나섰다는 인상을 준 게 아니라, 그와 앨런의 행동이 두 늙은이의 간섭쯤으로 비쳤던 것이다.

워런은 역대 최대 규모의 인수인 제너럴 리 거래를 매듭지은 지 며칠 지나지 않아 충격적인 이 인수 사실을 밝히면서 투자자들에게 걱정을 안겼는데, 이는 그가 코카콜라의 경영진에 쓸데없는 간섭을 한다는 인상으로 더욱 크게 부풀려졌다. 제너럴 리의 CEO 론 퍼거슨은 재보험 중개업체인 '유니커버Unicover'의 정교한 사기 행각에 넘어가 2억 7,500만 달러의 손실을 입었다고 밝혔다.

투자자들은, 워런이 제너럴 리에 대해서 자기들에게 준 첫 번째 보고서가 이 어리석은 행위에 대해 사과하는 동시에 퍼거슨을 여전히 신뢰하며 모든 사태가 회복될 것이라는 내용으로 채워져 있자 경악을 금치 못했다. 투자자들은 워런이 코카콜라와 같은 종목의 주식들에 투자가 너무 많이 치우친 것을 희석시키려고 제너럴 리를 인수한 게 아닐까 하는 의구심을 처음부터 가지고 있었던 터라 수익성 있는 회사를 선정해서 인수하는 그의 능력과 판단을 의심하기 시작했다. 수십 년 동안 의심받은 적 없었던 그의 능력이 의심을 받기 시작한 것이다.

심지어, 그가 선 밸리에서 했던 선언을 주식시장이 올바른 충고로 받아들이지 않겠다는 목소리가 1999년의 마지막 몇 달 동안 더욱 거세지자, 가장 헌신적인 마음으로 그를 믿어왔던 사람들 가운데서도 몇몇은 그의 지혜를 의심했다. 그해 12월, 그는 기술주에 대해서 단지 잘못 생각하는 차원을 넘어서 치명적일 정도로 잘못 판단했음이 드러났다. 누가 봐도 그는 명백한 것을 제대로 바라보지 못하는 것처럼 비쳤다. 그해 다우지수는 25퍼센트나 올라갔다. 나스닥은 4천 포인트를 돌파했다. 무려 86퍼센트나 오른 수치였다. 버크셔 해서웨이가 보유하는 현금은 급격하게 늘어나고 있었지만 시장은 이 주식을 이제 한 주에 5만 6,100달러로 평가했다. 이 경우 총 자본은 850억 달러였다. 이 정도 규모는 작은 온라인 미디어 회사인 '야후Yahoo!'에 비하면 아무것도 아니었다. 지난 한 해 동안 야후는 네 배로 커졌다. 당대의 시대정신을 포착한 이름의 야후는 이제 1,150억 달러의 가치를 가진 것으로 시장은 평가했다.

1999년이 저물어 가면서 새로운 천 년을 맞이하는 가운데 이제 누가 중요하고 또 영향력 있는 인물인지 그리고 누가 그렇지 않은지 아무런 의심의 여지가 없었다. 〈타임〉은 '아마존닷컴Amazon.com'의 제프 베이조스를 올해의 인물로 선정하면서 엘리자베스 여왕이나 찰스 린드버그(1927년에 대서양을 건너는 최초의 단독 논스톱 비행에 성공했다—옮긴이), 마틴 루터 킹 주니어와 같은 반열에 올려놓았다. 연간 주식 매입량을 기준으로 하는 순위에서도 워런 버핏의 순위는 뚝 떨어졌다. 새 천 년을 맞이하는 분위기 속에서 그해의 거래량이 폭발적으로 늘었기 때문이다. 세계에서 두 번째로 부자이던 그의 순위는 4위로 떨어졌다. 신기술에 열광하는 사람들은 그에게 의외의 약점이 있다는 사실을 큰 소리로 지적하면서 "워런이 뮤추얼펀드를 운영했었더라면 다른 일자리를 알아볼 것이다"라고 말했다.[38] 월스트리트에서 필독 주간지로 꼽히는 〈배런스〉는 그의 사진을 표지에 싣고 '워런, 대체 뭐가 문제요?'라는 제목을 크게 달았다. 그리고 그 옆에 버크셔 해서웨이의 주가가 심하게 "휘청대고 있다"고 썼다.[39] 워런은 번번이 공격의 표적이 되었다.

그는 여전히 변함없는 표현으로 공개적인 자리나 매체를 통해서 자기를 유명하게 만들었던 발상들, 즉 안전 마진과 능력의 동심원, 미스터 마켓의 변덕 이야기들을 되풀이했다. 주식 한 주는 그 회사의 한 부분이지 단지 시세 표지판에 반짝거리는 숫자가 아니라는 주장을 여전히 펼쳤다. 시장이 현기증 나게 치솟는 동안 그는 이런 광적인 행태에 대해서 논박하고 나서는 일을 삼갔다. 딱 한 번 예외는 선 밸리에서 했던 연설이었다. 이는 이제 유명한 연설로 남아 있다. 사람들은 주변 환경이 어떻든 간에 전혀 위축되지 않고 자신 있게 주장을 펼치는 그를 보고는 그가 사람들의 비판에 전혀 개의치 않는다고 생각했다. 사람들이 자기를 '한물간 사람'으로 언급하면 신경 쓰이지 않느냐는 질문에 그는 단호하게 대답했다.

천만에요! 그런 것에 전혀 개의치 않습니다. 독립적으로 생각하지 않으면 투자에서 절대로 성공하지 못합니다. 그리고 명백한 진리는, 사람들이 동의하느냐가 옳고 그름을 결정하지 않는다는 사실입니다. 어떤 투자가 옳다면, 그 사람이 포착한 사실과 추론한 내용이

옳기 때문에 옳은 겁니다. 결국 그게 중요한 거죠.[40]

하지만 말과 실제 현실은 다르다. 워런은 독립적으로 생각하는 데는 전혀 문제가 없었지만, '한물간 사람'으로 불리는 것은 비참하기 짝이 없게 느껴졌다. 수십 년 동안 대중이 주목하는 인물로 살았다는 사실이 자기에게 가해지는 비판을 긴 안목으로 바라보는 데 도움이 되는지 묻자 그는 한참 만에 진지한 목소리로 다음과 같이 말했다.

아니요, 아무리 그렇다고 하더라도 비판의 날이 덜 예리하게 느껴지는 일은 없습니다. 언제나 처음처럼 아프죠.

그는 도저히 우승할 수 없는 대회에서 경쟁하면서 평생을 살았다. 돈을 얼마나 많이 벌었고 또 얼마나 오래 최고의 투자가 자리를 지켰든 간에, 고전을 면치 못하거나 성과의 가속도가 떨어질 날이 언젠가는 올 게 분명했다. 이건 그도 잘 알았다. 그래서 그는 여러 차례 반복해서 투자가들에게 나무가 아무리 높이 자라도 하늘 끝에 닿을 수는 없다는 말을 했다. 그렇다고 해서 가능하면 높이 또 빨리 올라가려는 시도를 멈춘 적은 한 번도 없었다. 사실 그는 높이 올라가는 걸 좋아했다. 하지만 그로서는 상당히 놀라운 발견이었는데, 꼭대기에 올라가도 그를 기다리는 최고의 명예 훈장 따위는 없었다.

워런의 삶은 매혹적이었다. 그가 이룩한 사업적 성과는 매우 중요했다. 그를 성공으로 이끌었던 여러 원칙은 연구의 대상으로 삼을 가치가 있었다. 여태껏 그를 개인적으로 알던 사람들은 누구나 그를 좋아했다. 만화경처럼 변화무쌍한 그의 개성은 끊임없이 새로운 모습을 드러냈다. 그럼에도 그는 언제나 '자기 내면의 점수판'을 가장 소중하게 여기며 그것에 충실했다. 항상 자기 본연의 모습에 충실하기 위해 최선을 다했던 것이다.

해마다 그랬듯이 워런은 휴가를 에메랄드 베이에 있는 집에서 수지 및 가족과 함께 보냈다. 이 집 전체는 수지의 막대한 수집품들로 크리스마스 장식이 돼 있었다.[41] 1999년은 워런에게 사업적으로 특히나 힘든 때였을지 모르지만, 1999년의 크리스마스는 가족에게 매우 좋은 시간이었다. 워런은 자식들이 각자 나름대로 성숙해지는 방식에 흡족해했다. 호위는 중년의 농부이자 성공한 사업가로 이미 자리를 잡았다. 수지는 호위에게 사진 취미를 붙여줬었는데, 이제 호위는 자기 시간의 반을 비행기에서 보내며 위험한 야생동물을 사진으로 찍었다. 치타에게 물어뜯기거나 북극곰에게 쫓길 수도 있는 모험적인 삶을 즐기면서 말이다.

수지 주니어는 두 아이의 어머니 역할을 충실하게 하는 동시에 무보수에 시간제로 아버지를 돕는 한편 어머니의 뒤를 이어 오마하의 자선사업가로서 어린이 극장, 어린이 박물관, '걸스Girls Inc.'의 이사 활동을 했다. 수지 주니어의 전남편 앨런은 버핏 재단을 운영했으며, 두 사람은 몇 구역 떨어지지 않은 가까운 곳에 살면서 아이들을 함께 길렀다.[42]

피터는 메리 룰로와 이혼한 뒤에 제니퍼 헤일과 재혼했으며 여전히 밀워키에 살면서 작곡 일을 했다. 그는 1990년대 초 할리우드로 진출해 연예 산업에 종사할 기회를 잡았었다. 당시를 회상하면서 피터는 이렇게 말한다.

"내가 만일 (할리우드가 있는) 로스앤젤레스로 이사를 가면, 내가 가진 수천 명의 나라는 가능성 가운데 딱 하나만 잡아서 일하게 될 것임을 깨달았습니다. 아버지는 늘 영화 〈글렌 밀러 이야기〉The Glenn Miller Story〉(재즈 음악사에 찬란한 발자취를 남긴 글렌 밀러의 생애를 그린 1954년 작품 - 옮긴이)에 푹 빠져 있었죠. 글렌 밀러는 자기의 소리를 찾으려고 온갖 노력을 했는데, 아버지는 이런 점을 강조하면서 늘 내게 '너 자신의 소리를 찾아라'라고 하셨습니다."

결국 피터는 로스앤젤레스에 가지 않고 밀워키에 머물렀다. 그리고 자기 아버지가 뉴욕에 머물면서 투자 일을 하지 않고 오마하로 돌아오는 선택을 했던 것과 자기 선택이 비슷하다는 사실을 아버지가 이해할 것이라고 생각했다. 얼마 뒤에 피터는 PBS 방송국의 8부작 다큐멘터리 〈500개의 부족들500 Nations〉(콜럼버스 이전부터 19세기 말까지에 걸친 북아메리카와 중앙아메리카의 인디언 역사를 다루었다 - 옮긴이)이라는 중요한 작품에서 작곡 및 음악을 담당하는 일을 맡았다. 피터는 또한 수지 주니어의 요청에 따라서 자선 공연으로 멀티미디어 쇼를 작곡하고 제작했는데, 이 작품은 PBS 방송국의 스페셜 프로그램으로 방영되었다. 나중에 피터는 이 작품을 가지고 11주 동안 순회 공연을 했다.[43]

그즈음 호위는 당신 자식들이 이제는 다 커서 충분히 성숙했다는 말로 어머니를 설득하고 있었다.

"우리에게도 기회를 한 번 주세요. 돈은 있잖아요. 그 돈으로 우리가 뭔가를 하게 기회를 한 번 주시라고요."[44]

그해 크리스마스에 수지 주니어와 호위, 피터는 각자 마음대로 자금을 운용하고 어떤 명분으로든 기부할 수 있는 버크셔 해서웨이 주식 500주를 받고서는 깜짝 놀랐다. 버핏 부부의 세 아이들은 한껏 고양되었다. 수지 주니어는 이것을 '엄청나게 위대한 일'이라고 불렀다.[45]

가족은 신년을 맞이하려고 제야에 한자리에 모였다. TV는 새로운 천 년이 시작되는 곳의 분위기를 키리바시섬에서부터 시작해 차례로 전했다. 시드니에서 베이징으로, 다시 런던으로, 지구촌 전역에 불꽃놀이 행사가 이어졌고 수백만 명이 거리로, 해변으로 나와서 새로운 천 년의 시작을 축하했다. 에펠 탑의 시계는 고장이 났지만 시간이 지나면서 어느 곳에서도 재앙이 일어나지 않았다는 사실이 밝혀졌다. 제너럴 리에서도 그랬고 코카콜라에서도 그랬다. 표준 시간대의 진행에는 수학적인 깔끔함이 있었다. 이렇게 딱 맞아떨어지는 걸 워런은 좋아했다. 긴장의 연속이던 1999년의 가을이 지나간 뒤, 천년 단위의 변화도 그에게는 흥분의 대상이 아니었다. 그건 오히려 이완이었다. 그에게는 그런 이완이 필요했다.

PART 6

보관증

램프의 요정 지니

오마하, 1998년

워런은 멍거가 '신발 단추 콤플렉스'라고 불렀던 오류에 빠지지 않을까 늘 걱정이었다. 사업에 성공한 전문가라고 해서 모든 주제에 거드름을 피우며 알은체하지나 않을까 하는 걱정이었다. 1990년대 중반이 되면서 워런과 멍거는 인생 경영에 대해서 보다 많은 질문을 받기 시작했고 또 여기에 답변을 했다. 워런은 운동선수들과 대학생들을 상대로 삶의 지혜를 주는 이야기를 많이 했는데, 이때 램프의 요정 지니 이야기를 주로 활용했다.

열여섯 살 때, 내 머릿속에 든 생각은 딱 두 가지였죠, 여자와 자동차.

그는 마치 시를 읊듯이 이야기를 시작하곤 했다. 이 이야기에는 돈과 관련된 내용은 없었다.

나는 여자를 다루는 재주가 영 서툴렀습니다. 그래서 자동차 생각을 했습니다. 물론 여자 생각도 했습니다만, 그때는 여복보다는 자동차복이 더 많았습니다.

내가 열여섯 살 되었을 때 램프의 요정 지니가 나타나서 이런 말을 했다고 칩시다.

'워런, 네가 원하는 자동차를 내가 가져다주지. 내일 아침 여기에 커다란 나비넥타이를 묶은 자동차가 있을 거야. 새로 나온 차종으로. 완전히 네 소유야.'

지니가 한 말을 다 들은 뒤에 나는 이렇게 묻습니다.

'함정이 있죠?'

그러자 지니가 대답합니다.

'함정은 딱 하나야. 이 자동차는 네가 평생 동안 가지게 될 마지막 자동차야. 평생 이 자동차만 타야 한다는 말이지.'

만일 이런 일이 실제로 일어났다면, 나는 아무튼 어떤 차를 선택했을 겁니다. 그런데 그 자동차를 내가 평생 동안 타고 다녀야 한다면, 그 자동차를 어떻게 다루어야 하겠습니까?

설명서를 다섯 번 이상은 읽을 겁니다. 주차도 항상 지붕이 있는 차고에 잘 할 겁니다. 만일 자동차에 아주 작은 흠이라도 나면 곧바로 고쳐놓을 겁니다. 녹이 슬면 안 되니까요. 아기를 다루듯 그 자동차를 다루겠지요. 평생 동안 타야 하는 자동차니까요.

바로 이런 마음을 정신과 육체에 가지고 있어야 합니다. 여러분의 정신과 육체는 단 하나밖에 없고 이것을 가지고 평생을 살아야 하니까요. 당장 수년 동안은 아무렇게나 관리해도 별 문제가 없습니다.

하지만 내 말을 명심하지 않으면, 40년 뒤에 여러분의 정신과 육체는 고장이 나서 삐거덕거릴 겁니다. 오래 손질하지 않은 자동차가 그렇듯이 말입니다.

앞으로 10년, 20년, 30년 뒤에 여러분의 정신과 육체가 얼마나 쌩쌩하게 잘 돌아갈지는 바로 여러분이 오늘, 지금 하는 것에 달려 있습니다.

54

세미콜론

오마하, 2000년 1월에서 8월

워런은 자기 사무실에서 새 천 년의 첫 주를 맞았다. 런던의 〈선데이 타임스Sunday Times〉 신년호는 "기술주를 무시한 바람에 버핏은 침팬지가 되어 버린 것 같다"고 언급했다.[1] 그가 새해에 처음으로 받은 이메일들 가운데는 제너럴 리의 CEO 론 퍼거슨이 보낸 것도 있었다.

그는 이미 마음의 준비를 단단히 하고 있었다. 제너럴 리는 그동안 언제나 한숨만 나오는 소식을 전했었다. 한 해 전, 버크셔 해서웨이가 제너럴 리를 인수한 지 겨우 몇 주 후에 제너럴 리가 유니커버의 사기 놀음에 놀아났다는 사실을 인정한 뒤 퍼거슨은 또 다른 사실을 털어놓았었다. 영화 제작자들과 이들에게 돈을 빌려준 사람들이 제너럴 리에게 할리우드 영화들에 대한 입장권 수입을 보장해 달라고 말했다는 내용이었다. 어떤 대본으로 영화를 찍고 어떤 배우들이 출연하는지 알지도 못한 상황에서, 입장권 수입이 부족할 경우 그렇게 하겠다고 회사가 대답했다는 사실을 알게 된 이후로 워런은 줄곧 의심의 눈길로 퍼거슨을 지켜보았다. 얼마 지나지 않아서, 실패한 영화들의 엔딩 크레디트(영화 뒷부분에 삽입된, 영화 제작에 참가한 사람들의 이름이 소개되는 자막—옮긴이)가 감겨 올라가는 속도보다 더 빠르게 영화 투자 실패로 인한 소송들이 펼쳐지기 시작했다. 워런이 총애하던 명석한 아지트 제인이었다면 그런 보장을 결코 해주지 않았을 것임은 두말할 필요도 없었다.

그런데 다시 퍼거슨이 아지트가 재보험을 들고 있던 '그랩닷컴 Grab. com'이라는 인터넷 복권 회사의 계약 내용에 대해서 꼬치꼬치 흠을 잡으며 많은 문제가 있다고 장황하게 설명했다. 이 설명을 들으면서 워런은 퍼거슨이 자기와는 첨예하게 다른 철학을 가지고 있다는 사실을 깨달았다. 워런은 장애물 경기를 하더라도 2미터 높이의 바를 넘으려 하기보다는 30센티미터 높이의 바를 넘으려 한다는 말을 즐겨 했다. 그랩닷컴 복권 거래에서는 쉽게 수익을 낼 수 있었다. 30센티미터짜리 바만 넘으면 될 정도로 쉬웠다.[2] 하지만 퍼거슨은 그런 일을 하고 싶지 않았다. 너무 쉬웠기 때문이다. 제너럴 리는 언제나 경쟁 우위가 있는 거래만 한다고 퍼거슨은 말했다.

워런은 퍼거슨에게 한 방 휘두르는 말로 대화를 끝낸 후에 경영에 변화가 필요하다는 판단을 내렸다. 하지만 행동으로 나서지는 않았다. 그렇게 할 아무런 근거가 없었다. 제너럴 리의 성적은 줄곧 괜찮았다. 수선이 필요했지 숙청이 필요한 건 아니었다. 회사를 인수한 지 얼마 되지 않아서 퍼거슨을 해고하면 세간에 시끄러운 소리들만 와자하게 퍼질 뿐이었다. 게다가 그는 누구를 해고하는 것 자체를 싫어했다.

그랩닷컴 재보험 거래가 있은 지 두 달 뒤에 새 천 년이 시작되었고, 퍼거슨은 다시 나쁜 소식을 전했다. 보험료 책정을 잘못한 바람에 2억 7,300만 달러의 손실을 입었다는 내용이었다. 워런은 이런 일련의 나쁜 소식들이 서로 연관없이 별개로 나타난 실수일지도 모른다는 희망을 버렸다. 그것들은 이미 사내에 만연하고 있는 행태였다. 워런이 제너럴 리를 인수했다는 사실을 발표한 뒤부터 제너럴 리는 마치 저주라도 받은 듯했다. 잘 정돈된 규율의 전형이었던 제너럴 리는 버크셔 해서웨이의 자회사가 된 지 처음 열두 달 동안 줄곧 진창으로만 돌진했으며 보험 대상 심사, 보험료 책정, 위험 선택(보험자가 보험 계약을 인수할 때 위험 부담이 적은 쪽을 선택하려는 것-옮긴이) 등을 통해서 15억 달러 가까운 돈을 날려버렸다. 워런이 소유했던 그 어떤 회사도 이처럼 막대한 금액을 손해본 적이 없었다. 그는 별 말을 하지 않았지만 곧 어떤 행동을 취해야만 한다는 것을 깨달았다.

그 소식이 일반에 공개되었을 때 투자자들은 그가 했던 투자를 곰곰이 되씹었다. 220억 달러를 들여 제너럴 리를 인수한 것은 실수 아니었을까? 그의 명성에 다시 한번 금이 갔다.

한편 코카콜라도 CEO가 바뀌었음에도 불구하고 사정은 좋지 않았다.[3] 새로운 CEO 더그 대프트는 취임하자마자 1월에 6천 명을 해고했다. 투자자들은 이 일을 충격으로 받아들였다. 월스트리트 사람들 가운데 극히 일부만이 코카콜라의 수익이 흐르는 강에 퇴적물이 점차 쌓이는 것처럼 높아지고 있다는 사실을 지적하고 있었고, 투자자들은 이 사람들이 하는 말이 옳다는 사실을 아직 확신하지 못했다. 그 바람에 코카콜라의 주가는 치명타를 입었고 1월에 5만 6,100달러이던 버크셔 해서웨이 주가도 덩달아 곤두박질치기 시작했다.

2주 후인 2월 9일, 워런은 자기 사무실에 앉아서 CNBC 방송에 시선을 반쯤 고정한 채 신문이며 잡지를 뒤적였다. 그런데 책상 뒤 캐비닛에 놓인 전화가 울렸다. 오로지 워런만 받는 직통 전화였다. 그는 곧바로 전화 수화기를 들었다. 뉴욕증권거래소에서 버크셔 해서웨이 주식을 거래하는 짐 맥과이어였다. 통화는 길지 않았다.

"네…… 그렇죠. 네…… 좋아요. 네…… 지금은 아니고요. 좋습니다. 네…… 네네. …… 좋아요. 고맙습니다."

딸깍. 그게 끝이었다.

맥과이어는 버크셔 해서웨이 주식의 매도 주문이 쏟아진다고 했다. 전날 저녁에 워런이 인터넷으로 브리지 게임을 하고 있을 때 닉네임이 'zx1675'인 사람이 야후 게시판에 '워런이 병원에 입원, 위독함'이라는 글을 올렸다. 그 뒤 몇 시간 동안 온갖 소문들이 돌았다. 예를 들어서 닉네임이 '쓰레기로 가득 찬 유정(油井)hyperpumperfulofcrap'인 사람은 '버핏은 노약자, 팔아라' 그리고 '팔자 팔자 팔자 팔자 팔자' 따위의 글들을 반복해서 올렸다. 이런 소문이 월스트리트에 스며들어 다들 그가 위독해 병원에 입원해 있다고 믿으면서 버크셔 해서웨이 주식은 대량으로 거래되었고 엄청난 포격을 맞았다.[4]

그의 개인 전화기가 계속해서 울려댔다. 특이할 정도로 전화가 많은 아침이었다. 늘 그랬던 것처럼 그가 직접 전화를 받았다. 그리고 건재함을 과시하려고 큰 소리로 인사했다.

"안녕하시오오오?"

"괜찮으십니까?"

상대방이 다소 긴박한 투로 물었다.

"뭐랄까…… 이보다 더 좋을 수는 없을 것 같군요."

설령 토네이도가 키위트 플라자 건물을 향해서 달려오고 있었다 하더라도 그는 전화를 건 사람의 안부 질문에 토네이도를 언급하기 전에 '이보다 더 좋을 순 없다'는 대답을 했을 것이다. 사람들은 그의 목소리 톤으로 그가 스트레스를 받고 있음을 알았다. 아침 내내 전화가 왔고, 전화 건 사람은 모두 그가 정말로 괜찮은지 물었다.

괜찮아요, 모든 게 좋습니다. 정말입니다.

그렇게 설명했지만, 버크셔 해서웨이 주식이 거래되는 양상으로 판단해서 사람들은 '쓰레기로 가득 찬 유정'의 말에 귀를 기울였다. 이것이 바로 뉴미디어의 힘이었다. 그가 위독하다는 소문으로 버크셔 해서웨이 주가가 계속 미끄러지자, 주주들은 주식 중개인에게 전화를 걸어 그가 괜찮은지 확인해 달라고 요구했다. 그를 건너건너 아는 사람들을 들볶았다.

"정말 확실하죠? 직접 봤습니까? 어떻게 확실하다고 자신 있게 말할 수 있죠?"

CNBC 방송도 워런이 사망할지도 모른다는 루머를 보도했다. 이 과정에서 그가 사람들을 안심시키느라 했던 말을 활용해서 이야기를 더 현혹적으로 만들었다. 불신도 팽배했다. 만일 그가 자기 입으로 괜찮다고 말한다면, 그건 틀림없이 괜찮지 않다는 뜻이라는 식이었다. 이어서 2차 소문이 돌기 시작했다. 그가 이런 상황을 이용해서 버크셔 해서웨이 주식을 싼값으로 사려 한다는 내용이었다. 이 소문은 그의 인간적 진실성에 대한 명성과 무자비한 탐욕으로 비치는 좋지 않은 시선이 충돌하는, 말하자면 그의 아픈 부분을 찌르는 것이었다.

이 소동은 이틀 동안 계속되었고 버크셔 해서웨이 주가는 5퍼센트 넘게 떨어졌다. 그가 없으면 안 된다는 사실을 입증했다는 점에서 어떻게 보자면 이 일은 그에게 일종의 영광을 안겨준 사건일 수도 있었지만 그는 자기가 허위 사실을 조작해서 주주들을 속이고 주주들의 이익을 가로챌 수도 있다고 누군가가 생각한다는 사실에 화가 났다. 그리고 인터넷을 통해서 주가를 조작하는 사기꾼에게 갈취를 당했다는 사실이 혐오스러웠다. 그는 누군가에게 이용되고 조종당하는 것을 참지 못했다. 또 조작에 반응하면 오히려 루머를 키우고 확산시킬 수 있다는 사실에 경악했다. 그 사건은 그에게 확실한 하나의 전례가 되었다.

거짓임이 입증되면서 소문은 궁극적으로 사라질 것이라고 그는 추론했다. 하지만 '궁극적으로'라는 말은 너무 모호했다. 아주 긴 시간이 걸릴 수도 있었다. 이렇게 해서 새로운 실체 하나가 등장했다. 인터넷 시대에 시간은 압축된 상태로 존재하며, 자신에 대한 일반 대중의 인식을 자기가 통제할 수 없다는 사실이었다. 마침내, 그는 항복하고 전례 없는 보도자료를 발표했다.

최근에 주식 되사기 및 버핏 씨의 건강과 관련해서 인터넷에서 온갖 루머들이 돌았다. 루머에 대해서 논평하지 않는 것이 버크셔 해서웨이가 오랫동안 견지해 온 정책이었지만, 최근의 이런 루머들에 대해서 오랜 관행을 깨고 예외적으로 우리의 입장을 밝힌다. 자사주 매입 및 버핏 씨의 건강과 관련된 모든 소문들은 '100퍼센트 허위'다.[5]

하지만 이런 발표도 아무 소용이 없었다. 버크셔 해서웨이 주식은 그 주에 11퍼센트 떨어졌으며 끝내 원래 수준을 회복하지 못했다.

3월 9일, 〈뉴스데이 Newsday〉가 〈테크놀러지 인베스터 매거진 Technology Investor Magazine〉의 편집자 해리 뉴턴의 다음 발언을 인용해서 실었다.

"워런 버핏이 주주들에게 어떤 말을 해야 할 때 무슨 말을 할지 가르쳐 드리죠. 그건 바로 '미안합니다'입니다."

다음 날 버크셔 해서웨이 주가는 다시 4만 1,300달러로 최저가를 기록했다. 이 가격은 장부 가격보다 조금 높은 수준이었다. 전설적인 소위 '버핏 프리미엄'이라는 게 있었다. 워런 버핏의 주식이라는 이유 하나만으로 추가로 붙은 높은 가격이었다. 이 프리미엄은 이제 모두 사라져 버리고 없었다. 하루 전에 나스닥지수는 5천 포인트에 도달했다. 1999년 1월 이후 두 배로 뛴 셈으로 나스닥 주식의 총 자산 가치는 3조 달러가 되었다.

너무도 뚜렷한 대비였다. 한 자산운용가는 워런과 같은 투자가들을 '추락한 천사'라고 불렀다.

"추락한 천사들은 변변찮은 순위로 밀려나는 치욕을 당했다. (……) 구닥다리 투자 법칙은 폐기되었다고 말하고 눈이 튀어나올 정도로 놀라운 수치로 자신들의 이론을 뒷받침하는 이단아들은 1999년에 이들을 폐물로 만들어 버렸다."[6]

워런은 이런 나쁜 평판 때문에 참담했다. 하지만 투자 전략을 바꿀 생각은 조금도 하지 않았다. 버크셔 해서웨이의 주주들은 버크셔 해서웨이 역사상 가장 심한 가뭄으로 고생했다고 할 수 있는 지난 5년을 기준으로 볼 때 시장의 지수 상승률에 투자했더라면 분명 더 높은 투자 수익률을 기록했을 것이다. 코카콜라에 대한 투자 자산은 한때 175억 달러의 가치가 있었지만 지금은 87억 5천만 달러로 줄어들었다. 안전 마진이라는 투자 원칙을 포기하지 않는다는 것은 수십억 달러의 자본을 쓰지 않고 묵혀둔다는 뜻이었다. 이 돈은 수익률이 낮은 채권에 묵혀두고 있었다. 워런은 컴퓨터의 기본적인 원리를 잘 알고 있었다. 하지만 어떤 가격에라도 기술주는 사지 않을 생각이었다.

마이크로소프트나 인텔의 경우, 지금부터 10년 뒤에 어떻게 될지 나는 모릅니다. 상대방보다 훨씬 불리한 입장에 서야 하는 게임은 하고 싶지 않습니다. (……) 소프트웨어 산업은 내 능력 밖입니다. (……) 우리는 딜리 바(아이스크림 바로, 버크셔 해서웨이 자회사의 제품 ─옮긴이)는 잘 알지만 소프트웨어는 잘 모릅니다.[7]

2000년 2월에 증권거래위원회는 자기가 보유하는 주식 종목의 내역 일부를 비밀로 해달라는 버크셔 해서웨이의 요청을 거부했었다. 증권거래위원회는 안정된 시장에 있는 투자자들의 다양한 관심과 알 권리 가운데 어느 쪽이 더 중요한지 저울질했고, 결국 알 권리의 손을 들어주는 결정을 내렸다. 이렇게 되면 워런은 아메리칸 익스프레스나 코카콜라와 같은 주식을 거대하게 축적할 수 없었고, 기껏해야 사람들이 자기 옷을 잡고 묻어가기 전에 적은 양의 주식을 찔끔찔끔 살 수밖에 없었다. 비록 이 문제와 관련해서 워런은 증권거래위원회와 계속 싸울 터였지만, 증권거래위원회는 이미 그를 벤저민 그레이엄처럼 만들어 버렸다. 그레이엄은 자기 장부를 세상의 모든 투자자들이 볼 수 있게 공개했던 사람인데, 그의 투자 내용도 고스란히 외부에 공개되었던 것이다. 이제부터는 어떤 회사 전체를 인수하는 것이 버크셔 해서웨이가 자금을 운용하는 주요 수단이 되었다(어쨌든 워런은 자본을 운용하는 방식 중에 이 방법을 가장 선호해 왔었다). 대량의 자금을 주식에 투자해서 재미를 보기는 점점 더 어려워지고 있었다. 언론이 워런을 '한때 세계 최고의 투자가'[8]라고 언급했던 바로 그 시기였기에 그가 받은 타격은 컸다.

해리 뉴턴이 그가 주주들에게 사과해야 한다고 말했던 다음 날인 3월 10일, 〈월스트리트 저널〉은 거의 모든 사람이 기술주로 돈을 벌고 있지만 딱 한 사람, 고집불통이고 인색하기 짝이 없는 워런만이 예외이며, 그의 주식은 최고점에서 무려 48퍼센트나 떨어진 가격에 거래되고 있다고 썼다.[9] 〈월스트리트 저널〉은 또 다른 기사에서 그의 수익률을 은퇴한 AT&T 직원의 포트폴리오와 비교하면서 후자의 포트폴리오와 자산 가치가 35퍼센트나 올라갔음을 지적하고, 이 기술주 투자자는 "버핏과 정확하게 반대 방향으로 움직여서 정말 다행이다"라고 언급했다.[10]

그의 투자 경력 가운데 지난 3년 동안만큼이나 확고한 결심과 선명한 판단이 가혹한 시험대에 오른 적은 없었다. 시장의 모든 지표들은 그가 잘못 판단한 것이라고 가리켰다. 그가 케케묵은 견해들을 워낙 완고하게 고집했기 때문에 대중과 언론, 심지어 그의 주주들 가운데 일부도 그가 제정신이 아닐지 모른다고 의심했다. 하지만 그는 자기 내면의 확신에 의해서만 움직였다. 그는 날마다 체리 코크를 마시는 양만큼이나 오랜 세월 동안 꾸준하게 남들로부터 고맙다는 인사를 받는 데 익숙해져 있던, 칭찬에 목마른 사람이었다. 또한 여론의 비판에 워낙 민감해서 자기를 비판한다 싶으면 어느새 다른 곳으로 달아나 버리는 사람이었다. 평생에 걸쳐서 명성을 관리하는 데 심혈을 기울였으며 이 명성을 훼손하려는 존재가 있으면 호랑이처럼 용감하게 싸운 사람이었다.

워런은 그동안 쌓은 명성이 만신창이가 되고 있었지만 반격하지 않았다. 신문사에 기고도 하지 않았고, 시장의 위험에 대해서 의회에 나가 증언도 하지 않았고, 언론의 보도에 맞서 싸우지도 않았고, 스스로를 변호하려고 TV 인터뷰를 하지도 않았고, 어떤 대리인을 내세워 이런 일을 하도록 하지도 않았다. 그와 멍거는 버크셔 해서웨이의 주주들과 일상적으로 하던 대화만 변함없이 했다. 이 대화에서, 시장이 과대평가되어 있을 때는 이런 상황이 얼마나 오래 지속될지 자기들도 예측할 수 없다고 했다. 마지막으로, 기록을 남기기 위해서가 아니라 경고나 교육 차원에서 워런은 선 밸리의 엘리트들을 대상으로 한 걸작 연설에서 앞으로 20년 동안 시장은 투자자들의 기대에 한참 미치지 못할 것이라 예측하며 자신의 견해를 최종적으로 밝혔다. 또 이 내용을 담아서 거리의 개미 투자자들을 위해 〈포천〉에 글을 썼다.

살로먼 브라더스를 구하기 위해서 두려움을 떨치고 닉 브래디에게 제발 도와달라고 간청하는 데는 엄청난 용기가 필요했었다. 하지만 워런이 그렇게 엄청난 자제심을 발휘하고 몇 년 동안 조롱과 비판에 직면한 채 인터넷 거품을 최대의 개인적 도전 과제로 삼으며 그런 시장 예측을 하는 데는 전혀 다른 용기가 필요했다.

은퇴한 AT&T 직원이 워런 버핏보다 훌륭한 투자가라는 기사를 〈월스트리트 저널〉이 게재하고 24시간이 지난 3월 11일, 버크셔 해서웨이는 연례 보고서를 냈다. 이 보고서에서 워런은 버크셔 해서웨이가 보유하고 있던 자금을 투자하지 않았다는 이유를 들어서 자기가 한 투자 활동에 'D'라는 성적을 매겼다. 하지만 기술주를 선택하지 않은 것이 실수라고 판단한다는 말은 하지 않았다. 엄청나게 큰 규모 때문에 버크셔 해서웨이는 자산 가치 측면에서 이제 시장에 비해 단지 '수수할 정도로만' 더 낮게 성장할 것이라고 쓰면서, 단지 투자자들의 기대를 재구성했을 뿐이다. '수수할 정도로만'이라는 표현이 무엇을 의미하는지를 두고 논쟁이 벌어질 것임은 그도 알고 있다. 하지만 그 말은 꼭 해야 한다고 생각했다.

이와는 별도로 그는 버크셔 해서웨이 주식이 워낙 싸서 회사가 투자자들의 제안을 받아들여 자사 주식을 매입할 것이라고 발표했다. 수십 년 동안 배당금을 한 푼도 지급하지 않았던 주주들에게 돈을 돌리겠다는 것이었다. 평생 지칠 줄 모르고 자본금을 모아왔던 자본의 대식가 워런 버핏이 갑자기 금욕적인 수도승으로 바뀐 것 같았다.

그리고 역사상 두 번째로, 자기가 매입하고자 하는 대상을 공개적으로 미리 밝혔다. 1970년 투자 회사를 청산하면서 동업자로 참가했던 투자자들에게 버크셔 해서웨이를 사겠다고 한 이후 처음 있는 일이었다. 다시 한번 투자자들은 어느 장단에 춤을 취야 할지 고민했다. 이번에는 많은 사람이 그의 메시지를 이해했다. 그래서 그가 버크셔 해서웨이 주식을 단 한 주도 사기 전에 이 주식의 가격은 이미 24퍼센트나 올랐다.

그다음 주, 기술주로 가득 차 있던 나스닥에서 경고의 잿빛 연기가 흘러나왔다.[11] 그리고 4월 말, 나스닥에 상장되어 있던 자산 가치의 31퍼센트가 허공으로 날아갔다. 역사상 가장 큰 폭의 손실이었다.

그에게 가장 중요한 연중행사이던 주주 총회 직전에, 마침내 그의 건강과 관련된 소문이 사실로 드러났다. 부활절까지도 워런은 대수롭지 않게 여겼지만, 이미 고통은 참을 수 없을 정도로 커졌다. 수지 주니어는 새벽 3시에 아버지를 병원으로 옮겼다. 요로 결석이라고 했다. 그는 며칠 동안 입원해 있으면서 요로 결석을 몸 밖으로 빼내려고 노력했다. 간호사들은 그를 '빌'이라고 부르면서 그의 병실을 계속 들락거렸다. 그는 도대체 자기에게 무슨 일이 일어나고 있는지 무척 괴로워했지만 왜 그러는지 묻지는 않았다. 그러나 수지에게는 공포에 휩싸여서 여러 차례 전화했다. 그때 수지는 고등학교 때부터 알고 지냈던 '암탉' 친구들과 함께 콜로라도의 그랜드호Grand Lake에 가 있어서 워런에게 해줄 수 있는 게 아무것도 없었다.[12] 마침내 워런은 고통이 한결 누그러졌다. 의사도 퇴원하라고 했다. 워런을 자동차에 태우고 퇴원하던 수지 주니어는, 간호사들이 워런을 '빌'이라고 부른 건 그의 장인, 즉 수지의 아버지인 윌리엄 톰슨 이름으로 등록했기 때문이라고 설명했다.

하지만 워런은 곧바로 다시 병원으로 돌아가 요로 결석을 빼내야 했다. 그는 또다시 밤늦은 시각까지 물을 벌컥벌컥 마셔대며 물고문이 효과를 볼 때까지 이를 계속했다. 그때 이후로 워런은 예전에는 하지 않았던 걱정을 하기 시작했다. 신체의 일부가 정상으로 작동하지 않는다는 사실을 현실로 받아들여야 했다. 요로 결석이 재발하곤 했던 것이다.

배관 관련 문제…… 난 딱 질색입니다. 기본적으로 이 문제는 나이가 들면 어쩔 수 없이 생기는 거랍니다.

그는 자기에게 있는 여러 문제를 일목요연하게 정리했다. 버크셔 해서웨이 주식에 대한 평판이 얼마나 나빴던지, 오로지 자기가 사겠다고 호언해서야 겨우 진창에서 빼낼 수 있을 정도였다. 역대 최대 투자였던 제너럴 리는 마치 저주라도 받은 것 같았다. 코카콜라는 생각만 해도 초조하고 괴로울 정도였다. 방탄유리처럼 견고하기만 하던 브랜드를 가진 회사가 어쩌면 그렇게 짧은 시간 안에 그렇게 엄청난 타격을 입을 수 있는지 의아했다. 이걸 다 그 형편없는 늙은이 아이베스터의 잘못으로 돌릴 수 있을까? 게다가 이제는 건강 문제가 고개를 처들고 그를 코앞에서 바라보고 있었다.

피할 수 없는 죽음이라는 사실은, 원하지 않는 것은 언제든 욕조의 배수구를 통해서 버린다는 그의 욕조 기억 관리 기술의 표면 아래 잠복해 있다가 정기적으로 욕조 위로 거슬러 올라왔다.[13] 또한 그는 자기 아버지의 죽음을 그때까지도 받아들이지 못하고 있었다. 그래서 아버지 하워드를 기리는 적절한 기념물에 대해서는 단 한 번도 생각해 본 적이 없었다. 그는 아버지의 대형 사진을 책상 뒤의 벽에다 걸어두었다. 아버지 얼굴이 머리 위에 둥둥 떠 있는 것처럼 보이게 한 것이다. 하워드의 서류들은 손도 대지 않은 채 모두 지하실에 고이 보관하고 있었다. 워런은 도저히 아버지의 물건을 살펴보고 정리할 수 없을 것 같았다. 35년이라는 세월 동안 억눌러 왔던 감정들이 갑자기 한 번에 폭발할까 봐 겁이 났고 그런 생각을 하는 것만으로도 울컥했다.

그는 나무가 아무리 자라도 하늘 끝에 닿을 수는 없다고 경고했었다. 언젠가는 모든 게 끝나게 마련이었다. 언젠가는 그도 미켈란젤로가 그랬던 것처럼 자기 경력에 마침표를 찍고 이런 말을 해야 했다.

"바로 이거야. 내 일은 끝났어. 시스틴 성당 일은 끝이 났어. 이제 더 붓질을 해도 나아질 건 아무것도 없어. 더 노력해 봐야 이젠 그게 그거야."

그는 예순아홉 살이었다. 자기 나이가 예순아홉 살이라는 사실을 믿을 수 없었다. 마음은 여전히 청년처럼 느꼈다. 그는 자기 어머니가 세상을 떠난 나이까지 살려면 아직도 수십 년 남았다는 사실을 떠올리며 위안으로 삼았다. 제너럴 리는 바로잡힐 것이다. 코카콜라는 햄 샌드위치가 맡더라도 잘 경영할 것이다. 그리고 요로 결석은…… 쉭! 욕조에서 물을 빼듯 과거의 기억을 없애버리는 장치가 활발하게 작동했다. 그는 사무실로 돌아와서 주주 총회 준비를 했다. 그에게는 이때의 한 주간이 일 년 가운데서 가장 행복한 시간으로 자리 잡았다.

4월 말의 며칠 동안 오마하는 평소보다 훨씬 많은 사람들로 붐볐고 공항도 평소보다 바빴다. 평소에 공항에서 시내로 들어오는 사람들의 행렬이 실개천이라면 이 시기는 큰 강이었다. 이렇게 많은 사람이 호텔의 객실을 채웠고, 시내 음식점의 노천 식탁을 점령했다. 렌터카 회사도 빌려줄 자동차가 없어서 영업을 못 할 정도였다. 당시 소위 '내부자들'이 만나던 비공식적인 본부 역할을 했던 매리엇 리전시 호텔의 바에는 손님들이 가득 차 빈자리가 없었다. 버크셔 해서웨이 주주 총회에 참석할 수 있는 출입증을 단 사람들은 그 출입증이 누구나 부러워하는 클럽의 회원임을 증명해 주는 회원증이라도 되는 것처럼 자랑스럽게 목에 걸고 오마하 거리를 활보했다.

워런의 사무실에는 연신 전화벨이 울렸다. 행사가 임박해서는 더욱 그랬다. 기자 출입증을 발급해 달라, 총회장 출입증을 발급해 달라는 청탁 전화였다. 자기가 데리고 오는 손님들이 오마하에서 그해의 가장 특권적인 자리, 즉 결코 아무나 참석할 수 없는 자리에 참석하게 해달라는 청탁 전화도 있었다. 그가 일요일에 개인적으로 마련하는 브런치 자리였다. 그의 비서인 데비 보사네크가 이러한 수요와 공급의 심각한 불균형을 해소하는 일을 맡아서 처리했다. 하지만 그녀가 할 수 있는 방법은 거절하는 것뿐이었다.

금요일 밤, 워런은 공식 행사에서부터 개인적인 파티에 이르는 여러 가지 일정들을 다 돌았다. 그의 '사도들' 가운데 몇몇은 밀교 집단의 구성원이라도 되는 것처럼 카우보이 스타일의 엄청나게 큰 모자, 그것도 발포 고무로 만든 노란색 모자를 쓰고 보샤임에서 열린 칵테일파티에 참가해 오랜 세월 주주로 있었던 사람들과 거물 자산운용가들 사이에 섞여서 어울렸다. 이 파티장에는 공짜 술과 음식을 먹으려고 주주 총회와 아무 관계 없는 오마하 사람들도 많이 참석했다. 보샤임의 CEO 수전 자크가 이 행사를 주관했고, 워런이 후원했다. 그래야 보샤임의 매출액을 더욱 올릴 수 있었기 때문이다. 공짜로 먹고 마시기만 할 뿐 보석은 사지 않는 손님들이 많아도 어쩔 수 없었다.

주주 총회가 열리는 장소는 시민회관 강당이었다. 수천 명의 직원, 판매상, 자원봉사자가 부산하게 오갔고, 꽃과 수많은 제품들이 전시되었으며, 칠면조 샌드위치와 핫도그, 코카콜라 따위가 산더미처럼 준비되어 있었다. 표지판이며 보안 장치며 음향과 영상과 조명, 조력자들 및 제품 판매자들을 위한 개별적인 행사 등, 주주 총회와 온갖 부대 행사 및 전시의 모든 것을 감독하고 지휘하는 사람은 켈리 머치모어였다. 워런은 이 사람을 '버크셔 해서웨이의 플로 지그펠드(플로렌스 지그펠드. 브로드웨이 뮤지컬의 아버지로 일컬어지는데, 한때 공연 프로듀서로서 뉴욕의 쇼 비즈니스 부문을 호령했다—옮긴이)'라고 불렀다. 켈리는 따로 비서를 두지도 않았다. 사실 엄격하게 말하면 본인이 비서인 셈이었다. 켈리는 네 사람 몫을 한다고 그는 자랑스럽게 말하곤 했다. 그런데 이런 칭찬이 부작용을 일으키기도 했다. 이 말을 듣는 사람들은 혹시 자기가 마땅히 받아야 할 급료의 4분의 1밖에 받지 못하는 게 아닐까 생각했기 때문이다.[14] 하지만 그는 사람들에게 돈보다는 칭찬으로 급료를 지불하는 데 선수였다. 태양과 가장 가까이 있던 사람들인 머치모어, 보사네크, 사무실에서 안내 데스크를 맡았던 뎁 레이 등은 그가 거느렸던 모든 직원들 가운데서 특히 이런 혜택 혹은 피해를 보았다. 주주들 중에서 이들이 얼마나 훌륭하게 일을 잘하는지 듣지 않은 사람이 없을 정도였다. 그의 이런 칭찬은, 리커쇼서의 열역학 법칙으로부터 보호받게 해주는 햇빛 차단제 기능을 하는 것처럼 보였다. 그래서 이 사람들은 시끄러운 언쟁이나 소동 안으로 기꺼이 몸을 던지면서도, 자기들의 상사인 워런은 복도 맨 끝에 있는 사적인 공간으로 모셔서 다른 모든 사람과 떨어져 있을 수 있도록 했다. 주주 총회가 있기 몇 주 전부터 이들의 일은 두 배로 늘어났다. 행사 당일에 보사네크와 레이는 VIP 인사들 안내 및 접대 그리고 기자실을 맡았고, 머치모어는 워키토키를 들고 행사장을 이리저리 뛰어다니며 현장을 지휘했다.

토요일 새벽 4시, 출입증을 목에 건 수백 명의 사람들이 시민회관 앞에 줄지어 서서 문이 열리길 기다렸다. 세 시간 뒤, 사람들은 출입증을 확인받자마자 저마다 좋은 자리를 차지하려고 행사장으로 달려 들어갔다. 일단 자리를 확보한 뒤에는 웃옷을 좌석에 걸쳐 임자가 있음을 표시해 두고는 슈거롤과 주스, 커피가 마련된 공짜 아침을 먹으려고 매점으로 가서 줄을 섰다. 8시가 되면서 사람들은 새벽같이 나와서 줄설 필요가 없었다는 사실을 깨달았다. 행사장 좌석의 절반이 비어 있었기 때문이다. 그리고 30분 뒤, 강당에는 9천 명이 자리를 잡고 앉았다.[15] 1만 5천 명이 참석했던 전년도에 비해 참석률이 40퍼센트가량 줄어들었던 것이다.

식전 행사가 시작되었다. 강당에 조명이 꺼지고 영화가 상영되었다. 이 영화의 러닝타임은 해마다 조금씩 늘어나고 있었다. 첫 장면은 만화영화였다. 워런이 버크셔 해서웨이 및 자회사들의 제품을 파는 영웅으로 묘사되었고, 찰리는 이 영웅을 돕는 인물로 묘사되었다. 이어서 주디 판사(미국의 인기 법정 드라마 〈주디 판사Judge Judy〉의 등장인물–옮긴이)가 워런 버핏과 빌 게이츠가 2달러를 놓고 한 내기 때문에 벌인 모의 분쟁에 대해서 판결을 내렸다. 이어서 코미디 비디오와 버크셔 해서웨이 제품들의 광고물이 상영되었다. 마지막으로 수지 버핏이 코카콜라의 광고 노래를 패러디해서 버크셔 해서웨이 버전으로 노래했다.

오늘 세상이 원하는 것은 (……) 버크셔 해서웨이랍니다.

오전 9시 30분경, 워런과 멍거는 정장 차림으로 무대에 올라갔다. 두 사람은 작년에 비해 확 줄어든, 그러나 충실한 참석자들을 둘러보았다. 참석자들은 양복을 입은 사람부터 반바지를 입은 사람들까지 다양했다. 노란색 카우보이모자를 쓴 사람들도 여기저기 눈에 띄었다. 공식적인 이야기가 5분에 걸쳐서 진행된 뒤, 여느 때와 마찬가지로 질의응답이 이어졌다. 질문을 하고 싶은 주주들은 마이크가 마련된 곳에 줄지어 늘어섰다. 주식들을 어떻게 평가하느냐는 질문 일색이었다. 어떤 사람은 기술주에 대해서 물었다. 그러자 워런은 이렇게 대답했다.

"나는 신기술을 놓고 투기하고 싶지 않습니다. 과거를 돌아보면 언제나 신기술에 대한 투기 열풍이 있었습니다. 하지만 시간이 흐르면서 이런 열풍은 결국 교정되었죠."

그는 시장을 행운의 편지와 다단계 금융사기로 부자가 된 사기꾼에 비교했다.

"투자자들은 자기가 부자가 되었다고 생각합니다. 하지만 사실은 그렇지 않죠."

여기에서 그는 잠시 입을 다물고는 멍거에게 뒤를 부탁했다.

"찰리?"

멍거가 이야기를 하기 시작했다. 청중은 살짝 고무되었다. 이런 경우 멍거는 "난 더 할 말이 없네요"라는 말을 자주 했다. 하지만 워런이 멍거에게 마이크를 내밀 때마다, 총회장 안에는 미묘한 어떤 위험한 분위기로 술렁거렸다. 마치 노련한 사자 조련사가 의자와 채찍을 가지고 묘기를 펼쳐 보이려는 장면을 바라보는 것 같았다. 마침내 멍거가 입을 열었다.

"우리가 '불쌍할 정도로 지나치다'라는 표현을 쓰는 이유는, 정말 비참하고 지독한 결과를 낳기 때문입니다. 도무지 이성적이지 않습니다. 건포도를 똥과 섞는다고 칩시다. 그래 봐야 그건 똥입니다."

사람들은 놀란 입을 다물지 못했다. 똥이라고? 찰리가 정말 똥이라고 말했어? 찰리가 부모의 손을 잡고 온 아이들 앞에서, 게다가 기자들이 다 지켜보는 가운데서 인터넷 주식을 똥에 비유했단 말이야? 찰리는 분명 똥이라고 말했다! 회의장의 분위기를 되돌려 놓기까지 다소 시간이 걸렸다.

어떤 사람이 은(銀)에 대해서 질문했다. 그 무렵 사람들은 신발이나 진수 나이프, 씨즈캔디 제품을 사려고 자리를 떠서 지하실로 내려가기 시작했다. 워런이 은에 투자한 것을 두고 주주들은 해마다 질문을 했는데, 이 질의응답은 어느새 지루한 연례행사가 되어버렸다. 1997년에 워런은 전 세계 공급량의 3분의 1 가까운 은을 샀다고 발표했다. 이 발표는 4센트짜리 우표 '블루 이글'의 나쁜 기억을 되살린 게 아니라, 금속에 열광하는 사람들을 자극시켰다. 오마하의 현인이 갑작스럽게 자신들의 틈새 종목을 애호하는 것을 보고 이 종목에 광분하여 달려들었던 것이다.[16] 버크셔 해서웨이의 역사에서 그 어떤 관심보다 많은 관심이 이 단일 거래에 집중되었다. 워런은 금속에 열광한 투자가가 아니었다. 오로지 사업 차원에서 수요와 공급의 균형을 좇아서 은을 선택한 것뿐이었다. 투기 대상으로 은을 선택한 것도 아니었고 인플레이션 대비책으로 은을 선택한 것도 아니었다. 인플레이션 대비책으로는 인플레이션이 수익을 갉아먹을 경우 언제든 제품의 가격을 올릴 수 있는 회사의 주식이 더 바람직하다는 게 그의 생각이었다. 그는 훌륭한 투자 대상으로 보고 은을 샀었다. 하지만 그가 정말로 바랐던 것은 직접 가서 은을 보는 것이었다. 그는 런던의 비밀 금고 안에서 번쩍거리는 은괴를 세는 자기 모습을 상상했었다.[17] 은과 관련된 질문이 나오자 그와 멍거는 허공 쪽으로 눈을 굴렸다. 하지만 곧 그는 은을 보유한 것은 좀 지루했다고 정중하게 대답했다. 직접 가서 은을 자기 두 눈으로 보았더라면 이 투자에 대한 느낌이 한결 활력 넘쳤을 것이라는 말을 할까 하다가 관두었다.

질문은 계속 이어졌고, 워런과 멍거는 딜리 바 포장지를 바스락거리며 뜯으면서 질문에 귀를 기울였다. 이윽고 주주들이 불평의 목소리를 내기 시작했다. 이들은 버크셔 해서웨이의 주식 가격이 못마땅했다.[18] 여자 한 명은 버크셔 해서웨이 주식이 더 이상 대학교 등록금을 마련해 주지 못할 것 같아서 통신 대학교를 알아봐야 할 것 같다고 말했다.[19] 캘리포니아의 샌타바버라에서 왔다는 게이로드 핸슨이 질문자 마이크 앞에 서서 장광설을 늘어놓았다. 자기는 1998년에 버크셔 해서웨이의 주가가 정점에 가까울 때 샀는데 이는 워런이 세운 기록을 믿었기 때문이라고 했다. 지금 버크셔 해서웨이의 주가가 떨어졌지만 자기는 괜찮다고 했다. 버크셔 해서웨이로 잃어버린 돈을 네 개의 기술주 종목들로 벌충했기 때문이라고 했다.[20] 그러면서 버크셔 해서웨이 자산의 10퍼센트만이라도 기술주에 투자할 용의가 없느냐고 물었다.

"요즘 가장 괜찮은 게 기술주잖아요? 기술주 몇 개 골라낼 능력은 남아 있지 않습니까?"

계속해서 질문이 이어졌다. 소로스의 스탠리 드러켄밀러와 같은 유명한 자산운용가는 결국 두 손 들고 기술주를 샀는데 여기에 대해서 어떻게 생각하는가? 버크셔 해서웨이의 실망스러운 수익률을 놓고 볼 때 이제 워런이 새로운 어떤 것을 찾아내야 하는 것 아닌가? 기술주가 아니라면 국제적인 투자를 할 수는 없는가?

모욕보다 더했다. 그는 사람들을 둘러보았다. 그리고 그들 중 일부는 자기에게 실망하고 있다는 사실을 처음 깨달았다. 50년 가까운 세월 동안 기울여 왔던 공든 탑이 와르르 무너지는 것 같았다. 자기 주주들마저 등을 돌리다니…… . 그의 나이는 이제 경험의 상징이 아니라, 급작스럽게 낡아빠진 구닥다리의 상징으로 전락해 버렸다. 언론에서는 그를 노인으로 표현하는 경우가 잦아졌다. 이제 세상은 버크셔 해서웨이를 바라지 않는 것 같았다.

질의응답 시간은 끝났다. 그는 체리 코크를 마시면서 사람들에게 사인을 해주고, 야구 유니폼으로 갈아입은 뒤 오마하 로열스가 벌이는 경기에 나가서 시구를 했다. 그러고는 야구 유니폼을 입은 채로 애스트리드와 함께 다시, 가는 곳마다 딜리 바 부스러기를 흘리며 여러 군데의 파티장을 돌았다. 일요일 밤에는 고라츠에서 가족들과 함께 식사를 하고, 월요일 아침 이사회에 참석해서 또 한 차례 설교를 했다. 그 뒤에는 수지와 세 자식 및 이들의 가족과 함께 뉴욕으로 갔다. 친구들을 만나고 식사를 하고 쇼를 구경하고 또 싫지만 해마다 의무적으로 해야 하는 행사로 버그도프 백화점에 가서 양복을 샀다. 이러는 동안 욕조에서 물이 빠지듯 나쁜 기억은 모두 사라졌다. 뉴욕에 있는 동안 그는 컬럼비아대학교에서 벤 그레이엄 투자법의 현대적 버전을 강의했다. 그리고 컬럼비아대학교의 비즈니스 저널리즘 프로그램[21]에 참석하던 언론인 여섯 명을 만났다.

토요일 아침에 워런은 제너럴 리의 경영진 세 명을 플라자 호텔에 있던 자기의 스위트룸으로 불렀다. 론 퍼거슨은 파워포인트로 작성한 문건을 가지고 와서 제너럴 리가 기록한 끔찍한 결과를 보고하기 시작했다. 이 보고를 듣는 그는 눈살을 찌푸리며 안절부절못했다. 결국 그는 그냥 결론으로 넘어가자고 했다. 결과를 개선해야 한다. 권한과 책임선을 강화해야 한다. 무엇보다도 고객이 가장 우선이다. 이제 계속 반복되는 잘못은 끝내야 한다. 그리고 누군가는 책임져야 한다. 그런 내용이 논의되었다.[22]

퍼거슨더러 그만 물러나라는 말이 목구멍까지 올라왔지만 늙은 경영자에게 특히 마음이 약했던 워런은 끝내 이 말을 하지 못했다. 그는 퍼거슨에게 동정심이 일었다. 퍼거슨은 1999년 말에 지주막하 출혈(뇌 표면의 지주막과 연막 사이에 발생한 출혈—옮긴이)을 겪었다. 얼마 뒤, 어딘지 원기가 없고 상태가 좋지 않아 보이던 퍼거슨은 사임하겠다고 했지만 그는 안 된다고 했다. 그는 나이가 들었다는 이유로 일선에서 물러나야 한다는 생각에는 반대였다. 버크셔 해서웨이의 자회사를 경영하는 사람들 가운데는 나이 많은 사람들이 많았다. 대표적으로 'B 부인' 로즈가 그랬다. 그녀는 세상을 뜨기 한 해 전인 백세 살까지 일했다. 로즈가 사망한 뒤 그는 작은 체구에 신랄한 말을 서슴없이 내뱉는 그녀를 그리워했다. 그러면서도 한편 그녀가 비경쟁 조항을 어기지 않은 것에 크게 안도하는 마음도 있었다. 로즈의 정정한 모습을 보면서 그는 로즈보다 오래 사는 걸 목표로 삼았었다. 그냥 몇 년 더가 아니라 5년은 더 살고 싶었다. 한때 로즈가 자기보다 더 오래 살지도 모른다고 생각했던 그는 버크셔 해서웨이의 간부들이 나이가 많다는 사실이 늘 자랑스러웠다. 자기 회사의 이사들이 점점 더 미 연방 대법원의 대법관들을 닮아간다는 사실 또한 자랑스러웠다.

몇 주 뒤에 그는 게이츠 부부, 샤론 오스버그와 함께 저녁을 먹은 뒤 브리지 게임을 했다. 이때 워런의 램프 요정이 그의 어깨 뒤에서 이 게임을 지켜보고 있었다고 치자. 이 요정은 물론, 자기 육체를 평생 타고 다녀야 하는 자동차처럼 소중하게 여겨서 작은 흠집 하나가 나더라도 당장 고쳐야 한다고 학생들을 가르쳤던 그의 말을 잘 기억할 터였다. 그는 질문을 받고서 쇳소리 나는 목소리로 자기는 조는 게 아니라며, 그저 괜찮다는 말만 반복했다. 하지만 그는 브리지 게임을 즐기고 있는 게 아님이 분명했다. 오스버그는 그가 상당한 고통을 느끼고 있다는 사실을 눈치 챘다. 오스버그가 이런 사실을 게이츠 부부에게 알렸고, 두 사람은 워런이 손사래를 쳤지만 무시하고 곧바로 의사를 불렀다.[23]

의사는 그가 대장 내시경 검사를 받은 적이 한 번도 없다는 것에 깜짝 놀랐다. 의사는 그가 별 고통 없이 집으로 돌아갈 수 있게 우선 진통제를 주고는, 오마하에 돌아가거든 대장 내시경 검사를 비롯해서 전체적인 검진을 꼭 한 번 받으라고 신신당부했다.

램프의 요정은 주의가 깊지 않았던 모양이다. 하워드 버핏은 결장암을 가지고 있었고 이로 인한 합병증으로 사망했다. 그렇다면 도대체 워런은 예순아홉 살이라는 나이에 무슨 생각으로 대장 내시경 검사를 한 번도 받지 않았을까? 이건 확실히 평생을 타야 하는 자동차처럼 자기 육체를 돌보는 태도가 아니었다.

한 달 뒤, 버크셔 해서웨이 주가는 5천 달러 가까이 회복해서 6만 달러까지 올라갔다. 〈포천〉은 워런이 1999년에 '신의 손길'을 잃긴 했지만 버크셔 해서웨이 주식이 3월의 최저점에서 47퍼센트 가까이 회복한 일을 놓고 볼 때 그가 '훌륭하게 부활'했다고 썼다.[24] 하지만 그에게는 다른 여러 방면에서 부활이 필요했다.

그는 생각만 해도 끔찍한 일을 언제 치를 것인지 날짜를 잡았다.[25]

요로 결석으로 고생한 게 불과 한 달 전이었다. 병원에 들락거리는 일이 부쩍 잦아진 셈이었다. 하지만 대장 내시경 검사는 '일상적'인 것이라고 생각할 수 있었다. 그는 전화 통화를 하면서 그리고 브리지 게임을 하면서 이런 사실을 잊으려고 노력했다. 컴퓨터로 헬리콥터를 조종하는 게임을 하기도 했다. 사람들이 코앞에 닥친 검사에 대해서 물으면, 이렇게 대답하곤 했다.

"난 조금도 걱정하지 않습니다."

하지만 정작 검사를 받고 난 뒤에는 충격을 받았다. 꽤 큰 양성 용종이 대장에 자라고 있었던 것이다. 이 용종이 차지하고 있는 부피가 상당히 되어, 제거하려면 제법 많은 대장을 함께 잘라 내야만 했다. 그 외에도 작은 용종이 여러 개 있었지만 심각한 정도는 아니었다. 그는 선 밸리 컨퍼런스가 끝난 뒤로 수술 날짜를 잡았다. 7월 말이었다.

"걱정은 전혀 하지 않아요."

워런은 농담을 하면서 이렇게 말했다. 그리고 심장 검사 결과가 좋다는 사실을 강조했다.

"난 내 건강에 대해서는 전혀 걱정하지 않습니다. 사람들이 이 문제를 들먹이지 않았으면 아마 거기에 대해서 생각조차 안 했을 겁니다."

하지만 이번에는 건강과 관련해서 보도자료를 냈으며, 여기에는 자세한 사항이 담겨 있었다.

버크셔 해서웨이(뉴욕증권거래소: BRK.A, BRK.B)의 워런 E. 버핏 회장은 다음 달 오마하의 한 병원에 입원해서 대장에 난 양성 용종 여러 개를 제거하는 수술을 받을 예정이다. 이 용종들은 버핏 씨가 일상적인 검진을 받던 도중에 발견되었는데, 이 사실을 제외하고는 그의 건강은 매우 양호하다. 수술을 받은 뒤 병원에 며칠간 입원해 있을 예정이며, 그 후 퇴원해서 빠르게 업무에 복귀할 것으로 예상한다. 올해 초에 버핏 씨의 건강과 관련된 허위 소문들이 돌아서 시장에 혼란을 일으킨 일이 있었는데, 이런 일을 미연에 방지하기 위해서 버크셔 해서웨이는 이와 같이 보도자료를 발표한다.[26]

수술은 몇 시간 동안 진행됐고, 이 과정에서 그의 대장 38센티미터가 잘려 나갔으며 몸에 수술 자국도 18센티미터나 남았다. 그는 집에서 한 주 동안 회복기를 가졌다. 그동안 난생처음으로 턱수염을 길렀다. 사무실에 출근하지는 않았지만 전화로 많은 이야기를 했는데, 그의 목소리는 쇠약하게 들렸다.

아뇨, 천만에요. 난 은퇴하지 않습니다. 나는 지금 완벽할 정도로 좋습니다. 살이 조금 빠졌습니다만, 어차피 몸무게를 좀 빼야 했어요. 애스트리드가 잘 돌봐주고 있고요. 뭘. 의사들 말로는 먹고 싶은 건 뭐든 먹어도 된다는군요. 그건 그렇고, 내가 병원에 갈 때는 콜론('colon'은 '대장'이라는 뜻과 구두점의 하나인 ':'이라는 뜻을 동시에 가지고 있다-옮긴이)을 가지고 있었는데 돌아올 때는 세미콜론밖에 없었다는 이야기를 내가 했었나요?

재발에 대한 걱정은 없는지 묻자 그는 이렇게 대답했다.

전혀요. 난 그런 걱정을 전혀 하지 않습니다. 잘 아시잖아요, 내가 무엇이든 걱정 따위는 하지 않는다는 거. 그런데 참, 그 마취과의사가 예전에 내 골프 가방을 들어주던 캐디더란 말 내가 했었나요? 그래서 그 사람이 나한테 마취 주사를 놓기 전에 내가 이런 말을 했어요. 예전에 내가 팁을 넉넉하게 줬기를 바란다고요.

버크셔 해서웨이가 발표한 보도자료는 용종이 양성으로 판명되었고 추가로 치료할 필요는 없다는 것만 밝혔었다. 하지만 이런 발표에도 불구하고 인터넷과 월스트리트에는 온갖 소문이 돌았다. 그가 암에 걸린 게 분명하다는 이야기도 있었다. 용종 정도면 굳이 수술할 필요가 없다는 말이었다. 하지만 워런 버핏은 전혀 아프지 않았고 자기가 늙었다는 느낌도 전혀 가지고 있지 않았다. 자기는 여전히 어릴 적 별명 그대로 '파이어볼트'라고 생각했다.

　그러나 덤덤하게 치료를 견뎌낸 이후로, 그의 건강은 한계를 드러내기 시작했다. 불멸의 삶을 얻고자 하는 그의 분투는 언젠가 끝날 터였다. 그토록 외면하던 질문들이 이제 그를 정면으로 바라보고 있었다. 버크셔 해서웨이와 그는 마음속에서 온전하게 하나였기 때문에, 그의 본성의 모든 것은 이런 상황을 거부했다. 그 질문들 가운데 많은 것은 자기보다 오래 살 게 분명한 수지에게 달려 있었다. 그는 사람들에게 수지가 모든 것을 잘 관리하고 돌볼 것이라고 말했다.

55

마지막 케이 파티

워런이 콜론 대신 세미콜론을 얻어 가지고 왔을 무렵, 인터넷 열기는 부메랑이 되어 돌아왔다. 닷컴 회사들은 어느 날 갑자기 죽어가고 있었다. 아르주닷컴 Arzoo.com, 부닷컴 Boo.com, 대시닷컴 Dash.com, 이토이즈닷컴 eToys.com, 플루즈닷컴 Flooz.com, 푸두닷컴 FooDoo.com, 후크트닷컴 Hookt.com, 립스트림닷컴 Lipstream.com, 페이퍼플라이닷컴 PaperFly.com, 페츠닷컴 Pets.com, Wwwrrrr.com, 수마닷컴 Xuma.com, 징닷컴 Zing.com 등이 그런 회사들이었다.[1] 나스닥 주식은 최고점을 기준으로 했을 때 절반도 되지 않는 가격에 거래되고 있었다. 오래된 예전 주식들은 여전히 기절 상태였다. 연방준비제도는 다시 한번 금리를 내리기 시작했다. 하지만 워런의 명성은 다시 살아나기 시작했다.

그는 투자 기회가 다시 열리자 버크셔 해서웨이에 넘쳐나던 자금으로 개인 회사와 파산한 회사, 눈에 띄지 않는 회사를 마구 사들였다. 매우 높은 위험을 다루는 보험사 'U.S. 라이어빌러티U.S. Liability', 또 하나의 보석 회사 '벤 브리지Ben Bridge',[2] '애크미 브릭Acme Brick'과 '토니 라마Tony Lama' 그리고 '노코나 부츠Nocona Boots'의 모회사인 '저스틴 인더스트리즈Justin Industries',[3] 세계 최대 카펫 회사인 '쇼Shaw'[4], '벤저민 무어 페인트Benjamin Moore Paint'[5] 등을 인수했다. 또한 가정용 건축 자재를 만드는 '존스 맨빌Johns Manville'을 샀으며[6] 하이테크 철강 부품 제조업체인 '마이테크Mitek'를 샀다.[7] 이렇게 많은 회사를 인수했지만 2000년 말 기준으로 버크셔 해서웨이는 여전히 수십억 달러의 여유 자금을 보유하고 있었다. 끊임없이 현금을 만들어 내는 이 놀라운 회사의 지하실, 서까래, 벽, 굴뚝, 지붕 등에는 여전히 남아도는 자금이 덕지덕지 붙어서 마땅한 투자 대상을 기다리고 있었다.[8]

워런이 1999년에 선 밸리 컨퍼런스에서 했던 연설을 통해 예견했던 불길한 시장 전망이 맞아떨어졌음이 증명되었다. 그는 다시 주주들에게 보내는 편지에서 설교를 늘어놓았다. 그의 편지는 이제 전 세계적인 미디어 행사로 자리 잡았다. 인터넷으로 게재된 이 편지를 읽으려고 기다리던 사람들 때문에 편지를 게재하겠다고 예고한 토요일 아침에 버크셔 해서웨이의 웹사이트는 거의 다운될 정도로 붐볐다. 그는 이 편지에서 인터넷의 탄생은 냉소적인 자본가들이 쉽게 속는 사람들의 '희망을 화폐로 만드는' 기회였다고 적었다. 그러면서 다시 한번 선 밸리 연설에서 언급했던 이솝 우화를 꺼냈다. 인터넷에 투자하는 것은 숲에 있는 새 여러 마리를 잡으려고 손 안에 있는 새 한 마리(오늘의 현금)를 놓아주는 것이라고 했다. 이렇게 해서 엄청난 규모의 부가 이동했고, 그 결과 극히 소수만이 그 혜택을 보았다.

선동꾼들은 부끄러운 줄도 모른 채 새 한 마리 없는 숲을 팔아넘김으로써 최근 몇 년 동안 대중의 호주머니에서 수십억 달러를 털어 자기들 지갑 속에 (그리고 자기 친구들 및 관련된 일당들의 지갑 속에) 챙겼습니다. (……) 투기는 가장 쉬워 보일 때 가장 위험한 법입니다.[9]

사람들은 그의 말에 귀를 기울였고, 2001년 주주 총회에서는 다시 사람들이 모여들었다.

버크셔 해서웨이의 엄청난 재산 가운데 적은 일부는 '질레트'의 흑자 전환에서 비롯되었다. 워런은 기존의 CEO 마이크 홀리를 내보내고 짐 킬츠를 CEO로 임명하는 데 일조했다.[10] 이런 일이 있기 직전인 2000년 말에는 코카콜라의 새로운 CEO인 더그 대프트가 '퀘이커 오츠Quaker Oats'를 인수하려고 할 때 다시 한번 이사로서 목소리를 높였다. 그를 비롯한 몇몇 이사들이 대프트의 이런 시도에 힘을 실어주지 않았고, 결국 그 거래는 무산되었다. 하지만 코카콜라에서 만일 퀘이커 오츠 인수와 같은 변화가 있었다고 한들 과연 코카콜라가 달라질 수 있었을지는 미지수였다. 어쨌거나 기존의 햄 샌드위치를 다른 햄 샌드위치로 바꾸는 것만으로는 코카콜라의 주가를 끌어올리는 데 전혀 도움이 되지 않았다.

워런은 2001년에 다시 선 밸리에 돌아왔고, 이것은 그가 주먹으로 탁자를 내리칠 수 있는 또 한 차례의 기회였다. 하지만 걸프스트림 제트기들이 헤일리에 속속 도착한 뒤, 선 밸리 로지로 향하는 기업의 수장들은 각자 마음속에 어떤 거래와 관련된 생각을 품고 있었다. 온갖 소문들도 무성했다. 소문은 대부분, 케이블 자산을 적대적으로 인수하려는 '컴캐스트Comcast'와 맞서서 싸우던 AT&T와 관련된 것이었다.

역사상 처음으로 선 밸리 인 앞의 잔디 광장에 TV 방송국마다 설치한 수많은 텐트들이 군도(群島)처럼 펼쳐져 있었다. 마치 영화 촬영

현장처럼 조명기나 은박지 반사판, 프로듀서들, 카메라맨들, 각 부문의 보조자들, 분장 담당자들, 기자들이 모두 CEO들을 붙잡고 인터뷰할 기회를 기다리면서 더욱더 그럴듯한 소문들을 무성하게 피워낼 준비를 하고 있었다. TV 카메라들은 오리 연못 주변을 맴돌았고, 기자들은 그들의 연설이 끝난 후 원하든 원하지 않든 간에 최고경영자들을 향해 달려들었다. 기자들은 그 거래에 관여한 것으로 추정되는 회사 사람들을 뒤쫓았다.

금요일 오후, 이제 여든네 살의 나이로 예전에 비해 한결 평화롭게 지내던 캐서린 그레이엄은 브리지 게임을 한 뒤, 선 밸리를 돌아다닐 때 쓰는 작은 골프 카트를 타고 자기 콘도로 돌아갔다. 키가 크고 여전히 호리호리한 몸매를 지닌 그녀는 양쪽 고관절을 모두 인공물로 대체하고 있었는데, 한쪽이 다른 쪽에 비해서 기능이 부실했다. 사람들 눈에 그녀는 매우 지치고, '기력이 쇠퇴해 가는' 것처럼 보였다. 하지만 그녀는 그해에 자기가 얼마나 멋진 나날들을 보내는지 모른다는 말을 줄곧 하고 있었다.

워런에게 많은 도움을 받으면서 모자가 함께 일으킨 회사는, 신문업에서 나오는 수익이 점차 악화되던 시기였음에도 불구하고 재정적인 측면에서나 저널리즘적인 측면에서 모두 성공을 거둔 기업의 대명사가 되어 있었다. 케이는 선 밸리 컨퍼런스가 자기가 좋아하는 수많은 사람을 특유의 방식으로 한자리에 모은다는 게 좋았다. 애초에 앨런은 수행자 한 명을 붙여서 그녀를 따라다니게 했었는데, 케이는 이 배려를 뿌리쳤다. 그래서 컨퍼런스 기간 내내 그녀는 아들 돈이나 'USA 네트워크스USA Networks' 회장이자 절친한 친구 배리 딜러의 부축을 받으며 다녔다. 하지만 골프 카트를 타고 콘도로 돌아가던 그때는 혼자였다.

수지 버핏과 수지 버핏 주니어는 자기들 차에 있다가 케이를 보고는, 케이가 자신들을 볼 수 없는 직원 전용 주차장에 차를 세웠다. 거기에서 두 사람은 케이가 콘도의 계단 네 칸을 걸어 올라가는 걸 지켜보았다. 케이는 당시에 혈전 생성 억제제인 쿠마딘을 복용하고 있어서 만약 넘어지기라도 하면 심각한 출혈을 일으킬 위험이 높았다. 그녀는 난간을 붙잡고 기대었다. 어쩐지 불안해 보인다 싶었지만 별일 없이 안으로 들어갔다.[11]

케이는 오후가 되면 골프장과 주변의 산들이 훤히 보이는 와일드 플라워 콘도의 외부 데크에 앉아서 〈워싱턴 포스트〉를 읽곤 했는데, 패션디자이너 다이앤 본 퍼스텐버그가 케이 그레이엄을 위해 그곳에서 여성들만의 연례 칵테일파티를 열었다. 이 파티는 선 밸리의 전통 행사로 자리 잡았다. 수지 버핏은 씨즈캔디의 막대사탕을 가지고 왔고, 그 자리에 참석한 사람들은 모두 케이 주변에 모여서 막대사탕을 입에 물고 사진을 찍었다.[12] 얼마 뒤에 돈 커우와 다이앤의 남편 배리 딜러, '뉴스 코퍼레이션News Corporation'의 CEO 루퍼트 머독 등을 비롯한 여러 남자들이 쳐들어와서 돈 그레이엄과 합류했다.

토요일 이른 아침. 청중들은 인텔의 이사회 의장 앤디 그로브가 '잠시 멈춘 인터넷'이라는 제목으로 하는 연설을 들으려고 자리를 잡았다. 그로브의 연설이 끝난 뒤 사회를 맡은 댄 소여는 이베이의 메그 휘트먼, 소니의 CEO 하워드 스트링어, 'AOL 타임 워너AOL Time Warner'의 스티브 케이스 등의 패널에게 '미국의 맥박, 당신은 어떻게 찾을 것인가?'에 대한 질문을 했다. 한쪽에서는 영상 기록물을 만든다며 촬영하고 있었고, 또 기자들은 USA 네트워크스, AOL 타임 워너, 디즈니, '차터 커뮤니케이션스Charter Communications' 혹은 이들 가운데 어떤 조합이 'AT&T 브로드밴드'와 손잡을 것이라는 소문을 퍼뜨리는 가운데서[13] 선 밸리는 마치 중학교의 구내식당처럼 시끌벅적했다. 참석자들 대부분은 TV 방송국의 텐트가 사라져 버렸으면 좋겠다고 생각했다.

다이앤 소여에 이어서 워런이 다시 한번 연단에 오르게 되어 있었다. 2000년 3월에 주식시장이 정점을 찍은 이후로, 주식시장에서는 4조 달러나 되는 자산 가치가 증발한 상태였다.[14] 최소한 11만 2천 명의 닷컴 기업 직원들이 해고되었다.[15] 한편, 살아남은 인터넷 회사들은 청년기로 접어들고 있었다. 그러니 이제 아무리 그라도 인터넷 주식이 과대평가되었다는 말은 하지 않을 것이라고 일부에서는 예측했다. 사람들은 다들 그가 이제는 그만 약세 시장 전망을 거두어 주길 기대했다.

하지만 그가 제시한 그래프는 청중들의 기대를 배반했다. 그 그래프는 아직도 시장의 자산 가치가 실물 경제의 가치보다 3분의 1이나 부풀려져 있다고 주장했다. 그가 주식을 사겠다는 기준보다 한층 높았던 것이다. 시장이 현대의 금융시장에서 보여 주었던 역사적인 수준보다 더 높았다. 심지어 1929년 대거품의 정점 수준보다도 더 높았다. 사실상 그 그래프는 경제 가치가 두 배로 뛰거나 혹은 시장의 자산 가치가 절반 가까이 줄어야 비로소 그가 주식을 신나게 사들일 것임을 의미했다.[16] 2년 동안 불황을 겪었으며 심지어 나스닥은 절반 가까이 떨어졌음에도 불구하고 자기는 여전히 주식을 사지 않겠다는 입장이라고 했다. 그리고 아마도 다음 20년 동안 주식시장은 (배당금까지 모두 포함한다 하더라도) 연평균 약 7퍼센트 미만으로 성장할 것이라고 전망했다.[17] 이 수치는 그가 2년 전에 말했던 것보다 겨우 약 1퍼센트밖에 높지 않았다. 실망스러운 메시지였다. 특히 곧 일흔한 살 생일을 앞두고 있던 그에게는 더욱 그랬다. 그가 계속 유지하고 싶어 했던 수익률 기록이라는 점에 비추어 봐도 역시 실망스러웠다.

"시장이 이런 식으로 진행되어서는 안 됩니다. 하지만 이것이 바로 시장이 진행되는 현실입니다. 여러분이 모두 기억해야 하는 현실이기도 하고요."

그가 슬라이드 하나를 스크린에 쏘았다.

무엇이든,
영원히 계속되지 못하는 것은
결국 종말을 맞는다.
— 허버트 스타인[18]

많은 사람이 깜짝 놀라고 진지해졌지만 깊은 인상을 받은 것만은 분명했다. 이와 관련해서, 최고점에서 한 주에 113달러에 거래되다가 당시 17달러에 거래되던 '아마존닷컴'의 CEO 제프 베이조스는 다음과 같이 말했다.

"기본적으로 워런의 말에 귀를 기울여야 합니다. 워런이 말했던 몇몇 내용은 정말 뼈가 아프게 고통스러웠습니다. 그러나 맹세코 그 사람은 천재고, 지금까지 볼 때 그 사람 말은 모두 옳았습니다."[19]

연설을 마친 뒤, 워런은 허버트 앨런의 콘도 뒤 데크 위에 처놓은 차일 아래에서 점심을 먹으면서 사람들이 건네는 축하인사를 받으며 즐거워했다. 그 자리에는 케이 그레이엄 모자를 포함해서 백 명 가까운 사람들이 모여 있었다. 그는 멕시코 대통령 빈센테 폭스와 함께 있었는데, 이 사람을 멕시코의 대통령으로서가 아니라 '코카콜라의 전직 CEO'로서 대하며 이런저런 경제 이야기를 나누었다.[20] 그런 다음 골프를 치러 갔다.

케이 그레이엄은 골프 카트를 타고 카드 게임을 하려고 브리지 룸으로 갔다. 얼마 동안 카드를 친 뒤 그녀는 좀 불편하다면서 자기 방에 가서 쉬겠다고 했다. 그러고는 비서에게 전화해서 그런 뜻을 알렸다. 비서는 지시대로 그녀의 콘도 바로 옆에 붙어 있던 허버트 앨런의 콘도에서 대기하고 있었다. 케이는 밖으로 나가서 골프 카트를 몰아 혼자서 자기 콘도로 돌아갔다.

케이가 콘도로 돌아온다는 연락을 받은 비서는 2분에 한 번씩 창문 밖을 바라보며 그녀가 오는지 확인했다. 언제 와 있었는지 케이의 골프 카트가 바깥에 서 있었다. 그런데 카트가 비어 있었다. 비서는 놀라서 밖으로 뛰쳐나갔다. 케이는 계단을 다 올라와서 정신을 잃고 문 앞에 쓰러져 있었다. 비서가 계단을 뛰어 올라와서 그녀를 불렀지만 아무 대답도 없었다. 비서는 다급하게 고함을 질러 허버트 앨런을 불렀다.[21] 몇 분 뒤에 응급 의료진이 도착했고 돈 그레이엄이 골프장에서 허겁지겁 달려왔다. 돈은 자기가 어떤 결정을 내릴 때 곁에서 도움말을 해줄 누군가가 필요했다. 그래서 워런에게 와줄 수 있느냐고 물었다. 그는 못 하겠다고 대답했다.[22] 저명한 신경외과 의사인 그리피스 하시가 10분 거리의 케첨에 있는 세인트 루크St. Luke 병원에서 CAT 스캔(컴퓨터 체축 단층 촬영 - 옮긴이)을 확인하겠다면서 돈과 함께 나갔다.[23] 하시는 이베이의 CEO 메그 휘트먼의 남편이었다.

수지 주니어가 병원으로 자동차를 몰고 가서 돈과 허버트 앨런을 만났다. 수지 주니어는, 자기 아버지는 긴급한 의료 관련 상황에서 어떤 결정을 내리거나 적절하게 행동할 수 있는 사람이 전혀 아니라는 걸 잘 알고 있었다. 그 누구도 그에게 그런 역할을 기대할 수는 없었다. 수지가 1997년에 심장 카테터 삽입 수술을 받을 때 워런은 수지 곁을 지키려고 비행기를 타고 샌프란시스코로 갔었다. 그런데 캐슬린 콜이 전화해서 수지가 괜찮을 것 같다고 하자 워런은 곧바로 비행기를 돌리라고 해서 오마하로 돌아왔다. 그 뒤로도 수지는 장 유착이나 장 폐색과 같은 고통스러운 증상으로 여러 차례 응급실로 실려 갔다. 1999년에는 담낭을 제거하는 수술까지 받았다. 이럴 때마다 워런은 단 한 번도 자기 아내 곁을 지키지 않았다. 아내를 위해 병원에 가야 한다는 심리적인 고통을 도저히 견디지 못했기 때문이다.[24]

하시 박사는 돈과 함께 세인트 루크 병원에 도착했고 케이는 곧 CAT 스캔 검사를 받았다. 검사 결과를 본 하시는 이렇게 말했다.

"케이를 중증외상센터로 옮겨야겠습니다."

병원 헬리콥터가 케이를 보이시(아이다호주의 주도 – 옮긴이)에 있는 세인트 앨폰서스 리저널 메디컬 센터로 이송했다. 허버트 앨런이 돈과 수지 주니어가 보이시까지 갈 수 있도록 비행기를 마련해 주었다. 잔디 깎는 차량보다 조금 더 큰 비행기였는데 청바지와 티셔츠를 입은 카우보이 두 명이 조종했다.

한편 이런 일이 진행되는 동안 워런은 자기 콘도로 돌아가 있었다. 아내 수지는 그리스에서 열리는 어떤 결혼식에 참석해야 한다면서 그날 아침 일찍 떠나 이런 상황에 대해서 전혀 알지 못했다. 피터와 제니퍼, 호위와 데번은 선 밸리에 남아 있었는데, 피터와 호위가 잠시 워런 곁에 와주었다. 하지만 그런 순간에도 워런은 자식들에게 자기감정을 있는 그대로 드러내지 못했다. 너무도 어색해서 도저히 그렇게 할 수가 없었다. 샤론 오스버그는 선 밸리에 없었다. 물론 애스트리드도 없었다. 아내와 딸도 가까이 없었다. 자기 곁에서 케이의 소식을 기다리는 사람은 빌 게이츠와 멜린다 게이츠, 론 올슨과 제인 올슨 그리고 수지 주니어의 남자친구뿐이었다. 이들이 그에게 해줄 수 있는 거라고는 다른 이야기들을 많이 해서 케이와 관련된 생각이 그의 의식을 사로잡지 못하도록 하는 것뿐이었다. 얼마 뒤 수지 주니어가 보이시에서 전화했다. 곧 수술에 들어갈 것이라고 했다. 그것뿐이었다.[25]

케이를 태운 이동침대가 수술실로 들어갔다가 다시 나왔다. 자정 무렵 하시 박사가 돈과 수지 주니어에게 와서 상태가 상당히 심각하다면서 CAT 스캔을 한 번 더 해봐야겠다고 말했다. 케이를 태운 이 동침대는 다시 수술실로 들어갔다. 그리고 케이의 손목시계를 수지 주니어에게 건넸다. 이 순간 수지 주니어는 가슴이 철렁 내려앉는 느낌을 받았다.[26]

새벽 2시쯤, 보이시에서 별다른 소식이 없었기 때문에 워런은 잠자리에 들기로 했다. 다른 사람들도 모두 돌아갔다.

그리고 한 시간 반쯤 지났을까, 의사들은 케이를 집중치료실로 보냈다.

"어떤 일이 일어날지는 우리도 장담할 수 없습니다."

의사들이 한 말이었다. 수지 주니어는 워런을 전화로 깨웠다. 그리고 가족 모두 비행기를 타라고 했다. 워런은 모든 가족에게 전화를 걸어 떠날 준비를 하라고 일렀다.

두 시간 뒤, 넷제츠의 비행기가 보이시에 도착했다. 워런은 수지 주니어에게 전화해서 자기는 도저히 병원에 들어갈 수 없을 것 같다고 했다. 하지만 딸은 아버지에게 반드시 와야 한다고 말했다. 돈이 거의 정신이 나간 상태여서 반드시 워런이 곁에 있어줘야 한다는 것이었다. 그리고 설령 케이가 워런을 볼 수 없고 또 의식조차 하지 못한다 하더라도 워런이 곁에 있다는 사실을 무의식적으로는 감지할 것이라고 했다. 수지 주니어가 워낙 완강하게 주장하는 바람에 워런은 마지못해 그러겠다고 했다.

병원에 도착하자 수지 주니어가 1층 로비에서 맞았다. 아버지가 워낙 겁을 먹고 있어서 살살 구슬려야 한다는 사실을 딸은 잘 알고 있었다.

"위층으로 올라가야 해요. 자, 가요."

딸은 아버지를 집중치료실로 데리고 갔다. 울어서 얼굴이 벌겋게 된 돈 그레이엄이 홀로 자기 어머니 병상을 지키고 있었다. 케이는 핏기가 하나도 없고 의식도 없이 누워 있었고, 케이의 몸과 연결된 모니터링 장치들은 작은 불빛을 깜박이며 미세한 소음을 내고 있었다. 케이의 입에는 산소마스크가 씌워져 있었다. 워런과 돈은 서로 껴안고 흐느꼈다. 이윽고 돈의 누나 랠리 웨이마우스가 병실에 도착했다. 수지 주니어는 워런을 데리고 아래층으로 내려갔다. 이제 그들이 할 수 있는 일은 없었다. 케이의 나머지 자식들이 속속 보이시에 모여드는 걸 바라보면서 버핏 부녀는 오마하로 돌아왔다. 슬픈 비행이었다.[27]

이틀 뒤, 케이가 사망했다는 소식이 전화로 날아왔다. 워런은 이미 랠리에게 장례식에서 추모 연설을 하지 못할 것이라고 얘기해 뒀다. 대신 빌 게이츠와 함께 내빈 안내를 맡기로 했다. 집에 있을 때는 애스트리드가 워런을 정성껏 보살폈다. 사무실에 나가서는 일에 흠뻑 빠졌다. 일하지 않을 때는 샤론이 그와 함께 브리지 게임을 해주었다. 브리지 게임을 하지 않을 때는 컴퓨터로 헬리콥터 조종 게임을 했다. 그는 케이의 죽음이 안겨준 충격과 공포를 잊을 수 있는 것이라면 무엇이든 다 했다. 그 일이 일어난 현장에 케이와 함께 있지 않았던 일. 앰뷸런스, 헬리콥터, 수술을 받을 것이라는 수지의 전화. 콘도에서 소식을 기다리다가 한밤중에 걸려온 수지의 전화를 받고 아무것도 모른 채 비행기를 탔던 일. 병원 로비에서 위층으로 올라가서 보았던 창백한, 미동도 하지 않은 채 힘겹게 호흡하던 케이의 모습. 언제나 침착하던 돈 그레이엄이 그처럼 넋을 놓아버렸던 일. 이제 다시는 보지 못하게 될 케이를 뒤로하고 오마하로 돌아오던 그 참혹했던 여행. 그리고 이 모든 일이 벌어지는 동안 아내 수지가 자기 곁에 없었던 것. 이 모든 일들이 그렇게 행복하던 때에 급작스럽게 벌어졌다. 이제 케이는 없다. 이제 더는 케이 파티도 없다. 영원히……

하지만 케이 그레이엄이 사망한 바로 다음 날 워런은 일정대로 조지아대학교의 테리 경영대학원에서 연설을 했다. 그는 연단에 올라 갔다. 뻣뻣한 회색 양복을 입었고, 평소보다는 조금 어색해 보였다. 그의 목소리는 숨소리가 함께 섞여서 조금은 거슬리게 들렸다.

마이크 테스트, 백만, 2백만, 3백만.

이 말은 늘 그렇듯이 청중으로부터 웃음을 유발하기 위해 계산된 것이었다. 계산대로 학생들 사이에서 웃음이 터져 나왔다. 이어서 그는 네브래스카의 미식축구팀을 소재로 농담 두 개를 했지만, 평소답지 않게 농담의 핵심 구절을 서둘러 말하는 바람에 기대했던 큰 웃음은 이끌어 내지 못했다. 하지만 그때 이후로는 제대로 흐름을 잡아 갔다.

사람들은 내게 이런 질문을 합니다. 자기들이 어떤 곳에서 일하면 좋겠느냐고요. 그러면 나는 늘 이렇게 대답합니다. 각자 가장 존경하는 사람이 있을 텐데 그 사람 밑에서 일하라고요.

그러고는 시간과 인생을 낭비하지 말라고 힘주어 말했다.

그저 이력서에 채워 넣기 좋다는 이유 하나만으로 이도저도 아닌 일을 하는 건 정말 미친 짓입니다. 그건 마치 노년에 대비해서 성생활을 저금하듯 아끼는 것이나 마찬가지입니다. 여러분이 정말 하고 싶은 것을 하십시오. 그리고 여러분이 가장 존경하는 사람을 위해서 일하십시오. 그러면 여러분 스스로에게 인생 최고의 기회를 가져다 주게 될 겁니다.

학생들은 워런에게 그동안 저지른 실수들로는 어떤 게 있느냐고 물었다. 그는 첫 번째로 꼽는 실수가 버크셔 해서웨이라고 대답했다. 잘못된 직물 공장을 회생시키려고 20년 세월을 보냈기 때문이다. 두 번째는 US 에어라고 했다. 사지 말았어야 했는데, 항공사 투자 중독 상담 핫라인에 미처 전화하지 못해서 그랬다고 했다. 세 번째는 젊은 시절에 싱클레어 주유소를 샀던 일을 꼽았다. 이 실수로 자기가 손해 본 금액을 제대로 투자했을 경우로 환산하면 약 60억 달러에 이른다고 했다.

　　하지만 자기가 할 수 있었음에도 불구하고 하지 않았던 실수들이 두고두고 후회된다고도 말했다. 그 가운데 딱 하나를 학생들에게 언급했다. '연방저당공사FNMA: Federal National Mortgage Association'의 주식을 사지 않은 것이었다. 그 대가로 그는 50억 달러의 수익을 날려버렸다고 했다. 또 다른 실수들도 있었다. 톰 머피가 그에게 매각하려고 했던 TV 방송국도 그냥 넘겨버렸고, 월마트에도 투자하지 않았다. 이처럼, 당연히 했어야 함에도 불구하고 빠뜨리고 말았던 실수를 저지른 가장 큰 이유는 인생에 대해서 너무 조심스럽게 접근했기 때문이라고 그는 설명했다.

　　그전에도 실수에 대해서 여러 차례 이야기했었지만 무언가를 빠뜨리는 실수담을 이야기하더라도 사업이나 투자 분야에 대해서만 이야기했지, 그밖의 영역에서 저지른 실수에 대해서 그는 입을 열지 않았다. 개인적인 삶에서 무언가를 빠뜨리는 실수, 요컨대 부주의하거나 태만하거나 기회를 놓치는 일은 그의 주변에 널려 있었다. 집중하기 때문에 나타나는 부작용이라고 할 수도 있었다. 하지만 이 실수들은 그에게 그림자와 같은 존재로, 그를 아주 잘 아는 사람들에게만 보이는 것이었다. 이런 이야기는 한다고 하더라도 오로지 개인적인 자리에서만 했다.

그는 학생들에게 소위 '스무 차례 투자 사용권Twenty Punches' 투자법을 설명했다.

여러분이 어떤 투자 사용권을 가지고 있다고 칩시다. 이 카드는 평생 스무 번밖에 투자하지 못하는데 어떤 투자 관련 결정을 한 차례씩 할 때마다 이 카드의 사용 권한이 한 번씩 줄어든다면, 여러분은 아마 훨씬 더 현명한 결정을 내릴 것이고 부자가 될 겁니다. 섣불리 혹은 장난스럽게 투자 결정을 하지 않을 테니까, 또 훨씬 더 큰 결정을 내릴 테니까 말입니다.

워런은 평생 이 투자법을 원칙으로 삼았다. 될 수 있으면 가볍게 결정을 내리지 않았다. 같은 집에서 살았고, 같은 아내와 50년을 지냈으며, 파남가에서 애스트리드와만 살았다. 부동산이나 그림, 자동차 혹은 부를 상징하는 것들을 사고팔 생각을 하지 않았다. 새로운 경력을 쌓으려고 이 도시에서 저 도시로 떠돌지도 않았다. 그중 어떤 것들은 자신감으로 충만한 사람에게는 쉬운 일이었다. 어떤 것들은 습관에서 비롯된 것이기도 했다. 또 어떤 것들은 그냥 가만히 내버려두고 증가시켜 가고자 하는 천성에서 비롯된 것이기도 했다. 어떤 것들은 관성의 지혜에서 비롯된 것이기도 했다. 그가 누군가에게 자기 사용 권한을 한 번씩이라도 빌려준 경우, 그 사람은 그의 한 부분이 되었으며 그 결정은 영원히 계속되었다. 이런 영원성에 조금이라도 금이 가는 것을 그는 극도로 견디기 힘들어했다.

며칠 뒤, 경찰은 워싱턴국립대성당으로 몰려들 인파를 염두에 두고 아침 일찍부터 인근 도로의 교통을 차단했다. 밝은 청색 하늘을 배경으로 보이는, 가고일 형상으로 장식된 성당의 공중버팀벽 실루

엣은 장엄한 느낌을 주었다.[28] 방송국 직원들은 국가 원수급으로 꾸려진 장례식이라는, 정성을 들인 대규모 행사의 면면들을 담으려고 한창 준비 중이었다. 아침 늦은 시각에 〈워싱턴 포스트〉 직원을 태운 버스들이 하나씩 도착했다. 상원의원들을 태운 성조기 무늬의 버스가 도착했고, 승용차와 리무진에서 내린 사람들이 무리를 지어서 모여들었다. 장례식장의 앞자리는 점차 빌 클린턴과 힐러리 클린턴 부부나 딕 체니와 린 체니 부부와 같은 저명인사들로 채워졌다. 이들 외에도 저명인사들은 수두룩했다. 대법원 판사들인 루스 베이더 긴즈버그와 스티븐 브레이어, 유명 언론인 찰리 로즈, 톰 브로코, 마이크 월리스, 테드 코펠, 〈USA 투데이〉 발행인 앨 뉴하스, 연방준비제도이사회 의장 앨런 그린스펀과 그의 아내이자 언론인인 안드레아 미첼, 편집자 티나 브라운, 상원의원 테드 케네디, 하원을 대표해서 참석한 엘리너 홈스 노턴 등이 그런 인물이었다.[29] 수백 명을 넘어 수천 명의 인파가 거대한 청동 출입문을 통해 실내로 들어왔고, 실내에는 내셔널 심포니 오케스트라와 케네디 센터 오페라 하우스 오케스트라 브라스 앙상블의 연주 소리가 울려 퍼졌다. 이 성당이 역사상 이처럼 많은 사람을 한꺼번에 수용한 적은 없었을 것 같았다.[30]

검은 양복에 흰색 셔츠를 입은 수천 명의 남자들은, 이 장례식에 참가한 여성들을 돋보이게 하려고 점묘화가가 (몬드리안 그림의 그리드 배경처럼) 검은색과 흰색의 점으로 묘사한 점묘 배경이 되었다. 여성들이 입은 옷은 가지각색이었다. 하운드투스 격자무늬에 청색과 백색의 줄무늬가 있는 박직 리넨, 우아한 흰색 면 블라우스에 검은색 정장, 재킷에 검은색 민소매 시스 드레스 혹은 맨팔에 검은색 민소매 시스 드레스, 검은색 스웨터에 흰색 치마, 스위스 모슬린 위에 받쳐 입은 검은색 재킷 혹은 검은색과 흰색의 물방울무늬 드레스 등등으로 다양했다. 여성들이 머리에 쓴 모자도 다양했다. 망사가 드리워진 작은 검은색 모자, 애스컷에서 '숙녀의 날'에 어울렸음직한 검은색과 흰색이 섞인 챙 넓은 여성 모자(영국 버크셔에 있는 유명한 경마장 애스컷히스에서 6월 셋째 주에 열리는 애스컷 경마 때 '숙녀의 날'인 목요일에는 여성들이 독특하고 화려한 모자를 쓴다 – 옮긴이), 면사포가 달린 검은색 보닛 등등. 성당은 온갖 진주들로 넘쳤다. 후추 알갱이처럼 작은 것에서부터 샴페인 마개처럼 거대한 것까지 다양했다. 희거나 검은 진주들 수백 개가 여성들의 목과 손목과 귓불에 달려 있었다. 그리고 이들은 란제리 끈에서부터, 커튼을 몰아서 매는 끈, 혹은 일등상을 묶는 리본에 이르기까지 다양한 폭의 진주 팔찌나 목걸이를 하고 있었다. 이 모든 것에 들어간 섬세한 손길들은 오랜 세월 세상에 경외심을 일게 했던 여성에게 그녀의 삶을 기리며 바치는 노력이었다. 이로 인해 장례식은 가장 웅대하고 장엄하며 두 번째이자 마지막 흑백 무도회가 되었다(소설가 트루먼 카포티가 1966년 11월 뉴욕 플라자호텔에서 정재계·문화계 유명 인사들을 대상으로 주최하여 세간의 이목을 집중시킨, 유명한 흑백 드레스코드 무도회에 케이 그레이엄이 주빈으로 선정되어 참여한 바 있다 – 옮긴이).

장례식이 시작되었고 워런과 빌 게이츠가 멜린다 게이츠 옆자리에 앉았다. 음악이 울리기 시작했다. 역사학자 아서 슐레진저, 헨리 키신저, 벤 브래들리 그리고 케이 그레이엄의 자식들이 추모 연설을 했다. 끝 부분에 가서 전직 상원의원 존 댄포스가 길고 긴 연설을 했다. 댄포스는 케이 그레이엄이 종교 이야기를 많이 하지는 않았지만 신앙을 가진 사람이면 마땅히 살아야 할 그런 삶을 살았다고 말했다.

"케이는 자기가 세상에서 가장 막강한 힘을 가진 여성이라는 생각을 버린 채 살았습니다. (……) 특히 워싱턴에서는 수많은 사람이 뽐내며 으스댔지만, 케이는 그러지 않았습니다. (……) 우리는 이기심으로는 인생에서 승리할 수 없습니다. 인생의 승리는 오로지 대의에 자기를 바친 사람만이 얻을 수 있습니다. 자기를 높이는 자는 낮아지고 자기를 낮추는 자는 높아지리라는 것은 성서의 가르침이고 진실입니다. 우리 모두가 배워야 할 교훈이지요. 케이는 그런 삶을 살았습니다."

멜린다 게이츠가 눈물을 훔쳤고, 그 옆의 빌 게이츠 건너에 앉아 있던 워런은 슬픔에 짓이겨져 마치 동상에 걸린 것 같은 얼굴로 멍하게 앉아 있었다. 검은색과 흰색으로 된 예복을 입은 성가대 합창단이 모차르트의 음악을 노래했다. 케이 그레이엄의 시신이 담긴 관을 운구하는 사람들이 조심스럽게 천천히 성당 통로를 따라서 바깥으로 나가기 시작했고, 장례식 참석자들은 〈아름다운 아메리카〉를 불렀다. 가족들은 운구 행렬을 따랐고, 이 행렬은 성당에서 오크힐 공동묘지까지 이어졌다. 오크힐 공동묘지는 케이의 집에서 보면 길 바로 건너편에 있었다. 케이는 오래전에 세상을 떠난 남편 곁에 묻혔다.

장례식이 끝난 뒤, 이른 오후부터 400명 넘는 조문객이 그레이엄의 집을 찾았다. 사람들은 뒷마당으로 가서 조문객을 접대하는 케이 그레이엄의 자녀 및 손주 들과 이야기를 나누었다. 차일 아래에는 뷔페 음식이 차려져 있었고, 사람들은 한 입 샌드위치며 얇게 썬 햄, 안심 살코기를 먹었다. 사람들은 케이와의 추억을 되새기기 위해서 수영장 곁을 느릿하게 지나서 실내로 들어갔다. 그리고 거실에 섰다. 레이건 대통령이 실수로 얼음통을 쏟은 뒤에 직접 무릎을 꿇고 얼음을 주웠던 바로 그 자리였다. 사람들은 또 마지막으로 서재에서 책과 장식용 물품들을 바라보았다. 그레이엄 부인이 펜타곤 문서 내용을 신문에 실을지 말지 고민했던 바로 그 서재였다. 사람들은 금빛 방의 벽 곳곳에 장식되어 있는 나폴레옹이 새겨진 도자기 앞에서도 걸음을 멈추었다. 벽 옆으로는 원탁이 놓여 있었다. 케네디부터 클린턴에 이르는 미국의 여러 대통령들이 식사했던 바로 그 자리였다. 재클린 오나시스부터 다이애나 왕세자비까지 모두 캐서린 그레이엄이 초대하면 어김없이 참석했었다.[31] 그 집은 바로 역사 그 자체였다.

워런 버핏은 기억에 담아두기 위해 마지막으로 케이의 집을 둘러 보았다. 하지만 오래 머물지는 않았다. 서둘러 떠났고, 다시는 돌아 가지 않았다.[32]

오후의 태양이 점점 서쪽으로 기울자 캐서린 그레이엄의 친구들 과 찬미자들은 그녀에게 작별인사를 했다. 이들은 미술품으로 장식 된 긴 복도를 걸어 여러 개의 방들을 지나갔다. 그녀가 그토록 자주 자기들을 위해서 파티를 열어주었던 소중한 추억이 어린 공간이었 다. 정원을 거쳐 바깥으로 나온 사람들은 발걸음이 떨어지지 않는 듯 천천히 케이의 마지막 파티에서 물러났다. 사람들이 탄 자동차가 자 갈이 깔린 길을 따라 달렸다. 다시는 오지 못할 마지막 길이었다.

56

부자에 의한, 부자를 위한

오마하, 2001년 7월~2002년 7월

워런은 혼자서 네브래스카로 돌아왔다. 깨어 있는 모든 시간 동안, 마지막 1분까지도 다른 생각을 하려고 애썼다. 사무실에 들어오는 금융 관련 보고서는 하나도 빼놓지 않고 다 읽었다. 〈파이낸셜 타임스〉, 〈뉴욕 타임스〉, 〈월스트리트 저널〉을 읽고 CNBC 방송을 보았다. 전화로 사람들과 통화했다. 일이 끝난 뒤 저녁에는 브리지 게임을 했다. 뉴스를 찾아 인터넷 서핑을 하거나 사이사이 컴퓨터로 헬리콥터 조종 게임을 했다.

한 주 뒤 그는 전화 통화를 하다가 울었다. 크게 꺼이꺼이 흐느끼고, 목이 메고, 헐떡거리며 우느라 숨이 가빴다. 저수지의 둑이 터지듯 막혀 있던 슬픔이 한꺼번에 쏟아졌다.

슬픔의 격류가 한 차례 휩쓸고 지나간 뒤에 그는 이내 말할 기력을 되찾았다. 그리고 케이의 장례식에서 자기가 직접 추도사를 하지 않은 게 후회된다고 했다. 젊은 시절 무대공포증을 없애려고 온갖 노력을 아끼지 않았던 자기가 케이를 위해서만큼은 꼭 나섰어야 했는데, 그러지 못했다는 사실이 가슴에 사무쳤다. 하지만 후회하고 재고할 일은 그것 말고도 많았다. 나중에 그는 슬픈 목소리로 말했다.

만일 내가 그날 케이와 함께 브리지 게임을 하기만 했어도 그런 일은 일어나지 않았을 텐데……. 내가 그 골프 카트를 운전해서 콘도까지 데려다 줬어야 했는데, 그랬으면 죽지 않았을 텐데…….

케이는 콘도로 가는 계단을 혼자서 올라갔었다. 케이가 심장 발작으로 쓰러져 숨졌는지, 아니면 넘어진 바람에 숨졌는지는 아무도 몰랐다.

워런은 자기가 케이를 지켜줄 수 있었는데 그렇게 하지 못했다는 자책감에 시달렸다. 자기가 함께만 있었어도 케이가 허망하게 가버리지는 않았을 것이라는 생각이 문득문득 그의 머리에 떠올랐다.

여러 주가 지났지만 케이의 죽음이 언급되기만 하면 그의 눈에서는 눈물이 주르르 흘렀다. 그가 마음을 추스를 때까지 대화는 중단되었다. 그런 다음에야 그는 마치 꺼졌던 모터가 다시 돌아가기라도 하듯 얼굴이 밝아지고 다른 화제로 넘어갔다.

8월 한 달 동안은 일이 많아서 그는 그 비극에서 놓여날 수 있었다. 그는 열 번째이자 마지막으로 9월에 개최될 오마하 클래식 자선 골프 대회를 계획하고 있었다. 게다가 프랑스의 비아리츠에서 열릴 버핏 그룹의 모임도 10월로 예정되어 있었다. 그사이에 워런은 수지와 함께 와이오밍의 코디로 날아가서, 쇼숀강의 노스 포크에 있는 허버트 앨런의 목장 'J-9'에서 긴 주말 휴가를 보냈다.

그는 사실 목장에 가느니 차라리 서부영화 한 편을 보는 게 좋았다. 그러나 선 밸리에서처럼 코끼리 박치기도 하고 자기가 좋아하는 사람들도 만날 겸 해서 와이오밍으로 갔다. 코디에서 그는 아내와 함께 여유 있고 느긋하게 시간을 보냈다. 여기에서 함께 어울린 사람들은 미디어 업체 CEO 배리 딜러와 그의 아내 다이앤 본 퍼스텐버그, 돈 커우와 미키 커우, 영화감독 마이크 니콜스와 아나운서인 그의 아내 다이앤 소이어, 영화감독 겸 제작자 시드니 폴락과 배우 캔디스 버겐, 인텔의 이사회 의장 앤디 그로브와 그의 아내 에바 등이었다.

버핏 부부는 이곳에 저녁 늦게 도착하는 바람에 오두막집을 가운데 두고 빙 둘러싸고 있는, 손으로 팬 삼나무로 만든 통나무집들 중 하나에서 하룻밤을 보냈다. 버핏 부부는 다음 날 아침을 먹으면서(사실 그에게 아침이라는 것은 전날 저녁에 디저트로 먹다가 남긴 음식이었다) 먼저 온 사람들과 인사를 나누었다. 그리고 나머지 시간 동안 중앙 회관격인 오두막집이나 자기 숙소인 통나무집에서 느긋하게 뒹굴면서 책을 읽고 인터넷으로 브리지 게임을 하고 앨런이 자기를 위해 인터넷에서 출력해 놓은 신문을 읽었다. 다른 사람들은 앨런 목장의 말을 타고 협곡 오솔길을 따라서 엘크와 사슴을 구경하러 나섰다. 몇몇 사람은 산악자전거 타기에 도전하기도 했고 목장을 가로질러 흐르는 강에 낚시를 하러 가기도 했다. 그는 이 모든 일정에서 빠졌다. 하지만 식사시간이 되면 어김없이 오두막집에 있는 대형 직사각형 탁자 앞에 앉았다. 손님들도 모두 짙은 색 가죽 가구들과 토머스 하트 벤턴과 프레더릭 레밍턴의 낭만적이면서도 소박한 전원 풍경화들에 둘러싸인 채 탁자에 앉았다. 저녁식사 자리에서는 그가 대화를 이끌었다. 정치 이야기를 하고 돈 이야기를 하고 세상 돌아가는 이야기를 했다. 다른 사람들이 생선과 닭고기와 사냥을 해서 잡은 짐승과 샐러드를 먹을 때, 코디의 요리사는 커다란 고깃덩어리로 그의 입맛에 맞

추려고 진땀을 흘려야 했다.[1]

저녁을 먹은 뒤 앨런의 친구 앨 오에를이 피아노 앞에 앉았다. 손님들은 캔디스 버겐의 노래책에서 거슈윈(1898~1937년. 미국의 작곡가-옮긴이), 어빙 베를린(1888~1989년. 시베리아에서 태어나 어릴 때 미국으로 이주한 작곡가-옮긴이), 콜 포터(1891~1964년. 미국의 작곡가-옮긴이) 등의 노래를 불렀다. 수지는 몇 차례 독창을 했다. 워런은 우쿨렐레를 연주했고, 해마다 그랬듯이 시드니 폴락과 함께 이중창으로 《1941년 히트곡 퍼레이드》에 수록된 형편없는 노래 〈헛섯 송 The Hut-Sut Song〉을 불렀다. 이 노래를 듣는 사람들은 언제나 고개를 절레절레 저었다. 그 바람에 그는 더욱더 기를 쓰고 이 노래를 부르려고 했다.

헛섯 롤슨 실개천에서 시끌시끌 시끄러워
헛섯 롤슨 실개천에서 시끌 시끄러워[2]

코디에서 돌아오면서 그의 여름 휴가는 끝났다. 몇 주만 더 있으면 그의 생일이었다. 그는 애써 무관심한 척했지만 내심 상당히 두려웠다. 우선 친구들이 보내주는 카드와 편지와 선물이 있었다. 최근 들어서는 모르는 사람들까지 합세한 바람에 해마다 생일을 몇 주 앞둔 시점부터 수백 건이나 되는 카드와 편지와 선물들이 키위트 플라자의 사무실로 폭주했다. 그는 원래 싫증을 내는 사람이 아니었지만, 억만장자의 마음을 생일 선물로 설레게 하기란 애초부터 어려운 일이었다. 나이를 한 살 더 먹는다는 게 반갑지도 않거니와 무언가를 더 가진다는 데 아무런 욕심도 없었기 때문이다. 그는 카드와 편지를 모두 고맙게 여겼다. 특히 자기가 살아온 삶의 지나간 한 단편들을 생각나게 해주는 독특한 어떤 것에 감동하곤 했다. 코카콜라와 관련된 기념품들, 네브래스카 미식축구팀의 포스터, 깃발, 퀼트, 그림, 콜라주, 다른 유명인사들과 함께 찍은 사진 등으로 사무실 복도와 벽이 빼곡히 차 있었다. 생일날은 차분하게 보냈다. 보통 가족과 몇몇 친구들과 함께 올리브 가든Olive Garden 같은 곳에서 저녁을 먹는 게 고작이었다.

그해 생일을 맞으면 워런은 일흔한 살이었다. 그는 자기가 일흔한 살이란 걸 믿을 수 없었다. 마흔 살도 지나고 쉰 살도 지나고 예순 살도 지났으며 이제 일흔 살까지 지났다는 사실을 도저히 믿을 수 없었다. 하지만 그해에는 특히 더 생일을 생각하고 싶지 않았다. 케이가 죽은 뒤로 시간이 빠르게 흐른다는 사실을 새삼스럽게 또 확인하고 싶지 않았던 것이다.

다행스럽게도 그해에는 지역의 여러 시설들을 지원할 목적으로 그가 후원하는 연례행사인 오마하 클래식 골프 대회가 생일 바로 직후에 있었다. 그건 자습시간 뒤의 꿀 같은 휴식시간 같은 것이었다. 기업의 CEO들과 사회 저명인사들, 친구들과 친척들, 그가 즐겨 어울리는 사람들이 오마하 컨트리클럽에 와서 골프와 테니스를 즐길 예정이었다.[3] 이 행사에 참석하는 손님들은 그에게 주주들이나, 주주총회에 참석하러 오는 사람들이나, 버핏 그룹의 구성원들이나 마찬가지로 또 하나의 소중한 수집 대상이었다. 행사일이 다가오면서 직원들은 손님 목록을 정리하고, 비행기 편을 마련하는 등 수송 계획을 짜고, 손님들에게 대접할 음식과 여흥거리 계획을 짜느라 정신이 없었다. 그는 이 행사의 세세한 사항들, 예컨대 누가 참석하고, 이번에 참석하는 손님이 예전에는 몇 차례나 왔고, 누가 처음 참석하고 또 이 행사를 통해서 자선 기금을 얼마나 모을 수 있을지 등을 궁금해했으며, 그런 호기심을 하나씩 채우는 즐거움을 누렸다.

손님은 대부분 월요일 저녁에 도착해서 오마하 컨트리클럽에서 저녁을 먹으면서 아카데미상 수상자인 싱어송 라이터 마빈 햄리시가 진행하는 여흥 프로그램을 즐겼다.[4] 햄리시는 해마다 피아노 앞에 앉아서 요청하는 사람을 위해 즉석에서 신청자 개인의 노래를 만들 어 줬다.

마빈은 골프를 치지 않았습니다. 몇 년 전부터 그 대회에 참석하 긴 했죠. 그리고 마빈은 리틀 수지를 좋아합니다. 리틀 수지도 마빈 을 좋아하고요. 마빈은 이런 말을 했습니다. '일찍 오는 사람들을 위 해서 전야 행사로 내가 작은 공연 같은 거 하면 안 될까요?'라고요. 그런데 이 행사가 우리 골프 대회에서 최고의 프로그램이 되었습니 다. 마빈에게 이렇게 말한다 칩시다. '3번 우드로 칠 때 제발 빌어먹 을 훅이 좀 안 나오면 좋겠다'. 그러면 이게 노래가 되어서 나옵니다. 사람들은 이런 노래가 대충 아무렇게나 만든 거라고 생각했습니다만, 절대로 그렇지 않았습니다. 마빈 앞에서 '우리 장모님이 식당에서 일 회용 설탕을 훔치다니, 도저히 믿을 수가 없네요'라고 말해 보세요. 30초 뒤에 마빈은 그 내용을 넣어서 뚝딱 노래 한 곡은 만듭니다.

다음 날 아침이 밝았다. 하늘은 티 한 점 없이 푸르렀다. 8시경, 워 런의 전화가 울렸다. 〈월스트리트 저널〉에서 버크셔 해서웨이를 담 당하던 기자 데번 스퍼전이었다.
"세상에 워런, TV 한번 켜보세요."
그는 TV를 켜서 뉴스 채널로 돌렸다. 전화선 너머 반대쪽에서는 스퍼전을 포함해서 여러 사람이 끔찍한 사고 화면을 TV로 지켜보고 있었다. 비행기 사고처럼 보이는 장면이었다. 세계무역센터 북쪽 건 물 상단이 들쭉날쭉 뚫린 채 화염을 뿜어내고 있었다. 그런데 비행기 한 대가 나타나더니 세계무역센터 남쪽 건물을 들이받았고, 비행기 와 건물은 마치 폭탄이 터지듯이 거대한 불꽃을 일으키며 폭발했다.

사람들은 침묵 속에서 TV 화면만 바라보았다. TV에서는 똑같은 장면을 계속해서 보여주고 있었다. 비행기가 방향을 꺾어 날아와서 건물을 들이받는다, 비행기가 방향을 꺾어 날아와서 건물을 들이받는다…….

"데번, 세상이 바뀌었네요."

그는 스퍼전이 현재 어떤 건물에 있는지 물었다. 시카고의 시어스 타워에서 두 구역 떨어진 건물이었다. 그는 그녀에게 그 건물도 안전한 곳이 아니라고 일렀다. 〈월스트리트 저널〉의 뉴욕 본사 건물은 세계무역센터 건물 앞 길 건너편에 있었다. 두 사람은 〈월스트리트 저널〉 직원들이 곧바로 건물에서 나와야 하며 또한 취재를 계속해야 한다는 점을 놓고 이야기했다. 통화하는 과정에서 스퍼전은 워런이 가장 빠르게 사고하고 가장 이성적으로 문제를 해결하는 모드로 바뀌는 것을 알 수 있었다.

워런이 전화 통화를 마칠 무렵, 연방항공청은 미국 공항의 모든 비행기 운항을 중지시켰다.[5] 몇 분 뒤에 아메리칸 에어라인 77편 비행기가 펜타곤 건물에 추락했다. 다시 15분 뒤, 백악관 인력이 비상 대피하던 시각 워런은 이런 와중에도 제너럴 리에 전화해서 자기 일정을 챙겼다. 다음 날 그곳 직원들 앞에서 연설할 계획이었기 때문이다. 전화로 그는 공항이 열리고 비행기 운항이 정상적으로 회복되면 예정대로 코네티컷에 갈 것이라고 일렀다.[6] 제너럴 리와 코네티컷에 있는 이웃인 아지트 제인의 버크셔 리는 둘 다 테러에 의한 잠재적인 손실을 보증하는 국제적인 보험사였다. 그 시기에 그들을 만남으로써 워런은 결정적인 시기에 갑작스럽게 중요하게 떠오른 쟁점들에 대해서 경영진들과 이야기를 할 수 있었다.

워런이 제너럴 리와 업무의 세부 계획을 논의하는 동안, 화염에 휩싸여 있던 남쪽 건물이 붕괴했다. 펜타곤 건물의 일부도 붕괴했다.

얼마 뒤에는 유나이티드 에어라인 93편 여객기가 펜실베이니아의 생크스빌에 추락했다. 그 뒤 30분에 걸쳐서 정부 건물들에서 긴급 대피가 진행됐고, 세계무역센터 북쪽 건물도 붕괴했다. 뉴욕증권거래소는 문을 닫았고, 시민들은 로어 맨해튼의 자욱한 연기와 잔해 먼지 구름을 피해 대피했다.

오마하에서 골프 대회에 참가했던 사람들은 비록 사건이 벌어진 뉴욕에서 많이 떨어진 곳에 있긴 했어도 거의 모두가 그 사건에 어떤 식으로든 영향을 받았다. 많은 사람의 친구나 친척, 이웃 혹은 사업 때문에 만나는 사람들이 붕괴된 두 건물에서 일하고 있었기 때문이다. 대회 진행 요원들은 손님들이 필요로 하는 것을 돌보거나 제공했다. 세계무역센터에 본사를 둔 회사로 '피듀시어리 트러스트Fiduciary Trust'가 있었는데 이 회사의 CEO인 앤 탯로크는 오마하의 골프 대회에 참석했다가 사건 소식을 듣고는 일정을 전폐하고 호텔 객실에 틀어박혀 여기저기 쉴 새 없이 전화를 하며 나머지 시간을 보냈다.[7] 이 회사 직원 백 명가량이 실종된 것으로 드러났다. 물론 버크셔 해서웨이도 미국 전역에 직원들을 두고 있었는데, 다행히도 단 한 명의 직원도 잃지 않은 것으로 확인되었다. 잃은 건 돈뿐이었다.

어떤 사람은 당장 골프채를 집어던지고 오마하를 떠나려고 했지만 모든 공항이 폐쇄된 상태라 쉽지 않았다. 몇몇은 자동차를 빌려서 서둘러 떠나기도 했다. 나머지 사람들은 그냥 오마하에 머물렀는데, 워런이 모욕감을 느끼지 않도록 하려는 배려에서 그런 사람도 있었고 달리 선택할 여지가 없어서 그런 사람도 있었다.[8] 라디오 해설자인 러시 림보는 대회에 참가하려고 오마하로 오던 중에 비행기를 돌려서 뉴욕으로 돌아갔다.[9]

이런 극단적인 상황에서 엄청난 스트레스를 받으면서도 워런은 그런 것과 별개로 자기 일정을 예정대로 소화했다. 진행되고 있던 작은 회사 인수 건을 마무리했고 '홈데포Home Depot'의 CEO 밥 나델리와 만나기로 되어 있던 일정을 예정대로 진행했다.[10] 그러고는 오마하 골프장에 모습을 드러냈다. 백 명 가까운 손님이 골프장을 서성이거나 햄버거와 아이스크림 따위로 식사를 하고 있었다. 워런은 모든 건 예정대로 진행될 것이지만, 손님들은 대회와 상관없이 각자 해야 하거나 혹은 하고 싶은 일이 있으면 해도 된다고 말했다. 사람들은 골프장 여기저기를 서성이면서 전화를 하거나 TV를 보며 새로운 소식에 귀를 기울였다. 토니 페사벤토나 게리 위렌 같은 지역 프로 선수들은 점심을 겸한 골프 교습을 진행했으며, 대회는 그야말로 초현실적인 분위기 속에서 계속 진행되었다. 워런은 골프 카트를 타고 미리 계획된 티샷 지점들을 부지런히 돌며 손님들이 자기와 함께 사진을 찍을 수 있도록 했다.[11] 낯선 정적 같은 게 대회 내내 따라다녔다. 마치 진주만이 습격당했던 날에 열린 유명인사들의 골프 대회 같았다. 사실 워런이나 그 대회에 참석한 손님들 가운데 어느 정도는 진주만을 기억했고 그 사건의 여파가 어떤 것이었는지도 기억했다. 이들은 쉽게 흥분하는 그런 유형이 아니었다. 대부분은 저명한 기업가들로, 스트레스와 압박에 단련된 사람들이었다. 또한 재앙이 코앞에 닥치더라도 침착함과 평정을 잃지 않는 것은, 일할 때면 당연히 정장 차림에 넥타이를 매야 하는 것만큼이나 중요하다고 생각하는 세대에 속한 사람들이었다.

워런은 자동적으로 정치인처럼 행동했다. 매끄럽고도 부드러운 평정심을 유지한 채 일상적으로 하던 일을 계속했다. 하지만 그의 머릿속은 전혀 평온한 상태가 아니었다. 테러 집단의 위협, 대량 살상 무기, 이런 것들이 경제에 미칠 영향 등 온갖 생각이 바쁘게 돌아갔다.

그는 대부분의 다른 사람들보다 더 많이 이런 사태를 대비하고 있었다. 이미 테러의 위험을 줄곧 생각해 왔던 그였다. 5월에 그는 제너럴 리와 버크셔 리에게 테러 위협에 집중적으로 노출되어 있는 건물이나 고객에 대한 보험 계약을 줄이라는 지시를 했었다. 언제나 그랬던 것처럼 그는 잠재된 재앙의 가능성을 측정해 보았던 것이다. 미국이 무해한 곳이라는 그의 믿음은 산산이 깨졌다. 이 과정에서 실제로 그는 엄청나게 많은 고객이 엄청나게 큰 위험에 노출될 수 있는 복합 건물의 사례로 세계무역센터 건물을 지목하기도 했었다.[12] 1990년대 말과 2000년대 초에 테러의 위협이 점차 커지고 있다는 사실이 공공연한 비밀이 되었을 때, 이런 위험에서 버크셔 해서웨이를 보호하고자 했다는 점은 그에게 놀라운 선견지명이 있었음을 말해준다. 이런 모습은 다른 보험사에서는 쉽게 찾아보기 어려웠다.[13]

워런은 그날 종일, 저녁식사 후에 사람들에게 무슨 말을 할까 생각했다. 문 닫은 주식시장이 재개되자마자 주가가 곤두박질칠 건 뻔했다. 정부는 보이지 않는 적과 접전을 벌일 터였다. 이 모든 상황이 어떤 의미를 띠는지 사람들에게 이야기해야겠다고 마음먹었다.

그날 저녁식사 자리에 참석한 손님들은 대형 TV로 부시 대통령의 연설을 들었다. 그리고 워런의 연설을 들었다. 워런은 테러를 전통적인 방식의 전쟁과 대비하면서 이야기를 풀었다.

테러리스트들은 매우 유리한 지점에 서 있습니다. 시간과 장소와 방법을 모두 자기들이 선택하니까요. 미치광이가 휘두르는 폭력에서 스스로를 지키기란 매우 어렵습니다. (……) 이건 시작에 불과합니다. 우리는 우리의 적이 누구인지도 모릅니다. 이제 우리는 그림자와 싸워야 합니다. 그림자는 한두 개가 아니라 여러 개일 수도 있습니다.[14]

다음 날 아침에 그리고 며칠 뒤까지도, 남아 있는 손님들이 모두 오마하를 떠날 때까지 버핏 일가 사람들은 식사 모임과 테니스 경기와 골프 경기를 주선했다.[15] 그사이에 제한적인 범위에서나마 비행이 재개되었다. 로어 맨해튼 지역의 정리가 진행되고 뉴욕시티 전역에 실종자를 찾는 전단이 나붙는 와중에, 워런은 자기가 가지고 있는 전국적인 명성을 이용해서 미국을 위해 무엇을 할 수 있을지 곰곰이 생각했다. 주식시장은, 대공황 이후 가장 오래 문을 닫았다는 기록을 뒤로하고 다시 문을 열 참이었다. 워런은 전직 재무부 장관인 로버트 루빈, 제너럴 일렉트릭에서 최근에 사임한 CEO 잭 웰치와 함께 TV 프로그램인 〈60분 60 Minutes〉에 출연하기로 했다. 미국 사람들은 다른 누구보다도 그를 투자와 주식시장에 대한 전문가로 바라볼 터였다. 일요일 저녁에 방송된 이 프로그램에서 그는 주식을 팔지 않을 것이라고 말했다. 주가가 충분히 내려가면 오히려 사겠다면서 미국의 경제가 테러리스트의 공격이 일으킨 파문을 극복해 낼 능력을 가지고 있다고 확신한다고 했다. 그즈음 워런 버핏은 정직한 인물로서 명성이 확고했다. 주식시장에 관심 있는 사람이라면 누구나 수십 년 동안 쌓인 그의 그런 명성을 익히 알고 있었다. 그가 무슨 말을 하면 사람들은 그가 진심으로 이야기한다고 생각했다. 물론 그는 선 밸리에서, 시장의 자산 가치가 절반 가까이 더 떨어져야 정상이며 그때가 되어야 비로소 신나게 주식을 살 것이라고 한 적이 있었다. 그랬기 때문에, 주가가 충분히 떨어진다면 매입자로 돌아서겠다고 말할 때 눈치 빠른 사람은 그가 진심을 이야기한다는 걸 알았다. 하지만 그들 역시 '충분히'가 '엄청나게 많이'를 의미하는 것을 알았다.

다음 날 다우지수는 7퍼센트인 684포인트가 떨어졌다. 하루 낙폭으로는 사상 최대 규모였다. 연방준비제도는 금리를 50베이시스 포인트(담보, 채권, 어음 등의 산출을 견적할 때 쓰는 기본 단위로, 1/100퍼센트 포인트-옮긴이) 내리면서 주가 하락을 막으려고 나섰지만 그 주가 끝날 무렵 다우지수는 14퍼센트 이상 떨어졌다. 주간 하락폭으로는 역시 사상 최대 규모였다. 하지만 주가가 3분의 1이나 떨어졌던 1987년에 비하면 투자자들의 자산 하락폭은 절반 규모였다. 주식시장이 다시 열리자마자 가장 심각한 손실을 입을 것으로 예상되던 보험사와 항공사 중심으로 매도 주문이 집중되었던 것이다. 아무것도 알 수 없는 상태에서 어둠 속을 더듬어서 합리적인 예측을 하려고 애쓸 때보다는 그래도 공황의 정도가 덜했다.

폭탄에 대한 불안이 계속되는 가운데 맨해튼 전역에 바리케이드와 새로운 검문소들이 설치되었고 버핏 그룹의 비아리츠 여행 모임도 취소되었다. 워런은 버크셔 해서웨이 산하의 보험사들에게 지시를 내려 손실을 계산하라고 했다. 초기에 산정한 내용으로 버크셔 해서웨이는 23억 달러의 손실을 입은 걸로 드러났는데, 이 추정치는 나중에 약간 더 높게 수정되었다.[16] 이런 규모의 손실은 그때까지 있었던 지진이나 허리케인, 토네이도 등의 자연재해에서 비롯된 손실의 몇 배나 되는 어마어마한 규모였다. 그리고 전체 손실 가운데 17억 달러가 제너럴 리에서 나왔다.

충분히 많은 손실을 보았고, 더는 손실을 볼 수 없었다. 워런은 주주들에게 보내는 편지를 써서 웹사이트에 올렸다. 이 편지는 제너럴 리가 '보험 심사의 기본 규칙'을 어겼다고 통렬하게 비판했다. 여태까지 워런이 버크셔 해서웨이가 거느리는 자회사의 경영진을 공개적으로 비판한 적이 한 번도 없었기에, 모든 사람이 다 볼 수 있게 웹사이트에 게재한 이 편지는 제너럴 리의 이마에 주홍 글씨를 새기는 것이나 다름없었다. 이제 제너럴 리는 위태로운 상황에 놓였다. 워런은 제너럴 리를 결코 포용할 수 없었고, 제너럴 리는 나쁜 사례의 표본으로 길이 남을 회사인 살로먼 브라더스의 재판이 될 위기를 맞았다.

1987년의 주가 폭락 이후 그리고 롱텀캐피털의 붕괴 이후 연방준비제도는 주식시장에 돈이 쉽게 돌게 하려고 7주 동안 금리를 세 차례나 내렸었다. 그런데 이제 공황을 예방하기 위해서 다시 한번 유례없는 수준으로 금리를 내려야 했다. 연방준비제도의 역할은 은행권의 유동성을 유지하는 것이었다. 하지만 이번에 다시 금리를 내리면 3년 동안 금리를 인위적으로 낮게 유지한 셈이었다.[17] 저금리 자금 덕분에 테러가 일어난 지 한 달 뒤 주식시장은 충분히 활력을 회복했다. 시장가치 1조 3,800억 달러를 회복했던 것이다. 하지만 대격변이 끝나려면 아직 멀었다. 시장은 여전히 불안했다. 9·11 사건 몇 주 뒤에 미국과 영국이 아프가니스탄에 침공한 결과가 불확실하다는 점이 부분적으로는 이런 불안을 조장했다. 그런데 11월 에너지를 거래하던 회사 '엔론Enron'이 아직도 남아 있던 1990년대의 주식시장 거품을 바늘로 찔러서 터뜨렸다. 쪼그라들긴 했지만 여전히 터지지 않고 남아 있던 거품이었다. 법무부의 개입이 이루어지는 가운데 엔론은 분식회계 여파 속에서 파산했다.

엔론은 극단적이긴 했지만 유일한 사건이 아니었다. 과도한 주식시장 거품, 회사의 경영진이 자행한 자기 회사 약탈 행위는 일련의 회계 부정 및 증권법 위반 사건으로 터졌는데, 엔론 외에 '월드콤WorldCom', '아델피아 커뮤니케이션스Adelphia Communications', '타이코Tyco', '임클론ImClone' 등의 회사들도 그런 부정을 저질렀다. 2002년 초에 뉴욕의 주 정부 검찰총장이던 엘리엇 스피처는 월스트리트의 은행들이 인터넷 버블 시기 동안에 편향된 조사 정보 내용을 바탕으로 기업 공개를 하는 방법으로 주가를 부풀렸다는 혐의를 잡고 기습적으로 수사에 착수했다.[18] 투자자들이 경영진이 내놓는 수치들을 신뢰하지 못하게 되면서 주식 및 채권에 대한 평가는 파탄을 맞았다.

버크셔 해서웨이의 최대 기회는 언제나 불확실성의 시기에 찾아왔다. 다른 회사들이 올바른 판단을 하고 실천할 수 있는 통찰력과 자원과 불굴의 용기가 없을 때가 버크셔 해서웨이에게는 기회였다. 이와 관련해서 워런은 다음과 같이 말했다.

위기 상황에서 현금이 용기와 결합할 때 이것의 가치는 무한합니다.

이제 다시 워런 버핏의 시기가 찾아왔다. 평범한 기백의 소유자라면 손들고 말았을 테지만, 워런은 키위트 플라자에 진눈깨비처럼 내릴 이런 종류의 기회를 오랜 세월 동안 기다려 왔다. 그가 가지고 있는 모든 능력이 한꺼번에 작동하는 것 같았다. 그는 상당한 양의 정크본드를 버크셔 해서웨이 이름으로 매입했는데, 이는 꽁초 같은 역할을 하게 된다. 또 그는 속옷과 캐주얼 의류 제조업체인 '프루트 오브 더 룸Fruit of the Loom'을 인수했는데[19] 이때 이런 말을 했다.
"우리는 대중의 엉덩이를 가려줍니다."
액자 제조업체인 라슨 줄Larson-Juhl도 인수했다. 버크셔 해서웨이의 자회사 미드아메리칸 에너지는 내부적으로 고통을 겪고 있던 '윌리엄스 컴퍼니즈Williams Companies'에 투자하고 이 회사가 가지고 있던 컨 리버 파이프라인Kern River Pipeline을 사들였다.[20] 버크셔 해서웨이는 어린이 의류업체인 '개런Garan'도 인수했다. 또 하나의 불안한 에너지 관련 회사 '다이너지Dynegy'로부터 노던 내추럴 가스Northern Natural Gas 파이프라인도 샀다.[21] 얼마 뒤 미드아메리칸 에너지는 윌리엄스 컴퍼니즈에 추가로 자금을 투자했다.[22] 이 회사는 회사와 독립적으로 활동하던 7만 명의 소위 '주방 컨설턴트'라는 판매원을 통해서 각종 파티에 주방용품을 판매하던 '팸퍼드 셰프The Pampered Chef'를 인수했다. 또한 농장 설비 업체인 'CTB 인더스트리즈'를 인수했으며, '리먼 브라더스Lehman Brothers'와 함께, 자금난으로 허덕이던 '릴라이언트 에너지Reliant Energy'에 13억 달러를 빌려줬다.

아지트 제인은 발 빠르게 테러 관련 보험 분야로 진입해서 여러 항공사들, 록펠러 센터, 크라이슬러 빌딩, 남아메리카의 정유업체 한 곳, 북해의 석유 시추 시설 한 곳, 시카고의 시어스 타워 등과 보험 계약을 맺음으로써 불시에 이 부문의 시장을 점유했다. 버크셔 해서웨이는 또 올림픽 경기가 취소되거나 미국이 2012년 이전에 최소한 두 차례 불참함으로써 발생할 수 있는 재정적인 위험에 대한 보험 계약을 올림픽위원회와 체결했다. 솔트레이크시티 동계올림픽조직위원회 및 월드컵을 준비하던 국제축구연맹과도 테러 공격에 대한 보험 계약을 맺었다.[23] 워런은 계속해서 확률과 가능성을 따져 나가며 보험 계약을 맺었다.

버크셔 해서웨이 소속의 몇몇 자회사들은 불안정한 경제 상황 속에서 분투하고 있었다. 워런은 언제나 꾸준한 10퍼센트의 수익보다는 비록 고르진 않다 하더라도 15퍼센트의 수익이 좋다는 말을 늘 했었다. 그런 변동성은 그에게 문제가 되지 않았다. 대부분의 문제들은 시간이 흐르면서 저절로 해소되게 마련이었다. 하지만 넷제츠의 상황이 좋지 않았던 것은 단지 경제적인 이유뿐만이 아니었다. 이 회사를 인수한 전제, 즉 프랜차이즈의 독특함이 그다지 독특해 보이지 않았기 때문이다. 항공사 투자 중독 상담 핫라인에 먼저 전화하는 걸 잊어버린 다른 사람들이, 그 부문의 틈새 항공 사업이 매력적이지 않았음에도 불구하고 계속 비슷한 회사를 설립해 넷제츠와 경쟁하려 들었다. 하지만 이제 워런은 비행기광의 기질을 자극한 것은 바로 공격적인 남성호르몬인 테스토스테론이었음을 깨달았다.

오로지 여성만이 비행기를 운항하는 회사의 CEO가 될 수 있다면,

이 사업은 훨씬 더 잘 운영되지 않을까 하고 나는 생각합니다. 이 부문의 사업은 스포츠용품 브랜드와 비슷합니다. 만일 오로지 여성만이 스포츠용품 브랜드 회사를 소유할 수 있다면, 지금의 10분의 1 가격으로 팔 테니까요.

워런은 주주들에게 넷제츠가 수익성 있는 회사로 돌아설 것이며 시장을 지배할 것이라고 말했다. 하지만 적어도 가까운 시기 안에는 그가 기대했던 자본 대비 이문을 가져다주지 않을 것이라는 점은 지적하지 않았다. 넷제츠는 부진을 면치 못하는 회사였지만 계속 돈을 까먹기만 하는 직물 공장보다는 훨씬 나았다. 게다가 넷제츠는 재미있었다. 워런은 회사가 소유하는 비행기들을 어떻게 구입했는지 그리고 어떻게 관리했는지 세세한 부분까지 다 알았다. 비행 일정과 노선, 비행기 보수, 보험 가입 현황과 승무원에 대해서도 알았다. 심지어 조종사들이 어떻게 훈련받는지도 알았다. 넷제츠는 멋졌다. 넷제츠가 마련한 여러 행사들을 통해서 코끼리 박치기도 많이 했다. 세계의 어떤 억만장자가 나타나서 으르고 달랜다 하더라도 이 회사를 팔 생각은 전혀 없었다.

비록 규모가 작긴 해도 보다 심각한 상황을 맞고 있던 회사는 덱스터 슈였다. 신발 제조업체인 덱스터 슈는 현대판 직물 공장이라고 할 수 있었다. 워런은 나중에 이 회사를 인수한 것은 최악의 실수였다면서 보비 베어의 컨트리송 가사를 인용했다.

"나는 단 한 번도 못생긴 여자를 데리고 침대로 간 적이 없다네. 그런데 깨어나서 보면 못생긴 여자가 내 옆에 누워 있을 때가 꽤나 많았지."[24]

워런은 경영진을 교체했다. 브라운 슈를 경영했던 프랭크 루니와 짐 아이슬러가 덱스터 슈를 맡으면서 성적이 좀 나아지긴 했지만, 결국 미국 공장은 문을 닫고 해외로 나갔다.²⁵ 미국에서 현장 노동자 한 명을 고용하는 데 1달러가 들었다면 다른 곳에서는 10센트밖에 들지 않았기 때문이다.

덱스터 슈의 미래를 잘못 판단한 겁니다. 메인의 덱스터에 있던 공장에서 일하는 사람들은 자기 일에 충실했고 또 잘했습니다. 하지만 이 사람들이 중국 노동자보다 설령 두 배로 일을 잘한다 하더라도, 중국 노동자들에게 들어가는 돈은 이 사람들에게 들어가는 돈의 10분의 1밖에 되지 않았습니다.

이처럼 돈을 버는 온갖 활동을 하면서도 그는, 9·11 사건 이후 자기에게 주어진 가장 중요한 기회는 사업 쪽에 있는 게 아니라고 생각했다. 그는 이제 어떤 일이나 사람들의 생각에 영향을 미칠 수 있도록 설교해야 하는 특권과 의무를 동시에 가지고 있었다. 지난 몇 년 동안 금융계를 덮었던 오만의 거품이 꺼진 지금, 미국은 이제 좀 더 정신이 맑아졌다. 1990년대 말에 횡행했던, 탐욕의 이름으로 행해진 부실 경영에 쉽게 눈 감지 않았다. 그는 이제 부자들의 탐욕과 재정 정책이 이들의 탐욕을 정당화하는 방식에 대해서 자기가 나서서 입을 열어야 할 때라고 생각했다.

워런의 정의감은 부시 대통령의 새로운 예산안의 핵심 사항이라고 꼽을 수 있는 어떤 계획안을 보고 더욱 활활 타올랐다. 수십 년 동안 지속되었던 연방 유산세를 점차 폐지해 나간다는 계획이었다. 이 유산세를 통해 정부는 가장 큰 규모의 상속 재산들에서 일부 몫을 거두어 갔다. 유산세 폐지를 주장하는 사람들은 유산세를 듣기도 섬뜩하게 '사망세'라고 불렀다. 죽음에 세금을 매길 수 없다는 주장이었다. 그들은 유산세가 열심히 일하려는 기업가의 열망을 꺾어놓는다고 했다. 그러면서, 가장이 죽은 뒤에 세금을 내기 위해서 가족 농장을 팔아야만 하는 어떤 가정을 예로 들었다. 물론 그런 사례도 있었지만 그런 소수가 겪는 고통보다는 이 세금을 거둘 때 누릴 수 있는 효과가 훨씬 더 중요하다고 그는 주장했다.

유산세는 실제로 사망세가 아니었다. 일종의 증여세였다. 어떤 사람이 일정 기준이 넘는 돈을 누구에게 증여할 때면 증여세를 냈다.[26] 모든 증여세는, 19세기에 유산과 증여로 막대한 부를 거머쥔 사람들이 이를 이용해서 국가 정치를 주무르는 일을 막으려는, 다시 말해서 금권 정치를 방지하고자 도입된 장치였다. 하지만 유산세는 살아 있는 사람 사이의 증여 행위에 따른 증여세보다 세금 징수 효과가 낮았다. 그래서 상대적으로 훨씬 규모가 큰 사후 증여금에 세금이 매겨지지 않았다. 워런은 자기 명성에서 비롯된 힘을 이용해, 해마다 미국에서 발생하는 사망자 약 230만 명 가운데 2퍼센트인 5만 명도 채 되지 않는 사람만이 유산세를 납부한다는 사실을 지적했다. 총 납부되는 유산세 가운데 절반은 겨우 4천 명도 안 되는 사람에게 집중되어 있었다.[27] 이런 사람들은 걸프스트림 4를 가지고 있고, 신형 마이바흐를 사며, 프랑스에 포도밭을 가지고 있고, 또 온갖 보석들을 아무렇지도 않게 주렁주렁 달고 다닐 수 있는 엄청나고도 엄청난 부자들이었다.

그들이 자기 돈을 마음대로 하겠다는데 무슨 상관이냐, 그들이 왜 자기 돈을 다른 사람의 보조금을 지급하는 데 써야 하느냐는 질문에 워런은 이렇게 대답했다. 그들이 그렇게 부자가 된 것은 사회의 도움이 있었기 때문이며, 따라서 일정한 부분은 사회에 빚을 진 셈이다. 만일 이들이 순전히 자기 힘만으로 그런 막대한 재산을 모았다고 생각한다면, 말리에서 굶주리는 어머니 슬하의 다섯 아이들 가운데 한 명으로 환생해서 코트디부아르에 있는 코코아 농장에서 노예로 일한 다음에 얼마나 부자가 될지, 얼마나 성공할 것인지 두고 볼 일이다, 라고.

만일 유산세가 폐지된다면, 정부가 살림을 꾸리기 위해 여전히 같은 규모의 예산이 필요하기 때문에 부자들이 유산세로 납부하는 금액만큼을 다른 사람이 채워 넣어야 한다고 그는 말했다.

오랜 세월 동안 공급자 중심의 이론은 세금을 줄이면 거기에 따라서 정부의 지출도 줄어들 것이라는 논리를 당연한 사실처럼 여겼다. 이런 입장은 개인이나 가정이 자기 수입에 맞춰서 살듯 정부도 그럴 수밖에 없다는 식의 직관적인 논리였다(물론, 2002년까지 일반 서민은 자기 수입에만 맞춰서 살지 않으려고, 인위적으로 낮게 설정된 금리를 바탕으로 한 주택담보대출의 융통 범위 안에서 돈을 끌어다 썼지만 말이다). 공급자 중심의 정책에 대한 논의는 20년이 지난 뒤에도 여전히 뜨거웠다. 정부가 거둬들이는 세금만으로는 보통 지출 비용을 대기가 부족했다. 그래서 그 차액만큼 빌려야 했는데 이 이론이 이제는 더욱 미심쩍게 보였다. 유산세를 폐지한다는 것은 다른 세금을 올리거나 더 많은 돈을 빌려야 한다는 뜻이었다. 그리고 이 부채에 대한 이자 및 원금 상환의 부담은 궁극적으로 보다 많은 세금으로 국민 개개인에게 돌아올 수밖에 없었다. 워런은 연방 정부 예산이 부족할 게 뻔함에도 불구하고 유산세의 단계적인 폐지라는 제안은 위선의 극치라고 생각했다.[28]

만일 유산세가 폐지되면 기존보다 더 높은 세금을 납부하게 될 평균적인 사람들은 결코 유산세 부가 대상이 아니었다. 유산세를 폐지하자는 압박은 오클라호마에 작은 농장을 가지고 있는 사람들에게서 나온 게 아니었다. 전체 인구의 극소수에 속한 사람들, 맨해튼에 3층짜리 펜트하우스를 가지고 있고 디어 밸리Deer Valley에 침실이 아홉 개나 되는 오두막 별장을 가지고 있으며, 낸터킷에 여름 별장을 가지고 있는 데다 코스타리카에도 콘도를 가지고 있는 엄청난 부자들, 보통 짧은 기간에 엄청난 부를 축적한 사람들에게서 나온 것이며, 자기도 실제 이런 사람들을 알고 있다고 워런은 말했다. 그는, 정치는 워싱턴 정가 출신의 로비스트들을 고용해서 의원들의 귀를 장악하고 자기들의 이익이 극대화되는 곳에 정치 자금을 대는 사람들이 장악해 버렸다고 말했다. 그는 자기 이익을 위해서 행동하는 사람을 비난하지 않았다. 심지어 끊임없이 정치 자금을 모아야 하는 굴레에 매인 정치가들을 동정하기까지 했다. 그가 비판하고 경멸한 대상은 돈이 권력을 사는 체제 그 자체였다.

부시 대통령이 2001년에 취임한 직후 워런은 국회의사당의 '린든 존슨 방LBJ Room(린든 존슨은 민주당 출신으로 1963년 11월부터 1969년 1월까지 대통령 직을 수행했다-옮긴이)'에서 민주당정책위원회 소속의 상원의원 서른여덟 명 앞에서 선거 자금 조달에 대해 발언했다. 이어서 ABC 방송국의 〈디스 위크This Week〉와 CNN 방송국의 〈인사이드 폴리틱스Inside Politics〉에 출연해 선거 기금 제도가 부패했다고 말했다. 그는 현재 정치인을 뽑는 선거 방식은 투표권과 영향력이 공공연하게 매매되었던 19세기의 태머니 홀Tammany Hall을 연상시킨다고 했다. 법은 부자가 더 부자가 될 수 있도록 보장해 주며 자기들이 축적한 부를 지킬 수 있도록 보장하고 또 이것을 자기 후손들에게 더 많이 물려줄 수 있도록 해주는 방향으로 바뀌어 간다고 했다. 이것을 '부자들에 의한 부자들을 위한 정부'라고 불렀다.

그는 부자들의 배를 불리기만 하는 법안을 의회에 밀어 넣고 이 법안이 의결되도록 힘쓰는 뚜쟁이 로비스트들의 수가 점점 더 많아지고 있다는 사실을 지적했다. 하지만 나머지 98퍼센트의 국민의 이익을 위해서 뛰는 로비스트는 한 명도 없다고 했다. 자기들을 위해 뛰는 로비스트가 없는 상황에서 98퍼센트의 국민이 할 수 있는 최상의 방책은, 현재 어떤 일이 벌어지고 있는지 똑똑히 인식하는 것, 부자들이 세금을 덜 내도 되도록 평균적인 국민의 주머니에서 보다 많은 세금을 거둬가려는 법안을 준비하고 의결하려는 사람들을 대표로 뽑는 일을 그만두는 것이라고 했다.

폴 뉴먼, 빌 게이츠 시니어, 조지 소로스, 록펠러 가문의 몇몇 인사들 그리고 이들 외에 200명 가까운, 부자이면서 영향력 높은 사람들이 모여서, 부시의 유산세 폐지 계획에 반대하는 청원서를 작성하고 〈뉴욕 타임스〉에 실었다.[29] 워런은 이 청원서에 이름을 올리지 않았다. 그것으로는 터무니없이 부족하다고 생각했기 때문이다. 그는 부자는 운이 좋고 축복을 받아서 부자가 된 것이니만큼 당연히 세금을 더 내야 마땅하다고 생각했다. 그래서 이런 말을 했다.

"나는 왕조 지배를 신뢰하지 않습니다."

그러면서 또, 유산세를 폐지하는 것은 과거 올림픽 대회에 참가해서 메달을 땄던 사람의 자손들만을 대상으로 해서 올림픽 선수단을 구성하는 것이나 다름없다고 덧붙였다.[30]

부(富)는 단지 미래 다른 사람의 활동에 대해서 어떤 권리를 주장할 수 있는 한 다발의 보관증 같은 것일 뿐입니다. 이것을 본인이 원하는 방식대로 얼마든지 쓸 수 있습니다. 현금으로 바꿀 수도 있고 남에게 줘버릴 수도 있습니다. 하지만 부를 세대에서 세대로 고스란히 물릴 수 있도록 해서 수백 명의 자손이 단지 부모를 잘 만났다는 이유만으로 다른 사람의 자원을 마음대로 쓸 수 있게 하는 게 당연하다는 생각은 그야말로 능력주의 사회에 반하는 발상입니다.

재산이 많은 사람은 거기에 따라서 세금을 보다 더 많이 내야 합니다. 물론 어느 한도까지는 세금을 물리지 않아야 하겠지만 1억 5천만 달러의 유산에 대해서는 100퍼센트 세금을 물려야 한다고 생각합니다.

가장 중요한 점은 세금을 걷지 않겠다면, 그 부족한 세수를 어떻게 메울 것이냐고 물어야 한다는 사실입니다. 유산세로 거둬들이는 200억 달러 가까운 돈을 포기하겠다면, 이 돈은 다른 사람에게 세금으로 부과해서 거둬들여야 합니다. 막대한 유산세를 납부하는 겨우 수천 명과 그들의 가족을 위해 미국 전체 국민이, 국가가 자기들 호주머니를 털어 세수를 메우도록 하기 위해서 그토록 힘들게 싸운다는 사실은 정말 놀랍습니다. 납세 체계가 이런 방향으로 나아가는 게, 교육 체계가 이런 방향으로 나아가는 게 마음에 들지 않습니다. 하위 20퍼센트에 속하는 계층을 계속해서 더 가난하게 만드는 그 어떤 것도 마음에 들지 않습니다.

유산세에 대한 논쟁은 매우 신랄한 국면으로 변해갔다. 워런은 은수저를 물고 태어난 포퓰리스트, 다음 세대 사람이 자기가 그랬던 것처럼 고전적인 미국 기업가 방식으로 자수성가하지 못하도록 막으려고 애쓰는 돈 많고 늙은 악어로 묘사되었다.[31]

워런은 상원의원 켄 살라사르에게 편지를 보내서 이렇게 썼다.

"왕조적인 부의 세습은 능력주의를 전복시킵니다. 그것을 인정한다는 것은 사실상, 이 나라의 자원을 할당해야 하는 주체는 아주 오래전에 자원들을 모으는 데 출중했던 사람들의 후손이 되어야 한다고 말하는 것이나 다름없습니다."[32]

유산세와 관련된 이런 불화는 그의 재산과 관련된 쟁점을 통해서 더욱 확산되었다. 어떤 사람은 그와 같은 부자들을 탈세자라고 불렀다. 이런 사람들은 세금이 적게 부과되는 투자를 통해 재산을 모았다는 게 이유였다. 하지만 그가 탈세하려고 투자했다고 말하는 것은 아기가 기저귀를 축축하게 만들려고 젖병의 우유를 먹었다고 하는 것이나 다름없었다. 사실 투자 행위에 매겨지는 세금이 불공평하게 낮다고 처음 지적한 사람도 워런이었다. 사실 이것은 그가 추구하는 명분 가운데 하나였다. 그는 자기와 자기 비서 가운데 누가 세금을 더 많은 비율로 내는지 비교하면서, 투자 행위에서 나왔다는 이유 하나만으로 자기의 소득 대비 납세율이 비서의 소득 대비 납세율보다 낮다고 지적했다. 이런 사실이 세금 납부가 공정하게 이루어지지 않고 있다는 반증 아니냐고 주장했다.

그는 모든 금권주의자 및 예비 금권주의자들을 화나게 한 상황에서 유산세 폐지에 맞서서 싸우겠다고 맹세했다. 그리고 장차 이 문제를 여러 해 동안 집요하게 물고 늘어지게 된다. 한편 그는 2003년 이라크전의 첫 포성이 울리기 며칠 전에 민주당정책위원회에 나가 또다른 주제에 대해서 발언했다. 주주에게 지급하는 배당금에 따르는 세금을 줄이겠다는 부시 대통령의 계획은 '부자들을 위한 복지 정책'에 가깝다고 한 것이다. 그는 〈워싱턴 포스트〉에 '부두교식 배당'이라는 글을 기고하면서 다시 한번 자기에게 부과되는 세율은 자기 비서인 데비 보사네크에게 부과되는 세율보다 낮다는 사실을 언급했다. 그의 이런 발언에 대한 보수주의자들의 반응은 신속하고도 무자비했다. 일례로 어떤 사람은 "백만장자들은 워런 버핏이 저지른 계급적 배신에 분통을 터뜨리며 속을 끓이고 있다"라고 썼다.[33]

바로 이 지점에 그가 주장하는 내용의 핵심이 있었다. 돈을 가진 사람들이 끊임없이 더 많은 돈과 권력을 장악하고 또 이 돈과 권력을 대물림해서 하나의 '계급'으로 고착되는 일이 미국이라는 나라에서 일어나지 못하도록 해야 한다는 게 그의 입장이었다.

하지만 부자들은 9·11 사건 이후 주식시장이 다시 살아나면서 점점 더 많은 돈을 끌어모으고 있었다. 매일 열 개도 넘는 헤지펀드 회사들이 새롭게 간판을 내걸었다. 이런 회사들은 연방준비제도가 제공하는 낮은 금리로 자금을 얼마든지 빌려다가 투자할 수 있었다. 또 수많은 사람들이 스톡옵션으로 돈을 갈퀴로 긁어모았으며 사모펀드, 헤지펀드, 펀드의 펀드 등에서 관리 수수료와 성과 수수료로 각각 2퍼센트와 20퍼센트를 떼어 엄청나게 많은 돈을 쓸어 담았다. 그러다 보니 이제 억만장자는 쓰레기통 주변의 도둑고양이들만큼이나 많아졌다. 새로운 경제 환경 속에서 사람들이 쉽게 버는 엄청난 금액의 돈이 워런은 영 마음에 들지 않았다. 막대한 돈이 투자자들에게서 중개인에게로 아무런 대가도 없이 흘러들어 갔기 때문이다. 평균적인 투자자들은 여전히 평균적인 수익만을 얻었지만, 그 모든 수수료는 빠짐없이 떼였다.

부자가 보다 더 큰 부자가 되는 방법 가운데 그가 가장 싫어했던 것이 바로 스톡옵션이었다. 살로먼 브라더스에서 새로운 직원 급여 체계 도입 안건에 반대투표를 한 유명한 일이 있었던 이후로, 그 어떤 이사회에서도 그에게 보상위원회에서 일해달라고 요청하지 않았다. 코카콜라는 2001년에 더그 대프트에게 자사 주식 65만 주에 대한 옵션을 부여했었다. 대프트는 수익이 15~20퍼센트로 오를 경우에 지급되는 스톡옵션을 받겠다고 했었다. 주주들은 이것을 승인했는데, 이때 워런은 자기 구두를 쳐다보며 그런 일은 절대로 없을 것이라고 생각했다.

한 달 뒤, 보상위원회는 애초의 목표를 달성하는 일이 불가능한지라 대프트가 그 혜택을 결코 받지 못할 것이라는 사실을 깨닫고 목표치를 11~16퍼센트로 낮추었다.[34] 그것은 마라톤의 결승선을 30킬로미터 지점으로 당겨 놓는 거나 마찬가지였다. 워런은 도저히 믿을 수가 없었다. 주주들은 분명 42.195킬로미터를 뛰어야 한다고 했었는데, 30킬로미터만 뛴 선수에게 승리의 월계관을 씌워주겠다니! 또 하나의 부자를 위한 투표였다. 당시 대프트가 회사에 기여한 내용은 변변치 않았고 코카콜라의 주가는 제자리걸음을 하고 있었던 것이다. 원성이 커져가는 데도 불구하고 거액의 스톡옵션 보상이 확산되는 것을 보며, 그는 그동안 학수고대했던 기회, 즉 허위 스톡옵션 회계 제도를 철폐할 기회를 반드시 잡아야겠다고 생각했다.

경영자들은 스톡옵션을 매우 좋아했다. 회사가 직원들에게 급여를 현금이 아니라 옵션으로 지급할 경우, 이 내용은 장부에 비용으로 기재되지 않는다는 회계 관행 때문이었다. 그러니까 장부상으로 보자면 스톡옵션은 아예 존재조차 하지 않는 것 같았다. 하지만 '실제 세상'의 사적 소유 기업에서라면 이런 행위는 터무니없는 짓이란 게 금방 드러난다. 만일 정육점이나 빵집에서 옵션으로 그 가게의 지분을 20퍼센트씩 떼준다고 할 때, 이 가게의 지분을 가지고 있는 사람들이라면 가게 수익의 상당한 부분을 떼주는 것임을 너무도 잘 알고 있을 터였다.

하지만 회계 규칙은 스톡옵션을 게임용 장난감 돈으로 만들어 버렸다. 그래서 1990년대에 믿을 수 없을 정도의 막대한 금액을 보너스로 챙겨주는 관행이 나타나기 시작했다. 1980년에 CEO들은 생산직 직원에 비해서 평균적으로 42배 많은 급여를 받았다. 하지만 20년 뒤에 이 비율은 400배 이상으로 늘어났다.[35] 수익 기여도가 최상급인 CEO들은 수십억 달러씩 받았다. 2000년에 샌디 웨일은 시티 그룹에서 1억 5,100만 달러, 잭 웰치는 제너럴 일렉트릭에서 1억 2,500만 달러, 래리 엘리슨은 오라클에서 9,200만 달러를 각각 받았다. 스티브 잡스는 1997년부터 1999년까지 애플에서 연봉을 1달러밖에 받지 않았지만, 2000년에 8억 7,200만 달러에 해당하는 주식을 스톡옵션 그랜트 형식으로 받았고(스톡옵션은 일반적으로 일정 기간 이후에 주식을 살 수 있는 권한이지만, 그랜트는 주식을 무상으로 주는 것이다 - 옮긴이), 그 외에도 9천만 달러짜리 걸프스트림 제트기를 받았다.[36]

1990년대 초에 회계사들이 이런 회계 규칙을 바꾸려는 시도를 했었다. 그러자 실리콘 밸리가 이끌던 미국 기업계는, 생각만 해도 끔찍한 새로운 회계 방식이 도입되지 못하도록 막아달라며 로비스트와 선거에서의 지원 약속을 무기 삼아 의원들을 마구 흔들었다. 2002년 거품이 완전히 꺼질 무렵 이들의 시도는 성공했고 또 재무회계기준위원회FASB를 거의 압살할 뻔했다.

워런은 1993년 이후 스톡옵션에 대해서 줄곧 문제를 제기하며 글을 써왔었는데, 이제 마침내 변화의 시기가 무르익었다고 판단했다. 그는 〈워싱턴 포스트〉에 '스톡옵션과 상식 Stock Options and Common Sense'이라는 제목으로 막강한 영향력이 천둥처럼 우르릉거리는 글을 썼다.[37]

CEO들은 자기들이 받는 옵션 그랜트가 어느 정도의 자산 가치를 지니는지 잘 알고 있다. 그렇기 때문에 이걸 얻으려고 그렇게 투쟁한다.

워런은 이 글에서 예전에 자기가 제기했던 질문들을 반복해서 던졌다.

만일 이런 옵션이 보상의 한 형태가 아니라면 도대체 무엇이란 말인가? 만일 이 보상이 지출이 아니라면 도대체 무엇이란 말인가? 만일 이 지출이 수익을 계산하는 데 들어가지 않는다면, 이건 도대체 어디로 들어가야 한단 말인가?

2002년 7월 선 밸리에서 스톡옵션에 대한 감정은 최고조에 달했다. 목소리를 높인 그의 견해는 그의 막강한 영향력과 함께 스톡옵션 수혜자 및 관련 로비스트들의 머리 위에 불길하게 드리워져 있었다.

기온은 섭씨 38도를 훌쩍 넘어섰고 저명인사들과 CEO들은 더위를 피하려고 버스를 타고 래프팅을 하러 갔다.

한편 그는 선 밸리에 도착하자마자 다른 곳으로 갔다. 맞닥뜨리려면 도움이 필요한 곳이었다. 캐서린 그레이엄이 지난해에 묵었던 콘도는 와일드플라워 그룹에 속해 있는 곳으로, 허버트 앨런의 숙소 바로 옆에 있었고 사람들이 행사장에 가거나 혹은 돌아올 때 빈번히 지나가는 위치에 있었다. 코카콜라 이사회가 얼마 뒤에 앨런의 숙소에서 열릴 예정이었다. 이사회 회원들 대부분이 선 밸리에 있었기 때문이었다. 스톡옵션 문제를 논의하기 위한 자리였다. 워런은 이 기회를 놓치고 싶지 않았다. 하지만 그 장소는 여느 곳과 달랐다.

나는 빌, 멜린다와 함께 있었습니다. 우리는 함께 케이가 쓰러졌던 지점으로 올라갔습니다. 몸이 덜덜 떨리더군요, 멈춰지지가 않았습니다. 오한이 든 것 같았죠. 게이츠 부부는 아마 무척 당황했을 겁니다. 오한은 절대로 아니었습니다. 그저 그 순간에 압도당했던 겁니다.

하지만 곧 욕조 기억 관리 체계가 작동했고, 워런은 평정을 되찾았다. 코카콜라 이사회는 이 회의를 통해서 어떤 결정을 내렸고, 보도 자료를 통해 이 내용을 공개했다. 임직원에게 제공하는 스톡옵션을 비용으로 산정하겠다는 내용이었다. 당시로서는 권장 사항이지 의무적으로 따라야 하는 사항이 아니었음에도 불구하고 그런 결정을 내린 것이었다. 다른 어떤 회사에서도 그렇게 하지 않고 있었다. 다들 부모에게 변명하는 어린아이의 어법을 그대로 따르고 있었다. 예를 들면 이런 것이었다.

"그런 일 없었어요. 그런 일이 있었다 해도, 나는 그 자리에 없었어요. 내가 그 자리에 있었다 해도, 내가 한 짓이 아니에요. 내가 했다

해도, 친구들이 나더러 억지로 하라고 해서 했어요."

기업들은 한목소리로 스톡옵션은 비용이 아니라고 했다. 만일 비용이라고 해도, 그걸 비용으로 산정해서 계산할 줄 아는 사람이 없다고 했다. 그런 사람이 있다고 해도 그 비용을 수익에서 뺄 수는 없다고, 오로지 각주를 통해서만 나타낼 수 있다고 했다. 임원들이 받는 스톡옵션이 어느 정도의 자산 가치가 있는지 투자자들이 혼동할 수 있기 때문이라고 했다. 그래서 코카콜라 이사회의 보도자료는 기업계에 집속탄이 폭발한 것과 같은 파문을 일으켰다. 게다가 이런 발표가 나온 곳이 선 밸리 모임이라는 점에서 파괴력은 더욱 컸다. 기자들이 화분들로 둘러친 바리케이드 뒤편에서 야영하면서 기삿거리를 찾는 바로 그 장소였기 때문이다. 이런 발표의 배후에는 워런의 입김이 작용했다는 것이 엿보였다. 선 밸리 컨퍼런스가 끝난 직후에 워싱턴 포스트 컴퍼니는 코카콜라의 뒤를 이어서 자기들도 앞으로 스톡옵션을 비용으로 처리할 것이라고 발표했다.[38] 워런은 이 승리 소식이 발표된 뒤에 〈뉴욕 타임스〉에 '회계 장부를 조작하는 장본인은 과연 누구인가? Who Really Cooks the Books?'[39]라는 제목으로 또 하나의 폭탄을 터뜨렸다.

이런 이야기를 해보자. 버크셔 해서웨이는 보험과 카펫 시공 및 여러 제품들을 파는데, 고객은 구매 대금을 자기가 보유한 동일한 가치의 옵션으로 치른다고 치자. 이 매매 과정에는 현금이 전혀 개입되지 않는다. 하지만 과연 어떤 고객이 카펫 시공을 받으면서 현금이 아니라 자기 옵션을 넘겼다고 해서 그 고객의 회사에 아무런 비용도 발생하지 않았다고 말할 수 있을까?

이상하게도 아무도 이런 제안을 받아들이지 않았다. 대신에 실리콘 밸리의 기업들은 의회에서 또 다른 투쟁을 할 준비를 갖췄다. 그러나 다른 기업들이 하나 둘씩 스톡옵션을 회계장부에 비용으로 산정하겠다고 발표함으로써 버크셔 해서웨이와 워싱턴 포스트 컴퍼니의 뒤를 따르기 시작했다.

한 해 뒤, 2003년 선 밸리 컨퍼런스의 마지막 토요일 아침에 빌 게이츠가 연설하는 과정에서 마이크로소프트는 스톡옵션 사용을 중단할 것이라고 발표했다. 필요할 경우에는 다른 방식으로 보상 급여를 지불할 것이라고 했다. 그리고 이제부터 특정 기간이 경과하기 전에는 팔 수 없는 제한부 주식restricted stock을 사용할 것이라고 했다. 대단한 용기를 필요로 하는 움직임이었다.

마이크로소프트에게 그렇게 하지 말라는 압력이 쇄도했습니다. 굉장했습니다. 엄청났지요. 실리콘 밸리에서는 빌을 보고 배신자라고 했습니다. 마이크로소프트는 기업 홍보 관련 인사들을 많이 두고 있었죠. 빌은 의사결정을 할 때 이 사람들의 조언을 참고했습니다. 그런데 이들 가운데 한 명이 게이츠에게, 휘발유가 흥건한 방에 성냥을 던져 넣는 거나 마찬가지라고 했죠. 그래서 나는 이런 말을 했습니다. 그를 말리는 그 사람들이 바로 그 방에 휘발유를 뿌린 사람들이라고요.

스톡옵션을 둘러싼 전쟁은 거의 2년 가까이 계속된 뒤에 마침내 재무회계기준위원회가 이것을 공식화했다. 하지만 그 이전에 이미 코카콜라의 결정은 도미노 효과를 불러일으켰고, 마이크로소프트의 행동은 이전까지 워싱턴 정가에 한목소리를 내며 로비를 벌였던 신기술 산업 실리콘 밸리 동맹에 금이 가게 만들었다.

이 시기 동안 영향력 있는 발언을 하는 그의 움직임에 가속도가 붙었다. 비록 유산세 폐지 계획은 여전히 진행중인 상태로 남아 있었지만, 지난 세월 동안 회계 비리가 쉽게 이루어질 수 있도록 용인했던 회계사들에게서 또 다른 공격 목표를 찾았다. 만일 감사들이 CEO의 무릎에 강아지처럼 얌전하게 앉아서 꼬리를 흔들어 대지만 않았어도, 경영진은 주주들의 돈을 빼돌려서 자기 주머니를 채우는 짓을 용납받지 못했을 것이라고 워런은 생각했다. 그는 증권거래위원회의 금융 공시 및 감독을 위한 원탁회의에 참석해서 주주들에게는 경영진의 무릎에 앉힐 강아지가 아니라 충실하게 집을 지켜줄 경비견이 필요하다고 말했다. 그리고 감사위원 자격으로 감사들을 감독하는 이사회 이사들은 '도베르만이 되어서 감사들 앞에 으르렁거려야' 한다고 목소리를 높였다.[40]

그는 버크셔 해서웨이 감사위원회에서 활용하는 몇 가지 질문 목록이 있다고 했다.

- 만일 감사가 재무제표를 준비했다면, 과연 경영진이 준비한 방식과 똑같았을까?
- 만일 감사가 투자자라면, 재무제표가 묘사하고 있는 내용을 통해서 회사의 재무 성과가 어떻게 달성되었는지 이해할 수 있을까?
- 만일 감사가 회사 내의 담당자라면, 회사는 동일한 내부 감사 과정을 따를까?
- 매출과 비용이 투자자들에게 보고된 시점과 관련해서 회사가 어떤 변경 조치를 취했다면 감사가 이를 알고 있었는가?

또한 그는 주주들에게 보낸 편지에서 이렇게 적었다.

만일 감사가 지적을 받고 난처해지면 자기 의무를 충실하게 수행

할 겁니다. 그럴 일이 없다면, 글쎄요, 그 결과는 우리가 지금까지 줄곧 봐왔던 모습이겠죠.[41]

이 단순한 질문들은 너무도 명백하고, 옳고 그름을 너무도 분명하게 규정해 주며 또 진실을 분별해 내고 사기 행위를 방지하는 데 자명할 정도로 유용했다. 그래서 상식을 가지고 있으며 잘못하면 소송을 당할 수도 있다는 사실을 잘 아는 이사들이 있는 적어도 한두 개의 회사에서 그가 제시한 이 질문 목록을 그대로 사용하기 시작했다.

워런이 가차 없이 정확하게 칼을 휘두르는 가운데 회계사들은 겁을 먹고 위축되었고, 보상위원회는 저자세를 취한 채 그가 왜 입을 다물지 못하고 자기들의 보너스 뚜쟁이 행위를 공개적으로 떠드는지 모르겠다며 나직하게 불평을 해댔다. 세금을 줄이고자 하는 사람들은 '포퓰리스트'라는 경멸적인 말보다 더 역겨운 표현으로 워런을 농락할 방법은 없나 고민했다. 반면에 워런은 이러한 새로운 권위에 너무 고무된 나머지 2002년 봄에는 심지어 상품 광고 모델로도 나섰다. 매트리스 광고였다. 그는 '오마하 베딩 컴퍼니Omaha Bedding Co.'가 소위 '버크셔 컬렉션'으로 파는 물품들 가운데 하나인 '워런' 매트리스 위에서 뒹구는 장면을 모델로 나서서 촬영했다. 이 모습은 '버핏과 그의 침대'라는 포스터들에 그대로 담겨 있다. 이제 그는 주주 총회가 열리는 주말에 네브래스카 퍼니처 마트에 가면 침대에 누워 자기 이름의 매트리스를 팔 수 있게 되었다. 그때 그는 이런 말을 했다.

마침내 나는 내가 살면서 진정으로 꿈꾸던 일자리를 찾았습니다. 매트리스 테스터입니다.[42]

금권주의자들은 악담을 퍼부었고 세금을 깎고자 하는 사람들은 주먹을 흔들어 댔다. 회계사들은 겁을 먹고 떨었으며 스톡옵션 남용자들은 꽁무니를 뺐다. 한편, 그에게 사인을 받겠다는 사람이 줄을 섰으며 TV 방송국의 조명과 카메라가 그를 따라다녔다. 오마하의 현인이라 불리는 그였지만 마음속으로는 인기 스타를 꿈꾸는 어린아이나 마찬가지였다. 그는 이런저런 사람들로부터 팬레터 받는 걸 무척 좋아했다. 자기가 우상이라는 내용이 담긴 편지를 받을 때마다 마치 그런 일이 처음인 것처럼 늘 흐뭇해했다. 한번은 포르노 스타인 아시아 카레라가 자기 웹사이트에 워런 버핏이 자기의 우상이라는 글을 올렸다. 이 사실을 안 그는 짜릿한 전율을 느꼈다. 어느 누구의 히어로가 되어도 짜릿함을 느꼈지만, 멘사 회원인 포르노 스타로부터 우상이라는 말을 듣자 공식 인증을 받은 듯했다. 그가 가장 좋아하던 팬레터는 대학생들이 보낸 것이었다. 하지만 교도소 수감자들도 그에게 자기들의 우상이라는 편지를 써서 보냈고, 이에 워런은 자기 명성이 갱생의 길을 찾으려는 사람들에게까지 퍼져 있다는 사실에 자부심을 느꼈다. 그는 부자 사업가들보다 대학생이나 포르노 스타, 교도소 수감자들로부터 우상이라는 말을 듣는 걸 더 좋아했다.

수많은 사람들로부터 이런 사랑을 받는다는 것은, 데비 보사네크와 뎁 레이가 끈질기게 경계하며 문과 전화기를 지켜야 한다는 뜻이기도 했다. 한번은 지나치게 흥분한 한 여성이 그의 사인을 받겠다며 일본에서 그의 사무실까지 찾아왔다. 이 여성은 그의 출현에 압도당한 나머지 그를 숭배한다면서 바닥에 엎드리고는 발작적으로 보이는 행동을 했다. 그러자 비서들이 그녀를 밖으로 내쫓았다.

이 여성은 나중에 편지를 써서 의사로부터 진정제를 처방받았다면서 꼭 한 번 다시 그를 만나볼 수 있었으면 좋겠다고 전했다. 그녀는 자신의 사진을 동봉한 편지들을 여러 번 보내왔다. 그러자 워런은 담담한 어조로 답장을 했다.

"나는 숭배받는 걸 좋아합니다."

하지만 비서들은 자기 역할에 충실했고, 이 여성은 결코 초대받지 못했다.[43]

현인

오마하, 2003년 4월에서 8월

워런의 존재감이 커짐에 따라 그가 하는 일은 마치 능소화가 가지를 쳐 나가듯 무성하게 퍼져나갔다. 하지만 일의 우선순위를 매기고 각각의 일들을 배분하는 그의 능력은 여전히 탁월했다. 해야 할 일이 점점 많아지긴 했지만 책임을 성스럽게 여기는 태도와 정력을 최대한 아끼려는 천성 덕분에, 아무리 많은 사람이 찾는다 해도 쉽게 시간과 정력을 허비하지 않았다. 그는 오로지 자기가 보기에 이치에 맞고 또 자기가 하고 싶은 일만 했다. 절대로 다른 사람 때문에 자기 시간을 낭비하는 법이 없었다. 어떤 걸 새로 일정에 집어넣으면 반드시 다른 것 하나를 뺐다. 또한 결코 서두르지 않았다. 사업적인 거래를 할 시간을 넉넉하게 가졌으며, 자기에게 중요한 사람들과 함께할 때도 늘 시간을 냈다. 친구들은 언제든 마음이 내킬 때마다 그에게 전

494 | 스노볼 2

화를 걸 수 있었다. 그는 따뜻한 마음으로 친구들과 통화했으며 또 통화를 짧게 끝냄으로써 이런 상황을 유지할 수 있었다. 그가 말을 끝낼 준비를 하면 그것으로 대화는 끝이 났다. 친구들 또한 이런 특권을 남용하지 않았다. 그는 좋아하는 사람이 많았지만, 그가 어떤 사람을 만나서 진정한 친구들이라는 범주 안에 포함시키는 경우는 몇 년에 한 번씩밖에 없었다.

수지는 며칠마다 혹은 몇 주마다 새로운 '친구들'을 사귀었다. 수지가 선물을 주는 사람은 천 명 가까이 늘어났고, 캐슬린 콜은 이들의 목록을 관리하며 수지의 지시에 따라 선물을 돌렸다. 수지는 자기를 하늘에서 사는 '늙은이 집시'라고 불렀다. 캐슬린은 수지가 여러 달 동안 계속해서 하는 여행 일정을 무리 없이 조정했다. 수지가 하는 여행은 보통 손주들을 만나고, 환자나 죽어가는 사람들을 돌보고, 휴가를 다녀오고, 재단 업무와 관련해서 출장을 가고, 예정된 일정에 따라 워런을 비롯해 가족을 만나는 것 등이었다. 캐슬린은 수지가 이런 여행을 할 때마다 짐을 쌌고 또 여행에서 돌아오면 짐을 풀고 정리했다. 세 군데의 집과 여기에서 일하는 사람들을 관리했으며, 호텔을 예약하고, 발톱 손질 일정을 잡았으며, 수지에게 걸려오는 전화를 관리하고, 넷제츠 운항 일정을 조정하며, 수지가 가장 최근에 쇼핑 여행을 해서 가지고 온 보물들을 정리해 놓았다.

수지는 누구든 좀처럼 거절하지 못했다. 하지만 수지를 만나기는 쉽지 않았다. 수지는 유목민처럼 늘 돌아다녔다. 수지는 누구에게 집중적으로 관심을 쏟을 수가 없었고, 또 수지에게 개인적으로 시간을 할당받을 수 있다고 생각하는 사람이 워낙 많아졌기 때문에, 가장 친한 친구들조차 캐슬린을 통해서 일정을 조정하기 전에는 수지를 만날 수가 없었다.

수지를 사랑했던 사람들 가운데 몇몇은, 비록 수지가 캐슬린에게 그런 지시를 하는 것을 본 적은 거의 없었지만, 점점 더 수지를 걱정하기 시작했다. 이 가운데 한 사람은 이런 말을 했다.

"그 누구도 진정한 우정을 300~400명이나 되는 친구들에게서 찾을 수는 없어요."

수지의 생활은 점점 더 빠른 속도로 돌아갔다. 또 다른 친구는 "그렇게 바쁘게 살아서는 남는 게 없다"고 했다. 수지는 자기를 걱정하는 친구들에게 이렇게 말했다.

"어울리지 않으면 친구도 없죠. 당신이 아파서 누워 있으면, 나는 당신을 위해 시간을 넉넉히 낼 거예요."

몇몇 사람은 남에게 봉사하고 남을 기쁘게 해주려는 강박 때문에, 자기 목적을 향해서 똑바로 나아가려 했던 수지의 삶이 완전히 바뀌어 버렸다고 했다. 한 친구는 "수지는 결코 내밀한 자기 이야기는 하지 않았다"고 말했다. 한편 수지의 건강은 목과 장에서 심각한 문제를 일으키고 있었다. 사람들은 수지가 끊임없이 수집품과 소장품 목록을 늘려가고 또 쉬지 않고 집을 새로 단장한 것은 억누르고 있던 어떤 감정이 바깥으로 드러난 결과라고 생각했다. 한 사람은 이런 말을 했다.

"수지의 삶은 점점 더 무거워졌습니다."

다른 사람은 또 이런 말을 하고 싶었다고 했다.

"그만하세요! 이제 그만 멀리 바라보면서 자기 몸을 돌보세요."

하지만 수지는 '스스로도 자기의 속도를 늦출 수 없는 것 같았다. 만일 그랬다간 당장이라도 무슨 일이 벌어질 것만 같았기 때문'이다.

하지만 이들 외의 많은 사람은 수지를 성자네, 천사네 하고 말했다. 심지어 테레사 수녀와 비교하기도 했다. 수지는 자기가 가진 너무도 많은 것들을 너무도 많은 사람에게 주었기 때문에, 수지를 본 사람들은 그녀가 금방이라도 바스러질 것 같다는 느낌에 깜짝 놀라곤 했다. 세상의 거칢을 막으려고 수지가 입었던 모직 소재의 망토는 점점 더 성글고 얇은 것으로 바뀌어 갔다. 하지만 그게 바로 아무것도 남지 않을 때까지 자기가 가진 모든 것을 내주는 성자의 모습이 아니었을까, 그게 바로 테레사 수녀가 했던 행동이 아니었을까 하고 한 친구는 말했다.[1]

수지는 2003년 봄에 발 수술을 받았다. 그리고 그토록 사랑했던 마놀로 블래닉(스페인의 패션 디자이너 및 그가 만든 고급 신발 브랜드—옮긴이)을 다른 사람들에게 주었다.[2] 병으로 몸져누워 있을 때는 캐슬린 콜에게 '900가지'나 되는 할 일 목록을 적어주었다. 의사의 입에서 퇴원해도 된다는 말이 떨어지자마자 수지는 병상을 박차고 나왔다. 많은 사람이 수지는 보통 헛간 바닥처럼 험한 곳에서 잠을 잘 것 같다는 인상을 받았지만 수지는 여행할 때면 대부분 5성급 호텔을 선호했다. 반면에 가끔씩, 웬만한 사람은 손을 내저을 법한 열악한 환경에서 여행할 때도 불평 한마디 하지 않았다. 수지는 실제로 헛간에서 잠을 자기도 했다. 비록, 위산 역류와 심각한 식도 궤양에 시달리느라 45도 각도로 몸을 받쳐서 자야 했지만 말이다.

워런은 수지와 함께 시간을 보내고 싶은 마음이 간절했다. 그래서 수지의 일흔 번째 생일을 축하할 겸 함께 아프리카에 가기로 했다. 호위는 2003년 봄에 있을 이 여행 계획을 무려 18개월 전부터 짰다. 여기에 대해서 호위는 이렇게 말한다.

"세계 8대 불가사의가 있다면, 하나 추가되는 불가사의는 바로 아버지가 아프리카에 가 계신다는 게 될 겁니다."

워런과 수지는 남아프리카공화국에 있는 7성급 사파리 리조트인 론돌로지Londolozi와 핀다Phinda에 갈 예정이었다. 호위는 아프리카에 자주 갔다. 수지 덕분에 야생동물뿐만 아니라 아프리카의 고통받는 사람들을 사진으로 담는 일에도 관심을 가졌기 때문이다. 호위는 아버지를 위해서 여행 도중에도 〈월스트리트 저널〉과 〈뉴욕 타임스〉가 날마다 배달될 수 있도록 조처했다.

"미국에서보다 사흘쯤 늦긴 하겠지만 그래도 배달해 주겠다고 하더군요. 비용은 하루에 500달러였습니다. 그리고 아버지 방에 인터넷을 연결해 주겠다고 했습니다. 뉴스를 점검할 수 있도록 말입니다. 햄버거와 프렌치프라이 조달은 따로 걱정할 필요가 없었습니다. 내가 이미 길을 닦아뒀었거든요."[3]

아프리카 여행 일정이 몇 주 앞으로 다가왔다. 뉴욕으로 연례 여행을 다녀온 뒤로 예정되어 있었다. 이 뉴욕 여행 전에는 정기 주주 총회가 잡혀 있었다.

2003년 4월 1일, 주주 총회가 다가올 무렵에 버크셔 해서웨이는 조립식 주택 제조업체인 클레이턴 홈스Clayton Homes를 인수했다는 발표를 했다. 이 거래는, 엔론 사태 이후 시장이 죽어 있을 때 뚝 떨어진 가격에 인수한다는 점에서, 당시 버크셔 해서웨이가 하던 다른 많은 거래들과 다르지 않았다.

클레이턴 홈스 인수는 낮은 금리 상황이 여러 해 동안 계속되면서 은행에 값싼 자금이 넘쳐났기 때문에 가능했다.[4] 은행들은 금리가 낮다는 사실은 적은 현금으로도 훨씬 많은 것을 살 수 있다는 걸 의미한다고 섣불리 소비자들을 교육시켰다. 주택을 가지고 있는 사람은 집을 담보로 해서 수표를 쓸 수 있다는 사실을 깨달았다. 하지만 신용카드건 주택 혹은 조립식 주택이건 간에, 은행들은 성장을 추구하며 점점 더 상환 능력이 없는(그럼에도 불구하고 아메리칸 드림의 대열에 끼고 싶은) 사람들에게까지 손을 뻗어서 돈을 빌려주기 시작했다.[5] 조립식 주택의 경우를 예로 들면, 은행이 조립식 주택 제조업체에게 돈을 빌려주고 이 업체는 다시 조립식 주택 구입자에게 돈을 빌려줬다. 예전부터 이런 거래 과정은 별 탈 없이 진행되었다. 만일 조립식 주택 제조업체가 부채를 갚지 않으면 그에 해당하는 처벌을 받았기 때문이다.

그런데 당시에 조립식 주택업체들은 대출 고객으로부터 대출금을 상황받을 권리를 팔아넘기면서 빚을 떼일 위험을 다른 사람에게 떠넘기기 시작했다. 소비자의 부채 상환은 이제 주택업자가 아니라 다른 누군가의 문제가 되었다. 이 문제를 떠안은 '다른 누군가'는 바로 투자자였다. 여러 해 동안 소위 '증권화' 과정을 통해서 월스트리트는 이런 부채들을 한데 묶어서 부채담보부증권CDO으로 투자자들에게 팔아넘겨 왔었다('증권화'란 국제결제은행BIS이 정한 BIS율, 즉 은행의 자기자본비율이 총자산의 8퍼센트 이상 되도록 정한 규제를 회피하기 위한 방법으로서 1990년대 미국에서 급속히 보급되었는데, 대출 채권을 증권화해서 매각하면 은행은 대출에 따른 리스크를 줄여 총자산액을 압축하면서도 높은 수수료 수입을 얻을 수 있어서 증권화는 은행이 취할 수 있는 새로운 비즈니스모델로 각광받았다. 그리고 이런 증권화의 한 방법인 부채담보부증권은 흔히 말하는 주택저당증권MBS과는 다르며 수많은 MBS를 집합화한 것이다. 은행 입장에서 보면 신용 위험이 높은, 즉 떼일 가능성이 높은 채권을 증권화해서 투자자에게 팔아버리면 신용 위험을 분산시킬 수 있다. 아울러 각종 수수료 및 투자 원금도 챙길 수 있다–옮긴이). 이들은 미국 전역에 있는 수천 개의 모기지론을 하나로 묶은 다음, 이것들을 채무불이행 위험율 수준에 따라서 '트랑셰tranche'라고 부르는 작은 단위들로 쪼갰다. 이 가운데 최상위 트랑셰는 전체 모기지 집합에서 가장 높은 수준의 현금 흐름을 보장받았다. 그다음 층위의 트랑셰부터는 차례로 가격이 떨어졌다.

이런 방식으로 신용평가기관은 트랑셰를 최상위의 AAA나 그 아래의 AA 따위로 등급을 매긴다. 그리고 은행들은 이 트랑셰를 투자자들에게 파는 것이다. 은행들은 나름대로 기존에 확보한 상환 유형을 근거로 한 모델을 사용해서 상환 불능 가능성을 분석했다. 하지만 대출 체계는 변화하고 있었고 기존 모델을 근거로 삼기엔 상관관계가 부족해지고 있었다.

대출 기준이 내려감에 따라 부채담보부증권에 투자하고 있던 헤지펀드들은 보다 많은 레버리지를 썼다. 심지어 1달러의 자본에 100달러의 부채를 끌어들이기도 했다. 그래서 부채담보부증권의 질은 심지어 AAA등급이라 하더라도 점점 더 형편없는 수준으로 떨어졌다. 몇몇 투자자들은 시장이 돌아가는 방식이 점점 더 사기성 짙어진다는 사실에 신경을 곤두세우며 헤지(혹시 있을지 모르는 위험에 대비해서 이 위험과 다른 방향으로 투자하는 행위 – 옮긴이)에 나섰다.[6] 이들은 채무 불이행이 발생할지도 모르는 상황에 대비해서, 이미 덩치를 키우고 있던 신용부도스와프CDS(신용 파생상품의 하나로서 신용 자산의 가치를 감소시키는 신용 사건이 발생하였을 때 그 손실의 일부 또는 전부를 보장해 주는 계약 – 옮긴이) 시장으로 접근한 것이다. 만약 대출 채무 불이행으로 인해 증권화에 자산 손실이 발생할 경우 해당 스와프 발행자가 손실을 메꿔야 했다.

신용부도스와프로 보호받으면서 부채담보부증권에 투자할 경우 위험에서 완전히 벗어난 것처럼 보였다. 이런 사정에 대해서 나중에 찰스 모리스는 다음과 같이 썼다.

"돈이 남아돌고 돈을 빌려주는 데 비용이 들지 않고 리스크도 없다면 정신이 멀쩡한 사람은 빌려줄 사람이 한 명도 남지 않을 때까지 계속 빌려주려 드는 게 당연하다."[7]

설령 리스크가 사라지지 않았다는 사실을 누가 지적했다 하더라도, 그 시장에 뛰어들었던 사람들은 걱정하지 말라면서 이렇게 설명할 것이다. 증권화와 파생상품 스와프가 리스크를 지구의 구석구석까지 '널리 퍼뜨려' 수많은 사람들이 그 리스크를 흡수하게 함으로써 실제로 아무도 다치지 않게 될 것이라고.

조립식 주택 회사의 이처럼 자유롭고 정신 멀쩡한 사람들은 한층 쉬운 대출 조건을 소비자들에게 제시했다. 부동산 시장이 한창 기세 등등하던 때라서 (상업 대출이나 기업 대출, 학자금 대출 등과 함께) 한층 리스크가 커진 주택 자금 대출은 마치 감기 바이러스처럼 퍼져나갔다. 이런 것들도 조립식 주택 대출과 마찬가지로 잘게 쪼개지고 보험이 붙고 증권화되고 신용부도스와프라는 장치를 통해 투기에 투기를 거듭했다. 그런데 다른 한편에서는 보다 더 이국적인 파생상품들이 급격하게 늘어났다.

2002년 주주들에게 보낸 편지에서 워런은 파생상품을 '유독하다'고 규정하면서 '시한폭탄'이나 마찬가지인 이런 파생상품들이 적절하게 제어되지 않은 상태로 시장에 퍼져나가면 금융 재앙의 연쇄 반응이 일어날 수 있다고 경고했다. 그해의 주주 총회에서 찰리 멍거는 파생상품들에 대한 수익을 과장하려는 회계상의 동기를 설명한 끝에 다음과 같은 말로 결론을 내렸다.

"미국에서 파생 회계는 하수구라고 말하면 안 됩니다. 이건 하수와 오물에 대한 모독입니다."

워런은 주주들에게 보낸 2002년 편지에서 파생상품을 '금융의 대량 살상 무기'라고 표현했다.[8] 그러면서, 파생상품 거래가 워낙 많은 탓에 전 세계가 이제 파생상품 거래를 매개로 해서 연쇄적으로 묶여버린 상태라고 했다. 위기에는 팔기보다 사야 한다는 수학적인 모델에 근거한 조언에도 불구하고 투자자들은, 사자를 피해 물웅덩이에서 달아나는 기린 떼처럼 달아났다. 그리고 많은 사람이 시장에 참가하고 있는 것처럼 보였지만, 사실은 보통 한 줌밖에 되지 않는 대형 금융 기관들이 차입금을 써서 그 시장을 지배하는 경향이 있었다. 또한 이 대형 금융 기관들이 가지고 있는 자산들은 겉으로는 파생상품과 아무런 관련이 없어 보였지만, 시장이 붕괴할 때면 실제로 파생상품과 나란히 움직일 터였다.

제너럴 리는 파생상품을 거래하는 회사인 '제너럴 리 시큐러티즈'를 소유하고 있었다. 워런은 이 회사의 문을 닫았다. 이 회사의 지분을 팔았고, 2002년에는 아예 문을 닫고 이 회사를 파생상품에 대한 반면교사의 사례로 만들어 버렸다. 그리고 주주들에게는 굳이 이렇게까지 함으로써 적지 않은 대가를 치러야 하는 이유를 자세하게 설명했다. 제너럴 리는 당시까지 보험 심사 분야에서 약 80억 달러를 잃었고, 워런은 너무 화가 난 나머지 그에 대해 거의 말을 하지 못할 정도였다. 론 퍼거슨이 사임하고 조 브랜든과 그의 오른팔인 테드 몬스트로스가 퍼거슨의 자리를 대신했지만, 버크셔 해서웨이의 웹사이트에는 이 회사에 대한 주홍글씨가 여전히 남아 있었다. 제너럴 리의 경쟁사들은 흡족하게 웃으면서 워런이 제너럴 리를 팔아치우거나 문을 닫아버릴 것이라고 고객들에게 말했다. 살로먼 브라더스의 사례를 보면 근거가 빈약한 예측도 아니었다. 워런은 9·11 사건이 일어난 뒤에, 더 많은 자금을 제너럴 리에 쏟아 넣어 물타기 방식으로 재무상태표의 균형을 맞추려 하지 않고 제너럴 리의 새로운 사업체 한 부분을 떼어내 아지트 제인이 경영하던 버크셔 리로 넘겼다.[9]

워런은 또한 이미 아지트와 런던 로이즈를 통해서 제너럴 리의 경쟁자들에게 자금을 대주고 있었다. 그는 이 행위를 여러 가지 방식으로 설명했는데 어쩌면 자기에게서 늘 나타났던 모습을 인식하지 못했을 수도 있다. 불안할 때면 늘 탈출구부터 먼저 찾는 모습 말이다. 이런 맥락에서 볼 때 그는 제너럴 리를 벌주려 하기보다 오히려 본능적으로 위험에 대비한 것이다. 제너럴 리가 잘못될 위험, 투자금 220억 달러(제너럴 리를 인수하면서 지불한 대금이 220억 달러였다-옮긴이)를 날려버릴 수 있는 위험, 그동안 쌓아 올린 자기 명성을 날려버릴 수 있는 위험을 회피한 것이다.

제너럴 리가 다시 워런에게 사랑을 받으려면 수십억 달러의 수익을 내야 했지만 파생상품 분야에서 그런 수익을 낼 수는 없었다.

워런은 얼마 뒤에(본인도 언제 그렇게 될지는 몰랐다) "파생상품이 엄청난 문제를 일으킬 가능성은 비록 낮긴 하지만 결코 무시할 수 없다"는 말을 했다. 멍거는 이 문제에 대해서 그보다 한술 더 떴다.

"앞으로 5년이나 10년 안에 엄청난 파산 사태가 벌어지지 않는다면, 그거야말로 깜짝 놀라 나자빠질 일이다."

주식과 채권시장에는 투자자들을 보호하기 위한 안전장치들이 여러 개 마련되어 있었지만, 파생상품에 대한 규제는 크지 않았다. 이와 관련된 공시 규정도 미약했다. 1980년대 초반 이후로 '탈규제'가 시장을 럭비 경기의 스크럼과 같은 것으로 만들어 버렸다. 시장에는 자율 규제의 힘이 작동한다는 게 이런 상황 전개를 뒷받침하는 논리였다(하지만 갑작스럽게 문제가 발생한 경우 연방준비제도가 여러 차례 개입했던 것 같다).

워런과 멍거가 했던 '문제'니 '파산'이니 하는 표현은 손쉬운 신용 대출, 느슨한 규제, 높은 임금으로 흥청망청하는 은행 등이 부글부글 끓는 마법사의 솥 안에서 거품을 만들어 내고 있음을 지적하는 말이었다. 두 사람은 파생상품으로 빚어진 문제들이 결국에는 도저히 풀 수 없을 정도로 헝클어져서 금융 기관을 파산으로 몰고 갈 것임을 경고했다. 금융 기관이 대규모 손실을 입을 때 이는 곧 신용 경색, 즉 전 세계적인 은행 예금인출사태로 이어질 수 있었다. 신용 경색 사태가 발생하면 돈을 빌려줄 수 있는 주체는 건전한 대출조차 꺼린다. 결국 돈이 돌지 않아서 경제는 악순환의 고리에 갇히고 만다. 이런 신용 경색은, 예전 같았으면 경계선에 서 있다가 호경기로 돌아설 수도 있었던 경제를 불경기로 밀어 넣었다. 하지만 워런은 '예측이 아니라 경고를 하는 것'이라고 했다. 그와 멍거는 '그다지 시끄럽지 않은 소리로 잠을 깨우고 있었던 것'이다.

그는 2003년에 다음과 같이 썼다.

"많은 사람은 파생상품이 제도상의 여러 문제를 줄여 준다고 주장합니다. 특정한 위험을 견뎌낼 수 없는 시장 참가자들이 보다 큰 힘을 가진 손에 자기를 맡길 수 있다는 점을 들어서 그렇게 말합니다. 이들은 파생상품이 경제를 안정시키고 거래를 쉽게 해주며 개별적으로 시장에 참가하는 사람들을 위해 장애물을 제거해 준다고 믿습니다."

미시적인 차원에서 보면 맞는 말이라고 그는 인정했다. 하지만 거시적인 차원에서 볼 때 파생상품은 맨해튼, 런던, 프랑크푸르트, 홍콩 등을 포함한 세계 각지에서 공중 충돌을 일으킬 것이라고 했다. 그와 멍거는 파생상품을 규제해야 하며 파생상품과 관련된 공시의 폭이 더 넓어져야 한다고 믿었다. 파생상품 중앙 정산소에서 거래되어야 하며, 연방준비제도가 주요 투자은행에 대해서 중앙은행으로 기능해야 한다고 믿었다. 하지만 연방준비제도이사회 의장 앨런 그린스펀은 규제되지 않는 시장을 옹호하며 그의 걱정에 코웃음을 쳤다.[10] 워런의 '금융의 대량 살상 무기'라는 표현은 도처에서 인용되었는데, 흔히 이런 인용 뒤에는 그가 지나치게 반응하는 것 아니냐는 의문이 뒤따랐다.[11]

하지만 2002년 초 이미 조립식 주택 산업에서 대량 살상의 단초가 목격되었다. 돈을 빌려주는 측이 악성 채무 때문에 자금 지원을 끊거나 이자를 엄두도 못 낼 정도로 높게 올렸다. 클레이턴 홈스는 워런이 조립식 주택 산업에 뛰어들면서 손을 댄 첫 번째 회사가 아니었다. 2002년 말에 조립식 주택 제조업체인 '오크우드 홈스Oakwood Homes'와 썩 좋지 않은 신용 등급을 가진 사람들에게 대출을 해주는

'서브프라임subprime(미국의 주택담보대출에는 세 가지 신용 등급이 있다. 신용도가 가장 높은 등급이 '프라임'이고, 그다음이 '알트 A'이며, 가장 낮은 등급이 '서브프라임'이다-옮긴이)' 대출 회사인 '콘세코Conseco'가 파산했다. 워런은 파산이라는 늑대가 가장 허약한 양부터 잡아먹을 때가 신용 거품이 꺼지기 시작하는 첫 번째 징후라는 걸 알고 있었다. 그는 오크우드 홈스에 얼마간의 돈을 빌려주었고, 콘세코의 대출 담당 회사인 '콘세코 파이낸스Conseco Finance'를 사겠다고 입찰에 참가했다.[12] 그런데 사모펀드 회사인 '서버러스 캐피털 매니지먼트Cerberus Capital Management'와 또 다른 두 개의 사모펀드 회사가 컨소시엄을 구성해서 이 입찰에 참가해 워런이 제시한 13억 7천만 달러보다 높은 값을 제시하고 콘세코 파이낸스를 인수했다. 이 컨소시엄은 워런보다 높은 가격을 제시해야 했기 때문에, 그가 입찰하지 않았더라면 절약할 수도 있었던 2억 달러를 더 주고서야 낙찰받을 수 있었다. 서버러스 캐피털로서는 결코 잊을 수 없는 뼈아픈 기억이었다.

그 뒤에 워런은 다른 두 개의 펀드 회사와 결합해서 오크우드 홈스에 자금을 대며 최대 주주가 되었으며, 오크우드 홈스는 이 자금으로 빚을 갚았다.[13]

이로부터 얼마 지나지 않은 시점에 테네시대학교의 학생들 한 무리가 워런의 연설을 들으려고 키위트 플라자의 15층에 있던 클라우드 룸Cloud Room에 모였다. 워런은 두 시간 동안 학생들로부터 질문을 받고 대답하는 과정을 통해서 최근에 관심을 가지고 있던 주제인 조립식 주택에 대해서 자세하게 설명했다. 이 자리를 마련했던 앨 옥셔 교수는 한 학생을 통해 그에게 어떤 선물 하나를 전달했다.《꿈이 우선이다First a Dream》라는 책으로, 클레이턴 홈스를 설립했던 짐 클레이턴의 회고록이었다.[14] 그 뒤에 워런은 클레이턴에게 전화를 했고, 클레이턴은 이 전화를 자기 아들 케빈에게 넘겼다. 케빈은 1999년에

아버지에게서 CEO 자리를 이어받았었다. 그리고 두 사람 사이에 인수 협상이 진행되었다.[15]

클레이턴 홈스는 문제 많던 조립식 주택 산업에서 발군의 회사였다. 비록 기초가 튼튼한 회사였음에도 불구하고 이 회사에 돈을 빌려준 대출 기관들은, 워런의 표현을 빌리자면 뜨거운 난로에 앉았다가 혼난 적이 있어서 차갑게 식은 난로도 무서워하는 마크 트웨인의 고양이처럼 굴었다. 그는 클레이턴 홈스의 문제는 자금 조달의 문제일 뿐이며 자금만 충분히 마련된다면 업계를 이끌며 보다 나은 사업 모델로 자리를 잡을 수 있을 것이라고 판단했다. 클레이턴 홈스의 주가는 업계의 다른 주식 가격들과 마찬가지로 뚝 떨어진 상태로, 한 주에 9달러였다. 클레이턴 부자(父子)는 살로먼 브라더스가 그랬던 것처럼 자금을 조달할 재원이 바닥나기 시작하자 회사를 매각할 생각을 했던 것이다.

케빈 클레이턴: "20달러대에서 제안해 주신다면 받아들일 것 같습니다."

워런 버핏: "당신과 당신 아버님이 이 멋진 회사를 일구느라 쏟은 땀과 시간과 열정을 모두 보상해 줄 수 있을 만큼은 우리에게 여유가 없을 것 같네요."

케빈 클레이턴: "재정 상태가 점점 어려워지고 있습니다. 대출을 좀 해주시는 건 어떻습니까?"

워런 버핏: "그건 버크셔 해서웨이 입장에서는 별로 구미가 당기는 일이 아닙니다. 이렇게 하는 게 어떻습니까? 우선 회사에 관한 자료를 모두 모아 이쪽으로 보내주시죠, 언제든 시간이 날 때 말입니다."

워런이 쓰던 고전적인 수법이었다. 낚싯줄을 던져 놓고 있으면 어김없이 걸리게 마련이었다. 다음 날 페덱스를 통해서 막대한 분량의 서류들이 배달되었다. 물고기가 이미 미끼를 문 것이다. 클레이턴 부자는 Z. 웨인 그리핀과 비슷했다. 그리핀은 워런과 전화 통화를 하면서 블루칩 스탬프의 인수 가격을 흥정할 때 동전을 던져서 결정하자고 했던 사람이다. 워런은 클레이턴 부자가 회사를 팔 마음의 준비를 이미 끝냈다는 걸 알 수 있었다.

월스트리트는 클레이턴 홈스의 가치를 다른 경쟁사들을 모두 합한 것보다 높게 평가했다. 클레이턴 홈스는 이런 평판을 받을 자격이 충분했다. 대부분의 조립식 주택 제조업체들이 매장을 줄이고 손실을 기록하고 있었지만 클레이턴 홈스만큼은 그렇지 않았던 것이다. 추종 집단을 거느린 주식 대부분이 그렇듯이 클레이턴 홈스의 창업자는 개성이 강하고 카리스마가 넘쳤다. 회사에서 기타를 치던 회장 짐 클레이턴은 소작농의 아들로 성장한 뒤 조립식 주택 하나를 개조해서 판매함으로써 처음 이 사업에 뛰어들었고, 자기 회사의 주주 총회를 축제 자리라고 생각하며 총회장 뒤에서 무대까지 통로를 걸어가며 〈테이크 미 홈, 컨트리 로즈Take Me Home, Country Roads〉를 부르던 사람이었다. 그는 워런과의 협상을 아들 케빈 클레이턴에게 맡겼다. 하지만 케빈은 물론 워런 특유의 흥정 전략을 전혀 몰랐다.

워런 버핏: "12달러 50센트로 하시죠."

케빈 클레이턴: "아시다시피 워런, 이사회에서는 10달러대 후반이면 받아들일 텐데요. 17달러나 18달러 말입니다."

워런 버핏: "12달러 50센트요."

케빈 클레이턴은 전화를 끊고 나가서 이사회에서 논의했다. 비록 주식이 최근에 9달러대에서 거래되고 있긴 했지만, 자기들 회사가 한 주에 12달러 50센트밖에 되지 않는다는 사실을 받아들이기는 너무도 힘들었다.

케빈 클레이턴: "이사회에서는 15달러를 고려해 볼 겁니다."

워런 버핏: "12달러 50센트요."

워런은 자금이 바닥난 상태에서 더 회사를 유지하다가는 얼마나 더 큰 피해를 입을지 모른다는 점을 동정적으로 강조함으로써 클레이턴 부자가 디디고 선 바닥을 예의 그 둥근톱으로 아래서부터 잘라내기 시작했다. 그가 구사하던 고전적인 협상 기술이었다.

클레이턴 부자와 이사회는 다시 한번 논의했다.

케빈 클레이턴: "13달러 50센트로 하죠."

워런 버핏: "12달러 50센트요."

다시 흥정이 계속되었다.

케빈 클레이턴: "좋습니다. 12달러 50센트로 합시다. 대신 우리는 버크셔 해서웨이 주식으로 받겠습니다."

워런 버핏: "죄송한 이야깁니다만, 그건 안 됩니다. 한 가지 더 말씀드리자면, 경매를 통해서 이 회사를 인수할 생각은 없습니다. 우리에게 팔고 싶으시다면, 다른 인수 희망자에게 입찰을 받으실 수 없습니다. 다른 데서 어떤 가격을 제시하더라도 응하지 않고 우리에게 팔겠다는 독점 계약 조항에 서명해 주셔야 합니다."

클레이턴 부자는 조립식 주택 산업이 대부분의 전문가가 당시에 전망했던 것보다 더 나은 방향으로 개선될 것임을 잘 알고 있었던 게 분명했다. 하지만 결국 백기를 들고 말았다.[16]

워런은 자기 특유의 방식으로 클레이턴 부자를 포섭한 다음에 테네시로 가서 두 사람을 만나고 공장들을 둘러보고 또 녹스빌 지역의 유지들을 만났다. 그는 녹스빌로 가기 전에 짐 클레이턴에게 기타를 치면서 자기와 함께 노래를 부르자고 요청했었다. 두 사람은 전화로 노래 두 곡을 연습까지 했다. 하지만 정작 노래를 불러야 할 때가 되자 워런은 그 사실을 까맣게 잊은 듯 행동했다.

"그 사람은 자기 곁에 세워져 있던 내 기타를 보고도, 둘이 함께 노래를 부르기로 했던 사실을 전혀 기억하지 못했습니다. 우리의 새

친구 워런에게 마이크를 줘보세요. 시간을 완전히 잊어버립니다."**17**

남에게 무시당할 일이 없이 살았던 짐 클레이턴이었지만 어쩔 수 없었다. 저 유명한 워런 버핏을 처음 녹스빌로 초대한 사람이 자신이라는 사실로 위안을 삼았다.

지역 사람들은 대부분 이 거래를 즐겁게 받아들였지만 클레이턴 홈스에 투자한 사람들은 그렇지 않았다. 워런 버핏이라는 아우라가 처음으로 그에게 불리하게 작용했다. 비록 클레이턴 부자는 전혀 몰랐지만 투자자들 가운데는 워런이 어떤 회사를 인수할 때 협상 과정에서 펼치는 수법을 아는 사람이 많았다. 이들은 자기들까지 워런에게 홀랑 넘어가고 싶은 마음이 없었다.

버크셔 해서웨이가 클레이턴 홈스를 인수하기로 했다는 내용이 발표되자 투자자들은 클레이턴 부자에게 몰려가서 애원하며 매달렸다.

"이 회사는 굉장한 회사입니다. 업계 최고 아닙니까? 만일 업계에 있는 사람 가운데 누군가를 고용한다면 나는 주저하지 않고 당신들을 고용할 겁니다. 그러니 제발 물러나지 마세요. 이 어려움을 잘 극복하실 거라고 믿습니다. 업계의 경기도 다시 반등할 겁니다."

혹은 다음과 같이 따지기도 했다.

"당신들이 어떻게 감히 이 회사를 한 주에 12달러 50센트만 받고 팔 수 있습니까? 여태까지 줄곧 16달러씩 하던 회사를 말입니다. 우리가 얼마나 어렵게 여기까지 버텨왔는데, 도대체 어떻게 그런 싼값에 팔아치울 생각을 했단 말입니까?"

클레이턴 홈스 대주주들은 워런이 조립식 주택 산업이 '바닥을 칠 때' 이 회사를 사들였으며 반등 기회를 잡는 거래 타이밍을 적절하게 포착했다고 생각했다. 경기가 한창 좋았던 1998년에 조립식 주택 업계에서는 공격적인 대출 전략을 펼쳐서 한 해에 37만 3천 채의 집을 팔았다. 그러나 2001년 말에는 연간 총 판매량이 19만 3천 채로 줄어들었다. 9·11 사건의 여파로 경제가 비틀거렸기 때문이다. 2003년 전망치는 겨우 13만 채밖에 되지 않았다. 이제 이런 분위기는 반전될 터였다. 여태까지 워런이 인수와 관련해서 보여 주었던 기민한 행보를 고려하면, 그는 최저점에서 클레이턴 홈스를 인수한 게 분명하며, 따라서 그 시점에 이 회사의 주식을 판다면 호구 잡히는 것이라고 대주주들은 생각했다.

하지만 그는 그렇게 보지 않았다. 조립식 주택 시장이 스스로 자기 발등을 찍었다고 보았다. 거래된 주택 가운데 많은 비율이 손쉬운 대출 조건을 이용해서 집 살 여유가 없는 사람들에게까지 마구잡이로 넘겨졌기 때문이었다. 이런 점에서 보자면 앞으로도 조립식 주택의 판매는 호전될 것 같지 않았다.

하지만 그와 다른 생각을 가지고 있었던 사람들은 여태까지 클레이턴 홈스가 얼마나 견실하게 잘 운영되었는지 알고 있었으며, 판매량이 떨어진 것을 고려해 볼 때 분명 상황이 나아질 것이라고 확신했다. 이들은 애를 태우며 오마하로 전화를 걸었다.

워런은 클레이턴 홈스 주주들의 분노에 전혀 신경을 쓰지 않았다. 미래에 자기가 조립식 주택업계의 기획자가 되어 있을 모습을 흐뭇하게 상상했다. 그는 조립식 주택의 이동식 주택과 같은 측면이 특히 마음에 들었다. 소작농의 아들이 가지고 있던 회사를 산다는 사실이, 데어리 퀸에서 딜리 바를 먹고 여전히 모형 기차 카탈로그를 갈망하며 교도관의 제복을 만드는 회사를 가지고 있으며, 속옷과 캐주얼 의류 제조업체인 '프루트 오브 더 룸'의 (브랜드 로고. 과일 모양 분장을 한) 모델들과 함께 사진을 찍는 데서 커다란 즐거움을 느꼈던 남자에게는 무척이나 마음에 들었다. 워런 안에 있는 P. T. 바넘(19세기 미국에서 서커스단을 이끌던 위대한 쇼맨이자 사업가 - 옮긴이)의 끼가 출렁거리기 시작했다. 그는 클레이턴 홈스의 조립식 주택을 주주 총회에서 어떻게 선보일지 머릿속으로 생생하게 그릴 수 있었다. 2004년 주주 총회 때 오마하에 새로 들어서는 컨벤션 센터인 퀘스트 센터의 아래층 드넓은 전시 공간에 거대한 조립식 주택 한 채를 떡하니 세운다. 씨즈캔디 매장 옆이 될 수도 있고, 저스틴 인더스트리 직원들이 부스를 파는 곳 옆이 될 수도 있었다. 해마다 전시 공간은 점점 더 커지고 또 구성도 극적으로 바뀌어 가고 있었다. 판매 부스도 더 많이 설치되었고, 해마다 팔리는 물품도 점점 늘어나고 있었다. '주변에 잔디까지 깔린 집 한 채가 통째로 주주 총회장 한가운데 놓이고, 이 광경을 본 주주들은 경외심에 입이 딱 벌어져서는 이 집을 구경하려고 길게 줄을 늘어선다.' 이런 생각을 하며 워런은 흐뭇해했다. 주주 총회장에서 조립식 주택을 몇 채나 팔 수 있을까? 선 밸리에 모이는 친구들 가운데 그 누구도 주주 총회장에서 조립식 주택을 판 사람은 없었다.

그뿐만이 아니었다. 클레이턴 홈스는 워런의 설교 충동과 사업적인 본능을 이어주는 회사이기도 했다. 워런은 장차 조립식 주택 사업 분야에서 악당들을 응징할 생각이었다. 또한 조립식 주택 사업이 당면하고 있는 금융적인 문제를 해결할 참이었다.

워런은 새로운 프로젝트 책임자로 이언 제이콥스를 불러들였다. 두 사람은 간략하게 대화를 나누었는데, 이 대화에서 그는 다음과 같이 말했다.

이언, 여기 클레이턴 홈스와 관련된 자료가 있네. 여기에는 담보권 행사나 선금 등과 관련된 온갖 정보들이 들어 있어. 이제 자네가 나가서 소매업자들을 만나봤으면 하네. 그리고 이쪽 사업이 어떻게 돌아가는지 온갖 시시콜콜한 이야기들을 다 들어가면서 배웠으면

하네. 이언, 판매 관행에 대해서는 많이 알면 많이 알수록 좋아. 옛날
에는 어떻게 돌아갔는데 지금은 또 어떻게 돌아가는지, 누구 방식이
옳고 누구 방식이 그른지 하는 것들부터 시작해서 말이야. 현재 이쪽
산업이 어떻게 돌아가고 어떻게 경영하는 게 가장 논리적인 방법인
지 가능하면 많이 알란 말이야. 그럼 내가 그걸 몽땅 빨아들일 걸세.

버크셔 해서웨이의 최고재무책임자 마크 햄버그나 햄버그 이전에
있었던 사람들이 그랬던 것처럼, 추가적인 지시나 감독 없이도 이런
지시를 제대로 이해하고 수행하는 능력이야말로 이언 제이콥스가
버크셔 해서웨이에서 얼마나 성장할 수 있을지 판가름하는 결정적
인 요소였다. 의지가 있는 사람에게 이런 기회는 평생에 한 번 올까
말까 한 학습의 기회였다. 그는 곧바로 조립식 주택 산업의 온갖 자
잘한 이야기와 소문을 들으러 현장으로 나갔다.

그 달 말 무렵 버크셔 해서웨이 주주들이 오마하 공항으로 들어오
는 비행기편과 오마하 시내의 호텔 객실을 꽉꽉 채웠다. 2003년 주
주 총회에 참석해서 워런을 보려는 사람들이었다. 대중 잡지들이 '돌
아온 십자군 전사'니 '만물의 현인'이니 하고 칭송하는 바로 그 워런
버핏이었다. 몇 가지 놀라운 소식들도 있었다. 대부분의 지분을 정부
가 가지고 있는 중국의 석유 회사 '페트로차이나PetroChina'의 지분을
버크셔 해서웨이가 매입했다는 사실을 홍콩증권거래소가 공시했다.
십수 년 만에 처음으로 워런이 해외 투자를 공식적으로 인정한 사례
였다.[18] 그는 해외 투자에 대해서 극도로 조심하는 걸로 유명했다.
1993년 영국의 맥주 회사 '기네스 PLC Guinness PLC' 때 이후로는 외국
의 주식을 대상으로 상당한 규모의 포지션을 구성한 적이 없었다.[19]
기자들은 과거와 다른 급진적인 행보에 대해서 그에게 설명을 듣
고 싶어 안달이었다. 그는 자기는 중국을 잘 알지 못하며 다만 중국

통화인 위안화로 거래되는 석유를 보고 샀다고 설명했다. 달러화를 비관적으로 보았고 석유를 낙관적으로 보았던 그는 지난해 11월 〈포천〉에 '왜 나는 달러화를 비관적으로 바라보는가?'라는 제목의 글을 썼었는데,[20] 이 글에서 달러화의 가치가 하락할 것이라고 전망하며 외환에 상당한 투자를 했다고 설명했다. 이유는 소위 무역 적자 때문이었다. 미국은 해외에 수출하는 것보다 더 많은 양을 해외에서 수입했다. 게다가 이런 적자폭은 빠른 속도로 커지고 있었다. 그리고 이 적자를 부채로 메우고 있었다. 외국인이 미국 정부가 발행하는 차용증IOU, 즉 국채를 사들이고 있었다. 그 결과 "미국의 순자산이 놀라운 속도로 해외로 유출되고 있다"고 그는 썼다. 그는 절약국과 적자 지출하는 탕진국이라는 가상의 두 국가를 내세워서 설명했는데, 탕진국의 국채를 사들이는 절약국 국민들이 과연 탕진국이 그 돈을 갚을 수 있을지 고개를 갸웃할 날이 머지않아 올 것이라고 했다. 그리고 실제로 이런 일이 발생할 때 절약국 국민들은 여전히 탕진국과 거래하겠지만 채권 대신에 실물 자산, 예컨대 토지, 회사, 건물 등과 같이 위험성이 낮은 자산을 살 것이라고 했다.

"마침내 절약국은 탕진국의 모든 걸 소유하게 될 것이다."

미국이 절약국에 자기 자신의 일부를 조금씩 내다 파는 탕진국이 되지 않으려면, 수출하는 미국 기업들에게 한 달에 총 800억 달러가량 규모의 '수입 허가권'을 발행하는 체계를 마련해야 한다고 그는 제안했다. 이 허가권은 창고에 보관 중인 물품에 대한 권리증처럼 매매가 가능해야 한다고 했다. 그래서 외국에서 어떤 물품을 미국으로 수입하고자 하는 사람은 수입 허가권을 확보해야 하고, 그러기 위해서 수출업자에게 이것을 사도록 해야 한다고 했다. 이렇게 되면 내수 시장에 물건을 파는 것보다 수출할 때 더 많은 이문을 남길 수 있으므로 자동적으로 수출이 늘어날 것이라고 했다. 이 경우 물론 외국에서 물품을 수입하는 수입업자(혹은 미국에 수출하는 외국 회사)의 비용은 그만큼 늘어난다. 이 제도가 경기 불황을 유도하고 결국 무역 전쟁까지 일어나게 만들었던 수입 관세를 연상시키며 부정적으로 비칠 수도 있지만, 달러화 가치가 떨어짐에 따라서 수입 물품 가격이 그만큼 비싸지기 때문에 수입업자들이 어떻게든 고통받는다는 게 그의 생각이었다. 수입 허가권이라는 발상은 최소한 시장에서 누가 고통을 감내할지 미리 규정했다. 시간이 지나면 수입 허가증에 대한 수요가 늘어나서 점차 수출이 늘 것이고, 결국 절약국과 탕진국 사이에 무역 수지 균형이 이루어질 것이라는 게 그의 논리였다.

이 계획은 많은 요소를 담고 있었는데, 그 핵심은 여러모로 워런 버핏다웠다. 그의 글은 그의 생각을 압축적으로 담았다. 일종의 경제학 강의인 셈이었다. 또한 잠재적인 재앙에 대한 경고이기도, 안전 마진이라는 개념을 반영한 것이기도 했다(워런이 기대한 대로 무역 수지의 균형이 이루어지지 않는다 하더라도 최소한 상황이 더 악화되지 않도록 막아줄 것임은 분명하기 때문이었다). 또 시장의 자율성과 정부의 개입이 융합된 해결책이었다. 아울러 복합적이고 독창적이며 이해하기 쉬운 제도였다. 어떤 입장에 있든 간에 대부분의 사람이 손 놓고 아무것도 안 하는 것보다는 나은, 별다른 리스크가 따르지 않는 대책이기도 했다.

이런 제도를 실행하려면 사고 체계를 전면적으로 바꿀 필요가 있었다. 정치인이 경제학을 이해해야 하며, 또한 그의 계획을 밀어붙일 때 수반될 상당한 정치적 위험을 여야 정치인이 합심해서 기꺼이 부담할 정도로 책임감을 가져야만 했다. 게다가 그가 제안한 계획은, 문제가 위기로 전환되기 이전에 미리 그 문제를 공략하자는 셈이었다. 이런 일은 워싱턴 정가에서 도저히 가능할 것 같지 않은 정책이었다. 보호 무역의 냄새가 아주 조금이라도 나는 어떤 법안이, 공화당의 주류를 형성하고 백악관을 점령하고 있는 자유시장주의자들 및 부시 대통령의 지지를 받아서 의결될 가능성은 조금도 없었다. 결국 수입 허가증이라는 발상은 매우 우아한 해결책이면서 동시에 아무 소용없는 해결책이었다. 하지만 워런의 아버지 하워드 버핏이 살아 있었더라면 아들을 무척 자랑스럽게 여겼을 것이다(워런 버핏의 아버지 하워드 버핏은 미국 통화인 달러가 휴지 조각이 될 날이 당장 내일이라도 닥칠지 모른다고 생각했고, 또 늘 거기에 대비했었다. ─옮긴이).

최소한 워런은 달러화 약세의 위험에 대해서 공적으로 또한 큰 목소리로 경고한 최초의 저명인사로 남는 영광을 누리게 되었다. 이런 위험에서 버크셔 해서웨이를 보호하기 위해 그는 중국의 주식을 주시하고 있었다. 급성장하는 중국의 경제력 때문이었다. 그래서 페트로차이나를 찾아냈고, 연구하고, 마침내 마음을 놓아도 되겠다고 판단한 뒤 이 회사의 주식을 샀다. 비록 4억 8,800만 달러어치밖에 살 수 없었지만 더 살 수 있었다면 한도껏 모두 사고 싶었다고 그는 말했다. 그가 페트로차이나를 샀다는 소식은 투자자들을 흥분시켰다.

"워런 버핏이 외국 주식을 샀대!"

페트로차이나의 주가가 치솟았다. 마찬가지로 버크셔 해서웨이 주주 총회 참석자 수도 예년보다 한층 더 늘어났다.

그해에 1만 5천 명이 '오마하 자본가 우드스톡'으로 모여들었다. 워런의 360억 달러 재산은 다시 한번 그를 빌 게이츠에 이어서 미국에서 두 번째 부자 자리에 올려놓았다.

"이상적인 회사는 어떤 회사입니까?"

질의응답 시간에 한 주주가 물었고, 그는 다음과 같이 대답했다.

이상적인 회사는 투자 자본에 대해서 매우 높은 수익을 벌어들일 수 있는 회사이자 동시에 계속해서 많은 자본을 운용하면서 높은 수익률을 보장해 주는 회사입니다. 그건 복리 기계가 됩니다. 당신이 어떤 선택을 했다고 칩시다. 1억 달러를 어떤 회사에 투자했는데 이 회사가 그 자본에 대해 20퍼센트, 즉 2천만 달러의 수익을 올렸습니다. 이상적이게도 말입니다. 다음 해에 이 회사는 1억 2천만 달러의 자본에 대해서 20퍼센트의 수익을 올려서 1억 4,400만 달러로 불려줍니다. 그 뒤로도 계속 이렇게 불려줍니다. 그렇다면 당신은 자본을 불려가면서 해마다 같은 수익률을 올릴 수 있습니다. 이상적인 회사죠. 하지만 세상에 이런 회사는 정말 정말 정말 드뭅니다. (……) 우리는 그 회사에서 불린 자금을 빼내 다른 회사들에 투자할 수 있습니다.[21]

이것은 워런이 기업과 투자에 대해서 줄 수 있는 가장 선명한 강의인 셈이었다. 표면적으로만 보자면 주식시장에서 실망한 투자자들의 오랜 역사를 언급하여 정색하게 만들지만, 사실은 어째서 버크셔 해서웨이가 그런 모습으로 구축되었는지 설명하는 셈이었다. 왜 자기가 끊임없이 새로 인수할 회사들을 물색하고 있는지 설명했으며, 또한 새로 인수한 클레이턴 홈스를 어떻게 할 계획인지 설명했다. 워런은 버크셔 해서웨이에 남아도는 자금의 일부를 클레이턴 홈스에 투자해서 이 회사가 살아남아 조립식 주택 시장의 점유율을 파산한 경쟁자들로부터 넘겨받고 그들의 대출 포트폴리오를 매입해서 서비스할 수 있게 되기를 기대했다.[22]

버크셔 해서웨이의 축제를 취재하러 세계 각국에서 날아온 50여 명의 외국 기자들은 주주 총회 자체보다는 페트로차이나에 더 관심이 많았고, 이 투자가 외국 주식에 대한 새로운 관심의 시발점이 될 수 있을지 궁금해했다. 이들은 일요일에 있었던 기자회견에서 이와 관련된 질문을 던질 기회를 잡았다. 이 기자들 가운데 많은 이들이 자국 국민이 귀 기울일 만한 질문을 던지고 싶어 안달이었다.

"어느 나라 주식을 사실 생각입니까? 호주? 타이완? 독일? 브라질? 러시아? 어느 나라입니까?"

워런은 앞으로도 계속해서 미국 주식을 주로 살 것이라고 강조했다. 외국 주식은 대부분 자기 능력의 동심원 밖에 있다고 말했다. 페트로차이나도 이런 상황을 바꾼 게 아니었다.

월요일 아침에 있었던 버크셔 해서웨이 이사회에서 그는 그해에 자기가 이사들에게 가장 가르치고 싶었던 사항들을 설명했다. 소규모 세미나라고 할 수 있을 만큼 장황한 설명이었다. 이 세미나의 핵심적인 주제는 달러화가 외환에 비해서 약세를 보일 위험성과 조립식 주택 융자와 관련된 문제였다.

톰 머피와 돈 커우는 막 이사로 선출되어 찰리 멍거, 론 올슨, 월터 스콧 주니어, 호위, 수지 그리고 그 옛날 해서웨이 직물 시절의 체이스 가문을 대표하는 킴 체이스 등의 기존 이사들과 합류했다. 그런데 머피와 커우가 이사가 된 걸 놓고 일각에서 불만을 제기했다. 주주들 사이에서는 정실주의의 결과다 혹은 균형과 다양성이 떨어진다 등의 말들이 오갔다. 하지만 이사회를 구성하는 사람들이 워런 버핏의 독주를 견제할 것이라는 발상은 터무니없는 것이었다. 바비 인형들을 잔뜩 모아서 이사 자리에 앉혀 놓는다 하더라도 이사회는 마찬가지로 잘 돌아갔을 것이다. 버크셔 해서웨이의 이사회는 회의하는 자리가 아니었다. 파티 자리나 짐 클레이턴과 함께 노래를 부르는 오찬 자리에서도 늘 그랬던 것처럼 그저 워런이 하는 말을 듣는 자리일 뿐이었다. 언제나 워런은 손에 분필을 들고서 칠판 앞에 섰다.

하지만 주주들이 버크셔 해서웨이의 기업 지배구조에 대해서 격정한 이유는 회사 운영에 대한 감독을 어떻게 할 것인가 하는 문제가 아니었다. 후계자 문제였다. 벌써 일흔세 살이 다 된 워런의 뒤를 누가 이을지가 문제였던 것이다. 워런은 툭하면 자기 후계자의 이름은 잘 보이게 써서 '편지 봉투 안에 넣어 두었다'는 말을 했다. 그렇게만 말할 뿐, 그 이름을 밝혀달라는 압박에는 한사코 응하지 않았다. 그 이름을 밝히고 나면 자기 두 손이 한 사람에게만 묶여버릴 것이고, 그러면 여러 가지가 바뀔 수 있기 때문이었다. 과도기는 효과적으로 진행될 터였다. 하지만 그가 아직 후계자를 공표할 준비가 되어 있지 않은 게 분명했다.

누가 그 후계자일지 추측이 분분했다. 그가 사들였던 수많은 회사의 경영자들 대부분은 후보가 아닌 것 같았다. 그는 세상의 집중적인 관심은 피하면서 그야말로 개미처럼 일할 B 부인과 같은 유형의 경영자를 좋아했다. 하지만 이런 사람은 자본을 관리하지 않았다. B 부인과 같은 품성을 가지고 있으면서 동시에 자본을 어디에 어떻게 투자해야 하는지 아는 사람이 없을까? 그가 원하는 사람은 종일 책상에 앉아서 금융 보고서만 읽는 일을 기꺼이 할 사람이어야 했다. 동시에, 여전히 워런 버핏 아래에서 일하길 바라는 수많은 경영자들을 계속 데리고 갈 수 있을 만큼 사람을 다루는 데도 능해야 했다.

나는 매일 아침 치르는 복잡한 일과가 있습니다. 바로 거울을 바라보면서 내가 해야 할 일을 결정하는 겁니다. 그 순간에, 모든 사람은 각자 자기 나름의 발언권을 가지고 있다는 걸 느낍니다.[23]

차기 CEO는 당당하고도 훌륭한 지도자여야 했다. 그러나 자의식이 너무 강한 사람은 그 자리에 앉을 필요성을 아예 느끼지 못할 터였다.

월요일 이사회가 끝날 무렵, 주주들은 오마하에서 다 떠나고 없었다. 버핏 가족도 해마다 가던 뉴욕 여행을 떠났다. 버핏 가족은 해마다 버핏 그룹 사람들 가운데 동부 연안 쪽에 있는 사람들이 모이는 자리에 참석했다. 장소는 샌디 고츠먼과 루스 고츠먼 부부의 집이었다. 이곳에서 수지는 워런의 무릎에 앉아서 손가락으로 워런의 머리를 쓰다듬었으며 워런은 수지의 이런 모습을 황홀하게 바라보곤 했다. 하지만 그해에는 수지의 상태가 좋지 않은 게 분명해 보였다. 이 모임이 진행되던 어느 날 점심 자리였다. 수지는 가벼운 모직 치마 정장에 숄을 걸친 아름다운 모습으로 앉아서 닭고기 아주 조금과 당근 조각 몇 개 그리고 우유 한 잔만 마셨다. 수지는 몸 상태가 좋다고 말했지만, 그 말은 전혀 설득력이 없었다.

그로부터 채 2주도 지나지 않아, 수지는 잔뜩 기대하고 있던 아프리카 여행을 떠나기 직전에 장 폐색으로 병원에 입원해야 했다. 수지를 진료하던 의사는 이것 외에 따로 빈혈과 식도궤양 증상도 찾아냈다. 가족들은 크게 실망했다. 모든 가족이 실망한 게 아니었을 수도 있지만 적어도 몇 명은 크게 실망했다. 아프리카 여행은 다음 해 봄으로 미룰 수밖에 없었다. 워런도 속이 많이 상했다. 아프리카 여행을 수지가 얼마나 바랐는지 알기 때문이었다. 하지만 걱정되느냐는 질문에 그는 이렇게 대답했다.

"아니요. 만일 내가 자기 때문에 걱정한다고 생각하면, 수지도 마음이 편치 않을 겁니다. 수지는 나 때문에 자기가 걱정하는 걸 바라지, 그 반대는 전혀 아닙니다. 이런 점에서 보자면 수지는 애스트리드와 무척 비슷합니다. 나는 걱정을 해서는 안 되는 사람입니다."

아프리카 여행을 가지 못한 이유가 가족에게는 유감스러운 일이었지만, 6월경엔 여행을 가지 못한 게 오히려 워런에게 잘된 일이었음이 밝혀졌다. 클레이턴 홈스의 주주들이 모여서 인수 합병과 관련된 안건에 투표할 날이 다가오면서, 이 거래에 반대하는 움직임이 급속도로 커졌다. 아무리 인수자가 버크셔 해서웨이라 하더라도 인수 가격이 너무 싸다고 생각하는 주주들의 저항이 거셌던 것이다. 클레이턴 홈스를 인수하고자 하는 또 다른 주체가 나타났다는 소문도 돌았다.[24] 투자자들은 워런이 엄청난 돈을 벌 것이라고 추측했다. 버크셔 해서웨이의 막강한 자금과 높은 신용도 덕분에 그는 클레이턴 홈스에 보다 유리한 조건으로 거의 영원히 자금을 조달할 수 있을 터였다. 그렇다면 이건 불공정 거래에 가까웠다. 적어도 충분히 그렇게 보일 수 있었다. 주주들은, 클레이턴 부자가 자기 자리를 보전하며 어떤 특혜를 보장받으려고 혹은 당장 목이 마른 자금을 확보하려고 그에게 회사를 너무 싼값에 팔아치운다고 확신했다. 공개 기업의 경영진이 회사를 다른 회사에 팔려고 할 때 나타날 수 있는 이해관계의 갈등이 바야흐로 막 전쟁으로 치닫기 직전이었다.

예컨대 '오르비스 인베스트먼트 매니지먼트Orbis Investment Management'의 윌리엄 그레이는 클레이턴 부자가 워런 버핏 편에 붙어서 회사를 강도질하는 거라고 생각했다. 그래서 증권거래위원회에 청원서를 넣고 클레이턴 홈스의 소재지인 델라웨어에 있는 형평법 법원에 제소했다(미국에서 두 번째로 작은 주인 델라웨어는 뉴욕증권거래소와 나스닥 상장 기업의 50퍼센트 이상의 소재지라 '세계 기업의 수도'라 불린다. 기업들이 델라웨어를 소재지로 삼는 이유는 여러 가지가 있겠지만, 특히 정부의 법률 관련 서비스가 매우 만족스럽기 때문이다. 이 가운데 하나의 예로서 델리웨어의 사법 체계에서는, 형평법 법원을 기업 전문 법원으로 특화하여 기업 관련 분쟁은 기업법에 전문적 식견을 가진 판사가 배심원 없이 신속하게 판결한다-옮긴이). 이 회사를 인수하고자 하는 또 다른 경쟁자들의 입찰을 받지 않는 조항에 합의함으로써 클레이턴 부자가 주주들의 최대 이익을 도모하려고 노력하지 않았다는 게 이유였다. 그레이는 클레이턴 부자는 이 거래에 투표권을 행사할 수 없다는 판결이 내려지길 바랐으며, 클레이턴 홈스의 이사회를 대치할 임시 주주 총회가 소집되길 바랐다.[25] 어쨌든 간에, 어떤 투자자가 말했듯이 '워런이 어떤 걸 사겠다고 나섰다면, 그 대상이 저평

가되어 있는 게 분명했다.[26]

그의 명성은 오랜 세월 동안 긍정적인 방향의 자산으로 기능했지만 몇 가지 측면에서는 오히려 장애물로 기능하기 시작했다. 그가 워낙 언론의 관심을 끄는 사람이다 보니, 유명해지길 바라거나 자기 주장을 세상에 빠르게 알리고 싶은 사람들이 주주 총회나 언론 매체 혹은 기타 가능한 여러 가지 계기를 통해서 그를 걸고넘어지는 일이 많았다. 그런데 또 그런 일이 일어났다. 주주 총회 직전이었고 버크셔 해서웨이가 클레이턴 홈스 거래 사항을 발표할 즈음에, '팸퍼드 셰프'의 CEO 도리스 크리스토퍼가 그에게 전화를 했다.

팸퍼드 셰프는 회사에 고용된 직원이 아닌 주로 여성들로 구성된 독립 판매원 조직을 통해서 주방용품을 파는 회사였다. 이 판매원들은 주로 홈 파티 행사를 통해서 영업했는데, 버크셔 해서웨이가 이 회사를 인수한 뒤에 낙태 합법화에 반대하는 단체에 속한 사람들이 팸퍼드 셰프의 판매원들이 조직하는 파티를 거부하고 나섰다. 불매 운동이 벌어진 것이었다. 버크셔 해서웨이는 낙태 합법화에 반대하는 단체나 찬성하는 단체 어디에도 기부하지 않는 걸 원칙으로 삼고 있었다. 다만 이 회사의 주주들이 자선 기금 프로그램을 통해서 한 주당 18달러를 자기들이 원하는 자선단체에 기부할 수 있도록 매개 역할을 했을 뿐이다. 모든 유형의 비영리 단체에 기부된 금액 1억 9,700만 달러의 수혜자 가운데 가장 많은 비율을 차지한 곳은 학교와 교회였다. 게다가 교회는 대부분 가톨릭 교회였고(가톨릭은 낙태에 반대하는 입장이었다-옮긴이), 또한 이 돈은 대부분 낙태와 관련 없는 일에 쓰였다. 하지만 적지 않은 돈이 생식 권리를 주장하는 단체들에게로 들어갔다.[27] 워런과 수지의 개인적인 기부금은(이 기부금의 액수는 2002년에 약 900만 달러였다) 버핏 재단으로 들어갔고, 버핏 재단은 여성의 생식 권리를 주장하는 단체들에게 주로 자금을 지원했다. 버크셔 해서웨이의 돈이 이런 식으로 흘러 들어간다는 사실이 낙태 합법화에 반대하는 단체 및 사람들을 불편하게 만들었다. 이런 기부금이 사실상 버크셔 해서웨이와는 아무런 관련이 없다는 주장은 씨도 먹히지 않았다.[28] 2002년에 워런은 그 단체들 가운데 하나에게 가족계획 이외의 분야로 얼마나 많은 돈이 들어가는지 보여주면서 사태를 진정시키려고 노력했었다. 하지만 '라이프 디시전스 인터내셔널Life Decisions International'의 대표는 다음과 같은 내용이 포함된 회신을 보내왔다.

"설령 가족계획연맹Planned Parenthood(낙태 합법화 옹호 단체)이라는 단체에 단 1달러만 기부하고 낙태 합법화에 반대하는 단체에 10억 달러를 기부한다 하더라도, 그 1달러가 존재하는 한 버크셔 해서웨이는 우리의 불매운동 대상 목록에 들어갑니다."[29]

타협의 여지가 없다는 신호였다.

이런 일이 있기 이전에 도리스 크리스토퍼는 회사 사람들에게 자기는 개인적으로 워런의 견해에 동의하지 않지만 그가 자기 돈을 기부하는 것 자체에 대해서 '어떤 요구를 하거나 판단을 할 위치에 있지 않다'면서 중재하려고 했으나 뜻대로 되지 않았다. 팸퍼드 셰프의 전체 판매원 7만 명 가운데 1천 명도 되지 않는 판매원들이 이 문제를 놓고 크리스토퍼에게 청원서를 냈는데,[30] 이들을 중심으로 한 보이콧은 회사의 영업에 영향을 미쳤고 관련된 사람들에게 상처를 주었다. 주방용품을 팔기 위해서 조직한 홈 파티가 벌어지는 집에까지 나타나서 낙태 합법화 반대 시위를 하는 사람들에게 판매원들은 위협을 느꼈다. 크리스토퍼는 워런에게 전화해서 이 일로 인해 회사의 영업이 점점 더 악화되고 있다고 했다.

도리스는 나에게 부탁하지 않았습니다. 하지만 내가 그 기부 프로그램을 취소하기를 바란다는 사실을 알 수 있었죠. 잘 아시다시피 그렇게 할 겁니다. 나는 우리가 견뎌낼 수 있다고 생각했습니다만, 그렇게 할 수는 없었습니다. 다치게 하고 싶지 않은 사람들이 수도 없이 다칠 테니까요. 우선 도리스가 다칩니다. 그리고 그 사람들도 다 도리스 사람들이잖아요. 그 사람들도 다칩니다. 아무런 죄도 없이 말입니다. 사람들이 도리스의 사무실에서 다들 울고 있어요.

6월 말에 워런은 앨런 그린버그에게 전화를 걸어서 자기 사무실로 불렀다. 그린버그는 수지 주니어의 전남편이자 현재 버핏 재단 상임이사였다. 워런은 앨런에게 자기가 찰리 멍거에게도 이야기했다고 운을 뗀 뒤, 팸퍼드 셰프를 매각하는 선택을 내리기보다 주주를 대상으로 하는 자선 기금 프로그램을 없애기로 결정했다고 말했다. 그린버그는 깜짝 놀랐다. 한 해 전에 주주의 97퍼센트가, 이 프로그램을 없애자는 낙태 합법화 반대 입장의 주주가 제안한 결의안을 부결시켰었다. 하지만 워런은 곱슬거리는 머리카락을 두 손으로 쓸어 올리면서 사무실 안을 서성거리며 그 기부 프로그램은 회사 차원에서 나온 게 아니라 각 개인에게서 나온 것이라고 지적했다. 사람들은 그 프로그램이 없다 하더라도 독자적으로 계속 기부 행위를 할 것이므로 달라지는 건 아무것도 없다. 여기까지 생각한 뒤에 워런은 마음을 정했던 것이다.

그린버그는 자신의 사무실로 돌아가 보도자료문 초안을 잡았고, 이 보도자료에 담긴 내용은 독립 기념일 주말에 있을 선 밸리 컨퍼런스 직전에 보도되었다. 며칠 동안 계속해서 전화벨은 수도 없이 울렸고, 비서들은 복도를 오가면서 수많은 메시지를 전하느라 점점 지쳐갔다. 라이프 디시전스 인터내셔널은 즉각 버크셔 해서웨이를 불매 운동 대상 목록에서 빼겠다고 발표했다.

하지만 워런의 친구들은 낙태와 관련해서 각자 가지고 있던 의견과 상관없이 거의 대부분 똑같은 반응을 보였다. 놀라서 입을 다물지 못했던 것이다. 몇몇은 화를 내기도 했다. 이 사람들의 반응을 정리하면 다음과 같았다.

"워런이 포기하고 물러서다니 깜짝 놀랐습니다."

"그렇게 쉽게 물러서다니 전혀 워런답지 않았습니다. 워런은 원칙주의자잖아요. 그게 정말 원칙을 꺾을 정도로 큰 문제였나요?"[31]

다른 사람이었다면 다른 결정을 내렸을 수도 있었겠지만, 워런은 만일 자기가 다르게 결정할 경우 팸퍼드 셰프의 판매원들이 위험한 처지에 놓일 수 있다는 점이 걱정된다고 말했다. 구체적으로 언급하지는 않았지만, 그가 걱정한 것은 그들의 생계뿐만이 아니라 그들의 신체를 포함한 물리적인 상태였다. 워런 자신이 거대한 표적 대상이었다. 동네 사람 몇 명만 이름을 아는 세탁업자 아무개가 아니라 저 유명한 워런 버핏이었기 때문이다. 단호한 입장을 취할 경우 워런뿐만 아니라 버크셔 해서웨이까지도 낙태에 찬성하는 집단의 상징으로 몰릴 수 있었다. 이건 위험한 일이었다.[32] 그는 어떻게든 정면 대결을 피했다. 정면 대결은 아무래도 어려운 일이었다.

나중에 워런은 이런 비판에 대해서 혹은 낙태를 반대하는 사람들에게 무릎을 꿇었다는 사실에 대해서 앙심을 품고 있다는 인상은 전혀 비치지 않았다. 머피가 표현했듯이, 지옥으로 꺼지라는 말은 내일 언제나 할 수 있었다. 하지만 오늘 당장 그런 말을 할 필요는 없었다. 워런은 오랜 세월 이 처세술을 따르면서 수많은 어려움들을 피했었다. 그는 팸퍼드 셰프 문제가 해결되자마자 이것과 관련된 모든 감정들을 완전히 털어버렸다.

하지만 이런 처세법도 소용없는 문제들이 있었다. 세탁업자 아무개가 아니라 워런 버핏이기 때문에 생긴 문제들이었다. 클레이턴 홈스의 주주들은 버크셔 해서웨이에 합병되는 거래를 놓고 투표해야 하는 7월 16일 총회가 다가오자 논쟁에 가세했다. 업계 다른 회사들의 주식 가격이 우상향하기 시작했다. 어느샌가 대출을 하기도 좀 더 쉬워졌다. 바닥을 쳤다는 견해가 대세였다. '브랜디와인 에셋 매니지먼트Brandywine Asset Management', '슈나이더 캐피털Schneider Capital' 그리고 캘퍼스 등과 같이 존경받던 자산운용회사들을 포함해서 전체 투자자 가운데 약 13퍼센트가 공개적으로 그 거래에 반대한다고 선언했다. 케빈 클레이턴은 전국을 돌아다니면서 주주들을 만나 회사 합병의 필요성을 역설했고, 반면에 오르비스를 비롯한 반대론자들 역시 전화와 언론으로 부지런히 작업을 했다. 그때까지 버크셔 해서웨이는 클레이턴 홈스가 필요로 했던 임시 변통 자금 3억 6천만 달러를 빌려줬는데, 워런은 보도자료를 내고 앞서 제시한 인수 가격을 높일 생각이 없으며 '앞으로도 그럴 것'임을 밝혔다. 만일 거래가 최종적으로 성사되지 않으면, 미련 없이 물러나겠다고 했다. 또한 워런은 이 보도자료를 통해서 이동식 주택 사업의 경제적 전망을 예측하며 아직도 경기 호전은 보이지 않는다고 했다.[33]

그가 나서기 전에는 아무도 클레이턴 홈스를 인수할 생각이 없었다. 클레이턴 홈스에는 충성스러운 주주들이 많이 있었지만, 클레이턴 홈스는 무도회장에서 파트너를 구하지 못한 미모의 여성이나 마찬가지였다. 그런데 바이올린과 기타로 경쾌한 쇼티셰(느린 템포의 폴카와 비슷한 춤─옮긴이) 음악이 연주되기 시작하자 그녀가 워런의 팔짱을 끼고 플로어 한가운데를 향해 걸어가고, 그때까지 아무도 거들떠보지 않았던 이 여성이 갑자기 모두에게 아름다워 보이기 시작했다. 주주 총회를 이틀 앞둔 날 자정에, 콘세코 파이낸스를 워런이 제시한 가격보다 높은 가격에 인수했던 서버러스 캐피털이 클레이턴 홈스에 팩스를 보내 워런이 제시한 가격보다 높은 가격으로 입찰할 수 있을지도 모르겠다고 했다. 하지만 돈이 걸린 문제에서 그는 언제나 대담하고 도전적이었다.

"좋아요, 그렇게들 하라고 하죠 뭐."

버크셔 해서웨이가 없는 클레이턴 홈스의 주식 가치는 한 주에 12달러 50센트를 넘지 못한다고 워런은 확신했다.

아니나 다를까 주주 총회가 열리는 날까지 클레이턴 홈스를 인수하겠다고 나선 입찰자는 하나도 없었다. 하지만 과연 클레이턴 부자가 확보하고 있는 의결권이 총회의 승인을 얻을 수 있을 만큼 충분할지는 여전히 미지수였다. 짐 클레이턴은 총회장을 가득 메운 흥분한 주주들로부터 한 시간 동안이나 질문 세례를 받았다. 버크셔 해서웨이가 클레이턴 홈스를 인수한다는 발표가 나온 뒤부터 조립식 주택 회사들의 주가가 들썩이는 바람에 12달러 50센트라는 가격은 상대적으로 열악해 보이기까지 했다. 일부 주주들은 서버러스 캐피털이 인수에 나서길 바랐다. 비록 서버러스 캐피털이 입찰 가격을 제시하려면 두 달 정도 준비 기간이 필요했고, 아울러 서버러스 캐피털이 막판에 끼어들어서 괜히 그의 인수를 방해만 하는 게 아니라 정말 클레이턴 홈스를 인수할 마음이 있는지 확실하지도 않았지만 말이다.

클레이턴 부자는 아주 난처하게 되었다. 투표에서 질 수도 있었다. 이런 일은 대형 주주인 '피델리티 인베스트먼츠Fidelity Investments'가 찬성에서 반대로 돌아서기만 해도 가능했다. 만일 투표에서 진다면 거래는 무산될 수 있었고, 클레이턴 홈스는 다른 인수 제안을 배제한 계약서에 합의한 일로 고소당할 수도 있었다. 투표에서 이겨 버크셔 해서웨이에 팔린다 하더라도 역시 더 높은 가격을 받을 수 있었던 가능성을 배제했다는 이유로 고소당할 수 있었다.

케빈 클레이턴은 총회장에서 나와 워런에게 전화로, 서버러스 캐피털이 입찰할 시간을 확보할 수 있도록 의결을 미루는 데 동의해

달라고 부탁했다. 그는 좋다고 했다. 다만 조건 하나를 붙였다. 의결을 미루는 대신 500만 달러를 버크셔 해서웨이에 지불하라는 것이었다. 클레이턴은 이 제안을 받아들인 뒤 다시 총회장으로 가서 의결하기 전에 휴회했다.[34]

경제지들은 앞다투어 이 내용을 다윗과 골리앗의 싸움으로 보도했다. 클레이턴 홈스 거래에 대항하는 헤지펀드들을 덩치가 작은 한 무리의 다윗들에 비유했으며, 이들이 탐욕스러운 클레이턴 부자와 거인 워런 버핏을 상대로 싸움을 벌인다고 적었다. 언론사의 기자들은 기본적으로 주류 인사들에게 회의적인 시각을 가지게 마련이었다. 그리고 헤지펀드들은 규모가 크든 작든 상관없이 기본적인 속성상 주류에 반대하는 집단들이었고, 마치 거장의 반열에 오른 바이올린 연주자가 스트라디바리우스를 다루듯이 언론과 상호 이익을 도모하면서 언론 플레이하는 방법을 익히 알고 있었다. 언론은 워런을 공격했다. 그가 어떤 것을 산다고 하면, 그가 제시한 가격은 터무니없이 낮은 것이 분명하다는 게 공격의 근거였다.

그가 과연 클레이턴 홈스를 차지할 수 있을지 여부는 다른 인수 희망자가 나타나느냐에 달려 있었다. 일주일 뒤에 서버러스 캐피털을 비롯해서 '블랙스톤 그룹Blackstone Group', '크레디트 스위스Credit Swiss', '텍사스 퍼시픽 그룹Texas Pacific Group' 및 기타 회사 세 곳의 회계사와 변호사, 금융 전문가 일흔 명으로 구성된 실사팀이 테네시의 녹스빌에 발을 디뎠다. 이들을 이끌고 온 사람은 서버러스 캐피털의 전 부사장이자 현 회장인 댄 퀘일이었다. 그 순간부터 시곗바늘은 진실의 순간을 향해서 째깍째깍 달려갔다. 클레이턴 홈스는 이 방문객들을 본사 건물에 인접해 있고 회사 제품 가운데 가장 멋진 조립식 주택에 머물게 했다. 이들 대부분은 클레이턴 홈스의 공장들을 둘러보았고 모기지 담당 부서의 깊은 구렁텅이 및 이 구렁텅이가 자금을 끝도 없이 빨아들이는 양상에 점점 더 초점을 맞추어 자료로 가득한 방들을 면밀히 살피며 실사 작업을 했다.[35] 퀘일은 회사 복도를 배회하다가 지나가는 사람들과 악수하면서 서버러스 캐피털이 '가족처럼 친근한 회사'라는 말을 반복했다.[36]

그런데 실사 작업이 진행되던 와중에 '덴버 지역 정육기술자 조합Denver Area Meat Cutters'과 '고용자연금제도Employers Pension Plan'가 클레이턴 홈스를 상대로 소송을 제기했다. '자기거래, 지배권 남용, 투명성 결여'가 그 이유였지만[37] 워런은 협박당한다는 느낌을 받았다. 이 소송을 뒤에서 조종하는 사람은 투자자를 대표해서 집단 소송을 전문적으로 맡아서 하던 법률 회사 '밀버그 와이스Milberg Weiss'의 파트너 변호사 대런 로빈스였다. 로빈스는 이렇게 말했다.

"그 사람들이 사기 행위를 했다는 건 잘 알려진 사실입니다."[38]

스물두 명의 원고측 변호사들과 조수들, 조사 담당자들이 녹스빌로 내려왔다. 이들은 조립식 주택에 머물지 않았다. 시내의 고급 콘도 아홉 개를 빌려서 여섯 달 동안 이어질 전투에 대비했다.[39]

서버러스 캐피털 사람들은 한 주 동안 독자적으로 알아본 뒤에 뉴욕으로 돌아가서 '토론용으로만 사용할 것'이라는 문구를 단 '클레이턴 홈스 자본재조정: 자원과 효용'이라는 제목의 한 장짜리 문서를 팩스로 보냈다. 이 문서는 정식 제안서가 아니었다. 하지만 희망 인수 가격을 담고 있었다. 한 주에 14달러였다. 클레이턴 부자가 이 문서를 보고 맨 처음 든 생각은 서버러스 캐피털이 큰 차이로 워런의 제안을 꺾혔구나 하는 것이었다. 하지만 자세히 보면 내용이 좀 달랐다. 서버러스 캐피털은 주주들에게 7억 5,500만 달러만 현금으로 줄 계획이었다. 이에 비해 그가 약속했던 금액은 17억 달러로 모두 현금이었다. 서버러스 캐피털의 제안에 따를 경우, 외부 주주들은 한 주 총 14달러 가운데 9달러만 받을 수 있었고, 나머지는 '자본재조정된 주식'으로 받게 되어 있었다(기업의 장기적 자금 조달 및 부채 변제 방식을 크게 바꾸는 것을 '자본재조정'이라고 한다―옮긴이).

하지만 한 주에 9달러씩도 실질적으로 클레이턴 홈스가 지불해야 했다. 서버러스 캐피털은 돈을 더 투자할 생각이 없었고, 따라서 클레이턴 홈스가 5억 달러를 빌리고 또 자기 자산 가운데 6억 5천만 달러어치를 팔아야 했다.[40]

이것은 전형적인 LBO(기업 인수 자금의 대부분을 인수 대상 기업의 자산을 담보로 한 차입금으로 충당해서 해당 기업을 인수하는 행위. '차입 매수'라고 하기도 한다―옮긴이) 제안이었다. 이 경우에는 인수 대상 기업이 인수 대금을 확보하기 위해 자기 자산을 팔고 부채를 져야 한다. 유명무실한 한 주 5달러의 '자본재조정된 주식'은 축소된 자본에 추가로 부채를 얹은 금융 회사의 한 부분일 뿐이었다. 부채는 조립식 주택 제조업체의 혈관을 흐르는 피였다. 이것 없이는 죽은 거나 다름없었다. 그리고 은행들은 이미 조립식 주택 산업을 회피하고 있었다. 상환 능력이 현저하게 떨어진 회사에 돈을 빌려줄 이유가 없었기 때문이다. 서버러스 캐피털 사람들은 이런 사정을 모두 알았고 이들은 자기들이 운용하는 금융 공학 모델이 허용하는 최대 범위의 제안을 했다. 클레이턴 부자는 서버러스 캐피털에 전화를 걸어서 그 문제를 논의한 뒤 서로 아무런 나쁜 감정도 품지 않고 각자의 길을 가기로 합의했다.

하지만 CNBC와 경제 관련 매체들은 워런을 클레이턴 부자와 공모해서 클레이턴 홈스를 헐값에 사들인 비정한 자본가로 묘사했다. 클레이턴 홈스 합병 과정을 바라보는 언론의 시각과 워런이 그동안 언론을 통해 명성을 쌓아온 방식이 오히려 그에게 불리하게 작용했다. 그러면서 수많은 사람이 투자 방식을 모방하길 원하는, 현명하고 인자한 할아버지 같은 이미지는 극적으로 반전되었다. 결국 곪은 부위가 터졌다. 버크셔 해서웨이의 클레이턴 홈스 합병 반대 분위기 속에서 투자자들은 이제 더는 그의 옷자락을 잡고 묻어 갈 생각이 없었고, 그의 명성이 보다 큰 대가를 치르길 기다렸다. 투자자들은 그의 명성이 그에게 불리하게 작용하길 바랐던 것이다.

하지만 그는 여태까지 단 한 번도 다른 사람들이 원하던 것을 터무니없이 낮은 가격으로 산 적이 없었다. 그는 다른 사람들이 원하지 않았고 또 가지고 있어 봐야 오히려 손해라고 생각했던 것들을 샀다. 이점을 사람들은 너무도 자주 혼동했다. 〈버펄로 이브닝 뉴스〉 이후로 버크셔 해서웨이는, 대부분의 사람이 가지고 있으면 오히려 손해본다고 생각하던 것들을 매입해 왔다. 노동조합에 떳떳할 수 있는 회계 내용을 가지고 있는 회사, 클레이턴 홈스의 빚을 갚아줄 돈을 가지고 있는 회사, 롱텀캐피털의 합병과 같은 큰 거래의 결정을 한 주가 아니라 단 한 시간 만에 내릴 수 있는 회사는 많지 않았다. 버크셔 해서웨이는 이 모든 것을 할 수 있었다. 아니, 그 이상을 할 수 있었다. 버크셔 해서웨이 소유의 많은 기업은 넷제츠처럼, 자기의 아기들을 잘 보살필 인수자에게 팔기를 원했던 기업가들 그리고 버크셔 해서웨이가 정직하게 행동할 것이라 믿었던 기업가들이 설립한 회사들이었다.[41] 그의 진짜 탁월한 면모는 단지 이문을 찾아내는 데 있지 않았다. 확실히 이런 점에서도 발군의 천재성을 보여주긴 했지만, 워런의 진정한 명석함은 단지 싼 기업들을 발견하는 것(분명히 그가 그런 일을 많이 했음에도 불구하고)이 아니라, 공정한 가격으로 사들인 기업들을 통해 거래하는 회사 하나를 오랜 세월 동안 만들어낸 데 있다.

클레이턴 홈스의 주주 총회가 다시 열렸다. 우연히도 그날은 수지 주니어의 쉰 번째 생일이기도 했다. 넉 달 동안 다른 입찰자는 나타나지 않았고, 서버러스 캐피털도 이미 발을 뺐다. 그리고 가까스로 의결 정족수를 넘긴 52.3퍼센트의 찬성으로 버크셔 해서웨이와의 거래가 승인되었다. 클레이턴 부자의 의결권이 제외된 상태에서 나머지 주주들이 투표했고, 워런은 최종 결과가 나오길 기다리면서 전화기 옆에 앉아 있었다. 투표에서 이겼다는 소식을 들은 뒤에는, 수지 주니어에게 반지를 선물했다. 보샤임의 CEO 수전 자크의 도움을 받아서 자기가 직접 골라 준비하고 있던 하트 모양의 커다란 분홍색 다이아몬드가 박힌 이터니티 반지(보석을 돌아가며 빈틈 하나 없이 박은 반지, 영원을 상징-옮긴이)였다. 아울러 5년마다 한 번씩 생일에 주기로 했던 100만 달러도 선물로 줬다. 냉혹한 자본가로 일컬어지던 사람이었지만 최근 들어 점점 더 친밀감을 느끼고 또 점점 더 많이 의지하게 된 자기 딸에게는 한없이 부드럽고 다정다감한 사람이었던 것이다. 그는 이 반지를 약 2주 동안이나 가지고 있으면서 이따금씩 꺼내서 바라보고 이 선물을 받고 좋아할 딸을 상상하며 눈시울을 적시곤 했었다. 수지 주니어는 반지를 보자마자 두 팔로 아버지를 와락 껴안고 눈물을 흘렸다.

부녀가 포옹하고 있을 무렵 밀버그 와이스와 오르비스의 윌리엄 그레이는 총회의 그 의결을 무효화하려고 나섰다. 그레이는 선거 결과에 이의를 제기하며 투표 과정을 감사할 권한을 따냈다. 델라웨어 형평법 법원은 그레이의 이의 제기를 기각하고 선거 결과가 유효하다고 판결했다. 오르비스는 밀버그 와이스와 함께 테네시의 블라운트 카운티 순회 법원의 판사 데일 영에게 이 거래가 최종적으로 완결되지 못하도록 하는 가처분 신청을 했다. 하지만 영 판사는 합병 절차는 진행되어야 마땅하다고 말했다. 밀버그 와이스가 닫힌 문 앞에서 짖어대는 동안, 클레이턴 부자는 시간을 허비하지 않았다. 합병 거래를 최종적으로 매듭짓기로 한 8월 7일, 클레이턴 홈스의 변호사들은 관련 서류를 공인받으려고 새벽부터 뛰었고, 이 일은 오전 7시 30분에 모두 끝났다.[42]

합병 계약이 효력을 발휘한 직후에 밀버그 와이스와 오르비스는 전날 있었던 영 판사의 판결에 불복하고 테네시주 항소 법원에 항소했다. 다음 날 항소 법원은 이 주장을 일단 받아들여서 합병 과정을 잠정적으로 중단하라는 명령을 내렸다. 하지만 계약은 이미 끝난 뒤였다. 그래도 어쨌거나 항소 법원의 명령 때문에 버크셔 해서웨이는 거래 대금을 지불할 수 없었다. 항소 법원은 하급 법원에 명령을 내려서 2주 안에 수많은 쟁점 사항에 대한 판결을 하라고 요구했다. 클레이턴 홈스는 무려 열여덟 쪽이나 되는 밀버그 와이스의 이의 신청서에 대한 답변을 준비하는 작업에 들어갔다. 그 기간 동안 변호사들과 회사 직원들은 거의 밤을 꼬박 새우다시피 했다.

이런 일이 있기 직전에 케빈 클레이턴의 아내가 출산을 했는데, 아기가 단백질 알레르기로 심한 복통을 앓았다. 당시를 회상하면서 케빈은 다음과 같이 말한다.

"스물일곱 가지 분유를 써봤지만 아무 소용이 없었습니다. 그러다가 런던에서 온 분유를 썼는데 그제야 상태가 나아지더군요. 설상가상으로 당시 나는 대상포진으로 고생하고 있었습니다. 스트레스 때문에 생긴 병이었죠. 그래서 아버지에게 전화를 했습니다. '아버지, 힘들어 죽겠습니다.' 그러자 아버지가 이러시더군요. '아들아, 내가 네 나이 때는 스트레스 때문에 얼굴 왼쪽이 마비되고 있었단다.' 이번에는 워런에게 전화했습니다. 그랬더니 이러더군요. '케빈, 내가 젊었을 때는 말이오, 스트레스 때문에 머리카락이 뭉텅 빠졌어요.' 두 사람에게서 동정과 연민의 말은 한마디도 못 들었습니다."

8월 18일, 영 판사는 배심원 앞에서 심리 받을 것을 명령했다. 클레이턴은 곧바로 항소했다.

클레이턴 홈스의 주식은 거래가 중지된 지 벌써 여러 주째였다. 하지만 버크셔 해서웨이는 합병 관련 대금을 지불할 수 없었다. 거래가 항소 법원에 묶여 꼼짝도 못 하는 상태였기 때문이다. 클레이턴 홈스의 주주 4만 명은 버크셔 헤서웨이에서 돈이 나오기를 기다렸고 총 17억 달러의 돈은 은행에서 잠을 자고 있었다. 그 돈에 대한 이자는 버크셔 헤서웨이로 흘러들어 갔다.

워런은 한 부부가 보낸 팩스 한 장을 받았다. 클레이턴 홈스의 주식을 팔아서 대출금을 갚아야 하는데 그러지 못하는 바람에 저당 잡힌 집을 날리게 되었다는 내용이었다. 워런은 이 부부에게 낼 수 있을 만큼만 내라고 말했다. 그리고 현재 놓인 상황을 설명했다. 어쩌면 그것만 가지고도 집을 구할 수 있을지 모른다면서 이렇게 말했다.

"폴린의 위기입니다."(1947년 영화 〈페릴스 오브 폴린Perils of Pauline〉에서 여자 주인공 폴린은 열차가 달려오는 가운데 철길에 묶여 있는 등 온갖 위기 상황에 놓이지만 이 위기를 극복하려고 노력한다 - 옮긴이)

교착 상태는 2주 가까이 계속되었다. 마침내 달력의 8월이 가고 9월이 되어서야 법원은 클레이턴 부자가 주주 총회에서 선거 과정을 조작했다는 증거는 '털끝만큼도 없다'는 판결을 내렸다. 그런데 엿새 뒤에 밀버그 와이스는 테네시주 대법원에 상고했다. 워런은 믿을 수가 없었다. 아니 더 정확히 말하면, 상대가 다른 법률 회사였다면 믿을 수 없었겠지만 밀버그 와이스라면 그럴 수도 있겠다 싶었다. 그들은 여전히 합병 거래를 뒤집으려 노력하고 있었다. 그래 봐야 그 법률 회사가 커다란 금액의 수임료를 챙길 수 있을 것 같지 않았다. 도대체 수임료를 어떻게 지급받을 생각을 하는 걸까? 클레이턴 홈스의 의뢰를 받은 법률 회사의 복사기는 밤늦은 시각까지 온갖 서류며 법률 비용 청구서를 토해내고 있었다. 워런은 밀버그 와이스가 그렇게 끈질기고 귀찮게 굴어서 클레이턴 홈스로부터 돈을 뜯어내려는 속셈이라고 추론하고 이런 이야기를 케빈 클레이턴에게 했다. 클레이턴은 그런 속셈에는 절대 응할 수 없다고 딱 잘라서 말했다.[43]

워런은 테네시주 대법원의 역사를 곰곰이 생각했다. 만일 밀버그

와이스가 원하는 판결을 내린다면, 이 법원은 미국 역사상 최초로 이미 끝난 합병 거래를 되돌리는 최초의 판례를 남기는 셈이었다. 대법원 역시 그와 같은 생각을 했을 터이고, 결국 밀버그 와이스 측의 상고를 기각했다.

그렇다고 해서 모든 것이 끝난 건 아니었다. 나머지 주주들이 제기한 여러 소송이 아직 남아 있었다. 모두 밀버그 와이스가 법정 대리인으로 나선 소송들이었다. 클레이턴 홈스의 보험회사인 '세인트폴 St. Paul'은 500만 달러를 지급하는 걸로 이 소송들을 모두 정리하는 게 좋겠다고 제안했다. 클레이턴 부자와 워런은 그러고 싶은 마음이 조금도 없었다. 실제로 그 돈을 지급한다고 해도 주주들에게 돌아가는 몫은 한 주에 5센트도 되지 않을 것이고, 대부분은 피해자들에게 소송을 부추겨 돈벌이를 하는, 노상강도나 다름없는 변호사들에게 돌아갈 것이기 때문이었다. 하지만 보험사는 그쯤에서 타협하고 합의를 보지 않으면 소송 비용으로 오히려 더 많은 돈이 들어갈 것이라고 했다. 결국, 공갈범에게 돈을 뜯기는 심정이 바로 이럴 것이라 생각하며 그들은 보험사의 제안을 따랐다. 이로써 마침내 클레이턴 홈스 매입 전쟁은 대단원의 막을 내렸다.

하지만 조립식 주택 사업의 경기는 아직도 바닥을 치지 않았다는 사실이 곧 분명해졌다.[44] 워런은 단지 바닥이 가까이 다가왔다고 해서 클레이턴 홈스를 인수한 게 아니었다. 그의 지시를 받고 시장을 살폈던 이언 제이콥스가 보고했듯이, 사실 조립식 주택 산업의 경기 하락은 그때가 막 시작점이었던 것이다. 엄청나게 싸다고 보았던 가격은 실제로 거의 합리적인 가격 수준이었다. 수지를 맞추기 위해서 워런은 케빈 클레이턴에게 부실대출 포트폴리오를 사모으라고 지시했다. 클레이턴 홈스 인수가 남는 장사가 되려면 부지런한 발품이 필요했다.

58

구강암

오마하, 2003년 여름에서 겨울

9월에 워런은 무척 흥분한 상태였다. 〈포천〉이 기업계에서 가장 영향력 있는 인물로 자신을 꼽았기 때문이다. 많은 사람이 경탄해마지않을 일을 그는 했었다. 낡아 빠진 자기 지갑에 주식 투자 팁을 쓴 메모지 한 장을 넣어서 경매에 내놓았는데 이 지갑이 21만 달러에 팔렸고, 이 돈은 수지 주니어의 비영리 재단인 '걸스'로 들어갔다. 이 어서 그는, 수지에게 매우 큰 의미가 있는 수혜 대상이던 샌프란시스코의 글라이드 기념 교회에 기금을 마련하려고 이베이에 자기 자신을 경매품으로 내놓았었다. 여덟 명에게 자기와 함께 점심을 먹는 기회를 파는 것이었다. 글라이드 교회는 사람들에게 에이즈 검사를 해주었으며, 가족 및 자기들이 다니던 교회로부터 버림받은 동성애자들을 위해서 장례식과 추도식을 치러주던 교회였다. 이 교회의 세실 윌리엄스 목사가 내건 구호는 '조건 없는 사랑'이었고, 이것은 수지가 신조로 삼았던 말이기도 했으며 심지어 워런까지도 이따금씩 이런 표현을 썼다. 글라이드 교회에서는 매춘부, 마약중독자, 알코올의 존자, 부랑자를 포함해 모든 사람이 환영을 받았다.[1] 이베이의 경매에서 최고가를 부른 50명의 입찰자에 따르면, 여덟 명과 두 시간 동안 함께 점심을 먹음으로써 그가 모금한 돈은 25만 100달러였다. 주식 투자 팁을 써 넣은 낡은 지갑보다 더 비쌌던 셈이다. 그로부터 며칠 후에는 올림포스산에서 막 내려온 것처럼 토가를 입은 그를 묘사한 아티스트의 일러스트가 〈포브스〉의 '베스트 드레서 억만장자들' 명단에 실릴 예정이었다.

(비록 당시에는 이미 억만장자들이 상당히 많이 있긴 했지만) 이 억만장자 명단에 들어가는 경쟁이 아무리 제한적이었다 하더라도, 그의 사진이 실린 잡지가 팔려나갈 만큼 그가 유명하고 인기 있지 않았다면, 명단에 오를 후보로 지목되지 못했을 것이다. 또 〈포천〉이 주관하는 '가장 강력한 영향력을 행사하는 여성들의 정상회의'가 다음 주인 10월 초로 예정되어 있었는데, 미국의 재계와 정계 등 각 분야에서 내로라하는 여성들이 참석한 가운데 수지와 수지 주니어가 이 자리의 자선행사에서 연설할 예정이었다. 워런은 자기 아내와 딸의 이 대관식 행사로 잔뜩 들떠 있었다. 두 사람이 함께 나선다는 점에서 더욱 그랬다.

그 정상회의가 열리기 전인 금요일 오후에 수지는 워런에게 전화해서 자기는 하루 늦게 도착하겠다고 했다. 월요일에 병원에 가서 조직 검사를 받기로 되어 있기 때문이라고 했다. 치주염 때문에 6월에 치과에 갔다가 잡았던 약속이 장폐색과 식도 궤양, 빈혈 등으로 계속 미루어졌던 것이다. 6월에 치과의사는 수지의 입 아래쪽에 작은 점들이 있음을 발견하고 전문가에게 검사를 받아 보게 했다. 그러나 그 전문의의 일정과 자기 일정을 맞추느라고 수지는 두 달을 그냥 보내 버렸다. 그렇게 해서 약속을 잡았지만, 게이츠 재단을 방문하는 일로 또다시 취소하려고 했다. 그러자 캐슬린 콜이 펄쩍 뛰었다.

"안 됩니다, 안 돼요. 절대 안 돼요. 절대 취소하면 안 됩니다."

자기 친구이자 상사의 말을 정면으로 반박하는 일이 지극히 드문 콜이었지만 이번에는 완강했다.

"검사를 받으셔야 합니다."[2]

데보라 그린스펀 박사가 수지의 목 부분을 손으로 더듬었다. 그러고는 한쪽 림프절이 부어 있다는 걸 발견했다. 그린스펀 박사는 수지더러 다음 주 월요일에 또 다른 전문의인 브라이언 슈미트 박사에게 조직 검사를 받으라고 했다. 수지는 이 검사를 별로 걱정하지 않았다. 〈포천〉의 컨퍼런스 가운데 단 한 가지 행사도 놓치고 싶지 않아서 이 검사를 뒤로 연기하려고 했다.

"난 컨퍼런스에 참여해야 해."

수지가 캐슬린에게 이렇게 얘기했지만, 슈미트 박사는 일정을 연기할 수 없다고 했다.[3]

워런은 수지의 소식을 담담하게 받아들였지만 속으로는 크게 충격을 받았다. 수지와 통화하고 몇 시간 뒤에 그는 다른 사람들과 두서없이 길게 통화하면서 퇴근 후 끝도 없이 이어지는 듯한 시간을 때웠다. 브리지 게임을 하기로 되어 있던 시각이 임박해서야 아무렇지 않은 듯, 하지만 낮고 심각한 목소리로, 수지가 월요일에 조직 검사를 받기로 되어 있다고 전화선 너머의 상대방에게 말했다. 왜? 상대방은 깜짝 놀라서 물었다.

"입 안에 뭐가 생겼다는군. 그럼, 다음에 내가 전화하지."

그렇게 워런은 전화를 끊었다.

수지는 검사를 받았다. 그리고 컨퍼런스에 참석했고 연설도 했다.

디케이터에 있는 호위의 농장으로 가서 손주들을 만나고 직접 콤바인을 타고 수확을 거들기도 했다. 그런 뒤에야 샌프란시스코로 돌아왔다. 뒤늦게 깨달은 사실이지만, 호위는 자기 어머니가 늘 수확철에 맞추어서 농장에 한번 오겠다고 말만 하고선 한 번도 오지 않았다가 그때 온 게 놀랍기도 하면서 한편 이상하다는 생각을 했었다.[4] 하지만 당시 호위가 보기에 수지가 평소와 달랐던 점은 아무것도 없었다. 평소 행동과 모습 그대로였다.[5]

워런은 컴퓨터 모니터 앞에 계속 눌러 붙어서 뉴스를 찾아 뒤적이거나 브리지 게임이나 헬리콥터 조종 게임을 했다. 그의 마음속에서 걱정 덩어리가 점점 커져갔다는 사실은 특유의 모습에서 그대로 드러났다. 전혀 걱정거리가 없다고 하면서도 어떤 주제에 대해서 계속해서 똑같은 질문이나 말을 반복했던 것이다.

금요일에 수지와 캐슬린 콜은 검사 결과를 보려고 서던캘리포니아대학교 메디컬 센터로 갔다. 수지는 그 상황이 얼마나 심각하게 발전할 수 있는지 의식하지 못하는 듯했다. 슈미트 박사의 진료실에 들어갈 때 수지는 캐슬린에게 이렇게 말했다.

"초조해 보이네? 왜 그렇게 초조해하지?"

이 말을 듣고 캐슬린은 '맙소사, 수지는 나쁜 결과가 나올지 모른다는 생각을 조금도 하고 있지 않잖아!'라는 생각을 했다. 두 사람이 앞에 앉자 슈미트 박사는 구강암 3기라고 했다. 그런 진단을 받자 수지는 놀라서 아무 말도 하지 못했다. 당시를 회상하면서 캐슬린은 다음과 같이 말한다.

"누군가가 수지에게 벼락을 날린 것 같았습니다. 그야말로 청천벽력이었어요."

수지는 이런 가능성을 전혀 예상하지 못한 듯했다.[6]

수지는 눈물을 흘렸다. 하지만 곧 눈물을 거두었다. 두 사람이 다시 자동차에 탔을 때 수지는 평소 모습을 되찾았다. 그리고 자기를 제외한 모든 사람을 위로하기 시작했다. 워런에게 전화했지만 많은 이야기를 하지는 않았다. 수지 주니어에게도 전화해서 이 사실을 알렸다. 그러고는 덧붙였다.

"아버지에게 전화 드려라. 아마 정신이 하나도 없으실 거야."

수지는 집으로 돌아와서 다시 워런에게 전화하고 수지 주니어, 호위, 피터에게 전화했다.[7] 수지 주니어는 이미 그때 인터넷에 접속해서 구강암에 대해서 알아보고 있었다.[8] 그러고는 아버지에게 전화해서 이렇게 말했다.

"구강암 관련 웹사이트에는 들어가지 마세요, 아셨죠?"

구강암에 걸리는 사람은 한 해에 3만 4천 명밖에 되지 않았다. 하지만 구강암으로 사망하는 사람은 8천 명이 넘었다. 고통이 없는 경우가 많았지만 빠르게 진행되는 구강암은 흑색종이나 뇌종양, 간암, 자궁경부암 혹은 호지킨병(림프절의 종창을 초래하는 병-옮긴이)보다 사망률이 높았다.[9] 구강암이 특별히 위험한 것은 보통 목 부분의 림프절로 전이된 뒤에야 발견되는데, 이 정도까지 진행되면 암세포가 이미 주변 조직이나 다른 장기들로까지 전이되었다고 볼 수 있기 때문이다. 구강암은 전이 위험이 매우 높고, 재발 위험도 다른 암에 비해서 스무 배나 높았다.

구강암 진단을 받는 환자 가운데 적어도 90퍼센트는 오랜 세월 담배를 피웠거나 씹은 사람들이다. 담배와 술이 결합될 경우 구강암 발병률은 한층 더 높아진다. 하지만 수지 버핏은 담배와 술은 절대로 하지 않았다. 수지에게는 주요 위험 인자가 없었다. 구강암 3기라는 진단이 의미하는 내용은, 적어도 한 개의 림프절까지는 이미 암세포가 전이되었지만 그 이상으로는 아직 전이되지 않았을 가능성이 높다는 뜻이었다.

수지는 금문교가 바라보이는 자기 아파트로 돌아왔다. 아파트 벽마다 여행 기념품 한 점, 친구에게서 받은 선물 한 점 혹은 수지에게 특별한 의미가 있는 그림 한 점씩이 걸려 있었다. 평생 자기 이야기를 한 적 없었던 여자가 이제야 비로소 사람들에게 자기 이야기를 하기 시작했다.

"나는 정말 멋진 인생을 살았어요. 아이들도 이젠 다 컸고요. 손주들까지 봤잖아요. 나는 내 인생을 사랑해요. 이제 내가 할 일도 다 했고, 정말 더는 여한이 없어요."

그리고 캐슬린에게 이렇게 말했다.

"할 수만 있다면 몰래 이탈리아의 어느 빌라에 가서 그냥 조용히 죽고 싶어."

수지는 죽음 그 자체보다도 고통스럽게 연명하다가 죽는 과정이 더 두려웠다. 하지만 그냥 그대로 삶을 포기해 버린다면 자기에게 소중한 사람들, 수십 년 동안 자기의 일부와 마찬가지였던 사람들을 버리는 거나 마찬가지였다. 또 수지가 정말로 수술을 받고 싶었다면, 그 이유는 바로 워런 때문이었다.

수술을 받는다 하더라도 재발 위험은 높았다. 이 재발 위험을 줄여 주는 방법으로 표준적으로 채택하던 치료 과정이었던 방사선 치료를 받을지 말지는 아직 결정하지 못했다고 수지는 캐슬린과 친구인 론 팍스에게 털어놓았다. 어떤 이유에서인지, 아마도 정신적인 충격 상태에 놓여 있어서 그랬던 이유도 있겠지만, 수지는 그것이 얼마나 중요한지 모르는 것 같았다.[10]

다음 날 아침, 수지와 캐슬린이 앞날을 대비하는 계획을 세울 때, 무슨 까닭에서인지 수지는 수술을 받은 뒤에 환자가 4층에 있는 아파트에 쉽게 접근할 수 있도록 설비하는 데 돈을 지출하지 못하게 했다. 캐슬린은 건물 꼭대기 층에 있는 아파트까지 수지를 실어다 줄 엘리베이터 의자를 당연히 설치해야 한다고 생각했지만, 수지는 캐슬린의 말을 듣지 않으려고 했다. 캐슬린은 수지가 정신적인 충격에 빠져서 정상적으로 판단하지 못한다고 생각하고 수지 주니어에게 전화했다. 수지 주니어는 자기 어머니 말은 그냥 무시하고 필요한 조치를 취하라고 했다.

한편 워런은 위기를 맞았을 때 늘 그랬던 것처럼, 그날도 비록 엄청난 충격을 받긴 했지만 평소와 다름없이 일상적인 생활을 했다. 수지의 전화를 받은 뒤, 심하게 당황한 애스트리드를 데리고 링컨으로 가서 네브래스카 미식축구팀의 경기를 구경했다. 다음 날 아침에는 샌프란시스코로 날아갔다. 그리고 수지가 몇 주 안에 수술을 받아야 한다는 사실을 알았다. 5년 동안 생존할 확률이 50퍼센트라는 것도 알았다. 턱의 상당한 부분과 치아 대부분도 제거해야 하는 수술이었다. 수술한 뒤에는 한 달 넘게 코에서부터 위장까지 직접 연결된 튜브를 통해 음식을 섭취해야 했다. 이 기간 동안에는 말도 할 수 없었다. 뿐만 아니라 수술하고 나면 환자의 외모가 손상될 가능성이 있었다. 수지는 워런에게 많은 이야기를 하지 않았지만 손주들이 자기를 보고 겁먹을까 봐 두렵다고 했다. 두 사람은 그다음 주에 뉴욕시티로 가서 메모리얼 슬론-케터링 암 센터에서 2차 소견을 받아 보기로 했다. 하지만 이건 순전히 형식적인 절차일 뿐이었다.

오마하로 돌아온 뒤에 워런은 의식이 깨어 있는 동안의 모든 시간을 전화 통화, 인터넷 브리지 게임, 업무, 얼마 뒤로 예정된 〈월스트리트 저널〉의 발행인 카렌 엘리엇 하우스와의 만남을 준비하는 일에 쏟았다. 그런데 그는, 자신을 서민적인 현인의 '가면'을 뒤집어쓴 '맹렬하고 닳아빠진 인물'이라고 묘사했던 1992년의 기사부터 시작해, 자신을 다룬 〈월스트리트 저널〉의 표지 기사 때문에 이 신문사와 여러 차례 껄끄러운 경험을 했다. 하우스가 그를 만나려는 데는 이런 껄끄러움을 털어낼 뿐만 아니라 재정적으로 어려움을 겪는 신문사를 워런이 인수할 것인지 떠보려는 목적이 있었다. 하지만 이런 와중에도 그의 마음은 한순간도 수지 곁을 떠나지 않았다. 그는 짧은 대화에서도 수지를 언급했다. 결국 그는 앞으로 몇 달 동안은 주말마다 샌프란시스코에서 수지와 함께 보내기로 결심했다. 비록 자기가 수지에게 무엇을 해줄 수 있을지는 알지 못했지만, 만약 상황이 역전되었더라면 수지가 자기에게 베풀어 주었을 법한 것을 수지에게 베풀어 주고 싶었다. 그는 수지가 자기 곁에 있어주길 바라는 게 확실하다고, 그런 느낌이 확실하게 든다고 말했다. 확실히, 그도 수지 곁에 있는 게 절실해졌다.

하우스와 만났지만 이 만남에서 의미 있는 결실은 아무것도 없었다. 그 누구도 다치지 않았고, 또한 그는 〈월스트리트 저널〉을 인수하지도 않았다. 그는 그 주 내내 소나기구름 한가운데 있을 때의 기분으로 아침을 맞았다. 깊은 잠을 자지 못했다는 증거였다. 그러다가 하루 일과를 해나가면서 조금씩 나아졌다. 데비 보사네크를 비롯한 몇몇 사람을 제외하고는 버크셔 해서웨이 본부에 있던 사람들 가운데 그가 왜 그런 모습을 보이는지 아는 사람은 없었다.

그 한 주 동안 그는 복사실 및 두 개의 자료실 곁에 있는 자기 방에 틀어박혀서 대부분의 시간을 수지와 통화하면서 보냈다. 둘은 오랜 시간 통화했지만 수지는 자기가 겪을 시련에 대해 잘 모르는 눈치였다. 처음에 수지는 수술 대상 부위가 그토록 넓은지 몰랐다. 이 수술에는 다리에서 뼈를 떼어 구강에 이식하는 과정까지 포함되어 있었던 것이다. 비록 외과의사들이 그녀의 혀는 보존할 수 있을 것으로 생각했지만 과연 얼굴의 어느 정도를 수술 범위에 포함시킬지는 아직 확신하지 못했다. 수지가 가장 충격을 받았던 점은 수술을 받은 후에 다시는 노래를 부를 수 없을 것이라는 사실이었다. 수지는 예전에 사위였지만 지금은 수지 주니어와 이혼하고 남남이 된, 하지만 여전히 버핏 재단의 책임자로서 일하던 앨런 그린버그와 상의했다. 수지에게 앨런은 질병과 관련해서 오랜 세월에 걸쳐 자기가 부닥쳤던 문제들을 함께 처리했으며 이런 이야기를 하기에 마음이 편안한 사람이었다. 앨런은 친구 겸 상사 그리고 예전의 장모였던 그녀를 여러 번 응급실에 데리고 간 적이 있었다. 한편 앨런은 워런이 질병과 관련된 이야기라면 민감하게 반응하며 꽁무니를 뺀다는 사실을 잘 알고 있었기 때문에 재단 관련 업무를 보고하러 워런을 찾아가서도 수지의 병과 관련해서는 한마디도 하지 않았다.

워런은 많은 걸 알고 싶어 하지는 않았지만, 자기가 아는 것에 대해서는 끊임없이 이야기했다.

수술팀의 의사는 다섯 명이었습니다. 최소한 열 시간이 걸리는 대수술이었지요. 수지는 세계 최고 수준의 치료를 받을 예정이었습니다. 수지는 호위가 쓴 편지를 받았는데, 아마도 이 세상의 그 어떤 어머니도 그렇게 멋진 편지를 받아보지 못했을 겁니다. 하지만 수지가 받을 수술은 수지에게 엄청난 시련이었습니다. 의사들은 수지에게 많은 정보를 줬습니다. 수지는 자세한 사항에 대해서는 내가 알고 싶어 하지 않는다는 걸 알았습니다. 내가 견뎌낼 만하다고 생각하는 것만 일러주더군요. 의사들은 아마도 내가 직접 자기들과 이야기하지 않은 걸 이상하게 여겼을 겁니다. 하지만 나는 그런 얘길 견뎌낼 수 없었습니다. 그래서 핵심적인 내용은 수지가 얘기해 주었지요."

며칠 뒤에 수지는 비행기로 오마하에 와서 수지 주니어를 태우고 함께 뉴욕에 있는 메모리얼 슬론-케터링으로 2차 소견을 받으러 갔다. 진료 결과는 희망적이었다. 암세포가 퍼졌다는 징후가 보이지 않는다는 것이었다. 두 사람은 다시 오마하로 돌아왔다. 수지는 거기에서 주말을 보낼 예정이었다. 그런데 장 유착으로 인한 통증이 새롭게 수지를 덮쳤다. 5월에 장폐색 때문에 아프리카 여행을 결국 포기했었는데, 다섯 달도 되지 않아 다시 통증이 찾아온 것이었다. 당혹스러웠다. 수지는 수지 주니어의 집에 머무르면서 다량의 진통제를 먹었고, 이럴 때마다 항상 해야 했던 병원에 입원하는 일을 피했다.

워런은 창백하고 수척한 얼굴로 사무실에 나타났다. 그리고 주중에 코카콜라 이사회에 참석하려고 애틀랜타로 갔다. 워런이 다시 오마하에 돌아왔을 때 수지는 회복하기 시작했고 애스트리드를 만나러 갔다. 애스트리드는 수지를 보자마자 울음을 터뜨렸고, 이번에도 수지는 자기가 아닌 다른 누군가를 달랬다.

수지가 오마하에서 주말을 보내고 샌프란시스코로 돌아가자 워런은 다시 우울해졌다. 목소리는 착 가라앉고 갈라졌다. 잠도 제대로 못 자는 것 같았다. 2년에 한 번씩 있던 버핏 그룹 모임이 며칠 앞으로 다가오자 이 일로도 워런의 마음은 무거웠다. 수지의 의사들은 수지가 샌디에이고에서 열리는 모임에 참석하는 것을 만류했다. 결국 1969년 이후 처음으로 워런은 수지를 떼어 두고 혼자서 모임에 참가했다. 그런데 수지만 그 모임에 참가하지 못한 게 아니었다. 오랜 친구이며 워런의 초기 투자 회사에 투자한 동업자였으며 또한 로우스 코퍼레이션의 수장이었던 래리 티시도 참석하지 못했다. 위암이 심해서 도저히 참석할 수 없었던 것이다.

수지가 없는 상태에서 모임이 어떻게 진행될까, 워런의 머릿속에는 온통 그 생각만 가득했다. 참석자들 가운데 많은 사람들은 모임 직전에 무슨 일로 수지가 모임에 참가하지 않는지 알게 될 것이고, 그렇게 된다면 수지가 아프다는 소식에 모임이 제대로 진행되지 못할 게 분명했다. 그는 닷새 동안 수지에 대해서 묻는 말에 대답하고,

워런과 연방준비제도이사회
의장 앨런 그린스펀이
오마하 상공회의소에
함께 모습을 나타냈다.
2004년 2월 20일.

진 나테를 위한 자선행사에서
워런이 게임의 규칙을
설명하고 있다.

다정하게 선 워런과 수지.
2004년 7월. 수지는 구강암 수술에서
회복된 뒤 공식석상에
드물게 모습을 드러냈는데
그중 하나다.

가이코에 대한 자기 견해를 이야기하는 워런. 2005년 1월, 뉴욕 암허스트에 새로 마련한 가이코 사무실에서.

자선단체인 '걸스'의 기금 모금장에서
워런과 빌 클린턴 전 대통령. 2006년 12월, 오마하.

찰리 멍거가 혼자 책을 읽으며 걸어
가고 있다. 영국에서.

워런과 그의 친구인 샤론 오스버그.

빌 게이츠 시니어와 빌 게이츠 주니어
그리고 워런 버핏, 1998년 중국.

치타에게 물리고 북극곰에게 쫓기는 삶을 사는 사진작가이자
환경보호주의자인 호위 버핏은 야생동물 보호를 위해 기부한다.

샤론 오스버그와 데이비드 스미스가 살던 집에서
열렸던 워런의 75세 생일잔치에서
워런과 빌 게이츠는 풍경화 그리기에 도전했다.
나중에 그는 자기가 그린 그림을 배경으로
사진을 찍었다.

2000년 대장 용종 제거 수술을
받은 뒤의 워런.
난생처음으로 수염을 길렀다.

워런과 도리스와 버티가 어린 시절에
찍었던 사진(1권 사진면 4쪽 참조)에 나타난 표정을
그대로 흉내 내어 찍은 사진.

기업계 지도자들을 위한 넷제츠 컨퍼런스에 참석한 워런과
아널드 슈워제네거. 2002년 9월, 영국.

넷제츠의 또 다른 한 행사에서 워런이 샌프란시스코 포타나이너스의
치어리더들을 상대로 여승무원 면접을 본다.

워런이 9세의 탁구 선수
아리엘 싱에게 진 뒤
패배를 인정하고 있다.
2005년 8월 30일, 그의 생일.

2004년 5월 뉴욕에서
U2의 보노가 수지에게
자기가 그린 수지의 초상화를
선물하는 모습.
이 초상화에는 U2의 노래 가사가
씌어 있다. 나중에 보노는 두 사람을
'영혼의 동반자'라고 했다.

워런의 오랜 친구
월터 슐로스가 2006년의
자기 90세 생일잔치에서 춤을 추고 있다.

수지가 사망하고 2년 뒤인 2006년, 자기 생일인 8월 30일에 워런이 수지 주니어의 집에서
애스트리드와 비공개로 결혼식을 올리는 모습. 애스트리드는 눈물을 쏟았다.

정체성 회복을 주제로 한 피터 버핏의 멀티미디어 쇼
〈정신-일곱 번째 불〉의 한 장면. 〈필라델피아 인콰이어러〉는
이 공연을 필립 글래스의 오페라와 비교하면서 U2의 디에지를
부끄럽게 만드는 기타 연주라고 칭찬했다.

빌 게이츠와 멜린다 게이츠 부부가 워런과 즐거운 한때를 보내고 있다.
2006년 6월 26일. 이날 워런은 자기 재산의 대부분을 빌 앤드 멜린다 게이츠 재단에 기부하겠다고 발표한다.

위로의 말을 듣고, 또 감정을 절제해야 할 터였다. 이런 와중에 행사가 어떻게 돌아가는지 관심을 유지하며 좌장 역할을 잘 수행해야 했다. 그렇다고 해서 지나치게 쾌활한 모습을 보여서도 안 되었다. 워런은 이런 식으로 자기 감정을 절제해서, 각기 다른 영역에서 일어나는 일들 및 이 일과 관련된 감정이 서로 섞이지 않도록 칸막이를 치는 데는 명장급이었다. 하지만 이번은 달랐다. 아무래도 엉망이 되고 말 것 같았다. 그러다가 다시 혼자 호텔 방으로 돌아오면, 깜깜한 어둠 속에서 온갖 생각을 할 터였다.

샌디에이고로 떠나기 전날 밤에 그는 이렇게 말했다.

꿈을 참 많이 꿨어요.

그가 꾸었다는 꿈은 악몽이었을 게 뻔했다.

멀티플렉스 극장이었어요. 끊이지 않고 다른 꿈들이 계속 이어졌으니까요.

그날 저녁에 그는 샤론과 브리지 게임을 하며 주의를 돌리기 전까지 사무실에서 저녁으로 샌드위치를 주문해서 손님과 함께 먹으면서 시간을 보냈다. 그는 손님과 무척 오랫동안 이야기를 했다. 처음에는 사업과 정치 이야기를 하다가 나중에는, 여러 달 동안 자기 의식의 표면 아래에서 부글거리고 있던 것을 이야기했다. 버핏 모임 직후에 있을 수지의 수술 이야기였다.

아주 짧은 순간, 그의 얼굴에 당혹스러움이 스쳐 지나갔다. 그의 얼굴이 일그러지기 시작했다. 마침내 그는 두 손으로 얼굴을 감쌌다. 그의 어깨가 들썩였다. 결국, 마치 지진에 거대한 건물이 무너지듯이 그는 풀썩 몸을 숙였다. 건조하고 절망적인 흐느낌이 마치 소리 없는 비명처럼 새어 나왔다. 그런 상황에서 그 어떤 말도 그에게 위로가 될 수 없었다.

흐느낌은 잦아들었다. 그는 수지 이야기를 하기 시작했다. 약 두 시간에 걸쳐 조용히 울다가 그치기를 반복하면서 수지가 앞으로 겪어야 할 고통을 두려워했다. 수지는 물론 워런보다 강했다. 워런이 걱정한 것은 수지가 맞게 될 고통이었다. 그리고 수지가 죽음을 자연스러운 현상으로 받아들일까 봐 더욱 걱정이었다. 자기라면 죽음과 맞서서 싸울 것이지만 수지는 그러지 않을 것 같았다. 그는 수지를 잃을지도 모른다는 사실에 몸서리를 쳤다. 수지의 죽음은 자기 존재의 핵심이 되었던 전제가 허물어지는 것이었다. 수지가 자기보다 오래 살 것이므로 자기가 혼자되는 일은 결코 없을 것이라는 생각을 한 번도 잊어본 적이 없었다. 사활이 걸린 중대한 선택이 무엇이든 닥칠 수 있겠지만 그때마다 수지의 지혜와 판단에 기댈 수 있을 것이라고 생각했었다. 자기가 죽고 나면 재단도 수지가 알아서 운영할 것이라고 생각했었다. 자기가 없더라도 수지가 가족을 모두 평화롭게 이끌 것이라고 생각했었다. 애스트리드를 잘 돌볼 것이고, 어떤 반목과 불화도 다 매끄럽게 풀고 누그러뜨릴 것이라고 생각했었다. 자기가 죽으면 장례식을 치러주고 세상 사람들이 자기를 오래 기억할 수 있게 해줄 것이라고 생각했었다. 무엇보다도 수지가 수많은 사람들에게 그랬듯이 자기가 죽음을 앞두고 있을 때 자기 병상을 지키고 자기 손을 따뜻하게 잡아 주며 죽음의 공포와 고통을 달래줄 것이라고 생각했었다. 그는 처음으로 이런 일은 일어나지 않을 수도 있다는 것을 고려해야 하는 순간에 맞닥뜨렸다. 하지만 그런 생각은 도저히 견딜 수 없는지라 도리질을 치면서 털어냈다. 그는 의사들이 잘 치료해서 수지가 살 수 있을 것이라고 확신했다. 브리지 게임을 하러 사무실을 나설 무렵, 그의 기분은 비록 우울하긴 했지만 한결 평온하고 침착했다.

다음 날 아침 그는 샌디에이고로 날아갔다. 버핏 그룹 모임을 하는 동안 그는 가라앉은 듯한 모습을 보이긴 했지만, 낙담한 모습은 아니었다. 그는 사흘 동안의 일정을 주재했는데, 이 가운데는 게이츠 부부의 집에서 벌어진 만찬도 포함되어 있었다. 이 만찬에서 빌 루안은 할렘에 있는 학교들의 교육 환경을 개선하는 사업에 대해서, 잭 번은 경영권 승계에 대해서, 찰리 멍거는 부자로 죽는 사람은 불명예스럽게 죽는 것이라고 주장했던 위대한 기업가 앤드루 카네기의 삶에 대해서 이야기했다. 호위 버핏이 잠깐 들러서 자기가 쓴 책《색색의 실로 엮은 인생Tapestry of Life》에 실린 사진들의 작품 의도를 설명했다. 이 책은 아프리카에서 빈곤한 삶을 살아가는 사람들의 고통스러운 현장을 보여주는 내용이었다. 그리고 서던캘리포니아대학교 애넌버그 커뮤니케이션스 스쿨의 학장인 제프리 카원은 '젊은 이상주의자들에서 늙은 관료주의자들까지'라는 제목으로 그 자리에 모인 사람들 대부분에 해당되는, 1930년대에 태어난 소위 '침묵의 세대Silent Generation'와 1940년대에 태어난 사람들의 노령화에 대해서 연설했다.[11]

워런이 샌디에이고에 있는 동안 애스트리드는 투손에 있는 캐니언 랜치Canyon Ranch(1979년에 개장한 미국 최초의 피트니스 스파 겸 휴양지-옮긴이) 스파에 있었다. 수지 때문에 안절부절못하는 걸 보다 못해서 진정하고 휴식을 취할 수 있도록 워런이 애스트리드를 거기로 보냈었다. 애스트리드는 한 번도 스파를 해본 적이 없어서 처음에는 가지 않겠다고 했지만 워런이 워낙 고집하자 어쩔 수 없이 나섰다. 애스트리드는 사치하고는 거리가 먼 사람이었다. 유명한 휴양지에 가는 것이었지만 짐이라고 해봐야 고작 티셔츠 몇 벌이 다였다. 도착하자마자 칠면조 고기 랩을 점심으로 받은 애스트리드는 습관적으로 스티로폼 포장의 재활용 분리수거를 어떻게 해야 하는지 직원을 붙잡고 물었다. 간호사 한 명이 애스트리드에게 알맞은 스파 및 건강 프로그램을 짜려고 프런트에서 애스트리드를 작은 방으로 데리고 들어가서 이것저것 물었다. 간호사가 지금 기분이 어떠하며 무엇을 가장 크게 걱정하느냐고 묻자, 그녀는 수지가 제일 걱정이라고 대답했다. 간호사는 자기가 상대하는 고객이, 자기 욕구를 희생해 가면서 자기 이외의 모든 사람을 위해서 걱정하는 수많은 여자들 가운데 한 명이라고 생각하는 것 같았다. 이에 따라 간호사는 애스트리드에게 이완 치료 과정을 권했다. 애스트리드는 요가 수업을 받았고, 야생 조류를 관찰하러 갔고, 요리 강습을 들었고, 안면 마사지와 전신 마사지를 두어 차례 받았고, 골프 강습을 받았다. 애스트리드는 이런 케어를 받는 것을 불평했지만 곧 적응되어 몇몇 요소는 생각했던 것만큼 그다지 끔찍하지 않다는 걸 깨달았다. 자기의 이런 변화에 애스트리드 본인도 깜짝 놀랐다.

워런은 수지가 수술받기 하루 전에 샌디에이고에서 샌프란시스코로 날아갔다. 원래 그날 넷제츠의 마케팅 행사에 참석할 예정이었는데, 이런 사실을 안 수지 주니어가 그 행사에 참석하는 것은 아버지의 현실 회피 의식이 발동한 것이라고 여겨 워런더러 행사 참석을 포기하고 반드시 샌프란시스코로 와야 한다고 못박았다. 결국 워런은 어쩔 수 없이 수지의 아파트로 가서 가족과 함께 저녁을 먹었다. 모든 사람이 그 자리에서 자기 성격에 걸맞게 행동했다. 수지를 돌봐줄 사람은 수지 자신 외에 아무도 없었기 때문에, 그녀는 다음 날 있을 수술에 대한 감정을 가족에게는 이야기하지 않았다. 대신 전화로 친구들과 길게 이야기했다. 워런은 그날 저녁 시간 대부분을 컴퓨터 모니터에 시선을 고정한 채 헬리콥터 조종 게임을 하면서 보냈다.

다음 날 아침 일찍 가족은 수지를 캘리포니아대학교 샌프란시스코캠퍼스 메디컬 센터로 데리고 갔다. 간호사가 수지에게 정맥주사를 연결하고는 유성 사인펜으로 왼쪽 무릎에서 복사뼈까지 길게 타원형을 그렸다. 다리 살을 절개해서 이식에 필요한 뼈를 떼어낼 지점을 가리킨다고 했다. 수술을 맡은 아이슬리 박사가 버핏 가족에게 다가와서, 수술을 시작하고 90분쯤 뒤에 수술실에서 나와 암이 다른 데로 전이되었는지 여부를 알려주겠다고 했다.

수지가 수지 주니어를 데리고 화장실로 들어간 뒤에 문을 닫았다. 수지는 딸에게 꼭 해야 하는 말을 워런이 못 듣게 하고 싶었다.

"내 말 잘 들어라. 네 아버지 겁쟁이신 거 알지? 만일 의사들이 열어서 확인했는데 암이 다른 데로 퍼졌다면, 수술하지 말라고 해. 암세포가 손쓸 수 없을 정도로 다 퍼졌다는데도 네 아버지가 수술해달라고 할까 봐 겁나서 그래. 네 아버지는 내가 죽는 걸 끔찍하게 여기잖아."

8시, 수지의 수술이 시작되었다. 버핏 가족은 라운지에서 기다렸다. 다른 환자의 가족들과 함께, 사랑하는 사람이 수술실에 있는 동안 TV로 제리 스프링어 쇼를 보았다. 워런은 신문을 읽는 척했다. 이따금씩 신문을 접고 얼굴 높이로 올려서 다른 사람이 자기 얼굴을 보지 못하게 한 뒤 몰래 눈물을 훔친 다음 신문을 다시 펼치곤 했다.

아이슬리 박사는 45분 뒤에 나타났다. 림프절 두 군데에서 암세포를 발견했는데, 그 너머로는 암세포가 전이되지 않았다고 했다. 좋은 소식이었다. 구강의 아래쪽과 뺨의 안쪽 면, 혀의 3분의 1을 제거하는 수술이 될 것이라고 했다. 뼈를 이식할 필요도 없어졌다고 했다. 아이슬리 박사가 수술실로 다시 돌아간 뒤, 워런이 수지 주니어에게 질문을 퍼붓기 시작했다.

"얘, 수즈(가족은 수지 주니어를 애칭으로 이렇게 부르기도 했다─옮긴이), 의

사가 아까 90분쯤 뒤에 나온다고 하지 않았니? 이따가 한 번 더 나오
겠다는 거니? 확실해? 그 사람들 말을 믿어도 될까?"

그럴 때마다 수지 주니어는 했던 이야기를 다시 해주며 워런을 안
심시켰다. 하지만 조금 뒤에 워런은 다시 물었다.

"그런데 그 사람들이 어떻게 그렇게 빨리 알 수가 있을까? 아무래
도 뭔가 잘못된 거야. 어쩌면 의사가 다시 나오겠구나."

열여섯 시간 뒤, 수지는 집중치료실에 있었다. 호흡은 기관(氣管)을
절개해서 삽입한 기관절개관을 통해서 했다. 왼팔은 손목에서 팔꿈
치까지 붕대로 싸여 있었다. 이 팔에서 살점을 떼다가 입 안 피부
에 이식한 것이었다. 혀가 부어서 입 바깥까지 튀어나왔기 때문에
영양을 공급하기 위한 비위관이 콧구멍에서부터 위까지 연결돼 있
었다. 수지는 계속 기침을 했고 그럴 때마다 기관절개관이 막혔다.
기관절개관이 막히면 호흡을 할 수 없기 때문에 자주 청소를 해줘야
했다.[12]

다음 날 아침, 병원에서 수지 주니어는 아버지에게 이렇게 말했다.

"마음을 단단히 잡수셔야 해요. 보기에 좀 충격적일 수 있으니까요."

워런은 마음을 단단히 먹고 수지가 누워 있는 병실로 들어갔다.
수지의 모습이 아무리 놀랍다 하더라도 내색하지 않을 작정이었다.
놀란 나머지 자기 얼굴에 어떤 경련이라도 일어나면, 수지가 이걸
보고 자기가 얼마나 끔찍한 몰골인지 금방 알아볼 것이기 때문이었
다. 워런은 엄청난 의지를 발휘해 아무런 내색도 하지 않은 채 수지
곁에 잠시 동안 앉아 있었다. 그러자 수지 주니어가 워런과 호위 및
피터에게 이제 그만 집으로 돌아가도 된다고 말했다. 이제 병원에
있어봐야 해줄 수 있는 건 아무것도 없으니 병원에 남아 있을 필요
가 없다고 했다. 수지의 곁에 있는 동안은 자기감정을 판도라의 상자
에 집어넣고 꼭꼭 잠가두었었기 때문에 수지의 곁을 떠나온 뒤에는

'이틀 동안 꼬박 울면서 보냈다'고 그는 말한다.

워런은 그 뒤로 두 차례 주말마다 샌프란시스코에 갔다. 그리고 수지가 퇴원해서 집으로 돌아가기 직전에 조지아로 가서 조지아 공대 학생들에게 연설을 했다. 이 연설에서 사업에 대해서는 많이 이야기하지 않았지만, 그에게 익숙한 주제들 가운데 많은 것들을 언급했다. 램프의 요정 지니 이야기를 했고, 또 자선사업 이야기를 했다. 그는 인생에서 가장 중요한 투자는 바로 자기 자신이라는 이야기를 했다. 그리고 자기의 우상이었던 벤 그레이엄 이야기를 했으며, 우상은 자기 삶에 중요한 영향을 미치는 만큼 자기 우상을 정할 때는 신중해야 한다고 했다. 그러면서 자기가 존경하는 사람 밑에서 일하라고 했다.

학생들은 그에게 가장 크게 성공한 것과 가장 크게 실패한 것이 각각 무엇이라 생각하느냐고 물었다. 이 질문을 받고 이번에는 사업을 하면서 '빠뜨렸던 실수들'에 관한 이야기를 하지 않았다. 대신 이렇게 말했다.

여러분이 내 나이가 되면, 자기를 사랑해 주면 좋겠다고 생각하는 사람들 가운데 얼마나 많은 사람이 실제로 본인을 사랑하는지를 가지고 인생에서 성공했는지 실패했는지 측정할 수 있을 겁니다.

나는 재산이 많은 사람들을 알고 있습니다. 이들은 감사장과 표창장을 받습니다. 또 이들의 이름을 따서 병동 이름을 짓습니다. 하지만 사실을 말하자면, 이 세상에 어느 누구도 이런 사람들을 사랑하지 않습니다. 만일 여러분이 내 나이가 되어서 아무도 여러분을 좋게 생각하지 않는다면, 나는 여러분 계좌에 얼마나 많은 돈이 있든지 개의치 않을 겁니다. 그렇게 산 인생은 재앙이라고 할 수 있겠지요.

여러분이 인생을 어떻게 살았는지 궁극적으로 판단할 수 있는 기준이 바로 그겁니다. 사랑이라는 것에 문제가 있다면, 사랑을 돈으로는 살 수 없다는 사실입니다. 섹스는 돈으로 살 수 있습니다. 감사장과 표창장도 돈으로 살 수 있습니다. 여러분이 얼마나 훌륭한 인물인지 구구절절 설명하는 책도 돈으로 살 수 있습니다. 하지만 사랑을 얻을 수 있는 유일한 길은 본인이 사랑스럽게 바뀌는 겁니다. 돈을 많이 가지고 있으면 사람이 초조해집니다. 마음대로 돈을 척척 쓸 수 있어서 좋겠다고 생각하시죠? '그래, 좋아, 난 백만 달러짜리 사랑을 하나 사지 뭐.' 이런 생각을 하시죠? 하지만 실제로 그렇게 되지 않습니다. 사랑을 많이 베풀면 베풀수록 사랑을 더 많이 받게 됩니다.[13]

수지가 퇴원해서 집으로 돌아간 뒤에도 워런은 샌프란시스코만이 내려다보이는 햇살 가득한 수지의 아파트를 주말마다 찾아갔다. 아파트에 깔려 있던 달걀노른자 색상의 러그들은 치우고 없었다. 러그에서 생기는 먼지며 보풀이 수지의 기관절개관으로 들어갈 위험이 있었다. 수술 전에 설치한 엘리베이터 의자는 수지를 4층까지 실어 날랐다. 병원에서는 수지더러 6주 동안 계속될 방사선 치료 과정에 대비하라고 했다. 방사선 치료는 혹시 남아 있을지도 모르는 암세포를 박멸하기 위해서였다. 치료는 12월에 시작해서 신년 연휴 이후까지 계속 이어질 예정이었다. 처음에 수지가 절대로 받지 않겠다고 했던 이 방사선 치료는 수지의 목구멍을 태울 터였다. 수술하기 전에 의사는, 수술과 방사선 치료 과정을 모두 거치고 나면 몸무게가 약 20킬로그램은 빠질 테니 수지더러 몸무게를 가능하면 많이 불리라고 했었다. 20킬로그램이면 엄청나게 많이 빠지는 셈이었다. 몸무게에 관한 한 제법 여유가 있어서 그나마 다행이었다. 이제 기관절개관을 제거한 상태였고, 간호사들이 그녀에게 유동식 대체품을 하루에 여섯 봉지씩 먹이기 시작했다. 이 과정에 통증이 따르는 터라 하루

가운데 많은 시간이 음식을 섭취하는 데 들어갔다.

스트레스를 받는 와중에 워런은 몸무게가 제법 늘어났다. 그래서 자기야말로 20킬로그램을 줄여야 한다고 생각해 수지가 유동식을 먹을 때 다이어트에 돌입했다. 재미있을 리가 없었고 또 재미를 원하지도 않았다고 그는 말했다.

그가 하는 다이어트는 기이했고 평소의 식습관만큼이나 건강에 좋지 않았다. 하지만 늘 하던 그 방식으로 시도하기로 마음먹었다. 하루에 1천 칼로리의 열량만 섭취하기로 하고, 자기가 좋아하는 음식, 즉 감초를 넣어서 만든 사탕과자, 땅콩브리틀, 햄버거 따위를 스스로 정한 열량 범위 안에서 마음껏 먹었다. 가장 간편한 방법은 체리 코크를 줄여 몸의 수분을 빼는 것이었다. 1천 칼로리 식이요법을 하면서 그가 했던 생각은 단식의 고통을 맛보겠다는 것이었다. 그는 몹시 조급했으며, 이런 식의 다이어트가 건강에 좋지 않다는 말에는 손을 홰홰 저었다. 그는 자기 나이와 키를 놓고 볼 때, 1년에 백만 칼로리를 먹으면 자기 몸무게를 유지할 수 있다고 말했다(이 말을 할 때 백만이라는 숫자가 특히 마음에 드는 눈치였다). 나는 내가 원하는 음식으로 그 백만 칼로리를 채울 수 있다. 만일 내가 1월에 아이스크림선디를 실컷 먹으면 나머지 기간에는 굶으면 된다. 얼마든지 그렇게 할 수 있다. 이게 그의 주장이었다.

표면적으로는 완벽하게 이성적인 판단이었지만 완전히 터무니는 생각이었다. 그렇게 살면서도 여태까지 단 한 번도 심각하게 아프거나 몸무게가 심각하게 늘어난 적이 없었기 때문에 그 문제를 가지고 그와 논쟁해 봐야 아무런 소용이 없었다(워런은 이런 무지막지한 다이어트를 해마다 주주 총회 직전에 했었다. 하지만 예전에 그의 몸에 생겼던 요로 결석은 이런 다이어트, 특히 수분 섭취를 최대한 줄이는 이런 섭생과 아무런 관련이 없었을 가능성이 높다). 여하튼 그는 논쟁이 벌어지기도 전에 이기는 법을 알고 있었다. 다만 정말 특이한 예외가 있었다. 자기를 묘사하는 표현을 놓고 언론과 다툴 때였다. 그는 〈파이낸셜 타임스〉나 〈뉴욕 타임스〉와는 단 한 번도 다뤄본 적이 없었다. 둘 다 그가 거의 종교적이라고 할 수 있을 정도의 열정으로 읽던 신문이었다. 문제는 언제나 〈월스트리트 저널〉이었다.

오랜 세월 동안 워런은, 월스트리트는 밀주법이 있던 시대의 주류 밀매점과 같은 곳으로 순박한 사람들을 등쳐 먹으려는 불한당들이 우글거린다는 생각을 가지고 있었을 뿐만 아니라 이런 생각을 공공연하게 말했었는데, 이런 모습이 월스트리트의 공식 신문이라고 할 수 있는 〈월스트리트 저널〉을 불편하게 만들었다. 한 번은 워런이 자기를 나쁘게 묘사했던 〈월스트리트 저널〉의 논설위원회 오찬 모임에 참석한 적이 있다. 이 자리는, 그가 가르치는 입장이 되어 당시 경제 이슈에 대해 그들에게 설명(그는 이런 일을 즐겼다)할 수 있는 좋은 기회였다. 그런데 그는 비보도를 전제로 하고 그런 이야기를 했다. 이 내용이 〈월스트리트 저널〉에 게재되었다. 이건 캐서린 그레이엄이 평소에 말하던 저널리즘의 원칙, 즉 비보도를 전제로 하고 나온 발언은 정말 공익에 결정적으로 부합하지 않는 한 결코 보도해서는 안 된다는 원칙에 위배되는 것이었다.[14] 그는 격분했고 이 배신 행위에 대해서 사과를 받아냈다. 하지만 그렇다고 해서 이미 엎질러진 물을 다시 담을 수는 없는 일이었다. 이뿐만이 아니었다. 〈월스트리트 저널〉의 논설은 정기적으로 워런을 향해 독필을 휘둘렀다. 그가 중산층과 가난한 사람들의 세금 부담을 부자들이 져야 한다고 주장했기 때문이다.

하지만 그는 〈월스트리트 저널〉을 하루라도 빼먹고 읽지 않는 것은 상상조차 할 수 없었다. 심지어 애플리 공항(오마하 시내에서 약 5킬로미터 떨어져 있다─옮긴이)으로 자동차를 몰고 가서 거기에서 넷제츠의 비행기를 타고 샌프란시스코까지 세 시간 동안 날아가야 했던 금요일에도 이 신문은 꼭 읽었다.

샤론 오스버그가 샌프란시스코 공항에 마중 나와서 그를 곧바로 퍼시픽 하이츠에 있는 수지의 아파트로 태워다 주었다. 수지를 방해하고 싶지 않아서, 혹은 수지의 아파트 창문들에는 커튼이 없었는데 이 창문으로 쏟아져 들어오는 햇살이나 불빛에 잠을 깨기 싫어서 그는 수지가 주로 물건들을 놓아두는 창고로 사용하던 1층의 아파트에서 잠을 잤다. 수지가 잠잘 때 워런은 샤론의 아파트로 가서 TV로 미식축구를 보거나 그녀의 어깨에 기대서 울며 시간을 보냈다. 때로는 둘이서 심야 영화를 보러 가기도 했다.

워런이 와 있을 때면 수지는 자기 딸과 간호사들, 날마다 자기 일을 챙겨주는 캐슬린 등을 제외하고는 일절 다른 방문객을 받지 않았다. 거의 모든 사람, 심지어 제니 립시 로젠블럼, 같은 아파트 건물에 집을 샀던 시누이이자 오랜 친구인 버티의 방문도 거절했다. 주말에만 그런 게 아니었다. 지극히 조금이라도 보살핌의 대상이 된다는 사실이 수지에게는 너무도 힘들었기 때문이다. 제니는 날마다 수지에게 카드를 써서 1층에 놓았다. 수지의 사랑을 받았던 많은 사람이 그랬듯이, 버티는 수지를 볼 수 없다는 사실이 너무 슬펐다. 버티는 늘 수지가 사람들에 대해서 가지고 있던 지혜로운 생각을 존경했다. 최근에 남편 힐턴 비알렉이 죽은 뒤로 버티는 자기도 수지와 비슷한 지혜를 갖게 되었다는 느낌을 받았다. 당시를 회상하면서 버티는 다음과 같이 말한다.

"힐트는 심리학자였어요. 그 사람은 별로 힘들이지 않고도 다른 사람이 무의식적으로 전하고자 하는 메시지를 파악하던 사람이었어요. 힐트가 죽으면서 나한테 남긴 말은, 내가 처음 본 사람에 대해서도 그의 면면을 알 수 있을 거라는 것이었습니다. 갑자기, 전에는 이해하지 못했던 것들이 눈에 보이기 시작했어요."

버티는 이제 자기와 수지 사이가 예전 같지 않다는 걸 느꼈다. 예전처럼 마냥 의지하는 관계가 아니라 동등한 관계가 되었다고 느꼈고 처음으로 수지를 이해할 수 있게 되었다.

버티의 오빠 워런 역시 주말마다 샌프란시스코에 오면서 예전에는 전혀 알지 못했던 사실을 깨닫기 시작했다. 명상이나 방사선 치료나 의사와 간호사들을 대하는 세세한 방식이나 치료 장비 등이었다. 아울러 워런은 자기가 느끼는 공포뿐만 아니라 수지가 느끼는 공포와 정면으로 부닥침으로써 새로운 감정 영역을 탐색했다. 막 들어선 이 새로운 세계에 대해 이야기할 때면 그는 사적인 감정을 배제하고 자기가 상대방을 얼마나 알고 있느냐에 따라서 터놓을 이야기를 조절해 가며 조심스럽게 말했다. 때로는 최근 들어 새로 의지하는 대상으로 삼은 아널드 슈워제네거를 통해서 기분을 전환하기도 했다. 함께 코끼리 박치기를 하던 동료 코끼리 슈워제네거는 캘리포니아 주지사 그레이 데이비스를 쫓아내려는 소환 투표에서 공화당 후보로 워런이 공식 지지하던 인물이었다.

아내가 한 달 반쯤 전에 샌프란시스코에서 수술을 받았습니다. 한 주에 이틀은 거기에 가 있습니다. (사이) 음, 그러니까 아널드, 아주 가까이 있으면서도 때로는 꼬치꼬치 다 이야기할 수 없는 게 있잖아요. 발가벗고 살 수는 없잖아요.

보다 더 친한 사람이 전화하면 예전에는 기를 쓰고 피하려 했던 화제를 힘겹게 이야기해 나갔다.

오, 안녕하시오 척?(워런이 증권법 위반 혐의로 증권거래위원회로부터

고발당할 위기에 빠졌을 때 결정적인 도움을 주었던 척 리커쇼서−옮긴이) 그
럼요, 수지는 아주 잘 회복하고 있지요, 모든 점에서 다요, 사람들이
우리한테 얘기해 줬던 것보다 훨씬 더 빠르게 말입니다. 수지는 지
금 힘이라고는 하나도 없어요. 이런 경험은 수지가 평생 살면서 한
번도 해보지 못했을 겁니다. 하지만 구강 상태의 회복이나 음식물을
삼키는 거, 이런 면에서는 모든 게 잘 진행되고 있어요. 도와주는 사
람들 모두 훌륭하고요. 지금은 고통이 그렇게 심하지 않아요. 내 생
각에는 심리적인 문제가 더 크지 않나 싶네요. 현재로서는 수지가
삶을 그다지 즐거운 것으로 받아들이지 않는 것 같아요.

　주주 총회요? 글쎄요, 우선 이 말은 할 수 있을 것 같은데, 수지의
현재 상태로 봐서 노래는 그냥 건너뛰어야 하지 않을까 싶어요. 아
무래도 이번 5월 모임에서는 수지가 노래를 부르지 않을 것 같습니
다. 내년에는 어떨지 두고봅시다.

가끔씩은, 수지가 다시 노래 부를 일은 전혀 없을 것임에도 불구하
고 수지가 다시 노래를 부를 수 있을 것처럼 말하기도 했다. 자기 딸
처럼 정말 가까운 사이인 사람에게만 워런은 누가 자기를 도와주면
좋겠다는, 다시 말해서 자기에게는 도움이 필요하다는 내용을 가끔
넌지시 흘리곤 했다.

　오, 좋아요. 난 괜찮아요. 밤에는 두 시간씩 잡니다. 오, 그래요. 마
침 거기에 햄샌드위치 가게도 있고요. ……그럽시다. 내일도 좋고 다
음도 좋고요. 오케이, 오케이? 오케이!

밤에 두 시간만 잔다?

어떤 생각을 하면 잠이 오지 않아요. 지난밤에도 진짜로 딱 두 시간 잤습니다. 괜찮아요. 잠을 못 잔다고 해서 죽지는 않아요. 수지도 지금 다시, 자기가 정말로 방사선 치료를 원하는지 몰라서 이런 생각을 하느라 잠을 설치고 있으니까요.

우리는 잘 극복할 겁니다. 내가 샌프란시스코에 없으면 이런 경향이 악화되기도 했는데, 예전보다는 훨씬 낫습니다. 그렇죠 뭐.

수지가 수술을 받아서 좋은 게 딱 하나 있는데, 삼십 몇 년 만에 처음으로 크리스마스 때 에메랄드 베이에 가지 않게 되었다는 겁니다. 글쎄요, 그 집이 아직도 거기 있나 모르겠네요.

59

겨울

오마하 그리고 샌프란시스코, 2003년 12월~2004년 1월

수지는 여전히 방사선 치료를 거부했다. 치료에 대한 불안이 너무 큰 나머지 그녀는 다량의 아티반(불안과 긴장을 경감시키는 약물 — 옮긴이)을 복용하고 있었다. 수지 주니어는 당시를 다음과 같이 회상했다.

"아이슬리 박사님이 아티반에 대해서 약간 이야기해 주셨어요. 아티반을 많이 달라고 요구해서는 안 된다는 이야기였습니다. 하지만 어머니는 방사선 치료에 대해서 매우 불안해하셨죠."

워런은 확률 차원으로 이 문제에 접근했다. 방사선 치료를 받으면 생존 확률이 더 높아지는데 이 치료를 거부할 이유가 어디 있느냐는 것이었다. 그는 수술은 굉장히 힘든 것이었지만 방사선 치료는 그렇게까지 힘든 게 아니라고 수지에게 말했다. 하지만 방사선과 의사는 수지에게, 누가 방사선 치료에 대해서 이야기하면서 그닥 나쁜 게 아

6부・보관중 | 559

니라고 하면 절대로 그 말을 곧이곧대로 믿지 말라고 했다. 그러면서 이런 말을 했다.

구강 방사선 치료는 다른 방사선 치료와 다르다. 모든 음식에서 쇳 내가 날 것이다. 입 안이 온통 탈 것이다. 침샘이 손상되거나 완전히 망가질 수도 있다. 혀의 미각 기관인 맛봉오리를 모두 잃어버릴 수도 있다. 통증도 만만치 않다. 수지는 이미 상당한 통증을 느끼고 있었다. 수지는 또 다른 통증에 시달리는 걸 거부할 권리가 있다고 느꼈다.

수지는 죽어가는 사람을 많이 봤습니다. 필요 이상으로 고통받는 사람도 많이 봤고요. 우리는 둘 다 삶의 마지막 순간을 스스로 통제하길 원합니다. 수지는 죽음을 두려워하진 않았지만 방사선 치료를 받으면 통제력을 잃게 되지 않을까, 삶의 마지막 순간이 결코 바라지 않았던 끔찍한 경험으로 이어지지 않을까 걱정합니다. 우리 두 사람은 이 문제를 놓고 정말 많은 이야기를 나누었습니다. 어떻게 할지는 본인이 결정해야 할 문제겠죠. 하지만 다른 한편으로, 지금 당장으로는 어떤 선택도 이치에 맞을 수 없습니다. 수지는 계속해서 이렇게 말합니다. '내 머리가 제대로 작동하지 않는다는 거 나도 잘 알아요.' 수지는 의사들에게 최악의 상황에 대비하여 최선의 방법을 강구해 달라고 일러둔 상태입니다.

불안을 누그러뜨리려고 수지는 밤마다 자기 전에 일종의 의식 같은 걸 치렀다. U2의 가수 보노가 넷제츠의 한 행사에서 워런을 만난 뒤에 수지 주니어와 친해졌는데, 이 보노가 부르는 노래가 수지가 치르던 엄숙한 의식에 한자리를 차지했다. 수지는 U2의 앨범 〈래틀 앤 드 험Rattle and Hum〉의 '내가 원하는 모든 것은 당신All I Want Is You'을 들으면서 잠자리에 들었다.

우리가 깬 모든 약속들

요람에서 무덤까지

내가 원하는 모든 것은 당신일 때…….

그 넷제츠 행사에서 보노는 워런에게 15분만 시간을 내달라고 했었고, 이때 처음 버핏 가문 사람들과 인연을 맺었다.

보노에 대해서 거의 아무것도 몰랐죠. 그런데 이 사람이 나한테 몇 가지 질문을 하더군요. 이 과정에서 우리는 뜻이 통했던 겁니다. 내가 어떤 아이디어를 줬는데, 그는 그 아이디어를 마음에 들어하며 이렇게 말하더군요. '아주 좋은 멜로디네요!' 마지막에는 이런 말을 했습니다. '정말 믿을 수가 없네요. 15분 만에 멜로디를 네 개씩이나…….' 나는 음악을 좋아합니다. 그러나 사실 U2의 음악에서는 그다지 큰 감동을 받지는 못했습니다. 한 가지 흥미로운 사실은, 보노가 그룹 네 명의 수익을 철저히 공평하게 나눠 가지도록 한다는 점이었습니다.

워런은 때로, 엄청나게 많은 돈이 어떤 사람을 보다 매력적이고 재미있고 또 지적으로 만드는 현상이나 이런 일이 이루어지는 방식에 대해서 가혹할 정도로 이성적일 수 있었다. 하지만 저명인사가 자기를 찾을 때는 언제나 놀라움을 금치 못했다. 아무렇지 않은 척하려고 애썼지만 U2의 보노와 같은 사람이 자기를 스마트한 인물로 여길 때는 어깨가 으쓱해졌다. 넷제츠 행사 이후, 보노가 '하틀랜드 오브 아메리카Heartland of America'라는 제목으로 순회공연을 하던 중에 오마하에 갔을 때 워런에게 연락했고, 워런을 통해서 수지 주니어를 만났다. 나이는 들었어도 여전히 로큰롤 소녀 팬이었던 수지 주니어는 보

노가 자기에게 관심을 보이자 우쭐해졌고 보노에게 매혹되었다. U2
는 세계 최고의 록밴드로 일컬어지는 그룹이었다. 이 그룹의 정열적
인 리더였던 보노는 낭만적인 힙스터의 우아함을 가지고 있었으며
이것이 수지와 수지 주니어를 동시에 매료시켰다. U2의 음악은 사
랑과 평화를 동경하는 정신세계를 노래했다. 이들이 대중에게 주고
자 하는 메시지는 '많은 걸 가지면 가질수록 더 큰 결핍감을 느끼니,
가진 걸 사람들에게 나누어 줘야 한다'였다. 이 메시지는 수지와 수
지 주니어 모녀의 생각과 정확하게 일치했다. 보노는 수지 주니어를
자기가 설립한 자선단체인 데이터 DATA : Debt, AIDS, Trade, Africa의 이사로 초
빙했다. 또 보노는 수지 주니어의 아이들에게도 깊은 인상을 심어 주
었다.

   보노는 손주들에게도 굉장했습니다. 수지의 딸 에밀리와 아들 마
이클 말입니다. 보노는 에밀리와 이야기를 나누었고, 그 아이에게 엄
청난 영향을 끼쳤습니다.

보노는 다음 해에 에밀리를 DATA의 인턴 직원으로 일하게 했다.
하지만 수지는 손녀의 록스타 상사를 한 번도 만나지 않았다. 이제
지상에서 자기가 해야 할 임무는 모두 끝냈다고 생각했던 것이다. 수
지는 이렇게 말했다.
"그냥 이렇게 침대에 누워서 나머지 시간을 살다가도 나쁘지 않겠
네. 손주들이 와서 볼 수 있을 테고, 그러면 괜찮을 텐데."
농담을 하시나? 수지 주니어는 그렇게 생각했다. 절대로 그럴 수
는 없었다.
"일어나셔야죠! 침대에 누워서 여생을 보내다니요! 방사선 치료를
받으면 한결 나아지고 다시 여행도 하실 수 있을 거예요."

그 말에 수지는 깜짝 놀라서 물었다.

"너 정말 그렇게 생각하니?"[1]

마침내 수지를 설득하는 데 성공했다. 수지가 방사선 치료를 받기로 한 것이다. 방사선 치료를 받을 때 해당 부위에만 안전하게 방사선을 쏠 수 있도록 해주는 마스크가 필요해서, 수지는 이 마스크를 맞추려고 얼굴 치수를 쟀다. 그 무렵 워런은 아내의 치료와 관련된 여러 가지 세부적인 사항들에 점점 더 깊이 관심을 가졌다.

나는 방사선과 의사에 대해서 완전히 넋이 빠져 있습니다. 이 사람은 마스크를 디자인하고 어디에서 어떤 각도로 방사선을 쏘아야 하는지 세부적인 사항들을 설계하지요. 이 여자는 자기 컴퓨터로, 어느 각도에서 방사선을 쏘면 어디로 향하고 또 이때 혀와 성대는 어디에 있는지 보여줍니다.

수지의 친구 몇몇은 수지가 자신을 위한 선택을 하지 않고 다시 예전처럼 다른 사람을 기쁘고 즐겁게 해주려는 것은 아닌가 의심스러워했다. 그럼에도 불구하고 수지는 총 33회의 방사선 치료를 받기로 했다. 12월 중순부터 시작해 한 주에 다섯 번씩 6주 예정이었고 주말은 쉬었다. 의사가 방사선 치료를 꾸준히 해야 한다는 점을 워낙 강조하자 이성적인 워런은 왜 하필 주말에는 치료를 중단하는지 의아해했다. 의사들 입장에서는 주말에 치료를 건너뜀으로써 편할지 모르지만 자기 입장에서는 아내의 건강을 두고 타협하는 것이 아닌가 걱정이 됐다.

수지가 방사선 치료를 받기 시작한 지 한 주가 지난 뒤, 워런은 버펄로에 갔다. 뉴욕의 주지사 조지 파타키와 함께 기자회견을 하면서 가이코가 4천만 달러를 들여서 버펄로 인근에 가이코 서비스 센터를 설립한다는 내용을 발표하기 위해서였다. 빠르게 성장하는 회사 규모에 발맞추기 위해서는 이 서비스 센터가 필요했다. 지난 3년 동안 버펄로-나이아가라 지역에서 약 1만 7,700개의 일자리가 줄어들었지만, 이 서비스 센터가 생김으로 해서 2천 개가 넘는 일자리가 마련될 예정이었다.[2] 그는 '똑똑하고 우호적인' 사람들이 있다는 이유로 버펄로라는 도시를 선택했고, 이 도시에 혜택을 주었다.

워런은 크리스마스를 보내러 버펄로에서 샌프란시스코로 갔다. 크리스마스는 수지가 방사선 치료를 받던 두 번째 주에 있었다. 1970년대 이후 처음으로 수지는 자식 및 손주들과 떨어져서 크리스마스를 보냈다. 하지만 다른 가족은 모두 한자리에 모이길 바랐고, 그래서 나머지 가족은 오마하에 있는 수지 주니어의 집에 모였다. 워런과 수지만 샌프란시스코에 따로 떨어져서 함께 크리스마스를 보냈다.

크리스마스 선물로 워런과 수지는 세 자식이 각각 운영하는 재단에 버크셔 해서웨이 주식 600주씩을 주었다. 굉장히 놀라운, 그야말로 깜짝 선물이었다.[3] 호위는 자기 돈 대부분을 야생동물 보호 및 환경 보전 사업에 기부했었고, 수지 주니어는 오마하의 교육 및 지역 발전 사업에 기부했었고, 피터는 환경 보전 및 아메리카 인디언계 미국인을 위한 사업 그리고 위스콘신 지역 사업에 기부했었다.[4]

워런과 수지는 이 세 자식이 언젠가는 훨씬 더 많은 돈을 가지고 자선사업을 하게 될 것임을 알고 있었던 터라, 이들이 자선사업을 하는 훈련을 차근차근 해나가길 바라며 주식을 선물했던 것이다. 워런이나 수지가 죽으면 2년 안에, (버크셔 해서웨이 주식의 당시 가격에 따라서 달라질 수 있겠지만) 300억 달러에서 500억 달러에 이르는 돈이 재단으로 들어갈 것이고, 법률적인 규정에 따라서 재단은 전체 자산의 5퍼센트에 해당하는 금액을 해마다 자선사업으로 지출해야 했다.

그런데 워런은 미래 세대에 재단의 재산이 제대로 잘 쓰일지 믿지 않았다. 미래 세대 신탁 관리자들의 변덕을 믿을 수 없었다. 버핏 재단의 인력이라고 해봐야 몇 명 되지도 않는 마당에 한 해에 수십억 달러의 돈을 효과적으로 지출할 수 있을 것 같지 않았다.[5] 워런은 이 문제를 어떻게 해결해야 할지 많은 시간을 들여서 고민했었다. 그러다가 한 가지 방안을 떠올렸다. 수지도 기꺼이 동의할 것 같았다. 버핏 재단의 자산 일부를 게이츠 재단에 기부하는 것이었다. 2000년에 설립된 빌 앤드 멜린다 게이츠 재단The Bill and Melinda Gates Foundation은 수십억 달러의 자산을 확보한 자선단체로 성장해 있었다. 게이츠는 세계 인구의 대다수라고 할 수 있는 42억 명이 하루에 2달러도 되지 않는 돈으로 연명하고 있다고 했다. 이들 개개인의 생명은 미국 국민 개개인의 생명과 동일한 가치를 지니는 것이었다. 바로 이런 사람들이 미래의 어떤 시대가 아니라 바로 이 순간 함께 살고 있는 것이다.

빌 게이츠는 재단 문제로 보자면 가장 합리적인 사람입니다. 빌과 멜린다는 그 어떤 사람들보다도 많은 돈을 들여서 더 많은 생명을 구하고 있습니다. 이 일에 엄청난 정력을 쏟고 있지요. 빌이 생각하는 내용은 뭐라 말할 수 없을 정도로 훌륭합니다. 한 해에 자선과 보건 문제에 관한 글을 수천 쪽씩 읽고요. 이보다 더 나은 사람은 어디에서도 찾을 수 없을 겁니다.

두 사람은 놀라운 일들을 해내고 있습니다. 또 철저하게 생각합니다. 두 사람이 가지고 있는 가치관도, 논리도 모두 옳습니다.

하지만 이 결정은 궁극적으로 수지가 내려야 한다고 워런은 생각했다.

수지가 모든 돈을 가지고 있습니다. 재단에 관해서 총책임을 지고 있고요. 내가 죽으면 재단의 모든 것은 수지가 맡는 것으로, 수지가 죽으면 내가 맡는 것으로 되어 있습니다.

복잡한 법률 문서를 작성하려고 애쓰는 건 미친 짓입니다. 그럴 필요가 없습니다. 수지가 원한다면 수지는 모든 걸 우리 아이들 재단으로 넘겨줄 수도 있습니다. 수지에게는 아무런 제약도 없고 구속도 없습니다. 하지만 수지는 버크셔 해서웨이 주식을 한 주 가지거나 10만 주 가지거나 전혀 상관하지 않습니다.[6] 아마 그걸 몽땅 재단에 넣을 겁니다. 단 한 주라도 따로 빼서 팔아 현금으로 마련할 필요가 없으니까요. 버핏 재단이 처음 한두 해 동안 기부처를 늘려가는 가운데 게이츠 부부의 활동에 맞춰 한 해에 10억 달러씩 주는 게 아니라 20억 달러를 게이츠 재단에 준다면, 이게 최상의 방법입니다. 용처에 소유권을 따지고 말고 할 일은 전혀 없습니다. 나는 버크셔 해서웨이 일을 다른 사람에게 맡길 모든 준비가 되어 있습니다. 하지만 버핏 재단에서는 이걸 싫어할 겁니다. 버핏 재단은 상상력과 혁신성이 너무 부족해 보입니다. 비록 생각 자체야 끝내준다고 할 만큼 논리적이지만 말입니다.

자기 재단의 돈을 다른 재단에 주는 건 사람들이 하고 싶어 하는 일이 아닙니다. 사람이 만든 평균적인 기관은 거기에 대해서 엄청나게 반발한다 이겁니다. 하지만 그건 결함 있는 무모한 시도가 아닙니다. 어떤 주식 종목에 대한 포지션을 두 배로 늘리는 거나 마찬가지죠.

빌은 적절한 곳에 적절한 인재를 데리고 있습니다. 우리가 빌에게 돈을 준다면, 뒷부분의 절반 역시 앞부분의 절반만큼이나 효과적이고 효율적으로 쓸 겁니다. 처음 1달러와 마지막 1달러의 쓰임새 차이는 거의 없을 겁니다. 자기 재단의 돈을 다른 재단에 기부한다는 것은 재단으로서는 썩 내키는 일이 아니지만 선한 사람들이 하는 행동을 그대로 따라 한다고 해서 나쁠 건 없죠.

버핏 재단이 수십억 달러로 기부금을 늘려가는 가운데 일부를 게이츠 재단에 기부함으로써 게이츠 재단의 옷자락을 붙잡고 묻어가는 것이야말로 가장 완벽하게 논리적인 해답이었다. 그런데 주어진 상황을 놓고 볼 때, 이런 결정을 최종적으로 할 사람이 자기나 자기 딸이 아니라 수지라고 바라보는 워런의 생각은 전혀 논리적이지 않았다. 대안도 없이 이 시나리오를 추진하겠다는 것도 마찬가지로 전혀 논리적이지 않았다. 설령 자기가 이제 막 대안을 마련하는 작업에 들어갔다고 하더라도 말이다.

크리스마스 휴일 동안 수지는 방사선 치료에 대해서 점점 더 낙담하게 되었다. 치료를 받지 않겠다고 위협하기도 했다. 워런은 이만큼 치료를 받았는데 이제 와서 그만둘 수는 없지 않느냐는 논리로 몇 시간에 걸쳐서 수지를 설득했다. 하지만 수지가 어떤 결정을 내리든 간에 방사선 치료 기간 사이에는 흐름을 방해하는 두 차례의 치료 중단이 있었다. 하나는 크리스마스 휴가였고 또 하나는 신년 휴가였다. 워런은 부글부글 끓었다.

주말처럼 휴일에도 일손을 놓고 다 가버리다니 정말 화가 나더군요. 수지는 그때까지 방사선 치료를 여덟 차례 받았습니다. 내가 보기에는 옳지 않았습니다. 방사선과 의사도 나에게 한 주에 치료를 네 번으로 줄이는 것이 그나마 한계 수준이라고 인정했습니다.

수지는 아직도 방문객을 받을 수 있을 정도로 회복되지 않은 상태였다. 수술 이후로는 아들들조차 어머니를 한 번도 보지 못했다. 그러다가 호위와 그의 아내 데번, 이들의 아들인 호위 B가 마침내 샘프란시스코로 와서 워런과 합류해 이틀 동안 머물렀다. 아직도 여전히 로켓 가무단의 1인공연합창단마냥 에너지가 가득한 호위는 수지의 상태가 미미하게 안 좋을 뿐이라고 보았다. 하지만 가족은 여전히 다른 사람의 방문을 허용하지 않았다.

수지는 이제 어느 누구라도 만나도 될 정도로 기력을 되찾았습니다. 솔직히 말하면, 수지를 간절히 보고 싶어 하는 사람이 많습니다. 이들 가운데 몇몇에게는 수지가 그야말로 삶의 커다란 버팀목입니다. 그런데 이들이 수지 곁에서 하는 일이라고는 수지의 기력을 빨아가는 것뿐입니다. 수지는 이들에게 상주 정신과의사든 교수든 무엇이든 되어주는 일을 멈추지 못하니까요.

내가 곁에 있으면 수지는 좀 더 편안해합니다. 하지만 만일 자기가 다른 사람을 만나기 시작하면 그들이 기본적으로 자기에게서 기력을 빼내 가려 한다는 걸 수지도 알고 있습니다. 나나 리틀 수지와 함께 있을 때는 그렇지 않습니다만, 심지어 내 동생인 버티나 수지의 가장 친한 친구인 벨라가 함께 있어도 수지는 달라집니다. 수지가 베풀고, 그들은 받는 그런 관계가 형성되어 버린다 이 말입니다.

수지 주니어는 어머니 주변에 있는 모든 사람에게 밝고 쾌활한 분위기를 당부해 놓고 있었다. 수지가 알지 못하고 또 절대 알게 해서는 안 되는 어떤 일들이 있었던 것이다. 그래서 팩스로 들어오는 문서의 내용을 어머니가 보지 못하도록 조심했다. 수지는 래리 티시가 암으로 사망했고 빌 루안이 워런에게 전화해서 폐암 진단을 받았다고 한 사실을 알지 못했다.

루안은 수지가 2차 소견을 받았던 슬론-케터링 병원에서 화학 치료를 받고 있었다. 워런은 루안의 이름이 언급될 때마다 눈물을 흘렸

다. 친구에게 닥친 일과 수지에게 닥친 일이 워런으로서는 감당할 수
없을 정도로 큰 충격이었다. 워런은 하루 1천 칼로리 다이어트를 집
어치운 지 이미 오래되었다.

수지의 몸무게는 지난 두 주 동안 상당히 안정적이었습니다. 우리
는 이 몸무게 변화를 그래프로 그렸습니다. 내가 초콜릿 선디 하나
를 먹고 수지가 이것을 조금만 먹습니다. 내 식습관으로는 당연히
살이 찌는데 이건 수지에게 좋은 겁니다. 나는 살이 점점 찌고 수지
의 몸무게는 일정한 수준을 유지합니다. 수지가 식욕 감퇴증을 보일
위험은 없습니다.

신년 전야에 낸시 멍거는 남편인 찰리를 위해 여든 번째 생일잔치
를 열었다. 워런은 이 행사에 참석하려고 로스앤젤레스로 날아갔다.
마음을 다른 데로 돌리는 게 절실했다. 하지만 버핏 그룹 모임에 갈
때도 그랬듯이 이번에도 자기 혼자만 멍거의 생일에 참가한다는 게
신경 쓰였다.

워런은 판지로 만든 특대 규모의 벤저민 프랭클린상을 주문했다.
생일 공연 일정에서 프랭클린에게 매료된 찰리를 풍자하기 위한 소
품이었다. 워런은 이 프랭클린상을 자기보다 먼저 캘리포니아로 보
내야만 했다. 혹시라도 제때 도착하지 못할까 노심초사했지만, 다행
히 늦지 않았다. 그는 〈죄짐 맡은 우리 구주〉라는 찬송가를 개사해서
〈죄짐 맡은 우리 친구 찰리〉라는 노래를 부르는 것을 비롯해 자신의
고전 레퍼토리를 공연했다.

멍거는 기념식 순서를 연설로 마무리했다. 우선 청중들에게 도움
말을 주는 것으로 시작했다. 대학교 졸업식 등 다른 데서 했던 여러
연설 내용을 그대로 반복하는 것이었다. 찰리의 친구나 친척들, 버핏

그룹 사람들은 모두 《가난한 찰리의 연감Poor Charlie's Almanack》이라는 책으로 엮어져 나오기도 한 이 연설들을 달달 외울 지경이었다. 멍거가 가장 즐겨 인용하는 구절은 19세기 독일의 수학자 카를 야코비가 언급했던 '뒤집어라, 언제나 뒤집어라'였다. 어떤 상황이나 문제를 뒤집어서 봐라. 정면이 아니라 뒤에서 바라보아라. 상대방 입장에서 얻는 것은 무엇인가? 우리가 세운 모든 계획이 잘못되면 어떻게 될까? 우리가 가고 싶지 않은 곳은 어디며, 거기에 이르는 길은 무엇인가? 성공으로 이끄는 요소를 찾지 말고 실패할 수밖에 없는 요소들, 즉 나태, 질투, 적개심, 자기연민 등 자멸의 정신적인 습관을 찾아서 정리해라. 이것들을 피하기만 하면 성공에 이를 것이다. 내가 어디에서 죽을 건지 가르쳐 다오, 그럼 나는 거기 가지 않을 것이다.

멍거는 또 특정한 유용한 모델들을 개발하고 이 모델들을 무차별적으로 적용하는 생물학, 물리학, 경제학, 심리학 등의 모든 학문적 규율을 공격했다. 멍거는 모든 것을 못이라 생각하고 무조건 망치질을 하려고 달려드는 소위 '망치 든 남자 신드롬'을 피하려면 '다학제적 모델 접근법'을 채택해야 한다고 목소리를 높였다. 멍거는 여러 가지 모델을 수집했고 이것을 삶에 유용한 도구로 내놓았다. 어려운 문제들을 고르디우스의 매듭을 끊듯이 (대개 형언하기 어려운 말로) 해치우는 멍거의 방식을 높이 평가하고 그를 추종하는 사람들이 있었다(고대 그리스 왕인 고르디우스는 자신의 마차를 신에게 바치면서, 복잡하게 얽혀 있는 매듭으로 신전에 묶은 뒤 이 매듭을 푸는 사람이 아시아를 정복하는 왕이 될 것이라 예언했는데, 알렉산드로스 대왕이 동방 원정에 나서서 이 매듭을 칼로 끊었다-옮긴이). 이들은 멍거가 내세우는 명제가 계몽적인 내용임을 알았다. 몇몇 사람은 멍거의 천재성이 쇼맨십 있는 워런의 그림자에 가려서 제대로 알려지지 못했다고 생각했다. 하지만 최근 들어 멍거는 자기 견해를 보다 뚜렷하게 내세우기 시작했다. 멍거는 언제나 사람들을 깜짝 놀라게 하는 비책(秘策)을 실제 사례로 들고 나타났다.

이날 멍거는 영국의 치안 판사 제도야말로 윤리적인 행동에 적절히 동기부여를 해줄 수 있는 모델이라 생각하고, 생일 연설 여러 대목에서 이 제도를 언급했다. 멍거의 연설은 이제 요점에서 벗어나 자기 아내에게 바치는 찬사로 이어져 낸시가 가지고 있는 여러 가지 훌륭한 덕목들을 열거했다. 그리고 다시 사람들에게 삶의 성공과 행복에 이를 수 있도록 도움말을 주기 시작했다. 하지만 멍거는, 자기는 (그리고 워런은) 어떤 매우 높은 수준에서 살고 있다고 확신하는 듯했다. 자기와 워런이 성공을 거둔 이유가 자기들 둘 다 독립성을 확고하게 가지고 있었기 때문이라고 설명했다. 하지만 자기 자식들을 포함해서 다른 사람이 자기들을 따라 하려고 한다면 현명한 선택이 아니라고 했다.

"어떻게 하면 저 사람이 연설을 끝낼까요?"

워런 옆에 서 있던 낸시 멍거가 한 말이었다.

그러잖아도 멍거의 연설은 이제 막바지를 향해 달려가고 있었다.

"결국 나는 《천로역정 The Pilgrim's Progress》에 나오는 '늙은 진리의 용사'와 같은 사람입니다. 이 사람이 이렇게 말했지요. '내 칼을 지닐 수 있는 사람에게 내 칼을 주노라.'"

버핏 그룹 사람들 가운데 몇몇은 '맙소사' 하고 생각했다. 결국 낸시가 연단으로 올라가서 멍거를 데리고 나갔다. 이렇게 해서 멍거의 연설은 끝났다.

워런은 수지를 보러 곧바로 다시 샌프란시스코로 돌아왔다. 수지는 막 스무 번째 치료를 끝낸 상태였다. 방사선 치료를 받는 수지를 바라보면서 그는 보호 본능이 발동되었다.

이제 4주 반이 남았습니다. 마틴 루터 킹 목사의 날은 1월에 있습니다. 치료 방사선사들, 아 정말이지 이들은 모든 휴일을 챙깁니다. 하지만 어쨌거나 지금까지는 괜찮은 것 같습니다. 이들은 계속해서 이번 주부터 굉장히 힘들 거라고 말하지만 아직까지 수지가 굉장히 힘들어하지는 않으니까요. 수지는 엔진 오일을 날마다 마십니다. 진짜 엔진 오일은 아니고, 입 안과 목구멍을 방사선으로부터 보호해 주는 액체를 수지는 엔진 오일이라고 부릅니다.

수지는 하루 대부분의 시간을 침대에서 보냈다.

수지가 깨어 있는 시간이 얼마나 적은지 정말 놀라울 따름입니다. 언제나 잠을 자거나, 자려고 하거나, 잠에서 깨려고 합니다. 하루 스물네 시간 가운데 열일곱 시간가량은 이렇게 보내지 않나 싶습니다. 하지만 우리는 한 가지 규칙을 정했죠. 날마다 여섯 구역씩은 걷기로 말입니다. 나머지 시간은 기본적으로 내가 수지를 붙잡고 있습니다.

언제나 남이 주는 걸 받기만 했던 남자가 이제 남에게 베풀어 주는 걸 배우고 있었다. 아내에게 보살핌을 받는 게 아니라 거꾸로 아내를 보살피고 있었던 것이다. 물론 그가 완전히 다른 사람으로 바뀐 건 아니었다. 하지만 자기가 소중하게 여기던 가치인 충실함과 책임이라는 덕목을 실천함으로써 그는, 수지의 삶이 가르쳐 준 교훈을 자기 나름의 방식에 따라서 자기의 것으로 체화하고 있는 듯 보였다.

60

프로즌 코크

오마하 그리고 델라웨어의 윌밍턴, 2004년 봄

방사선 치료가 막바지를 향할 무렵 수지의 입 안은 바싹 타고 말라서 어떤 때는 아무것도 먹지 못하고 마시지도 못했다. 목구멍에 점액이 바싹 마른 채 너무 두껍게 눌어붙어 있어서, 의사는 다시 예전처럼 바위관을 통해서 음식물을 공급하라고 지시했다. 수지는 거의 온종일 잤다. 하지만 날마다 딸이나 캐슬린의 도움을 받아서 새크라멘토 거리를 몇 구역씩 꼭 걸었다. 샌프란시스코에 봄이 찾아오고 있었지만 수지는 몸을 따뜻하게 유지하려고 외투뿐만 아니라 장갑, 스카프, 귀마개 등으로 중무장하고 밖으로 나섰다.

수지는 혼자 있는 걸 무척 싫어했다. 그래서 툭하면 수지 주니어에게 이렇게 말했다.

"내가 깨어 있을 때 그냥 소파에 앉아서 잡지를 보고 있음 안 되겠니?"

그러고는 'WHT'라는 글자를 종이에 휘갈겨 썼다. 자기 아버지의 이니셜이었다. 혼자 있으면 마음이 불안해지는 톰슨 가문 사람들의 특징을 비꼬아서 언급한 것이다.

수지의 병구완에 매달린 사람은 간호사들과 캐슬린, 수지 주니어 그리고 존 매케이브였다. 매케이브는 예전에 수지의 테니스 코치였고 둘 다 샌프란시스코로 이주한 이후 오랜 세월 수지를 곁에서 돌봐왔었다. 그는 수지에게 기운을 북돋아 주는 역할을 백 퍼센트 잘 수행했다. 하지만 이들 외에는 모두 수지로 하여금 무언가를 해주고 싶어 하는 충동을 자극해서 수지의 기력을 소모시켰을 것이다.[1]

주말에 워런은 샌프란스시코에 가서 수지와 함께 거실에 앉아 TV로 〈프레이저Fraiser〉(NBC 방송국의 성인 대상 인기 시트콤-옮긴이)를 보거나, 잠옷을 입고 신문을 읽으며 집 안을 어슬렁거렸다. 수지는 이런 워런과 함께 있으면 마음이 편안했고 안심이 되었다. 하지만 수지는 일방적으로 베풀고 워런은 일방적으로 받기만 하면서 수십 년 동안 굳어져 있던 두 사람의 관계가 하루아침에 바뀔 수는 없었다. 때로 수지가 방사선 치료로 너무 고통스러워할 때 워런은 슬그머니 자리를 피하기도 했는데, 그래도 워런은 최선을 다해서 자기 가족이 필요로 하는 일상적인 요구들을 챙겼다. 예전에는 한 번도 보이지 않던 모습이었다. 엄마의 병수발을 드느라 녹초가 된 수지 주니어가 잠시 휴식할 수 있도록 자니 로켓Johnny Rockets(1986년에 창립한 패스트푸드 체인 업체-옮긴이)에 데려가 햄버거를 사주기도 했다. 워런은 수지나 수지 주니어와 함께하는 시간 외에는 샤론 오스버그와 함께했다.

한편 워런은 수지의 방사선 치료에 대해서 상세한 사항까지도 알고 있었다.

수지는 헛바닥의 맛봉오리가 완전히 없어진 게 아니었습니다. 이런 이야기를 방사선 종양 전문의에게 했죠. 방사선 치료를 받는다고 해도 맛봉오리는 상당수 그대로 남아 있을 수 있다는 걸 알았습니다.

워런 버핏이라는 사람은 그냥 평범한 감기조차 입에 올리기 싫어서 회피하며 '기분이 별로 좋지 않은 것'이라는 완곡한 표현법으로 대신하던 사람이었다. 누군가 신체적으로 불편함을 호소하는 말을 할 때마다 화제를 다른 데로 돌리고, 인체 해부학과 관련해 아주 기초적인 내용조차 잘 알지 못하던 사람이었다. 이런 사람이 '방사선 종양 치료 전문의'라는 단어를 구사하며, 아내의 병수발을 척척 해내고 있었던 것이다.

그는 아내가 별 탈 없이 회복될 것이라고 점점 더 낙관했다. 그런데 이렇게 낙관하면 할수록 더 조급한 마음이 생겼다. 2004년에 사업 관련 행사들이 점점 더 많이 그의 시간을 잡아먹었지만, 이 와중에도 틈틈이 시간을 내서 그는 주말마다 샌프란시스코로 갔다. 상승하는 영광의 기운으로 충만했던 2003년과 달리 2004년은 좀 어려워질 것 같았다. 게다가 2004년 초에 그를 든든하게 지탱해 주던 버팀목 하나가 쑥 빠져버렸다. 샤론 오스버그가 워런의 동생인 버티와 함께 남극 대륙으로 장기 여행을 떠났던 것이다. 쇄빙선을 타고 남극을 항해하던 오스버그와는 가끔씩 이메일로만 연락이 닿았다. 워런은 남는 시간을 주주들에게 보낼 편지를 쓰는 일로 그리고 이 편지 초고를 캐럴 루미스와 주고받으며 수정하는 일로 채웠다. 그 밖의 시간은 다른 기업가들을 위해서 무보수 교사 혹은 고해신부 활동을 하면서 보냈다. 그는 이제 기업계에서 원로가 되어 있었다. 그는 언제나, 멀리 바라보고 욕심을 내야지 코앞의 욕심에 사로잡히지 말라고 했다. 사람들이 그를 찾는 이유는, 그가 사물이나 상황의 본질을 곧바로 파악하는 능력이 있었으며 또한 옳고 그름에 대한 감각이 분명하기 때문이었다. 그는 비록 어릴 때 꿈꾸었던 것보다 훨씬 더 큰 부자가 되어 있었지만, 거기까지 오는 과정에서 돈을 더 많이, 더 빨리 벌 수도 있었던 수많은 기회들을 거절했었다. 그로 인해 사람들에게 특별한 영향력을 행사했고, 사람들은 그에게 특별한 존경심을 느꼈다. 그는 대부분의 재계 거물들과 달리 사람들에게 위압감을 주지 않았고 존경을 받았다.

저명한 사람들이 오마하로 순례를 오거나 다른 곳에서 벌어지는 행사에 워런을 불러내서 그에게 도움말을 청했다. NBA의 마이클 조던이나 르브론 제임스, 메이저리그의 칼 립켄 주니어와 알렉스 로드리게스 등의 스타 운동선수들이 조언을 구하러 그를 찾아왔다. 빌 클린턴도 잠깐 들러 함께 점심을 먹으면서 자기가 세울 자선단체의 기금 마련 방안에 대해서 조언을 구했다. 그는 또한 마이크 블룸버그와 친하게 지냈으며, 존 매케인과도 어울렸다. 아버지 부시 대통령 부부, 코네티컷의 하원의원 크리스 셰이스와 같은 공화당 인사들과도 좋은 관계를 유지했다. 그는 상원의원 존 케리가 대통령이 되어야 한다며 공개적으로 지지했지만 케리는 가장 적임인 후보가 아니었다. 캘리포니아 주지사로 슈워제네거를 밀 때와 달리(슈워제네거야말로 가장 확실하게 적임인 후보였다) 그는 자기가 미는 사람이 카리스마를 가지고 있지 않은 존경받는 상원의원일 뿐이라는 사실을 깨달았다.

워런은 케리의 선거 운동에 그다지 열을 올리지 않았다. 다르게 말하면 2004년에는 사업적인 관계에 보다 많은 관심을 쏟고 거기에 집중했다는 뜻이다. 제너럴 일렉트릭의 제프리 이멜트, 제록스의 앤 멀케이, JP 모건의 제이미 다이먼 등이 오마하로 그를 찾아가서 그의 지혜를 빌렸다.[2] 인터넷 검색 회사인 구글은 그해 여름에 기업공개를 할 예정이었는데, 이 회사의 공동 창업자인 세르게이 브린과 래리 페이지가 오마하로 그를 찾아왔다. 두 사람은 주주들에게 보내는 그의 편지를 워낙 감명 깊게 읽었던 것이었다. 또 지난가을에도, 내부자 거래 행위와 관련해서 거짓 진술을 했다는 혐의를 받고 있던(하지만 이 일로 기소되지는 않았다) 마사 스튜어트('마사 스튜어트 리빙 옴니미디어 Martha Stewart living Omnimedia'를 통해서 미국 가정 생활의 유행을 선도한다는 평을 듣 던 여성 기업인—옮긴이)와 그녀가 임명한 CEO 샤론 패트릭이 오마하로 워런을 만나러 왔었다. 그는 두 사람에게 저녁으로 스테이크를 사줬 지만 스튜어트가 부닥친 법률적인 문제들은 해결해 줄 수는 없었다.

화이트칼라 사기 행위에 대한 기소 환경이 급격하게 변하고 있었 다. 부분적으로는 근래 들어 이런 사기 행위가 워낙 많이 발생했기 때 문이기도 했다. 기업계 및 월스트리트의 부패 행위에 무자비한 구속 의 칼을 휘둘러왔던 뉴욕 검찰총장 엘리엇 스피처가 지금은 증권거래 위원회와 법무부를 앞장서서 견인함으로써, 두 기관이 앞다투어 부패 행위 응징에 나서고 있었다. 사실 증권거래위원회나 법무부는 스피처 와 보조를 맞추느라 숨 가쁠 지경이었다. 이들이 기소한 내용은 모두 결국에 가서는 단일한 심리나 조정으로 이어지는 게 보통이었다. 스 피처는 인터넷의 전자 도구들, 특히 이메일을 수사에 활용해서 증거 로 삼는 데, 협조적인 언론을 무기로 활용하는 데, 자기에게 사실상 무제한의 권력을 부여했으며 또 (사실상 있지도 않은) 기소 재량권을 본 인이 자의적으로 행사할 수 있도록 보장한 뉴욕주 법률인 마틴 법Martin Act을 휘두르는 데 악마적이라고 할 정도로 창의력이 넘쳤다.

이런 도구들을 활용해서 스피처는 이미 저명한 CEO 두 사람을 물 러나게 만들었다. 워런과 사업을 함께했던 동료 행크 그린버그와 그 의 아들 제프리 그린버그였다. 행크는 'AIG'에서 그리고 제프리는 보험 중개 회사 '마시 앤드 매클레넌Marsh & McLennan'에서 각각 CEO로 있다가 사임했다. 미국 기업계에 공포의 먹구름이 드리웠다. 스피처는 언론을 통한 여론 재판을 워낙 잘했기 때문에, 스피처가 기소 및 심리에 들어가는 정부의 비용을 아껴준다는 농담이 널리 퍼져 있었다. 배심원들은 예전엔 화이트칼라 사기 행위를 평결할 때 피고를 존중하며 사건에 임했는데, 이제는 이 행위로 기소된 사람들을 다른 범죄자들과 별반 다르게 보지 않았다. 그랬기 때문에 서슴없이 유죄 평결을 내려서 화이트칼라를 감옥으로 보냈다. 새로 나온 의무적 양형 지침에 따라 판사들도 화이트칼라 범죄자들에게 가혹한 선고를 내렸다. 이런 혼란은 응당 마땅한 경우도 있었다. 기업계 및 금융계에 몸담고 있던 사람들은 탐욕, 오만, 강제력 부족으로 인해 자기들에게는 그런 법률이 적용되지 않는다는 인식을 가지고 있었지만 이제는 사정이 달라졌다. 스톡옵션과 인터넷 거품이 기업계 및 금융계 상층에 포진한 사람들의 지갑을 기하급수적으로 빠르게 불려주자, 이런 현상에 대한 반발 역시 거대하게 일었던 것이다. 워런도 미국의 다른 기업인들과 마찬가지로 이 새로운 환경에 빠르게 적응하지 못했다. 그의 기준은 이전 세대, 즉 증권거래위원회 집행부 국장 스탠리 스포킨이나 연방 검사 오토 오버마이어의 조심스럽던 법 적용 태도에 맞추어져 있었다. 이 기준에서는, 금융계 전체가 뒤흔들릴 정도의 범죄 행위를 저지른 폴 모저조차 불과 네 달밖에 실형을 살지 않았었다. 하지만 이런 기준도 버크셔 해서웨이에서 일어났던 일들이 빚은 결과로 인해 장차 수정 과정을 거치게 된다.

워런은 보통 오마하로 찾아오는 손님을 직접 공항으로 마중하러 나갔다. 그러고는 손님이 온 신경을 바짝 세울 수밖에 없는 난폭한 운전을 해서 사무실로 데리고 왔다. 대부분의 손님은 그에게 매료되어서 그런 줄도 눈치 채지 못했지만 말이다. 사무실에서 두 시간 정도 이들이 하는 이야기를 들으며 조언을 해준 뒤 고라츠에 데리고 가서 티본스테이크와 해시 브라운을 대접했다. 그는 연례 보고서를 쓸 때 주주들에게 솔직하라고 했고, 직원들에게 주주들과 보조를 맞추어서 임금을 지급하라고 했고, 월스트리트의 변덕스러운 애널리스트들이 하는 말을 곧이곧대로 듣고 회사를 운영하지 말라고 했고, 문제를 솔직하게 처리하라고 했고, 회계 장부로 장난치지 말라고 했고, 연금을 맡아서 운용해 줄 주체를 현명하게 선택하라고 했다. 때로는 사람들이 자기 돈을 어떻게 관리하면 좋을지 물었다. 하지만 그는 기본적인 사항들을 이야기하면서도 구체적으로 어떤 주식을 사야 한다는 정보는 주지 않았다.

철저하게 감시받고 또 조사받아야 하는 환경에서 이제 CEO 생활도 예전 같지 않다고 느끼는 사람들에게는 이들이 쉽게 알아들을 수 있도록 '98층' 이야기를 해줬다. 맨 꼭대기에서 다른 모든 사람을 내려다보는 사람은 사물을 전체적으로 조망할 수 있어야 한다. 콧대가 꺾인다거나 가지고 있던 돈의 일부를 잃어버릴 경우 어떻게 해야 할까? 여전히 가족과 함께 있고 건강하며 세상을 위해서 뭔가 도움이 될 일을 할 기회를 가지고 있는 사람은 나쁜 면을 보지 말고 자기에게 남아 있는 좋은 것을 보려고 애써야 한다고 했다.

100층짜리 건물이 있는데, 어떤 사람이 이 건물을 1층에서 100층까지 올라갔다가 98층으로 밀려 내려왔다면, 아마도 이 사람이 느끼는 감정은 1층에서 2층으로 올라갔을 때 느꼈던 감정보다 좋지 않을 겁니다. 하지만 이런 감정과 싸워서 이겨야 합니다. 98층까지나 높이 올라가 있으니까요.

워런 버핏은 거의 언제나 자기는 100층에 도달해 있다고 여겼다. 하지만 2004년 봄은 분명 그를 98층으로 떠밀었던 게 분명했다. 그는 수지가 고통스럽게 방사선 치료를 받는 동안 조바심을 내며 기다렸다. 방사선 치료가 모두 끝난 뒤인 봄에 의사가, MRI를 통해 방사선 치료로 암세포가 모두 없어졌는지 확인할 때까지 기다림은 계속되었다. 사업도 순탄치는 않았다. 곳곳에서 문제가 터지고 있었다. 그는 새로 회사를 인수하고 주식을 매입해서 수익을 올려야 한다는 점에서 보자면 자신이 '스트라이크 아웃'을 당한 거나 마찬가지라고 생각했다. 당시에 버크셔 해서웨이는 현금성 자금으로 약 400억 달러를 가지고 있었다. 하지만 이것은 결코 '행복한 자산 구성'이 아니었다.[3]

버크셔 해서웨이에 속한 회사들은 대부분 잘하고 있었다. 심지어 골칫거리였던 제너럴 리도 마침내 역전에 성공해 2003년에는 보험 부문에서 수익을 냈다고 공시했다. 하지만 가이코는 경쟁사인 프로그레시브와 벌인 가혹한 가격 전쟁의 터널에서 이제 막 빠져나온 상태였고 고객 유치 전쟁에 발이 묶여 있었다. 가이코는 1999년에 인기를 끄는 새로운 캐릭터인 '가이코 도마뱀'을 개발해서 광고에 활용했다. 하지만 가이코의 인터넷 영업 부문은 고객이 비교 구매할 수 있도록 해놓은 프로그레시브의 웹페이지에 밀렸다. 벌써 10년째 인터넷과 자동차 보험에 대해서 생각해 오고 있던 그는 워싱턴에서 멀지 않은 곳에 있던 가이코 본사에서 열리는 회의에 자주 참석했으며 이 자리에서 '인터넷을 얻는 사람이 전쟁에서 이긴다'는 이야기 하나를 줄기차게 반복했다. 그는 조바심을 내며 인터넷 사업 부문이 잠재력을 발휘하길 기다렸다. 버크셔 해서웨이에서는 샬럿 가이먼이 이사진에 새로 이름을 올렸다. 마이크로소프트에서 임원으로 일하던 사람이었다. 가이먼의 등장으로 버크셔 해서웨이에 최초의 여성 이사가 탄생했다. 가이먼은 또 이사진의 평균 연령을 낮추었는데, 워런은 인구통계학적인 관점에서 이사를 선택하진 않는다고 말했다. 그가 원했던 이사의 자질은 '소유주 지향적이고, 사업적인 수완이 있으며, 일에 흥미를 가지고 있고, 또한 진실로 독립적이어야 한다'는 것이었다.[4] 그는 샤론 오스버그와 샬럿 가이먼을 워싱턴으로 보내 가이코가 웹사이트를 개선하는 작업에 속도를 내도록 거들라고 했다.

"나는 가이코를 전적으로 믿습니다."

인터넷 관련 주문으로 새롭게 떠오른 '인터넷을 얻는 사람이 전쟁에서 이긴다'와 함께 그가 했던 말이다.

한두 군데 예외가 있을 수도 있지만 그는 버크셔 해서웨이가 소유하고 있던 다른 어떤 회사보다 가이코에 많은 관심을 쏟았다. 이유는 간단했다. 가이코를 좋아했기 때문이다. 그는 또한 토니 나이슬리 그리고 나이슬리와 가이코의 공동 CEO로 있는 루 심프슨을 무척 좋아했다. 연례 편지에서 그는 처음으로 주주들에게 이 두 사람이 기록한 성과를 자랑스럽게 알렸다. 지난 25년 동안 심프슨은 평균 20.3퍼센트의 수익을 냈다. 시장의 평균을 연평균 6.8퍼센트나 상회하는 놀라운 기록이었다. 심프슨이 산 주식들은 워런이 사는 것과 달랐다. 하지만 주식을 선택하는 방법은 동일했고 심프슨의 수익률 기록은 그의 기록과 거의 맞먹을 정도였다. 그가 왜 심프슨에게 그토록 많은 재량권을 보장하고 또 두둑한 급여를 제공했는지 이제야 명백해졌다. 심프슨은 그레이엄-도드 마을의 또 다른 슈퍼투자자 자격을 갖추었다. 하지만 경쟁이 치열해지면서 이 슈퍼투자자가 하는 일은 과거 그 어느 때보다 점점 더 힘들어졌다.

그럼에도 불구하고 여전히, 새로운 투자처를 찾는 일은 버크셔 해서웨이가 이미 투자한 대상을 일일이 감시하는 일에 비하면 한결 쉬운 편이었다. 코카콜라는 또다시 악몽으로 빠져 들고 있었다. 고이주에타가 세상을 떠난 뒤로 줄곧 분기마다, 달마다 경영 사정은 악화되었다. 배 밑바닥에 켜켜이 쌓여서 배의 속력을 떨어뜨리는 따개비들처럼, 코카콜라의 수익을 좀먹는 회계 조작의 새로운 증거가 나타났다. 최고 80달러대까지 올라갔던 주가는 50달러 밑으로 떨어졌다. 100층에서 거의 60층까지 떨어진 셈이었다.

더그 대프트는 성격이 변덕스러우며 권모술수 정치에 능하다고 평판이 나 있었다. 그가 CEO로 있는 동안 경영직 고위 간부 여러 명이 회사를 떠났다.[5] 코카콜라의 주요 네 개 브랜드를 대프트가 미세하게 조정했는데, 이것이 전혀 예상하지 못했던 결과를 낳았다. 또한 광고 카피나 광고 자체도 점점 형편없어졌다.[6] 펩시콜라는, 코카콜라가 2000년에 인수를 포기한 퀘이커 오츠를 인수한 이후 이 회사의 자회사 브랜드인 '게토레이Gatorade'로 엄청난 성공을 거두었다. 그런데 내부고발자가 한 명 나타나서 코카콜라가 오랜 고객인 '버거킹Burger King'에 깊은 인상을 심어주려고 '프로즌 코크Frozen Coke'라는 제품의 마케팅 테스트를 조작했다고 밝혔다. 이 내부고발자는 또한 코카콜라가 회계 부정을 저질렀다는 이야기도 했다. 증권거래위원회와 FBI, 연방 검찰청이 조사에 착수했다. 코카콜라의 주가는 43달러로 떨어졌다. 워런은 이런 문제들 속에 도사린 소위 '조작된 수익'에 대해서는 이미 질린 상태였다. 월스트리트 애널리스트들이 어떤 회사가 어느 정도 성적을 낼 것이라는 전망을 내놓으면 이 회사의 경영진은 투자자들을 흡족하게 해주려고 숫자를 이리저리 꿰맞추어서 이 전망치에 맞추거나 혹은 더 나은 결과를 만드는 경향이 있었기 때문이다. 대다수의 회사가 성과를 있는 그대로 솔직하게 보고하지 않고 애널리스트의 전망에 맞추려 노력하고 또 나아가 이보다 높은 기록을 조작하는 행태가 만연해 있어서 만일 애널리스트들이 내놓은 전망치에서 조금이라도 떨어지면 이 회사는 문제가 많은 것처럼 비쳤고 주가는 곤두박질쳤다. 이런 게 일반적인 모습이었다. 그 결과 각 기업은 이런 사악하고 자기충족적인 게임에서 살아남기 위해 어떻게든 수익을 조작하지 않을 수 없다고 주장했다. 하지만 이런 수익

조작은, 이런 행위가 오래 계속되면 결국 작은 속임수가 거대한 범죄가 될 수밖에 없다는 점에서 피라미드 사업과 다를 게 없다.

수익을 조작하는 행위가 사람들에게 나쁜 영향을 끼친다는 점에서 나는 정말 이런 행위를 혐오합니다. 이 행위는 기본적으로 아주 작은 규모에서 시작됩니다. 가게에 있는 금전등록기에서 5달러를 훔치는 것과 마찬가지로 아주 작은 데서 출발하죠. 물론 이런 행위를 하는 사람은 나중에 그 5달러를 반드시 제자리에 돌려놓겠다고 다짐하겠죠. 하지만 절대로 그렇게 하지 않습니다. 다음에는 10달러를 훔칩니다. 일단 이런 게임이 시작되고 나면, 모든 사람이 여기에 연루됩니다. 조직은 이 일을 알게 되고, 사람들은 더욱 약아집니다. 그리고 모든 게 눈덩이처럼 커집니다. 나는 이런 사실을 파악한 뒤에 사람들 앞에서 이야기했습니다. '그동안 골치 아팠던 일이 이제 해결되었습니다. 우리는 애널리스트들의 말에 맞춰 전망치를 내놓을 필요가 없습니다. 그러니 얼마만큼 벌었든 간에 우리가 한 해 동안 거둔 결과를 있는 그대로 보여줍시다'라고요.[7]

워런은 이사직에서 은퇴하길 원했다. 사업하면서 저질렀던 가장 큰 실수가 무엇이었느냐는, 비공개를 전제로 한 질문을 받으면 그는 이제 예전처럼 '무언가를 했어야 하는데 그렇게 하지 않았다'고 대답하지 않았다. 이사회 이사로 일한 것이라고 대답했다. 그는 자기 두 손을 묶어버리는 이사회의 모든 것에 진저리가 났다. 코카콜라는 그동안 이사의 나이가 일흔네 살이 되면 사직서를 받았지만, 이 정책을 이미 폐지해 버렸다. 일흔네 살이 된 이사는 그저 형식적으로만 사직서를 제출했을 뿐이다. 그로서는 코카콜라 이사회에서 놓여난다면 껑충껑충 뛰면서 춤이라도 출 것 같았다. 하지만 살로먼 브라더스를 파산의 위기에서 구해냈던 사람이 문제에 봉착한 회사를 무시하고 떠난다는 것은 그러잖아도 떨어지는 주가를 아래에서 마구 잡아당기는 행위나 마찬가지가 될 터였다. 그는 코카콜라에 산재한 문제들을 "다른 사람에게 남겨두는 게 마음에 걸리긴 하지만, 코카콜라 이사회를 떠나겠다"고 했다.

그의 형식적인 사직서는 당연히 기각되었다. 하지만 이것이 외부에서는 제 식구의 편의를 봐주기 위한 실력행사로 비쳤다. 이때까지만 해도 그는 이 일이 어떤 파국을 몰고 올지 전혀 알지 못했다.

이사 선출 후보에 그의 이름이 오르자마자, 주주의 투표권에 대해서 자문하거나 기관 투자자들을 대신해 위임 투표를 했던 강력한 컨설팅 조직인 ISS Institutional Shareholder Services가 고객들에게, 워런에 찬성표를 보류할 것을 강력하게 권장하고 나섰다. ISS는 감사위원회 위원으로서의 그의 독립성이, 데어리 퀸이나 식품 도매 유통회사 '매클레인 McLane'과 같은 버크셔 해서웨이 자회사들이 코카콜라 제품을 1억 200만 달러어치나 구입한다는 사실에 영향을 받을 수 있다고 말했다. 당시는 이해 충돌과 관련된 추문이 교회, 군대, 정부 등의 기관을 비롯해 기업과 비영리 단체에 대한 신뢰를 크게 흔들어 놓은 뒤여서, 조직 및 단체의 이해 충돌에 대한 고발 혹은 이들의 지배구조에 대한 문제제기가 진지하게 이루어지고 있었다. 코카콜라 이사회의 정실주의는 다른 여러 근거를 바탕으로 공격받을 수 있었다. 하지만 ISS는 이해관계의 갈등과 관련해 원칙을 어느 선까지 고수해야 할지 감을 잡지 못했다. 이런 균형감각의 부족은 당시 기업을 공격하던 대부분의 사람에게서 볼 수 있었던 균형감각 부족과 궤를 같이했다(하지만 이런 사례 중 일부는 기업계에서 실제 이상으로 과장된 측면이 있었던 것도 사실이다). 버크셔 해서웨이 차원에서 코카콜라 제품을 구입하는 양은 이 회사가 가지고 있는 코카콜라의 지분에 비하면 아주 적은 규모였다. 그러니 이런 점에서 보자면, 코카콜라의 감사위원회 위원 자격이나 이사회 이사 자격을 가진 그의 행동이 과연 공정하지 못하다고 할 수 있을까?[8]

하지만 ISS가 내세운 규칙은 철저하게 점검 대조표를 근거로 했다. 여기에는 상식이 끼어들 여지가 없었다. 미국 최대 연기금으로 막강한 힘을 지닌 캘리포니아 공무원연금CalPERS(캘퍼스) 역시 코카콜라 이사진 절반에 대해서 지지를 보류하기로 결정했다. 그중에는 워런도 포함되었는데, 그가 소속된 감사위원회가 감사들에게 비감사적인 활동을 하도록 허용했다는 게 이유였다.[9] 캘퍼스가 감사들에 대해서 원칙적인 태도를 견지하면서 이런 반대 입장을 권고하는 것은 생일 케이크 위에 꽂힌 촛불을 소화기로 끄는 거나 마찬가지의 과잉 대응이었다.

이런 상황에 대해서 워런은 자기가 캘퍼스와 ISS에 돈을 줘가면서 자기에 대한 반대 투표를 집결시켜서 코카콜라 이사회에서 나올 구실을 찾고 있다며 공개적으로 농담 비슷하게 대꾸했다. 하지만 사실은 단단히 화가 났다. 특히 ISS에 화가 많이 났다. 그가 보기에 버크셔 해서웨이가 소유하고 있던 수십억 달러 규모의 코카콜라 주식에 비하면 버크셔 해서웨이가 사들인 코카콜라 제품의 양은 아무것도 아닌 것이나 다름없었기 때문이다.

만일 내가 뒷골목 출신의 술주정뱅이 부랑자라면 그들이 말하는 양은 내게 엄청난 것이겠지요. 하지만 나는 코카콜라 전체 지분의 8퍼센트를 가지고 있습니다. 우리는 다른 어떤 회사들보다 코카콜라에 많은 자산을 가지고 있습니다. 그런데 내가 어째서 코카콜라의 이익보다 데어리 퀸의 이익을 선호할 수 있겠습니까? 코카콜라의 주식을 엄청나게 더 많이 가지고 있는데 말입니다.

허버트 앨런은 〈월스트리트 저널〉에 감정이 잔뜩 실린 글을 기고했다. 이 글에서 그는 세일럼에서 있었던 마녀 재판을 예로 들면서 이렇게 말했다(1692년 가을까지 세일럼에서 마녀 혐의를 받고 사형당한 사람이 스무 명이 넘었고 백 명 이상이 투옥됐다. 이들 가운데는 마을에서 존경받는 사람도 많이 포함되어 있었다-옮긴이).

"상당히 어리석은 사람들이 상당히 똑똑하고 재능 있는 사람들에게 '저들이 마녀이며 사악한 주문을 건다'고 혐의를 씌웠다. 그리고 혐의자들을 화형에 처했다. (……) ISS의 천재들이, 워런이 마녀라고 말하기 전까지 그 누구도 워런이 마녀인지 몰랐다."[10]

기업의 이사들을 상대로 설문조사를 했을 때 이들은 이구동성으로 워런 버핏이야말로 자기들이 동료 이사로 삼고 싶은 꿈의 인물이라고 했다.

"만일 버핏을 우리 이사회의 일원으로 초빙할 수만 있다면 그의 자동차라도 기꺼이 닦을 겁니다. (……) 이 세상에서 그를 자기 이사회에 넣기 싫다고 말할 사람은 아무도 없을 것입니다. (……) 캘퍼스의 행동은 기업지배구조가 미쳐 날뛰는 어리석음의 극치를 보여줍니다. NFL의 감독이 전년도 슈퍼볼에서 뛰는 쿼터백을 두고 대학 2부 리그에서 뛰는 무명 선수를 선호하는 거나 마찬가지죠. (……) 당신이 주주인데 당신에게 워런 버핏을 이사로 받아들일지 말지 선택하라고 한다면, 아마 당신도 그를 선택할 겁니다."[11]

〈파이낸셜 타임스〉는 ISS를 독단의 기미가 있다는 점에서 기업지배구조의 다스 베이더(영화 〈스타워즈Star Wars〉에 나오는 인물. 원래 제다이였지만 변절하고 악의 편에 선다-옮긴이)에 비유했다.[12] 도처에서 비난 여론이 들끓자 ISS와 캘퍼스는 바보처럼 비치기 시작했다. 은퇴한 어떤

CEO는 한 설문조사에서 이들을 가리켜 '추악함과, 자기 홍보에 정신이 없는 포퓰리스트 사이 어딘가에 있다'라는 표현을 썼다.

"도대체 어떻게 버핏을 이사로 선출하는 데 반대하는 입장에 있으면서 자기가 주주들 편에 섰다고 말할 수 있을까? 이들은 도무지 말도 안 되는 우스꽝스러운 충고를 충고랍시고 하고 있다."[13]

워런을 이사회에서 배제함으로써 감사위원회를 개선한다는 것은 자기가 여전히 아프다고 해서 주치의를 갈아치우는 행위나 마찬가지였다. 코카콜라에는 오히려 더 많은 워런이 필요했다. 그러자 ISS는 워런에 반대표를 던지라고 말하는 게 아니라고 했다. 그가 감사위원회에 위원으로 있기 때문에 그에 대한 투표를 '보류'하라는 것뿐이라고 했다.[14] 하지만 이건 말장난에 불과했다. ISS가 뭐라고 설명하면 할수록 더 많은 사람이 고개를 갸우뚱했다.

보다 큰 문제는 ISS가 단지 권고만 하는 게 아니라는 점이었다. 수많은 투자자가 이 조직에 투표권을 위임했기에, 이 조직은 미국 주요 기업의 이사회 구성원을 선출하는 투표권 가운데 20퍼센트를 가지고 있는 거대한 1인 주주와도 마찬가지였다. 증권법 규정으로는 이런 어마어마한 권한의 '주주'를 용인하고 있지 않지만, 현실에서는 엄연하게 존재했다.

워런은 기업에서 이사로 활동하는 사람들의 책임에 대해서 열띤 견해를 갖고 있었는데, 이는 파트너 회사를 운영하던 시절부터 비롯되었고 다양한 이해관계를 방향성 있게 조정해야 한다는 것을 바탕으로 했다.

나는 소유주는 마땅히 소유주답게 행동해야 한다고 생각합니다. 그리고 각자 독립성을 가져야 합니다. 이들이 하는 판단은 셋에 둘은 옳습니다. 그런데 그들은 독립성이 어떤 것인지, 실제로 이사회가 어떻게 작동하는지 조금도 알지 못합니다. 이게 문제입니다. 그들이 하는 것처럼 점검 대조표를 들이대는 접근 방식은 말도 안 되는 미친 짓이죠. 만일 우리가 길거리로 나가서 실직자 한 사람을 아무나 붙잡고 12만 5천 달러를 지급하면서 코카콜라 이사로 임명한다면, 그들은 이걸 '독립적'이라고 하겠지요. 캘퍼스와 ISS는 아무런 문제 제기도 하지 않고 이 사람을 이사로 선출하는 데 동의할 겁니다. 이 사람이 코카콜라에서 받는 급여에 전적으로 의존해서 의결권을 행사한다 하더라도 말입니다.

하지만 연구 결과에 따르면 이사회의 독립성과 회사의 수익률 사이에는 긍정적이거나 부정적인 그 어떤 상관관계도 없다는 사실이 드러났다.[15] 그러나 코카콜라 이사회가 ISS에 대해 비난하는 것 또한 어떤 신뢰성과 적절성에 있어서는 부족했다. 이제 코카콜라의 주식이 도마에 올랐기 때문에, 이사진들은 크게 화를 내지는 못하고 납득 가는 수준으로 유감만 표시했다. 이런 점에서 보자면 이사회가 정실주의에 물들어 있다는 비판은 핵심에 근접했다고 할 수 있다. 비록 이사회에서는 입장이 각기 다른 파벌들이 있었지만, 단 하나의 파벌이 지배했다. 아니, 정확히 말하면 실정(失政)했다. 코카콜라가 제대로 방향을 잡아 나갈 수 있도록 자기가 좀 더 노력했어야 하는데 그렇게 하지 못했다는 점을 워런은 인정했다. 만일 그가 (체리 코크 여섯 개들이 팩 하나에 의지해서) 직접 코카콜라를 경영했더라면, 어쩌면 코카콜라가 당면한 재난 가운데 상당한 부분을 피할 수 있었을지도 몰랐다.

이사회는 거물들의 조합이었고 이들은 모두 책임을 지고 조직을 지휘하는 데 익숙하던 사람들이었기에 뒷짐만 지고 물러앉아서 허약한 CEO에게 그저 전권을 맡기고 있지 않았다. 이사들 사이에서 한바탕 거센 논란이 일었다. 대프트가 코카콜라의 수익성과 매출, 현금 흐름을 개선했으며 병입 회사들과 맺고 있던 독소적인 관계를 바로잡았다는 주장이 있었지만, 이 주장이 대프트를 둘러싼 비판적인 여론을 돌려놓지는 못했다. 그리고 2월에 대프트가 돌연 사임하겠다고 이사회에 통보했다.

대프트의 인기는 바닥에 떨어져 있었다. 하지만 그의 사임 발표로 코카콜라의 대외적인 평판이 더욱 떨어질 것이라 전망하며 다들 당황할 수밖에 없었다. 이번에는 서열상 2인자를 그냥 대프트의 자리에 앉힐 수 없었다. 몇몇 이사는 이런 상황이 오히려 문제를 바로잡을 수 있는 기회라고 여겼다. 그런데 즉각적으로 논란을 불러일으킨 대프트의 돌연한 사임 발표와 거의 동시에, 일흔 살의 돈 커우가 이사회에 합류했다. '그림자 CEO'로 일컬어지기도 했던 커우가 CEO 인선위원회 위원장이 되었다. 그래서 커우와 워런은 코카콜라의 새로운 지도자를 찾아내려고 몇 시간씩 통화하게 되었다.

8년 만에 네 번째 코카콜라 CEO를 뽑는 일은 결코 만만한 작업이 아니었다. 이사회는 우선 코카콜라 사장인 스티브 헤이어를 후보 명단에 올렸다. 처음 헤이어는 다른 대안을 생각할 필요도 없는 후보로 부각됐지만, 시간이 흐르면서 이사회에서 찬반 의견이 엇갈리고 새로운 인물들이 후보로 떠오르면서 헤이어가 낙점받을 가능성은 줄어들기 시작했다. 유명한 여러 CEO들에게 코카콜라의 CEO가 되어줄 수 있느냐고 의향을 물었지만 결국 다들 손을 내저었다. 이런 일이 한 번씩 일어날 때마다, 남이 겪는 불행이 때로 얼마나 고소한지 모른다는 사실을 입증하듯 언론에서는 이런 거절 소식이 들릴 때마다 손뼉을 치며 좋아했다. 온갖 나쁜 소문이 돌며 잡담의 화제가 되었다. 어쩌면 코카콜라가 또 다른 회사를 인수할지 모른데. 어쩌면 코카콜라가 네슬레에 매각될지도 모른데.

코카콜라 주주 총회가 있기 하루 전인 4월 20일, 코카콜라 이사회가 예정되어 있었다. 워런은 델라웨어의 윌밍턴에서 열리는 이 이사회에 참석하려고 비행기를 타고 날아가서 이틀 동안 집중적인 작업을 하면서 이사회를 준비했다. 그는 이사회 선거 결과를 크게 기대하지 않았다. 투표권 가운데 상당한 비율이 자기를 이사로 임명하는 걸 보류할 터이기 때문이었다.

빛바래져 가는 장대함을 지닌 오래된 뒤퐁 호텔에서 워런은 감사위원회를 시작했다. 이 위원회는 여전히 조사 작업을 하는 한편, 수익을 조작한 데 대한 증권거래위원회의 조사에 대해서 회사 차원에서 할 반성 내용을 준비했다.[16]

잘못되었다는 사실을 맨 처음 깨달은 순간 곧바로 그 문제를 말끔하게 해결하지 않으면 발목을 잡히고 맙니다. 일이 이렇게 되고 나면 자기가 맡은 직책을 내놓아야 할 수도 있습니다. 그 일이 어떻게 일어났는지 나는 알 수 있습니다. 로베르토는 훌륭한 사람이었죠. 회사를 아주 멋지게 잘 이끌었습니다. 다른 사람들도 다들 괜찮았습니다. 썩 괜찮은 분들이었죠. 그러나 만일 로베르토가 이들에게 '몇몇 예외적인 사항들도 (회계적으로) 수용해 주길 바랍니다'라고 했더라도, 코카콜라라는 회사에서 로베르토의 이 말에 토를 달 일은 전혀 없었을 겁니다.

감사위원회는 이 모든 것이 자기들에게는 그동안 감추어져 왔었다는 느낌을 받았다. 한 해 더 코카콜라 이사회에 남아야 한다는 선고를 받은 워런은 다른 어떤 해결책도 생각할 수 없었다. 엉망진창인 상황을 말끔하게 청소하고 다시는 그런 상황이 되풀이되지 않도록 하는 것, 오로지 그것 하나뿐이었다. 이런 결론을 내린 뒤 그는 재무위원회로 갔고, 다시 집행위원회로 갔다. 이사회에는 다루기 곤란한 안건이 무척 많았다. 그리고 마침내 모든 논의가 끝났다.

다음 날 아침, 워런은 주주 총회가 열리는 장소로 가려고 옷을 차려입으며 앞으로 다가올 여러 가지 일들을 생각했다. 전미트럭운전사조합은 이미 호텔 앞의 거리에 모여 있을 터였다. 이들이 몰고 온 트럭이 줄지어 서 있을 테고, 이 주변에 함께 있을 학생들은 '코카콜라가 생명과 생계와 공동체를 파괴한다', '살인 콜라, 독극물 콜라, 인종 차별 콜라' 등의 구호가 적힌 피켓을 흔들고 있을 터였다. 창문에서 내다보이지는 않았지만, 트럭운전사조합이 공기를 불어넣어서 만드는 3미터 60센티미터 높이의 대형 쥐를 가지고 왔을지도 몰랐다. 코카콜라 주주 총회는 각 운동 조직이 자기 조직의 이름을 드높이려고 경쟁하는 대회장이 되고 있었다.

그때 워런이 묵고 있던 호텔 객실의 전화벨이 울렸다. 전화선 너머의 주인공은 워런이 전혀 예상하지 않았던 제시 잭슨 목사(미국의 유명한 인권운동가 - 옮긴이)였다. 워런에 대한 존경심을 표현하려고 전화했다고 했다. 두 사람은 가벼운 내용의 통화를 잠깐 동안 했다. 전화를 끊고 나서 워런은 참 이상하구나, 하고 생각했다. 사실 이것은 곧 있을 코카콜라 주주 총회가 그 어느 주주 총회보다 어려울 것임을 암시하는 첫 번째 징후였다.

아래층 로비에는 시위하는 사람들이 주주들보다 더 많았다. 병을 만드는 노동자들의 조합은 코카콜라가 멕시코에서 병을 수입하는 데 반대한다는 내용의 차량용 스티커를 나눠주고 있었다.[17] 시위자들은 또 코카콜라가 콜롬비아의 무장 세력과 연계해서 노동운동 지도자들을 살해했다고 규탄하는 내용을 적은 리플릿을 나눠주고 있었다. 대학생들은 자기들 학교에서 코카콜라가 발을 붙여서는 안 된다고 목소리를 높였다. 워런은 발을 재게 놀려 로비를 지나 총회가 열리기로 되어 있는 댄스홀로 갔다. 총회를 준비하는 직원들이 워런을 알아보고 안으로 안내했다. 그는 맨 앞줄에 앉았다. 다른 참석자들은 출입증을 내보인 뒤에야 총회장으로 들어갈 수 있었다. 뿐만 아니라 금속 탐지기를 동원한 검색을 받아야 했고, 휴대폰과 카메라, 녹음기 등은 총회장 안으로 가지고 들어갈 수도 없었다. 금박 몰딩과 크리스탈 샹들리에 아래에서 진행되는 이런 삼엄한 검색 때문에, 주주 총회가 열리는 장소가 아니라 예전 식민지 전초기지에 있는, 독재가 횡행해 온 정부궁 같았다. 사람들이 붐비고 불쾌한 분위기가 감돌았다. 회사 측에서는 지역사회 봉사 계획을 담은 책자를 로비 곳곳에 비치해 두었다. 시원한 콜라와 다사니Dasani(코카콜라의 생수 브랜드—옮긴이)도 비치해 두었다. 참석자들은 이런 것을 집어 들고 총회장 안으로 들어가서 좁고 딱딱한 의자에 앉아 바야흐로 두 시간 동안 이어질 카프카 소설 속 여행을 준비했다. 사실 현대의 주주 총회가 카프카의 소설처럼 되어버린 건 이미 오래전 일이었다.

더그 대프트가 연단에 서서 간략한 모두 발언을 했다. 연단 양쪽으로는 흰색 천이 덮인 긴 탁자 두 개가 놓여 있었고, 바리케이드와 같은 느낌을 주는 이 탁자들 뒤에 경영진이 앉아 있었다. 대프트는 이사를 선출하겠다고 하고서 제안이 있으면 해달라고 했다. 다른 이사들과 함께 앞자리에 앉아 있던 워런이 뒤를 돌아보는데, 고용 문제와 관련해서 주로 노동조합을 위해 일하는 '코포레이트 캠페인Coporate Campaign Inc.'의 대표인 레이 로저스가 일어나는 게 보였다. 로저스는 통로를 오가던 한 진행 요원의 마이크를 잡아챈 뒤에 '현재 이사회가 수많은 잘못된 행위들을 바로잡기 전까지는' 이 투표를 보류해야 한다고 고함을 질렀다.

"코카콜라는 썩을 대로 썩었습니다. 부도덕과 부패가 만연해 있습니다. 살인과 고문을 포함해서 인권을 심각하게 유린하는 행위에도 연루되어 있습니다."

로저스는 대프트가 거짓말쟁이라고 고함을 질렀다. '통제되지 않은 탐욕'이 회사를 이끌고 있다, 회사는 '수많은 공동체들을 파괴해서' 돈을 버는 밑바닥 집단이라고 했다. 대프트가 회의를 장악하려고 애썼지만 로저스는 개의치 않고 고함을 쳐대며 많은 이야기를 했다. 대프트는 로저스에게 주어진 발언 시간이 끝났으니 말을 마치라고 했다. 로저스가 들은 척도 하지 않고 계속 발언을 이어가자 음향 기사가 로저스의 마이크 전원을 껐다. 하지만 워낙 잘 단련된 그의 목소리는 음향 증폭 장치가 제거되었음에도 또렷하게 들렸다. 마침내 보안 담당 요원 여섯 명이 달려들어서 그를 바깥으로 끌어냈다. 사람들은 이 놀라운 장면을 충격 속에서 바라보았고, 대프트는 당황했다.

"살살 하세요, 제발!"

대프트는 담당 요원에게 간청하며 어떻게든 장내 질서를 바로잡으려고 애썼다. 그러고는 한 동료에게 들릴 만큼 큰 소리로 이렇게 말했다.

"그렇게 하지 말았어야 했어."[18]

한 차례 레슬링 쇼가 끝나자 회의장 안에는 조마조마한 침묵이 감돌았다. 그리스도의 성혈흠숭수녀회 Adorers of the Blood of Christ 의 비키 버그켐프 수녀가 마이크를 잡았다. 버그켐프 수녀는 에이즈에 대해서 짧게 연설한 뒤에, 코카콜라 경영진이 에이즈라는 전 세계적인 질병이 코카콜라에 미치는 영향에 대해서 주주들에게 정보를 제공하라고 요청했다. 에이즈는 코카콜라의 사업과 아무런 상관이 없었기 때문에 경영진은 기꺼이 이 제안을 받아들였다. 이어서 주주들은 경영진이 받는 지나치게 많은 보수에 대해서 몇 가지 제안을 했고, 회사는 이 모든 제안들에 대한 부결안을 권고했다.

마침내 이사들에 대한 투표 결과가 발표되었다. 워런이 가장 끔찍한 마음으로 기다리던 순간이었다.

"후보 지명자들은 모두 96퍼센트가 넘는 찬성표를 얻었습니다. 한 사람 예외가 있는데, 버핏 씨입니다. 버핏 씨는 84퍼센트가 넘는 찬성표를 얻었습니다."[19]

워런이 코카콜라의 이사로서 가장 적은 지지를 받는다는 사실이 공개적으로 밝혀졌다. 굴욕적이었다. 주주들이 집단으로 그를 배척한 적은 여태 한 번도 없었다. 비록 캘퍼스와 ISS가 사실상 16퍼센트 넘는 투표수를 장악하며 그에게 반대표를 던졌고 기관 투자자들은 거의 대부분 캘퍼스와 ISS를 무시하고 그를 지지했지만, 그래도 그걸 승리라고 느낄 수 없었다. 그는 이사로 일하는 것을 그때만큼 후회한 적이 없었다. 하지만 그런 생각을 하고 있을 여유가 없었다. 주주들로부터 질문을 받는 절차가 시작되었기 때문이다. 제시 잭슨 목사가 자리에서 일어나더니 회의를 장악했다. 그는 쩌렁쩌렁 울리는 목소리로 말했다.

"대프트 씨 그리고 이사진 여러분. 우선 이 말씀을 드리고 싶습니다……. 처음 발언을 하던 사람의 발언 내용에 대해서 여기 있는 많은 사람들이 동의하지 않았지만…… 그래도 그 사람을 그렇게 폭력적인 방식으로 내쫓는다는 것은…… 이 회사의 존엄성에…… 미치지 못하는…… 행위였습니다. 그건…… 지나친 행동이었습니다. 그건…… 권력을 과도하게 행사하는 행동이었습니다. 그리고…… 한 가지 알고 싶은 게 있습니다. CEO 물망에 오른 인사들 가운데…… 유색인이 한 명이라도 있습니까?"

대학생들은 코카콜라가 대학교 안까지 들어와 있다는 사실에 불만을 터뜨렸고 또 회사가 콜롬비아에서 노동운동 지도자들을 살해했다고 비난했지만, 어쩐지 용두사미의 느낌이었다. 대프트는 코카콜라 역사상 최악의 주주 총회를 마무리하려고 갖은 애를 썼고, 이사들은 CEO가 제대로 장악하지 못하는 주주 총회는 다시는 반복되지 않도록 해야겠다고 속으로 다짐했다.

대소동이 모두 끝난 뒤, 새로운 CEO를 결정하는 일이 매우 시급하다는 데 다들 공감하는 분위기가 형성되었다. 회사 내부 출신 후보자이던 스티브 헤이어는 총회 직전에 있었던 이사회에서 후보군에서 탈락했다. 그는 '스타우드 호텔스 Starwood Hotels'로 가서 새로운 경력을 쌓아갈 예정이었다. 물론 엄청난 퇴직금을 챙겼는데, 이 일로 코카콜라는 나중에 다시 한번 당혹스러운 일을 겪게 된다. 마지막으로 이사회는 후보자 가운데 한 명이던 예순 살의 네빌 이스델을 놓고 논의했다. 몇 년 전에 더그 아이베스터에게 일격을 당한 뒤 은퇴 생활을 하고 있던 인물이었다. 아일랜드 혈통으로 남아프리카공화국에서 성장했으며 키가 크고 카리스마 넘치던 이스델은 이사회에서 인기가 좋았다. 하지만 그즈음 코카콜라가 한 일 가운데 주주 총회에 참석한 사람들의 마음에 든 건 아무것도 없었다. 예컨대 '늙은이를 데려왔다, 또 다른 대프트를 고용했다'[20]는 게 주주들의 반응이었다. 이스델은 이미 이사회가 미래에 휘두를 칼날에 희생될 사람으로 간주되었다. 이사회는 이미 넌더리가 날 정도로 변덕스러운 걸로 악명이 높았기 때문이다.[21]

하지만 이 이사회는 오랜 세월 그런 모습으로, 마치 고이주에타의 발판처럼 그렇게 존재해 왔다. 고이주에타 시절에 있던 인물들이 대부분 그대로 남아 있던 이사회였지만, 이 이사회가 둘로 쪼개진 것은 고이주에타가 갑작스럽게 세상을 떠나고 이 바람에 CEO라는 존재의 리더십이 휘청거리기 시작한 뒤부터였다. 6년이라는 지도력 단절 기간 동안에 이사회 구성원의 일부 분파가 중요한 결정을 좌우했다. 그동안 회사는 소비자의 구매 경향을 놓쳐버렸고 전략 실수들을 범했다. 소비 트렌드를 따라잡고 문제를 해결하려면 과단성 있고 강인한 CEO가 필요했다. 이런 경영자야말로 압도적인 지지를 받는 지도자가 없는 상태에서 고압적으로 돌변하는 이사회 파벌을 휘어잡을 수 있었다. 이스델이 얼마나 오래 살아남을지는 그가 얼마나 강력한 지도자로 변모할 수 있느냐에 달려 있었다.

워런은 수익을 조작하는 행위에 대해서 발언했다. 커우는, 새로운 CEO를 맞았을 때 늘 그랬던 것처럼 이스델을 돕기 시작했다. 이스델은 커우의 도움을 받아들였다. 나중에야 밝혀지는 사실이지만, 이스델에게는 그런 도움이 그다지 필요하지 않았다.

61

일곱 번째 불

뉴욕시티, 선 밸리 그리고 코디, 2004년 3월에서 7월

워런은 샌프란시스코에서 26주째 주말을 보냈다. 워런과 수지 둘이서 함께 본 〈프레이저〉는 백 회가 넘었다. 가족은 여전히 수지를 외부인으로부터 보호했고, 수지는 가족 이외의 사람은 거의 아무도 보지 않았다.

수지는 이제 신선한 음식을 먹기 시작했다. 수지와 친하게 지냈던 요리사이자 케이터링업자 톰 뉴먼은 아이스크림이나 초콜릿보다 더 몸에 좋은 음식에 수지가 관심을 기울이도록 애썼다. 그래서 당근을 삶아서 건더기를 거른 수프, 크림을 넣은 시금치, 으깬 감자, 달걀 샐러드 그리고 '수지가 조금이라도 적절한 영양을 섭취할 수 있는 것이면 뭐든 다' 만들었다.[1]

3월에 수지는 수술을 받은 뒤 처음으로 MRI 검사를 받으러 갔다.

워런은 이 검사와 관련해 일이 어떻게 돌아갈지 이미 알고 있었다. 수지가 더는 수술을 받지 않겠다고 얘기한 것이다.

"수지는 다시 병원에 입원하지 않을 겁니다. 병원에 안 갈 거예요. 내 생각에 확률적으로 상당히 유리합니다. 하지만……."

MRI 검사 결과는 깨끗하다고 나왔다. 워런은 좋아서 어쩔 줄 몰랐다. 수지의 담당 의사들이 수지에게 재발 가능성은 암에 걸린 적이 없는 사람과 동일하다고 말했다고 워런은 이야기했다. 어쩌면 수지는, 그게 워런이 필요로 하던 대답이었기 때문에 일부러 워런에게 그런 식으로 말했을 수도 있다. 하지만 슈미트 박사가 실제로 수지에게 했던 말은, 적어도 한 해 동안은 아무 걱정하지 않아도 되지만 그 뒤에는 어떻게 될지 미지수라는 내용이었다.[2]

수지는 어릴 적 그랬던 것처럼 병에 걸려 여러 달 동안 꼼짝도 못했고, 이는 수지에게 예상 가능한 영향을 불러일으켰다. 그녀는 쇠약해질 대로 쇠약해져 있었지만 다시 자기 인생을 살고 싶다는, 억눌려 있던 욕망이 폭발했다.

"가족들을 만나야겠어. 내가 아는 사람을 모두 만나야겠어. 슈미트 박사가 안 된다고 할 때까지 하고 싶은 건 뭐든 다 할 거야."[3]

수지가 맨 먼저 하고 싶었던 건 라구나의 집에 가서 손주들을 불러들이는 일이었다. 또 워런을 위해서 버크셔 해서웨이 주주 총회 자리에 참석하고 싶었다. 오마하에서 7월에 막 올리기로 예정된 피터의 멀티미디어 쇼 〈정신-일곱 번째 불〉의 첫 공연에 참석할 수 있을 정도로 건강이 회복되길 간절하게 바랐다. 이런 것들 외에도 수지가 하고 있는 일은 많았다.

지난 몇 년 동안 밝은 색이었던 수지의 머리카락은 이제 짧게 깎은 스타일이었다. 젊음이 넘치는 얼굴은 조금 야위어 보였다. 하지만 이것만 아니면 예전과 다르지 않았다. 그리고 약간 혀 짧은 소리를 냈다. 그래도 외모만 보면 수지에게 지난 몇 달 동안 일어났던 일을 까맣게 잊어버릴 수 있었다. 수지에게 기력이 얼마나 조금밖에 남아 있지 않은지 전혀 알아챌 수 없었다.

워런은 수지가 과연 5월에 있을 주주 총회에 참석할 수 있을지 그게 가장 큰 관심사였다. 주주 총회는 워런에게 워낙 상징적인 의미가 큰 자리였다. 얼마나 많은 사람이 오마하로 달려와서 이 행사에 참석하느냐 하는 문제는 사람들이 자기를 얼마나 소중하게 여기는지 잴 수 있는 척도라고 생각했다. 수지가 자리를 털고 일어나자 워런은 자신감이 생겼다. 수지는 관중이 아니라 쇼의 한 주역이었다. 수지가 참석하지 못한다면, 주연 여배우가 무대에서 사라지는 것이나 마찬가지였다.

애스트리드는 행사의 모든 것이 지루하고 번거롭기만 했다. 차라리 참여하지 않는 편이 더 편했다. 그래서 애스트리드는 실제 삶에서 그랬던 것처럼 무대 뒤편에서 진행되는 행사들에만 워런과 동반했다. 이에 비해 수지는 '공식적'인 여러 행사에 참가해 '워런 버핏의 아내' 역할을 했다. 수지는 주주 총회가 열릴 때면 늘 이사들을 위해서 마련한 자리에 앉았으며 일요일 오후에는 보샤임 가게에 마련된 무대에서 앨 오에를의 밴드 반주에 맞춰서 노래를 불렀다. 한편 워런의 뒷바라지를 충실하게 하는 데이지 메이들의 수는 세월이 흐르면서 점점 많아졌다. 그는 이들도 주주 총회에 참석할 수 있도록 배려했다. 가끔씩 주말에 금붙이가 부딪치면서 쨍그랑거리는 소리가 나면 그건, 작은 성냥갑만 한 금과 에나멜 장식물들로 치장된 팔찌를 하고 팩스로 받은 버크셔 해서웨이 연례 보고서를 든 캐럴 루미스가 왔다는 뜻이었다(루미스는 1년에 한 번씩 워런이 주주들에게 보내는 편지의 문장을 다듬는 일을 했다). 샤론 오스버그도 일요일 오후에 보샤임 바깥에 설치한 흰색 대형 텐트 안에서 브리지 게임 챔피언과 경기를 해보고 싶은 주주를 상대로 브리지 게임을 펼침으로써 주주 총회의 한 부분이 되었다. 하지만 워런은 마지막으로 맞이한 데이지 메이인 데번 스퍼전이 차지할 자리를 아직 마련하지 못한 게 아쉬웠다. 한때 〈월스트리트 저널〉에서 버크셔 해서웨이를 담당했던 스퍼전은 가을에 로스쿨 공부를 시작할 예정이었다. 워런은 이제 몇 년에 한 번 꼴로 드물게 새로운 사람과 가까이 지냈는데, 데번 스퍼전이 바로 그 사람이었다. 워런은 사실 스퍼전의 자리를 마련해 주려고 그녀에게 버크셔 해서웨이 주주 총회장에서 결혼식을 올리는 게 어떠냐고 제안했었다. 스퍼전이 좋다고 하면 신부 입장 순서 때 자기가 스퍼전의 손을 잡고 길고 긴 통로를 걸어가 신랑에게 신부의 손을 건네줄 참이었다.

"상상해 봐요, 보샤임에서 얼마나 많은 선물을 받을지."

워런은 이 계획을 성사시키려고 적극적으로 밀었다. 비록 그의 제안에 스퍼전과 예비 신랑 케빈 헬리커는 깊은 감동을 받았지만, 통일교회식 결혼식의 버크셔 해서웨이식 버전이라고 온갖 매체가 떠들어 댈 것이 예상되어 두 사람은 이탈리아에서 결혼식을 올리기로 결정했다. 워런은 이번 주주 총회에 관리자들을 위해서 마련한 구역에 이 두 사람이 앉을 수 있도록 했다.[4] 사실상 가족이나 다름없는 오스버그와 루미스는 가족과 이사들을 위해서 마련한 구역에 앉았다.

그 밖의 다른 사람은 모두 좀 더 나은 좌석에 앉기 위해 서둘러야 했다. 올해에도 수많은 사람이 출입증을 달라고 요청했으며 아마도 2만 명 가까운 사람이 참석할 것으로 예상되었다.

이베이에 암표상이 들끓었다. 입장권 네 장에 자그마치 250달러나 했다. 워런은 적지 않게 놀랐다. 주주 총회에 참석할 입장권을 암표상에게 산다는 말을 들은 적 있는 사람이 있을까? 이베이에 암표상이 내건 문구에는 이런 내용이 적혀 있었다.

"워런 버핏을 개인적으로 만나거나 총회 때 질문할 수도 있습니다. (……) 낙찰을 받은 사람은 방문자 안내서를 받을 수 있습니다. (……) 이 출입증만 있으면 네브래스카 퍼니처 마트와 보샤임 보석 가게에서 직원용 판매가로 물건을 살 수도 있습니다. (……) 보샤임의 바비큐 파티와 칵테일파티에 참석할 수 있고 (……) 버핏이 자주 가는 식당에서 열리는 주주 파티에도 참석할 수 있습니다. (……) 수많은 버크셔 자회사들이 전시한 상품들을 구경할 수 있습니다."

워런은 이런 분위기가 좋았다. 하지만 원칙주의자였던 하워드 버핏의 아들은 암표상의 이런 행위를 도저히 묵인할 수 없었다. 사람들이 암표상에게 속아서 비싼 돈을 주고 주주 총회에 참석하게 내버려 둘 수는 없었다. 불과 한두 해 전에 기술주나 전자주에 대해서는 전혀 아는 게 없다고 했던 그는 이베이에 독자적으로 매장을 개설하고 주주 총회 출입증을 두 장에 5달러씩 팔았다. 그러자 사람들은 걱정이 가득 담긴 이메일을 보냈다. 여기에서 파는 출입증이 정말 진짜 맞나요? 주주들이 가지고 있는 출입증과 다른 표식이 되어 있지는 않나요? 자기들이 목에 걸고 다닐 출입증에 혹시라도 '클럽'의 회원이 아니라는 표식이 있다면 끔찍할 것이라는 뜻이었다.

하지만 그런 건 없었다. 어떤 식으로 출입증을 손에 넣든 간에 모든 출입증은 똑같았다. 한때 워런이 친구로 생각하던 부유한 파트너들의 아늑한 클럽이었던 버크셔 해서웨이는 갑자기 팬클럽이 되었고 주주 총회는 팬클럽 모임이 되었다. 워런은 팬클럽 모임의 문을 활짝 열고 참가하고 싶은 사람을 모두 초대했다.

오마하의 새로운 명소가 된 '퀘스트 센터Qwest Center'가 미주리강 인근에 마치 거대한 곡예단의 은빛 천막처럼 우뚝 솟아 있었다. 이 건물의 정면은 도시 저편에 있는 우중충하고 오래된 건물, 지난 네 차례의 주주 총회가 열렸던 시민회관을 마치 거울처럼 빼다 박았다. 켈리 머치모어는 행사 며칠 전부터 워키토키를 들고 행사장 내를 부산하게 돌아다니면서 모든 작업을 지휘했다. 지게차는 전시관 내의 정원과 앉을 곳을 채우고 장식할 건초더미, 꽃이 든 상자, 등불 기둥, 피복 등을 부지런히 날랐다. 건설 담당 인력들은 차일, 공기 압축기, 온갖 종류의 칼, 백과사전, 진공청소기, 액자 등을 전시할 부스들을 지었다. 또 다른 사람들은 '버키빌(버크셔 해서웨이 마을이라는 뜻 - 옮긴이)'의 여러 구역을 알리는 표지판을 세우고 있었다. 이 표지판이 들어서는 길 양쪽으로는 가구 전시장, 주방용품점, 웨스턴 부츠 신어보는 곳, '북웜Bookworm' 서점, 캔디 가게, 보험 상품 판매대, 여성 신발점 등이 들어섰다. 행사장 위층에서는 무대 설치 담당 인력들이 워런과 멍거가 앉을, 마이크가 설치돼 있고 흰색 천이 덮인 탁자를 마련했다. 이 탁자 뒤로 대형 스크린도 설치했다. 한편 조명 담당 인력들은 행사의 시작을 밝힐 화려한 조명 쇼를 시험하고 있었다. 그리고 특별한 사람, 즉 수지가 편안하게 쉴 수 있는 분장실도 무대 뒤편에 마련되어 있었다. 현금 수송용 장갑차 한 대가 들어왔다. 이 트럭은 보석이 박힌 25만 달러짜리 카우보이 부츠를 싣고 왔다. 주주 총회 기간 동안에 전시 판매할 저스틴 제품이었다. 영화를 볼 수 있는 프로젝터와 스크린, 거대한 베개들이 파티 룸에서 기다리고 있었다. 이 파티 룸은 무료로 봉사할 수백 명의 버크셔 해서웨이 소속 직원들이 행사가 끝난 뒤에 지친 몸을 편안하게 누일 수 있는 공간으로 따로 마련한 것이었다.

워런은 마치 십대 소년처럼 들떠서 사무실을 부산하게 서성거렸다. 대학생들을 비롯한 온갖 방문객이 그를 만나러 사무실을 찾았다. 주주 총회를 열기로 한 날이 다가오고 방문객들이 점점 많아지면서 그의 목이 조금씩 쉬기 시작했다. 그러자 모든 사람이 한결같이, 총회 때 주주들의 질문에 대답을 잘하기 위해서라도 목소리를 아껴야 하는 것 아니냐며 잔소리를 했지만 그는 이런 충고를 무시하고 목구멍에 스프레이를 뿌려대면서 끊임없이 계속 말했다. 텍사스에서 요청한 출입증만 해도 1천 장이 넘었다. 캘리포니아에서는 2천 장을 요청했다. 또 해외에서도 1,500장을 요청했다. 오스트레일리아에서도 77명이 비행기를 전세 내어 주주 총회에 참석한다고 했다.

금요일이 되자 그의 목소리는 감기를 심하게 앓다가 막 회복하기 시작한 사람의 목소리 같았다. 그럼에도 여전히 말을 멈추지 않았다. 그는 살면서 한 번도 말을 멈춘 적이 없었다. 어린아이 시절에 너무 조숙해서 부모의 친구분들을 깜짝 놀라게 한 이후로, 고등학생 시절에 이미 교사들에게 주식 투자에 관한 조언을 한 이후로, 알파 시그마 회원들이 클럽 파티에서 그의 강의를 들으려고 주위에 몰려들었던 이후로, 컬럼비아대학교에서 벤 그레이엄이 강의할 때 그레이엄과의 대화를 독차지한 이후로, 의사가 처방전을 쓰듯 가이코 주식을 팔았던 이후로, 처음 강단에 서서 투자 강의를 한 이후로, 오마하에서의 칵테일파티나 뉴욕에서의 디너파티에서 사람들을 매혹시킨 이후로, 첫 투자자 모임을 가진 이후 지난해 주주 총회까지, 시베리 스탠턴의 낡은 사무실에서 진행되었던 초기 주주 총회장에서 콘래드 태프가 던지던 질문을 받아넘기던 날부터 가장 최근 자기 사무실에 찾아온 대학생들의 질문에 답해줄 때까지, 누군가에게 유용한 어떤 것을 가르칠 수 있는 한 그는 결코 말을 멈추지 않았다.

금요일 밤, 드레스 리허설(의상과 분장을 갖춘 상태에서 마지막으로 하는 무대 연습-옮긴이) 자리에서도 그는 사람들을 앞에 두고 이야기했다.[5] 그러고는 찰리 멍거가 마련한 사적인 저녁식사 자리에 참석했고 다음 날 동이 트기 전에 이미 일찌감치 행사장에 음식을 조달하는 사람들이 기자들과 행사 진행요원들을 위한 음식을 가지고 왔다. 입점

한 판매업체 직원들을 위한 비하이브 카페Beehive Café에도 음식을 공급했다. 스포츠 재킷, 폴로셔츠, 티셔츠, 반바지, 발포 고무 소재의 노란색 모자 등 온갖 차림을 한 사람들이 길게 줄을 섰다. 마치 추수감사절 다음 날 메이시스 백화점 앞에 사람이 줄을 선 광경 같았다. 7시에 문이 열리자 사람들은 가장 좋은 자리를 차지하려고 달음박질을 쳤다. 8시 30분이 되자 모든 자리가 꽉 찼다.

조명이 서서히 어두워지자 웅성거리는 소리도 잦아들었다. 속삭이는 소리 하나도 들리지 않았고, 뒤늦게 들어오는 사람도 없었다. 사람들은 완전히 몰입해서 행사가 시작되기를 기다렸다. 음악이 흘러나오고 전면 스크린에 영화가 시작되었다.

이번 주주 총회에서 보여주는 영화에 워런은 특별히 많은 신경을 썼다. 샌프란시스코를 오가고 코카콜라의 여러 가지 복잡한 문제 때문에 장시간 통화를 여러 차례 하는 가운데서도 특별히 많은 정력을 쏟았다. 이번 영화에서는 처음으로 실제 할리우드의 전문 인력과 기술을 동원했다. 또 다른 사람의 몸을 자기 몸 대역으로 쓰는 기법도 동원했다. 그만의 도플갱어가 만들어진 셈이었다. 특히 이 부분에서 그는 황홀감에 가까운 쾌감을 느꼈는데, 이 영화가 주주 총회장에서 상영되기 전에 이미 자기 방에서 몇 번이나 되풀이해서 보면서 관객들의 반응이 어떨지 기대하고 있었다.

캘리포니아의 새로운 주지사로 선출된 아널드 슈워제네거의 얼굴이 화면에 나타났다. 슈워제네거는 훈련 담당 하사관 복장을 하고, 시설이 잘 갖추어져 있는 훈련장의 책상 뒤에 앉아 있었다. 영화는 〈사관과 신사An Officer and a Gentleman〉를 패러디한 것이었다. 이 영화에서 루고셋 주니어가 연기한 교관 폴리 역할을 맡은 슈워제네거는, 주지사 선거 기간 동안에 워런이 캘리포니아의 불공정한 재산세에 대해서 〈월스트리트 저널〉에 분별없는 발언을 한 죄에 대한 벌로 고통스러운 훈련을 시켜서 그의 육체를 가혹하게 몰아붙였다.

그는 〈월스트리트 저널〉이 자기가 한 발언을 기사에서 선택적으로 편집했다면서 이 신문사와 다툰 적이 있었는데, 이 신문사의 편집자에게 자기 견해를 밝히는 편지를 써서 버크셔 해서웨이의 웹사이트에 공개하는 방식을 통해 독자들의 호응을 얻었으며 실질적으로 〈월스트리트 저널〉과의 싸움에서 이겼었다. 그때 이후로 그는 이 일을 한편으로는 부각시키고, 동시에 또 다른 한편으로는 지워버리려고 애쓰면서 살아왔었다.

"여기서 포기하고 싶지? 그렇다고 말해! 포기한다고 말하란 말이야!"

슈워제네거가 으르렁거렸다. 워런은 지지 않고 고함을 질렀다.

"아닙니다! 절대로 포기하지 않습니다! 절대로! 더는 갈 데가 없습니다!"

그리고 마치 자기 집 거실에서 〈월스트리트 저널〉을 읽고 있기라도 하는 것처럼 아주 쉽게 훈련 과정을 하나씩 통과하기 시작했다.

이 장면이 주지사의 사무실 장면으로 오버랩되었다. 슈워제네거가 책상에 엎드려 잠들어 있다. 보좌관이 주지사를 깨웠다.

"주지사님."

"더는 갈 데가 없습니다! …… 어?"

"낮잠 시간은 끝났습니다. 이제 우리가 맞닥뜨린 이 골치 아픈 일들을 해결하기 위한 새로운 계획을 짜야 할 시간입니다."

"뭐? 아, 그렇군. 정말 이상한 꿈을 꿨네……."

슈워제네거는 책상에 놓여 있던 잡지를 한 권 집어 들었다. 그런데 그의 얼굴이 뒤틀렸다. 잡지 〈머슬 앤드 피트니스Muscle & Fitness〉의 표지에는 울퉁불퉁한 슈워제네거의 몸을 한 워런이 능글맞게 웃고 있었다. 슈워제네거는 자리에서 벌떡 일어났다. 그의 얼굴에 두려운 기

색이 감돌았다. 영화는 뭐 이런 식으로 전개되었다.⁶

사실 슈워제네거와 같은 근육질의 몸을 갖는다는 것은 그가 가졌던 망상 같은 꿈이었다. 이 꿈을 이루려면 세계 최고의 보디빌더와 카메라의 마법이 필요했지만, 그는 결국 해냈다. 그는 당대의 책《빅 암스》에 버금가는 것을 만들어 냈다. 최초 여성 보디빌더였던 퍼지 스톡턴도 감동을 받을 게 분명했다.

관객은 환호했다. 영화는 계속되었다. 그와 멍거가 온갖 다양한 모습으로 나왔다. 하지만 특히 그를 영웅으로 강조했으며, 풍자적인 카툰들은 모두 그와 멍거가 구두쇠라는 점을 강조했다.

영화가 끝난 뒤, 무대가 잠시 어두워지더니 다시 밝아졌다. 분홍색 스웨터와 치마를 입은 수지가 무대에 나타났다. 예전보다 살이 좀 빠져 보이는 수지는 곧바로 무대 앞에 있는 이사들 자리로 가서 앉았다. 이어서 그와 멍거가 마치 토크쇼를 진행하는 공동 사회자들처럼 무대에 등장해서 흰색 천이 덮인 탁자 앞에 앉았다. 곳곳에 배치된 대형 화면이 두 사람의 모습을 비추며 모든 사람이 두 사람의 얼굴 표정까지도 생생하게 바라볼 수 있었다. 그는 플래시 불빛이 가득 명멸하는 객석을 응시했다. 롤링 스톤스의 공연을 보러 온 사람들만큼이나 많은 사람이 객석을 가득 채우고 있었다.

그는 주주 총회 개회 선언을 했다. 그리고 질문을 받기에 앞서 이사를 선출하고 감사를 비준하는 등의 사업 안건을 신속하게 다루었다. 예년과 다름없이 이번에도 주주 한 사람이 곧바로 마이크 앞으로 나섰다. 이 사람은 자신감 없는 목소리로 자기는 표결을 보류하고 있다면서 워런이 수지와 호위보다 더 나은 자격을 갖춘 자기 회사의 몇몇 CEO들을 이사로 선임하는 방안을 고려해야 한다고 제안했다.

작은 웅성거림이 총회장 안에 술렁거렸다. 매우 정중한 어조의 발의였지만 이것은 매끄럽고 화기애애한 분위기를 기대하는 주주 총회에 흙탕물을 튀기기에 충분했다. 그 자리에 모인 사람들 대부분은 충격을 받을 정도로 놀랐다. 버크셔 해서웨이는 미국에서 열네 번째로 큰 회사였고, 직원이 17만 2천 명에 매출액은 640억 달러였으며 연간 수익은 무려 80억 달러나 되었다. 하지만 이렇게 거대한 회사가 여전히 가족 회사로 남아 있었던 것이다. 최대 주주인 워런은 자기가 원하기만 하면 언제든지 이사회의 두 자리를 자기 가족으로 임명할 수 있을 만큼 많은 의결권을 가지고 있었다. 그는 버크셔 해서웨이에서 자기 가족이 해야 하는 역할이 월마트에서 월턴 가족이 하는 역할과 비슷하다고 생각했다. 그것은 바로 회사와 버핏 재단 사이의 연결고리였다. 워런이 버크셔 해서웨이의 이사진을 구성한 방식은 순전히 개인적인 차원이었다. 비록 몇몇 이사가 우연히 훌륭한 기업가이긴 했지만 말이다.

이 제안을 받은 워런은 다음과 말했다.

"말씀 감사합니다. 찰리, 이 점에 대해서 어떻게 생각하십니까?"

아무런 논평도 없이 곧바로 찰리에게 떠넘기는 것은 워런이 얼마나 당혹스러워하는지 잘 보여주는 모습이었다. 당혹스럽기는 멍거도 마찬가지였다. 무슨 말을 하든 간에 워런이 이사진을 선택하는 데 자기가 어느 정도 영향력을 행사하는 것으로 비칠 수밖에 없어서였다. 하지만 실제로 멍거에게는 그런 게 전혀 없었다. 멍거는 간단하게 말했다.

"다음으로 넘어가는 게 좋겠네요."

또 다른 주주가 발의를 했다. 톰 스트로바라는 사람이었다. 그는 버크셔 해서웨이를 보이콧하고 이 회사의 자선 프로그램을 폐지시키게끔 한 단체인 휴먼 라이프 인터내셔널Human Life International을 대표해서 낙태에 대해 발언했다. 스트로바는 훗날 기록에서, 이 발언이 버크셔 해서웨이가 정치 기부금 내역을 공개해야 한다는 제안으로

"명시적으로" 위장된 것이라고 했다.[7]

워런은 버크셔 해서웨이가 정치적인 목적으로 기부한 적이 한 번도 없다는 말로만 대답을 대신했다. 이 발의는 부결되었다.

예년의 경우 이 순서는 보통 5분이면 끝났지만 올해에는 30분이나 잡아먹었다. 또한 처음으로 코카콜라의 주주 총회와 비슷하게 묘하게 불쾌한 분위기가 감돌았다. 질의응답 순서가 시작되었다. 사람들은 그동안 질문할 내용을 종이에 적어 들고 곳곳에 설치된 마이크 앞에 길게 줄지어 서서 이 시간이 오기를 기다렸다.

"1번 마이크에 계신 분부터 시작해 주십시오."

질문이 시작되자 워런은, 질문자가 던지는 물음을 자기 가족이 이사 직함을 가지고 있는 문제를 해명하는 기회로 삼았다.

"아내와 아들이 이사로 있는 것은 기업 문화를 지키려는 감시인 역할을 하기 위해서입니다. 자기들 개인 이익을 채우려고 그 자리에 있는 게 아닙니다."

놀라운 순간이었다. 처음으로 워런은 자신이 회사를 운영하는 방식에 대해 공개적인 자리에서 변론해야 했다. 하지만 그 뒤로는 이 문제와 관련해서 질문하는 사람이 없었다. 버크셔 해서웨이의 주주들은 현재 상태에 만족했다. 주주들이 만족하고 행복해하는 한 그는 회사를 자기 마음대로 운영할 수 있는 권한을 가진 셈이었다. 또 다른 질문이 이어졌다. 투자 기상도는 어떨 것 같습니까?

"현재 우리 자본의 활용도는 매우 낮습니다. 고통스러운 상황이지요. 하지만 그렇다고 해서 다른 어리석은 투자를 할 만큼 고통스럽지는 않습니다."

또 어떤 사람은 ISS가 코카콜라 주주 총회에서 워런의 이사 선임을 추천하지 않았던 일에 대해서 질문했다. 그 문제가 아직도 사람들의 머릿속에 떠나지 않고 남아 있었던 것이다.

"대부분의 사람은 생각을 하기보다는 차라리 죽는 길을 택한다고 말한 사람이 버트란트 러셀 아니었나 싶은데요, 실제로 많은 사람이 그렇습니다."

멍거도 가시 돋친 말로 덧붙였다.

"그들이 말하는 개혁의 대의란 도움을 주는 것이 아니라 감정만 상하게 합니다. 어떤 민간단체의 활동가가 워런이 코카콜라의 이사가 되는 게 코카콜라의 이익에 위배된다는 바보 같은 제안을 할 때는 말입니다. 그런 정신 나간 활동은 그 사람이 말하는 대의에 전혀 도움이 되지 않습니다."[8]

해마다 그랬듯이 워런이 몇 년 전에 샀던 은을 어떻게 처리할 것인지 묻는 질문도 나왔다. 그는 잠시 뜸을 들인 뒤에 그 질문에 대해서는 언급할 수 없다고 했다. 멍거가 알아들을 수 없는 말로 뭐라고 중얼거렸고, 질문자는 궁금증을 전혀 해소하지 못한 상태로 자리에 앉았다. 하지만 사실 그 은은 이미 매각하고 없었다.

워런과 멍거는 땅콩브리틀을 먹기 시작했고, 사람들은 (버크셔 해서웨이의 37개 자회사들이 자사 제품을 판매하는) 전시장으로 내려가 씨즈캔디 매장으로 가서 땅콩브리틀을 샀다. 두 사람이 데어리 퀸 딜리 바를 먹기 시작하자 이 제품은 매장에서 금세 동이 나버렸다. 많은 사람이 캔디를 상자째로 사서 총회장으로 가지고 들어와 워런이 하는 말을 들으며 흥청망청 먹었다.

참신하고 통찰력 있는 수많은 질문을 받고 이 질문들에 대답하면서 그는 자기가 말하고 싶은 내용을 이 대답 속에 정교하게 녹여 냈다. 이번 총회에서 그는 질의응답 시간을 '왜 나는 달러화를 비관적으로 바라보는가'라는 주제를 자세하게 설명하는 기회로 삼았다. 미국은 벌어들이는 돈보다 더 많은 돈을 쓰는 가정과 같다. 미국인은 외국에서 엄청난 양의 물품을 수입하지만 이 물품들의 대금을 치를 수 있는 수입원을 가지고 있지 않다. 다른 나라에서 사들이는 것만큼 많이 다른 나라에 팔지 않기 때문이다. 이런 차이를 메우려고 우리는 돈을 빌리고 있다. 우리에게 돈을 빌려주는 사람들이 미래에도 지금처럼 기꺼이 돈을 빌려줄까? 아마 그렇지는 않을 것이다.

그러면서 워런은 또 이렇게 말했다. 우리는 국가 부채에 대한 이자를 갚는 데 우리 수입 가운데 2퍼센트 넘는 돈을 쓴다. 이것은 미래에 이런 상황이 호전되기 어렵다는 것을 의미한다. 미래의 어떤 시점에 가면 외국의 투자자들은 우리가 발행하는 채무 증서보다는 부동산이나 기업 따위의 실물 자산을 원할 가능성이 높다고 본다. 이렇게 되면 우리는 오피스 빌딩이나 기업 같은 미국의 일부를 매각할 수밖에 없을 것이다.

"시간이 지나면 미국의 달러화는 다른 주요 통화에 비해서 가치가 떨어질 것 같습니다."

그러므로 지난 20년 동안 낮은 금리와 낮은 인플레이션 상황 속에서 호황을 누려온 우리 경제는 어떤 시점부터 역전될 것이다. 금리는 올라가고 인플레이션도 심해지며 불행한 상황이 닥칠 것이다. 어떤 예측을 할 때 늘 그랬던 것처럼 워런은 그 시기가 언제인지는 구체적으로 밝히지 않았다. 다만 이런 달러화의 가치 하락으로 인해 빚어질 버크셔 해서웨이의 위험에 대비해서 이미 120억 달러 규모의 외환을 사두고 있었다.

그와 멍거가 부채의 위험에 대해서 이야기하는 동안 사람들은 아래층의 신발 매장으로 내려가서 길게 줄을 선 채로 결제 차례를 기다렸다. 토니 라마와 저스틴 인더스트리 직원들은 1분에 한 켤레씩 신발을 팔았다. 평범한 일반 웨스턴부츠부터 고급 도마뱀 가죽 부츠까지 다양한 제품이 팔려나갔다. 오마하 서부 지역에 위치한 보샤임에서도 1천 개가 넘는 시계와 187개의 약혼반지가 팔려나갔고, 네브래스카 퍼니처 마트는 1,700만 달러의 매출을 올리고 있었다.

컨벤션센터 퀘스트 센터 아래층에는 축제 분위기가 물씬 풍겼다. 가이코의 캐릭터인 가이코 도마뱀은 나스카에 참가하는 경주용 자동차 옆에 서서 지나가는 사람들에게 손을 흔들었다. 애크미 벽돌 캐릭터는 아이스크림콘 캐릭터와 붙어 다녔다. 로데오 복장의 광대는 공기 압축기와 보트 닻 윈치 사이의 기둥 주변을 어슬렁대고 있었다. 전시장 남쪽 끝에는, 워런이 지시한 대로 클레이턴 홈스의 실물 크기 조립식 주택 '클레이턴 홈'이 서 있었다. 베이지색의 벽과 작은 현관, 모래색 덧문, 진짜 잔디 그리고 벽돌로 만들고 관목으로 장식한 건물 토대 등이 사람들의 눈길을 끌었다. 워런이 예견했던 그대로, 클레이턴 홈스 앞에는, 마치 디즈니랜드의 초고속 롤러코스터인 스페이스 마운틴Space Mountain이라도 되는 것처럼 수많은 사람이 길게 구불구불 늘어서서 자기 차례가 오기를 기다렸다.[9]

하지만 버크셔 해서웨이 왕국의 축소판은 프루트 오브 더 룸의 부스였다. 사람들은 이 부스에서 5달러짜리 남성용 속옷 세트를 사고 포도나 사과 복장을 한 남자들과 함께 사진을 찍으려고 길게 줄을 서서 기다렸다. 그날 이 부스의 속옷 세트는 완전히 동날 정도로 날개 돋친 듯 팔려나갔다.

흰색과 검은색으로 꾸며진 씨즈캔디 매장은 전시관 한가운데 자리 잡고 있었는데 얼마나 많은 사람이 몰려들었는지 막대사탕, 가미견과, 땅콩브리틀은 세 시간 만에 동났다. 그런데 손님들 가운데 많은 이들이 굳이 힘들게 돈을 내는 수고를 하지 않았다. 위층에서 워런과 멍거가 정직과 윤리적인 삶에 대해서 이야기하는 동안 이들은 엄청나게 많은 사탕을 거저 집어 갔다. 신발 가게에서도 수십 켤레의 신발이 도난당했다.

매장에서 이런 절도 행위가 벌어지는 줄 알았으면 다음 해에는 서

점 부스 옆에 키빌 감옥이라도 설치해야겠다고 생각했겠지만, 이런 일이 일어나는 줄은 전혀 몰랐던 워런과 멍거는 여섯 시간 동안 느긋하게 사탕이나 과자를 우적거리며 사람들의 질문에 대답했다.

평균적인 사람이라면 여섯 시간 동안 즉석에서 질의응답을 하고 나면 지칠 수밖에 없다. 하지만 질의응답 시간이 끝난 뒤 워런과 멍거는 위층으로 올라가서 외국에서 일부러 찾아온 주주들에게 자기들의 모습을 조금이라도 더 가까이에서 보여주려고 사인회를 열었다. 이건 최근에 그가 생각해 낸 아이디어였다. 멍거는 이 사인회 자리를 끝까지 지켰지만 점점 피곤해졌다. 그래서 이따금씩 워런이 생각해 낸 이 서커스에 대한 곤혹스러움이 묻어나는 말투로 대답했다. 멍거 역시 추앙받는 걸 좋아하고 즐기긴 했지만, 만일 멍거가 워런이었다면 그렇게 일부러 앞에 나서서 무대를 지휘하고 또 사람들을 일일이 만나는 수고는 굳이 하지 않았을 것이다.

수지는 총회가 시작된 지 두 시간 뒤에 식장을 떠나 누워야 했다. 일요일의 이른 점심 자리에도 참석하지 않았다. 월요일에 워런과 함께 뉴욕으로 가서 호텔 객실에서 오후 1시까지 침대에 누워 있다가 알약 여러 개를 빻아서 룸서비스로 배달시킨 아이스크림에 넣어서 먹었다. 수지 주니어는 수지가 무리하지 않도록 곁에서 지켜보았다. 딸은 어머니가 모든 걸 하루에 한 번만 하게 하려고 노력했다. 방문객도 한 명만 만나고, 쇼핑도 한 번만 하고, 호텔 로비에 나가는 것도 한 차례 15분 동안만 하게 했다.[10]

수지는 샌디 고츠먼과 루스 고츠먼이 워런과 수지에게 경의를 표하며 해마다 마련하는 연례 디너파티에 참석했다. 1990년대 중반부터 이 디너파티는 버핏 그룹에 속하는 사람들이 연례적으로 뉴욕으로 여행하면서 서로 얼굴을 보는 의미 깊은 자리였다. 하지만 수지 주니어는 루스 고츠먼에게 이렇게 말해야 했다.

"어머니는 아마도 당신에게 허락된 범위를 넘어서서 더 많은 걸 하려고 하실 겁니다. 괜찮다고 말씀하실 거예요. 아마 아주머니에게 도 거짓말을 하실 겁니다."

그러면서 자기 어머니를 보호할 수 있도록 최대한 도와달라고 했 다. 고츠먼 부부의 집에 모인 사람들 대부분은 주주 총회 자리 때 아 주 잠깐 얼굴만 보는 것 빼고는 수지를 지난 한 해 동안 한 번도 보지 못했다. 수지는 방에 앉아 있었고, 워런은 다른 방에 있었으며, 사람 들은 두 사람을 만나 인사하고 잡담을 나누었다. 많은 사람이 나중에 이때를 매우 감동적이었다고 회상한다. 수지는 오기를 잘했다고 말 했다. 하지만 나중에는 완전히 지키고 말았다.

워런도 수지가 공중파 TV 토크쇼의 주인공인 찰리 로즈와 인터뷰 하는 데는 적극적으로 찬성이었다. 수지는 자기 남편에 대해서 여러 가지 감성적인 이야기들을 했고 또 자기 남편을 좋게 얘기하는 말도 많이 했다. 그러면서 자기가 워런에게 '무조건적인 사랑'을 베풀었다 는 내용을 설명했다. 워런을 오마하에 두고 혼자 샌프란시스코로 이 사한 것에 대해서도 워런에게 말한 것과 똑같은 내용으로 다음과 같 이 말했다.

"온전하게 나 혼자만의 방을 가지고 싶었습니다. 멋질 것 같았거 든요."

로즈는 애스트리드가 수지 대신 '당신의 남자를 보살핀 것이냐'고 물었다.

"그랬습니다. 애스트리드는 워런을 굉장히 잘 보살폈어요. 워런은 이 점을 무척 고마워합니다. 나도 그렇고요. (……) 애스트리드는 나 에게 아주 커다란 은혜를 베풀어 주었어요."

예정된 질문과 거기에 대한 답변을 놓고 보면, 수지가 애스트리드를 워런을 관리하기 위한 하나의 도구로 보았다는 사실이 분명해진다. 어쩌면 수지는 이런 사실을 그처럼 직설적으로 털어놓을 생각은 애초에 하지 않았던 것 같다. 인터뷰를 마친 뒤에 수지는 수지 주니어에게 이렇게 말했다.

"우리 버그도프 백화점에 가자."[11]

수지는 버그도프 백화점에 가서 의자에 앉아 물건들을 보았지만 곧 피곤하다면서 호텔로 돌아갔다.

이틀 뒤인 어머니날(5월의 둘째 주 일요일—옮긴이), 원기를 충전한 수지는 딸의 친구인 보노가 트리베카 필름 페스티벌에서 만나자는 초대를 받아들였다. 보노는 수지가 병상에서 회복하는 동안 내내 팩스로 편지를 보냈고, 수지 주니어는 이 편지를 어머니에게 읽어주었다. 수지 주니어의 말에 따르면 이 편지들은 '어머니에게 굉장한 것'이었다. 그때까지 줄곧 밤에 잠자리에 들 때는 보노의 노래를 들었던 터라 수지는 이 메시아 가수를 드디어 만난다는 사실에 무척 들떴다. 보노와 수지는 아주 짧은 시간 동안 만났다. 당시를 회상하면서 수지 주니어는 다음과 같이 말한다.

"어머니가 얼마나 흥분하셨는지는 말로 다 설명하지 못할 정도입니다."

수지는 다시 침대에 누워서 이틀 동안 쉬었다. 그런데 보노와 그의 아내 앨리, 이 부부의 딸들, 보비 슈라이버가 플라자 호텔로 와서 수지와 함께 호텔 식당에서 점심을 먹었다(보비 슈라이버는 아널드 슈워제네거의 처남이며 보노와 함께 아프리카를 돕는 자선단체 DATA를 공동으로 설립한 사람이다). 이 자리에서 수지와 보노는 세 시간 동안 이야기를 나누었다. 보노는 수지에게 그녀의 사진을 보고 직접 그린 초상화를 선물했다. 초상화에는 U2의 노래 〈원One〉의 가사 일부가 적혀 있었다. 수지는 감격했다. 보노는 DATA의 이사로 있는 수지 주니어가 이사회 일로 프랑스에 올 때 함께 자기를 방문해 달라며 수지를 초대했다.

수지는 샌프란시스코의 자기 집으로 돌아오자마자, 벽을 장식하고 있던 그림과 가면 및 여러 장식품들 사이에 보노가 그려준 초상화가 놓일 자리를 마련했다. 그러고는 꼭 프랑스에 가야겠다고 마음먹었다. 아프리카 휴가 여행은 다시 한번 취소된 상태였었다. 수지의 몸이 너무 허약해서 도저히 아프리카까지는 감당할 수 없었다. 하지만 프랑스에는 갈 수 있을 것 같았다. 수지와 수지 주니어는 파리의 리츠 호텔에서 나흘 동안 머물면서 오후 1시에 일어나 아이스크림에 알약을 빻아 넣어 함께 먹고 한 차례씩 밖에 나가 간단한 활동을 하며 여섯 시간의 시간대를 거슬러 올라간 여독을 풀었다. 그러고는 테제베 고속 열차를 타고 니스로 갔고, 다시 에즈 보르 드 메르에 있는 연어 살빛의 벽토를 바른 보노의 집으로 갔다.

한때 간디가 머물면서 기도했다는 말이 전해지는 그 집에서는 지중해가 내려다보였다. 수지의 침실은 천장이 높았고 벽난로 덕분에 따뜻했다. 커다란 창문이 달려 있었고, 얇은 커튼을 걷으면 곧바로 바다가 보였다. 수지는 하루 대부분의 시간을 잠을 자면서 보냈다. 하지만 하루는 오후에 수지 주니어가 수지를 위층의 테라스로 데리고 갔다. 이곳에서 수지는 바다를 바라보면서 U2의 미발표 앨범 〈원자폭탄을 해체하는 법How To Dismantle Atomic Bomb〉에 수록된 노래를 들었다. 보노는 아버지의 장례식을 위해서 작곡했던 〈때로 당신 혼자 힘으로는 할 수 없어Sometimes You Can't Make It on Your Own〉를 불렀다. 그날 저녁 그들은 저녁을 먹으면서 네 시간 동안 이야기를 나누었다. 보노는 자리에서 일어나 수지를 위해 축배를 들면서 외쳤다.

"나는 내 영혼의 동반자를 만났습니다!"

카리스마 넘치는 록 스타를 개인적으로 알게 되면서 수지의 마음 속에는 그를 향한 존경심이 커져 갔다. 다음 날 미국으로 돌아오는 비행기 안에서 수지는 줄곧 깨어서 MP3 플레이어로 U2의 음악을 계속 들었을 정도다. 그리고 나중에 보노의 집에 대해서 다음과 같이 말하곤 했다.

"내가 거기 갔다는 것 말고 다른 건 도무지 설명할 수가 없어요."[12]

수지가 프랑스에서 돌아오고 대략 일주일쯤 지난 뒤에 가족 대부분이 선 밸리로 갔고, 피터와 제니퍼는 오마하에 머물면서 〈정신-일곱 번째 불〉의 개막 공연을 준비했다. 1년 동안의 긴 고통과 고립의 시간을 보낸 뒤였던 터라 수지는 될 수 있으면 모든 사람을 만나고 또 모든 곳에 가서 잃어버린 시간을 만회하려고 애썼다. 선 밸리에서 수지는 여러 사람과 함께 시간을 보냈다. 이 가운데는 배리 딜러와 다이앤 본 퍼스텐버그 부부도 포함되어 있었다.

퍼스텐버그는 구강암 선고를 받고도 살아남은 사람으로서 그녀가 팩스로 보내준 편지와 조언은 지난 몇 달 동안 수지의 기운을 북돋우는 데 큰 힘이 되었었다. 하지만 해방감을 만끽하기에는 아직 일렀다. 너무 피곤한 나머지 첫날 아침의 강의를 빼먹어야 했다. 점심 무렵 탈지 우유를 먹으려고 무리해서 식당을 향해 가는데, 갑자기 그녀를 알아본 사람들이 몰려들었다. 수지 주니어는 어머니를 구하려고 호위를 보내면서 이렇게 말했다.

"어머니는 할 수 없으면서도 할 수 있다고 그러실 거야. 하지만 할 수 없어. 가서 좀 앉혀드려."

다음 날, 수지 주니어는 수지를 태우고 여기저기 돌아다니기 위해 골프 카트를 구해왔다. 수지 주니어가 수지를 카트에 태우려고 콘도에 들어갔을 때, 수지는 소파 위에서 작은 공처럼 몸을 웅크린 채 울며 이렇게 말했다.

"못 하겠어."[13]

여행을 다니면서 많은 시간을 쉬었음에도 여행으로 인해 그나마 있던 아주 적은 기력마저 바닥나 버렸던 것이다.

모든 가족이 곧 있을 피터의 공연을 기대하면서 오마하로 돌아왔을 때, 수지는 딸이 새로 마련한 뜨개질 가게를 방문했다. 수지 주니어는 동업자 한 명과 함께 도시 외곽에 있는 쇼핑센터에 '스트링 오브 펄스String of Purls'라는 가게를 열었다. 워런은 딸의 기업가 정신에 매우 고무되어 있었다. 워런은 이 가게를 여는 일에 직접 관여했다. 가게의 사업 전망을 분석하고 한 해에 50만 달러의 매출을 올릴 수 있을 것이라고 생각했다. 워런은 다시 한번 딸과 특별한 방식으로 교감할 수 있었다. 워런은 다른 어떤 사업 못지않게 뜨개질 사업에 열중했다. 그는 가이코의 보고서를 면밀히 검토하고 인터넷 영업 부서의 성장을 한 주 단위로 점검했다. 휴가철에는 씨즈캔디 모든 매장의 하루 매출액을 점검했다. 또 '쇼 카페츠Shaw Carpets'의 매출액을 날마다 팩스로 받아 보고 확인했으며, 크리스마스 전에는 보샤임의 일일보고서를 점검했다. 미드아메리칸 에너지 소유의 부동산 회사 '홈 서비시스 오브 아메리카Home Services of America'가 소유한 부동산 내역을 모두 외우고 있었다. 넷제츠가 연료비로 지출하는 비용 및 이 회사의 항공기 임대율을 외우고 있었고 〈버펄로 뉴스〉의 문구 수당 광고료를 외우고 있었다. 이에 못지않은 열정을 워런은 딸의 가게에도 가지고 있었던 것이다.

피터의 멀티미디어 쇼는 수지 주니어의 뜨개질 가게와는 거리가 멀었다. 워런이 이해하기에는 훨씬 더 어려웠다. 이 작품은 피터가 예전에 했던 PBS 특별 프로그램을 바탕으로 한 것으로, 벌써 4년이라는 세월의 노력을 잡아먹었다. 이 기간 동안 피터는 현장 퍼포먼스의 질과 연주 솜씨를 높이고 줄거리와 음악을 다듬었다. 그런데 이 모든 작업에는 확실한 결과라는 게 없었다. 오로지 창조 작업에 따르는 만족감만 존재할 뿐이었다.

워런은 예전에 현장 퍼포먼스를 몇 차례 본 적 있었다. 이 퍼포먼스에서 피터는 밴드와 함께 건반을 연주했다. 그리고 텐트처럼 특별하게 제작한 무대, 레이저 조명과 드럼, 비디오, 아메리칸 인디언으로 구성된 소리꾼들과 춤꾼들이 더해졌다. 워런은 학생들에게 연설할 때면 언제나 각자 가지고 있는 열정을 마음껏 불태우라고 했었다. 하지만 그가 예로 든 열정은 주사위놀이처럼 기본적으로 승부를 다투는 것이었다. 속세의 보상에 개의치 않고 내면의 예술적 욕구에 휘둘려서 뭘 어떻게 한다고 하는 따위는 워런이 가지고 있는 현실성의 지도에서는 아예 존재하지도 않는 영역이었다. 그건 수지의 영역이었다. 정신과 영혼과 마음의 영역이었다. 수지의 외로운 방에 있는 시인의 영역이었고, 그 누구도 알아주지 않는다 하더라도 오랜 세월 화폭에 자기를 드러내려고 온 힘을 다하는 화가의 영역이었다. 그럼에도 불구하고 돈을 버는 것과 관련해서 워런이 보여준 열정과 인내와 창조성은 음악에 대한 피터의 열정과 인내와 창조성과 비슷했다. 피터가 성공하기 바라는 워런의 진정한 마음은 워런이 유일하게 알고 있는 방식으로 표현되었다. 예술과 상업성이 결합하는 것이었다. 피터의 공연이 상업적으로 성공할 수 있을지 여부가 온통 워런의 머리를 가득 채웠다.

나는 그 공연을 몇 차례 봤습니다. 그런데 볼 때마다 내용이 조금씩 다르더군요. 이 공연은 열광적인 반응을 얻었지만 내가 도무지 알 수 없는 게, 그 시장이 과연 얼마나 크냐는 것입니다. 시장의 깊이라는 측면에서 보자면 브로드웨이의 뮤지컬과 다르기 때문에 우리가 알아내야 하죠.

피터가 공연을 완성하기 위해 자금을 모으려고 나서자 워런 버핏의 아들이라는 사실이 방해가 되었다. 사람들은 자금을 무한대로 쓸 수 있는 쉬운 길이 있는데 왜 굳이 다른 데서 자금을 모으려고 할까 하고 고개를 갸웃했다. 사람들은 피터가 돈이 없다고 할 때 농담인 줄 알았다가 피터가 자기 집을 담보로 돈을 대출받자 비로소 그의 말을 믿었다. 늘 그랬듯이 워런은 피터가 전체 비용의 90퍼센트를 모은 뒤에 비로소 나머지 10퍼센트만 줬다. 피터가 200만 달러를 모으고 나서야 워런은 자기가 주기로 약속했던 돈 30만 달러 가운데 20만 달러를 줬다. 그 뒤 피터는 나머지 자금을 혼자 힘으로 모았다. 이 나머지 자금은 대부분 루돌프 스타이너 재단에서 나왔다. 공연을 준비해서 거기까지 오는 동안 피터는 무대를 만들고 연출을 고민하는 동시에 자금을 모아야 한다는 무거운 압박감 속에서 고군분투해야 했다. 한편 같은 기간 동안 그의 부모는 기부금을 내지 않는다는 원칙을 포기하면서까지 톰 머피의 재단 세이브 더 칠드런Save the Children에 우정과 지지의 제스처로 1천만 달러의 수표를 썼다.

아무리 독립심을 길러주기 위한 것이라고 쳐도, 돈이 없어서 쩔쩔매는 아들에게 주는 돈이 친구에게 주는 돈의 겨우 2퍼센트밖에 되지 않은 건 다소 냉담하게 보였다. 나중에야 피터도 깨달았지만, 자기 공연이 아버지에게서 자금을 지원받은 허영 덩어리의 공연이 되지 않았다는 점에 무척 고마워했다. 물론 이런 점을 중요하게 여긴 사람은 피터나 워런, 그와 가까운 사람들 말고는 아무도 없긴 했지만 말이다. 피터는 자기 아버지가 선택한 방식이, 여러 가지 복잡한 문제를 풀어가기 위한 그만의 전형적이면서도 명석한 해결책이라는 것을 느꼈다. 이렇게 함으로써 피터는 가족의 지지를 받을 수 있었다. 또한 동시에 공연에 필요한 자금 300만 달러 대부분을 혼자 힘으로 어떻게든 마련했다는 자부심을 가질 수 있었다. 아버지에게 받기로 한 나머지 10만 달러를 썼을 수도 있지만 말이다.

솔직히 워런은 자기 아들이 아메리카 인디언에 빠진 걸 이해할 수 없었다. 워런은 (그리고 가족 대부분은) 피터의 공연을 '인디언 쇼'라고 생각했다. 워런은 단 한 번도 자기의 정체성을 반성적으로 돌아본 적이 없었다. 피터의 공연이 상징하는 것, 즉 강탈당한 정체성, 잃어버린 것을 회복하고자 하는 인간 의지의 승리를 탐구하고자 하는 내용은 워런에게 도무지 알 수 없는 외계인의 말이었다.

〈정신-일곱 번째 불〉은 한 아메리칸 인디언이 현대적인 세상에서 벗어나 자신의 문화적인 유산을 온전하게 되찾는다는 내용의 매혹적인 이야기였다. 닫혀 있는 무대는 인디언의 텐트를 형상화한 것으로, 넓고 친밀한 공간이자 동시대적이면서도 역사적인 공간이었다. 퍼포먼스를 하는 아메리칸 인디언들은 새의 깃으로 만든 의상을 입고 무대에서 춤을 추고 노래를 불렀다. 이들 뒤로는 서사적인 영상이 흘렀고, 그 가운데 이국적이면서 친근한 피터의 음악이 물결처럼 객석으로 흘러 사람들 사이에 고동쳤다.

수지는 피터가 봄 내내 공연에만 정신없이 매달려 있는 걸 보고 단단히 화가 났다. 피터는 자기 아버지와 성격이 많이 달랐다. 하지만 수지는 피터가 자기 아버지처럼 자기 아내 제니퍼와의 결혼 생활을 위험하게 만든다고 느꼈다. 자기 아버지와 다른 게 있다면 정신없이 매달리는 대상이 돈이 아니라 음악이라는 것뿐이었다. 그럼에도 불구하고 수지는 피터의 공연이 의도한 모든 효과와 감정을 고스란히 받아들일 수 있었고 그 공연의 음악이 자기의 다른 감각 기관들까지 격렬하게 일깨우는 경험을 했다. 수지는 피터의 예술적인 성취를 높이 평가했다. 워런은 음악을 사랑했고 또 자기 아들을 자랑스럽게 여겼다. 하지만 개막 공연장에 앉은 워런은 변화무쌍한 영상에 완전히 압도당해 버렸다. 도대체 그것들이 무슨 의미인지 이해할 수 없었다. 다른 사람들은 어떻게 반응하나 보았다. 관객은 박수를 치며 환호했다. 공연이 성공했음을 알 수 있었다. 워런은 〈오마하 월드-헤럴드〉가 이 공연을 '통렬하고, 슬프고, 정신을 고양시키고, 전율이 일게 하며 강력하다'고 평가한 걸 보고는 무척 기뻐했다. 사실 그는 내심 이 순간을 기대하면서 1년 넘게 마음을 졸였다. 그리고 피터가 그처럼 큰 무대에서 마침내 성공을 거두었다는 사실에 안도의 한숨을 내쉬는 한편 오마하가 피터와 자기의 고향이기 때문에 작품 외적인 조건들이 작용해서 관객이 호응한 게 아닐까 의심스러웠다. 다른 지역에서 공연하더라도 과연 관객이 이런 호응을 해줄지 염려스러웠다.

〈정신-일곱 번째 불〉이 오마하에서 공연을 계속하는 동안 수지는 손주들과 함께 라구나의 집으로 갔다. 손주들에게 수지는 원하는 건 뭐든지 들어주고 어디든 함께 데리고 가주는 완벽한 할머니였다. 아이들에게 수지는 절대로 실망시키지 않는 사람이었다. 수지는 예전처럼 아이들을 데리고 쇼핑을 하러 갔다. 그리고 의자에 앉아서 가게에 진열된 물건들을 가리키며 이렇게 말했다.

"나는 저거 한 개, 저거 두 개 그리고 저거 한 개 살 거야."[14]

아이들과 라구나에서 한바탕 휴가를 보내고 나자 수지는 지쳤다. 그러나 또 하나의 연례행사에 참가하기 위해 준비하기 시작했다. 허버트 앨런의 선 밸리 뒷모임이었다.

선 밸리 모임에 다녀온 지 얼마 되지 않아서 또다시 와이오밍의 코디처럼 고도가 높은 곳에서 많은 사람과 한데 어울려 긴 주말을 보낸다는 게 과연 현명한 선택인지 의심스러웠다. 가족 가운데 몇몇은 수지더러 이 여행은 제발 하지 말라고 강력하게 말렸다. 하지만 수지는 살아 있다는 기쁨을 마음껏 즐기고 싶었다. 워런도 모든 게 정상으로 돌아왔다는 기분을 느끼고 싶었다. 그래서 7월의 마지막 주에 워런과 수지는 허버트 앨런의 목장 'J-9'으로 날아갔다.

수지는 사람들과 그곳에 있는 게 마냥 행복했고 사람들 눈에 수지는 원기 왕성해 보였다.[15] 저녁식사는 대형 난로가 마련된 곳에서 했고, 난로는 고지대의 서늘한 공기를 따뜻하게 데워주었다. 수지는 거침없이 말을 많이 했다. 곧 있을 대통령 선거에서 누가 당선될지 모의 투표를 해보자고 제안을 하기도 했다.[16] 식사가 끝난 뒤에 다들 디저트와 커피를 기다리고 있을 때 수지가 일어나서는 병에 걸린 덕분에 자기 딸 수지 주니어와 자기가 얼마나 가까워졌는지 모른다는 이야기를 했다.[17] 그런데 갑자기 수지가 눈을 깜박였다. 그러고는 자기 머릿속에서 뭔가 이상한 일들이 일어나는 것 같다고 말했다.[18] 다음 순간, 허버트 앨런은 수지가 일부러 우스꽝스러운 춤 동작을 한다고 생각했지만, 곧 그게 아니란 걸 깨달았다. 발이 풀리면서 수지가 풀썩 쓰러졌다. 앨런과 바버라 오에를이 넘어지는 수지를 붙잡았다. 하마터면 바닥에 머리를 찧을 뻔한 위험한 순간이었다.[19]

사람들이 수지를 곁에 있던 소파로 옮겼다. 주말에 맞이할 손님을 위해 허버트 앨런이 초빙해 두었던 요가 교사가 수지를 보살폈다. 워런은 숙소로 달려가서 수지가 복용하던 약을 가지고 왔다. 수지의 건강은 늘 불확실한 상태였고 이와 비슷한 상황이 전에도 여러 차례 있었기 때문에 사람들은 이런 혼절이 심각한 상황이라고 생각하지 않았다. 그래도 혹시나 하는 마음에 응급의료진을 불렀다. 한편 워런은 수지 주니어에게 전화했다. 그때 수지 주니어는 보스턴에서 열리던 민주당 전당대회에서 보비 슈라이버, 빌 클린턴과 함께 존 에드워즈(2004년 대통령 선거에서 민주당의 부통령 후보 – 옮긴이)의 연설을 듣고 있었다. 워런은 두통 비슷한 것 같다면서 아이슬리 박사의 전화번호를 가르쳐 달라고 했다. 수지 주니어가 전화번호를 가르쳐 줬고, 워런은 전화를 끊었다. 수지 주니어는 잠깐 동안 무언가 잘못된 게 아닐까 생각했지만 곧, 어머니가 아마 발가락 같은 데를 다쳤을 수 있고 이에 아버지가 호들갑스럽게 아이슬리 박사를 찾는 거라고 생각했다.[20]

소파에 몸을 누인 수지는 자기 팔을 제대로 들어 올리지도 못했다. 몇 차례 토하기도 했다. 몹시 춥다고 했고 머리가 깨질 것처럼 아프다고 했다. 사람들이 담요를 가지고 와서 수지에게 두툼하게 덮어주었다. 그런데 수지가 의식을 잃었다 되찾길 반복했다. 때로는 뭐라고 말하려고 애쓰기도 했다. 워런은 곧 올 응급의료진에게 일러줘야 할 수지의 처방전을 간신히 찾았다. 수지의 상태를 지켜보면서 워런은 점점 더 고통을 느꼈다. 뇌졸중 발작을 한 게 점차 분명해졌다. 사람들은 구급차가 오기만을 초조하게 기다릴 뿐 달리 할 수 있는 게 아무것도 없었다. 시간은 아주 느리게 흘러갔다. 얼마 뒤 수지가 두통이 한결 가벼워진 느낌이라고 해서 사람들이 몸을 움직여 보라고 하자 팔다리를 움직이기 시작했다. 사람들은 조금 마음을 놓았다. 그때 의료진이 도착했고 몇 가지 검사를 했다. 그러고는 수지를 이동침대에 실어서 밖으로 데리고 나갔다. 워런이 이들을 따라갔다. 의료진은 수지를 구급차에 태우고 뒷문을 닫았다. 워런은 구급차 앞자리에 앉았다. 구급차는 코디에 있는 웨스트파크 병원까지 산허리를 끼고 구불구불하게 이어진 도로 55킬로미터를 달렸다.[21]

워런은 구급차에 오르자마자 수지 주니어에게 전화했다.

"네가 당장 이리로 와야겠다. 네 엄마한테 무슨 일이 생겼어. 뇌졸중이 아닌가 싶다."

그렇게 말하고 전화를 끊은 뒤 몇 분 후에 또다시 수지 주니어에게 전화했다.

"피터와 호위에게도 연락해서 함께 오도록 해라."

수지 주니어는 피터에게 전화했다. 피터는 오마하의 호텔 객실에서 공연 준비를 하고 있었다. 호위의 아내 데번은 인디애나의 월마트에 있었다.

"호위는 어디 있어?"

"아프리카에요."

데번이 대답했다.

"앞으로 30분쯤 뒤에 아프리카에 착륙할 텐데요."

수지 주니어는 넷제츠에 연락해서 보스턴으로 와서 자기를 태운 뒤에 오마하에 가서 피터를 태우고 코디로 갈 수 있도록 비행 일정을 잡게 했다.[22] 그 무렵 호위는 아프리카에 착륙해서 곧바로 전화해 달라는 누나의 메시지를 전달받았다. 그 순간 호위가 맨 처음 한 생각은, '아버지에게 무슨 일이 일어났구나'였다. 그다음에 든 생각은, '피터에게 무슨 일이 생겼나?'였다. 당시를 회상하면서 호위는 다음과 같이 말한다.

"설마 어머니에게 무슨 일이 생겼다고는 전혀 생각지 못했습니다."

호위는 수지 주니어와 통화한 뒤에 사태를 파악하긴 했지만 곧바로 돌아갈 비행기 편이 없어서 몹시 당황했다. 다음 날까지 속수무책으로 기다려야 했다.[23]

수지 주니어가 가족들에게 연락하는 등 필요한 조치를 취하는 동안 허버트 앨런이 또 한 명의 친구인 조각가 T. D. 켈시를 자기 차에 태우고 구급차 뒤를 쫓았다. 구급차가 너무 천천히 가자 두 사람은 답답했다. 워런이 그 구급차에 갇혀서 꼼짝 못 한 채 끝도 없이 기다려야 한다는 생각에 두 사람은 속이 타들어 갔다. 그래서 한번은 앨런이 구급차 옆으로 자동차를 붙인 뒤에 빨리 좀 달리라고 고함을 질렀지만 구급차에서는 아무 대답도 하지 않았다.

소동 끝에 마침내 구급차는 병원에 도착했고, CAT 스캔 결과는 중증 뇌출혈이었다. 워런은 응급실 앞에서 초조하게 서성거렸다. 마침내 의사가 나오더니 수지가 밤을 넘길 가망은 거의 없다고 했다. 워런은 반쯤 정신이 나간 채 눈물을 흘리며 로비로 내려가 켈시와 앨런에게 이런 사실을 알렸다.[24] 그러고는 다시 위층으로 올라가 수지의 병상 곁에 앉아서 기다렸다. 두 사람은 아무도 없이 '혼자'였다.

새벽 4시 30분쯤 수지 주니어와 피터를 태운 비행기가 도착했고 얼마 뒤 두 사람을 태운 자동차가 병원 주차장에 도착했다. 차에서 내리는데 어쩐지 산으로 둘러싸인 배경이 낯익다 싶은 게 선 밸리의 풍경과 너무도 비슷했다. 게다가 로비에서 이들을 처음 맞는 사람도 허버트 앨런이었다. 순간 수지 주니어의 머리에 이런 생각이 떠올랐다.

"세상에! 이 느낌은 그레이엄 부인 때와 똑같잖아!"

아버지는 의식이 없는 어머니의 손을 잡고 앉아 있었다. 따지 않은 체리 코크 캔 하나가 탁자 위에 놓여 있었다.

"여기 온 지 다섯 시간이 지났어."

워런이 말했다. 수지는 너무도 조용하게 누워 있었다. 산소마스크 아래에서 숨을 쉬는지조차 알 수 없을 정도였다.

워런은 병실 옆에 붙어 있는 방으로 가서 침대에 몸을 뉘었다. 피터는 바닥에 그냥 누웠다. 두 사람은 곧바로 잠이 들었다. 수지 주니어는 워런이 앉았던 의자에 앉아서 의식이 없는 어머니의 몸을 가만가만 쓰다듬었다.

얼마 지나지 않아서 수지 주니어는 수지가 숨을 쉬지 않는다는 걸 알아차렸다. 수지 주니어는 후다닥 일어나 간호사를 찾았다. 그리고는 마음을 다잡고 아버지와 동생을 깨워서 이런 사실을 알렸다.[25]

수지 주니어와 피터가 이런저런 일들을 처리하는 몇 시간 동안 워런은 계속 울기만 했다. 보도자료문 초안을 작성하는 일을 비롯한 나머지 일은 허버트 앨런이 도왔다. 시신 및 장기 기증 절차에 필요한 서류에 서명했고, 오마하로 돌아갈 수 있게 비행기 편을 조정했고, 또 애스트리드와 캐슬린처럼 수지와 가까운 사람들에게 사망 소식을 전하여 CNN 뉴스로 수지가 죽었다는 사실을 접하는 일이 벌어지지 않도록 했다. 그리고 정오경에 모든 사람이 걸프스트림 4에 탑승

했다. 여태 그 누구도 경험한 적 없었던 가장 비통한 비행이었다.

비행기가 이륙하고 얼마쯤 지난 뒤에 워런이 심호흡을 크게 한 번 하고는 이렇게 물었다.

"앞쪽에는 화장실이 없나?"

앞쪽에는 화장실이 없었다.

"소파를 등지고 가세요."

수지 주니어가 말했다. 워런은 비행기 뒤쪽으로 조금씩 움직였다. 그의 눈은 애써 소파를 피했다. 소파에 수지의 시신을 담은 가방이 놓여 있었던 것이다.[26]

비행기가 오마하에 도착했다. 비행기는 아스팔트로 포장된 구역에 서지 않고 곧바로 격납고로 향했고, 거기에 영구차가 기다리고 있었다. 파파라치들에게 슬픔을 잠식당하는 일을 피하기 위해서였다. 워런은 곧바로 집으로 가서 2층의 자기 침실로 올라가 문을 닫고 불을 끈 뒤 이불을 뒤집어썼다.

애스트리드는 워런에게 어떻게 해줘야 할지 잘 알고 있었다. 그냥 내버려 두는 것이었다. 워런에게 수면제를 챙겨주고 혼자 있게 내버려 두었다. 그리고 이따금씩 수지 주니어의 집으로 가서 울었다. 이런 시간 외에는 집에 머물면서 워런을 보살폈다.

금요일이었던 다음 날, 워런은 여전히 이불을 뒤집어쓰고 있었다. 론 올슨이 아내 제인과 함께 로스앤젤레스에서 날아왔다. 올슨은 수지의 유언장과 관련해 법적인 책임을 지는 사람이었으며 가까운 친구이자 버핏 가족 내에서 영향력이 큰 사람이었다. 특히 세 자식들에게 더 그랬다. 워런은 아래층으로 내려와서 올슨 부부를 맞이해 한동안 함께 앉아 있었다. 얼마 뒤에 전화벨이 울렸다. 돈 그레이엄이었다.

"어디 계세요?"

수지 주니어가 물었다.

"시내 힐튼 호텔에 있습니다."

그에게는 굳이 와달라고 말할 필요도 없었다. 수지 주니어는 자기 친구들 가운데 두 명을 불러서 집에 함께 있게 했다. 그 뒤 며칠 동안 이들은 모두 거실에 함께 있으면서, 워런이 마음을 다른 곳으로 돌리도록 도와주고 그가 혼자가 아니라는 사실을 일깨워 주며 그의 마음을 달랬다. 워런은 저녁 9시 30분이면 어김없이 자기 방으로 올라가서 수면제를 먹었다.

하루나 이틀이 지난 뒤에 워런은 두 사람에게 전화했다. 이들이 전화를 받았지만 전화 수화기에서는 아무 소리도 들리지 않았다. 목이 막혀서 워런은 아무 말도 할 수 없었던 것이다. 결국 워런은 말하기를 포기하고 몇 분 동안 계속 울기만 했다. 한 차례 눈물 바람이 지나간 뒤에야 겨우 입을 뗐다.

"미안해요."

그리고 전화를 끊었다. 전화를 받은 두 사람은, 조난 신호를 보내는 워런의 목소리를 알아들었기에 망정이지 그렇지 않았더라면 전화를 건 사람이 누구였는지 전혀 몰랐을 것이다.

수지 주니어는 꼭 있어야 할 사람들에게 연락했다. 주말 이후 빌 루안과 캐럴 루미스가 와서 몇 시간 동안 머물다가 갔다. 샤론 오스버그가 왔다. 빌 게이츠가 왔다. 캐슬린 콜이 왔다. 호위도 마침내 아프리카에서 돌아왔다. 호위는 당시를 회상하면서 '집으로 돌아오는 가장 긴 여행'이었다면서 다시는 생각도 하고 싶지 않다고 말했다.[27]

빌과 샤론은 그 주에 브리지 게임 대회에 함께 참석하기로 예정되어 있었다. 워런은 경기가 열리는 호텔에서 하루는 두 사람과 함께 저녁을 먹었고 두 사람이 경기하는 걸 지켜보았다. 슬픔에 잠긴 마음을 잠시나마 다른 곳으로 돌리는 데 도움이 되었다. 다음 날 밤에는 워런이 이 두 사람더러 수지가 찰리 로즈의 토크쇼에 출연했던 방송 프로그램을 자기 집에서 함께 보자고 했다. 애스트리드는 이걸 보고 싶어 하지 않았고, 워런은 혼자 보기가 두려웠던 터라 두 사람에게 부탁했던 것이다. DVD 플레이어가 작동하면서 화면이 흘렀다. 잠시 뒤에 워런은 울기 시작했다. 샤론이 워런에게 다가가서 달래 주는 동안 빌은 자리를 피했다.[28]

워런은 수지라는 이름만 들어도 눈물을 쏟았다. 장례일이 다가오자 장례 준비를 하던 수지 주니어는, 자기 아버지가 어떤 것 때문에 무척 괴로워한다는 사실을 깨달았다. 그건 아버지가 어머니의 장례식에 참가하는 걸 도저히 참을 수 없어 한다는 것이었다. 적어도 자기가 보기에는 그게 틀림없었다. 그래서 이렇게 말했다.

"아버지는 참석하시지 않아도 돼요."

워런은 가슴을 쓸어내렸다.

"난 못 해."

수많은 사람들 앞에서 수지를 잃은 슬픔을 감당하면서 그 자리를 지키고 있어야 하는 일이 워런으로서는 너무나 힘든 고통이었다.

"난 못 가겠어."[29]

워런과 달리 수백 명의 사람들은 수전 버핏을 마지막으로 보내는 애도의 시간을 가지고 싶어 했다. 추도식 같은 데 참석하는 방식으로 말이다. 하지만 추도식은 없었다. 장례식에는 오로지 가족과 수지와 절친한 친구 두 사람, 보노와 그의 아내 앨리, 보비 슈라이버만 초대했다. 수지의 음악가 친구였던 데이브 스트라이커가 기타를 연주했고, 글라이드 기념 교회의 세실 윌리엄스 목사가 장례식을 이끌었다. 보노는 〈때로 당신 혼자 힘으로는 할 수 없어〉를 불렀다. 할머니를 잃은 아이들은 모두 울었다.

그 뒤 여러 주가 지났다. 워런은 공허함과 맞닥뜨려야 했다. 많은 사람이 수지 없이 워런이 어떻게 살아갈 수 있을지 걱정했다. 생전에 수지도 그런 걱정을 했었다. 워런은 자기 아버지의 죽음에서도 아직 완전히 벗어나지 못한 상태였다. 하워드의 서류 상자들은 지하실에서 아직도 정리되길 기다렸지만 워런은 손을 대지 못하고 있었다. 샤론이 표현했듯이 워런은 생각할 때 3인칭 관점에서 생각하는 경향이 있었다. 하지만 이번에는 모두 고통을 1인칭으로 느꼈다. 현재가 끔찍할 정도로 무서웠지만 현재 속에 살면서 깊은 슬픔을 고스란히 껴안았다.

수지의 죽음으로 워런은 자기의 죽음에 대해서 깊이 생각하게 되었다. 일흔네 번째 생일은 죽음을 향해 가는 규칙 바른 시곗바늘의 움직임 속에서 다가오고 있었다. 쾌활한 기분을 느끼고 싶었던 워런은 친구 두 명에게 자기 생일날에 오마하로 와주면 좋겠다고 이야기했고 이 친구들은 그렇게 하겠다고 했다. 그러나 며칠 뒤 수지 주니어는 이들에게 전화해서 오지 말라고 했다.[30] 워런은 아직 준비가 되어 있지 않았던 것이다. 다른 일에 주의를 돌리는 것으로 아픈 마음을 달랜다는 건 그에게 가장 좋은 방법이 아니었다. 슬픔의 과정을 그냥 줄여버릴 수는 없었다. 오로지 참고 견디며 통과해야 하는 과정이었다.

하지만 워런은 잠을 자면서도 슬픔에서 놓여나지 못했다. 밤마다 악몽에 시달렸다. 오랜 세월 따로 떨어져 살면서도 단 한 번도 생각할 수 없었던 이별이 그의 눈앞에서 벌어졌다. 코디에 있던 병원으로 달려가는 끝없는 주행 속에서 워런은 포로였다. 구급차 안에 갇혀서 꼼짝도 할 수 없었다. 도저히 수지를 살려낼 방도가 없었다. 비극의 수레바퀴를 멈춰 세울 수 없었다. 엷은 밤공기 속 별이 총총한 밤하늘을 배경으로, 소리 없는 산이 검은 윤곽을 드리우고 서 있었다. 운전석에 앉은 남자는 말없이 구불구불하게 이어진 길을 달렸다. 길은 끝없이 이어졌다. 가도 가도 끝이 없었다. 길가의 나무들은 마치 순례자들처럼 언덕을 향해 지나쳐 가고 있었다. 수지는 아무 움직임도 없이 창백한 얼굴로 뒷자리에 누워 있었다. 구급차의 경고음은 서서히 잦아들었다. 노간주나무의 줄기들이 마치 이끼처럼 산허리에 늘어져 있었다. 길의 저편 끝은 어둠 속으로 희미하게 이어졌다. 별들은 광막한 어둠 속에서 소리 없이 졌고, 시간의 흐름이 느려지며 영원으로 이어졌다.

워런이 수지에게 바랐던 건 오로지 자기를 버리고 떠나지 말라는 것이었고, 수지는 절대로 그러지 않겠다고 약속했었다. 수지가 워런 외에 아무리 많은 사람을 돌보았다 하더라도, 수많은 여행을 하면서 수지의 마음이 아무리 이리저리 사정없이 잡아챘다 하더라도, 수지가 아무리 많은 방향으로 달려갔다 하더라도 수지는 언제나 다시 돌아왔다. 한 번도 워런을 저버린 적이 없었다.

그런데 이제 돌아오는 대답이 없었다. 워런에게는 수지가 간절하게 필요했다. 수지가 자기를 두고 떠나는 일은 있을 수 없었다. 워런은 수지를 붙잡아 두려고 했다. 떠나게 내버려 둘 수는 없었다. 반드시 수지가 자기 곁에 머물러 줘야 했다.

구급차는 시커먼 산 그림자를 뒤로하며 느릿하게 앞으로 나아갔다. 산소 탱크에서 나는 조용한 울림이 워런의 눈물과 뒤섞였다. 등 뒤에는 오로지 고요함뿐이었다. 가느다란 숨소리의 속삭임, 그건 고통으로 인한 소리가 아니었다.

타버린 것은 워런의 가슴이었다. 바퀴가 한 번씩 돌 때마다 폭발한 것은 워런의 심장이었다. 나를 두고 가지 마, 나를 두고 가지 마, 제발 나를 두고 가지 마.

하지만 수지는 이미 워런의 손길이 닿지 않는 곳에 가 있었다. 수지는 이제 다른 데 있었다. 수지가 자기가 속한 세상을 떠나 다른 곳으로 가야 한다는 사실이 워런의 마음을 갈기갈기 찢어놓았다.

62

보관증

수지의 죽음이 가져다준 첫 번째 충격은 수지가 남긴 유언장이었다. 대략 짐작은 했지만 유언장의 내용은 예상을 훨씬 넘어섰다. 수지는 30억 달러쯤 되던 자기 소유의 버크셔 해서웨이 주식 대부분을 '수전 톰슨 버핏 재단'이라고 이름을 바꾼 자기 재단, 이제는 수지 주니어가 운영하는 재단으로 넘겼다. 당시 자산 가치 기준으로 5천만 달러쯤 되던 나머지 600주는 세 자식의 재단으로 넘겼다.

수지는 자기가 돌보고 보살피던 사람들에게 관대했었다. 비록 더 관대할 수도 있었으나 워런 때문에 그 정도밖에 관대할 수 없긴 했지만 말이다. 자식 세 명은 각각 1천만 달러씩 받았다. 캐슬린 콜과 그녀의 남편을 필두로 한 수많은 사람도 유산을 받았지만 자식들보다는 적게 받았다. 수지는 죽기 한 해 전에 다른 변호사를 통해 유언장에 새로운 사항들을 추가했다. 유언장에 추가로 기입한 내용을 통해서 수지는 존 매케이브에게 800만 달러를 남겼다. 또한 오랜 세월 동안 사실상 소위 '수전 톰슨 버핏 기업'의 최고재무책임자 역할을 했던 친구 론 팍스에게도 100만 달러를 남겼다.[1]

이 은밀한 추가 내용에 다들 충격을 받았다. 수지는 자기 내면에서 벌어지던 분열을 정리하지 않았고 결국 아무 설명도 하지 않고 내버려 두는 길을 선택했다. 다른 사람을 위해서 살았던 수지의 인생은 수지가 남긴 유산이었다. 수지가 밝히지 않았던 내면의 진실은 영원히 아무런 설명도 없이 남을 것이다. 그러니 이것을 어떻게 해석할지는 해석하고자 하는 사람들의 몫일 뿐이다.

워런은 오랜 세월 자기 아내를 이상적인 존재로 사랑했었다. 그녀는 '현실이라는 땅에 발을 굳건히 디디고 워런을 외부 세상과 연결해 주는 존재'였으며 또한 '가족을 하나로 *끈끈하게 엮어준 아교풀*'과 같은 존재였다.[2] 수지가 죽은 뒤에 워런은 수지의 사진을 볼 때마다 울음을 터뜨렸다. 하지만 1년이 넘도록 그 우울한 상태를 이어가진 않았다. 수지가 예상했듯이 자살을 시도하지도 않았다. 대신 끝없이 애도했다. 대략 두 달 동안 워런은 깊은 슬픔에 빠져 있었다. 그 뒤부터는 대부분의 사람이 그러하듯이 서서히 일상적인 삶으로 돌아왔다. 욕조에서 물이 빠지듯 나쁜 기억들이 기억의 창고에서 빠지는 특유의 장치가 작동했다. 그밖의 것들은 수지에 대한 사랑으로 극복해 냈다.

호위는 다음과 같이 말한다.

"그것은 아버지가 가지고 계셨던 가장 중요한 관계였습니다. 거기에 대해서는 의문의 여지가 없습니다. 아버지는 그 관계에 크게 기대셨지요. 하지만 아버지는 살아남은 사람입니다. 어머니가 돌아가셨기 때문에 이제 아버지도 무너지고 말 것이라고 생각하는 사람이 있다면, 이 사람은 아버지를 제대로 알지 못한 겁니다. 어떤 일이 있다 하더라도 아버지는 절대로 무너지실 분이 아니거든요. 비록 세상 사람들은 아버지를 그렇게 바라보지 않더라도, 아버지는 아버지 나름대로의 강인한 면모를 가지고 계십니다. 겁쟁이 같은 면이 있다고 해서 꼭 늘 그랬던 건 아니라는 말입니다."3

이런 강인한 면모 덕분에 그는 살아남는 데 그치지 않고 새롭게 적응하며 더욱더 성장했다. 수지가 자기의 모든 것을 보살펴 줄 것이라는 꿈과 같은 가정이 비누 거품 꺼지듯 허망하게 꺼졌을 때, 워런은 새롭게 체득한 현실주의적인 모습을 보이기 시작했다. 한 달 또 한 달이 지나면서 그는 죽음과 죽을 수밖에 없는 운명을 받아들였다. 그리고 자식들과 새로운 방식으로 관계를 맺었다. 워런의 여동생 버티가 말하듯이 수지는 자기가 가지고 있던 힘 약간, 정서적인 영향력 조금 그리고 많은 관대함을 워런에게 유산으로 물려준 것 같았다. 워런은 전혀 예상하지 않았던 어떤 요소들을 내면의 삶 속에서 획득한 것 같았다. 늘 아내에게 미루기만 했던 정서적인 영역에 대한 책임 가운데 일부를 스스로 떠안았다. 자식들이 느끼는 감정을 비롯해 자식들이 하는 일과 힘들어하는 문제들이 무엇인지 더 깊이 헤아렸다.

수지 주니어는 자기 어머니가 했던 지도자 역할을 곧바로 이어받았다. 자선사업에 대해서는 더욱 그랬다. 사실 수지 주니어는 이 일을 평생 동안 준비해 왔던 셈이다. 예전보다 훨씬 더 많은 자선 기금을 집행해야 했기 때문에 재단 사무실 규모를 넓히고 사람들도 더 고용했다. 두 개의 재단을 동시에 운영하는 것은 그녀에게 짐이 아니라 멋진 기회인 듯 보였다.

피터는 '아메리카 인디언 국립박물관' 개관 기념 행사의 하나로, 〈정신-일곱 번째 불〉을 워싱턴 D.C.에 있는 내셔널 몰The National Mall(워싱턴 D.C.의 중심부에 있는 박물관 밀집 지역으로 국립공원으로 지정되어 있다-옮긴이)로 가지고 갔다. 그리고 아버지에게 전화를 걸었다.

"아버지! 우리는 지금 텐트(공연의 무대 장치 – 옮긴이)를 치고 있어요!"

이런 일이 있은 지 한참 뒤에야 피터는, 옛날 같았으면 어머니에게 전화를 하고 어머니가 이 소식을 아버지에게 알렸을 것이라는 사실을 문득 깨달았다. 어머니를 거치지 않고 아버지와 직접적으로 이어지는 느낌은 기분 좋은 것이었다.[4] 워런은 친구들을 떼로 모아서 워싱턴으로 가 칵테일파티와 전야제에 참석했다. 공연이 개막할 무렵 피터는 이미 열세 개의 앨범 및 사운드트랙의 제작에 참여하거나 직접 발표를 상태였다. 그 공연을 통해서야 비로소 워런은 자기 아들과 이전과는 다른 교감을 느꼈다. 피터의 공연이 성공해서가 아니었다. 그것은 서로가 서로의 삶의 한 부분이 되고자 노력한 결과였다.

필라델피아에서 공연할 당시, 〈정신–일곱 번째 불〉은 '필립 글래스의 댄스 퍼포먼스–오페라 〈지붕 위의 비행기 천 대1,000 Airplanes on the Roof〉(뉴욕시티를 배경으로 해서 M이라는 남자가 초현실적인 생명체와 만났던 일을 회상하는 내용 – 옮긴이)의 아메리카 인디언 버전'에 비유되었고 'U2의 디에지를 뛰어넘는 기타 연주'라는 인정을 받았으며,[5] 이런 사실은 워런도 인정할 수 있었다. 하지만 제작비가 비쌌기 때문에 입장료를 비싸게 매긴다 하더라도 순회공연을 많이 하면 할수록 손해였다. 피터는 공연을 일단 중지했다. 그리고 가수로는 처음 데뷔한 새로운 앨범 〈골드 스타Gold Star〉 작업을 하면서 〈정신–일곱 번째 불〉의 장기적인 미래를 어떻게 하면 좋을지 고민하기 시작했다.

호위는 이미 《칼날 위에 서서On the Edge》와 《색색의 실로 엮은 인생》이라는 사진집을 출간했었다. 전시회도 하고 있었고 자기 사진 및 제3세계에서 하는 자기 작업에 대해서 강의도 하고 있었다. 호위 재단 사무실은 여전히 십대 소년의 침실 같았다. 장난감 지프들과 굴착기들, 아득하게 먼 십대 시절에 만졌던 무선 통신장치 따위로 그득했다.

하지만 호위의 사업 경험은 이미 무르익어 있었다. 현재 '린제이 매뉴팩처링 앤드 콘아그라Lindsay Manufacturing and ConAgra'의 이사로 재직하면서 두 명의 CEO를 해고하는 일을 처리했었다. 돈에 대해서 기민했던 그는 코카콜라 엔터프라이즈 주식을 가지고 있었으며 또 버크셔 해서웨이 주식에 투자했었다. 이런 과정을 통해 아버지와의 유대감을 형성할 수 있었다. 워런은 호위가 지난 10년 동안 얼마나 많이 정착했고 또 성숙했는지 충분히 살폈고 또 인정했다. 어머니에게 언제나 살가웠으며 아버지와의 따뜻한 교감에 늘 목말라했던 호위는 이제 아버지와 예전과는 다른 관계를 맺을 기회를 만났다. 호위와 데번이 오마하에 집을 산 덕분에 큰아들 부부와 지리적으로 가깝게 산다는 점도 워런에게는 흐뭇한 일이었다.

수지의 죽음 이후에 일어났던 여러 가지 일들은 애스트리드에게 커다란 영향을 주었다. 우선 진정한 친구라고 여기던 소중한 사람을 잃었다. 이어서 수지의 삶이 평행한 두 개의 궤도를 따라서 진행되었으며 이 둘 가운데 하나를 자기가 전혀 몰랐다는 사실을 깨달았다. 오랜 세월 수지에 대한 존중, 결혼 생활에 대한 존중으로 애스트리드는 뒷자리에 머물렀다. 비록 전통적인 가치관과 어긋나는 것이긴 해도, 그것이 이상적인 것이라고 여기며 모든 걸 견뎌내고 있었다. 하지만 이런 것이 모두 거짓 위에 지어진 것이었다는 사실이 드러나고 말았다. 애스트리드는 수지의 마력이 워런을 사로잡고 있다는 걸 알았다. 워런의 욕조 기억 관리 장치가 여러 차례 작동하는 것도 보았다. 하지만 워런이 이런 일이 일어나도록 허용했다는 사실에 분노했으며 배신당했고 또 이용당했다는 느낌에 몸을 떨었다. 자기와 수지가 함께 만들었던 어떤 설정, 자기들 부부가 오랜 세월 똑바로 바라보며 인정하기 어려워 외면해 왔던 실체 때문에 애스트리드가 얼마나 많은 대가를 치러야 했는지 워런은 뒤늦게 깨달았다. 워런은 이모든 비난을 감수했다. 그리고 잘못된 것들을 바로잡으려고 노력했다. 애도의 여러 감정 단계들을 하나씩 통과하면서, 그와 동시에 애스트리드를 공식적인 자리에 더 많이 동반했다.

12월에 워런은 모든 손주들에게 크리스마스 선물로 상당한 금액의 돈을 수표로 보냈다. 워런은 손주들의 대학교 학비를 대주긴 했어도 여태껏 단 한 번도 특별한 계기 없이 돈을 준 적이 없었다. 워런은 각각의 아이에게 돈을 어떻게 써야 할지 도움말을 담아서 편지를 부쳤다. 내용은 이랬다. 즐거운 일은 조금만 해라. 주택융자금은 차근차근 갚아나가라. 하지만 이 돈을 헛되게 날려버린다 해도 비판은 하지 않겠다. 내년에도 돈은 또 주마.[6]

그런데 그는 이 수표 선물에 예외를 두었다. 피터가 입양한 딸인니콜 버핏과 에리카 버핏에게는 이 선물을 주지 않았던 것이다. 수지는 에리카와 니콜을 무척 사랑했었다. 이 아이들은 수지의 장례식에서 할머니를 잃은 슬픔에 목놓아 울었다. 수지는 유언장에 니콜과 에리카를 포함해서 모든 '사랑스러운 손주들'에게 각각 10만 달러를 '따뜻한 포옹'으로 남긴다고 썼다. 그런데 장례식이 끝나고 열흘이지난 뒤 워런은 피터에게 이렇게 말했다.

"근데 말이다, 나는 그 아이들을 내 손녀로 생각하지 않는다. 내 유언장에는 그 아이들 앞으로 돌아갈 게 아무것도 없을 거니까 기대하지 마라."

피터는 도무지 이해할 수 없었다.

"정말, 진심으로 하시는 말씀입니까?"

워런은 요지부동이었다. 수지가 그 아이들에게 다른 손주들과 똑같이 돈을 줌으로써 동일하게 손주 지위를 가지고 있다고 공식적으로 표명한 사실이 돈에 대한 워런의 강한 소유욕을 새삼스럽게 자극한 것 같았다. 피터는 워런의 이런 태도에 그러려니 할 수밖에 없었지만 만일 아버지가 유언장에서 에리카와 니콜의 이름을 뺀다면, 이 사실에 대해서 아이들에게 설명해 줄 수 있는 마땅한 근거가 없었다. 이 두려움은 곧바로 현실로 드러났다. 크리스마스 선물로 사촌들이 모두 할아버지에게 수표를 받았는데 자기들만 받지 못하자 아이들은 의아해했다.[7]

새해가 다가왔다. 워런은 애스트리드와 함께 캘리포니아의 마린 카운티에 있는 샤론 오스버그와 그의 남편 데이비드 스미스의 집에 가서 함께 새해를 맞았다. 워런과 샤론, 빌 게이츠, 나머지 사람들이 브리지 게임에 푹 빠져서 놀 때 애스트리드는 트레이더 조스Trader Joe's(대형 잡화 체인점-옮긴이)에 가서 쇼핑을 했다. 이런 일이 있기 전인 11월 초에 워런은 게이츠의 강력한 개성이 버크셔 해서웨이 이사회를 지배할지도 모른다는 의구심을 지웠으며, 빌이 이사에 취임하도록 초대했었다. 그런데 그전에 샤론과 빌은 버핏 재단이 직면한 어려운 과제들을 놓고 이야기한 적이 있었다. 워런이 죽은 뒤에 한 해에 수십억 달러씩 기부를 집행하려면 재단을 완전히 바꾸어야 했다. 하지만 역사적으로 볼 때 그 어떤 재단도 그렇게 커다란 변화를 담아낸 적이 없었다. 그 어떤 재단도 그런 시도를 한 적이 없었기 때문이다. 딱하나 예외인 게이츠 재단을 빼고는 그 어떤 자선단체도 그처럼 막대한 자금을 가지고 운영된 적이 없었다.

워런은 이미 이 문제에 대해서 생각하고 있었다. 지난가을에 재단 수탁자들을 상대로 재단 운영과 관련해서 질의응답하는 내용을 비디오로 촬영해 뒀었다. 자기가 죽은 뒤에 재단이 자기가 바라는 대로 운영되어야 한다는 사실을 분명히 하기 위해서였다. 월터 애넌버그가 그랬던 것처럼 자기가 죽은 뒤에 배신당할 가능성을 최소화하고자 했다. 결국 보이스 타운도 플래너건 신부를 배신하지 않았던가.

플래너건 신부도 그렇게 당했는데 워런 버핏이라고 당하지 말라는 법이 없지 않은가?

2005년 초, 오스버그는 '그럴듯한 핑계를 대고' 오마하에 갔다. 워런과 이야기를 나눌 목적이었다. 오스버그는 워런이 게이츠를 존경하고 있으니 사후에 재산을 게이츠 재단에 맡기는 게 어떠냐고 말했다. 오스버그의 말에 구체적으로 자기 입장을 밝히지는 않았지만,[8] 사실 그는 수지가 죽기 훨씬 전부터 이미 자기 돈 가운데 최소한 일부는 게이츠 부부에게 맡길 생각을 하고 있었다.

찰리 멍거도 이미 그렇게 권했었다. 멍거는 수지가 죽은 직후에 이런 말을 했다.

"게이츠가 궁극적으로 그 재단을 맡는다고 하더라도 나는 전혀 놀라지 않을 겁니다. 전혀요. 워런은 관습적인 거만한 사람은 좋아하지 않습니다. 게이츠는 사고방식이 관습적이지 않아요. 그리고 일흔네 살이 아니라 쉰 살이잖아요."[9]

오랜 세월 워런은 자기가 가지고 있는 돈을 바로 기부하는 것보다 그 돈을 더 크게 불려서 나중에 더 많은 곳에 기부하는 게 사회에 기여하는 최상의 방법이라고 생각해 왔다. 하지만 죽을 때까지 기부를 미룬다는 것은 이상한 나라에 간 앨리스에게 화이트 퀸이 내일 먹을 잼은 얼마든지 있지만 오늘 먹을 잼은 없다고 했던 것과 다르지 않았다. 결코 지키지 않을 약속인 셈이었다. 오랜 세월이 지나면서 그는 점차 누나의 자전거를 훔쳐서 팔아먹고 자기가 쓸 역도 바벨을 다른 사람이 사게끔 만들던 소년에서, 자기 자식들이 돈을 달라는 요구에 언제나 거절만 하던 아버지에서, 5년에 한 번씩 자식들의 생일에 100만 달러씩 주는 남자, 딸에게 하트 모양의 분홍색 다이아몬드 반지를 사주는 남자로 바뀌었다. 그래도 여전히 돈과 관련해서는 깐깐한 부분이 남아 있었다. 예를 들면, 수지가 남긴 유언장 때문에 갑작스럽게 돈에 대한 소유욕에 불탄다거나 하는 모습이 그랬다. 그럼에도 불구하고 '내일 먹을 잼의 일부를 오늘 먹는 문제'의 해결책을 찾아나가고 있었고, 이것은 그에게 엄청나게 큰 변화였다.

물론 세월의 침식을 받아들이기가 더 쉬워졌다는 뜻은 아니었다. 수지가 죽은 지 1년이 지나고 다시 자기 생일이 다가온다는 사실에 그는 깜짝 놀랐다. 백 년의 4분의 3을 산 나이가 된단 말인가? 믿을 수 없었다. 주변에서 장수하면서 건강과 활력을 유지했던 사례들을 꼽아보았다. 어머니는 아흔두 살까지 살았다. 숙모인 케이티는 아흔일곱 살까지 살았고 월터 슐로스는 아흔 살을 코앞에 둔 나이임에도 테니스를 즐겼다. 백세 살까지 일했던 그의 우상, 로즈 블럼킨도 있었다.

그의 일흔다섯 번째 생일잔치는 오스버그와 스미스의 집에서 열렸고, 애스트리드, 빌 게이츠, 여동생 버티가 참석했다. 생일 케이크는 100달러짜리 지폐 모양이었다. 토요일 아침에 데이비드 스미스는 워런을 위해서 작은 행사 하나를 마련했다. 아홉 살짜리 중국계 미국인 탁구 신동 아리엘 싱과 벌이는 탁구 대결이었다. 비디오카메라가 촬영하는 가운데 펼쳐진 대결에서 워런은 싱에게 완패를 당했다.

다음 날 아침 경쟁이 치열했던 브리지 게임 토너먼트를 즐긴 뒤에는 또 다른 프로그램이 기다리고 있었다. 오스버그와 스미스가 화가한 사람을 초빙해서 워런과 게이츠에게 풍경화 그리는 법을 가르치게 한 것이다. 그는 아크릴 물감으로 과감하게 붓질을 해나갔다. 하지만 그림을 그리는 건 탁구와 다르게 리듬도 없었고 반복적이지도 않았으며 결과는 무척 유쾌하고 재미있었다. 그가 그린 그림 속에서 늘어선 나무들은 어쩐지 갈색 막대사탕과 비슷했다. 한편 전날 했던 탁구 경기는 어떤 아이디어를 자극했다. 아리엘 싱에게 완패당하는 모습을 담은 비디오를 주주 총회에서 상영하는 영화에 삽입하면 어떨까?

2003년 이전에, 관심을 받고 싶어 하는 그의 욕구는 몇 차례 인터뷰와 버크셔 해서웨이 주주 총회로 해소되었다. 그는 언론 매체에 협조할 때는 늘 조심스러웠고 전략적으로 접근했다(워런이 얼마나 협조적이냐에 따라서 언론 매체를 이용하는 기회가 손쉽게 오기도 하고 그렇지 않기도 했다). 하지만 어떤 까닭에선지 그는 수지가 아픈 뒤부터는 언론의 관심을 마치 거울처럼 필요로 했다. 중독된 사람처럼 끊임없이 원했는데, 특히 TV 카메라가 그랬다. 워런이 언론 매체에 등장하는 빈도는 점점 높아졌다. 다큐멘터리 작업도 여러 차례 함께했고, 찰리 로즈와도 몇 시간씩 이야기를 나누었으며, CNBC에도 워낙 자주 얼굴을 비춰 친구들은 어떻게 된 일이냐고 묻곤 했다.

관심에 목말라하던 그의 모습은 버크셔 해서웨이에 변함없이 집중하던 모습과 뚜렷하게 대조되었다. 1초도 안 되는 시간에 이런 모습에서 저런 모습으로 바뀌는 그를 바라보자면 눈이 핑핑 돌 지경이었다. 그는 빌 게이츠를 버크셔 해서웨이의 이사로 불렀을 뿐만 아니라, 소위 '내부고발자 직통 전화'를 설치해서 직원들이 비리 행위를 직접 보고할 수 있게 했다. 워런은 자기가 없는 상태에서 버크셔 해서웨이 이사진이 의사결정을 하는 날이 올 것에 대비해 자신이 참석하지 않는 이사회 회의를 따로 만들어 진행시켰다. 그럼에도 불구하고 그는 젊은 시절 그랬던 것처럼 여전히 투자에 모든 신경을 집중했다.

연방준비제도가 9·11 사건 뒤에 금리를 극적으로 낮춘 뒤로 시장은 예전에 잃었던 손실을 꾸준하게 메웠고 마침내 주가는 거품이 꺼지기 직전 수준까지 올라갔다. 그는 2004년 주주들에게 보낸 편지에서 다음과 같이 썼다.

원래 내가 바란 것은 수십억 달러 규모의 인수를 몇 건 진행하는 것이었습니다. 이를 통해 상당한 수익원을 추가로 마련하고자 했던 겁니다. 하지만 스트라이크 아웃을 당하고 말았습니다. 뿐만 아니라 매입을 할 만큼 매력적인 증권도 몇 개 찾아내지 못했습니다. 그래서 버크셔 해서웨이는 430억 달러나 되는 현금성 자산을 그냥 묵혀 두면서 회계 연도를 마쳤습니다. 물론 이건 행복한 자산 구성이 아닙니다.

다음 해에 버크셔 해서웨이는 이 돈 가운데 일부를 가지고서 작은 회사 네 개, 즉 보험사인 '메디컬 프로텍티브 컴퍼니Medical Protective Company'와 '어플라이드 언더라이터스Applied Underwriters', 레저용 차량 제조업체인 '포레스트 리버Forest River' 그리고 기업들을 위해 홍보자료를 배포해 주는 회사인 '비즈니스 와이어Business Wire'를 인수했고, 또 대형 전력 회사인 '퍼시피코프PacifiCorp'를 미드아메리칸 에너지 명의로 인수했다. 미드아메리칸 에너지가 아직 워런이 기대했던 대로 대형 인수 건을 줄줄이 쏟아내지는 못하고 있었지만, 그래도 이 회사를 인수한 게 현명한 선택이었다는 사실이 점점 분명해졌다. 유가는 줄곧 상승세를 유지했다. 미드아메리칸 에너지는 대체 에너지 분야에 의미 있는 발판을 확보하고 있었다. 또한 이 회사는 소비자 및 규제 당국과의 관계도 매우 우호적이었다. 이 회사의 CEO 데이비드 소콜은 워런의 후계자로 자주 언급되었다. 비록 그는 여전히 자기가 들고 있는 카드를 가슴 앞으로 바짝 당겨서 아무도 보지 못하게 했지만 말이다.

워런은 또한 이 보고서를 이용해서 자기는 여전히 달러화 약세를 전망한다는 견해를 되풀이했다. 그런데 달러화는 그가 글을 쓴 이후로 줄곧 강세를 유지해 왔고 그의 견해는 경제지에서 대대적으로 비판을 받고 있었다. 워런은 외국 주식 매입을 위해 외환 포지션을 줄였지만, 달러 가치 하락에 대한 관점이 바뀐 것은 아니었다. 그리고 그는 다시 한번 임원진에 대한 지나친 보상을 비난했다. 그가 해마다 다루는 주제가 되어버린 파생상품들에 대해서는 다음과 같이 썼다.

오래전에 마크 트웨인은 이렇게 말했습니다. '한 남자가 고양이한 마리를 집으로 데려갑니다. 그런데 이 남자는 고양이 꼬리를 잡아서 들고 가려고 합니다. 이 남자는 그렇게 하지 않았더라면 절대로 배울 수 없었던 교훈 하나를 배웁니다'라고요. (……) 나는 해마다두 가지 이유로 파생상품과 관련된 우리의 경험을 곰곰이 생각합니다. 하나는 개인적이며 썩 유쾌하지 않은 이유입니다. 나나 찰리는제너럴 리를 인수할 당시에 그게 문제라는 걸 알았습니다. 그래서제너럴 리 경영진에게 그 분야 사업에서 빠져나오는 게 좋겠다고 말했습니다. 거기에서 빠져나오도록 하는 건 내 의무였습니다. 하지만나는 그 상황을 직접적으로 말하지 않고 그 분야 사업을 팔아버리려는 시도를 헛되이 하면서 몇 년을 그냥 보내고 말았습니다. 불운한시도였지요. 장차 수십 년 동안 지속될 부채의 늪에서 우리를 구해줄 현실적인 해결책이라는 건 어디에도 없었으니까요. 우리가 가지고 있던 채권은 특히 염려스러웠습니다. 언제 터져버릴지 그 시기와가능성을 도무지 측정할 수 없었으니까요. 게다가, 만일 심각한 어떤문제가 발생한다면 금융시장들에 있는 온갖 다른 문제와 한데 엉켜서 걷잡을 수 없이 커져버릴 수도 있다는 걸 우리는 잘 알고 있었거든요.

그래서 고통 없이 빠져나가는 데 실패했습니다. 그사이에 더 많은거래들이 진행되었습니다.

워런이 언급하는 이 내용은, 새로운 경영자를 고용해서 짧은 기간이긴 하지만 이 경영자에게 그 사업을 확장하게 했던 사실을 말한다. 그는 이렇게 해서 벌인 일들로 나중에 매우 비싼 대가를 치렀다.

우유부단하게 머뭇거린 책임은 나한테 있습니다(찰리는 이렇게 손놓고 가만히 있는 걸 '엄지손가락 빨기'라고 말하죠). 개인적인 차원에서든 사업적인 차원에서든 어떤 문제가 발생했을 때 행동으로 나서서 처리해야 할 시간은 언제나 바로 지금입니다.

파생상품을 정기적으로 언급하는 두 번째 이유는 우리가 경험한 내용이 경영자들이나 회계감사원, 규제 당국자들에게 타산지석의 교훈이 될 수도 있다고 보기 때문입니다. 어떤 점에서 보면 우리는 이 분야의 탄광에서 카나리아이며, 따라서 죽기 전까지는 계속 경고의 노래를 불러야 합니다(옛날에 광부들은 탄광에 유독가스가 발생했다는 사실을 일산화탄소에 민감한 카나리아를 통해서 알았다. 광부들은 카나리아가 노래를 멈춘 걸 보고 가스가 발생했음을 알고 대피했다 — 옮긴이). (……) 제너럴 리는 파생상품시장에서 상대적으로 작은 회사였습니다. 이 회사는 괜찮은 시장 상황에서도 불안정하다고 추정되는 포지션을 청산할 수 있는 훌륭한 감각을 가지고 있었습니다. 이렇게 함으로써 나중에 재정적인 압력 및 기타 압력들 때문에 보다 불리한 조건으로 그 포지션을 청산해야만 하는 상황을 피할 수 있었습니다. 과거 우리의 회계는 관습적이고 보수적이었죠. 덧붙여, 우리는 관련자들이 저지르는 어떤 나쁜 행위에 대해서도 알지 못했습니다.

미래 상황에서 다른 사람들은 우리와 다르겠죠. 이렇게 상상해 봅시다. 이런 회사 하나가 있을 겁니다. 아니, 문제는 보통 확산되는 경향이 있으니까 하나가 아니라 두 개 이상의 회사라고 하죠. 어떤 회사들이냐 하면, 그야말로 혼돈의 시장에서, 극단적이며 공공연한 압력 속에서, 우리가 가지고 있었던 것보다 몇 배나 규모가 큰 포지션들을 청산해야 할 입장에 놓인 회사들입니다. 뉴올리언스의 제방이 과연 믿을 만한지 점검하고 필요하다면 보수해야 했던 시점은 허리케인 카트리나(2005년 8월 미국 남동부를 강타했으며 2,541명의 사망자 및 실종자를 발생시켰다 — 옮긴이)가 오기 전이어야 했습니다.[10]

하지만 사람들은 다들 파생상품이 확산되며 위험을 줄여준다고 믿었고, 이런 믿음은 계속 이어졌다. 값싼 대출과 파생상품으로 부풀려진 시장에서 낮은 금리 그리고 모기지의 '증권화'는 2006년 최고조에 이를 주택 경기를 한껏 부풀렸다. 한 추정 자료에 따르면, 10년도 되지 않은 기간 동안에 전 세계 금융시장에서 발생한 총대출금은 네 배로 늘어났다.[11] 워런은 엄청난 투자 소득을 거두었던 1970년대와 같은 홈런 투자의 기상도가 다시는 펼쳐지지 않을지 모른다는 생각에 가끔씩 초조한 마음을 감추지 못했다. 하지만 그는 탐색을 멈추지 않았다. 더 좋은 투자 아이디어를 찾는 일을 결코 멈추지 않았다.

2004년 어느 날, 워런은 자기 주식 중개인으로부터 두꺼운 책 한 권을 받았다. 전화번호부를 여러 권 포개서 묶어놓은 것처럼 두꺼운 책이었다. 이 책에는 한국의 주식 목록도 들어 있었다. 워런은 그동안 전 세계의 경제를 훑으면서 저평가된 채로 남들이 간과한 국가와 시장을 탐색하고 있었다. 그런 시장이 바로 한국에 있었다. 밤마다 그는 이 책의 한 줄 한 줄을 꼼꼼하게 연구했다. 하지만 한국 시장의 여러 수치와 전문 용어가 낯설기만 했고 전혀 다른 상업 문화를 표기하는 새로운 기업 언어를 완전히 새로 배울 필요가 있다는 사실을 깨달았다. 그래서 다른 책 한 권을 따로 구해 한국의 회계 방식에 관한 중요한 사항들을 모두 파악했다. 이로써 한국식 회계 속에 숨어 있는 속임수에 넘어갈 확률을 줄였다.

　한국 시장의 주식 종목들을 완전히 파악한 뒤 분류 작업을 했다. 이런 작업을 하면서 그는 그 옛날 그레이엄-뉴먼에서 그토록 원하던 회색 면 재킷을 입고서 증권 시세 표시기 옆에 앉아 일하던 때를 생각했다. 지금이 그때와 사뭇 비슷하다는 느낌이 들었다. 온갖 수치로 가득 채워진 수백 쪽의 회계 자료를 파면서 그는 어떤 주식이 중요하고 또 이 주식들이 어떤 양상을 가지고 움직이는지 파악했다. 처음에는 한국 주식시장의 수천 개 주식 목록을 가지고 작업했지만, 예전에 《무디스 매뉴얼》을 가지고 그랬던 것처럼 노트에 메모를 해가면서 쓰레기더미 속에 반짝이는 보석을 찾아 빠르게 이 숫자를 줄여나갔다. 그리고 마침내 이 목록의 숫자는 한층 단출해졌다.

　이제는 규격 용지 한 장에 다 들어갈 정도로 검토 대상 목록이 줄어들었다. 기껏해야 스물네 개도 되지 않았다. 이 가운데는 세계적인 회사로 손꼽힐 만큼 규모가 큰 것들도 있었지만 대부분은 규모가 작았다. 이 목록을 그는 한 방문객에게 내보였다.

　이걸 보십시오. 이것이 내가 하는 방식입니다. 이것들은 원화로 표기되어 있습니다. 인터넷으로 들어가서 한국의 증권거래소에 가보면, 각각의 주식은 종목 기호 대신 숫자로 표시됩니다. 이것들은 모두 우선주가 아니면 영[0]으로 끝납니다. 우선주일 경우에는 5번을 클릭합니다. 2종 우선주는 6번이 아니라 7번을 클릭합니다. 밤마다 특정 시간대에 인터넷에 접속해서 중요한 사항을 확인할 수 있습니다. 그날 5대 최대 매수 증권사 및 최대 매도 증권사가 어디인지 알 수 있고요. 물론 한국에 있는 은행에 특별 계좌를 개설해야 합니다. 쉬운 일은 아닙니다. 나도 하면서 배우는 중입니다.

　나에게 이건 마음에 드는 여자를 새로 한 명 찾아내는 거나 마찬가지입니다.

이 회사들은 우량 기업들입니다. 게다가 싸기까지 하죠. 5년 전보다 더 싼데, 사실 이 회사들의 자산 가치는 그때보다 훨씬 더 높습니다. 이 가운데 절반은 이름이 마치 포르노 영화 제목처럼 들립니다. 철강이나 시멘트, 밀가루, 전기와 같은 기초 제품을 만드는 회사들입니다. 10년이 지나도 사람들이 여전히 구매할 것들이지요. 이 회사들은 한국에서 차지하는 시장 점유율도 상당히 높고, 이런 상황은 가까운 미래에는 바뀌지 않을 전망입니다. 그리고 이 가운데 몇몇은 중국과 일본에 수출을 하고 있습니다. 하지만 어떤 이유에선지 여태 투자자들의 눈에 띄지 않았습니다. 이 제분 회사를 보십시오. 이 회사가 확보하고 있는 현금은 시장 가치보다 더 많잖아요. 주가수익비율(주가를 주당 순이익으로 나눈 비율-옮긴이)도 3밖에 되지 않습니다. 이 주식을 많이는 살 수 없었습니다만, 꽤 샀습니다. 여기 또 다른 회사, 유제품을 생산하는 회사가 있고요. 이러다가 내 개인 포트폴리오에 한국 주식들만 잔뜩 담길 수도 있겠네요.

나는 외국 통화 전문가가 전혀 아닙니다. 하지만 지금은 한국의 통화인 원화로 된 이들 주식을 가지고 있어서 마음이 편안합니다.

이 주식들이 싼 이유는 북한이라는 존재 때문입니다. 북한은 실질적으로 존재하는 위협이 맞습니다. 만일 북한이 남침한다면 전 세계는 지옥으로 변할 겁니다. 중국과 일본 그리고 아시아 전체가 이 전쟁에 말려들 겁니다. 이렇게 될 경우 어떤 결과가 빚어질지는 상상도 할 수 없습니다. 북한은 머지않아서 핵무기를 손에 넣을 겁니다. 나는 북한이 세계에서 가장 위험한 국가 가운데 하나라고 봅니다. 하지만 중국이나 일본을 포함한 다른 나라들이 북한이 남한을 핵무기로 공격하는 상황이 전개되도록 절대로 가만 두고 보지만은 않을 것이라는 데 베팅합니다.

투자할 때는 어느 정도 리스크를 감수해야 합니다. 미래라는 건 언제나 불확실하니까요. 내 생각에 이 주식들은 앞으로 몇 년 동안 괜찮을 거라고 생각합니다. 몇몇 주식은 좋지 않을 수도 있겠습니다만, 전체적으로 보면 상당히 좋은 결과를 낼 겁니다. 앞으로 몇 년 동안은 이 주식들을 가지고 있을 참입니다.

그는 새로운 게임 하나를 찾아냈다. 해답을 찾아야만 하는 새로운 수수께끼였다. 그는 한국의 주식들에 대해서 더 많은 것을 알고 싶었다. 그러면서 소년 시절 경마장에서 사람들이 무심코 잘못 버린 당첨된 마권을 찾던 때와 같은 열정으로 계속해서 투자 기회를 찾고 있었다.

2005년 12월 워런은 하버드대학교 경영대학원 학생들에게 연설을 했는데, 이 자리에서 한 학생이 다음과 같은 질문을 했다. 버핏 재단은 장차 세계에서 보유 자산이 가장 많은 재단으로 우뚝 설 터인데, 버핏 재단이 사회에 어떤 영향을 미치길 바라느냐는 것이었다. 그러자 그는 이제 복리로 돈을 버는 것으로는 사회에 커다란 기여를 하지 못하는 것 같아서, 최근에는 돈을 기부하는 일에 대해서 더 많이 생각한다고 대답했다.

아무도 더 말하는 사람이 없었다. 그가 완전히 새로운 방향으로 진로를 틀었다는 사실을 깨달은 사람은 아무도 없는 것 같았다.

같은 연설 자리에서 나중에 그는 게이츠 재단에 대해 이야기했다. 자기는 다른 어떤 자선사업가들보다도 빌 게이츠와 멜린다 게이츠 부부를 존경한다고 말했다. 두 사람이 설정한 재단 정책이야말로 자기가 보았던 그 어떤 정책보다 합리적이며 최상으로 실행되고 있다고 했다. 또한 두 사람이 자기들의 자선 행위가 사람들에게 알려지는 걸 바라지 않고 또 자기들 이름을 건물에 붙이는 걸 좋아하지 않는 다는 사실이 마음에 든다고 했다.

2006년 초 그는 자신의 생각을 구체화하기 시작했다. 세 자식이 각자 자기 이름으로 된 재단을 운영하는 사실에 그는 무척 만족하긴 했지만, 수지가 자기에게 주었던 안정감은 다른 어떤 것과도 견줄 수 없을 정도로 컸었다. 이러한 정서적인 영향력은 의식적인 차원을 넘어선 것이었다. 재단의 돈을 수지에게 전적으로 맡기기로 한 그의 판단은 자선사업가로서 수지의 자질을 합리적으로 계산하고 평가한 게 아니었다. 수십 년 동안 지속된 밀착 관계 속에서 아내의 판단과 지혜에 개인적인 신뢰와 안정감을 차곡차곡 쌓아 옴으로써 그런 결정까지 이르렀던 것이다. 하지만 이제 아내가 가고 없는 상황에서 모든 것이 달라졌다. 그는 톰 머피의 딸이 결혼하는 자리에서 머피에게 자기 심경의 변화를 언급했다. 샤론 오스버그에게도 불쑥 말했다. 자기가 가진 재산을 일찍 내놓겠다는 것이었다. 하지만 이는 아이디어일 뿐, 아직 구체적인 계획은 가지고 있지 않았다.

이 계획은 복잡해서 세부적인 사항까지 작성하는 데는 여러 달이 걸렸다. 다음 해 봄 그는 직접적으로 영향을 받게 될 사람들에게 이 계획에 대해서 이야기했다. 한번은 버핏 재단의 이사인 캐럴 루미스와 나란히 앉은 자리에서 이런 말을 했다.

"마음 단단히 먹어요. 이 소식은 엄청나게 놀라운 거니까요."[12]

그는 그 놀라운 발표를 했던 대화에 대해서 다음과 같이 말했다.

"사람들이 많은 질문을 합니다. 몇몇 사람은 처음에 그 계획을 꺼림칙하게 봤습니다. 자기들이 예상하던 것과 완전히 달랐으니까요."[13]

그런데 워런의 누이들은 이 이야기를 듣고 즉각 반겼다. 버티는 나중에 자기 오빠에게 이런 내용이 담긴 편지를 보냈다.

"프레더릭스버그에서 아프지도 않으면서 천식에 걸린 척해서 오

마하로 돌아갔던 때 이후로 여태까지 오빠가 한 결정 가운데 최고로
훌륭한 결정이야."[14]

선샤인 레이디 재단을 운영하면서 불과 몇백만 달러의 돈도 제대
로 쓰려면 얼마나 어렵고 힘든지 잘 알고 있던 누나 도리스 역시 동
생이 내린 결정이 멋진 판단이라고 생각했다.[15]

2006년 6월 26일, 워런은 자기가 가지고 있는 버크셔 해서웨이
주식의 85퍼센트를 몇 년에 걸쳐서 다른 여러 재단에 양도할 것이라
고 발표했다. 당시 시가로 370억 달러나 되는 어마어마한 자산이었
다. 자선사업과 관련해 역사상 초유의 규모였다. 그가 보유한 버크셔
해서웨이 주식의 6분의 5는 이미 세계 최대 자선 재단인 빌 앤드 멜
린다 게이츠 재단으로 넘어갔다.[16] 보다 나은 세상을 위해서 두 거부
의 재산이 합쳐졌던 것이다. 여기에 그는 조건을 달았다. 증여되는
돈은 증여받는 재단에 남아서 재단이 영구히 확대재생산되는 데 쓰
이지 않고 곧바로 자선사업에 집행되어야 한다는 것이었다. 그는 세
계에서 가장 큰 가족 재단을 만들 수도 있었던 돈이 빠져나가 버리
는 충격을 완화하려고, 약 60억 달러 자산 가치의 남은 주식을 세 자
식의 재단에 각각 10억 달러씩 주고 나머지 30억 달러는 수전 톰슨
버핏 재단에 주는 것으로 나누었다.

세 자식은 모두 자기 재단에 그처럼 많은 돈이 들어올 줄은 예상
하지 못했다. 특히 아버지가 살아 있는 동안에 그런 일이 있으리라고
는 생각도 하지 못했다. 최초의 증여가 있던 날, 불입 첫 해에 게이츠
재단에는 15억 달러, 세 자식의 재단에는 5천만 달러씩, 수전 톰슨
버핏 재단에는 1억 5천만 달러 가치의 주식이 각각 들어갔다. 버크
셔 해서웨이의 주가에 따라서 그 자산 가치는 달라질 수도 있었다.
나중에 밝혀진 사실이지만, 불입되는 주식의 자산 가치는 해마다 늘
어났다. 그것도 엄청나게.[17]

당시 미국에서 두 번째로 부자이던 사람이 자기 이름의 흔적을 조금도 남기지 않고 자기 돈을 기부했다. 그는 눈덩이를 굴리며 평생을 보냈다. 그 눈덩이가 마치 자기 자신이라도 되는 듯 크게 또 크게 불리면서 살았었다. 하지만 그는 워런 버핏이라는 이름의 재단을 만들 생각이 없었다. 버핏이라는 이름의 병동을 남길 생각도 없었다. 학교의 장학금이나 건물에 자기 이름을 붙일 생각도 없었다. 자기 이름을 걸라는 조건을 붙이지 않고 돈을 기부하는 행위, 돈의 쓰임새에 대해서 일체의 간섭을 포기하면서 돈을 기부하는 행위, 또 하나의 제국을 세우겠다는 욕심이 아니라 능력과 효율성을 따져서 선택한 여러 다른 재단의 금고에 돈을 기부하는 행위는 기존의 기부 관습을 전복하는 것이었다. 여태까지 거금을 기부하면서 이렇게 한 사람은 아무도 없었다. 이에 대해서 록펠러 자선 자문단의 더그 바우어는 이렇게 말했다.

"전 세계 자선사업 분야에 있어 역사적인 순간이었습니다. 다른 사람들에게 기준을 제시한 겁니다. 그의 행위는 시금석이 되었습니다."[18]

워런 버핏이 이런 일을 했다는 사실은 놀랍기도 하려니와 동시에 예측할 수 있었던 일이기도 했다. 관습을 깨는 생각을 하며 늘 해결사로 살았던 그는 자선의 이름을 빙자한 낭비와 떠벌림을 경계하려고 했던 것이다. 게이츠 재단은 이 돈을 받았지만 이 돈을 써야 했다. 그것도 신속하게. 그가 내린 이 결정은 이례적이었으며 지극히 개인적이었다. 실제 사례를 보임으로써 교훈을 주고자 하는 것이었다. 그렇기 때문에 당연히 엄청난 관심의 초점이 되었다. 하지만 어떤 점에서 보자면 이는 손해 보지 않는 거래를 하는 그만의 고전적인 거래 방식이기도 했다. 그는 자기가 가지고 있는 거의 모든 돈에 귀표를 달아 기부함으로써 세상을 깜짝 놀라게 했지만 주식을 실제로 다 양도해 주기 전까지는 이 돈의 대부분을 여전히 자기 이름으로 가지고 있어야 했다. 그럼에도 불구하고 그는 단 한 방으로, 평생 돈만 모으며 살아왔던 삶을 이제 그 돈을 풀어 버림으로써 새로운 삶으로 바꾸었다. 이제 그는 수십억 달러씩 나누어 주는 삶을 살기 시작했다. 자기가 애써 모은 돈을 숨겨두고 가족조차 만지지 못하게 했던 소년이 이제는 수백억 달러의 돈을 다른 사람에게 맡기는 사람으로 바뀌어 있었다.

자기 재산을 내놓겠다는 발표 연설에서 그는 이렇게 말했다.

지금으로부터 딱 50년하고 한 달 전에 나는 작은 투자 회사를 세우고 기꺼이 동업자가 되어서 나에게 10만 5천 달러를 투자한 사람 일곱 명과 함께 논의하기 위해 앉아 있었습니다. 그들이 나에게 돈을 맡기겠다고 판단한 이유는, 자기들보다 내가 돈을 더 잘 불릴 거라고 보았기 때문입니다.

그로부터 50년 뒤, 나는 나보다 돈을 더 잘 쓸 사람이 누구인지 생각했습니다. 이건 정말 논리적으로 당연한 일이라고 봅니다만, 사람들은 이 두 번째 생각은 보통 잘 하지 않고 늘 이렇게 말합니다. '과연 누가 내 돈을 잘 관리해서 불려줄까?'라고 말입니다. 그러고는 이 방면의 전문가에게 기꺼이 자기 돈을 맡깁니다. 자선이라는 영역에서는 이렇게 할 생각을 그다지 많이 하는 것 같지 않습니다. 자기가 죽은 뒤에 자기 재산을 맡아 자선사업을 집행할 사람을 정할 때 사업하면서 오랫동안 알고 지낸 친구에게 맡기곤 합니다. 자기가 죽은 뒤에 그 재산이 제대로 잘 쓰이는지 감독할 수도 없는데 말입니다.

그래서 나는 운이 좋은 사람입니다. 사업이 자선보다 훨씬 쉬우니까요. 지성과 재산을 가진 사람들이 예전부터 줄곧 씨름해 왔으며 해결책을 찾으려고 많은 시간을 들였던 바로 그 자선이라는 문제를 안고 우리는 씨름하고 있습니다. 자선과 관련된 재능을 가진 사람을 찾는 일은 투자 재능을 가진 사람을 찾는 것보다 훨씬 더 중요합니다. 자선은 투자보다 훨씬 어려우니까요.

이어서 그는 '난소 로또'에 대해서 이야기했다.

나는 정말 운이 좋은 사람입니다. 1930년에 미국에서 태어난 바로 그 순간 나는 복권에 당첨된 거나 마찬가지였습니다. 부모님은 훌륭하셨고, 좋은 교육을 받았으며, 타고난 자질로 이 특수한 사회에서 불균형하게 보상을 받았습니다. 만일 내가 아주 오래전에 태어났거나 다른 나라에서 태어났더라면, 나의 특수한 자질로는 지금처럼 보상을 받지 못했을 겁니다. 하지만 자본의 배분 관계가 중요하게 작용하는 시장 체제 덕분에 나는 다른 어떤 시공간에서 살 때보다 더 많은 보상을 받으며 살았습니다.

그동안 살아오면서 나는 재산이란 모름지기 사회로 환원되어야 하는 보관증 같은 거라고 생각했습니다. 나는 왕조 시대에서처럼 대를 이어 재산을 물려주는 걸 좋아하지 않습니다. 특히나 우리보다 훨씬 열악한 삶을 사는 60억 인류를 생각하면 더욱 그렇습니다. 이점에 관해서는 아내도 동의했습니다.

빌 게이츠가 올바른 목표와 훌륭한 철학을 가지고 성별과 종교, 피부색, 지역을 따지지 않고 전 세계 인류의 삶을 개선하고자 온 마음과 열정을 다해서 집중한다는 것은 분명한 사실입니다. 그는 최대 다수의 사람들을 위해 최선의 도움을 베풀고 있을 따름입니다. 그러니 돈을 누구에게 맡겨야 할지 결정을 내려야 할 시간이 다가왔을 때, 결정을 내리기가 너무도 쉬웠습니다.

게이츠 재단은 그가 동의했던 기본적인 신조를 따랐다. 즉, '모든 사람의 삶은 동등한 가치를 가지고 있다는 믿음에 따라서 (……) 불평등을 줄이고 보건과 교육 영역에서 전 세계 인류의 삶을 개선하는 것'을 목표로 삼았다. 게이츠 부부는 자기들을 '소집자들convenors'로 인식했다. 거대한 여러 문제를 영구히 해결하는 작업에 가장 뛰어난 사람들을 자문자로 초빙한다는 의미였다.[19]

비록 수지가 죽은 뒤로 워런이 아무리 많이 변하고 또 성장했다 하더라도, 몇몇 측면에서는 예전과 달라진 게 조금도 없었다. 버핏 재단을 실무적으로 책임지고 일해왔던 앨런 그린버그는 자기가 운영하게 될 이 재단의 규모가, 그동안 준비해 왔던 대로 450억 달러가 아니라 60억 달러라는 사실을 그에게 직접 듣지 못하고 그의 대리인이며 재단의 새로운 상사이자 전 아내인 수지 주니어를 통해서 들었다. 워런은 장차 재단의 규모를 축소해서 운영하는 것에 대한 자기 생각과 계획을 그린버그와 대면해서 얘기할 용기를 내지 못했다. 수지 주니어는 그의 이런 조치가 그간 앨런이 한 일들을 평가하는 차원에서 결정된 게 결코 아니라고 설명하고 이해시켜야 했다. 앨런은 그에게 직접 그런 소식을 듣지 못했다는 사실에 처음에는 화가 나기도 하고 섭섭하기도 했지만, 그래도 여전히 규모로 보자면 세계에서 열 손가락 안에 드는 자선단체의 금고를 책임지는 사람이 바로 자기라는 사실을 위안으로 삼았다. 마침내 모든 곳에 평화가 드리웠다.

관련된 사람들은 모두 각자 잘 처신해야 할 이유를 가지고 있었다. 비록 워런이 천문학적인 금액을 다른 여러 재단에 나누어 주긴 했지만, 이 돈은 몇 년에 걸쳐서 해마다 일정 금액씩만 지출될 터였다. 그리고 그가 아직 귀표를 달지 않은 주식의 자산 가치만 하더라도 당시 기준으로 60억 달러가 넘었다. 그에게는 아직도 나누어 줄 게 많이 남아 있었다.

그가 재산을 게이츠 재단에 기부한다는 소식은 즉각 엄청난 반응을 불러일으켰다. 홍콩의 배우 성룡은 자기 재산의 반을 기부하겠다고 했다. 아시아 최고 부자인 리카싱(홍콩 청쿵실업의 회장. 2009년 기준으로 세계 11위의 부자-옮긴이)도 자기 재산 190억 달러의 3분의 1을 자신의 자선 재단에 출연하겠다고 약속했다. 멕시코 통신업계의 제왕인 카를로스 슬림은 워런과 게이츠의 자선사업에 코웃음을 쳤지만 몇 달 뒤에 태도를 바꾸어서 자기도 역시 재산을 기부하겠다고 약속했다. 게이츠 부부는 게이츠 재단에 돈을 기부하겠다는 사람들과 접촉할 창구 부서를 따로 만들었다. 이 부서에서는 예를 들어 평생 모은 돈 35달러를 게이트 재단에 기부하겠다는 일곱 살 소녀의 바람을 접수하고 처리하는 일을 했다.

새로 엄청난 자산을 확보한 게이츠 재단은 자선 분야에 지각변동을 불러일으켰다. 게이츠 재단의 '전 자산 접근법'은 워런의 '집중'에 관한 견해 및 투자 방식과 매우 흡사한 것으로, 신중하게 선택한 몇 되지 않는 심각한 문제들에 초점을 맞추어 자원을 투입했다. 이런 방식은 도움을 청하는 수많은 사람에게 '얼마 되지 않는 돈을 임시변통으로' 조금씩 나누어 주는 다른 재단이나 지역 기금과는 달랐다. 2006년 말에는 록펠러 재단을 비롯해서 몇몇 재단이 게이츠 재단의 접근법에 발맞추기 위해 자신들의 정책을 수정했다.[20]

워런의 그 발표가 있은 뒤로, 도움을 필요로 하는 사람들이 보낸 편지 3천 통이 그의 사무실로 쏟아졌다. 이런 편지의 양은 날마다 늘어났다. 보험에 들지 않았는데 의료비 청구서 때문에 숨이 막힌다, 일하다가 다치는 바람에 집이 압류당할 처지다, 자식이 큰 병에 걸려서 치료를 받아야 하는데 이 바람에 주택담보대출을 갚지 못할 형편이다, 남자친구가 임신을 시키고 돈을 빼앗고 양육비는커녕 빚까지 떠넘기고 달아났다.

모두 난소 로또에 당첨되지 못한 사람들이었다. 워런은 이 편지들을 모두 누나 도리스에게 보냈다. 지난 10년 동안 도리스의 선샤인 레이디 재단은 가정 폭력 피해자, 심각한 조건에 있는 사회적 약자들, 위기의 가정 구성원 등 수천 명을 도왔다. 이 재단은 아버지 하워드 버핏이 남긴 유산에서 나오는 자금으로 운영되고 있었는데, 워런은 이 재단 사업과 관련된 사연을 담은 편지들을 누나에게 보내면서 재단 활동에 보태라며 500만 달러도 함께 부쳤다.

도리스는 쉰 살이 넘는 여성 여러 명을 고용해서 '잘못된 선택이 아니라 불운'에 눈물을 흘려야 했던 사람들의 편지를 분류하는 일을 맡겼다. 그리고 상대적으로 적은 돈이었지만 이 돈으로 사람들을 도울 수 있었다. 재단에서 일하는 이 여성들은 도박 중독자, 신용카드 중독자, 일하지 않으려는 사람들에게 도움이 될 조언을 해주었다. 하지만 자기 문제를 해결할 수 있는 다른 방도가 있는 사람에게는 절대로 돈을 주지 않았다. 도리스는 또 어떤 사람이든 그 사람의 모든 경제적 문제를 떠안으려고 하지 않았다.

"나는 그들의 엄마가 되고 싶지는 않거든요."

도리스는 또한 이들에게 감사 편지를 쓰게 했다. 도리스 방식의 자선사업은 감사하는 마음과 스스로를 존중하는 마음을 가르쳤다.[21]

워런은 계속해서 자기 돈을 퍼주었다. CNN의 설립자 테드 터너가 만든 핵무기 관련 연구 단체인 '핵 위협 이니셔티브$_{NTI}$'에도 이미 해마다 500만 달러씩 지원하고 있었다. 워런은 이 기관을 전 세계의 핵 위협과 관련해 미국에서 가장 중요한 단체로 여겼으며, 이 단체에는 기꺼이 돈을 더 낼 생각을 가지고 있었다. 한편 이 단체를 운영하던 전직 상원의원 샘 넌은 모든 국가가 독자적으로 핵 농축을 하지 않아도 되는 핵 연료 비축 제도를 제안하여 핵 확산 가능성을 줄이고자 했는데, 워런은 이 제도가 매우 유용하다고 생각하고 다른 데서 자금이 조성되는 대로 자기도 5천만 달러를 내놓겠다고 약속했다. 또한 핵 위협 문제를 해결할 수 있는 현실적인 방책을 수반하는 반핵 관련 명분이라면 어디에든 막대한 자금을 지원할 생각이라고 했다.

그는 전 대통령 지미 카터가 운영하는 카터 재단에도 기부금을 내놓았다. 카터는 인기 없는 대통령으로 백악관을 떠나 100층에서 98층으로 떨어졌지만 퇴임 후에 전 세계의 보건과 민주주의, 인권에 이바지한 공로로 노벨 평화상을 수상할 정도로 뒤가 아니라 앞을 바라보며 달려온 사람이었다. 카터는 기부금을 받은 뒤에 워런에게 편지를 써서 이렇게 말했다.

"2007년 2월 6일부터 8일까지 가나에 와서 우리가 진행하는 기니충 guinea worm 작업을 볼 수 있으면 더할 나위 없이 기쁘겠습니다."[22]

워런은 카터를 친구로 여겼다. 하지만 아무리 친구의 부탁이라 하더라도 그 징그러운 벌레를 보러 비행기를 타고 아프리카까지 갈 수는 없었다. 호위나 수지 심지어 빌 게이츠가 부탁한다고 해도 그렇게 할 수는 없었다.[23]

이렇게 워런은 세 번째로 아프리카 여행을 포기했다. 많은 것들이 변하지 않았지만 세월이 흐르면서 또한 많은 것들이 변했다.

애스트리드는 이제 오마하 바깥에서도 워런의 공식적인 동반자가 되었다. 하지만 애스트리드는 예전과 바뀐 게 거의 없었다. 여전히 꾸밈없이 말하고 소박했다. 다만 애스트리드의 세계는 놀라운 속도로 확장했다. 그녀는 이제 게이츠 부부와도 정기적으로 어울렸다. 2005년 가을에는 워런과 함께 타히티로 가서 빌 게이츠의 쉰 번째 생일파티에 참석했다. 생일파티는 폴 앨런(빌 게이츠와 함께 마이크로소프트를 창업했다 – 옮긴이)의 요트 옥토퍼스호에서 열렸다. 파란색과 흰색이 조화를 이루는 매끈한 이 배는 전 세계에서 가장 큰 요트로 손꼽혔다. 세계에서 여섯 번째 부자가 어린 시절에 품었던 동경의 산물인 옥토퍼스호 안에는 영화관과 녹음 스튜디오가 있었다. 헬리콥터도 두 대 싣고 있었고, 길이 19미터짜리 부속선과 여덟 사람이 2주 동안 해저를 누빌 수 있는 작은 잠수정까지 갖추고 있었다. 애스트리드와 워런은 앨런이 자기 어머니를 위해서 특별히 마련해 두고 있던 전용 실을 썼다. 이 방은 사람이 걸어 들어갈 수 있는 커다란 드레스룸이 있었고 거실에는 도서관까지 갖추어져 있었다. 다음은 당시를 회상 하면서 애스트리드가 한 말이다.

"맙소사! 믿을 수 없었죠. 그런 경험은 처음이었고 아마도 앞으로 다시는 경험하지 못할 겁니다."

워런의 반응은 다음과 같았다.

"집보다 낫더군요."

돌아오는 길에는 선상에서 했던 브리지 게임 이야기만 했다.[24]

수지가 세상을 뜨고 2년 뒤에 워런은 일흔여섯 번째 생일에 수지 주니어의 집에서 애스트리드와 결혼식을 올렸다. 가족만 함께한 소 박한 결혼식이었다. 애스트리드는 심플한 청록색 블라우스에 흰색 바지를 입었고 워런은 정장 차림이었다. 워런이 커다란 다이아몬드 가 박힌 반지를 손가락에 끼워주는 순간 애스트리드는 눈물을 쏟았 다. 결혼식을 마친 뒤에 이들은 보샤임 매장 바로 옆에 있는 본피시 그릴Bonefish Grill에 가서 저녁을 먹었다. 그러고는 샌프란시스코로 날 아가 샤론 오스버그와 데이비드 스미스의 집에서 결혼 케이크를 자 르며 파티를 즐겼다. 빌 게이츠와 멜린다 게이츠도 참석해서 두 사람 을 축하했다.

단순한 취향을 가졌지만 결코 단순하지 않은 워런 버핏은 이제 단 순한 생활을 했다. 자기가 늘 단순한 삶을 추구해 왔다고 믿었듯이 말이다. 한 사람의 아내, 한 대의 자동차, 오랜 세월 리모델링하지 않 은 한 채의 집, 하나의 회사……. 그리고 점점 더 많은 시간을 가족과 함께 보냈다.[25]

워런은 나무는 하늘 끝까지 자라지 않는다고 늘 말해왔다. 그러나 어린 나무는 새롭게 생겨나기 마련이다.

과연 누가 그의 뒤를 이을 후계자가 될까? 이 질문은 오랜 세월 동안 버크셔 해서웨이 주주들을 초조하게 만들었다.

워런은 때로 버크셔가 한 주에 다섯 시간만 일하는 사람이 경영해도 아무 문제 없고 멍거의 방에 있는 벤저민 프랭클린의 흉상이나 판지를 오려서 만든 사람 형상이 경영한다고 해도 아무 문제 없을 것이라며 재담을 했다. 또한 자기가 죽은 뒤에 회사를 감독하는 문제를 놓고 이런 농담을 하기도 했다.

"유고 시의 계획에 대해서 말하자면 이렇습니다. 유령이 되어 나타나서 강신술을 통해 회사를 운영하는 방법을 터득했습니다. 걱정들 하지 마십시오."

어떤 때는 이런 말을 하기도 했다.

"내 영혼은 버크셔 해서웨이에 몰두해 있습니다."

하지만 버크셔 해서웨이에서 일하고 또 이 회사에 투자한 사람의 영혼은 모두 그에게 몰두하고 있었다. 결코 다른 사람이 그를 대신할 수 없었다. 버크셔 해서웨이에 투자한 사람들의 그 많은 자본은 어떻게 될까? 그가 세상을 뜨면 곧바로 주주에게 배당금을 지급할 것인가, 아니면 거대한 규모의 자사주 매입에 나설 것인가 하는 문제도 제기될 터였다. 그의 후계자는 회사의 몇몇 부분을 바꾸어야 할 것이다. 버크셔 해서웨이 모델의 어떤 부분은 보존되어야 하지만 또 어떤 부분은 변화가 필요했다. 인원수가 적기로 유명한 본부 직원의 수도 늘어날 터였다. 외주로 나간 업무 영역을 모두 끌어안을 것이기 때문이다. 한편 사람들은 그의 뒤를 이을 후계자 후보들은 이미 모두 버크셔 해서웨이 내부에 있다고 생각했는데 꼭 그렇지만은 않았다. 사실 그때가 오면 이사회는 회사 외부에 있는 후보자들도 검토하게 되어 있었다.

워런은 한번은 자기가 죽고 30년이 지난 뒤에도 회사가 여전히 주주들에게 봉사하고 있다면 정말 행복하겠다고 말했다. 이게 그의 계획이었다. 그가 고안해 낸 정밀한 기계 장치인 버크셔 해서웨이는 그가 죽은 뒤에도 한 세대 넘게 지속되도록 설계된 것이었다. 그러나 이 회사를 유지하려면 놀라운 기량이 필요했다. 그는 이 기계의 영혼이었다. 그가 없다면 이 기계의 중심부는 진공 상태가 되고 말 터였다. 오로지 그만이 완벽하게 할 수 있었다. 그 기계는 바로 워런 자신이었기 때문이다.

그가 가고 나면 버크셔 해서웨이의 주주들은, 역사상 그 어떤 회사의 주주들이 CEO를 그리워했던 것보다 훨씬 더 그를 그리워할 터였다. 그 어떤 회사의 주주도 자기 회사의 CEO를 바라볼 때 버크셔 해서웨이 주주들이 워런을 교사이자 친구로 생각하는 것만큼 그렇게 생각하지 않았다.

수십억 달러를 번 이 남자는 수천 명을 감동시켰다. 그가 한 번도 만난 적 없는 수많은 사람이 그를 개인적으로 가깝게 느꼈다. 하지만 이상하게도, 아무리 많은 팬레터를 받고 또 아무리 많은 사인 요청을 받아도 그는 자기가 얼마나 사랑받고 존경받는지 결코 알지 못했다. 편지 한 통을 받을 때마다, 사인 요청을 한 번 받을 때마다 언제나 그런 게 처음인 것처럼 늘 감격스럽고 신났을 뿐이다.

2007년 7월, 다우지수는 1만 4천 포인트라는 최고점을 기록했다. 그런데 곧바로 떨어지기 시작했다. 주택 가격은 모든 버블의 정점에서 그렇듯이 이미 정점에 도달했었는데, 여기에는 연방준비제도가 마침내 금리를 올리기 시작한 것도 일부 요인으로 작용했다. 그러고는 꽤 오랫동안 주택가격이 뚝뚝 떨어졌다. 집을 소유한 사람들은 재융자를 받지 못한 채 역사적으로 높은 금리 속에서 주택담보대출을 갚지 못하고 나자빠지기 시작했다.

8월에는 전 세계적으로 마진 콜(선물 계약 기간 중에 선물 가격 변화에 따라서 증거금을 추가로 납부하라는 요구―옮긴이)이 시작되었다. 8개월 동안 금융계는 유례없는 신용 위기 속에서 내파(內破) 과정을 겪었다. 대공황 이후 최대로 심각한 신용 경색이었다. 나이 지긋한 J. P. 모건이 해결책을 조직하기 위해 직접 개입했던 1907년 공황 이후 처음으로, 2008년 금융시장에서는 신용 경색 문제에 대처하기 위한 엄청난 규모의 비공식적인 개입이 진행된다.

위기는 간헐적으로 계속 이어졌다. 몇 주 혹은 심지어 몇 달 동안 잠잠하다가 갑자기 들이닥쳤다. 피해자들은 거센 파도에 휩쓸리는 해변의 부서진 조개껍데기처럼 힘없이 쓸리고 나뒹굴었다. 나중에야 드러나는 사실이지만 파생상품이 위험을 확장시켰었다. 은행들은 수백 억 달러의 손실을 입었다고 발표했다. 오스트레일리아에서 병원을 경영하는 회사는 투자 자산의 4분의 1을 날렸다. 또 노르웨이의 여덟 개 마을은 안전하다고 믿었던 주택저당증권으로 수백만 달러를 잃었다. 총 손실은 수천억 달러에서 (모든 자료를 다 합칠 경우) 1조 달러까지 되었다. 롱텀캐피털에서 그랬던 것처럼 기본 전제가 잘못 설정되어 있었다. 가격이 내려갈 경우 냉정하게 따져서 유리하다고 판단하는 매입자가 나타나기 때문에, 급격한 가격 하락은 없을 것이라고, 다시 말해서 시장은 합리적이고 효율적으로 작동할 것이라고 상정했던 것이다.

사람들은 그랬습니다. 파생상품이 금융시장을 보다 안전하게 만들고 위험을 널리 분산시킬 것이라고 말입니다. 하지만 주어진 자극에 사람들이 어떻게 반응하느냐 하는 점에서 볼 때, 파생상품은 위험을 분산시키지 않았습니다. 그렇다면 한꺼번에 신용을 잃어버릴 전 세계 수천 개의 은행과 거래하는 것보다는 건전한 신용을 유지할 딱 다섯 개 은행과 거래하는 게 훨씬 안전하다는 주장이 얼마든지 설득력을 가질 수 있습니다.

연방준비제도는 다시 한번 금리를 내리고 다른 중앙은행들과 함께 긴급구제금융에 나섰다.[26] 하지만 신용 위기는 계속 이어졌다.

대출을 꺼리는 현상이 확산되는 징후를 보이기 시작했다. 다우지수는 10월의 최고점에서 17퍼센트 떨어져서 1만 1,740포인트가 되었다. 급매각이니 파산이니 붕괴니 하는 소식이 이어질 때마다 공황의 두려움은 점점 커졌다. 점점 더 많은 사람이 은밀히 자산을 팔려고 했지만, 사겠다는 사람은 나타나지 않았다. 돈을 빌려주던 은행들도 이제는 대출금 회수에 나섰다.

2008년 3월 13일 목요일, 뱅크런이 시작되었다. 이번에는 '베어 스턴스'가 시작점이었다. 월스트리트에서 가장 허약하던 이 투자은행에 대출 기관들이 채무 상환 연장을 거부하기 시작한 것이다. 17년 전 살로먼 브라더스 위기의 재판이었다. 다음 날인 금요일에 베어 스턴스는 자금 부족으로 파산 일보 직전까지 갔다. 그런데 연방준비제도가 300억 달러를 보증하겠다고 나섰다. 유례없는 일이었다. 연방준비제도가 투자은행의 긴급구제에 나선 건 이때가 처음이었다. 베어 스턴스의 주가는 금요일 오후에 30달러로 마감되었다. 워런은 그날 저녁 이 사건을 놓고 곰곰이 생각했다. 300억 달러면, 롱텀캐피털의 긴급 구제는 그야말로 미미한 수준일 정도로 엄청난 규모였다.

두려움은 무서운 속도로 퍼졌습니다. 누구도 베어 스턴스에 돈을 빌려주려 하지 않았습니다. 살로먼 브라더스 때 내가 경험했던 바로 그 상황이었죠. 조금이라도 삐끗하면 대규모 온라인 예금인출사태로 이어지는 그런 아슬아슬한 상황 말입니다. 연방준비제도는 예전에 투자은행에 긴급구제금융을 준 적이 없습니다. 사실 내가 1991년에 살로먼 브라더스에 구제금융을 달라고 사정했지만 이루어지지 않았었죠. 그때 만일 살로먼 브라더스가 넘어갔더라면 도미노 현상으로 어떤 일이 일어났을지는 아무도 모릅니다. 연방준비제도가 어떻게 해야 한다는 멋진 해답은 나도 가지고 있지 않습니다. 시장의 몇몇 부분은 이미 마비 상태에 근접해 있습니다. 관련된 모든 사람은 이런 마비 상태가, 자기들이 보기에 그 밖의 점에서는 건전하다고 생각하는 다른 기관으로 확산되기를 바라지 않습니다. 베어 스턴스가 넘어가면 곧바로 리먼 브라더스가 쓰러질지 모른다고 걱정하고, 그 뒤에 또다시 메릴린치가 쓰러질지 모른다고 걱정할 겁니다. 그런 식으로 도미노처럼 계속 퍼져 나가는 거죠.

냉정한 이성의 소유자인 워런은 연방준비제도가 맞닥뜨린 위험한 선택들 속에 내재된 수수께끼를 풀려고 노력했다. 하지만 어떤 선택을 하더라도 좋은 결과를 기대하긴 힘들었다. 금융시장이 붕괴되도록 내버려 두느냐 아니면 달러 약세에 대한 압력을 가중시키면서 인플레이션을 부채질하느냐의 선택이었다.

만일 충분히 많은 유동성을 시장에 쏟아부으면 즉각 사태를 진정시킬 수도 있었습니다. 하지만 여기에 따르는 결과가 만만치 않습니다. 그 정도 유동성이 시장에 유입될 경우 곧바로 엄청난 규모의 인플레이션이 이어질 테니까요. 이렇게 되면 사람들이 반기지 않을 수 있는 많은 일이 벌어집니다. 경제는 확실히 가라앉습니다. 이쪽으로는 전문가가 아니지만 나더러 어떻게든 예측을 해보라 한다면, 모든 사람이 경기 후퇴는 일시적이고 얕은 차원에서 진행될 것이라고 말하지만, 나는 매우 길고 또 깊게 진행될 것이라고 말하겠습니다.

다음 날 아침 눈을 떴을 때, 금융계의 낯선 사람들이 베푸는 호의에 의존해서 살 수밖에 없는 처지에 놓인다고 생각해 봅시다. 이런 상황을 바라는 사람은 아무도 없을 겁니다. 나는 많은 시간을 들여서 이 문제를 생각했습니다. 나는 내일 갑자기 10억 달러를 마련해 내놓아야 하는 상황에는 결코 놓이고 싶지 않습니다. 뭐 10억 달러를 낼 수는 있겠습니다만, 10억 달러가 아니라 그보다 훨씬 더 큰 규모일 수도 있겠지요. 미래의 일은 아무것도 확신할 수 없으니까요. 우리는 과거에 단 한 번도 일어나지 않았던 일들을 생각해야 합니다. 우리는 늘 우리 주변에 돈이 넉넉하게 남아돌길 바랄 뿐입니다.

주말 내내 규제 당국과 은행들은 땀을 뻘뻘 흘리며 분투했다. 오래전 살로먼 브라더스 때 모습과 똑같았다. 다른 점이 있다면, 베어 스턴스가 잘못될 경우 전 세계 금융체계가 재앙을 맞이한다는 사실을 모든 사람이 확신했다는 것이었다. 베어 스턴스가 잘했고 못했고 혹은 그래서 파산의 운명을 맞아야 마땅하다거나 아니라거나 하는 문제는 쟁점이 아니었다.

미국 시각으로 일요일에 도쿄 시장이 문을 열기 직전에 연방준비제도는 베어 스턴스를 JP 모건 체이스에 헐값에 넘기는 거래를 조정했다는 내용을 발표했다. 그에게 입찰 기회가 주어졌지만, 그는 위험이 커질 공산이 너무 높다고 생각했다.

베어 스턴스 구제금융 발표를 한 바로 그날 연방준비제도는 시장에 팽배한 공포감을 해소하고 리먼 브라더스로 불똥이 튀지 않게 하려고 시장에 유동성을 쏟아붓기 시작했다. 최대 투자은행들에게 2천억 달러까지 주택저당증권을 담보로 해서 할인된 금리로 디스카운트 윈도discount window(중앙은행이 자금이 부족한 상업은행들에게 대출을 해주는 창구－옮긴이)에서 빌려주겠다는 제안을 한 것이다. 예전에 상업은행의 특권이었던 디스카운트 윈도가 투자은행에 개방된 적은 한 번도 없었다. 투자은행들은 또한 그런 대출에 따른 당연한 결과인 보고의 의무 및 자기자본규제 제도capital regulation(금융 기관이 영업 과정에서 예기치 못한 손실을 입는 경우에도 정부나 중앙은행의 자금 지원 없이 스스로 손실을 감당할 수 있을 만큼의 최소 자본을 사전에 쌓아두도록 하는 제도－옮긴이)에도 묶이지 않았다. 이런 조치에도 금융시장의 공포감이 진정되지 않자 정부는 상환 가능성이 없거나 어렵게 된 부실채권을 담보로 인정하기로 했다. 정부는 모기지 시장이 얼어붙지 않게 하고 고투하는 대출 기관을 돕기 위해 다시 한번 유례없는 조치를 취한 것이다. 시장 전문가들은 연방준비제도가 위기 확산을 막는 유일한 방법으로 베어 스턴스를 구제하고 아울러 투자은행에 힘을 싣는 경기 부양책의 길을 채택하자 박수를 쳤다. 그러면서도 이런 조치가 경제 회복을 앞당길지 혹은 고통의 시간을 연장하며 또 다른 거품의 씨를 뿌릴지를 놓고 논쟁을 벌였다. 이후 일곱 달 동안, 금융 재앙이 하나씩 나타났고, 상당한 기간 동안 약세를 보였던 달러화의 가치가 계속해서 떨어졌다. 한편 석유 가격은 치솟았다. 2008년 7월 기준으로 현물 석유 가격은 배럴당 144달러나 되었다.

기이한 시기였습니다. 우리는 전혀 다른 세상으로 들어갔던 겁니다. 무슨 일이 어떻게 전개될지 아무도 몰랐습니다. 하지만 찰리와 나는 상황이 더 나빠질 거라고 보았습니다. 아무도 그렇게 보지 않았지만 말입니다.

부채를 줄여나가는 것은 고통스러운 과정이 될 터였다. 은행, 헤지펀드 회사, 금융 서비스 기관, 지방 자치 단체, 건설 및 여행업계, 소비자 그리고 경제 주체 전체가 저비용 채무의 중독에서 벗어나야 했다, 빠르고 고통스럽게 혹은 느리고 고통스럽게……. 자산 수익률은 오랜 기간 평균 이하가 될 수 있었다. 찰리 멍거는 '4퍼센트 수익률의 세상'이라는 표현을 쓰기도 했다. 그러면서 4퍼센트 수익을 16퍼센트 수익으로 바꿔준다고 유혹하는 사기꾼이 이런 상황에서는 어김없이 창궐하니 조심하라고 경고했다. 그런 손쉬운 돈벌이는 도둑질 외에는 없다는 것이었다.

2008년 봄, 모든 혼돈의 한가운데에 워런 버핏이 있었다. 60년 가까운 세월 동안 가치와 리스크에 대한 그의 생각은 조금도 바뀌지 않았다. 게임의 규칙이 바뀌었다고 말하는 사람들은 늘 있었지만 이는 투자 기간이 너무 짧기 때문에 그렇게 보일 뿐이라고 그는 말했다.

그는 다시 한번 젊은 시절 그랬던 것처럼 꽁초를 주웠다. 그는 기본적으로 다른 사람의 고통에서 즐거움을 찾지 않았지만, 사업의 세계에서는 누구나 어떤 편에든 서야만 했다. 이처럼 엄혹한 시기에 그는 자신의 가장 예리한 기술, 즉 자기가 가장 사랑하고 또 자기에게 진실한 일을 하는 즐거움을 누렸다.

우리는 신용부도스와프(돈을 빌린 회사가 파산하더라도 채권자가 부채를 보장받을 수 있는 보험 개념의 파생상품)가 저평가된 상황에서 이걸 팔고 있습니다. 나는 여기 앉아서 새로 구독하게 된 〈본드 바이어The Bond Buyer〉(채권시장에 관한 상세한 정보를 제공하는 일간지 - 옮긴이)를 무릎에 올려놓고 읽습니다. 도대체 누가, 내가 〈본드 바이어〉를 날마다 읽으리라고 생각했겠습니까? 〈본드 바이어〉의 한해 구독료는 2,400달러인데, 일일 구독료로 그렇게 받아도 괜찮을 정도입니다. 경매에서 유찰된 비과세 머니마켓펀드MMF(투신사가 고객의 돈을 모아서 금리가 높은 단기 금융 상품에 투자하여 수익을 얻는 초단기 금융 상품 - 옮긴이) 목록 및 경매방식채권ARS(경매 방식으로 금리를 결정하는 장기 채권. 주로 미국의 주 정부와 대학교 재단 등이 발행한다 - 옮긴이) 목록 가운데서 괜찮은 것들을 뽑았습니다. 그런데 똑같은 펀드가 똑같은 날 똑같은 시간에 똑같은 딜러에게서 금리 5.4퍼센트와 8.2퍼센트에 팔립니다. 말도 안 되죠. 완전히 똑같은 건데 말입니다. 게다가 기초담보대출은 완벽하게 좋았습니다. 820포인트에 거래될 이유가 없지만 우리는 820포인트에 낙찰을 받습니다. 이와 동시에 어떤 사람은 똑같은 것임에도 불구하고 이걸 540포인트에 삽니다. 누가 10주 전에 내가 그렇게 될 것이라고 말했더라면, 아마 그럴 가능성은 내가 스트립쇼에 출연하는 남자 배우가 될 가능성과 비슷할 거라고 말해줬을 겁니다. 우리는 40억 달러를 여기에다 넣었습니다. 내 생애 그처럼 극적인 투자는 없었던 것 같습니다. 이런 걸 효율적인 시장이라고 한다면 모든 사전이 '효율적'이라는 단어의 정의를 새로 써야 할 겁니다.

도대체 누가 비과세 머니마켓펀드가 꽁초가 될 줄 알았을까?

가장 직접적이고 또 금방 가능할 것 같은 기회는 신용시장에 있는 기묘한 것들에 있습니다. 그리고 가장 큰 기회는 모기지에 있습니다. 나는 그것들을 충분하다고 할 정도로 알지는 못합니다. 비록 배우고 있어서 곧 이해할 수 있긴 하겠지만 말입니다. 그리고 만일 안전 마진이 충분하다는 판단이 들면, 거기에 투자할 겁니다.

그는 일반인은 하면 안 된다고 했다.

안 됩니다. 주식은 오랜 시간 가지고 있어야 하는 겁니다. 어떤 회사의 생산성이 올라가면 그 회사의 주식 가격도 덩달아 오릅니다. 사람들이 저지를 수 있는 오류가 몇 가지 있습니다. 하나는 적절하지 않은 시기에 주식을 사거나 파는 겁니다. 또 다른 것으로, 높은 수수료를 무는 행위를 들 수 있습니다. 이 두 가지 오류를 피할 가장 좋은 방법은 비용이 적게 드는 인덱스 펀드에 가입해서 오래 버티는 겁니다. 다른 사람이 두려워할 때 욕심을 내고, 다른 사람이 욕심을 낼 때 두려워해야 합니다. 하지만 시장보다 한 수 앞설 수 있다고 생각하지는 마십시오.

미국 산업이 장기적으로 발전할 것이라고 본다면 시장보다 훨씬 더 잘할 수 있다는 생각을 도대체 왜 하는 걸까요? 적극적인 투자자의 자세로 임해야 할 사람은 극히 소수일 뿐입니다.

워런 버핏이 살았던 삶이 어떤 교훈을 준다면, 그 교훈은 바로 그의 이 말이 보여주는 진실성이다.

나무는 하늘 끝까지 자라지 않는다. 하지만 그는 자기가 새로 자라나는 어린 나무가 뿌리를 내리는 일을 도울 수 있다고 생각했다. 그는 단 한 번도 사업에 대한 집중을 놓친 적이 없었다. 하지만 여생을 가장 이상적으로 보낼 수 있는 길이 무엇인지 생각하면서, 다시 한번 설교의 충동에 사로잡혔다. 그는 꽤 오랫동안 미국 전역을 돌면서 대학생들에게 유익한 이야기를 해왔다. 또 대학생들을 오마하로 부르기도 했다. 그는 학생을 상대로 이야기하는 걸 좋아했다. 어떤 습관들로 굳어 있지 않고 또 젊어서 자기가 말하는 걸 최대한 충분히 활용할 수 있어서였다.

나는 아주 일찍부터 눈덩이를 단단히 뭉친 뒤 굴렸습니다. 만일 이보다 10년 늦게 시작했더라면 그 눈덩이는 지금 언덕에 서 있는 눈덩이와는 완전히 달랐을 겁니다. 그래서 나는 학생들에게 조금이라도 더 일찍 그 게임을 시작하라고 권합니다. 금액이 클 필요는 없습니다만, 조금이라도 일찍 시작하는 편이 뒤늦게 시작하는 것보다 훨씬 낫습니다. 단, 신용카드는 그 게임에서 뒤처지게 만드는 확실한 요인이라고 말해줍니다.

이미 2002년에 워런은 긴박함을 느끼면서 학생들과 대화를 나누는 일에 속도를 올렸다. 학생들은 미국 전역에서 찾아왔다. 매사추세츠 공과대학교MIT, 노스웨스턴대학교, 아이오와대학교, 네브래스카대학교, 웨슬리언대학교, 시카고대학교, 웨인 주립대학교, 다트머스대학교, 인디애나대학교, 미시건대학교, 노트르담대학교, 컬럼비아대학교, 예일대학교, 휴스턴대학교, 하버드 래드클리프대학교, 미주리대학교, 테네시대학교, 캘리포니아대학교 버클리 캠퍼스, 스탠퍼드대학교, 아이오와주립대학교, 유타대학교, 텍사스 A&M대학교. 그가 학생들에게 전한 메시지 가운데 많은 내용은 빠르게 부자가 되는 것은 인생에서 가장 가치 있는 목표가 아니라는 것이었다. 그런데 역설적이게도 학생들이 그를 찾아오는 동기는 바로 그만의 경쟁력, 부자와 유명한 사람을 숭배하려 드는 인류의 충동이었다. 그의 인생에 있었던 모든 게 그랬듯이 그를 찾는 학생들의 방문도 눈덩이처럼 불어나기 시작했다.

2008년 워런 버핏은 처음으로 세계 최고 부자 자리에 올랐다. 이제 학생들은 아시아와 라틴아메리카에서도 오마하로 찾아왔다. 어떤 때는 두세 학교의 학생들이 한꺼번에 찾아오기도 했고 가끔은 그 수가 200명이 넘을 때도 있었다. 또 때로는 이런 자리가 한 달에 여러 번 마련되기도 했다.

오마하의 현인을 찾아서 순례하는 학생들은 완벽한 대접을 받았다. 완벽함에 딱 하나 모자라는 게 있다면, 그가 학생들이 머무는 호텔에 새벽 4시 30분에 직접 찾아가서 프론트에 연례 보고서를 맡겨두고 오지 않았다는 것뿐이었다. 이런 일은 인터넷이 대신 해주었다. 학생들은 로즈 블럼킨이 세운 네브래스카 퍼니처 마트를 둘러보았고 보샤임의 매장을 둘러보았다. 워런은 사무실에서 학생들을 맞았다. 요즘 들어서 그는 회색 양복과 깃을 빳빳이 세운 셔츠 대신 편안한 평상복 차림이었다. 학생들은 때로 사업과 전혀 동떨어진 질문을 하기도 했다. 사람이 사는 목적이 뭡니까? 이런 질문에 그는 사업과 관련된 질문과 똑같이 수학적인 방식으로 답변했다.

수지가 수술을 받은 뒤 병원에서 회복 기간을 거치고 있을 때 조지아 공대 학생들에게 이야기했던 것처럼 그렇게 말했다.

사람이 사는 목적은, 자기를 사랑해 주면 좋겠다고 생각하는 사람들로부터 될 수 있으면 사랑을 많이 받는 것입니다.

사회는 어떻게 질서를 찾아야 합니까? 워런은 이에 '난소 로또' 이야기를 해주었다. 올바른 배우자는 어떻게 찾습니까? 결혼을 해보라고 했다(이때 돈에 대해서는 언급하지 않았다). 무엇이 옳은지 어떻게 알 수 있습니까? '내면의 점수판'이 지시하는 대로 따르라고 했다. 직업적인 경력을 어떻게 쌓아야 합니까? 본인이 열정을 느끼는 대상을 찾으라고 했다. 그러면서 이렇게 덧붙였다.

"나는 내가 좋아하는 사람들하고만 일합니다. 아침에 일하러 나갈 때마다 배가 아프다면 길을 잘못 든 겁니다."

그는 또 학생들에게 램프의 요정 지니 이야기도 했다. 자기 몸을 평생 한 대밖에 가질 수 없는 자동차처럼 다루어라. 차를 아기처럼 다루고, 밤이면 차고에 제대로 주차하고, 흠집이 나면 녹슬기 전에 곧바로 수리하고, 주기에 맞춰서 엔진오일을 갈아라. 그리고 이야기가 끝나면 학생들을 데리고 고라츠로 가서 점심 혹은 저녁을 먹였다. 학생들은 이때만큼은 램프의 요정도 눈감아 주기라도 하는 듯 테이블 위에 놓인 티본스테이크와 (평소보다 양이 갑절인) 해시브라운을 허겁지겁 먹었다. 학생들은 잇따라 자리에서 일어나서 그와 함께 사진을 찍으려고 서로 앞다투며 법석을 떨곤 했다. 먼 훗날, 아마 40년쯤 지나고 났을 때 이 학생들의 손주들은, 자기 할아버지가 오마하의 현인과 대화를 나누고 함께 식사했다는 말을 믿을 것이다.

워런이 가르친 내용은 자기 삶에서 우러나온 교훈들이었다.

그는 자기 삶 속에 야망은 있었다고 인정하지만 어떤 계획이 있었다고는 인정하지 않는다. 자기 인생의 캔버스에 위대한 작품을 그릴 수 있도록 만든, 창조자로서의 강력한 의도가 자기에게 있었다는 사실을 좀처럼 인정하기 어렵다고 한다. 그가 하는 이야기로는 여러 가지 멋진 일이 우연하게도 반복되어 나타난 끝에 마침내 오늘날의 버크셔 해서웨이까지 왔다고 한다. 즉, 특별한 계획이나 설계도 없이 어쩌다 보니 끊임없이 돈을 만들어 내는 기계, 버크셔 해서웨이가 만들어졌다는 말이다. 멍거의 표현대로 '빈틈없이 구축된 응당한 신뢰의 거미줄'을 토대로 해서 마음이 통하는 주주들과의 진정한 동반자 의식을 바탕으로 한 정교한 구조, 엄청난 플로트를 가지고 있는 자회사들과 모회사 사이 그리고 자회사들 사이에 자본이 자유롭게 이동할 수 있는 유기적인 구조의 투자 포트폴리오 등은 모두 순전히 자기의 개성이 반영되어서 나타났던 것일 뿐이라고 그는 말한다. 이렇게 해서 최종적으로 도출된 것은 하나의 모델, 분석과 이해가 가능한 워런 버핏이라는 사례의 모델이었다.

이런 노력을 기울인 사람은 많지 않았다. 분석하고 이해해서 그의 옷자락을 잡고 물어갈 수 있었지만 대부분의 경우 그렇게 하지 않았다. 사람들이 관심을 기울인 점은 단순하게도 그가 얼마나 재산이 많은 부자인가 하는 점이었다. 실제로 그는 사람들이 자기 사례를 연구하기를 바랐는데, 그러면서도 한편, 때로 부주의하게도 그런 연구를 어렵게 만들기도 했다. 그저 자기는 날마다 즐거운 마음으로 일을 즐겼다고 사람들이 믿게 하고 싶었던 것이다.

하지만 그건 그야말로 (그가 맨 처음 이 책을 의뢰하면서 요구했던) '아첨이 덜한' 표현 방식일 것이다.

진실은 다음과 같다.

병뚜껑을 모으고 수녀들의 손가락에서 지문을 채취하던 어린 시절 워런은 장차 자기가 어떤 사람이 될지 전혀 알지 못했다. 하지만 날마다 스프링 밸리에서 자전거를 타고 신문을 돌릴 때, 늦지 않게 신문을 배달하려고 가쁜 숨을 몰아쉬며 웨스트체스터를 가로질러 달릴 때 누가 어린 워런 버핏에게 세계 제일의 부자가 되고 싶으냐고 물었다면 아마 그 아이는 진심으로 '예!'라고 대답했을 것이다.

이런 열정이 그를 수천 개나 되는 주식 세상을 공부하도록 이끌었다. 이런 열정이 있었기에 그는 다른 사람은 아무도 찾지 않는 자료를 찾아서 도서관과 기록보관소를 드나들었다. 그리고 다른 사람이 봤다면 눈이 흐리멍텅해졌을 수십만 개의 숫자들과 씨름하면서 밤늦게까지 연구했다. 그는 또한 아침마다 몇 가지 신문을 단어 하나 빼놓지 않고 읽었다. 아침마다 마시던 코카콜라(처음에는 펩시콜라였다)처럼 〈월스트리트 저널〉을 그대로 삼키고 소화했다. 직접 회사들을 방문해서 그리프 브로스 코퍼리지의 지점을 운영하던 여성을 상대로 배럴통에 대해서 몇 시간씩 이야기하고, 자동차 보험에 대해서 로리머 데이비드슨과도 몇 시간씩 이야기했다. 또 육류 물품을 구비하는 방법을 배우려고 〈프로그레시브 그로서〉와 같은 잡지들을 읽었다. 자동차 뒷좌석에 《무디스 매뉴얼》과 원장들을 가지고 다녔으며 심지어 신혼여행을 갈 때도 이것들을 가지고 갔다. 사업의 경기 순환을 익히고 월스트리트의 역사와 자본주의의 역사, 현대 기업의 역사를 공부하려고 백 년 전 신문을 몇 달에 걸쳐서 읽었다. 정치판도 심도 있게 주시하면서 정치가 사업에 어떻게 영향을 미치는지 깨달았다. 경제 관련 통계를 분석해서 통계 수치가 의미하는 내용을 깊이 이해할 수 있는 능력을 길렀다. 어린 시절부터 자기가 존경하는 사람의 전기는 빼놓지 않고 읽으면서 그들의 삶에서 교훈을 찾고 또 배웠다. 자기에게 도움이 되는 사람이면 누구에게나 접근해서 친해졌고, 똑똑하다고 생각되는 사람이 있으면 그의 옷자락을 잡고 물어갔다. 미술, 문학, 과학, 여행, 건축 등 사업 이외의 것에는 거의 관심을 두지 않아 오로지 자기 열정에만 집중할 수 있었다. 실수를 저지르지 않으려고 자기 능력의 동심원을 분명하게 규정했다. 단 한 번도 큰 빚을 지지 않음으로써 위험을 최대한 줄이려고 했다. 그리고 사업과 회사에 대한 생각을 한순간도 머리에서 지우지 않았다. 어떻게 하면 훌륭한 회사를 만들 수 있을까? 무엇이 회사를 망칠까? 어떻게 경쟁할까? 어떻게 하면 고객에게 회사에 대한 충성심을 심어줄 수 있을까? 그는 또한 머릿속으로 문제 상황을 빠르게 정리하고 해결하는 비범한 능력을 가지고 있었는데, 이 덕분에 다른 사람에게서 볼 수 없는 놀라운 통찰력을 발휘할 수 있었다. 또 그는 자기 주변에 막강한 인맥을 구축했다. 그가 우정과 지혜를 동시에 구하려고 했던 이 사람들은 그에게 도움을 주었을 뿐만 아니라 그가 원할 때는 즉각 옆으로 물러나 길을 터줬다. 경기가 좋을 때고 나쁠 때고 돈 벌 생각은 한시도 멈추지 않았다. 이런 정력과 집중성은 그의 내적인 지성과 기질 그리고 수완을 강력하게 충전하는 원동기 역할을 했다.

워런 버핏은 돈을 사랑했던 사람이다. 돈을 모으는 일은 그에게 삶의 활력이었다. 이 사랑 때문에 그는 계속 앞으로 나아갔다. 내셔널 아메리칸과 같은 작은 주식을 사고, 보다 싼 어떤 걸 사려고 가이코를 팔고, 샌본 맵과 같은 회사들의 이사회를 압박해서 주주들에게 정당한 결정을 내리도록 했다. 그런 사랑이 있었기에 그는 독립심과 경쟁심을 가질 수 있었으며, 벤 그레이엄의 회사 그레이엄-뉴먼의 하급 파트너로 들어가지 않고 독자적인 투자 회사를 세울 수 있었다. 또 그런 사랑이 있었기에 과감하게 뎀스터 밀의 재고를 털어 내고 설비를 팔았으며, 리 다이먼을 해고하는 강인한 면모를 보일 수 있었다. 또한 그런 사랑을 토대로 시베리 스탠턴을 꺾겠다는 결심을 할 수 있었다. 그리고 그 사랑이 있었기에 워런은 인내심을 키웠고, 찰리 멍거가 꽁초를 줍기보다 위대한 기업을 사들여야 한다고 말할 때 그의 말을 귀담아 들었다. 비록 다른 사람의 말에 귀를 기울이는 일은 그의 성격에 맞지 않았지만 말이다. 또한 그 사랑은 블루칩에 대한 증권거래위원회의 수사를 이겨낼 수 있도록 그리고 〈버펄로 뉴스〉의 파업을 이겨낼 수 있도록 그의 의지를 강하게 단련시켰다. 또한 이 사랑 덕분에 여러 회사를 무자비하게 인수할 수 있었다. 이 사랑은, 때로 인수할 거리가 없을 때는 기준을 낮추도록 그를 이끌기도 했다. 하지만 안전마진 개념을 고수하게 해서 심각한 손해를 보지 않도록 지켜주었다.

워런 버핏은 소심한 사람이었다. 남과 정면으로 맞닥뜨려 싸워야 하는 상황을 피했으며 세상의 거친 면면을 막아줄 사람을 필요로 했다. 하지만 이런 소심함은 사적인 부분에만 국한되었을 뿐, 사업과 투자에 관한 한 두려움을 몰랐다. 그는 돈과 관련해서는 단 한 번도 소심한 적이 없었다. 부자가 되고 싶다는 열망이 있었기 때문에 그는 자전거를 타고 사나운 개가 지키고 섰던 집을 지나서 마지막 몇 부의 신문을 마저 배달할 수 있었다. 또한 부자가 되고 싶다는 열망이 있었기 때문에 하버드대학교에서 퇴짜 맞은 뒤에 벤 그레이엄을 찾아 컬럼비아대학교에 갈 수 있었다. 또한 그 열망 덕분에 한 발 한 발 앞으로 나아갈 수 있었고, 주식 중개인으로 일하던 때는 번번이 거절하는 사람을 찾아가 여러 차례 설득할 수 있었다. 그 열망은 그가 처음에는 용기를 잃고 등록에 실패했지만 또다시 데일 카네기 강습소를 찾아가 등록할 수 있도록 힘을 주고 이끌었다. 그 열망이 있었기에 평생 쌓은 명성을 포기하면서까지 살로먼 브라더스의 위기를 돌파하겠다는 용기를 발휘할 수 있었다. 인터넷 거품이 한껏 끼어 있던 시기에는 참을 수 없을 정도의 모진 비판과 비난을 받으면서도 이에 반격하지 않고 의연하게 대응할 수 있었다. 그는 평생 리스크를 고려하고 제한하고 또 피하며 살았지만 돌이켜보면 결국 그는 자기가 생각했던 것보다 훨씬 더 용감했다.

워런 버핏은 자기를 결코 용감하다고 말하지 않을 것이다. 자기가 가지고 있는 정력, 집중력 그리고 이성적인 기질을 내세울 것이다. 무엇보다도 자기 자신을 교사로 묘사할 것이다. 성인이 된 뒤로 그는 자기 아버지 하워드 버핏이 불어넣은 가치관을 고수하면서 평생을 살았다. 그는 아버지가 자기에게 '얼마나 많이'보다 '어떻게'가 더 중요하다고 가르쳤다고 말한다. 무자비한 욕심을 제어하기란 결코 쉬운 일이 아니었다. 하지만 본질적으로 정직한 사람이라는 사실, 설교하고 싶은 충동에 사로잡혀 있었다는 사실이 그에게는 많은 도움이 되었다. 멍거는 다음과 같이 말한다.

"워런은 자기 재산을 일부러 제한했습니다. 마음만 먹었다면, 그러니까 모든 주주를 함께 데리고 가지 않았거나, 투자 수수료를 청구하며 투자 회사를 좀 더 오래 운영함으로써 훨씬 더 많은 돈을 벌 수 있었지만 그렇게 하지 않았습니다."

복리로 더 벌 수 있었던 돈을 33년 동안 계산하면 수백억 달러가 된다.²⁷ 냉정하게 마음먹고 관련된 다른 사람들이야 어떻게 되든 상관하지 않고 버크셔 해서웨이 자회사들을 이리저리 팔고 쪼개면서 재산을 불릴 수도 있었다. 인수 합병 분야의 황제가 될 수도 있었다. 온갖 투기적인 사업에 자기 이름을 팔아서 돈을 챙길 수도 있었다. 다시 멍거가 하는 말이다.

"결국 워런은 그렇게 할 마음이 없었습니다. 경쟁심이 강하긴 했지만 윤리 의식 없이 노골적으로 경쟁심을 발휘하지는 않았습니다. 워런은 자기 나름의 어떤 삶을 살고자 했고, 그 삶이 워런에게 사회적인 공적과 기반을 마련해 주었습니다. 분명히 말할 수 있지만, 워런이 살아온 삶은 다르게 살았을 수도 있는 삶보다 훨씬 더 멋집니다."²⁸

자기가 알고 있는 사실을 사람들에게 아낌없이 나누어 주고 싶었기 때문에 그는 주주들에게 보내는 연례 편지를 쓰느라 여러 달에 걸쳐서 고심했다. 그리고 쇼맨십을 즐겼기 때문에 주주 총회장에 조립식 주택을 세워두고 싶어 했고, 또 장난기 있는 면모 덕분에 매트리스 광고에도 직접 출연했다. 그가 안전 마진에 집착한 것은 그에게 '내면의 점수판'이 있어서였다. 멍거가 '학습 기계'라고 부를 정도로 배움에 몰두한 것은 순수한 열정을 가지고 있어서였다. 자기의 모든 지식을 활용해 미래에 펼쳐질 일들을 포착할 수 있었던 이유는 승패의 확률을 매기는 기술이 있어서였다. 다가올 위험을 세상에 경고한 것은 설교하고 싶은 충동으로 넘쳐나서였다.

그는 일흔일곱 번째 생일을 맞았을 때 자기가 살아온 생애가, 미국이라는 나라가 살아온 생애의 3분의 1이라는 사실을 생각했다. 나이가 그를 점점 압박했다. 예전에 그랬던 것처럼 종일 무언가를 읽는 일이 힘들어졌다. 눈 한쪽이 점점 약해지고 있었다. 그래서 예전과 달리 효율성을 따져서 읽기로 했다. 내키지 않았지만 결국 보청기도 끼기로 했다. 말도 예전에 비해 빨라졌고 또 듣기 거슬리는 소리가 섞였다. 또한 금방 힘들어했다. 하지만 사업과 관련된 판단은 여전히 빠르고 날카로웠다.

그는 앞으로 10년치 신문이 한꺼번에 문 앞에 배달되면 좋겠다고 생각했다. 앞으로 남은 세월은 끝이 없는 게 아니었다. 하지만 운이 좋으면 그 세월은 더 오래 늘어날 수도 있을 터였다. 나무는 하늘 끝까지 자라지 않지만 그는 아직 지면을 뚫고 나오지도 못했다. 또 다른 새로운 사람, 또 다른 투자 대상, 또 다른 아이디어 등이 늘 그를 기다렸다. 이미 배워서 알고 있는 것에 비하면 앞으로 배워야 할 것은 너무도 많았다.

만일 제대로 된 눈 위에 서 있다면 눈덩이 굴리기는 이미 시작된 겁니다. 내가 그랬습니다. 이건 돈을 불리는 이야기만 뜻하는 게 아닙니다. 세상을 이해하고 어떤 친구를 만들어 나가느냐에 관한 문제입니다. 시간을 두고 신중하게 선택해야 합니다. 그리고 눈이 기꺼이 스스로 붙고 싶은 마음이 들도록 하는 그런 사람이 되어야 합니다. 그러니까 본인 스스로 촉촉한 눈이 되어야 합니다, 잘 뭉쳐지게 말입니다. 앞으로 나아가면서 눈을 계속 붙여야 합니다. 갔던 길을 물리고 다시 언덕 위로 되돌아갈 수는 없습니다.

워런 버핏이 조심스럽게 뭉치기 시작했던 눈덩이는 지금 엄청나게 커져 있다. 하지만 눈덩이를 대하는 그의 태도는 처음과 다르지 않다. 앞으로 몇 번이나 더 생일이 찾아올지 모르지만, 그때마다 그는 늘 깜짝 놀랄 것이다. 그리고 살아 있는 한 늘 청년의 마음을 잃지 않을 것이다. 그는 지나온 언덕 정상을 뒤돌아보지 않으니까. 세상은 정말 넓고, 그는 이제 막 시작했을 뿐이다.

❄

—

후기

2006년 10월 23일, 버크셔 해서웨이는 주식 한 주의 거래 가격이 10만 달러를 돌파한 최초의 미국 회사가 되었다. 2007년 말에는 이 주식이 무려 한 주에 14만 달러가 넘는 선에서 거래되었다. 이는 곧 버크셔 해서웨이의 가치가 무려 2천 억 달러가 넘는다는 뜻이었다. 〈배런스〉가 실시한 설문조사에 따르면 버크셔 해서웨이는 세계에서 가장 존경받는 회사로 꼽혔다.[1] 워런의 개인 재산도 600억 달러를 넘었다.

10년 동안 버크셔 해서웨이 주식의 가격은 연평균 12퍼센트를 약간 웃도는 상승률을 보였다. 과거 워런이 연평균 27퍼센트의 수익률을 기록하던 초기의 성적과 비교할 경우 상당히 낮은 수치라고 말할 수도 있다. 그가 늘 말했듯이 나무는 하늘 끝까지 자라지 않는다. 버크셔 해서웨이의 자본이 늘어날수록 오르막길은 더욱 가파르고 힘들어졌다. 하지만 버크셔 해서웨이의 투자자들은 이 '예전에 비해서 낮은' 수익률이라도 그저 고마울 따름이었다. 시장 지수에 투자한 사람들, 예컨대 인덱스 펀드에 가입한 사람들은 〈월스트리트 저널〉이 소위 '잃어버린 10년'이라고 불렀던 세월 속에서 모진 시련을 겪었다. 이 기간 동안 S&P 500 지수는 1999년 4월 수준보다 떨어졌다.[2] 그가 선 밸리에서 했던 예측이 맞아떨어졌던 것이다. 주식시장의 거품이 꺼졌던 1999년 이후의 기간은 시장 지수가 오르지 않은 기간으로 따지자면 역대 세 번째로 길었다. 하지만 그는 여전히, 적절한 가격에 사고 또 수수료를 적게 물기만 하면 주식은 장기적인 투자 대상으로는 최고라고 말했다. 2008년 초에도 그는 주식을 사들였는데 예전처럼 그렇게 열정적으로 사들이지는 않았다. 조만간 시장은 단기적인 차원의 투표기 기능을 벗어던지고 장기적인 차원에서 옥석을 가려내는 저울의 기능을 할 터였다. 그사이에 그는 주로 회사를 사는 데 주력했다.

또 빌 게이츠와 샬럿 가이먼 이후로 버크셔 해서웨이 이사진에 새로 몇 명을 추가했다. 2002년에 주주에게 보낸 편지에서 워런은 주주들에게 이사회에 이름을 올리고 이사로 활동하고 싶은 사람은 자천하라고 했다. 수많은 편지가 날아들었다. 이 편지를 받아 든 그는 흐뭇하고 즐거웠다. 몇몇 편지의 내용에는 깊은 감명을 받기도 했다. 하지만 그해에 결국 자천 후보들 대신에 돈 커우와 톰 머피를 새로운 이사로 정했다. 이 과정을 볼 때 명확하게 드러나는 일이지만 버크셔 해서웨이의 기업지배구조는 매우 개인적이었다. 워런 버핏 개인의 판단에 좌우되었던 것이다. 증권거래위원회는 주주들이 공식적인 절차를 통해서 이사를 뽑도록 버크셔 해서웨이에 요구했고, 회사는 그렇게 하기로 동의했다. 2007년 회사는 또 한 명의 여성을 이사로 임명했다. 야후의 최고재무책임자 수전 데커였다. 데커 덕분에 이

사회의 평균 연령은 다시 한번 줄어들었다.

하지만 이 과정에서 워런은 지원 공모 방식이 썩 괜찮다는 생각을 했다. 그는 다른 사람에게 요청하는 것이 아니라 요청받는 입장에 서는 것을 선호했다. 그리고 주주들에게 보낸 2006년 편지에서는 빌 게이츠의 부추김을 받아서, 비록 가이코의 CEO 루 심프슨이 '최고 수준의 기록'을 내긴 했지만 심프슨과 자기 자신에게 어떤 일이라도 생길 경우 곧바로 위기가 닥칠 것이라고 지적한 뒤, 심프슨의 뒤를 이을 사람을 찾는다고 밝혔다. 누구든 스스로 자질이 있다고 생각하는 사람은 이력서를 보내라고 했다. 그와 멍거가 가장 중요하게 여겼던 덕목은 리스크를 얼마나 잘 이해하느냐 하는 것이었다. 전 세계에서 700명이 지원서를 보냈다. 이 가운데 한 사람은 자기를 이렇게 설명했다.

"나는 이기적이며 인정사정 볼 줄 모른다는 말을 듣습니다."

온갖 사람이 워런의 후계자로서 일하는 데 필요한 실질적인 자질 이야기는 하지도 않은 채 자기들이 어째서 그와 똑같은 인물이라고 느끼는지를 장황하게, 정말 장황하게 늘어놓았다. 그리고 많고 또 많은 사람이 자기들은 업무를 수행하는 데 필요한 경험을 가지고 있지 않지만 그의 견습생, 임시 대역을 하고 싶다거나 곁에서 그의 가르침을 배우고 싶다고 했다. 그는 이 편지들을 모두 모아다가 이사회로 가지고 갔다. 그리고 최종적으로 네 사람의 후보가 가려졌다. 이미 능력을 인정받은, 자본을 운용하고 있는 사람들이었다. 이제 이 네 후보가 지위 계승의 기회를 기다리고 있었다.

제시 잭슨이나 시민 단체의 개입으로 어색하기 짝이 없었던 2004년 주주 총회를 겪은 뒤, 워런은 2005년 주주 총회의 사업적인 부문은 오후 늦은 시간으로 돌렸다. 그러자 그해는 물론 그다음 해에도 총회장에 시민 단체의 활동가들이 나타나지 않았다. 하지만 2007년 주주 총회 직전에 오마하의 주요 간선도로 위에 '양심에 한 점 부끄러움이 없습니까?'라는 문구가 적힌 거대한 플래카드 하나가 나붙었다. 이유는 이랬다. 페트로차이나의 모회사인 중국국영석유공사CNPC가 아프리카 수단의 다르푸르에서 발생한 대학살에 자금을 지원했다는 혐의를 받고 있었다. 이에 따라 시민 단체는 버크셔 해서웨이가 페트로차이나에 투자한 자금을 즉각 회수해야 한다는 결의안을 주주 총회가 채택해야 한다고 압박했다. 워런은 굳이 그 결의안을 투표에 부치지 않아도 되었지만 그렇게 했고, 총회장에서 다르푸르 사태에 대한 열띤 목소리들이 울려 퍼지게 했다.

A 주식이 가지고 있는 의결권으로 볼 때 그 결의안은 결코 통과될 수 없었다. 하지만 워런은 주주들이 자기와 회사에 대해서 어떤 생각을 하는지에 대해 큰 관심을 가졌고 2007년 말 페트로차이나 주식을 팔았다(그는 이때 이 결정이 다르푸르 사태와는 아무 관련이 없다고 말했다). 이 투자 비용은 5억 달러 미만이었지만, 순수익은 35억 달러나 되었다. 그런데 에너지 관련 종목의 가격은 계속 올라갔고 나중에는 페트로차이나를 너무 일찍 팔아버린 게 아니냐는 비판을 받기도 했다. 하지만 버크셔 해서웨이의 주주 총회는 기업의 사회적 책임 및 도의를 드러내는 모범으로 남았다. 점점 더 많은 사람이 주주 총회장에서 이의를 제기했고 이들의 주장은 기꺼이 경청의 대상이 되었다. 축제는 계속해서 이어졌다.

버크셔 해서웨이는 다른 회사를 여러 개 인수했다. 이 가운데 가장 의미 있는 것은 2006년 인수한 절삭공구 제조업체인 '이스카Iscar'였다. 고도로 자동화된 설비를 갖추고 있던 이 회사는 이스라엘 회사였다. 버크셔 해서웨이로서는 최초로 외국 기업을 인수한 사례였다.

프루트 오브 더 룸 명의로는 '러셀 애슬레틱스Russell Athletics'를 샀다. 또 런던 소재의 보험사 '에퀴타스Equitas'를 인수하면서, 70억 달러 자산 가치의 플로트를 받고 런던 로이즈의 보험금 지급 의무를 인수했다. 버크셔 해서웨이는 전자 부품 배급업체인 TTI도 인수했다. 2007년에는 텍사스의 철도 회사인 BNSF 철도 주식에 투자해서 작게나마 철도 주식 붐을 일으켰다. 그가 투자하지 않았던 대상 가운데 하나는 〈월스트리트 저널〉이었다. 가장 즐겨 읽었던 신문인데도 이 신문사 주식에는 단 한 푼도 투자하지 않았다. 그러다가 2007년에 〈월스트리트 저널〉은 언론계의 제왕 루퍼트 머독으로부터 인수 제안을 받았다. 이 신문사의 편집자들을 포함한 직원 일부는 저널리즘의 질이 높아질 수 있다고 기대하면서 워런이 이 신문사를 인수해서 구원해 주길 바랐다. 하지만 그는 저널리즘의 질을 드높인 구원자가 될 수 있다 하더라도 부자들에게 주는 트로피를 받는 데 결코 큰돈을 쓸 생각이 없었다. 오래전, 〈워싱턴 먼슬리〉 시절에 그의 이성적인 측면이 발동해 신문사에 대한 애호와 여기에 대한 투자를 분리시켜 버린 것이다. 이런 면모는 줄곧 변함이 없었다.

2008년에는 제과업체인 '마스Mars, Inc.'가 추잉껌 제조업체인 '윌리엄 리글리 주니어 컴퍼니Wm. Wrigley Jr. Company'를 230억 달러에 인수한다고 발표했다. 이 발표가 있기 전에 워런은, 골드만 삭스의 투자은행 업무 담당 바이런 트롯의 조정 과정을 거쳐서, 버크셔 해서웨이를 통해 이 거래 대금의 일부인 65억 달러를 마스에게 빌려주기로 약속했었다. 트롯은 이 거래뿐만 아니라 버크셔 해서웨이가 했던 인수 합병들 가운데 여러 건에 관여한 트롯은 워런이 어떻게 생각하는지 정확하게 꿰뚫고 있었다. 워런도 트롯이 버크셔 해서웨이의 관심을 잘 이해한다고 말했다. 그는 리글리에 대해 이야기하면서 "나는 70년 동안 미각 테스트를 해왔다"고 말했다. 아마도 거래 과정에서 할아버지 가게에서 껌을 떼다 팔던 어린 시절, 껌 한 통을 뜯어서 낱개로 하나만 팔라는 버지니아 매쿠브리라는 여자에게 껌을 팔지 않았던 기억을 떠올렸을 것이다.

그가 이 대출을 해주기로 약속한 뒤 맨 처음 떠오른 생각은 주주 총회 진행 총책임자인 켈리 머치모어 브로즈에게 전화하는 일이었다. 그리고 만일 마스와 리글리가 총회 행사장에서 자기들도 자사 제품을 팔고 싶다고 하면 공간을 마련해 주라고 지시했다. 주주 총회장은 사탕과자와 껌의 작은 축제장이 되었다. 2008년 주주 총회에 참석한 사람은 3만 1천 명으로 다시 한번 기록을 갈아 치웠다.

버크셔 해서웨이는 2008년에 전기 부품, 철도용 탱크차, 컨테이너, 트레일러, 각종 산업용 장비 및 자재 등을 생산하는 '마몬Marmon' 그룹을 인수했다. 매출액 70억 달러 규모의 이 회사를 매각한 주체는 프리츠커 가문이었다. 프리츠커 가문은, 오래전 워런이 한 수 배우며 옷자락을 붙잡고 묻어갔던 제이 프리츠커가 1999년 사망한 뒤 벌어진 집안싸움을 해결하려고 이 그룹을 팔기로 했던 것이다.

부유한 집안의 가장이 사망한 뒤 가족 간에 분쟁이 일어나는 경우를 많이 보았던 워런은 자신에게 그런 일이 일어나지 않도록 미리 안배를 해두었다는 생각에 마음이 편했다. 수지가 죽은 뒤 남긴 유언장이나 게이츠 재단에 돈을 기부하기로 한 결정에도 버핏 집안에서는 거의 분란이 일어나지 않았다. 호위와 수지 주니어는 자기들이 좋아하는 일인 농업과 자선사업을 하고 있었다. 피터는 〈정신-일곱 번째 불〉을 로버트 레드퍼드의 선댄스 리조트 연례 여름 행사로 공연하는 문제로 레드퍼드와 한창 논의 중이었다(로버트 레드퍼드는 1985년에 선댄스 연구소를 설립했고 이 연구소가 선댄스 영화제를 개최하고 있다-옮긴이). 피터는 또 독일과 중국 공연 때문에 후원자와 논의하고 있었으며, 새로운 CD 앨범인 〈상상의 왕국Imaginary Kingdom〉 출시를 앞두고 있었다.

이런 평화에 딱 한 명 예외가 있었는데, 그건 바로 워런의 양손녀인 니콜 버핏이었다. 2006년에 니콜은 제이미 존슨과 닉 커즌의 다큐멘터리 작품 〈1퍼센트One Percent〉에 출연했다. 부자의 자손들 이야기를 다루는 내용의 다큐멘터리였는데, 여기에서 니콜은 부적절하게도 버핏식의 모범적인 삶을 대변하는 사람을 자처했다. 게이츠 재단에 기부한다는 그의 발표가 나오기 직전에 방송된 이 다큐멘터리는 CNN과 미국 공영 라디오에 보도되었으며, 이 다큐멘터리와 관련해서 니콜은 〈오프라 윈프리 쇼〉에도 출연했다. 여기에 대해서 워런은 격하게 반응했다. 그는 니콜에게 그녀를 손녀로 생각하지 않으며 만일 누가 묻더라고 그렇게 대답할 것이라는 통보를 했었다. 니콜은 오프라에게 이렇게 말했었다.

"내가 미국 최고의 부잣집 자손이라는 걸 생각하면, 부유한 다른 가족을 위해서 일한다는 건 이상한 일이겠죠."

니콜은 자기가 유산으로 물려받은 재산이 없다는 사실을 '별문제 없이 받아들인다'고 했다(이 말은, 수지가 죽으면서 손주들에게 남긴 재산은 얼마 되지 않았다는 사실을 언급하는 게 분명했다). 그러면서 이렇게 덧붙였다.

"그 돈을 가지고 다른 사람들을 위해서 무언가 창조하는 일을 할 수 있다면 정말 멋질 거라는 생각을 하기는 합니다. 그런 일에 함께 하고 싶지만 완전히 밀려나 있다는 느낌입니다."

인터뷰를 하면서 '가엽고 불쌍한 나'라는 이미지를 부각시킨 건 니콜이 저지른 또 하나의 실수였다.

나중에 니콜은 워런에게 편지를 써서 왜 자기를 인정해 주지 않느냐고 물었다. 그는 2006년 8월 이 편지에 답장을 했는데,[3] 니콜에게 스스로 이룩한 것에 긍지를 가질 필요가 있다고 격려하고 가치 있는 몇 가지 도움말을 줬다. 그리고 성공을 빌었다. 하지만 그는 니콜이 사람들 앞에서 자신을 버핏 가문의 자손으로 포지셔닝한 것은 잘못이라고 했다.

> 만일 그렇게 처신한다면 그건 네가 다른 사람들에게 보일 너의 기본적인 정체성이 되겠지. 사람들은 네가 누구고 또 네가 이룩한 것이 무엇인가에 따라서 반응하지 않고 바로 그 '사실'에 입각해서 반응할 것이다. (……) 나는 법률적으로나 정서적으로 너를 내 손녀로 입양한 적이 없다. 다른 가족들도 너를 조카나 사촌으로 받아들인 적이 없다. (……) 네 엄마가 나에게 존중받는 며느리가 아니었던 것이 사실인 것처럼 네가 내 손녀가 아니라는 점은 엄연한 사실이다.

편지의 어조는 차분했지만 그는 니콜에게서 자신의 가장 예민한 부분, 즉 자기의 정체성과 자기 가족의 정체성에 상처를 받았음을 드러냈다. 그런 상처를 받지 않았더라면 그는 편지를 보내지 않았을지 모른다. 이 편지로 난처한 상황에 몰릴 게 뻔했기 때문이다. 물론 니콜이 잘못했을 수도 있지만 니콜은 거짓 없이 진지했던 것 같다. 이 편지는 니콜을 붙잡아 두기는커녕 니콜이 또 다른 일련의 인터뷰에 나서서 워런을 마치 디킨스의 소설 〈크리스마스 캐럴A Christmas Carol〉에 등장하는 구두쇠 에베네저 스크루지처럼 보이게 만들었다. 그 가운데 하나가 〈뉴욕 포스트〉에 실린 기사 '버핏이 친족에게: 넌 해고야!'⁴라고 할 수 있는데, 이 기사에서 니콜은 자기가 다큐멘터리 작업에 참가한 일로 워런이 앙심을 품고 복수하는 것처럼 묘사하고 있다. 평생 누구든 고립시키지 않으려고 무던히 애쓰며 살았던 워런에게 이 일은 고통스럽기 짝이 없는 아이러니였다. 하지만 이 두 사람 사이의 갈등은 결국 행복한 결말을 맞을 것이다. 워런은 B 부인 로즈 블럼킨에게도 그랬었다. 화해를 바라는 사람에게는 누구를 막론하고 화해의 손길을 내밀었다. 충분한 시간이 전제된다면 말이다.

2008년 코카콜라의 주가는 최저점에서 45퍼센트나 올라서 58달러까지 다다랐다. 네빌 이스델이라는 CEO 체제에서 이익도 꾸준하게 증가했다. 이스델은 법무부 조사를 매듭지었으며, 인종적인 편견과 관련된 2억 달러짜리 소송도 종결시켰다. 한편 워런은 2006년 2월에 코카콜라 이사직에서 물러났다. 그가 이사 자격으로 마지막으로 참가했던 코카콜라의 주주 총회는 시민 단체 활동가들의 축제였다. 하지만 그 누구를 바닥으로 끌어내릴 일은 없었고, 긴장은 그저 약한 수준으로만 유지되었다. 2007년에 이스델은 사임하겠다고 발표했다. 회사는 그동안 뒤처져 있던 콜라 이외의 음료시장에 성공적으로 진입해야 했고, 이 책임은 새로운 CEO 무타르 켄트에게 있었다.

나는 툭하면 게이츠에게 이렇게 말했죠, 햄 샌드위치라도 코카콜라를 경영할 수 있을 거라고요. 코카콜라는 더럽게 좋은 회사이기도 했습니다. 두어 해 전에 그런 혹독한 시기를 겪었는데, 그만큼 훌륭한 회사가 아니었다면 살아남지도 못했을 거예요.

버크셔 해서웨이의 또 다른 문제아이던 제너럴 리는 9·11 사건 이후 우호적인 보험시장의 덕을 톡톡하게 보았다. 2007년에는 역사상 최고 수익을 기록했는데, 세금을 납부하기 이전 기준으로 22억 달러의 운영 수익을 올렸다.[5] 그때까지 제너럴 리는 그간의 손실을 모두 회복했으며, 재무상태표 상황은 워런이 처음 인수할 때보다 훨씬 나아졌다. 1998년 말에 플로트는 140억 달러였는데, 10년 뒤에는 이것이 230억 달러로 늘어났으며 자본도 125억 달러로 늘어났다.

직원 수는 예전에 비해 3분의 1이 적었다. 회사가 완전히 탈바꿈한 것이었다.[6] 2001년 이후로 제너럴 리의 연평균 자본 수익률은 13.4퍼센트였다. 그나마 이 수치도 '아직도 해결해야 할 악명 높은 과거의 수많은 문제들'이 없었더라면 한층 더 높았을 것이라고 CEO 조 브랜든은 워런에게 보낸 편지에서 말했다.[7] 이 문제에는 그 이전에 팔렸던 보험 및 재보험과 관련된 23억 달러의 손실과, 이 회사의 파생상품 담당 사업부인 제너럴 리 시큐러티즈의 잔존계약에 대한 4억 1,200만 달러의 부담금이 포함되어 있었다. 그럼에도 불구하고 제너럴 리는 살로먼 브라더스의 전철을 답습하지 않고 주홍 글씨의 불명예를 극복했다. 워런은 마침내 2007년 주주에게 보내는 편지에서 "일류의 사업적인 수완을 일류의 방식으로 발휘해서 (……) 회사의 명예를 되찾았다"는 표현으로 이 회사 및 이 회사의 고위 간부들을 크게 칭찬했다.[8]

하지만 제너럴 리에게 유산으로 내려오던 커다란 문제 하나가 그대로 남아 있었다. 2001년 경영진이 교체되었지만 그 이전에 마지막으로 저질러졌던 추행 때문에 살로먼 브라더스에서 발생했던 것과 비슷한 일이 벌어진 것이다(살로먼 브라더스 때 워런은 '회사를 위해서 내 명예를 훼손하는 일은 없다'는 원칙을 포기했었다). 나중에야 드러나는 사실이지만, 이 일로 워런은 예전과 다른 기준의 법적 구속력 환경, 즉 과오를 극단적으로 회개하면서 검찰에 적극적으로 협력한다고 해서 검찰로부터 선처를 보장받는 일이 있을 수 없는 환경을 인식하고 여기에 자신의 대응 수위를 맞추게 되었다. 지난 과오를 극단적으로 회개하면서 검찰에 적극적으로 협력하는 것은 이제 당연히 해야 하는 최소한의 기준이 되었는데, 이런 현상이 자리 잡게 된 이유는 부분적으로 살로먼 브라더스 사례 때문이기도 했다. 그 기준에 미치지 못하는 행위, 예컨대 어떤 회사가 자기 자신이나 회사에 소속된 직원들을 지키려는 행위는 모두 기소의 근거가 될 수 있었다.

뉴욕 검찰총장 엘리엇 스피처가 2004년에 '금융 재보험finite reinsu-rance(보험사가 일정한 기간에 걸쳐 책임 한도액을 설정하여 재보험사에게 위험을 전가하고 통상적으로 이익을 공유하는 재보험 계약. 전통적인 재보험과 달리 재보험사의 책임을 사전에 제한하기 때문에 제한적 재보험이라고도 한다 - 옮긴이)'을 두고 보험 업계를 조사하기 시작할 때, 제너럴 리는 일련의 법률 및 규제 관련 문제에 휘말렸었다. 금융 재보험은 그간 여러 가지 방식으로 규정되어 왔었다. 하지만 간단하게 말하면, 자본을 강화하거나 수익의 규모 혹은 수익 발생의 시기를 개선하는 따위의 주로 금융적인 이유들, 혹은 회계와 관련된 이유들로 고객이 사용했던 재보험의 한 형태다. 일반적으로 금융 재보험은 합법적이었지만, 이것이 워낙 남용되다 보니 회계 관련 당국자들은 수십 년 동안 이 재보험을 제어하려고 애써왔었다.

월스트리트에서 일하기 전에, 필자는 회계 관련 주요 규칙 제정 기관인 재무회계기준위원회FASB에서 프로젝트 매니저로 일하면서 그 금융 재보험을 제어하려던 사람 가운데 한 명이었고, 금융 재보험을 회계에서 어떻게 처리해야 할지 명시하는 법령의 초안을 만드는 데 참가하기도 했다. FASB를 떠난 뒤에는 금융 애널리스트가 되었고, '페인웨버PaineWebber'에서 일하면서 제너럴 리가 버크셔 해서웨이에 인수될 당시 제너럴 리의 주식을 담당했다. 이 회사의 인수와 관련해서 워런을 처음 만났고 그 뒤로 버크셔 해서웨이 주식도 담당하게 되었다. 워런은 예전에는 월스트리트의 애널리스트들과 이야기를 하지 않았지만 나만은 예외로 해주었다. 그는 〈뉴욕 타임스〉에서, 내가 생각하는 방식과 내 글의 내용이 마음에 든다고 말했다.

2003년, 필자가 이 책 작업을 시작한 뒤 제너럴 리와 아지트 제인의 버크셔 리는 금융 재보험으로 결국 오스트레일리아의 보험사

HIH를 무너지게 만들었다는 혐의를 받고 특별 조사를 받았다.[9] 그리고 2년 뒤, 제너럴 리는 버지니아의 의료과실 보험사 '리시프로컬 오브 아메리카Reciprocal of America'의 파산과 관련해서 보험 감독 기관 및 보험 계약자들에 의해 사기 혐의로 고소를 당했다. 법무부가 이 혐의를 놓고 폭넓게 조사했지만 제너럴 리나 이 회사의 직원들이 잘못을 저질렀다는 증거는 나오지 않았다.[10] 같은 해에 금융 재보험 산업에 대해서 엘리엇 스피처가 조사에 나서자, 버크셔 해서웨이는 법률 회사인 '멍거, 톨스 앤드 올슨'에 의뢰해서 자체 조사에 착수했다. 이 조사로 제너럴 리의 전 CEO 론 퍼거슨 및 전 최고재무책임자 엘리자베스 먼래드를 포함한 여섯 명의 직원이 고객 회사인 AIG와 공모해서 회계 부정을 방조했다는 혐의가 드러났다. 투자자들과 (필자를 포함한) 애널리스트들을 속이려고 설계된 어떤 재보험 거래를 통해서 예비금 5억 달러를 AIG로 보내 AIG의 재무상태표를 조작했다는 혐의였다. 2005년 6월, 공모자 가운데 두 명인 리처드 네이피어와 존 홀즈워스는 양형 거래에서 유죄를 인정하고 검찰 측을 위해 증언했다. 다른 다섯 명(제너럴 리의 고위 간부 네 명과 AIG의 고위 간부 한 명)은 공모와 사기 혐의로 기소되었다.

2008년 1월과 2월에 코네티컷의 하트퍼드 연방 법원에서 진행된 심리에서 특기할 만한 사항은, 검찰 측이 전화 통화를 녹음한 내용을 증거로 제시했는데 이 통화에서 피고인 몇몇이 그 거래에 관한 논의를 반복적으로 했다. 피고인들은 워런이 그 거래의 큰 줄기를 승인했으며 수수료를 정하는 문제에까지 관여했다고 진술하면서 그를 들먹였다. 하지만 그는 아무런 혐의를 받지 않았고 검찰도 그는 관련되지 않았다고 말했다. 피고인들의 변호사들은 또 제너럴 리의 CEO 조 브랜든이 그 부정한 행위에 대해 알고 있었다고 여러 차례 반복해서 말했다. 브랜든은 책임을 면제받는다는 조건이 없는 상태에서 검찰에 협조했었다. 피고들의 변호사들은 또 제너럴 리의 최고운영책임자 태드 몬트로스도 그 거래 내용을 알고 있었다고 했다. 하지만 몬트로스나 워런 버핏 모두 기소되지 않은 공모자 명단에 이름을 올렸다. 브랜든과 몬트로스, 워런 버핏은 재판에서 증언도 하지 않았다.

필자는 사실을 목격한 증언자로서, 동시에 전문가로서 검찰에 소환되어, 만일 AIG의 진짜 회계 상태를 알았더라면 2000년 초에 AIG를 소위 '강력 매수 추천 대상strong buy'으로 승격시켰을 가능성은 '거의 확실히' 없었을 것이라고 증언했다. 그리고 피고인들의 변호사들로부터 반대 심문을 받으면서 피고인들과 서로 어느 정도 아는 사이인지 증언했다. 필자는 그들 가운데 몇몇은 다른 사람보다 더 잘 알고 있고 예전이나 지금이나 그들을 모두 높이 평가하고 있다. 필자는 또 워런과의 관계에 대해서도 증언했다. 이 책을 집필하는 중이라고 말했고, 조 브랜든과는 1992년 이후로 줄곧 친한 친구 사이라고 말했다. 태드에 대해서는 질문받지 않았지만, 태드와도 잘 아는 사이였다.

2008년 2월, 피고인 다섯 명은 기소장에 기재된 혐의 내용 모두에 대해서 유죄 판결을 받았다. 이 책이 서점에 나갈 때는 형량을 선고받을 것이다. 최고로 무거운 형을 받는다면 종신형도 가능하다. 하지만 실제로 받을 형량은 그보다 훨씬 가벼울 것으로 보인다. 유죄 판결을 받은 피고인들은 항소할 것이라고 했다.

현재 뉴욕 검찰청이 AIG의 전 CEO 행크 그린버그를 상대로 그 사건과 관련된 소송을 제기해 둔 상태인데, 필자는 그린버그로부터 증인 소환 통보를 받아두고 있는 상황이다. 이 글을 쓰고 있는 지금 버크셔 해서웨이는 증권거래위원회와 법무부의 조사로부터 모두 완전하게 벗어나지 못한 상태다. 제너럴 리의 CEO 조 브랜든은 회사와 정부 당국 사이의 조정이 보다 원만하게 진행될 수 있게 물꼬를 트려고 2008년 4월 사임했다.

　그러므로 이 시점에서 필자는 그 사건에 대해서 더는 언급할 수가 없다. 하지만 워런 버핏의 인품은 이 책에 온전하게 녹아 있다. 그러니 여러분은 그가 버크셔 해서웨이의 고객 회사가 저지른 회계 부정에 참가했거나 교사 혹은 방조했다는 혐의에 대해서 나름대로 판단할 수 있으리라 믿는다.

　마지막으로 한마디 덧붙이자면, 이 수사를 처음 시작했던 엘리엇 스피처는 AIG 심리의 피고인들이 유죄 판결을 받은 뒤 한 달 만에 사임했다. 그리고 2007년 1월 뉴욕 주지사로 선출되었지만 고급 매춘 조직 '황제 클럽 Emperor's Club'의 단골 고객이었음이 밝혀지면서 2008년 3월 사임했다.

주

The Snowball:
Warren Buffett and the Business of Life

1 1978년 말 8,900만 달러에서 1980년 8월 1억 9,700만 달러로.

2 샬럿 댄리 잭슨과의 인터뷰.

3 번 매켄지와의 인터뷰.

4 〈어펄리에이티드 퍼블리케이션즈〉—350만 달러에 인수한 지 9년 뒤에 1,700만 달러로 뛰었다; 〈워싱턴 포스트〉—1,060만 달러에 산 주식이 1억 300만 달러가 되었다; 가이코—4,710만 달러에 산 주식이 약 일곱 배나 오른 3억 1천만 달러가 되었다. 버크셔 해서웨이의 총 보통주 자산의 가치는 매입 비용의 두 배였다.

5 멍거가 블루칩과 관련해서 증언한 내용에 따르면, 워런과 멍거는 쇄도하는 상환에 대비해 블루칩을 지키려고 '뱅크 오브 아메리카 내셔널 트러스트 앤드 세이빙스 어소시에이션Bank of America National Trust and Savings Association'으로부터 4천만 달러를 빌렸다.

6 1976년에 연방 로스앤젤레스 지구 법원은, 블루칩의 경영진이 여든 명 넘는 잠재적인 구매자와 접촉했지만 이 가운데 진지한 입찰은 없었기에 그런 조치가 무의미하다는 사실을 확인한 뒤, 블루칩이 자산의 3분의 1을 매각하지 않아도 된다고 판결했다. 블루칩의 매출액은 1억 2,400만 달러에서 920만 달러로 줄어들었다. 블루칩이 가지고 있던 〈버펄로 뉴스〉의 재난 때문에, 블루칩의 자산 가치는 1983년까지 문제가 많은 것으로 평가되었다.

7 버크셔 해서웨이의 1983년 연례 보고서.

8 상대적으로 인플레이션이 높게 진행되던 1984년에 노동조합은 임금 동결에 합의했다.

9 1956년의 은행지주회사법은 은행지주회사(두 개 이상 은행의 지분을 25퍼센트 이상 소유하는 회사, 예를 들면 'JP 모건')가 비은행 지분을 소유하는 것을 금지했다. 은행 산업에서의 독점적인 지배를 막기 위한 조치였다. 이 법은 1966년과 1970년에 개정되었는데, 한 개 은행을 소유한 지주 회사(예를 들면 버크셔 해서웨이)의 비은행 부문 활동을 제한하기 위해 수정되었다. 1982년에 은행들이 보험업이나 보험 대행업을 하지 못하도록 하려고 또다시 수정되었다. 1999년에 그램-리치-브라일리법이 이 법률의 일부 조항들을 무효화했다.

10 번 매켄지와의 인터뷰. 매켄지와 워런에 따르면, 코튼 숍스는 1960년대 이후로 도심 공동화 현상이 몰고 온 피해에서 벗어나지 못했으며 쇼핑몰에서 할인 의

류를 파는 데 필요한 새로운 문화에 적응하지 못했다.

11 찰리 멍거와의 인터뷰.

12 호위 버핏과의 인터뷰.

13 댄 그로스먼과 피터 버핏과의 인터뷰들.

14 피터 버핏과의 인터뷰.

15 마빈 레어드와 조엘 페일리와의 인터뷰들.

16 호위 버핏과의 인터뷰.

17 위의 인터뷰. 수지 주니어는 다음과 같이 말한다. "호위가 죽는다면 결코 평범한 죽음이 되지 않을 겁니다. 아마도 헬리콥터를 타고 북극을 날다가 떨어져서 북극곰의 입으로 들어가는 그런 죽음을 맞이할 겁니다."

18 이 돈으로 산 농장 규모는 약 1.6제곱킬로미터였다.

19 호위 버핏, 피터 버핏과의 인터뷰들.

20 '피터 키위트 손즈'는 네덜란드 출신 이민자인 벽돌공 피터 키위트가 1884년에 창립했다. 데이브 맥, "Colossus of Roads", 잡지 〈오마하〉, 1977년 7월; 해럴드 B. 메이어스, "The Biggest Invisible Builder in the World", 〈포천〉, 1966년 4월.

21 키위트가 사망했을 때 워런은 키위트 플라자에 아파트를 마련할 기회를 잡았다. 하지만 애스트리드가 직접 가꾼 정원과 텃밭을 떠나고 싶지 않아 해서 두 사람은 계속 파남가의 집에 머물렀다.

22 "Peter Kiewit: 'Time Is Common Denominator'", 〈오마하 월드-헤럴드〉, 날짜 미상이지만 1979년 11월 2일로 추정; 로버트 도어, "Kiewit Legacy Remains Significant", 〈오마하 월드-헤럴드〉, 1999년 11월 1일, 해럴드 B. 메이어스, "The Biggest Invisible Builder in the World"; 월터 스콧 주니어와의 인터뷰. 그는 피터 키위트의 후계자이며, 그도 키위트 플라자에 딸린 아파트에 살았다.

23 월터 스콧 주니어와의 인터뷰.

24 피터 키위트는 1979년 11월 3일 사망했다. 워런 버핏, "Kiewit Legacy as Unusual as His Life", 〈오마하 월드-헤럴드〉, 1980년 1월 20일.

25 워런은 플렉스너의 자서전을 서너 번 읽었다. 그리고 이 책을 친구들에게 한 권씩 선물했다.

26 1980년 6월 말까지 1년 동안을 기준으로 3만 8,453달러. 이 가운데 3만 3천 달러는 대학 쪽으로 갔고 나머지는 지역의 여러 단체들로 갔다. 5년 전인 1975년 6월 버핏 재단은 40만 달러의 자산을 가지고 있었으며, 비슷한 단체들에 2만 8,498달러를 기부했다.

27 릭 게린이 조 로젠필드에게 보낸 편지, 1985년 10월 1일.

28 워런 버핏이 (버핏 재단의 신탁인이던) 셜리 앤더슨, 빌 루안, 케이티 버핏에게 보낸 편지, 1969년 5월 14일.

29 리처드 I. 커클런드 주니어, "Should You Leave It All to the Children?", 〈포천〉, 1986년 9월 29일.

30 래리 티시. 다음에서 인용. 로저 로웬스타인, 《Buffett.: The Making of an American Capitalist》, New York Doubleday, 1996. 티시는 사망했다.

31 커클랜드, "Should You Leave It All to the Children?"

32 워런 버핏이 제리 오랜스에게 보낸 편지, 다음에서 인용. 로저 로웬스타인, 《Buffett: The Making of an American Capitalist》.

1 〈The Dream that Mrs. B Built〉, 1980년 5월 21일, 채널 7 KETV. 본문에서는 블럼킨 부인의 이야기를 조금 줄이고 순서도 바꾸었다.

2 위의 방송 프로그램.

3 "The Life and Times of Rose Blumkin, an American Original", 〈오마하 월드-헤럴드〉, 1993년 12월 12일.

4 위의 기사.

5 모스크바 인근에 있던 민스크는 상대적으로 동유럽 국경과 가까웠다. 전쟁 기간에는 이 국경을 지나기가 상당히 어려웠을 것이다. 그래서 그녀는 샌프란시스코와 뉴욕 사이를 기차로 세 번 오간 다음에 다시 오마하로 돌아오는 것보다 더 긴 여정을 선택했다.

6 "The Life and Times of Rose Blumkin, an American Original".

7 이 내용과 B 부인이 했던 여행의 여러 상세한 사항들은 블럼킨 가족의 증언을 토대로 한 것이다.

8 〈The Dream that Mrs. B Built〉.

9 1915년경에 러시아에서 온 유대인 약 6천 명이 오마하와 사우스오마하에 살았다. 러시아 황제 알렉산드르 2세가 살해된 뒤에 시작되었던 반(反)유대인 운동을 피해 1880년대에 미국으로 이민 오기 시작했던 러시아 유대인 가운데 일부였다. 이들은 대부분 행상이나 작은 가게를 열고, 철도 건설 붐과 육류 가공 산업이 끌어들인 이민자들을 상대로 장사했다. 1930년까지, 외국에서 출생한 사

람들의 비율을 따질 때 오마하가 가장 높았다. 로렌스 H. 라슨과 바버라 J. 코트렐,《The Gate City》, Lincoln: University of Nebraska Press, 1997.

10 루이스 블럼킨과의 인터뷰. 그의 아버지는 그 전당포를 그 시기에 실패했던 수많은 은행들과 비교했다.

11 〈The Dream that Mrs. B Built〉.

12 위의 방송 프로그램.

13 루이스 블럼킨에 따르면, 그녀는 시내의 소매점에는 200달러에 파는 코트를 100달러에 사서 120달러에 팔았다고 말한다.

14 〈The Dream that Mrs. B Built〉.

15 "The Life and Times of Rose Blumkin, an American Original."

16 루이스 블럼킨과의 인터뷰.

17 위의 인터뷰. 그들은 그녀에게 시민 농장을 얻어주었다고 한다.

18 "The Life and Times of Rose Blumkin, an American Original."

19 루이스 블럼킨과의 인터뷰.

20 제임스 A. 푸셀, "Nebraska Furniture Legend", 〈오마하 월드-헤럴드〉, 1988년 8월 11일.

21 루이스 블럼킨과의 인터뷰.

22 "The Life and Times of Rose Blumkin, an American Original."

23 조이스 와들러, "Furnishing a Life", 〈워싱턴 포스트〉, 1984년 5월 24일.

24 "The Life and Times of Rose Blumkin, an American Original."

25 〈The Dream that Mrs. B Built〉.

26 "The Life and Times of Rose Blumkin, an American Original."

27 조이스 와들러, "Blumkin: Sofa, So Good: The First Lady of Furniture, Flourishing at 90", 〈워싱턴 포스트〉, 1984년 5월 24일.

28 워런 버핏은 1983년 잭 번에게 보낸 한 편지에서, 레비츠 매장은 네브래스카 퍼니처 마트에 비해 규모는 평균 약 75퍼센트였지만 매출액은 10퍼센트밖에 되지 않는다고 썼다.

29 워런은 1984년의 연례 보고서에서 네브래스카 퍼니처 마트는 엄청나게 효율적으로 운영된다고 밝혔다. 최대 경쟁 업체인 레비츠가 매출액의 35.6퍼센트를 운영비로 지출하는 데 비해서 네브래스카 퍼니처 마트는 이 비율이 16.5퍼센트밖에 되지 않았다.

30 워런 버핏이 잭 번에게 보낸 편지, 1983년 12월 12일.

31 프랭크 E. 제임스, "Furniture Czarina", 〈월스트리트 저널〉, 1984년 5월 23일.

32 1990년 3월 23일 스탠퍼드대학교 로스쿨에서 한 연설. "Berkshire Hathaway's Warren E. Buffett, Lessons From the Master", 〈아웃스탠딩 인베스터 다이제스트〉, Vol. V, No. 3., 1990년 4월 18일.

33 크리스 올슨, "Mrs. B Uses Home to Eat and Sleep; 'That's About It'", 〈오마하 월드-헤럴드〉, 1984년 10월 28일.

34 조이스 와들러, "Furnishing a Life."

35 "Mrs. B Means Business", 〈USA 투데이〉, 1986년 4월 1일.

36 벨리 아이젠버그가 워런 버핏에게 보낸 편지, 1984년 6월 8일.

37 "지금도 어머니는 종종 그 말씀을 하십니다"라고 한 인터뷰에서 루이스 블럼킨이 말했다.

38 〈The Dream that Mrs. B Built〉

39 다큐멘터리 방송 프로그램 〈The Dream that Mrs. B Built〉에서 블럼킨은 이때 일을 언급하면서, 자기가 원하는 가격을 워런이 받아들이려 하지 않자, 그에게 '당신이 제시한 가격이 너무 싸다'고 말했었다고 밝혔다.

40 루이스 블럼킨과의 인터뷰.

41 짚만 깔린 나무 바닥에서 잤던 어린 시절의 아픈 기억 때문이지 않을까 싶다.

42 조이스 와들러, "Blumkin: Sofa, So Good: The First Lady of Furniture, Flourishing at 90."

43 제임스 A. 푸셀, "Nebraska Furniture Legend".

44 버크셔 해서웨이 1983년 회장의 편지. 처음에 버크셔 해서웨이는 그 업체의 90 퍼센트를 사고 10퍼센트는 가족에게 남겨두었다. 추가로 10퍼센트는 몇몇 핵심적인 젊은 가족 관리자들에게 옵션으로 제공했다.

45 네브래스카 퍼니처 마트 매매 계약서, 1983년 8월 30일.

46 로버트 도어, "Furniture Mart Handshake Deal", 〈오마하 월드-헤럴드〉, 1983년 9월 15일.

47 워런이 감상적으로 B 부인을 좋아했던 사실은, 가족이나 직원들에게 사정없이 욕을 해대는 B 부인이 그의 어머니와 비슷했다는 점에서 주목할 만하다. 그가 자기에게 정서적으로 상처를 줄 수 있는 사람과 교제한 경우는 매우 드물었다.

48 워런 버핏이 로즈 블럼킨에게 보낸 편지, 1983년 9월 30일.

49 은퇴한 버크셔 해서웨이의 직원(이 이야기 속의 '당신'은 번 매켄지가 아니다).

50 번 매켄지와의 인터뷰.

51 버핏 그룹에 속한 다수의 인사들은 가방의 숫자가 정확하게 열일곱 개였다고 맹세한다.

52 애덤 스미스, 《An Inquiry into the Nature and Causes of the Wealth of Nations》, Book IV, 1776.

53 스탠 립시와의 인터뷰.

54 "A Tribute to Mrs. B", 〈오마하 월드-헤럴드〉, 1984년 5월 20일; 존 브레이드 매스(뉴욕대학교 총장)가 로즈 블럼킨에게 보낸 편지, 1984년 4월 12일.

55 루이스 블럼킨과의 인터뷰.

56 조이스 와들러, "Blumkin: Sofa, So Good: The First Lady of Furniture, Flourishing at 90."

57 루이스 블럼킨과의 인터뷰.

58 워런 버핏이 래리 티시에게 보낸 편지, 1984년 5월 29일.

59 베스 보츠, 엘리자베스 에드워드슨, 밥 젠슨, 스티븐 코페, 리처드 T. 스타우트, "The Corn-Fed Capitalist", 〈리가디스〉, 1986년 2월.

60 로버트 도어, "Son Says No One Wanted Mrs. B to Leave", 〈오마하 월드-헤럴드〉, 1989년 5월 13일.

61 앤드루 킬패트릭, 《Of Permanent Value: The Story of Warren Buffett/More in '04》(California edition). Alabama: AKPE, 2004.

62 로버트 도어, "Son Says No One Wanted Mrs. B to Leave".

63 소냐 슈워러, "From Wheelchair, Mrs. B Plans Leasing Expansion", 〈오마하 메트로 업데이트Omaha Metro Update〉, 1990년 2월 11일; 제임스 콕스, "Furniture Queen Battles Grandsons for Throne", 〈USA 투데이〉, 1989년 11월 27일.

64 로버트 도어, "Garage Sale Is Big Success for Mrs. B", 〈오마하 월드-헤럴드〉, 1989년 7월 17일.

65 앤드루 킬패트릭, 《Of Permanent Value》.

66 밥 브라운, 조 피펄링, "Mrs. B Rides Again: An ABC 20/20 Television News Story", 1990.

67 "A Businessman Speaks His Piece on Mrs. Blumkin", 〈퍼니처 투데이Furniture Today〉, 1984년 6월 4일, 버크셔 해서웨이의 1984년 연례 보고서. 워런은 어떤 사람이나 상황의 특성에 꼬리표를 붙이는 의미로 이런 표현을 유난히 자주 썼다. '욕조'의 다른 부분들에 고여 있는 '물'이 말끔하게 욕조 구멍으로 빠져나갈

수 있도록 하기 위해서였다.

68 린다 그랜트, "The $4-Billion Regular Guy: Junk Bonds, No. Greenmail, Never. Warren Buffett Invests Money the Old-Fashioned Way", 〈로스앤젤레스 타임스〉, 1991년 4월 7일.

69 루이스 블럼킨과의 인터뷰.

70 해럴드 W. 앤더슨, "Mrs. B Deserves Our Admiration", 〈오마하 월드-헤럴드〉, 1987년 9월 20일; 로버트 도어, "This Time, Mrs. B Gets Sweet Deal", 〈오마하 월드-헤럴드〉, 1987년 9월 18일.

(45)

1 피터 버핏과의 인터뷰.

2 도리스 버핏과의 인터뷰.

3 버핏 가족과 가까운 어떤 사람이 이를 목격했고, 한 인터뷰에서 이 이야기를 회고했다.

4 에이즈는 1981년 여름 동성애 남자들 사이에서 처음 발견되었다. 처음에는 폐렴 혹은 치명적이고 희귀한 암의 한 형태로 알려졌다. 레이건 대통령은 친구 사이이던 배우 록 허드슨이 에이즈에 걸렸다고 발표한 뒤인 1985년 9월 처음으로 에이즈에 대해서 언급했다.

5 〈Interagency Coalition on AIDS and Development〉. 참조, 랜디 실츠,《And the Band Played On》(New York: St. Martin's Press, 1987). 저널리스트 실츠는 〈샌프란시스코 크로니클San Francisco Chronicle〉의 1980년대 초반 부분을 에이즈로 도배하다시피 했다.

6 마빈 레어드 및 조엘 페일리와의 인터뷰.

7 여러 출처에서 얻은 이야기를 한데 합쳐서 엮은 것이다.

8 앨런 레빈, "Berkshire Hathaway to Close", 〈뉴베드퍼드 스탠더드-타임스〉, 1985년 8월 12일.

9 5천 달러를 들여서 구입했던 4년밖에 되지 않은 직기는 고철값으로 26달러에 처분되었다. 설비 가운데 일부는 직물 박물관으로 갔다.

10 워런은 1978년 버크셔 해서웨이 회장 편지에서 '재앙'이라는 이 용어를 내셔널 인뎀너티의 노동자 보상 사업 부문의 낮은 성과를 지적하면서 사용했다. 그는 이 문제를 업계가 안고 있는 가장 중심적인 문제로 설정했다.

11 번 매켄지, 댄 그로스먼과의 인터뷰들. 문제의 이 인물은 버크셔 해서웨이에서 공금을 횡령했다고 전해지는 보험 판매원이었다.

12 톰 머피와의 인터뷰.

13 번 매켄지와의 인터뷰.

14 댄 그로스먼과의 인터뷰.

15 재보험 사업 분야에서는 최고위 간부의 부재 기간 중에 여러 명의 관리자들이 짧은 기간 동안 주재했다가 사라졌다. 부룬힐다 허프네이글, 스티븐 글럭스턴, 마이클 팜이 그런 인물들이다. 여러 가지 이유로 해서 이 사람들은 자리를 오래 지키지 못했다.

16 아서 코넌 도일,《셜록 홈즈의 추억The Memoirs of Sherlock Holmes : The Adventure of Silver Blaze》, London: George Newnes, 1894. (마크 해든의 베스트셀러 소설 《한밤중 개에게 일어난 이상한 일The Curious Incident of the Dog in the Night-Time》은 쇠스랑에 찔려서 죽은 푸들 이야기로 시작한다.)

17 롭 어번, "Jain, Buffett Pupil, Boosts Berkshire Cash as Succession Looms", 〈블룸버그 뉴스〉, 2006년 7월 11일. 제인은 필자와 알고 지낸 지 오래지만, 필자의 거듭된 인터뷰 요청을 번번이 거절했다.

1 1982년 첫날에 다우지수는 875포인트로 주저앉아 있었다. 1964년 9월 이후로 가장 낮은 수준이었다.

2 다음 자료에 의하면 1983년에 기업들이 거둔 수익은, 1952년부터 2007년까지 55년이라는 기간을 통틀어서 두 번째로 낮았다. 가장 낮았던 해는 1992년이었다. Corporate Reports, Empirical Research Analysis Partners.

3 자산의 거품 형성, 단순한 탐욕, 증권화의 도래, 지분 거래 자금을 마련하기 위한 발판 마련에 대한 강한 의지 등이 한데 결합된 가운데 은행들은, 신용도가 낮은 사람에게 아무런 두려움도 없이 돈을 빌려주었다. 이것은 바로 대공황 시대의 글래스-스티걸법(은행의 증권업 진출을 금지하는 내용을 담고 있다 – 옮긴이)에 의해 성립된 상업은행과 투자은행 사이의 장벽이 무너지기 시작한다는 신호였다.

4 에릭 J. 와이너,《What Goes Up: The Uncensored History of Modern Wall Street as Told by the Bankers, Brokers, CEOs, and Scoundrels Who Made

It Happen》, New York: Little, Brown, 2005.

5 이 채권은 처음 투자 등급 채권으로 출발했다. 그런데 채권 발행자들이 힘을 쓰지 못하자, 채권 가격이 큰 폭으로 떨어졌고 그들은 보다 높은 이자를 지급했다. 즉, 수익률 7퍼센트의 채권이 만일 액면가의 70퍼센트로 떨어지면 수익율 10퍼센트의 이자를 낳는다.

6 참조, 코니 브럭,《Predators' Ball: The Inside Story of Drexel Burnham and the Rise of the Junk Bond Raiders》, New York: The American Lawyer: Simon & Schuster, 1988.

7 전형적으로 이 거래는 다음 두 가지 가운데 하나의 과정을 통해서 이루어졌다. 우선, 주식을 파는 주주들에게는 보다 높은 가격을 쳐주지만 주식을 팔지 않은 주주들에게는 예전보다 한결 허약해진 회사를 떠넘기는 것. 그리고 인수자 측이, 이전 경영진이 당연히 직접 했어야 하는 행동들을 통해서 생성되는 가치 가운데 아주 적은 프리미엄만을 주주들에게 제공하는 것. 혹은 이 둘이 동시에 진행되는 과정을 통해서 이루어졌다.

8 레너드 골든슨과 마빈 J. 울프,《Beating the Odds》, New York: Charles Scribner's Sons, 1991.

9 솔 스타인버그에서 래리 티시에 이르는 모든 사람이 그 회사에 투자했었다. 한편 경영진이 첫 번째로 선택한 인수자는 IBM이었다. 결국 캐피털 시티즈는 TV 허가권을 가지고 있고 또 캐피털 시티즈가 요구하는 기업 분할(혹은 자회사 매각) 내용이 최소한의 규모여서, 강력한 적임자임이 증명되었다.

10 톰 머피와의 인터뷰.

11 위의 인터뷰. 상세한 내용은 다음 책을 바탕으로 했다. 레너드 골든슨과 마빈 J. 울프,《Beating the Odds》.

12 워런은 캐피털 시티즈를 인수하는 데 열여섯 배의 주가 수익률을 지불했다(주식 한 주를 사는 데, 이 한 주가 일 년 동안 버는 수익의 열여섯 배를 지불했다는 뜻-옮긴이). 이것은 최근 가격에 60퍼센트의 프리미엄을 얹은 가격이었다. 그리고 브루스 워서스타인이 주장한 대로 매각자가 계속 ABC의 일정 부분의 지분을 보유할 수 있도록 보장했다. 이런 관대한 조건은 그에게서는 좀처럼 찾아볼 수 없었던 것인데, 이것만 봐도 그와 머피가 ABC를 얼마나 간절하게 인수하고 싶어 했는지 미루어 짐작할 수 있다. 찰리 멍거는 1983년 1월 11일 버핏 그룹에게 보낸 편지에서, 캐피털 시티즈의 톰 머피가 "1958년에 처음 투자한 자금을 25년 동안 연평균 23퍼센트 이율을 적용해서 복리로 불린 셈"이라고 썼

다. 도널드슨, 러프킨 앤드 젠리트 보고서, 1980년 2월 26일. "지난 10년 동안 주당순이익은 연 20퍼센트 이율 복리로 성장했으며, 이 비율은 지난 5년 동안 27퍼센트까지 치솟았다."

13 제럴딘 패브리컨트, "Not Ready for Prime Time?", 〈뉴욕 타임스〉, 1987년 4월 12일.

14 머피와 그의 오른팔이었던 댄 버크는 연방통신위원회가 요구하던 자산 매각에 착수했다. 이들은 여덟 개의 TV 방송국과 다섯 개의 AM 라디오 방송국, 다섯 개의 FM 라디오 방송국을 남겼다. 제럴딘 패브리컨트, 마크 프론스, 마크 N. 배모스, 엘리자베스 에를리히, 존 윌크, 데이브 그리피스, 크리스토퍼 S. 에클런드, "A Star Is Born. the ABC/Cap Cities Merger Opens the Door to More Media Takeovers", 〈비즈니스위크〉 1985년 4월 1일; 리처드 스티븐슨, "Merger Forcing Station Sales", 〈뉴욕 타임스〉, 1985년 4월 1일.

15 ABC 방송국은 1984년 37억 달러의 매출을 기록하면서 1억 9,500만 달러를 벌었다. 이에 비해서 규모가 ABC 방송국의 3분의 1밖에 되지 않던 캐피털 시티즈는 9억 4천만 달러의 매출을 기록하고 1억 3,500만 달러를 벌었다. 수익성이 이렇게 다르게 나타난 주된 원인은 가맹 계열 방송국들의 경제 상태가 달랐기 때문이며, 또한 머피와 버크의 경영 수완도 이런 차이를 드러내는 데 한몫을 했다.

16 〈오마하 월드-헤럴드〉(1987년 3월 19일)에 실린 기사 "Extortion Charge Thrown Out; Judge Cancels $75,000 Bond"에 따르면, 로버트 J. 코헨에 대한 혐의는 이 사건이 더글러스 카운티의 정신건강청으로 이관된 뒤 기각되었으며, 그는 더글러스 카운티 교도소에서 더글러스 카운티 교정센터로 이송되었다. 테리 하일런드는 다음 글에서 납치 계획을 언급한다. "Bail Set at $25,000 for Man in Omaha Extortion Case", 〈오마하 월드-헤럴드〉, 1987년 2월 5일.

17 글래디스 카이저와의 인터뷰.

18 위의 인터뷰.

19 이상의 편지 내용들은 실제로 워런이 받은 편지들을 바탕으로 했다.

20 글래디스 카이저와의 인터뷰.

21 호위 버핏, 피터 버핏, 수지 버핏 주니어와의 인터뷰들.

22 수지 버핏 주니어와의 인터뷰

23 앨런 파넘, "The Children of the Rich and Famous", 〈포천〉, 1990년 9월 10일.

24 호위 버핏과의 인터뷰.

25 피터 버핏과의 인터뷰.

26 빌리 로저스가 워런 버핏에게 보낸 편지, 1986년 8월 17일.

27 워런 버핏이 빌리 로저스에게 보낸 편지, 1986년 8월 22일.

28 빌리 로저스가 워런 버핏에게 보낸 편지, 날짜 미상.

29 톰 뉴먼 그리고 캐슬린 콜과의 인터뷰들.

30 리처드 I. 커클런드 주니어, "Should You Leave It All to the Children?", 〈포천〉, 1986년 9월 29일.

31 캐슬린 콜과의 인터뷰.

32 론 팍스와의 인터뷰.

33 피터 버핏과의 인터뷰. 그는 너무도 놀라서 정신이 나간 나머지 마치 어린아이로 돌아간 것처럼 '911'에 전화해야 할 것을 '0'에다 전화했다.

34 "Billy Rogers Died of Drug Overdose", 〈오마하 월드-헤럴드〉, 1987년 4월 2일; "Cause Is Sought in Death of Jazz Guitarist Rogers", 〈오마하 월드-헤럴드〉, 1987년 2월 21일.

35 아제이 밀러와의 인터뷰.

36 번 매켄지, 일명 '킴'이던 말콤 '킴' 체이스 3세, 돈 워스터, 딕 홀랜드 및 메리 홀랜드와의 인터뷰들.

37 조지 브럼리와의 인터뷰.

38 루이 장-밥티스트 알퐁스 바슐리에, 《투기 이론Theory of Speculation》(1900년). 바슐리에는 브라운 운동(액체나 기체 안에 존재하는 미세한 입자들의 불규칙한 운동 – 옮긴이)을 최초로 시장에 적용했다. 그는 하드 사이언스의 정밀함과 위신을 경제학의 소프트 사이언스에 최초로 접합시킨 인물로 일컬어진다.

39 찰스 엘리스, 《Investment Policy: How to Win the Loser's Game》. Illinois: Dow-jones-Irwin, 1985. 이 저서는 〈파이낸셜 애널리스트 저널Financial Analysts Journal〉 1975년 7-8월호에 게재되었던 자기 논문 "Winning the Loser's Game"을 바탕으로 한 것이다.

40 예를 들면 '트위디, 브라운'이 거래했던 '자메이카 퀸스 워터' 신주인수증권의 현대판 버전은 여전히 존재한다.

41 버턴 말킬, 《A Random Walk Down Wall Street》, New York: W.W.Norton, 1973.

42 워런은 〈슈퍼인베스터스Superinvestors〉에 쓴 글을 제외하고는 1987년 버크셔 해서웨이 주주들에게 보낸 편지 이전까지는 효율시장가설에 대해서 직접적으

로 쓴 적이 없었다. 하지만 그는 1979년 이후의 과잉 거래량 등과 같은 여러 관련 주제들로 서서히 초점을 맞추어 왔었다.

43 《증권 분석》 출간 50주년 기념 세미나. 당시 젠슨은 로체스터대학교 경영대학원 교수이자 경영경제연구센터 소장이었다. 그리고 일 년 뒤에는 하버드대학교로 자리를 옮겨 경영행정학과 명예교수로 재직했다.

44 '스탠리 펄미터Stanley Perlmeter'와 '〈워싱턴 포스트〉 연금 펀드'. 이 책에서도 밝히듯이 워런은 초기에 이 투자자들과 투자 아이디어들을 함께 나누고(예를 들어서 투자 자금이 부족할 때 그랬다) 또 자기들을 비슷한 광맥으로 이끌었던 비슷한 원리들을 자주 활용했다.

45 효율시장가설의 또 한 가지 미묘한 논리적인 기둥은 자유 시장이었다. 이것은 반(反)규제 정신 및 레이거노믹스와 궤를 나란히 했던 유사자유주의 개념이다. 이 유사자유주의 아래에서 투자자들은, 외부로부터 아무런 구속도 받지 않은 채 자율적으로 운용되는 시장에 자유로운 참가자로서 독자적으로 활동한다. 그러므로 효율시장가설의 한 가지 부수적인 효과는, 여러 다른 유형의 시장 탈규제에 대한 지지, (나중에 자산에 거품이 끼는 데 기여할 게 거의 틀림없는) 정부 및 연방준비제도의 여러 행동에 대한 지지를 구축한다는 점이다.

46 베타는, 통제할 수 없을 정도로 복잡하고 규모가 큰 자산 구성(포트폴리오)을 관리하는 데 보탬이 되라고 신이 보낸 것일 수도 있다. 그러므로 베타에 대한 비판 역시, 이런 방식으로 다각화된 복잡하고 규모가 큰 펀드에 돈을 투자한 뒤 분기마다는 아니라 하더라도 해마다 시장의 상승률을 웃도는 수익률을 가져다 줄 것이라고 기대하는 투자자들에게로 향할 수도 있다.

47 A. W. 존스가 개척한 이런 형태의 헤지펀드는 시기적으로 볼 때 미래의 주식 가격 변동은 난수의 움직임과 동일하다는 램덤워크random walk 가설보다 앞선다.

48 최악의 시나리오에서 아비트리지의 양 측면은 모두 빗나가 공매도 주식은 오르고 매입 주식은 떨어진다. 이것이 아비트리지 거래자의 '지축이 흔들리는 위험'이다.

49 워런이 1994년 버크셔 해서웨이 연례 주주 총회에서 한 연설. 멍거는 2001년 주주 총회에서 소위 '쓸데없는 개소리' 발언을 했다.

50 정크본드 모델은 평균적인 신용 역사를 바탕으로 한 것이지 주식이나 채권 시장의 행동을 바탕으로 한 것이 아니다. 이 두 가지 모델은 서로 연관되어 있을 뿐만 아니라 동일한 근본적 결함을 안고 있다. 이 결함은 '지축이 흔들리는 위험들'을 결코 정확하게 계산에 포함시킬 수 없다는 점이다. 그렇게 할 수 있다

면, 그 모델은 차라리 하지 말라고 말하는 것과 같은 의미의 엄청나게 높은 자본 비용을 드러낼 것이기 때문이다.

51 1982년에 주가 지수 선물(주가 지수를 매매 대상으로 하는 선물―옮긴이)이 도입되자 워런은 위험에 대한 대비책으로 이 거래를 하기 시작했다. 그럼에도 불구하고 그는, 하원 에너지상업위원회 의장인 존 딩겔에게 편지를 써서 이 거래의 위험성을 경고했으며, 또한 돈 그레이엄에게 보낸 편지에서 다음과 같이 말했다. "이런 유형의 투자에 대해서 불만이 너무도 많이 제기됩니다. 실질적으로, 거의 모든 거래들은 높은 금리의 대출금으로 도박에 가까울 정도로 단기 투자에 집중하니까요. 한편 이 과정에서 중개인들은 대중의 이런 투자금에 대해서 마지막 1달러에까지 수수료를 뜯어먹고 말입니다." 워런 버핏이 돈 그레이엄 부부에게 보낸 편지, 1983년 1월 18일.

52 1985년 버크셔 해서웨이 주주들에게 보낸 연례 편지. 이 거래에 현금 3억 2천만 달러가 들었고 나머지는 부채 및 기타 여러 비용들로 충당되었다. "Scott Fetzer Holders Clear Sale of Company", 〈월스트리트 저널〉, 1985년 12월 30일. 버크셔 해서웨이의 2000년 연례 보고서에서 워런은, 버크셔 해서웨이는 순구매 가격 2억 3천만 달러로부터 10억 3천만 달러의 수익을 얻었다고 썼다.

53 제임스 다이먼과의 인터뷰.

54 버크셔 해서웨이는 1986년 말 장부 가격으로 44억 4천만 달러의 자산을 가지고 있었다. 이 가운데는 지분과 관련해서 실현되지 않은 이익 12억 달러도 포함되어 있었다. 개혁 조치 이전에 청산할 경우 버크셔 해서웨이는 세금 납부의 의무를 피하고, 주주들은 수익에 대한 20퍼센트, 즉 2억 4,400만 달러만을 세금으로 내면 되었다. 하지만 만일 세금개혁법이 효력을 발생한 뒤에 청산할 경우, 버크셔 해서웨이는 법인세로 4억 1,400만 달러를 납부해야 했다(이 금액은 그의 몫으로 불어난 1억 8,500만 달러보다 훨씬 많은 돈이었다). 이어서 순수익을 투자자들에게 넘겨주어야 했기에, 실현되지 않은 수익 평가액 12억 달러에 대한 최대 52.5퍼센트, 즉 6억 4천만 달러도 세금으로 내야 했다. 이중으로 세금을 내야 하는 셈이었다. 그러므로 두 경우를 동시에 놓고 볼 때 주주들이 부담해야 하는 세금의 차이는 4억 달러나 되었다. 참조, 제임스 D. 그와트니 그리고 랜들 G. 홀콤브, "Optimal Capital Gains Tax Policy: Lessons from the 1970s, 1980s, and 1990s", 합동경제위원회연구소, 미 의회, 1997년 6월.

55 버크셔 해서웨이의 1986년 연례 보고서. 주목할 만한 사실은, 워런이 만일 버크셔 해서웨이가 그 법률이 효력을 발생하기 이전에 청산할 경우 얻을 수 있는

막대한 이득이 아니라 법률이 효력이 발생한 이후에 비싸게 치러야 하는 결과 차원에서 이런 발언을 했다는 점이다.

56 이런 방식은 투자 교과서에도 실려 있는데, 여기에는 장단점이 공존한다. 회계 장부의 맨 마지막 줄, 즉 손익 항목은 인수 행위에 의해서 얼마든지 왜곡될 수도 있는, 온당하긴 하지만 보수적인 잣대다(여기에 대해서는 워런이 논의한 적이 있었다. 참조, '제너럴 리General Re').

57 월터 스콧 주니어, 수잔 스콧과의 인터뷰들; 조너선 R. 레잉, "The Other Man From Omaha", 〈배런스〉, 1995년 6월 17일.

58 월터 스콧 주니어와의 인터뷰.

59 클라이드 레이하드와의 인터뷰.

60 제리 보이어는 2006년 8월 11일의 〈내셔널 리뷰National Review〉에서, "레이건의 공급자 친화적인 정책은 워런 버핏이 세계에서 두 번째 부자가 될 정도로 많은 재산을 모으는 데 도움이 되었다. 이 정책을 이용해서 엄청난 재산을 모으면서도 버핏은 이 정책을 비난해 왔다"고 썼다. 다른 어떤 투자자와 마찬가지로 워런이 공급자 친화적인 정책으로 혜택을 받은 건 분명한 사실이다. 투자 소득과 자본 이득에 대해서 물어야 할 세금을 경감받았기 때문이다. 그런데 특기할 사항은, 이런 혜택 가운데 많은 부분이 버크셔 해서웨이가 낸 세금으로 상쇄되었다는 점이다. 레이건 행정부 이후로 '납세 정의를 위한 시민 모임Citizens for Tax Justice'과 '세금 및 경제 정책 연구소Institute on Taxation and Economic Policy'가 미국 내 상위 250대 기업의 연례 보고서를 조사했는데, 결과는 언제나 이들이 놀라울 정도로 세금을 적게 내고 있다는 사실을 드러냈다. 참조, 로버트 S. 매킨타이어, T. D. 쿠 응엔, 《Corporate Taxes & Corporate Freeloaders》(1985년 8월), 《Corporate Income Taxes in the 1990s》(2000년 10월), 《Corporate Income Taxes in the Bush Years》(2004년 9월). 미국의 상위 250개 기업의 경우 수익이 엄청난 규모로 늘어나긴 했지만 1980년대부터 지금까지 감가상각이니 스톡옵션, 연구비 따위의 명목을 내세워서 실질적으로 법인세는 아주 조금씩밖에 내지 않았다. 하지만 버크셔 해서웨이는 1986년부터 평균 30퍼센트의 세금을 꾸준하게 내왔다. 이것은 그가 개인적으로 누리는 세금 혜택의 효과를 상쇄시키는 것이었다. 그럼에도 불구하고, 그가 낸 세금은 그에게 공급자 친화적인 정책을 비판할 자격을 가지고 있느냐 없느냐 하는 문제와 아무런 관계가 없다.

61 로버트 소벨, 《Salomon Brothers 1910-1985, Advancing to Leadership》, 살로먼 브라더스, 1986년.

62 투자자들은 자기들이 투자한 것에 대한 보상보다 더 많은 것을 '피브로'로부터 지급받았다. 그런데 이미 투자금을 뺀 투자자들은 이 잔치에 참가할 수 없었다.

63 앤서니 비안코, "The King of Wall Street —How Salomon Brothers Rose to the Top. —And How It Wields Its Power", 〈비즈니스위크〉, 1985년 12월 5일.

64 1934년 6월 30일부터 7월 2일의 소위 '긴 칼들의 밤Night of the Long Knives'에 히틀러는 자기 정권의 적이라고 여겨지는 인물 최소 85명을 처형하고 1천 명을 체포했다.

65 제임스 스턴골드, "Too Far, Too Fast: Salomon Brothers' John Gutfreund", 〈뉴욕 타임스〉, 1988년 1월 10일.

66 폴 키어스, "The Last Waltz: He had the power, she craved the position. Life was a ball until he had to resign in disgrace and an era ended", 〈토론토 스타〉, 1991년 9월 1일.

67 로저 로웬스타인, 《Buffett: The Making of an American Capitalist》, New York: Doubleday, 1996. 로저는 이런 설명을 한 임원이 누구인지는 밝히지 않았다.

68 폴 키어스, "The Last Waltz"; 캐럴 보겔, "Susan Gutfreund: High Finances, High Living", 〈뉴욕 타임스〉, 1988년 1월 10일; 데이비드 마이클스, "The Nutcracker Suit", 〈맨해튼, Inc.Manhattan, Inc.〉, 1984년 12월; 존 테일러, "Hard to Be Rich: The Rise and Wobble of the Gutfreunds", 〈뉴욕〉, 1988년 1월 11일.

69 소설 속의 바바디지 부인이 바로 수전 구트프룬드를 모델로 해서 창조된 인물이다.

70 폴 키어스, "The Last Waltz"; 캐시 호린, "The Rise and Fall of John Gutfreund; For the Salomon Bros. Ex-Head, a High Profile at Work & Play", 〈워싱턴 포스트〉, 1991년 8월 19일.

71 로버트 소벨, 《Salomon Brothers 1910-1985, Advancing to Leadership》.

72 인수 합병 전문가이자 전투적이며 막강한 영향력을 행사하던 은행가 브루스 와서스타인이 그 회사를 운영하도록 내정되어 있었다. 구트프룬드와 그의 핵심 참모들은 자기들이 곧바로 와서스타인에게 밀려날 것임을 알았다. 그리고 최대 주주인 페럴먼은 고객들을 겁주어 쫓아버릴 것이었다.

73 살로먼 브라더스는 미노코 주식을 한 주당 38달러에 대량 매입했다. 이 가격은 시장 가격이던 32달러에 19퍼센트를 추가로 더 얹은 가격이었다. 그리고 이후

에 워런에게 이 주식들을 같은 가격으로 제시했다. 이런 프리미엄은 당시 비슷한 거래에서 전형적으로 나타나던 것이었다(이것 역시 비판을 받았다). 그렇게 인수된 주식을 통해서 의결권 12퍼센트가 이동했다. 페럴먼은 한 주당 42달러를 제안했고, 자기의 지분을 25퍼센트까지 올릴 수 있다고 말했다.

74 살로먼 브라더스는 수많은 실수를 했다. 이 회사는 결국 도산한 'TVX 브로드캐스트 그룹TVX Broadcast Group'을 인수했었고 '사우스랜드 코퍼레이션Southland Corporation'을 차입금으로 인수하려고 했다가 실패했으며, 문제투성이의 '그랜드 유니언Grand Union'을 인수했다가 아무런 소득도 없이 책임만 뒤집어쓰게 되었다. 살로먼 브라더스는 5년 동안 머천트 뱅킹 사업에서 애를 써봤지만 아무런 재미를 보지 못하고, 1992년에 이 분야에서 빠져나갔다.

75 사라 바틀릿, "Salomon's Risky New Frontier", 〈뉴욕 타임스〉, 1989년 3월 7일.

76 워런은 살로먼 브라더스에 투자한 것을 채권처럼 여겼다. 만일 가이코나 아메리칸 익스프레스처럼 좋은 투자 대상을 포착했다면, 그는 구태여 이 거래에 손을 대지도 않았을 것이다.

77 존 구트프룬드와의 인터뷰.

78 존 구트프룬드, 도널드 푸어스타인과의 인터뷰들. 푸어스타인의 아들은 페럴먼의 자녀들 가운데 한 명과 함께 학교에 다녔었다. 그는 페럴먼이 예리한 관찰력을 가지고 있음을 알았다. 그리고 휴일이 지나면 결정적으로 또다시 일자를 뒤로 미룰 것이라 생각했다.

79 그레이엄과 도드에 따르면 우선주는 지분과 부채의 가장 덜 매력적인 특성들과 결혼한다. "우선주는 채권에 비해서 역성장 시기에 명백하게 취약한 특성을 가진다." 벤저민 그레이엄과 데이비드 L. 도드, 《Security Analysis, Principles and Teaching》, New York: McGraw-Hill, 1934, 26장. 우선주는 채권의 안정성과 주식의 가격 상승 경향이 결합되었다는 점에서 흔히 '인센티브가 있는 채권'이라고 말한다. 하지만 그레이엄과 도드가 명시했듯이, 이것은 언제나 옳지는 않다. 만일 어떤 회사가 문제에 봉착할 경우 원금과 이자에 대한 강제력이 우선주에는 부족하다. 그리고 사정이 호전되었을 경우, 보통주와 달리 우선주에는 투자자가 회사의 수익 처분과 관련해서 주주가 행사할 수 있는 권한이 부족하다. 워런은 1998년 플로리다대학교에서 했던 연설에서 다음과 같이 말했다. "선순위 증권의 기준은 세금 납부 이후 기준으로 평균보다 높은 수익률을 보장받을 수 있는가, 원금을 돌려받을 수 있다고 확신하는가입니다." 여기에서 보통주에 대한 선호는 아무런 의미가 없었다.

80 버크셔 해서웨이는 1995년 10월 31일부터 시작해 4년 동안 다섯 차례에 걸쳐서 의무적으로 우선주를 보통주로 전환하거나 현금으로 되팔아야 했다. 페럴먼은 워런보다 더 나은 조건을 제시했다. 그러나 구트프룬드와 몇몇 경영진은 이 사회에 페럴먼이 제시한 조건을 받아들이지 않겠다고 했다. 페럴먼은 한 주당 거래 가격을 42달러로 제시했는데, 이 가격은 살로먼 브라더스의 입장에서 볼 때 훨씬 유리한 조건이었다. 그리고 페럴먼이 소유할 지분은 10.9퍼센트였지만, 워런이 소유한 지분은 12퍼센트였다.

81 만일 버크셔 해서웨이가 가지고 있는 전환우선주를 대량으로 매입하겠다는 주체가 나타난다 하더라도 이 주식을 매입할 우선권은 살로먼 브라더스에 있었다. 설령 살로먼 브라더스가 그 주식을 되사들이길 거부한다 하더라도 워런은 자기가 가지고 있는 주식 전체를 단일한 매입자에게 몰아서 팔지 못하게 되어 있었다. 버크셔 해서웨이는 또한 앞으로 7년 동안은 살로먼 브라더스의 주식을 20퍼센트 이상 보유하지 않는다는 단서 조항에 동의했다.

82 마이클 루이스, 《Liar's Poker: Rising Through the Wreckage on Wall Street》, New York: W. W. Norton, 1989.

83 폴라 올로프스키 블레어와의 인터뷰.

47

1 버크셔 해서웨이가 주주들에게 보내는 편지, 1990년; 마이클 루이스, "The Temptation of St. Warren", 〈뉴 리퍼블릭 New Republic〉, 1992년 2월 17일.

2 노트르담대학교, 1991년 봄, 다음에서 인용. 린다 그랜트, "The $4-Billion Regular Guy: Junk Bonds, No. Greenmail, Never. Warren Buffett Invests Money the Old-Fashioned Way", 〈로스앤젤레스 타임스〉, 1991년 4월 7일.

3 다음 글에서 워런은, 보유 기간 일 년 미만의 주식이나 파생상품을 팔았을 때 발생하는 수익에 대해서는 100퍼센트의 몰수세를 징수해야 한다고 주장했다. "카지노 경제를 어떻게 길들일 것인가 How to Tame the Casino Economy", 〈워싱턴 포스트〉, 1986년 12월 7일.

4 린다 그랜트, "The $4-Billion Regular Guy". 워런은 주주들에게 보낸 편지들에서도 구트프룬드를 찬양했다.

5 살로먼 브라더스의 사업 속에 내재된 기본적인 갈등은 공시되지 않는 매수 호가와 매도 호가의 차이였는데, 워런은 오마하에 있던 자기 아버지 회사에서 일

할 때 여기에 반대했었다. 이 갈등은, 회사의 수익을 1차적으로 고려하는 프롭 트레이딩(자기자본 거래)과 고객의 돈으로 운용되며 고객의 이익을 고려하는 거래 사이의 갈등이었던 것이다. 버크셔 해서웨이의 투자 결정을 내렸던 이사회 구성원으로서 워런은, 거래와 관련된 토론에 참여하지 않거나 자기가 독점적으로 가지고 있는 정보를 토대로 해서는 투자하지 않았다고 말한다. 하지만 이사회 구성원이라는 직책 자체가 바로 이해의 갈등이 존재하는 것처럼 비치게 만들었다.

6 S&P 500 지수가 시장의 대용치로 사용되었다.

7 버티는 돈을 걸려고 하지 않았다. 어릴 때부터 워런은 어떤 게임을 하든 늘 버티에게 이겼다. 단 한 번도 버티에게 지지 않았다. 버티는, 워런이 포테이토칩을 먹을 것이고 자기는 1천 달러를 애스트리드에게 지불하게 될 것임을 알았을 것이다.

8 워런 버핏이 존 딩겔 연방 하원 의원에게 보낸 편지, 1982년 3월 5일.

9 길게 설명할 수 없어서 포트폴리오 보험(시장 가격이 불리할 경우 포트폴리오 가치가 일정 수준 아래로 떨어지는 것을 방지하며 시장 가격이 유리할 경우 포트폴리오 가치도 동반 상승하도록 하는 투자 전략을 통칭하는 말-옮긴이)의 역사를 아주 간략하게 소개했다. 시장의 참패는 연방준비제도가 1987년 노동절 주말에 할인율을 올리면서 시작되었다. 다음 한 달 동안 시장은 불안하게 요동쳤고 투자자들이 초조해한다는 징후를 보였다. 10월 6일, 다우지수는 하루 만에 91.55포인트가 떨어지는 기록을 세웠다. 금리는 계속해서 올라갔다. 10월 16일 금요일에 다우지수는 다시 108포인트 떨어졌다. 전문 투자가들은 주말 동안 향후 어떻게 움직여야 할지 곰곰이 생각했다. 그런데 10월 19일 검은 월요일, 개장 초기부터 모든 종목은 힘도 쓰지 못하고 무너지기 시작해서, 시장은 하루 동안 508포인트가 떨어지는 기록을 세웠다. 이런 폭락의 정확한 원인이 무엇인지는 아직도 논쟁의 대상으로 남아 있다. 프로그램 매매와 주가 지수 선물이 이 하락을 부채질했다. 그러나 경제적인 여러 요인들, 군사적인 긴장, 연방준비제도이사회 의장이던 앨런 그린스펀이 달러화에 대해서 한 언급, 둔화되던 경제 상황, 그 밖의 여러 요소들이 그런 기록적인 폭락의 원인으로 작용했다는 게 일반적인 평가다.

10 에드 앤더슨과, 빌 스콧과 루스 스콧, 마셜 와인버그, 프레드 스탠백, 톰 냅과의 인터뷰들.

11 월터 스콧 주니어와의 인터뷰.

12 이 경우 위험 대비책은 폭넓은 집단 혹은 지수에 대해서 공매도하는 것이다.

13 이 설명은 도리스와 워런의 이야기를 바탕으로 했다.

14 제임스 스턴골드, "Too Far, Too Fast: Salomon Brothers' John Gutfreund", 〈뉴욕 타임스〉, 1988년 1월 10일.

15 살로먼 브라더스는 만기 구조표maturity ladder에 따라 부채가 만기되기 이전의 각 시점마다 부채 해결에 필요한 자금을 고객들에게 제공했다. 채권을 취급하는 회사에서 기업 어음 부서를 없앤다는 것은 도저히 이해할 수 없는 결정이었다.

16 구트프룬드에게 부여된 지난 네 번의 옵션은 아무런 가치 없이 소멸될 예정이었고, 다섯 번째도 아주 작은 이익밖에 내지 못할 터였다. 수정된 옵션 행사 가격(옵션 거래에서 정해진 기간 안에 옵션의 매수자가 권리를 행사할 때 지급하는 대상 물건의 매매 가격 – 옮긴이)은 구트프룬드에게 약 300만 달러를 안겨주었다. 모든 스톡옵션을 새로운 옵션으로 바꾼 결과의 충격은 발행 주식 수의 2.9퍼센트에만 영향을 미쳤다. 살로먼 브라더스의 1987년 대리인은 자산가격 재산정을 공시하지 않았으며 추가로 450만 달러, 즉 3.4퍼센트의 스톡옵션을 부여했다. 그라에프 크리스텔, "The Bad Seed", 〈파이낸셜 월드〉, 1991년 10월 15일.

17 밥 젤러와의 인터뷰.

18 위의 인터뷰. 젤러는, 워런이 보상위원회에서 주주들의 이익을 진정으로 대표하는 한편 어떤 직원들이 정말로 그 보상을 받을 자격이 있는지 파악하려고 애썼다고 말한다.

19 존 테일러, "Hard to Be Rich: The Rise and Wobble of the Gutfreunds", 〈뉴욕〉, 1988년 1월 11일.

20 존 구트프룬드, 지데일 호로위츠와의 인터뷰들.

21 톰 스트라우스와의 인터뷰.

22 엄밀히 따지자면 우선주는 그런 방식으로 작동하지 않았지만, 원하기만 했다면 워런은 그렇게 할 수 있는 길을 찾아냈을 것이다.

23 캐럴 루미스, "The Inside Story of Warren Buffett", 〈포천〉, 1988년 4월 11일. 이 기사에서 워런은 그 소문들이 사실이 아니라고 언급했다.

24 캐서린 그레이엄이 버핏 그룹 사람들에게 보낸 편지, 1987년 12월 14일. 그녀는 워런에게 보낸 이 편지에 따로 다음과 같은 주석을 달았다. "청구서들을 동봉합니다. 괜찮겠죠? 사람들에게 린치를 당하지 않으면 좋겠네요."

25 투자자들은 미래의 현금 흐름을 측정하기 위해서 10년에서 영원에 이르는 각기 다른 시간 단위를 사용하기도 하고 또 각기 다른 수익율을 적용하기도 한다. 하지만 워런의 안전 마진은 충분히 커서 여러 가지 방식이 빚어낼 수 있는 오차 범위들을 모두 아우른다. 세세한 것까지 정밀하게 논의하는 것은 의미가 없고 크게 뭉텅이로 계산해야 한다는 것이 워런의 생각이다. 이때 그가 생각하는 핵심적인 사항은, 해당 회사의 성장률이 얼마나 될 것이며 또 얼마나 오랫동안 흑자를 거둘 것인가 하는 점이다.

26 로버트 L. 로즈, "We Should All Have an Audience This Receptive Once in Our Lives", 〈월스트리트 저널〉, 1988년 5월 25일.

27 혹은, 한 주당 평균 가격 41.81달러로 계산해서 총 5억 9,300만 달러인 코카콜라 주식 1,417만 2,500주. (그런데 1988년과 2007년 사이에 한 주를 두 주로 나누는 주식 분할이 세 차례 이루어졌는데, 이 주식 분할을 고려하면 한 주당 평균 가격은 5.23(=41.81/8)달러였다.) 본문에 나오는 모든 주식의 수와 가격은 뒤에 이어진 세 차례의 주식 분할에 맞추어서 조정되었다.

28 월터 슐로스와의 인터뷰.

29 당시에 코카콜라의 시장 가치는 버크셔 해서웨이 시가총액의 21퍼센트를 차지했다. 달러화를 기준으로 계산할 때 워런이 투자한 단일 종목으로는 최대 규모였다. 하지만 백분율로 계산하면 그가 보여줬던 예전의 투자 양상과 전혀 다르지 않았다.

30 호위 버핏과의 인터뷰.

31 마이클 루이스, 《Liar's Poker: Rising Through the Wreckage on Wall Street》. New York: W. W. Norton, 1989.

32 버크셔 해서웨이는 챔피언 우선주에 대해서 당시의 표준적인 금리 7퍼센트보다 높은 9.25퍼센트의 이표(利票)를 받았고, 이 우선주 매입에 필요한 3억 달러의 매입 자금을 마련하려고 5.5퍼센트 금리로 대출했다. 챔피언은 우선주를 먼저 상환하겠다고 했지만, 버크셔 해서웨이는 이보다 앞서서 이 주식을 보통주로 전환할 수 있었으며, 이 과정에서도 할인 부담은 적은 규모로밖에 지지 않았다. 버크셔 해서웨이는 챔피언 주식을 6년 동안 보유하면서, 세금 납부 이후 기준 장부 가격으로 19퍼센트의 자본 수익을 올렸다.

33 린다 샌들러, "Heard on the Street: Buffett's Special Role Lands Him Deals Other Holders Can't Get", 〈월스트리트 저널〉, 1989년 8월 14일.

34 이 이야기를 멍거에게 한 사람과의 인터뷰.

35 2001년 7월 조지아대학교의 테리 경영대학원에서 한 연설.

36 존 맥팔레인과의 인터뷰.

37 폴라 올로프스키 블레어와의 인터뷰; 마이클 루이스, 《Liar's Poker: Rising Through the Wreckage on Wall Street》.

38 많은 계약이 담보나 증거금을 요구했지만, 그렇다 하더라도 그 모형이 잘못 산정한 위험을 모두 아우르지는 못했다.

39 워런과 멍거, 1999년 버크셔 해서웨이의 연례 주주 총회.

40 살로먼 브라더스는 8년 동안 이 사업을 지속했다. 그리고 1998년 피브로는 자기가 가지고 있던 합작 회사의 주식을 팔았다. 앨런 A. 블록, "Reflections on resource expropriation and capital flight in the Confederation", 〈Crime, Law and Social Change〉, 2003년 10월.

41 로저 로웬스타인, 《When Genius Failed: The Rise and Fall of Long-Term Capital Management》. New York: Random House, 2000.

42 에릭 로젠펠드와의 인터뷰.

43 메리웨더는 특유의 성격대로 짭짤한 수익이 발생하는 이 거래에 참가하지 않았다.

44 살로먼 브라더스 보상 및 직원 복지 위원회에 보고된 보고서, "Securities Segment Proposed 1990, Compensation for Current Managing Directors".

45 이런 지급 규정은 여전히 한 쪽에게만 일방적으로 유리했다. 살로먼 브라더스의 차익거래팀 구성원은 어떤 경우에도 본전을 건지거나 아니면 이득을 볼 수 있었던 것이다. 이에 비해서 워런이 운영하던 투자 회사들의 경우, 손해가 날 경우 그가 무한 책임을 졌었다. 즉, 그의 인센티브는 투자 동업자들과 운명을 함께했던 것이다.

46 마이클 시코놀피, "These Days, Biggest Paychecks on Wall Street Don't Go to Chiefs", 〈월스트리트 저널〉, 1991년 3월 26일.

47 데릭 모건과의 인터뷰.

48 카지노와 식당의 비유로 설명하는 내용은 워런의 발상이다. 설령 이런 고객 지향 사업체가 수익성이 좋아진다 하더라도, 여러 해가 지나고 나면 아무리 규모가 크고 시장 점유율이 높더라도 훨씬 많은 자본을 필요로 할 것이고 또 그 사업체가 기록할 수익이 워런을 만족시킬지도 의심스러웠다.

49 에릭 로젠펠드와의 인터뷰.

48

1 마이클 루이스, 《Liar's Poker: Rising Through the Wreckage on Wall Street》. New York: W. W. Norton, 1989.

2 푸어스타인은 '텍사스 걸프 설퍼Texas Gulf Sulfur'가 관련된 유명한 내부자거래 사건을 조사하기도 하는 등 증권거래위원회에서 여러 중요한 업무들을 맡았었다.

3 도널드 푸어스타인을 포함한 수많은 사람들과의 인터뷰들. 푸어스타인은 자기가 했던 역할과 '어둠의 왕자'라는 별명이 사실이라고 필자에게 확인해 주었다.

4 도널드 푸어스타인, 톰 스트라우스, 데릭 모건, 빌 매킨토시, 존 맥팔레인, 재크 스노, 에릭 로젠펠드와의 인터뷰들.

5 빌 매킨토시와의 인터뷰.

6 존 맥팔레인과의 인터뷰.

7 다음 책에서 인용되는 에릭 로젠펠드. 로저 로웬스타인, 《Buffett: The Making of an American Capitalist》, New York: Doubleday, 1996.

8 다음 책에서 인용되는 존 맥도노. 로저 로웬스타인, 《Buffett: The Making of an American Capitalist》, New York: Doubleday, 1996.

9 에릭 로젠펠드와의 인터뷰.

10 도널드 푸어스타인과의 인터뷰.

11 푸어스타인은 멍거에게 이야기한 다음에 회의실로 다시 돌아가 또 다른 변호사 재크(재커리) 스노에게 추가로 다른 설명을 하지도 않은 채 '엄지손가락 빨기'라는 언급만 계속 반복했다. 필자가 스노와 했던 인터뷰 내용에 따르면 푸어스타인은 그 표현이 가지는 의미를 제대로 파악하지 못했던 것 같다. 멍거는 "워런과 나는 늘 그걸 하고 있다"고 말했다고 푸어스타인은 말한다. 아무튼 푸어스타인이나 워런 모두 멍거의 발언을 심각하게 받아들이지 않았던 것만은 분명하다.

12 제럴드 코리건과의 인터뷰.

13 푸어스타인은 8월 8일 아침에 이사진의 한 명이던 지데일 호로위츠와 아침식사를 하면서 그에게 같은 이야기를 하며 조금 더 많은 정보를 제공했다. 하지만 호로위츠는 자기도 푸어스타인이 제공하는 정보가 잘못된 것이라 느꼈다고 말한다.

14 캐럴 루미스, "Warren Buffett's Wild Ride at Salomon", 〈포천〉, 1997년 10월

27일.

15 멍거는 자기가 푸어스타인을 압박해서 이런 내용을 알아냈다고 나중에 진술했는데, 이런 진술 내용은 푸어스타인이 회상하는 내용과 다르다. 멍거가 보다 명확한 설명을 들었을 것이라는 점에 대해서는 멍거와 푸어스타인 모두 동의한다. 점점 더 많은 정보가 드러남에 따라서 푸어스타인과 구트프룬드가 했던 행동들에 대한 워런과 멍거의 전반적인 평가 및 비판의 강도가 점차 가혹해졌을 것이라는 점은 의심할 여지가 없다.

16 살로먼 브라더스의 회장이자 CEO이던 워런 버핏의 증언과 함께 제출된 살로먼 브라더스의 진술서, 상원 분과위원회인 '은행, 주택 및 도시 문제 위원회', 1991년 9월 10일.

17 '머큐리 에셋 매니지먼트Mercury Asset Management'(이 회사는 'S. G. 워버그'의 자회사였다)와 '퀀텀 펀드Quantum Fund'. 연방준비제도가 살로먼 브라더스를 의심스러운 눈으로 바라본 것은 S. G. 워버그가 처음으로 프라이머리 딜러로서 자기 이름으로 입찰에 나섰기 때문이다. 위의 진술서.

18 찰스 T. 멍거의 증권거래위원회 증언, "In the Matter of Certain Treasury Notes and Other Government Securities", File No. HO-2513, 1992년 2월 6일.

19 위의 증언.

20 마이클 시코놀피, 콘스턴스 미첼, 톰 허먼, 마이클 R. 세싯, 데이비드 웨셀, "The Big Squeeze: Salomon's Admission of T-Note Infractions Gives Market a Jolt—Firm's Share of One Auction May Have Reached 85%; Investigations Under Way—How Much Did Bosses Know?", 〈월스트리트 저널〉, 1991년 8월 12일.

21 워런은 나중에 '왝텔, 립턴'이 일정 정도의 비난을 함께 받았다고 말하며, 8월 8일에 왝텔이 모저의 활동이나 경영진의 무대책에 대해서는 아무런 언급도 하지 않은 채 살로먼 브라더스에 대한 중요한 사실들을 모두 언급하고 있다고 주장하는 투자자용 기업 안내서를 사용해서 50억 달러의 중기 채권을 위한 일괄 등록서가 유효하다고 천명했음을 밝혔다. 워런은 이렇게 말했다. "만일 '왝텔, 립턴'이 공식적인 서류를 통해서 정부와 일반 대중에 전달하려고 하는 것이 이처럼 느슨한 것이었다면, 이들이 존에게도 이와 비슷한 어떤 것을 전달했을 가능성을 배제할 수 없습니다. 비록 그게 어떤 건지는 나도 모르지만 말입니다."

22 존 맥팔레인과 인터뷰.

23 밥 덤햄과의 인터뷰. 그는 푸어스타인의 낡은 사무실에 자리를 옮겼을 때 이 전

화기의 단축 버튼을 발견했다.

24 찰스 T. 멍거의 증권거래위원회 증언, "In the Matter of Certain Treasury Notes and Other Government Securities", File No. HO-2513, 1992년 2월 6일.

25 만일 대출 기관들이 대출 기한을 연장하지 않았더라면 살로먼 브라더스의 운명은 그야말로 하룻밤 만에 바뀌어 청산의 길을 걸어야 했을 것이다. 엄청난 규모의 투매 속에서 자산 가치는 장부가에 훨씬 못 미치는 수준으로 떨어졌을 터였기 때문이다. 겉으로 보기에는 멀쩡하던 살로먼 브라더스의 재무상태표는 곧바로 파산의 블랙홀로 빨려 들어가고 말았을 것이다.

26 빌 매킨토시와의 인터뷰.

27 도널드 푸어스타인, 존 맥팔레인과의 인터뷰들.

28 모저는 한도를 초과하는 재무부 채권에 대한 순매입 발행일 거래 투자 내역에 대한 보고를 하지 않았다. 그는 또한 '타이거 매니지먼트 컴퍼니 Tiger Management Company'라는 이름으로 위조 입찰 제안을 했다.

29 모저는 시장을 의도적으로 조작한 것을 부인했다. 그는 이 채권을 담보로 고객들로부터 현금을 빌린 뒤 이들 고객과 채권을 자신 외에 누구에게도 되팔지 않겠다는 구두 추가 협약을 맺는 등 채권을 '환매조건부 매매'했다는 의혹을 받았다. 이런 모저의 불법 매입이 채권 공급을 동결시켜 공매도자들을 옥죄었다. 매점에 의한 가격 조작 의혹은 한참 뒤 살로먼을 괴롭혔다. 모저와 그의 고객들이 채권을 매점하여 뭉텅이로 되팔았다는 것은 거의 의심의 여지가 없었다. 에릭 로젠펠드에 따르면, 살로먼 자체 차익거래부서는 국채가 내릴 것으로 예상하고 숏 포지션을 취했고, 그래서 호되게 당한 것이었다.

30 콘스턴스 미첼, "Market Mayhem: Salomon's 'Squeeze' in May Auction Left Many Players Reeling — In St. Louis, One Bond Arb Saw $400,000 Vanish and His Job Go with It — From Confidence to Panic", 〈월스트리트 저널〉, 1991년 10월 31일.

31 비록 내부적으로 알려져 있었음에도 불구하고 푸어스타인은 이것을 즉각 알아차리지 못했다. 그는 이런 실수가 자기가 그 사재기에 대해서 보다 철저하게 조사하지 않아서 일어난 일이라고 자책한다. 메리웨더를 포함해서 여러 사람은 소위 '호랑이 만찬(이 이름은 그 헤지펀드에 가입했던 한 고객의 이름을 따서 명명되었다)'에 대해서 확실히 알고 있었다. 하지만 '호랑이 만찬'은 공모 행위로 판명되지 않았다.

32 존 구트프룬드와의 인터뷰.

33 정확한 가격은 이게 아니었을 수도 있다. 이것은 워런이 개략적으로 회상한 가격이다.

34 이런 일이 진행되는 가운데 살로먼 브라더스는 50억 달러 규모의 선순위 채권 발행과 관련된 일괄등록 신고서 양식을 작성했고, 여기에 이사들은 서명했다. 그런 환경에서 증권신고서를 작성할 경우 회사가 증권법을 위반했다는 혐의를 받을 수 있었다.

35 에릭 로젠펠드에 따르면, 몇몇 사람들은 그 사재기는 재무부를 무시해서가 아니라 연방 정부가 금리를 낮추려 한다는 예측에 돈을 건, 단지 타이밍 상의 문제였을 뿐이라고 생각했다.

36 여러 당사자들과의 인터뷰를 통해서 그 회사 내에 다양한 관점들이 있었다는 사실을 확인할 수 있었다.

37 도널드 푸어스타인, 재크 스노의 인터뷰들. 푸어스타인은 우연히 아들을 데리고 그날 코넬대학교에 갔었는데, 나중에 무슨 일이 일어났는지 알고 나서는 '불같이' 화가 났다고 말한다.

38 도널드 푸어스타인과의 인터뷰. 그는 구트프룬드가 자기에게 끝까지 '그렇게 하겠다'라고만 대답하는 바람에 그에게 영향력을 행사하지 못했다면서 다음과 같이 말했다. "자기 의견에 찬성한다고 말하는 누군가와 논쟁을 하기란 어려운 일입니다." 도널드 M. 푸어스타인이 윌리엄 F. 메이, 찰스 T. 멍거, 로버트 G. 젤러, '사이먼 M. 론, 멍거, 톨스 앤드 올슨'에 보낸 편지, 1993년 1월 31일.

39 재크 스노와의 인터뷰. 그는 그 뒤로도 오래 그 악몽에 시달렸다고 말한다. 푸어스타인은 그 일을 기억하지는 못하지만, 설령 그런 일이 일어났다 하더라도 일이 그런 식으로 전개되지는 않았을 것이라고 말한다.

40 구트프룬드의 변호사이던 필립 하워드가 론 인사나에게 한 말, CNBC의 〈인사이드 오피니언 Inside Opinion〉, 1995년 4월 20일.

41 존 구트프룬드가 론 인사나에게 한 말, 위의 방송 프로그램.

42 1990년 12월 27일(4년 만기 채권), 1991년 2월 7일(소위 '10억 달러짜리 짓궂은 장난'), 1991년 12월 21일(5년 만기 채권) 등의 경매들에 위조 입찰서들이 등장했다. 1991년 4월 25일 경매에는 고객에게 위임받은 금액을 초과하는 입찰이 나왔다. 1991년 5월 22일 경매(2년 만기 채권)에는 살로먼 브라더스, 즉 모저가 정부에 순수 매도 포지션(주식이나 통화 또는 선물이나 옵션 등에 대해 가격의 상승이나 하락을 기대하고 매입이나 매도의 잔고를 보유하고 있는 상태—옮긴이)을 보고해야 하는 의무를 이행하지 않았는데, 이것이 시장 조작을

한 사실을 은폐하고자 한 게 아니냐는 의심에 불을 질렀다. 하지만 증거는 발견되지 않았다.

43 재크 스노와의 인터뷰. 그는 1994년에도 선서를 한 증언자 신분으로 이런 내용으로 증언했다.

44 데릭 모건과의 인터뷰.

45 제리 코리건과의 인터뷰.

46 설령 메리웨더가 모저의 상사였다 하더라도 메리웨더는 그를 해고할 권한을 가지고 있지 않았다. 어떤 임원이라 하더라도 다른 임원을 해고할 수는 없었다. 해고 권한은 구트프룬드만이 가지고 있었다.

47 빌 매킨토시와의 인터뷰.

48 존 맥팔레인, 데릭 모건과의 인터뷰들.

49 본인이 밝힌 바로는, 이 일이 있기 전에도 매킨토시는 구트프룬드의 팬이 아니었다.

50 빌 매킨토시와의 인터뷰.

51 회사채 금리와 국채 금리의 차이인 스프레드를 베이시스 포인트로 10에서 20까지 확대시켜 가며 회사채 금리를 올린 것은, 채권을 팔겠다는 사람들을 끌어들일 뿐이었다. 오후가 되면서, 트레이더들은 스프레드를 점점 넓혀가다 마침내 채권 1달러당 90센트만 제시하는 수준까지 가격을 떨어뜨렸다. 그 가격은 채무불이행 가능성이 상당히 높다는 것을 암시했다.

52 이 회사는 대리인으로서, 즉 채권을 되팔 수 있는 다른 매입자가 있을 때만 채권을 사는 방식으로 여전히 영업하게 된다.

53 커트 아이첸월드, "Wall Street Sees a Serious Threat to Salomon Bros.—ILLEGAL BIDDING FALLOUT—High-Level Resignations and Client Defections Feared—Firm's Stock Drops", 〈뉴욕 타임스〉, 1991년 8월 16일.

54 제리 코리건과의 인터뷰.

55 스트라우스는 나중에 이것을 워런과 연관지었다.

56 제리 코리건과의 인터뷰.

57 제리 코리건과의 인터뷰.

58 제리 코리건과의 인터뷰. 코리건은, 스트라우스와 구트프룬드는 4월에서 6월 사이에 자기와 적어도 한 차례 이상 일상적으로 대화를 나누었지만 이때도 그들은 아무런 언급도 하지 않았고, 그 뒤로는 이 두 사람을 신뢰하지 않았다고 말한다.

59 워런은 오후 2시 30분에서 3시 사이에 뉴욕에 도착했다. 이 시간 동안에 보도 자료문이 마련되어 배포될 준비를 갖출 터였다.

60 1991년 8월 16일자 살로먼 브라더스가 발표한 보도자료문에서. "살로먼 브라더스와 이사회가 운신할 수 있는 폭을 최대한으로 만들어 주기 위해서 두 사람은 특별이사회 자리에서 사직서를 제출할 준비가 되어 있다."

61 에릭 로젠펠드와의 인터뷰.

62 빌 매킨토시, 톰 스트라우스 및 데릭 모건과의 인터뷰.

63 톰 스트라우스와의 인터뷰.

64 제리 코리건과의 인터뷰.

65 론 올슨과의 인터뷰.

66 워런 버핏의 증언, "In the Matter of Arbitration Between John H. Gutfreund against Salomon Inc., and Salomon Brothers Inc.", Sessions 13 & 14, 1993년 11월 29일.

67 워런이 회상하는 구트프룬드의 발언이다. 워런 버핏의 증언, "In the Matter of Arbitration Between John H. Gutfreund against Salomon Inc., and Salomon Brothers Inc.", Sessions 13 & 14, 1993년 11월 29일.

68 톰 스트라우스와의 인터뷰.

69 1991년 10월 8일, 월마트의 소유주인 월턴 가족이 3위에서 7위까지의 자리를 차지하면서 워런은 8위로 밀려났다. 1위와 2위는 존 클루지와 빌 게이츠가 각각 차지했다.

70 재무부는, '머큐리 에셋 매니지먼트'의 자회사인 'S. G. 워버그 앤드 코s. G. Warburg & Co.'가 머큐리 에셋에 일상적으로 보내는 편지를 통해서 이 두 회사가 함께 경매 상한인 35퍼센트 이상을 입찰했었다는 사실을 적발했다. 모저는 이들 입찰 가운데 하나를 머큐리 에셋의 승인도 받지 않고 했다. 이런 사실이 드러나자 모저는 머큐리 에셋에게 살로먼 브라더스가 실수로 자기 이름으로 입찰한 것이며 곧바로 시정할 것이니 재무부에 회부해서 당국을 번거롭게 할 필요가 뭐 있느냐고 했다. 살로먼 브라더스의 회장이자 CEO이던 워런 버핏의 증언과 함께 제출된 살로먼 브라더스의 진술서, 상원 분과위원회인 '은행, 주택 및 도시 문제 위원회', 1991년 9월 10일.

71 데릭 모건과의 인터뷰.

72 1994년 노스캐롤라이나대학교 케넌-플래글러 경영대학원에서 학생들에게 한 연설.

73 이 한 사람의 예외가 스탠 숍콘이었다. 그는 지분 부서를 맡아서 운영했는데, 다른 사람들의 회상에 따르면 CEO로서 적임자는 자기라고 생각했다.

74 마이클 루이스, 《Liar's Poker: Rising Through the Wreckage on Wall Street》.

75 위의 책.

76 스워프는 그들을 모두 해고하고 회사를 급진적 흑인 운동 단체인 '진실과 영혼'으로 바꾸어 버렸다.

77 데릭 모건과의 인터뷰.

78 에릭 로젠펠드와의 인터뷰. 그는 그 어떤 위협도 없었다고 말한다. 하지만 메리웨더는 직원이 퇴사 후 회사와 경쟁할 수 없도록 하는 비경쟁 조항에 구속되지 않았기 때문에 메리웨더의 팀이 조만간 모두 회사를 떠날 수도 있었다는 사실은 분명했다.

79 구트프룬드의 아내 수전이 구트프룬드는 이제 어디를 가든 일자리를 얻을 수 없는 인물이 되었다고 말했고, 구트프룬드가 이 말을 워런에게 옮겼다.

80 필립 하워드와의 인터뷰. 워런 버핏의 증언, "In the Matter of Arbitration Between John H. Gutfreund against Salomon Inc., and Salomon Brothers Inc.", Sessions 13 & 14, 1993년 11월 29일.

81 워런 버핏과의 인터뷰; 워런 버핏의 증언, "In the Matter of Arbitration Between John H. Gutfreund against Salomon Inc., and Salomon Brothers Inc.", Sessions 13 & 14, 1993년 11월 29일. 이 증언에서 워런은 이 발언이, 구트프룬드는 자기[버핏]가 거래하지 않는다는 사실을 알고 있었다는 증거라고 한다(한편 멍거가 언급한 구트프룬드의 발언은 다음과 같다). "당신들이 날 등쳐먹도록 가만 내버려 두지 않을 겁니다."

82 필립 하워드와의 인터뷰.

83 워런 버핏의 증언, "In the Matter of Arbitration Between John H. Gutfreund against Salomon Inc., and Salomon Brothers Inc.", Sessions 13 & 14, 1993년 11월 29일.

84 워런 버핏과 찰스 T. 멍거의 증언, "In the Matter of Arbitration Between John H. Gutfreund against Salomon Inc., and Salomon Brothers Inc.", Sessions 13 & 14, 33 & 34.

85 찰스 T. 멍거의 증언, "In the Matter of Arbitration Between John H. Gutfreund against Salomon Inc., and Salomon Brothers Inc.", Sessions 33 & 34, 1993년 12월 22일.

86 지데일 호로위츠와의 인터뷰.

87 일본 채권 시장은 동부 표준시로 오후 7시 30분까지 열리지 않지만, 일본 장외 거래는 빠르면 오후 5시부터 시작된다. 이때 대출기관들은 사실상 대출이라고 부르는 살로먼의 기업어음을 팔기 시작할 것이다.

88 존 맥팔레인과의 인터뷰.

89 워런 버핏의 증언, "In the Matter of Arbitration Between John H. Gutfreund against Salomon Inc., and Salomon Brothers Inc.", Sessions 13 & 14, 1993년 11월 29일.

90 제리 코리건과의 인터뷰.

91 제리 코리건, 폴 볼커와 한 인터뷰들이 이 부분의 집필에 도움이 되었다.

92 모든 일이 정리된 뒤에, 워런이 '자신의 막강한 명성을 이용해서 내무부의 결정을 부분적으로 철회시켰다'는 사실은 사람들 사이에 널리 알려져 있었다. 하지만 워런이 자기 명성을 건다는 게 본인에게 얼마나 중요한 의미였는지 사람들은 확실하게 알지 못했다. 사울 핸셀, 베스 셸비, 헤니 센더, "Who Should Run Salomon Brothers?", 〈인스티튜셔널 인베스터〉, Vol.25, No.10, 1991년 9월 1일.

93 데릭 모건과의 인터뷰.

94 찰리 멍거와의 인터뷰.

95 데릭 모건과의 인터뷰.

96 핸셀, 셸비, 센더, "Who Should Run Salomon?"

97 위의 글.

1 폴라 올로프스키 블레어와의 인터뷰.

2 빌 매클루커스와의 인터뷰.

3 이것은 워런이 회상하는 대화다. 하지만 워런이 임시 회장을 맡아줄 것이라고 보았던 브래디의 견해는 다른 당국자들이 확인해 주었다.

4 폴라 올로프스키 블레어와의 인터뷰. 그녀는 새로운 상사가 자신이 사설탐정처럼 행동하길 바란 게 우습다고 생각했다.

5 도널드 푸어스타인, 밥 던햄과의 인터뷰들. 던햄은 변화가 필요하다는 사실에 대해서만 자기들이 동의했다고 말한다.

6 워런은 다음에서 이 내용을 증언했다. "In the Matter of Arbitration Between

John H. Gutfreund against Salomon Inc., and Salomon Brothers Inc.",
Sessions 13 & 14, 1993년 11월 29일.

7 존 구트프룬드의 차익거래 관련 청문회에서.

8 많은 사람이 이런 이야기를 필자에게 했지만, 이름을 밝히기는 꺼렸다.

9 이 회사는 1986년에 '멍거, 톨스 앤드 올슨'이 되었다.

10 법률 회사 사람들 및 예전 직원들은 모두, 법률 회사가 기본적인 역할을 수행했음에도 불구하고 이 아이디어를 워런의 공으로 돌린다.

11 예를 들어서 '드렉셀 번햄 램버트Drexel Burnham Lambert'는 기소당한 뒤에 파멸의 길을 걸었다. '키더, 피보디'는 투자은행인 '페인웨버PaineWebber'에 팔렸다. 차입금이 많았기 때문에 살로먼 브라더스는 더욱 큰 위기에 봉착했다.

12 론 올슨과의 인터뷰.

13 위의 인터뷰.

14 위의 인터뷰.

15 프랭크 배런과의 인터뷰. 뉴욕 남부 지구의 연방 검사이던 루돌프 지울리아니는 드렉셀 번햄 램버트가 그 특권을 포기하도록 압박했지만 드렉셀 번햄 램버트는 뜻을 굽히지 않았다.

16 찰리 멍거는 나중에 자기와 워런은 잠정적으로 결백한 직원들을 상대로 범죄 수사를 하게 하고 또 기소하게 하는 것에 협조하는 것 말고는 다른 방법이 없었다고 말하면서, 도덕적으로 위험한 (아무리 잘 보려고 해도, 모호하다고 할 수밖에 없는) 상황이었음을 인정했다. 멍거는 다음과 같이 말했다. "모든 게 끝나고 난 뒤, 살로먼 브라더스가 분명히 표명한 그 행동은 다른 비슷한 사건들 속에서도 계속될 것입니다. 사람들은 이 반응이 바로 우리가 바라는 것임을 알아차릴 정도는 충분히 똑똑합니다. 그것도 즉각 알아차릴 정도로 말입니다. 설령 이것이, 적절한 자격을 갖추지 못한 몇몇 사람들을 해고한다는 것을 뜻한다 하더라도 말입니다." 로리 P. 코헨, "Buffett Shows Tough Side to Salomon and Gutfreund", 〈월스트리트 저널〉, 1991년 11월 8일.

17 워런 버핏이 노먼 펄스타인에게 보낸 편지, 1991년 11월 18일.

18 워런 버핏은 다음에서 이 내용을 증언했다. "In the Matter of Arbitration Between John H. Gutfreund against Salomon Inc., & Salomon Brothers Inc.", Sessions 13 and 14, 1993년 11월 29일.

19 한 인터뷰에서 올슨은 다음과 같이 말했다. "나는 그 사람들을 현장에서 해고하지 않았습니다. 그 정도로 무지막지한 사람이 아니었으니까요."

20 캐롤린 스미스, 워런 버핏과의 인터뷰들. 워런은 자기가 친하게 지내는 사람들의 명단에 스미스의 이름을 보탰다. 그 호텔의 경영자에게 그녀 이야기를 했고, 그녀와 서신을 주고받았고, 또 크리스마스 때면 그녀에게 선물을 보냈다.

21 글래디스 카이저, 밥 던햄과의 인터뷰들.

22 하원 에너지상업위원회—통신 및 재무소위원회, 1991년 9월 4일. 이 위원회는 살로먼 브라더스가 저지른 증권거래법 위반 사항 및 재무부채권시장의 개혁을 위한 입법 관련 사항을 다루었다.

23 모건은 몇 주 뒤에 증언하러 혼자 워싱턴으로 갔는데, 이때 자기가 한 증언에 대해서 이렇게 말한다. "바닷물은 갈라지지 않았습니다. 결국 나는 바닷물에 흠뻑 젖고 말았죠."

24 "우리의 목표는 수십 년 전에 J. P. 모건이 표명했던 바로 그것입니다. 모건은 자기 은행이 하는 거래가 '일류의 방식으로 하는 일류의 사업'이 되기를 바랐던 사람입니다." 워런 버핏, "SALOMON INC-A report by the Chairman on the Company's Position and Outlook." 그의 이 말은 살로먼 브라더스의 주주들에게 보낸 편지에도 그대로 삽입되었는데, 이 편지는 1991년 11월 1일자 〈월스트리트 저널〉에 게재되었다.

25 상원 분과위원회인 '은행, 주택 및 도시 문제 위원회'의 살로먼 브라더스의 재무부 채권 거래 활동에 관한 청문회, 1991년 9월 11일 수요일.

26 당시 살로먼 브라더스에 돈을 빌려준 채권자들 가운데 65개 채권자가 환매조건부채권 구입을 중단했고, 회사의 기업어음 수지는 0을 향해 마구 추락했다. 심지어 주요 채권자인 '시큐러티 퍼시픽'은 담보를 설정해 주지 않으면 당일 외환 거래도 허락할 수 없다고 했다. 워런은 이때가 그로서는 최악의 상태였다고 말한다. 언론은 이런 사실을 기사로 싣지 않았는데, 만일 이런 사실이 기사로 보도되었더라면 공황을 유발했을지도 모른다.

27 존 맥팔레인과의 인터뷰. 펀드에 들어가는 비용 때문에 트레이더들은 이문이 남지 않는 거래를 회피하는 경향을 보였다. 궁극적으로 금리는 연방 기금 금리를 넘어서 400베이시스 포인트(즉, 4퍼센트 포인트)까지 갔다. 캐리 트레이드(이자가 싼 곳에서 빌린 돈으로 수익률이 높은 다른 곳에 투자하는 것, 즉 금리차익거래—옮긴이)와 같은 단기 자본 거래는 사라져 버렸다.

28 존 맥팔레인과의 인터뷰.

29 상원 분과위원회인 '은행, 주택 및 도시 문제 위원회'의 살로먼 브라더스의 재무부 채권 거래 활동에 관한 청문회, 1991년 9월 11일 수요일.

30 던햄과 멍거를 포함해서 다른 많은 사람은 그때 이미 스턴라이트의 편지에 대해서 알고 있었다. 그들은 한결같이 누군가는 이 편지에 대해서 워런에게 이야기했을 터이고, 따라서 그가 당연히 그 내용을 알고 있을 것이라 생각했다고 말했다. 그와 멍거는 푸어스타인이 참석했던 6월 감사위원회 회의에서 증권거래위원회나 뉴욕증권거래소에 마땅히 보고되어야 할 어떤 조치도 취하지 않았다고 아서 앤더슨이 말하자 분노했다. 비록 '왝텔, 립턴'이 그런 입장을 견지하긴 했지만, 나중에야 밝혀지듯이 이 진술은 명백하게 사실이 아니었다.

31 직원들은 1991년 8월 이전에 워런과 멍거가 이사회에 참석하는 이사 자격으로 있으면서 살로먼 브라더스의 업무에 대해서 얼마나 많이 알고 있었느냐는 질문을 받고는 이구동성으로, 그다지 많이 알지 못했다고 대답했다. 그리고 이사회에 전달되는 정보는 회사의 어려운 상황이 결코 표면으로 드러나지 않도록 교묘하게 조작되었다고 말했다.

32 로리 P. 코헨, "Buffett Shows Tough Side to Salomon".

33 글래디스 카이저와의 인터뷰.

34 워런은 자기에게 신문을 읽어준 사람이 누구인지 기억하지 못한다. 일찌감치 잠자리에 들었던 애스트리드는 아니었고 사무실 직원들도 아니었다. 오마하에 살던 지인이나 이웃 사람이었을 게 분명하다고 워런은 말한다.

35 증권을 인수해서 파는 업무를 하는 금융 회사는 서비스, 교환물, 전문성을 팔긴 하지만 기본적으로는 금융 보증인인 셈이다. 살로먼 브라더스의 이런 금융 보증력의 순위는 한층 떨어진 상태였다. 형사 고발을 당하고 또 프라이머리 딜러로서의 지위가 위협받는 상황에서, 이 회사가 은행업 고객을 계속 붙잡고 있었다는 사실은 월스트리트에서 여러 위대한 재기 사례 가운데 하나로 꼽히고 있다. 살로먼 브라더스가 이렇게 할 수 있었던 것은, 업계의 선두 자리를 포기하고 공동으로 선두 그룹을 형성하는 전략, 즉 조연 역할을 하겠다는 전략을 채택한 덕분이다. 그럼에도 불구하고 살로먼 브라더스의 시장 점유율은 8퍼센트에서 2퍼센트로 떨어졌다.

36 에릭 로젠펠드와의 인터뷰.

37 폴라 올로프스키 블레어와의 인터뷰. 모스 슈는, 버크셔 해서웨이가 H. H. 브라운 슈즈를 인수하기로 합의하고 불과 몇 주밖에 지나지 않은 1991년 7월 파산 절차를 밟았다. 버크셔 해서웨이는 모스 슈의 자회사인 '로웰 슈Lowell Shoe'를 1992년 말에 인수했고, 1993년에는 '덱스터 슈'를 인수했다.

38 '스미스 바니Smith Barney', '시어슨 레먼Shearson Lehman', 'UBS 시큐러티즈UBS

Securities' 등이 그런 회사들이었다. 잇따른 마녀 사냥 분위기로 모건 스탠리는 자기들은 정부 조사의 대상이 아니라는 발표를 했다.

39 재무부와 연방준비제도의 공동 연구서는 또한 1986년 초부터 시작된 특정 기간에 살로먼 브라더스는 230개 경매 가운데 30개의 경매에서 발행된 채권 가운데 반 이상을 매입했음을 밝혔다. 루이스 어치텔, 스티븐 래베이턴, "When the Regulators Stood Still", 〈뉴욕 타임스〉, 1991년 9월 22일.

40 워런 버핏의 증언, "In the Matter of Arbitration Between John H. Gutfreund against Salomon Inc., and Salomon Brothers Inc.", Session 13 & 14, 1993년 11월 29일.

41 채용 계약 내용은 직원에 따라서, 회사에 따라서, 주에 따라서 달라진다. 그리고 계약서의 보장 조항은 폭넓은 의미를 담고 있는 단어들로 구성되므로 이런 조항을 해석할 때는 주관성이 개입할 수밖에 없다. 하지만 일반적으로 기업의 관리자들은, 직무와 관련해서 법률적인 문제가 발생할 경우 고용자 측에서 (직원이 고의적으로 사기나 기타 범죄적인 행위를 저지르거나 고의적으로 부당 경영을 했다는 혐의를 받지 않는 한) 법률 관련 비용을 지불할 것이라는 조건을 전제로 해서 자기 지위 및 직무와 관련된 법률적인 위험성을 인정한다. 그런데 살로먼 브라더스가 했던 행위는 당시의 기준으로 볼 때 매우 이례적이었고, 지금 기준으로 봐서도 이례적이다. 2005년 회계 컨설팅 업체인 KPMG가 파트너들에게 법률 관련 비용을 지급하지 않겠다고 했고, 이 일은 소송으로 전개되었다. 2007년 7월 연방 판사는 열세 명의 KPMG 직원들의 적극적인 조세 회피처 장려에 대해 제기된 주장을 기각했다. KPMG가 그들에게 그들이 주장하는 돈을 지급하지 않아도 되는 권한을 정부가 KPMG에 부여했다는 게 이 판사의 생각이었다.

42 연방공개시장위원회의 회의록 사본, 1991년 10월 1일.

43 개리 나프탈리스와의 인터뷰.

44 오토 오버마이어와의 인터뷰.

45 위의 인터뷰.

46 개리 나프탈리스와의 인터뷰.

47 오토 오버마이어와의 인터뷰.

48 살로먼 브라더스의 주주들에게 보낸 편지, 다음에 게재. 〈월스트리트 저널〉, 1991년 11월 1일.

49 폴라 올로프스키 블레어와의 인터뷰.

50 위의 인터뷰.

51 1991년 11월 1일 〈월스트리트 저널〉에 게재한 살로먼 브라더스의 광고. 여러 해에 걸쳐서 살로먼 브라더스의 모든 수익은 직원들에게 돌아갔다. 살로먼 브라더스의 주식 시가 총액 순위는 동종 업체들 가운데 끝에서 세 번째를 기록했다. 만일 직원들에게 지급된 보너스를 삭감하지 않았더라면 3/4분기 손익 계산서는 적자를 기록했을 것이다. 이전의 관행이었던 '부의 공동 분배' 정책 덕분에 돈을 잃은 사람들도 보조금을 받을 수 있었고, 그 결과 모든 사람이 두둑한 돈을 지급받았다. 그가 보여준 가장 큰 변화는 보너스를 개인 및 부서의 성과와 연동시킨 것이었다. 1991년 12월 31일까지 5년에 걸친 회계 연도에서 살로먼 브라더스의 주식은 S&P 500대 기업 가운데 수익률 기준으로 437위였다. 1991년 살로먼 브라더스의 10K 보고서(기업이 증권거래위원회에 제출되는 연례 보고서 — 옮긴이).

52 데릭 모건과의 인터뷰.

53 제임스 로빈슨과의 인터뷰.

54 수십 년 동안 그 회사는 일종의 투자 조합으로서 직원들을 위해 운영되어 왔었다. 문제가 되었던 것은, 상장된 공개 투자은행에서 자본과 노동이 본원적으로 분리되어 있었다는 사실이다.

55 오토 오버마이어. 그는 나중에 다음 글을 썼다. "Do the Right Thing: But if a Company Doesn't It Can Limit the Damage", 〈배런스〉, 1992년 12월 14일.

56 5월의 2년 만기 채권의 사재기에서는 그렇지 않다. 이 사재기의 여파로 여러 개의 작은 회사가 도산했다. 만일 모저가 그 헤지펀드들과 공모해서 주식을 매점했거나 그 경매에서 위조 입찰을 했었다는 사실이 증명되었더라면, 살로먼 브라더스나 각 개인에 대한 처벌은 한층 엄중했을 것이다. 그 뒤로 전개되는 일도 완전히 달라졌을 것이다.

57 프랭크 배런, 빌 매클루커스와의 인터뷰들. 매클루커스는 이런 내용의 요지를 확인해 주었지만, 정확한 단어와 표현은 기억하지 못한다.

58 오토 오버마이어와의 인터뷰.

59 모저는 연방준비제도 은행 뉴욕 지부에 거짓말했다는 혐의에 대해서 유죄를 인정하고 넉 달 동안 복역했다. 증권거래위원회와 검찰은 푸어스타인을 상대로는 소송을 제기하지 않았다.

60 구트프룬드 역시 증권거래위원회 승인 없이는 어떤 회사도 경영하지 못한다는 금지 처분을 받았다.

61 폴라 올로프스키 블레어와의 인터뷰.

62 사실 제리 코리건은 1992년 8월까지는 살로먼 브라더스에 대한 전면적인 해금 (解禁)을 하지 않았다.

63 론 인사나와 구트프룬드의 인터뷰, CNBC의 〈인사이드 오피니언〉, 1995년 4월 20일.

64 존 구트프룬드와의 인터뷰.

65 찰리 멍거와의 인터뷰.

66 이 중재자들은 바로 존 J. 커런, 해리 애론슨, 매슈 J. 톨런이었다.

67 프랭크 배런과의 인터뷰.

68 멍거와 제법 많은 시간을 함께 보낸 적 있는 사람이라면, 멍거가 신경을 끊고 있을 때, 게다가 이따금씩 무언가 다른 것이 그의 무관심의 장벽을 꿰뚫고 들어 갈 때 그에게 이야기를 하는 게 어떤 기분인지 금방 알 수 있을 것이다. 이와 관련해서 워런은 다음과 같이 말한다. "이거 하나는 자신 있게 말할 수 있는데, 찰리가 보이는 무관심의 장벽을 뚫기란 정말 대단히 어렵습니다."

69 찰스 T. 멍거의 증언, "In the Matter of Arbitration Between John H. Gutfreund against Salomon, Inc., and Salomon Brothers, Inc.", Sessions 33 & 34, 1993년 12월 22일.

70 샘 버틀러 및 프랭크 배런과의 인터뷰.

71 프랭크 배런과의 인터뷰.

1 마이클 루이스, "The Temptation of St. Warren", 〈뉴 리퍼블릭〉, 1992년 2월 17일.

2 론 서스킨드, "Legend Revisited: Warren Buffett's Aura as Folksy Sage Masks Tough, Polished Man", 〈월스트리트 저널〉, 1991년 11월 8일.

3 패트리샤 매트슨이 피터 칸, 노먼 펄스타인, 폴 스타이거, 제임스 스튜어트, 〈월 스트리트 저널〉의 로렌스 잉그라시아에게 보낸 1991년 11월 18일자 편지와 이 편지에 동봉된 기록. 관련된 여러 일을 시간별로 정리한 이 기록에는, 그 기사가 나기 전에 톰 머피가 서스킨드에게 그가 잘못 인용하고 있으며 대화를 그릇되게 묘사한다는 사실을 설명하는 내용이 담겨 있다. 또 1991년 11월 13일에 빌 게이츠가 워런 버핏에게 보낸 편지는 이렇게 적고 있다. "인용이 잘못되었

습니다. 나는 그 기자에게 절대로 그런 말을 언급한 적이 없습니다." 게이츠는 그 기사가 나오기 전에 신문사에 전화해서 부정확한 인용이 기사화되어서는 안 된다고 분명히 밝혔지만 결국 기사에 그 부정확한 인용이 실린 것을 보고는 '충격을 받았다'고 말했다. 캐피털 시티즈/ABC 방송국의 공식 대변인 패티(패트리샤의 애칭-옮긴이) 매트슨이 1991년 11월 19일에 '관심을 가질 모든 사람들' 앞으로 (워런, 머피, 게이츠, 티시는 참조인이었다) 보낸 편지는, 〈월스트리트 저널〉의 스타이거가 전화해서 '누군가가 불필요한 말들을 덧붙인 당혹스러운 일'이었음을 인정했다.

4 빌 게이츠가 워런 버핏에게 보낸 편지, 1991년 11월 13일.

5 워런 버핏, 빌 게이츠와의 인터뷰들. 빌 게이츠는 이 이야기를 다른 누군가에게서 들었을 수 있고, 이야기가 전달되는 과정에서 부풀려졌던 것 같다. 한편 워런은 그 시설들을 어떻게든 사용했어야 했다.

6 빌 게이츠와의 인터뷰.

7 게이츠 가문은 4대에 걸쳐 아들들에게 윌리엄 헨리라는 이름을 붙였다. 빌 주니어의 아버지 윌리엄 헨리 3세는 자기 이름을 빌 주니어로 바꾸었고, 그의 아들 빌 3세(그는 실제로 빌 4세였다)는 트레이라는 이름으로 알려졌다('빌'은 '윌리엄'의 애칭이고, '트레이trey'는 주사위나 카드의 3점을 가리키는 말이기도 하다-옮긴이). 빌 주니어는 아버지 윌리엄 헨리 게이츠가 사망하자 빌 시니어가 되었으며, 그의 아들은 트레이, 빌 3세, 빌, 빌 게이츠 부부 등 여러 가지 호칭으로 불렸다.

8 아서 K. 랭글리와의 인터뷰.

9 빌 게이츠와의 인터뷰.

10 인텔의 창업자인 밥 노이스는 1990년 6월 3일 사망했다.

11 록산 브랜트와의 인터뷰.

12 빌 게이츠와의 인터뷰.

13 빌 루안과의 인터뷰.

14 돈 그레이엄과의 인터뷰.

15 게이츠의 예측이 옳았다. 코닥은 끝장났다. 1990년 1월부터 2007년 12월까지 코닥의 주식은 겨우 20퍼센트밖에 오르지 않았다. 평균으로 따지면 일 년에 1퍼센트밖에 되지 않았다. 하지만 같은 기간 동안 S&P 지수는 315퍼센트 올랐고, 버크셔 해서웨이의 주식은 1,627퍼센트 올랐으며, 마이크로소프트의 주식은 6,853퍼센트 올랐다.

16 빌 게이츠와의 인터뷰.

17 위의 인터뷰.

18 버크셔 해서웨이의 통계.

19 루이스 블럼킨과의 인터뷰.

20 스콧 페처의 제품.

21 이 내용은 다음 여러 사람들의 이야기를 바탕으로 한 것이다. 켈리 브로즈, 로버타 버핏 비알렉, 피터 버핏, 도리스 버핏, 수전 클램핏, 제니 립시, 스탠 립시, 론 팍스, 매릴린 와이스버그, 라켈 뉴먼.

22 캐슬린 콜 그리고 수지 버핏 주니어와의 인터뷰들.

23 캐슬린 콜과의 인터뷰

24 수지 버핏 주니어, 호위 버핏과의 인터뷰들. 이 일은 맥밀런 중학교에서 일어났다.

25 여기에서 한 해에 2만 1천 달러가 생겼다.

26 호위 버핏과의 인터뷰.

27 수지 버핏 주니어와의 인터뷰.

28 커트 아이첸월드, 《정보제공자The Informant》, 뉴욕: 브로드웨이 북스, 2000년.

29 수지 버핏 주니어와의 인터뷰.

30 빌 게이츠와의 인터뷰.

31 샤론 오스버그와의 인터뷰.

32 주사위 세 개 가운데 하나는 언제나 다른 하나에게는 이기고 나머지 하나에게는 지게 되어 있었다.

33 워런은 필자에게 이 주사위 세 개를 내밀고는 하나를 골라서 먼저 던지라고 했다. 필자는 주사위 면에 적힌 숫자들이 무엇을 뜻하는지 전혀 알지 못했고 워런이 먼저 던지라는 걸 보고는, 먼저 던질 경우 분명 불리하다고 생각했다(보험 분석가로서의 경험이 여기에서 도움이 되었다). 필자는 이 주사위 세 개가 분명 가위바위보 게임의 가위나 바위나 보와 같은 상호 관계에 있다는 게 분명하다면서 주사위를 던지지 않겠다고 말했다. 그러자 워런은 필자가 주사위의 비밀을 알아냈다고 말했다. 하지만 엄밀하게 말하면 온전하게 비밀을 알아낸 건 아니었다.

34 필자가 이 책의 집필에 나섰던 첫 주에 호텔 로비에서 똑같이 이 연례 보고서를 받았다.

35 샤론 오스버그, 애스트리드 버핏과의 인터뷰들. 애스트리드는 "샤론은 그때 흥분해서 제정신이 아니었습니다"라고 말한다.

36 샤론 오스버그와의 인터뷰.

37 애스트리드 버핏과, 딕 홀랜드 및 메리 홀랜드와의 인터뷰들.

38 도디 워-부스와의 인터뷰.

39 캐럴 J. 루미스, "My 51 Years (and Counting) at 〈Fortune〉", 〈포천〉, 2005년 9월 19일.

40 얼마나 부자가 되었으며 또 얼마나 오래전부터 몸을 햇볕에 태웠느냐에 따라서. 워런이 엄청난 부자로 만들어 준 빌 스콧은 아주 깊이 태웠고 워런을 닮아 가기 시작했다.

41 카네기는 (총 5,600만 달러의 비용이 들어간) 도서관 2,509개를 건립했으며, 철강으로 번 재산 4억 8천만 달러 가운데 90퍼센트 이상을 도서관 건립 이외의 공익 사업에 썼다.

42 루안의 첫 번째 아내 엘리자베스는 정서 장애로 시달리다 1988년에 자살했다.

43 빌 루안을 포함한 여러 사람이 이 발언을 기억했다.

44 폴 에를리히, 《인구 폭탄The Population Bomb》; 토머스 맬서스, 《인구론An Essay on the Principles of Population》. 《인구 폭탄》은 19세기 인구통계학자 토머스 맬서스의 저작을 기초로 한 것이었다. 맬서스는 인류의 인구는 산술급수적이 아니라 기하급수적으로 늘어난다고 주장하며, 지구의 인구는 지구의 자원이 감당할 수 있는 수준을 넘어설 정도로 늘어날 것이라고 전망했다. 그러면서 어떤 시점에 이르면 전쟁, 전염병, 기근, 유아 사망, 정치적인 불안 따위가 인구를 지속 가능한 수준으로 낮추어 줄 것이라고 보았다. 맬서스의 이 이론은 찰스 다윈을 포함한 많은 과학자에게 엄청난 영향을 미쳤다. 그런데 맬서스가 여러 가지 요인들을 고려하지 않음으로써(예를 들면, 경제 발전이 인구 증가를 자극한다고 단순하게 가정함으로써), 1970년 이후 20년 혹은 40년 안에 현실화될 것이라고 그가 예측했던 재앙들이 현실화되지 않음에 따라 그의 이론은 조롱받았고 또 지금도 조롱받고 있다. 최근 들어서는 맬서스적인 재앙과 맬서스 이론의 기본적인 개념을 몇몇 영역에서 보다 심각하게 받아들이고 있다.

45 비록 몇몇 전문가가 환경 수용 능력이 바닥을 드러냈다고 주장함에도 불구하고, 워런은 특유의 성격대로 자기가 인용하는 최저치와 최고치 모두 현재의 인구수보다 현저하게 높이 설정한다(불안감을 조장하는 사람으로 비치지 않기 위한 안전 마진이다).

46 '국제인도주의윤리연합International Humanist and Ethical Union'이나 '가족 계획Planned Parenthood'과 같은 조직들은 1974년 이전에 이미 이런 입장을 취했

다. 참조, 페이지 웨일리 이거, 《Global Population Policy: From Population Control to Reproductive Rights》, Burlington, Vt.: Ashgate Publishing Ltd., 2004.

47 이것이 소위 벨로우스 사건(People v. Belous, 71 Cal.2d 954, 458 P.2d 194, 80 Cal.Rptr. 354 [1969])이다. 이 소송에서 재판부는 낙태 금지법이 캘리포니아에서는 위헌이라고 판결했다. 멍거는 이 의견을 이끌어 내는 데 도움을 보탰다. 워런은 멍거가 '그처럼 불같이 화 내는' 일은 한 번도 본 적 없다고 말한다.

48 워런은 멍거가 자기에게 교회의 허드렛일을 맡김으로써 교회를 운영하도록 꼬드겼다고 말한다. 그런데 얼마 뒤 그는 그 일이 자기가 짐작하던 역할이 아님을 알았다. "우리는 누가 설교자가 되어야 할지를 두고 모의 토론회를 열었습니다."

49 개릿 하딘, "The Tragedy of the Commons", 〈사이언스Science〉, Vol. 162, No. 3859, 1968년 12월 13일. 하딘의 이론은 기본적으로 소위 '죄수의 딜레마'의 재판(再版)이어서 협조와 배반의 문제를 기본적인 주제로 삼았다. 1970년대에는 경제적인 발전은 인구 성장을 촉진하고 다시 이 인구 성장은 경제 성장을 가로막는다는 견해가 지배적이었다. 지구의 수용 능력은 기본적으로 고정되어 있다고 생각했던 것이다. 기술이나 시장의 여러 힘들을 통해서 최소한 어느 정도는 유동적일 수 있다는 생각을 전혀 하지 않았던 것이다. 이 부정확한 가정으로 인해 결정적인 인구 팽창 수준에 도달하는 시기를 지나치게 이르게 잡았다.

50 개릿 하딘, "A Second Sermon on the Mount", 《Perspectives in Biology and Medicine》, 1963년.

51 그럼에도 불구하고 우생학 운동의 유산들은 여전히 살아남았다. 그리고 세기가 바뀌는 시점에 이르기까지, 유전학, 게놈학, 생식 관련 과학에서의 여러 발전은 이런 생각에 대한 복잡한 여러 질문을 제기해 왔다.

52 우생학 운동인 '인구 통제'와 인종 차별 사이의 역사적인 연관성은 다음 책에 상세하게 기술되어 있다. 앨런 체이스, 《The Legacy of Malthus: The Social Costs of the New Scientific Racism》(New York: Alfred A. Knopf, 1977). 이 문제를 본격적으로 다루는 일은 이 책의 성격에 맞지 않지만, 버핏 재단을 운영하는 문제와 관련해서 워런이 사용하는 용어가 달라진 사실 그리고 하딘의 진영에서 점차 멀어졌다는 사실에서 볼 때, 그가 우생학을 내포하는 하딘의 맬서스적인 견해에서 이탈했다는 점은 분명해 보인다(참고로, 하딘의 이론은 '개체군의 질'이라는 표현을 사용함으로써 미국 중심적인 태도를 견지하는 모습을 드러낸다).

53 격렬한 논란 속에서 버핏 재단은 경구용 낙태약인 RU486(프랑스의 루셀 위클라프 제약 회사가 개발한 먹는 낙태약−옮긴이)을 미국에 도입하는 첫 해의 비용 가운데 절반을 부담했다.

54 이거의《지구 인구 정책Global Population Policy: From Population Control to Reproductive Rights》에서. 이 책은 신(新)맬서스주의와 강제적인 인구 억제 수단을 점진적으로 거부하고, 대신 경제 발전, 생식 권리, 여성의 건강 강조 등을 통한 자발적이며 점진적인 출산율의 변화로 나아가는 과정을 연대기적으로 설명한다.

55 1988년 1월 10일자 〈오마하 월드−헤럴드〉에 게재된 "Foundation Grows: Buffetts Fund Efforts for Population Control"에서 밥 도어는 수지의 말을 인용한다. 이 글에서 수지는 '가족 계획'이나 '인구 협회'와 같은 단체에 자기 남편이 기울이는 관심을 설명하면서 "워런은 숫자를 좋아합니다. (……) 그는 구체적인 결과를 보는 걸 좋아합니다. 여러분도 해당 숫자가 바뀌는 걸 볼 수 있습니다"라고 말한다.

56 비슷한 용어로 '난소 룰렛'이 있는데, 이것은 워싱턴 디시에 있는 '어린이 병원Children's Hospital'의 레지널드 루리 박사가 의회의 정부운영위원회가 연 '인구 성장이 천연자원과 환경에 미치는 영향'이라는 제목의 청문회(1969년 9월 15~16일)에서 처음 사용했던 말로, 개릿 하딘과 관련된 토론을 하던 중에 산아 제한(피임을 가리키는 이 용어는 '책임 있는 부'라는 단체가 사용한 뒤로 줄곧 사용되고 있다−저자)을 하지 않음으로써 원하지 않는 임신의 위험을 무릅쓰는 여성의 안타까운 처지를 러시안 룰렛에 빗댄 표현이다. 하지만 이 표현은 잘못된 선택을 불운으로 바꿔버리는, 다시 말해 여성이 원치 않는 상황에서 태어난 아이를 우연하게 잔인한 환경에 태어난 아이로 만들어 버리는 부정적인 용어다.

57 "I Didn't Do It Alone", 척 콜린스가 조직한 단체 '책임 있는 부Responsible Wealth' 가 펴낸 보고서.

58 참조, 존 롤스,《A Theory of Justice》(Cambridge: The Belknap Press of Harvard University Press, 1971). 난소 로또라는 발상은 롤스의 견해와 닮은 데가 있다. 롤스의 견해는 결정론의 한 형태로서, 사람들에게 일어나는 일들 가운데 많은 부분이(모든 게 다 그렇다는 말이 아니다) 현재와 과거에 의해서 결정된다는 입장을 취한다. 예를 들어서 유전자 혹은 출생 시기나 출생 장소 따위와 관련된 행운이 바로 그런 결정을 한다는 것이다. 이런 결정론의 대척점에 서는 입장이 자유 의지론이다. 인류 최초의 철학자들 시기 때부터 자유 의지라는

게 과연 존재하는지를 놓고 철학자들은 줄곧 논쟁을 벌여왔다. 철학자들은 또한 자유 의지가 어느 정도의 힘을 발휘하는지 혹은 결정론과 도저히 양립할 수 없는지 등의 문제도 토론했다. 비평가인 로버트 노지크는《무정부주의, 국가 그리고 유토피아Anarchy, State, and Utopia》에서, 경제학자 애덤 스미스의 보이지 않는 손이 사람들에게, 그들이 번 것과 또 그들이 받을 자격이 있는 것을 나누어 준다는 롤스의 주장을 비평하면서 자유 의지와 결정론이 양립할 수 없다는 주장을 펼친다. 진정한 자유 의지론자들은 자유 의지를 믿으며, 인간의 운명을 원초적으로 결정하는 존재는 없다고 주장한다. 경제 정책은 이런 사상들에 영향을 많이 받기 때문에 이 주제를 충분히 이해할 필요가 있다. 예를 들어서 앨런 그린스펀의 자유 의지론적 입장이 연방준비제도이사회 정책에 영향을 미쳐서 부채로 부풀려진 최근의 자산 거품을 이끌었다. 이와 비슷하게, 게놈과 발생학과 관련된 우생학에 대한 논쟁 한가운데는 결정론과 자유 의지론에 관한 쟁점이 놓여 있다.

59 빌 게이츠와의 인터뷰.

60 2005년에 옥스남은《부서진 마음A Fractured Mind》이라는 책을 출간했다. 다중인격장애를 가지고 살았던 자기 삶의 회고록이다.

61 빌 게이츠와의 인터뷰.

1 앤서니 비안코, "The Warren Buffett You Don't Know", 〈비즈니스위크〉, 1999년 7월 5일.

2 토니 나이슬리와의 인터뷰.

3 이것은 가이코가 거래되던 가격에 이 가격의 40퍼센트를 더 얹어준 가격이었다.

4 1993년에 707개 종목이 새로 상장되면서 414억 달러를 모았다. 1994년에는 608개 종목이 새로이 상장되어 285억 달러를 모음으로써 지난 25년 동안 두 번째로 많은 기업이 주식을 공개한 해로 기록되었다. 세 번째로 주식 공개가 많았던 해는 1992년인데, 이해에는 517개 회사가 상장했고 241억 달러를 모았다(Securities Data Co. of Newark, NJ.).

5 몰리 베이커, 조앤 리그던, "Netscape's IPO Gets an Explosive Welcome", 〈월스트리트 저널〉, 1995년 8월 9일.

6 샤론 오스버그와의 인터뷰.

7 버핏 부부는 버핏 재단에 자금을 더 넣었을 뿐만 아니라, 수지의 주식을 사용해서 다른 자선 사업들을 펼쳤다.

8 캐럴 루미스, "The Inside Story of Warren Buffett", 〈포천〉, 1988년 4월 11일.

9 버크셔 해서웨이의 보도자료문, 1996년 2월 13일.

10 데이나 뉴먼, 마크 밀러드와의 인터뷰들.

11 종업원이 받는 급여는 주주들이 받는 돈과 온전하게 일치될 수 없었다. 예를 들어서 〈버펄로 뉴스〉에서와 달리 은행 직원의 기본급은 너무 낮아서 이 직원이 투여하는 시간, 즉 주주들이 빚을 지고 있는 시간의 노동 가치를 충분히 보상해주지 못한다. 결과적으로 보너스의 상당 부분이 실질적으로 봉급인 셈이다. 장사가 잘 되지 않은 해에는 그렇지 않았던 해에 받았던 '과도한' 보너스를 보상하기 위해서 직원들이 거의 돈을 한 푼도 받지 않고 일하도록 요구하는 공장이 결코 성공할 수 없는 이유는, 회사가 자본에 설정된 위험을 노동자에게 전가하기 때문이다. 월스트리트의 보너스 구조는 (파트너십이라는 접착제가 없이는) 기본적으로 문제가 있다.

12 차익거래가 성립하려면 두 개의 거래가 동시에 진행됨으로써 시장 위험성이 제거되어야 한다. 어떤 한 시점에 주식을 사서 다른 시점에, 다시 말해 나중에 이 주식을 파는 거래 행위는 차익거래가 아니다. 예를 들어 에콰도르에서 카카오콩을 사서 샌디에이고에서 파는 거래는 차익거래가 아니다.

13 데릭 모건과의 인터뷰.

14 로저 로웬스타인, 《When Genius Failed: The Rise and Fall of Long-Term Capital Management》, New York: Random House, 2000.

15 1998년 7월, 웨일은 살로먼 브라더스의 채권 차익거래 부서를 없앴다. 어떤 사람은, 이것은 트래블러스가 (싼 자본을 공급하는) 시티코프를 합병함으로써 해당 사업 분야에서 중요한 경쟁자로 우뚝 선 것이라고 주장할 수도 있다. 하지만 트래블러스가 진입 장벽이 높은 사업 분야에 들어가는 대가로 높은 가격을 치렀고, 그다음에 자본과 규모의 이점을 누렸다는 또 다른 관점으로도 볼 수 있다. 시티코프는 2001년에 살로먼 브라더스라는 이름을 내렸다.

16 캐럴 루미스, "A House Built on Sand", 〈포천〉, 1998년 10월 26일.

17 찰리 멍거와의 인터뷰.

18 《When Genius Failed》에서 로웬스타인은 이런 높은 수익률은 차입금[레버리지]을 통해서 달성되었다고 추정했다. 롱텀캐피털이 현금을 투자한 경우의 수익률은 겨우 1퍼센트밖에 되지 않았다. 이 낮은 수익률이 차입금을 통해서 50배

에서 100배까지 확대되었다. 얼른 봐서는 정말 놀라운 수익률이 아닐 수 없다.

19 《When Genius Failed》에서 로웬스타인은 메리웨더 휘하의 팀에 있었던 사람들을 상대로 폭넓은 인터뷰를 한 끝에 이 결론을 내렸다.

20 로저 로웬스타인, 《When Genius Failed》. 버크셔 주식을 다른 주식들과 주식묶음으로 엮어서 공매도하는 것은 효과가 없을 것이었다. 버크셔와 상계하려는 파생상품 포지션 간의 고평가/저평가 여부에 대한 평가지표가 맞지 않았기 때문이었다. 버크셔는 유사 뮤추얼 펀드가 아니라, 실제 일부 주식도 소유한 보험회사가 자금을 공급하는, 전액 출자된 사업들의 집합체였다.

21 로저 로웬스타인, 《When Genius Failed》.

22 주식 혹은 합병에 대한 차익거래에 있어 관건은, 투자 대상으로 고려하는 어떤 합병이 제대로 잘 이루어질 것인가 여부에 대한 판단이다. 이 방면의 차익거래 전문가들은 변호사와 투자은행원들과 이야기하며 시중에 떠도는 소문에 정통하다. 이들이 하는 투자의 성공 여부는 부분적으로는, 전형적인 인수 합병 거래가 어떻게 이루어지는가 하는 통계학적인 사항이 아니라 해당 거래에 대한 지식에 따라서 좌우된다.

23 에릭 로젠펠드와의 인터뷰; 로웬스타인, 《When Genius Failed》.

24 마이클 시코놀피, 애니타 래그해번, 미첼 페이셀, "All Bets Are Off: How Salesmanship and Brainpower Failed at Long-Term Capital", 〈월스트리트 저널〉, 1998년 11월 16일.

25 에릭 로젠펠드와의 인터뷰.

26 S&P 지수는 7월 이후 19퍼센트 하락했고, 나스닥 지수도 25퍼센트 이상 하락했다.

27 존 메리웨더가 투자자들에게 보낸 편지, 1998년 9월 2일.

28 워런 버핏이 론 퍼거슨에게 보낸 편지, 1998년 9월 2일.

29 그러니 잃은 방식대로 되찾으려고 하지 마라.

30 조(조지프) 브랜든과의 인터뷰.

31 크레이그 토레스, 캐서린 버튼, "Fed Battled 'Financial Maelstrom,' 1998 Records Show", 〈블룸버그 뉴스Bloomberg News〉, 2004년 4월 22일.

32 로저 로웬스타인의 《When Genius Failed》는 골드만 삭스가 했던 역할에 대한 흥미로운 사실을 담고 있다. 롱텀캐피털이 필요로 하는 투자 자금을 조성하는 일을 맡았던 골드만 삭스 역시 의문의 '트레이더' 한 명을 파견했는데, 이 사람은 며칠에 걸쳐서 롱텀캐피털이 보유하던 여러 포지션을 노트북에 내려받았으

며 또 의문의 통화를 여러 차례 했다. 나중에 롱텀캐피털의 동업자들은 자기들이 잘못된 것이 경쟁사들의 약탈 행위 탓이라고 비난했다.

33 한 동업자에 의하면, 그 변호사는 빠르게 진행되던 그 과정을 의심스럽게 바라보면서 어쩌면 속임수가 숨어 있을지도 모른다며 좀 더 시간을 두고 자세한 사항들을 검토하고 싶다고 말했다.

34 로저 로웬스타인, 《When Genius Failed》.

35 마이클 루이스, "How the Eggheads Cracked", 〈뉴욕 타임스 매거진〉, 1999년 1월 24일.

36 프레드 지텔먼 및 샤론 오스버그와의 인터뷰.

37 금리가 세 차례에 걸쳐서(9월 29일, 10월 15일, 10월 17일) 0.25퍼센트씩 내려간 뒤에 주식시장의 지수는 8월 31일 7,539포인트에서 10월 23일 역대 최고치인 9,374포인트까지 오르면서 24퍼센트의 상승률을 기록했다.

38 마이클 루이스, "How the Eggheads Cracked".

39 로저 로웬스타인, 《When Genius Failed》.

40 에릭 로젠펠드와의 인터뷰.

41 연방준비제도가 갑작스럽게 단행한 큰 폭의 금리 인하로 '그린스펀 풋Greenspan Put'이라는 용어가 생겨났다('풋'은 풋 옵션의 준말로 특정 증권을 일정 기간 안에 정해진 가격으로 매도할 수 있는 권리를 뜻한다. 다시 말해서 옵션 보유자를 보호한다는 의미다ー옮긴이). 위기에 빠진 투자자들을 구원하려고 연방준비제도가 시장을 유동성으로 흘러넘치게 만들려 한다는 의미였다. 그린스펀 풋은 이론상 사람들이 리스크에 대한 걱정을 덜도록 부추긴다. 하지만 그린스펀은 그린스펀 풋이라는 건 없다고 부인했다. 그러면서 다음과 같이 말했다. "경기 순환 주기가 짧아지도록 하는 것보다 늘리는 데 훨씬 더 많은 시간이 걸리는 법입니다. 그러니 우리는 그런 혐의에 대해서 깨끗합니다." 로이터 통신, 2007년 10월 1일, 런던에서 그린스펀이 했던 연설을 인용.

52

1 커트 아이첸월드, 《The Informant》. New York: Broadway, 2000. 호위가 몰랐던 사실이지만, 들리는 말에 의하면 안드레아스는 호위가 거절했던 요청 가운데 최소한 한 가지는 본인이 나서서 불법적인 기부를 했다고 한다. 그리고 여기에 부과된 벌금은 일반 경비 명목으로 가볍게 털어 버렸다.

2 호위 버핏과의 인터뷰.

3 위의 인터뷰; 스콧 킬먼, 토머스 M. 버튼 그리고 리처드 깁슨, "Seeds of Doubt: An Executive Becomes Informant for the FBI, Stunning Giant ADM—Price Fixing in Agribusiness Is Focus of Major Probe; Other Firms Subpoenaed—A Microphone in the Briefcase", 〈월스트리트 저널〉, 1995년 7월 11일; 샤론 월시, "Tapes Aid U.S. in Archer Daniels Midland Probe; Recordings Made by Executive Acting as FBI Informant Lead to Seizure of Company Files", 〈워싱턴 포스트〉, 1995년 7월 11일; 로널드 헨코프, 리처드 베어, "Andreas's Mole Problem Is Becoming a Mountain", 〈포천〉, 1995년 8월 21일; 마크 휘태커, "My Life as a Corporate Mole for the FBI", 〈포천〉, 1995년 9월 4일.

4 캐슬린 콜과의 인터뷰.

5 워런은 애스트리드에게도 잘 대한다. 비록 그는 지갑이나 자동차와 같은 자기 개인 물건을 사려는 열혈팬들 이야기를 하면서 다음과 같은 말을 하지만 말이다. "애스트리드는 내 사랑니 하나를 가지고 있습니다. 그렇게 흉한 건 본 적이 없을 겁니다. 그게 바로 애스트리드가 가지고 있던 비장의 무기입니다."

6 빌 게이츠와의 인터뷰.

7 인터뷰했던 이사들은 모두, 나중에 일어날 사건들과 관련해 어떤 입장을 취하게 되는가와 상관없이, 비록 작은 차이는 있지만 크게는 이런 견해에 동의했다.

8 마크 펜더개스트, 《For God, Country, and Coca-Cola》. New York: Charles Scribner's Sons, 1993.

9 1998년 버크셔 해서웨이 주주 총회에서 한 연설.

10 당시 넷제츠는 '넷제츠NetJets'로 표기되기도 했고 공식적인 명칭인 '이그제큐티브 제트Executive Jet, Inc.'로 표기되기도 했다. 이 명칭은 2002년에 '넷제츠'로 개명되었다.

11 정보원들과의 인터뷰들; 앤서니 비안코, "The Warren Buffett You Don't Know", 〈비즈니스위크〉, 1999년 7월 5일.

12 이 사업은 여분의 비행기를 많이 보유하고 있어야 한다. 그렇기 때문에 이 분야에서 규모가 작은 회사를 운영한다는 것은 수익을 못 낸다는 의미로 통한다. 일단 규모가 커야만 가능하다(그렇지 않다면, 항공기 제조업체나 끼워 팔기를 하려는 회사가 손님을 끌려고 밑지고 상품을 파는 경우일 뿐이다).

13 버크셔 해서웨이는, 3년쯤 전에 가이코의 남아 있던 지분 절반을 사면서 지불

했던 비용의 아홉 배가 넘는 금액을 제너럴 리에 지불했다. 가이코 인수로 버크셔 해서웨이의 기존 플로트는 두 배로 늘어 76억 달러가 되었었는데, 제너럴 리의 인수로는 버크셔 해서웨이의 플로트가 세 배로 늘어나 227억 달러가 되었다.

14 테드 몬트로스와의 인터뷰.

15 버크셔 해서웨이는 시가에 프리미엄을 반영해서 장부 가격의 약 세 배를 지불했다. 제너럴 리는 이 인수 이후에 더욱 경쟁력이 높아졌으나 멀티플은 그 이후로 떨어졌다.

16 버크셔 해서웨이의 1997년 주주 총회, 1997년 5월 5일.

17 숀 털리, "Stock May Be Surging Toward an Earnings Chasm", 〈포천〉, 1999년 2월 1일.

18 1998년 6월 19일에 있었던 이 회사의 기자 회견. 이 내용은 다음에 게재되었다. "Is There a Bear on Mr. Buffett's Farm?", 〈뉴욕 타임스〉, 1998년 8월 9일.

19 앤서니 비안코의 다음 표지 기사에 들어 있는 워런의 발언. "The Warren Buffett You Don't Know", 〈비즈니스위크〉, 1999년 7월 5일. "찰리와 나는 더이상 이야기를 많이 나누지 않습니다, 라고 워런은 인정한다. 그는 또 제너럴 리 인수와 같은 엄청난 결정을 할 때도 부회장의 의견을 묻지 않았다고 말한다."

20 이 거래 내용이 보도되자 버크셔 해서웨이 주식 가격은 4.2퍼센트 떨어졌다. 한 달 남짓 지난 뒤에는 횡보 시장에서보다 15퍼센트나 떨어졌다. 합병 비율을 결정하려면 향후 전망뿐만 아니라 지분 및 금리에 대한 견해도 필요했다. 그런데 투자자들이 알지 못했던 것은 이런 요인들 사이에 존재하는 상대적 가중치였다.

21 제임스 P. 밀러는 다음 글에서 이런 사실을 포착했다. "Buffett Again Declines to Flinch at Market's High-Wire Act", 〈월스트리트 저널〉, 1998년 5월 5일. 밀러는 주주 총회에 참석해서 워런이 자기 견해를 몇 번이고 자세하게 밝히며 자기자본이익률(경영자가 기업에 투자된 자본으로 어느 정도 이익을 올리는지 나타내는 지수. 당기 순이익을 자기 자본으로 나눈 뒤 100을 곱한 수치-옮긴이)을 유지하는 문제가 특히 애태우는 과제라고 언급하는 것을 들었다. 한편 저스틴 마틴과 에이미 코버는, "How Scary is this Market, Really?"(〈포천〉, 1998년 4월 27일에서 "워런 버핏과 같은 권위 있는 인물이 '과장되지 않은' 진술을 통해서 시장의 강세를 보증했다"라고 적었다.)

22 1997년 8월 22일, 버크셔 해서웨이는 웰스 파고 주식 보유 사실을 13-F라는

공식적인 서류에서 빼고 증권거래위원회에 비밀리에 보고했다. 이것은 워런이 웰스 파고 포지션을 매도했다는 인상을 주었고, 그 바람에 웰스 파고 주식은 폭락했다. 증권거래위원회는 비밀 유지 규정을 강화할 방침이라고 발표했다. 1998년 6월 증권거래위원회는, 그가 대규모 주식 포지션들을 구축하면서도 이 사실을 일 년 동안 숨길 수 있도록 허용했던 소위 '13F 규정'을 강화할 것이라고 발표했다(일반적으로 주식시장에 1억 달러 이상 투자하는 자산운용가들은 '13-F'라는 서류로 증권거래위원회에 보유 주식을 신고하게 되어 있다-옮긴이). 비록 증권거래위원회가 비밀 유지 권리를 완전히 철폐하지는 않았지만, 워런은 그럴 낌새를 알아차렸다. 버크셔 해서웨이는 비밀 유지 권리가 인정되지 않자 이 문제를 놓고 증권거래위원회와 격렬하게 싸웠다. 1999년에 버크셔 해서웨이는 분기마다, 비밀 사항이 아닌 포지션들을 기재한 통상적인 13-F 서류로 증권거래위원회에 보고하면서 비밀 유지 청원서를 제출했다. 증권거래위원회는 이 세 번의 청원과 관련해서 단 한 차례 발표를 했다. 버크셔 해서웨이가 보유하는 포지션들 가운데 몇몇은 공시되어야 한다는 내용이었다. 거래 행위를 통해서 자유롭게 이득을 취할 수 있다는 그의 권리는 증권거래위원회의 숙고 대상이 아니었다. 증권거래위원회의 관심은 투자자들을 보호하는 것이다. 주식 가격이 본질적인 요소들과 무관하게 유례없이 큰 폭으로 널을 뛰는 현상을 방지함으로써 그런 현상 때문에 투자자들이 이익이나 손해를 보지 않도록 하는 것이 바람직하다는 입장을 증권거래위원회 사람들이 오랫동안 가지고 있었지만, 어떤 회사의 최대 주주가 누구인지 투자자들이 알 권리가 증권거래위원회 사람들이 내세웠던 근거보다 더 중요하게 작용했다.

23 허버트 앨런과의 인터뷰.

24 닉힐 더건, 제임스 R. 해거티, 스티브 세클로, 로라 요하네스, "Coke Stains, Anatomy of a Recall: How Coke's Controls Fizzled Out in Europe", 〈월스트리트 저널〉, 1999년 6월 29일.

25 허버트 앨런과의 인터뷰.

26 위의 인터뷰.

27 Y2K 문제(컴퓨터가 연도 표시의 마지막 두 자리만 인식하여 1900년 1월 1일과 2000년 1월 1일을 같은 날로 인식하게 될 때 예상되었던 컴퓨터 장애로 인한 대혼란-옮긴이)를 해결하기 위해서라는 구실을 내세운 인피니티 프로젝트를 통해서 코카콜라는 청량음료 사업을 첨단 기술 관련 숫자 알아맞히기 게임으로 전환시켰다. 1999년에 회사는 SAP 프로그램의 전 세계 임플러멘테이션

(컴퓨터 언어 변환 작업 – 옮긴이) 전문가 150명을 고용했다. 데이터 처리의 시스템Systems, 어플리케이션Applications, 제품Products을 의미하는 SAP는 공급망관리, 고객 관리, 자원 계획 등에서의 처리 과정을 재설정하기 위한 소프트웨어적인 해결 방안을 제공했다.

28 이와 관련해서 여러 차례 인터뷰 요청을 했지만 아이베스터는 응답이 없었다.

29 벳시 모리스와 패트리샤 셀러스, "What Really Happened at Coke", 〈포천〉, 2000년 1월 10일.

30 샤론 오스버그와의 인터뷰.

31 벳시 모리스, "Doug Is It", 〈포천〉, 1998년 5월 25일, 패트리샤 셀러스, "Crunch Time for Coke", 〈포천〉, 1999년 7월 19일.

32 이것은 허버트 앨런이 기억하는 그 대화의 내용이다. 워런은 자세한 내용을 기억하지 못한다.

33 "두 사람은 자리에 앉지도 않았고 외투를 벗지도 않았다. 그리고 바깥 공기보다 더 차가운 말투로 더는 신뢰할 수 없다는 말을 그에게 던졌다." 콘스턴스 L. 헤이스, 《The Real Thing: Truth and Power at the Coca-Cola Company》. New York: Random House, 2004. 워런과 앨런은 이 내용에 반발하며, 자기들은 코트를 벗고 자리에 앉았다고 말한다. 하지만 이 만남이 잡담 하나 없이 진행되었던 아주 짧은 만남이었다는 사실은 두 사람 다 인정한다.

34 이사회가 그를 지지했다면 아마도 아이베스터는 허약할 대로 허약해진 CEO로 남았을 것이다. 아이베스터는 또한 앨런과 워런이 이사회에서 물러나지 않을 것임을 잘 알고 있었다. 물론 이런 상황은 그에게 즉각적인 치명타로 작용할 게 분명했다. 앨런과 워런 역시, 설령 아이베스터가 이사회의 자비에 몸을 맡기고 살아남는다 하더라도 오래 버티지 못할 것이라는 데 승부를 걸었다.

35 제임스 로빈슨과의 인터뷰. 그는 아메리칸 익스프레스의 전 CEO이며 코카콜라의 이사다.

36 코카콜라의 주가는 이틀 만에 14퍼센트 떨어졌다.

37 벳시 모리스와 패트리샤 셀러스, "What Really Happened at Coke".

38 마틴 소스노프, "Buffett: What Went Wrong?", 〈포브스〉, 1999년 12월 31일.

39 앤드루 배리, "What's Wrong, Warren?", 〈배런스〉, 1999년 12월 27일.

40 앤디 서워, "The Oracle of Everything", 〈포천〉, 2002년 11월 11일.

41 캐슬린 콜과의 인터뷰.

42 수지 버핏 주니어와의 인터뷰.

43 피터 버핏과의 인터뷰.

44 호위 버핏과의 인터뷰.

45 호위 버핏, 피터 버핏, 수지 버핏 주니어와의 인터뷰들.

(54)

1 조 로리아, "Buffett Bombs as High-Tech Funds Boom", 〈선데이 타임스〉(런던), 2000년 1월 2일.

2 그 거래의 희망 이익(물품이 목적지에 도착할 경우 얻을 수 있는 이익-옮긴이)은 90퍼센트였다. 즉, 10퍼센트의 위험 가능성에 대한 보험을 팔고 수수료(이 수수료를 '프리미엄'이라고 한다-옮긴이)를 받는 것이었다. 하지만 사실상 그 가능성은 1퍼센트 미만이었다.

3 코카콜라 주식의 10퍼센트 변화는 버크셔 해서웨이 주식의 2.5퍼센트 변화와 맞먹었다. 그러나 이 주식들은 2인용 자전거에 탄 것처럼 거의 나란히 거래되었다. 특히 코카콜라에 나쁜 소식이 있을 때 더욱 그랬다.

4 베스 권, "Buffett Health Scrape Illustrates Power—or Myth—of Message Boards", TheStreet.com., 2000년 2월 11일. 이 일화를 소재로 해서 〈파이낸셜 타임스〉는 2000년 2월 12일자 칼럼 'Lex'에서 "워런 버핏은 아프지 않을 수도 있지만 그의 주식 가격은 아프다"라는 글을 실었다. 워런이 기술주를 사지 않은 것이 이를 뒷받침하는 '심각한 혐의'라고 묘사했다.

5 버크셔 해서웨이 보도자료; 또한 다음을 참조, "Berkshire Hathaway Denies Buffett Is Seriously Ill", 〈뉴욕 타임스〉, 2000년 2월 11일. 워런이 확률 개념을 이용해서 사물이나 현상을 묘사하는 것은 그의 흥미로운 특성들 가운데 하나다. 만약 그가 소문은 90퍼센트가 허위라고 말했다면 어떻게 됐을까?

6 에드 앤더슨, "Thesis vs. Antithesis: Hegel, Bagels, and Market Theories", 〈컴퓨터 리셀러 뉴스Computer Reseller News〉, 2000년 3월 13일.

7 워런 버핏과 찰리 멍거, "We Don't Get Paid for Activity, Just for Being Right. As to How Long We'll Wait, We'll Wait Indefinitely(우리는 우리 활동에 대해 보상을 받는 게 아니라 우리의 올바름에 대해서 보상을 받는다. 얼마나 오래 기다릴 것이냐고 묻는다면, 우리는 무기한 기다린다)", 〈아웃스탠딩 인베스터 다이제스트Outstanding Investor Digest〉, Vol. XIII, Nos. 3 & 4, 1998년 9월 24일; "We Should All Have Lower Expectations —In Fact, Make That Dramatically

Lower……(우리는 모두 기대치를 낮추어야 한다—사실, 드라마틱하게 더 낮추어야 한다)", 〈아웃스탠딩 인베스터 다이제스트〉, Vol. XIV, Nos. 2 & 3, 1999년 12월 10일.

8 "Focus: Warren Buffett", 〈가디언 Guardian〉, 2000년 3월 15일.

9 몇몇 논평자들은 거품이 꺼지고 있다는 사실을 알았지만, 평균 가격이 꾸준하게 올라가고 있었으므로 일반적인 인식은 바뀌기가 쉽지 않았다. 연방준비제도이사회의 앨런 그린스펀이 했던 논평들을, 듣는 사람은 각자 자기 관점에 따라서 우려하는 마음으로 혹은 안도하는 마음으로 받아들였다. 참조, 매트 크랜츠와 제임스 킴, "Bear Stages Sneak Attack on Net Stocks", 〈USA 투데이〉, 2000년 2월 16일; 그레그 입, "Stalking a Bear Market", 〈월스트리트 저널〉, 2000년 2월 28일; "Technology Stocks Continue to Dominate", 〈USA 투데이〉, 2000년 3월 2일.

10 E. S. 브라우닝과 아론 루체티, "The New Chips: Conservative Investors Finally Are Saying: Maybe Tech Isn't a Fad", 〈월스트리트 저널〉, 2000년 3월 10일. 이 기사는 또 다른 한 투자자의 말을 다음과 같이 인용한다. "마치 철도가 본격적으로 개설되어 미국 전역의 모습을 바꿔놓았던 때와 비슷하다." 정말 그때와 꼭 닮았다. 철도 주식에 대한 투기는 곧바로 1869년의 공황, 1873년의 공황, 1901년의 공황으로 이어졌다. '이리 철도'와 '노던 퍼시픽 철도'의 주식 사재기는 철도 주식을 둘러싼 화려한 금융 책략의 길고 긴 역사 속에서 명멸했던 수많은 사건들 가운데 한 자리를 차지하는 일화일 뿐이다.

11 그레첸 모겐슨, "If You Think Last Week Was Wild," 〈뉴욕 타임스〉, 2000년 3월 19일. 잔치가 끝났음을 알리는 또 하나의 징표가 있었다. 3월 20일자 〈포천〉이 제러미 가르시아와 펠리시아노 칸이 쓴 기사 "Presto Chango: Sales Are HUGE!"를 표지 기사로 실은 것이다. 이 기사는 수많은 닷컴 회사들이 매출액을 부풀리려고 마케팅 비용이나 물물교환 수입을 매출액으로 산정하거나 거래가 체결되지 않았음에도 불구하고 미리 매출이 이루어진 것처럼 조작하는 따위의 수법으로 회계에서 속임수를 쓴다고 비난했다.

12 수 제임스 스튜어트와의 인터뷰.

13 다루기 불편한 내용을 다룰 때 농담을 자주 곁들였던 워런은 (2000년 겨울에 작성한) 1999년 버크셔 해서웨이의 연례 보고서에서 자기는 이 회사를 경영하는 걸 사랑하며 "만일 삶을 즐기는 게 오래 사는 데 도움이 된다면 므두셀라가 세운 기록이 위태로울 것이다"라고 농담했다(므두셀라는 구약성서에 나오는

인물로 969세까지 살았다고 한다-옮긴이).

14 이것은 버크셔 해서웨이 내부에서 도는 농담 가운데 하나다.

15 데이비드 헨리, "Buffett Still Wary of Tech Stocks-Berkshire Hathaway Chief Happy to Skip 'Manias'", 〈USA 투데이〉, 2000년 5월 1일.

16 워런은 1997년 말에 석유 1,400만 배럴을 가지고 있었고, 은 1억 1,100만 온스를 샀으며, 재무부 채권뿐만 아니라 46억 달러 규모의 제로 쿠폰 채권(이자표를 붙이지 않고 발행 가격을 금리만큼 대폭 할인하여 발행하는 할인식 채권-옮긴이)을 가지고 있었다. 그가 보유했던 은은 세계 연총생산량의 20퍼센트에 해당하는 양이었으며, 또한 동시에 은의 세계적 수급 차질을 방지하려고 매입한 지상 재고량의 30퍼센트에 해당하는 양이었다. 은 관련 수치는 다음 책에서 인용했다. 앤드루 킬패트릭, 《Of Permanent Value: The Story of Warren Buffett: More in '04, California Edition》, Alabama: AKPE, 2004.

17 샤론 오스버그와의 인터뷰. 은은 런던의 JP 모건에 보관되어 있었다.

18 워런은 자기의 수익률을 회사의 주가로 측정하지 않는다. 주가는 자기가 통제할 수 있는 대상이 아니기 때문이다. 대신 주당 순자산의 증가로 측정한다. 그런데 충분히 많은 시간의 흐름을 전제로 하면 이 두 기준 사이에는 어떤 연관성이 있다. 1999년에 버크셔 해서웨이의 주당 장부 가격은 0.5퍼센트밖에 오르지 않았다. 제너럴 리를 인수하지 않았더라면 주당 장부 가격은 오히려 줄어들었을 것이다. 한편 주식시장은 전체적으로 21퍼센트 올랐다. 워런은 몇 년 지나면 오른 장부 가격은 필연적으로 내릴 것이라고 지적하면서, 장부 가격이 오른 것을 어쩌다 들어맞은 요행이라고 했다. 하지만 그가 지배해 온 35년 동안, 이 측정 기준으로 버크셔 해서웨이가 시장보다 못했던 적은 겨우 네 번뿐이었다. 그것도 1980년 이후로는 한 번도 없었다.

19 제임스 P. 밀러, "Buffett Scoffs at Tech Sector's High Valuation", 〈월스트리트 저널〉, 2000년 5월 1일.

20 데이비드 헨리, "Buffett Still Wary of Tech Stocks".

21 나이트-배젓 연구원 제도The Knight-bagehot Fellows.

22 조지프 브랜든, 태드 몬트로스와의 인터뷰들.

23 빌 게이츠, 샤론 오스버그와의 인터뷰들.

24 에이미 코버, "Warren Buffett: Revivalist", 〈포천〉, 2000년 5월 29일.

25 빌 게이츠와의 인터뷰.

26 버크셔 해서웨이의 보도자료문, 2000년 6월 21일.

55

1 필립 J. 캐플린,《F'd Companies: Spectacular Dot-com Flameouts》, New York: Simon & Schuster, 2002.

2 이 두 건의 인수에 대해서는 인수 가격이 공시되지 않았다. 하지만 두 경우 모두 반은 현금으로, 반은 버크셔 해서웨이 주식으로 지불되었다.

3 5억 7천만 달러에.

4 20억 달러에. 이 회사는 보험사들을 제외하고는 버크셔 해서웨이가 소유하는 가장 큰 회사가 되었다. 버크셔 해서웨이 2000년 연례 보고서.

5 10억 달러에.

6 현금 18억 달러와 부채 3억 달러에.

7 3억 7,800만 달러에.

8 2000년 말, 버크셔는 회사들을 사들이는 데 80억 달러 이상을 썼고 여전히 52억 달러의 현금 및 현금성 자산, 330억 달러의 고정 수익 증권과 380억 달러의 주식을 가지고 있었다.

9 버크셔 해서웨이의 연례 주주 서한, 2000년.

10 킬츠는 내비스코를 성공적으로 정상 궤도에 올려놓은 뒤 질레트에 합류했다. 킬츠가 내비스코를 경영한 것은 외부 인사로서는 100년 만에 두 번째다.

11 수지 버핏 주니어와의 인터뷰.

12 배리 딜러, 돈 그레이엄, 수지 버핏 주니어와의 인터뷰들.

13 "Disney Scrambling to Play Spoiler Role", 〈뉴욕 포스트〉, 2001년 7월 14일.

14 마르시아 비커스, 제프리 스미스, 피터 코이, 마라 데어 호반세이언, "When Wealth Is Blown Away", 〈비즈니스위크〉, 2001년 3월 26일; 앨런 슬론, "The Downside of Momentum", 〈뉴스위크〉, 2001년 3월 19일.

15 2001년 6월. 〈인더스트리 스탠더드Industry Standard〉의 '레이오프 트래커Layoff Tracker', '닷컴 플롭 트래커Dot-Com Flop Tracker', '엑스-이그젝 트래커Ex-Exec Tracker'에서.

16 이 관계가 암시하는 내용에 대해서 걱정했던 사람은 워런뿐만이 아니었다. 1976년에 '뱅가드 그룹Vanguard Group'이라는 펀드사를 창립하고 은퇴한 존 보글은 2001년 4월 여기에 대해서 글을 썼다. 하지만 그는 '어떤 현실적 버전'이 주식시장에 돌아와 있다고 결론을 내렸다. 워런의 연설이 귀 기울일 가치가 있는 것은, 그가 이런 특별한 측정 기준을 썼다는 점이 아니라 상황을 비관적으로

바라보았다는 점이다.

17 워런이 말했던 여러 요지들 가운데 하나는 기업들은(이 기업들 가운데 많은 수가 기업 연금에서 나오는 초과분의 이익을 챙기고 있었다) 무책임하게도 비현실적인 수익률 전망을 세우고 있는데 이것을 조정해야 한다는 것이었다. 현실에 비추어 볼 때 이 연금들의 재원은 불충분하거나 훨씬 모자랐기 때문이다.

18 허버트 스타인은 미국기업연구소American Enterprise Institute(미국 보수 진영의 핵심적인 싱크탱크 기관-옮긴이)의 연구원이었으며 리처드 닉슨 정부 아래에서 경제자문위원회 의장으로 일하기도 했다. 또한 〈월스트리트 저널〉의 필진이기도 했고 버지니아대학교 경제학 교수이기도 했다. 그는 본문에서 소개된 경구로 유명하며, 금융 도서 작가이자 배우 벤 스타인의 아버지이기도 하다.

19 다음에서 인용. "Buffett Warns Sun Valley Against Internet Stocks"(워런이 선 밸리에서 인터넷 주식에 대해서 경고했다), 〈블룸버그〉, 2001년 7월 13일.

20 빈센테 폭스는 코카콜라에서 15년 동안 일했다. 1964년 판매 구역 감독자로 시작해서 10년 뒤에 멕시코 지사 사장이 되었으며, 나중에는 라틴아메리카를 총괄하는 직위까지 올라갔다.

21 미지 패처와의 인터뷰.

22 돈 그레이엄과의 인터뷰.

23 그리피스 R. 하시 박사. 스탠퍼드대학교 의과대학의 신경외과-종양학 프로그램의 책임자.

24 캐슬린 콜과의 인터뷰.

25 빌 게이츠, 피터 버핏, 호위 버핏과의 인터뷰들.

26 수지 버핏 주니어와의 인터뷰.

27 주지 버핏 주니어, 돈 그레이엄과의 인터뷰들.

28 칼린 바커, "Capacity Crowd Expected at Funeral; Schlesinger, Bradlee, Kissinger, Relatives Among Eulogists", 〈워싱턴 포스트〉, 2001년 7월 22일.

29 폴 파리, "Close Enough to See: TV Coverage Captures Small, Telling Moments", 〈워싱턴 포스트〉, 2001년 7월 24일; 스티브 투미, "A Celebrated Life: Thousands Honor Katharine Graham at the Cathedral", 〈워싱턴 포스트〉, 2001년 7월 24일; 메리 레오너드, "Thousands Pay Tribute to Washington Post's Katharine Graham", 〈보스턴 글로브Boston Globe〉, 2001년 7월 24일.

30 칼린 바커, "Capacity Crowd Expected at Funeral; Schlesinger, Bradlee, Kissinger, Relatives Among Eulogists".

31 리비 코플런드, "Kay Graham's Last Party: At Her Georgetown Home, A Diverse Group Gathers", 〈워싱턴 포스트〉, 2001년 7월 24일.

32 캐서린 그레이엄이 죽은 직후에 가족은 그 집을 팔았다.

56

1 허버트 앨런과의 인터뷰.

2 호레이스 하이트(1901~1986년. 미국의 음악가이자 방송인—옮긴이)의 노래. 가사와 음악은 레오 V. 킬리언, 테드 맥마이클, 잭 오웬스가 썼다.

3 이 행사는 '오마하 보이스 앤드 걸스 클럽스', '오마하 어린이 박물관', '걸스Girls Inc.', '청년을 위한 오마하 시어터 컴퍼니' 등에 도움을 주었다. 10년 넘는 기간 동안 약 1천만 달러를 모금했다.

4 햄리시는 한꺼번에 아카데미상을 세 개나, 그것도 모두 음악 분야에서 받은 유일한 인물이다. 〈더 웨이 위 워The Way We Were〉(앨런 버그먼·매릴린 버그먼과 공동 작곡)라는 노래로, 영화 〈더 웨이 위 워The Way We Were〉(1973년)의 음악으로, 〈스팅The Sting〉(1973년)에서 스콧 조플린의 래그타임 음악을 각색한 것으로 각각 상을 받았다.

5 데번 스퍼전과의 인터뷰.

6 워런은 이 전화 통화와 관련해서는 구체적인 사항을 기억하지 못한다. 하지만 그런 일이 있었던 것 같다고 말한다. 이 이야기를 해준 사람은 제너럴 리의 조 브랜든이다.

7 그레이스 심, "Warren Buffett, Others Speak About Terrorism at Omaha, Neb., Event", 〈오마하 월드-헤럴드〉, 2001년 9월 12일.

8 워런은 이 일을 회상하며 다음과 같이 말한다. "내 생각에 렌터카가 동나는 바람에 어떤 사람들은 아예 차를 사기도 하지 않았을까 싶네요."

9 다음 자료에 따라서. "Killtown's: Where Was Warren Buffett on 9/11?", www.killtown.911review.org/buffett.html. 그리고 다음도 참조했다. rushlimbaugh.com, 2005년 7월 5일.

10 밥 나델리와의 인터뷰.

11 토니 페사벤토와의 인터뷰.

12 워런은 필자에게 이 이야기를 2001년 그 테러가 있기 직전에 했다.

13 대규모 손실에 대한 설명을 하면서 '예견할 수 없었던unforeseeable'이라는 표현

을 쓰는 것은 9·11 사건 이후 보험업계에서 일상적이 되었다.

14 그레이스 심, "Warren Buffett, Others Speak About Terrorism at Omaha, Neb., Event."

15 수지 버핏 주니어와의 인터뷰.

16 이 최초 추정치는 12월 31일의 연례 보고서에서 24억 달러로 수정되었다.

17 찰스 R. 모리스, 《The Trillion Dollar Meltdown》, New York: Public Affairs, 2008.

18 애널리스트가 투자 금융 업무에 따라 거짓 보고서로 성과 보상을 받는 것을 금지하고, 애널리스트와 투자 금융 부문 사이에 '방화벽'을 설정하여 업무를 분리하는 등 개혁이 이어졌다.

19 8억 3,500만 달러에.

20 10억 달러 미만에. 이 파이프라인은 하루에 약 2만 6천 세제곱킬로미터의 가스를 로키산맥에서 라스베이거스와 캘리포니아로 수송했다.

21 이 파이프라인은 하루에 약 131만 세제곱킬로미터의 가스를 수송했다. 버크셔 해서웨이는 이 파이프라인을 9억 2,800만 달러에 샀는데, 그전에 다이너지는 엔론이 파산하고 노던 내추럴 가스가 담보로 잡혀 있을 때 이것을 15억 달러에 샀었다(둘 다 노던 내추럴 가스에 대해서 9억 5천만 달러의 빚을 가지고 있었다). 2002년에 두 개의 파이프라인을 인수한 뒤에 미드아메리칸 에너지가 미국 전체 가스 수송량에서 차지하는 비율은 8퍼센트가 되었다.

22 버크셔 해서웨이는 '리먼 브라더스' 및 '시티그룹'과 함께 20억 달러를 20퍼센트의 이율로 윌리엄스 컴퍼니즈에 빌려주었다.

23 9·11 사건 이전에 '뮌헨 리Munich Re'와 '악사AXA(프랑스계 보험 그룹—옮긴이)'는 버크셔 해서웨이 그룹과 2002년 한일 월드컵을 취소하게 만들지도 모를 지진에 대한 재보험 관련 계약을 5천만 달러의 규모로 맺었다. 일정 수준을 초과하는 강도의 지진 때문에 대회가 연기되거나 취소되면 버크셔 해서웨이는 실제 손실 비용과 상관없이 보험금을 지급해야 했다. 9·11 사건 이후 악사는 단독으로 그 보험에서 손을 뗐고 10월 30일 내셔널 인뎀너티가 그 자리를 대신해서 한일 월드컵에 대한 보험사가 되었다.

24 버크셔 해서웨이의 주주 서한, 2007년.

25 프랭크 루니와의 인터뷰.

26 1만 2천 달러를 초과하는 증여가 있을 경우 이 세금을 내야 한다.

27 자료: 국세청, 소득통계과, 2007년 3월; 소득 합동위원회, 《Description and

Analysis of Present Law and Proposals Relating to Federal Estate and Gift Taxation》, 상원 재무위원회의 납세 및 국세청 감독 특별위원회 청문회, 2001년 3월 15일.

28 2007년 연방 예산의 8퍼센트가 넘는 금액인 2,440억 달러가 연방 정부가 진 부채에 대한 이자로 지출되었다. 이것은 정확하게, 상속세로 징수되는 세금의 열 배였다.

29 "I Didn't Do It Alone", '책임 있는 부Responsible Wealth'가 발표한 이 글은 공적 투자와 가족, 동료, 행운, 자비 등이 부를 창출한다고 적고 있다. '공정 경제를 위한 연대UFE: United for a Fair Economy'와 같은 단체들은, 자유주의적인 카토 연구소(워싱턴 디시에 본부를 둔 시장 지향주의적 경향의 경제 연구소－옮긴이)와 같은 단체들이 하는 것처럼, 납세의 공정성에 대한 연구 자료를 발표한다.

30 "Defending the Estate Tax", 〈뉴욕 타임스〉, 2001년 2월 16일. 이 기사에서 '신 앙 기반 공동체 발의FBCI. Faith-Based and Community Initiative'의 백악관 사무국 사무국장 존 디 이울리오는 〈뉴욕 타임스〉 기자에게, 상속세가 철폐되면 자선 기부는 줄어들 것이라고 말했다. "나는 괜히 밉상으로 찍히고 싶지 않습니다. 나는 상속세가 철폐되어야 한다고는 생각하지 않습니다. 아마도 수정은 필요하겠지만 철폐되어서는 안 됩니다."

31 참조, 예를 들어서 멜릭 케일런, "In Warren Buffett's America……", 〈월스트리트 저널〉, 2001년 3월 6일; 존 콘린, "Only Individual Freedom Can Transform the World", 〈월스트리트 저널〉, 2001년 7월 26일; 스티브 호닝, "The Super-Wealthy Typically Do Not Pay Estate Taxes", 〈파이낸셜 타임스〉, 2006년 6월 15일; 홀먼 W. 젠킨스 주니어, "Let's Have More Heirs and Heiresses", 〈월스트리트 저널〉, 2001년 2월 21일.

32 워런 버핏이 켄 살라사르 상원의원에게 보낸 편지, 2001년 6월 8일.

33 윌리엄 S. 브룩스미트, "Begging to Differ with the Billionaire", 〈워싱턴 포스트〉, 2003년 5월 24일.

34 대프트는 처음에 65만 주를 살 수 있는 옵션을 가지고 있었다. 이 옵션은 2015년에 주식 가치에 따라서 3,810만 달러에서 1억 1,230만 달러까지 될 수 있다고 추정되었다. 대프트는 또한 8,730만 달러를 양도제한조건부주식으로 받았다. 총 150만 주나 되는 규모였다. 헨리 엉거, "If Coca-Cola Chief Daft Fizzles, He'll Lose Millions", 〈애틀랜타 저널-컨스티튜션Atlanta Journal-Constitution〉, 2001년 3월 3일.

35 2001년 CEO와 일반 직원의 연봉 비율 411 대 1은 1982년의 42 대 1과 비교하면 거의 열 배 가까이 늘어났다. "만일 1990년부터 생산직 직원의 연봉이 CEO의 연봉 상승 비율로 늘어났다면, 이들의 2001년 평균 연봉은 2만 5,467달러가 아니라 10만 1,156달러가 되었을 것이다. 1990년의 최저 임금이었던 시간당 3.80달러가 CEO의 연봉 상승 비율로 늘어났다면, 2001년의 최저 임금은 시간당 5.15달러가 아니라 21.41달러가 되었을 것이다." 스콧 클링어, 크리스 하트먼, 사라 앤더슨, 존 카바나, "Executive Excess 2002, CEOs Cook the Books, Skewer the Rest of Us, Ninth Annual CEO Compensation Survey". 정책연구소, 공정 경제를 위한 연대 UFE, 2002년 8월 26일.

36 제프리 콜빈, "The Great CEO Pay Heist", 〈포천〉, 2001년 6월 25일. 2001년의 스톡옵션 부여는 2007년에 스톡옵션 백데이팅(스톡옵션 부여 날짜를 주가가 낮은 날로 소급해서 적용하는 것 ─ 옮긴이)과 관련된 추문에서 뜨거운 쟁점이 되었다.

37 워런 버핏, "Stock Options and Common Sense", 〈워싱턴 포스트〉, 2002년 4월 9일.

38 이보다 앞서 '윈-딕시 Winn-Dixie'와 '보잉 Boeing'이라는 두 회사가 이미 스톡옵션을 비용으로 처리하는 회계 원칙을 도입했다. 하지만 이 회사들은 코카콜라와 같은 파급력은 가지고 있지 않았다.

39 워런 버핏, "Who Really Cooks the Books?", 〈뉴욕 타임스〉, 2002년 7월 24일.

40 워런 버핏, 증권거래위원회의 금융 공시 및 회계감사 감독을 위한 원탁회의, 뉴욕, 2002년 3월 4일.

41 버크셔 해서웨이의 주주 서한, 2002년.

42 데이비드 페리, "Buffett Rests Easy With Latest Investment", 〈퍼니처 투데이 Furniture Today〉, 2002년 5월 6일.

43 워런은 그 여자가 돌아오는 것을 진정 바라지 않았다. 비록 몇 차례나 그렇게 되길 바랐던 것처럼 보이긴 했지만 말이다.

1 1990년대 후반에서 2000년대 초반 이런 수지의 모습은 수지를 잘 알고 있던 (그러나 이름을 밝힐 수 없다고 하는) 스무 명이 넘는 사람들의 진술을 바탕으로 묘사했음을 밝힌다.

2 수전 톰슨 버핏과의 인터뷰.

3 호위 버핏과의 인터뷰.

4 9·11 사건 이후 떨어지기 시작한 금리는 2003년 6월 1퍼센트라는 신저점을 기록했고, 이 금리는 2004년 6월까지 계속 유지되었다.

5 이 내용은 이 시기 동안 투자자들이 보였던 제한적인 위험 회피 전략을 간략하게 묘사한 것이다(일반적으로 투자자는 위험에 대한 태도에 따라서 위험 회피형, 위험 중립형, 위험 추구형이라는 세 가지 유형으로 분류된다–옮긴이).

6 앨리스테어 바어는 "Mortgage Market Needs \$1 Trillion, FBR Estimates", (〈마켓워치 MarketWatch〉, 2008년 3월 7일)에서, 총 11조 달러의 미국 주택담보대출(모기지론) 시장에서 오로지 5,870억 달러만 순자산을 담보로 보증되어 있다고, 다시 말해서 미국의 평균 가정은 전체 대출금에 대해서 채 5퍼센트도 되지 않는 순자산을 담보로 하고 있다고 추정하는 프리드먼과 빌링스 램지의 연구 보고서를 개략적으로 설명한다. 그리고 얼마 지나지 않아서 서브프라임 모기지가 전체 부채담보부증권의 절반을 담보로 보증하게 된다. 데이비드 에번스, "Subprime Infects \$300 Billion of Money Market Funds", 〈블룸버그 뉴스〉, 2007년 8월 20일.

7 찰스 모리스는 《미국은 왜 신용불량 국가가 되었을까? The Trillion Dollar Meltdown》에서, 전형적인 신용 헤지펀드는 차입금 비율이 5 대 1이므로 5퍼센트의 자기자본은 1퍼센트로 줄어든다고 설명했다. 레버리지 비율이 100 대 1이라는 말이며, 이것은 100달러를 1달러로 담보 보증한다는 뜻이다.

8 그는 파생상품을 직접 사용했다. 하지만 빌려주는 사람 입장이 아니라 빌리는 사람 입장이었다. 그러므로 만일 일이 잘못된다 하더라도 그는 다른 사람에게 돈을 받으러 뛰어다닐 필요가 없었다.

9 2002년 이후로 버크셔 리의 수익으로 알려진 것 가운데 일부는 제너럴 리에서 나온 것이다.

10 앨런 그린스펀은 2003년 5월 8일 있었던 '2003년 은행 구조 및 경쟁에 관한 컨퍼런스'에서 연설을 했으며, 이 연설에서 파생상품에 대한 자기 견해를 피력했다. 애리 와인버그, "The Great Derivatives Smackdown", 〈포브스〉, 2003년 5월 9일.

11 예를 들어서 라나 포루하어 기자는 2003년 5월 12일자 〈뉴스위크〉에서 워런을 '오마하의 근심쟁이'라고 불렀다.

12 워런은 채무자경영권유지제 DIP 조건으로 2억 1,500만 달러를 오크우드 홈스

에 빌려줬다. '버카디아Berkadia'를 통해서 그는 콘세코 파이낸스를 9억 6천만 달러에 사겠다고 입찰했다. 버카디아 대표단은 경매가 끝나기 전에 떠났는데, 낙찰자는 10억 1천만 달러를 입찰한 어떤 컨소시엄이었다. 버카디아는 여기에 반발해서 경매가 끝난 뒤에 11억 5천만 달러를 다시 제안했다. 하지만 이 제안은 파산 법정에서 기각되었다. 조립식 주택 그리고 콘세코와 같은 서브프라임 대출 회사의 신용 거품은 주택 거품이 정점을 찍기 1년 전인 2004년에 꺼졌다.

13 이 거래는 몇 가지 점에서 그가 2년 전에 했던 거래, 즉 '루카디아 내셔널Leucadial National'과 함께 버카디아 유한회사를 설립하던 일과 비슷했다. 버카디아는 파산한 금융 회사 '피노바FINOVA'에 담보로 보증된 5년 기한의 60억 달러 대출을 제공했고, 피노바는 이 돈으로 빚을 갚을 수 있었다.

14 짐 클레이턴은 회고록《First a Dream》에서, 그 책을 편집하는 여섯 달 동안 자기를 '너그럽게 참아주었던' 인턴 사원 마이클 대니얼스가 워런에게 줄 사본 한 권에 서명해 달라고 했다고 회고한다. 그런데 대니얼스는 졸업하고 'UBS'에 취직하게 되자 그 책을 인턴 사원인 리처드 라이트에게 건네주며 워런에게 배달하라고 했다. 2004년 1월호 〈패스트 컴퍼니Fast Company〉의 기사 "The Ballad of Clayton Homes"는 짐 클레이턴과 케빈 클레이턴 부자(父子)가 라이트를 이용해 메시지를 전달한 것이라고 주장했다.

15 짐 클레이턴은 회고록에서, 자기가 워런에게 다시 전화를 걸지 않았다는 사실을 사람들이 잘 믿지 않는다고 말한다. 자기로서는 그렇게 할 생각이 전혀 없었으며 자기와 워런은 한 번도 사업 관련 용건으로 서로에게 전화한 적이 없었다고 한다. 그 거래에 관한 협상이 진행되고 또 이어서 소송이 진행되던 몇 달 동안, 필자가 보기에 워런은 오로지 케빈 클레이턴만 상대했다.

16 케빈 클레이턴과의 인터뷰.

17 짐 클레이턴과 빌 레더퍼드,《First a Dream》, Tennessee: FSB Press, 2002. 이 책의 2004년 개정판은 버크셔 해서웨이가 클레이턴 홈스를 인수하려고 분투하는 과정을 설명한다.

18 워런은 페트로차이나 주식을 매입하는 데 4월에 불과 5천만 달러만 썼다. 하지만 이로써 버크셔 해서웨이의 소유 총액은 4억 8,800만 달러가 되어, 홍콩증권거래소에 공시해야 하는 한도를 훌쩍 넘었다.

19 워런은 여건만 괜찮다면 외국의 주식들도 살 것이라고 말했다. 예를 들어서 영국의 주식들을 말했고, 홍콩의 한 신문사도 말했다. 하지만 그는 미국에서의 투자 기회가 변변찮아지기 전까지는 외국의 주식들을 검토하는 데 그다지 많은

시간을 들이지 않았다.

20 워런 버핏, "Why I'm Down on the Dollar", 〈포천〉, 2003년 11월 10일.

21 2003년 버크셔 해서웨이 정기 주주 총회에 대한 미발표 보도에서 이 내용은 〈아웃스탠딩 인베스터 다이제스트〉의 허가를 받아 본문에 실었다.

22 버크셔의 클레이턴 홈스 인수의 가장 큰 장점은 버크셔의 자금 접근성과 저렴한 비용이었다. 버크셔가 가진 AAA 신용 등급으로 다른 어떤 조립주택 제조업체보다 낮은 금리로 대출을 받을 수 있어 대출 가뭄에서 살아남을 뿐만 아니라 클레이턴 홈스의 경쟁업체들이 살아남을 수 없는 조건에서도 돈을 벌 수 있었다.

23 뉴욕공립도서관에서 했던 연설, 2006년 6월 25일.

24 앤드루 로스 소킨, "Buffett May Face a Competing Bid for Clayton Homes", 〈뉴욕 타임스〉, 2003년 7월 11일.

25 "Suit Over Sale of Clayton Homes to Buffett", 〈뉴욕 타임스〉, 2003년 6월 10일. 그레이는 이사진을 선출하는 예전의 주주 총회들이 적절한 고지 없이 진행되었다고 주장했다. 6월에 델라웨어의 형평법원은, 클레이턴 홈스가 고지 의무를 다하지 않은 점은 인정되지만 주주들이 잘 참석한 점으로 미루어 이 실수는 단지 기술적인 차원의 실수일 뿐이며 따라서 회의 결과는 번복될 수 없다고 판결했다.

26 제니퍼 레인골드, "The Ballad of Clayton Homes".

27 수전 버핏이 죽기 전에 이 재단이 최고로 많은 돈을 쓸 때는 한 해에 총 1,500~3,000만 달러를 썼다. 이 돈 대부분은 생식 권리 분야에 들어갔다.

28 설령 워런이 배당금을 지급하고 이것을 기부금으로 썼다 하더라도 문제가 되었을 것이다.

29 라이프 디시전스 인터내셔널의 대표 더글러스 R. 스콧 주니어가 워런 버핏에게 보낸 편지, 2002년 9월 26일.

30 이 수치는 불매운동을 조직했던 팸퍼드 셰프의 판매원 신디 코플린에게서 나왔다. 니컬러스 바차버, "Berkshire Gives Up On Giving: How a Pro-Life Housewife Took On Warren Buffett", 〈포천〉, 2003년 8월 11일.

31 여러 개의 인터뷰를 종합해서 정리한 내용임.

32 전미낙태연합U.S. National Abortion Federation에 따르면, 낙태를 반대하는 활동가들은 살인 7회, 살인 미수 17회, 살해 위협 388회, 폭탄 테러 41회, 방화 174회, 주거 침입 128회, 미수에 그친 폭탄 테러와 방화 94회, 파괴 만행 1,306회, 생물학 테러 위협 656회, 구타와 폭행을 162회 저질렀다. 이런 행위들 외에도 스

토킹, 악의적인 장난 장치, 악의적인 메일, 악의적인 전화 통화, 권리와 재산에 대한 침해와 침범, 인터넷을 이용한 괴롭힘 따위의 보다 덜 심각한 행위들은 수도 없이 많았다. 2007년에 낙태반대운동 차원에서 진행된 활동 가운데 경찰에 체포되거나 제지된 사례는 3만 7,715건이었다. 그런데 낙태 반대 운동을 하는 단체들은 대부분 테러 행위를 반대한다. 일부 단체는 구두로 명백하게 이런 의사를 밝히기도 한다.

33 버크셔 해서웨이의 보도자료, 2003년 7월 15일.

34 델라웨어주 정부의 법률에 따르면, 총회에 참석한 주주들만이 휴회 결정에 투표권을 가진다.

35 짐 클레이턴과 빌 레더퍼드,《First a Dream》.

36 케빈 클레이턴과 클레이턴 홈스의 부사장 겸 최고재무책임자 존 칼렉과의 인터뷰들.

37 7월 25일에 법률 회사 '밀버그 와이스 버섀드 하인스 앤드 리러치'가, '야누스 캐피털Janus Capital'이 비록 주식을 팔아 버리긴 했지만 케빈 클레이턴이 야누스 캐피털에 그 거래를 계속해서 지지해 달라고 요청했었다고 주장하면서 이 소송이 제기되었다. 하지만 법정에서는 이 주장을 뒷받침할 수 있는 증거가 나타나지 않았고, 원고의 주장은 기각되었다.

38 제니퍼 레인골드, "The Ballad of Clayton Homes".

39 짐 클레이턴은《First a Dream》에서 이런 수치를 인용하면서도 확인할 수는 없었다고 말한다.

40 서버러스 캐피털 매니지먼트 비망록, "For Discussion Purposes", 다음 책에서 인용. 짐 클레이턴,《First a Dream》.

41 넷제츠와 같은 몇몇 경우에서처럼 개인 기업의 소유자들은 다른 데서 받을 수 있는 금액보다 적은 금액을 받고 회사를 워런에게 팔았다. 자기 회사가 버크셔 해서웨이의 소유가 되기를 바랐기 때문이다.

42 짐 클레이턴과 빌 레더퍼드,《First a Dream》.

43 케빈 클레이턴과의 인터뷰.

44 2006년까지 조립식 주택의 판매량은 11만 7,510채로 떨어졌다. 2007년 기준으로 볼 때 여전히 평균 32퍼센트 비율로 떨어지고 있었다. 2005년에는 허리케인 카트리나 때문에 일시적으로 수요가 늘긴 했었다(자료 출처: 조립식주택협회).

1 세실 윌리엄스 목사와의 인터뷰. 워런은 최초의 이베이 경매 이전에 글라이드 기념 교회를 위해서 두 차례 현장 경매에 참가했다.

2 캐슬린 콜과의 인터뷰.

3 캐슬린 콜 그리고 수지 버핏 주니어와의 인터뷰들.

4 호위 버핏과의 인터뷰.

5 호위 버핏, 수지 버핏 주니어와의 인터뷰들.

6 캐슬린 콜과의 인터뷰.

7 위의 인터뷰.

8 www.oralcancerfoundation.org.

9 구강암 재단.

10 캐슬린 콜, 론 팍스와의 인터뷰들.

11 마셜 와인버그, 월터 스콧 및 루스 스콧, 루 심프슨, 조지 길레스피와의 인터뷰들.

12 수지 버핏 주니어와의 인터뷰.

13 다음에서 차용. 존 턴, "Georgia Tech Students Quiz Warren Buffett", 〈조지아 테크Georgia Tech〉, 2003년 겨울.

14 밥 우드워드, "Hands Off, Mind On", 〈워싱턴 포스트〉, 2001년 7월 23일.

1 수지 버핏 주니어와의 인터뷰.

2 스탠 립시와의 인터뷰; 조너선 D. 엡스타인, "GEICO Begins Hiring in Buffalo", 〈버펄로 뉴스〉, 2004년 2월 11일.

3 피터 버핏, 호위 버핏, 수지 버핏 주니어와의 인터뷰들.

4 피터와 수지 역시 처음 2년 동안 상당한 금액을 버핏 재단에 기부했다.

5 일반적으로 말해서, 연방법의 적용을 받는 재단은 의무적으로 반드시 일정한 규모의 자산을 정기적으로 자선 목적에 사용해야 한다(이 기준은, 개인 재단의 투자 자산의 공정 시장 자산 가치의 약 5퍼센트다).

6 당시 수지는 자기 이름으로 약 3만 5천 주를 가지고 있었는데, 이것의 자산 가치는 약 28억 달러였다. 물론 여기에는 만일 워런이 먼저 죽을 경우 수지가 받을 수 있는 유산은 포함되어 있지 않았다.

7 찰스 T. 멍거, 편집 피터 카우프먼, 〈Poor Charlie's Almanack: The Wit and Wisdom of Charles T. Munger〉, New York: Donning Company Publishers, 2005.

60

1 캐슬린 콜과의 인터뷰.

2 제이미 다이먼, 제프리 이멜트와의 인터뷰들.

3 2004년 버크셔 해서웨이의 회장 편지, 연례 보고서.

4 버크셔 해서웨이가 주주들에게 보내는 편지, 2006년. 워런은 이 기준들을 이보다 앞서 사적으로 말했었다.

5 벳시 모리스, "The Real Story", 〈포천〉, 2004년 5월 31일.

6 투자자들은 코카콜라가 비탄산 음료 부문으로 공격적으로 진출해야 한다는 생각이었지만, 회사는 마진율이 가장 높은 탄산 음료 부문의 국제 시장 성장이 유일한 해결책이라고 주장했다. 주가는 여전히 수익보다 24배, 장부 가격보다 8.6배인 50달러로 비쌌다.

7 코카콜라는 아이베스터가 CEO로 있는 동안 유럽에서 있었던 리콜 조치와 관련해서 1억 300만 달러의 부과금을 부담했다. 1999년 대프트는 10년 만에 처음 발생한 손실 및 총 16억 달러의 부과금 내용을 보고해야만 했다. 그리고 2000년 1/4분기에, 인도에서의 과잉 병입 설비에 대한 감가상각 및 대규모 구조조정에 따라서 2분기 연속으로 적자를 기록했다는 사실을 보고했다. 2000년에 코카콜라는 더 많은 부과금을 부담했으며 세계 매출액 상승률 목표치를 애초의 7~8퍼센트에서 5~6퍼센트로 낮추었다. 9·11 사건 이후에는 목표치를 다시 한번 하향 조정했다.

8 예를 들어서 버크셔 해서웨이가 특수 거래를 요구한다고 치자. 1억 2천만 달러 규모의 제품을 구입한다고 할 때 이것은 넉넉하게 잡아서 한 주에 10센트밖에 되지 않는다. 하지만 버크셔 해서웨이는 2003년에 한 주당 5,309달러를 벌었다(참고로 이 회사는 재무제표에서 한 주당 몇 센트로 표기하지 않는다). B 주식은 이 금액의 30분의 1을 계산하면 된다. 너무도 적은 양이라서, 워런이 굳이 코카콜라에 손해를 입혀가면서 억지로 버거킹과의 대형 거래를 포기하게 하고 코카콜라 제품을 계속해서 데어리 퀸에게 판매하려고 임의로 영향력을 행사했다고 보기에는 어렵다. 설령 버크셔 해서웨이가 코카콜라의 주식을 한 주도 가

지고 있지 않다 하더라도 마찬가지일 것이다. ISS가 채택한 접근법의 문제는 어떤 추론과 균형감각도 적용하지 않고 절대적으로 점검 대조표에 따라서 판단한다는 점에 있었다.

9 캘퍼스는 또 허버트 앨런과 전직 상원의원 샘 넌, 돈 커우를 선출하는 데도 반대했다. 이들이 회사와 사업적으로 관련 있다는 이유에서였다.

10 허버트 앨런, "Conflict-Cola", 〈월스트리트 저널〉, 2004년 4월 15일.

11 기업의 이사들을 대상으로 한 설문조사, 이 설문조사를 실시한 주체는 '프라이스워터하우스쿠퍼스PricewaterhouseCoopers'. 다음에서 인용. 〈Corporate Board Member〉, 2004년 11-12월. 프라이스워터하우스쿠퍼스는 워런에게 반대하는 의견이나 그에 대해 반감을 보이는 의견을 단 한 건도 확인하지 못했다.

12 데보라 브루스터, 사이먼 런던, "CalPERS Chief Relaxes in the Eye of the Storm", 〈파이낸셜 타임스〉, 2004년 6월 2일.

13 돈 그레이엄과의 인터뷰.

14 "Coke Shareholders Urged to Withhold Votes for Buffett", 〈애틀랜타 비즈니스 크로니클Atlanta Business Chronicle〉, 2004년 4월 9일.

15 제프리 N. 고든은 다음 자료에서 이렇게 결론을 내린다. "경험적인 기업 지배구조 연구 보고서들에서 드러나는 명백한 수수께끼들 가운데 하나는, 어떤 회사의 경제적인 성과와 이 회사에 독립적인 이사들이 존재한다는 사실 사이의 상관성이 별로 없다는 점이다. 이와 관련해서 다양한 연구들이 진행되었지만, 독립적인 이사들이 회사의 경제적인 성과에 의미 있는 영향을 끼쳤다는 사실은 아직 확인되지 않았다." "The Rise of Independent Directors in the U.S., 1950-2005: Of Shareholder Value and Stock Market Prices", 〈Stanford Law Review〉, 2007년 4월.

16 이 문제는 2005년 4월 18일자 합의문을 통해서 해결되었다. 이 합의문에서 회사는 벌금을 내거나 잘못을 시인하지는 않았다. 대신 내부 감사와 법률 준수, 공시 체계 등을 전반적으로 새로이 정비할 것이라고 약속했다.

17 GMP International Union. 이 단체도 주주 총회에서 발언을 했다.

18 2004년 코카콜라 주주 총회 회의록, 코카콜라의 허락을 받았음; 애덤 레비 그리고 스티브 매슈스, "Coke's World of Woes", 〈블룸버그 마케츠Bloomberg Markets〉, 2004년 7월; 몇몇 이사들 및 코카콜라 직원들과의 인터뷰들.

19 2004년 코카콜라 주주 총회 회의록, 코카콜라의 허락을 받았음.

20 애덤 레비, 스티브 매슈스, "Coke's World of Woes". 2004년 6월 16일자 〈뉴

욕 타임스〉는 "Another Coke Classic"이라는 기사에서 헤이어 및 임원진에게 준 해직 수당을 문제 삼아서 코카콜라를 엄청나게 비난했다. 이런 비판이 보편적인 것은 아니었다. 예를 들어서 〈이코노미스트〉는 이스델이 "투자자들과 애널리스트들 사이에서 안전한 선택으로 환영받았다"고 썼다. "From Old Bottles", 〈이코노미스트〉, 2004년 5월 8일.

21 예를 들어서 콘스턴스 L. 헤이스는 다음 책에서 그런 추정을 한다. 《The Real Thing: Truth and Power at the Coca-Cola Company》(New York: Random House, 2004).

61

1 톰 뉴먼과의 인터뷰.

2 캐슬린 콜과의 인터뷰.

3 위의 인터뷰.

4 필자 역시 주주는 아니지만 지금까지 여러 해 동안 관리자 그룹에 앉았었다.

5 당시 모건 스탠리가 마련했던 이 저녁 자리는 그 뒤에 필자가 마련하는 자리가 되었다.

6 '오크 프로덕션스Oak Productions' 프로듀서 폴 와처의 허가를 받았음.

7 톰 스트로바, "Report on B-H Shareholder Meeting", 〈휴먼 라이프 인터내셔널〉, 2004년 5월; "Special Report, HLI Embarrasses Warren Buffett in Front of 14,000 Stockholders", 2004년 7월. 스트로바는 기이한 이력을 가지고 있다. 그는 버크셔 해서웨이의 주주 자선 프로그램의 철폐를 유도한 보이콧을 주도한 뒤 2003년 8월 1일자 〈월스트리트 저널〉에 "Giving Until It Hurts"라는 글을 써서 주주의 자선 프로그램이라는 제도가 사실상 은밀하게 워런의 재산을 불려주는 역할을 한다고 비판했다(회사 차원의 자선금도 내지 않았고 또한 배당금도 지급하지 않았다고 했다). 이 기사에서 스트로바는 오하이오 소재 투자 회사 '데이턴Dayton'의 사장이라고만 신원을 밝히면서 자기가 버크셔 해서웨이 보이콧 운동에서 했던 역할과 라이프 디시전스 인터내셔널의 대표라는 사실은 밝히지 않았다. 그는 또 2005년에 '시티즌 액션 나우Citizen Action Now'라는 단체를 설립했다. '동성애 의제'와 맞서 싸우며 '동성애 집단의 조작이 없는 미국'을 만들기 위해서 노력하는 걸 목표로 내세운 단체였다. 그는 또 자기 투자 회사 웹사이트에 2007년 11월 다음과 같은 글을 게재했는데, 워런의 명성을 빌려서

자기를 광고했다. "토머스 스트로바는 '증권 분석의 아버지'인 벤 그레이엄의 전통 속에서 훈련을 받았는데, 벤 그레이엄의 제자들 가운데는 '세계에서 가장 위대한 투자자' 워런 버핏도 포함되어 있다. (……) 그레이엄이나 워런과 마찬 가지로 토머스 스트로바도 '가치 투자'에 초점을 맞추고 있다."

8 이상 2004년 버크셔 해서웨이 주주 총회의 발언 내용은 그날 필자가 정리한 노트를 참고로 했음.

9 오마하 주택국Omaha Housing Authority이 8만 9,900달러에 이 주택을 구입했다.

10 수지 버핏 주니어와의 인터뷰.

11 위의 인터뷰.

12 위의 인터뷰.

13 위의 인터뷰.

14 하워드 버핏 주니어(호위 B), 수지의 장례식 추도사에서.

15 T. D. 켈시와의 인터뷰.

16 위의 인터뷰.

17 앨 오에를, 바버라 오에를과의 인터뷰들.

18 T. D. 켈시와의 인터뷰.

19 허버트 앨런, 바버라 오에를, T. D. 켈시와의 인터뷰들.

20 수지 버핏 주니어와의 인터뷰.

21 허버트 앨런, T. D. 켈시와의 인터뷰들. 오에를 부부, 허버트 앨런, 배리 딜러에 따르면, 나머지 손님들은 주말 동안 그리고 그다음 주까지도 될 수 있으면 오래 코디에 머무름으로써 수지에게 경의를 표했다.

22 수지 버핏 주니어와의 인터뷰.

23 호위 버핏과의 인터뷰.

24 허버트 앨런, T. D. 켈시와의 인터뷰들.

25 수지 버핏 주니어, 피터 버핏과의 인터뷰들.

26 수지 버핏 주니어, 피터 버핏과의 인터뷰들. 두 사람 다 어머니와 함께 비행기를 타서 마음이 편안했다고 말한다.

27 호위 버핏과의 인터뷰.

28 샤론 오스버그와의 인터뷰.

29 수지 버핏 주니어와의 인터뷰.

30 데번 스퍼전과의 인터뷰. 수지 주니어는 스퍼전이 이탈리아로 신혼여행을 가 있을 때 전화를 했다. 필자 역시 워런의 생일 때 집으로 찾아가기로 되어 있었

다. 여자들로부터 정서적인 지지를 받고자 하는 워런의 바람은 이 기간 동안에 가장 고조되어 있었던 것 같다.

62

1 수전은 오랜 세월 자기를 돌봐주고 친구가 되어주었던 캐슬린 콜과 론 팍스에게 상당한 돈을 남겼다. 손주들과 다른 사람들에게는 1만 달러에서 10만 달러까지의 많지 않은 돈을 남겼다.

2 톰 뉴먼과의 인터뷰.

3 호위 버핏과의 인터뷰.

4 피터 버핏과의 인터뷰.

5 A. D. 아모로시, "In 'Spirit,' Tradition Is Besieged by Modern Life", 〈필라델피아 인콰이어러〉, 2005년 5월 23일.

6 수지 버핏 주니어와의 인터뷰.

7 피터 버핏과의 인터뷰.

8 샤론 오스버그와의 인터뷰.

9 찰리 멍거와의 인터뷰.

10 버크셔 해서웨이의 연례 주주 서한, 2005년.

11 찰스 R. 모리스, 《The Trillion Dollar Meltdown》, New York: Public Affairs, 2008.

12 캐럴 루미스, "Warren Buffett Gives It Away", 〈포천〉, 2006년 7월 10일.

13 위의 기사.

14 워런은 가만히 있지 못했다. 이 내용을 담고 있는 버티의 편지에 쓴 워런의 메모 내용은 다음과 같다. "버티는 여전히 그 일에 대해서 조금은 분개하는 마음을 가지고 있다."

15 도리스 버핏과의 인터뷰.

16 첫 번째 불입 연도는 2006년이고, 이 불입은 빌 게이츠나 멜린다 게이츠가 재단 활동을 하는 한 계속된다.

17 최소 불입 주식은 60만 2,500주였고, 이 불입 주식의 양은 해마다 5퍼센트씩 줄어들게 되어 있었다. 워런은 버크셔 해서웨이의 주식 가격이 (인플레이션과 완만한 성장을 통해서) 최소한 한 해에 5퍼센트씩은 올라갈 것으로 예상했다. 해마다 불입되는 달러 가치는 일정한 수준으로 유지되거나 조금씩 올라가도

록 안배한 것이다. 최초 불입과 2회 불입이 이루어진 기간 사이에 버크셔 해서웨이의 주가는 17퍼센트 올라갔다. 그래서 처음에 불입된 B 주식 60만 2,500주의 자산 가치는 18억 달러였고, 두 번째 불입된 B 주식 57만 2,375주의 자산 가치는 20억 달러였다. 2006년 6월 버크셔 해서웨이 주식은 9만 1,500달러에 거래되었다(한편 B 주식은 3,043달러에 거래되었다).

18 이 내용은 다음에 인용되어 있다. "The Life Well Spent: An Evening with Warren Buffett", 2007년 11월.

19 빌 게이츠는 '소집자들convenors'이라는 표현을 썼다. 이런 접근은 예를 들어 영구적인 치료 방법이 없는 상태에서, 투자를 계속적으로 해야 하는 백신 프로그램에 해마다 자금을 지원하는 것과 다르다.

20 "The New Powers of Giving", 〈이코노미스트〉, 2006년 7월 6일; 카렌 드영, "Gates, Rockefeller Charities Join to Fight African Hunger", 〈워싱턴 포스트〉, 2006년 9월 13일; 한 윌헬름, "Big Changes at the Rockefeller Foundation", 〈자선의 연대기Chronicle of Philanthropy〉, 2006년 9월 8일; 앤드루 잭, "Manna from Omaha: A Year of 'Giving While Living' Transforms Philanthropy", 〈파이낸셜 타임스〉, 2006년 12월 27일.

21 도리스 버핏과의 인터뷰. 참조, 샐리 비티, "The Wealth Report: The Other Buffett", 〈월스트리트 저널〉, 2007년 8월 3일.

22 전 대통령 지미 카터가 워런 버핏에게 보낸 편지, 2006년 10월 18일.

23 기니충은 오염된 물을 식수로 쓸 때 인체 안으로 들어온다. 길이는 90센티미터까지, 너비는 종이 클립만 하게 자란다. 이 벌레는 매우 고통스러운 통증을 유발하는 산을 발산해서 피부를 태워 찢고 나오는데, 환자가 나뭇가지로 감아 뽑아내면 하루에 몇 센티미터씩 나오기도 한다. 사람들은 고통을 덜려고 보통 물에 뛰어드는데, 이때 벌레는 유충을 물속에 퍼뜨리고, 유충은 숙주를 기다리며 물벼룩에게 잡아먹힌 뒤 다시 인체로 들어가 새로운 주기를 시작한다. 카터 센터를 포함한 여러 비정부 기구들은 기니충을 퇴치하려고 노력하지만 아직 최종적인 목표를 달성하지 못하고 있다.

24 애스트리드 버핏과의 인터뷰.

25 수지가 죽은 뒤에 샌프란시스코의 퍼시픽 하이츠에 있던 수지의 두 아파트는 매각되었다. 에메랄드 베이에 있던 원래 집은 남겨 두고 지금도 워런의 자식들 및 손주들이 사용하고 있지만, 이 집 바로 곁에 있으면서 '기숙사'로 불리던 두 번째 집은 팔았다. 워런은 수지가 죽은 뒤로는 에메랄드 베이의 집에 가지 않는다.

26 2007년 12월 12일, 주요 중앙은행들은 하루짜리보다 긴 기간의 대출을 해주기 시작했으며, 또한 보다 폭넓은 담보를 대상으로 한 채권들을 보다 폭넓은 대상에게 경매하기 시작했다. 연방준비제도는 다른 중앙은행들이 시장에 달러화로 유동성을 제공하는 데 도움을 주고자 스와프라인(유동성이 부족한 경우에 서로 임시로 변통할 수 있게 한 제도-옮긴이)을 활성화시켰다.

27 2007년까지 그가 기록한 자본 수익률을 기준으로 할 때, 만일 워런이 자기 '동업자들(즉, 투자자들)'에게 계속해서 수수료를 청구했었더라면 필자의 계산으로는 (수지의 재산을 제외하고) 순수하게 워런의 재산이 710억 달러 내지 1,110억 달러가 되었을 것이고, 수지의 몫도 37억 달러 내지 50억 달러가 추가되었을 것이다. 여기에서 최고치와 최저치의 오차는 수수료 및 수익 배분금 구조에서 발생하는 차이로, 최고치는 워런이 모든 투자자들에게 적용했던 규칙, 즉 수익률이 6퍼센트를 초과할 때는 수익의 25퍼센트를 그가 가져가는 규칙을 적용할 때의 금액이고, 최저치는 오늘날 통상적인 헤지펀드의 수수료 규칙, 즉 원금의 2퍼센트와 수익의 20퍼센트를 그가 가져가는 규칙을 적용할 때의 금액이다. 계산해 보면, 워런은 투자 회사를 운영할 때 그랬던 것처럼 해마다 자기 수익의 6퍼센트에 해당하는 부분을 생활비로 가져간 셈이 된다. 이 금액은 2007년까지 해마다 100만 달러였다. 그와 수지의 생활비 지출은 (사실은 대부분이 수지의 생활비로 지출되었지만) 이보다 훨씬 더 많았다. 하지만 버크셔 해서웨이 주식 외에 그가 개인적으로 투자한 돈 역시 놀라운 속도로 불어났고, 이것이 있어서 버크셔 해서웨이의 주식에 손을 대지 않고도 수지의 지출을 감당했다.

28 찰리 멍거와의 인터뷰.

후기

1 마이클 샌톨리, "They've Got Class", 〈배런스〉, 2007년 9월 10일.

2 E. S. 브라우닝, "Stocks Tarnished by 'Lost Decade'", 〈월스트리트 저널〉, 2008년 3월 26일.

3 워런 버핏이 니콜 버핏에게 보낸 편지, 2006년 8월 10일.

4 리처드 존슨, 폴라 프롤리히, 크리스 윌슨, 빌 호프먼, "Buffett to Kin: You're Fired!", 〈뉴욕 포스트〉, 2006년 9월 7일.

5 워런이 상호 재보험 합의에 따라서 내셔널 인뎀너티와 컬럼비아 인슈런스에

이전한 제너럴 리의 현금 55억 달러에 대한 귀속 투자 수입 약 1억 8천만 달러를 제외한 수치다. 제너럴 리는 이것이 자기자본수익률에 미치는 영향을 2005년과 2006년, 2007년에 모두 150베이시스 포인트(1.5퍼센트 포인트)로 추정했다.

6 보험 인수underwriting에서 얻는 이익과 늘어나는 플로트의 조합은 이전 적자에 비해 2006년에는 평균 자기자본수익률 20퍼센트를 창출했다. 제너럴 리는 2001년 이후 장부가치가 평균 12.8퍼센트 성장하여 자본금이 인수 당시 86억 달러에서 110억 달러 이상으로 증가했다. 제너럴 리는 약 60억 달러의 보험료를 인수하여 5억 2천 6백만 달러의 수익을 올렸는데, 이는 90억 달러에 조금 못 미치는 보험료로 (연도에 따라) 10억 달러에서 30억 달러 사이의 초기 손실과 비교가 된다. 플로트는 보험료는 32퍼센트 하락했지만, 약 150억 달러에서 230억 달러로 증가했다.

7 조지프 P. 브랜든이 워런 버핏에게 보낸 편지, 2008년 1월 25일.

8 버크셔 해서웨이의 2007년 주주 서한.

9 HIH 로열 커미션, 《The Failure of HIH Insurance》. Australia: National Capital Printing, Canberra Publishing and Printing, 2003년 4월.

10 더그 심프슨, "Search for Deep Pockets Widens in Reciprocal of America Case," Unintended Consequences blog (dougsimpson.com/blog), 2005년 3월 3일; 티머시 L. 오브라이언, "Investigation of Insurance Puts Buffett in Spotlight", 〈뉴욕 타임스〉, 2005년 3월 28일; 티머시 L. 오브라이언과 조지프 B. 트리스터, "The Insurance Scandal Shakes Main Street", 〈뉴욕 타임스〉, 2005년 4월 17일; 마리사 테일러, "U.S. Dropped Enron-Like Fraud Probe", 〈매클래치 뉴스페이퍼스McClatchy Newspapers〉, 2007년 7월 23일; 스콧 호턴, "Corporate Corruption and the Bush Justice Department", 〈하퍼스 매거진〉, 2007년 7월 24일.

| ㅁ |

| ㅈ |

| ㅊ |

| ㅎ |

| ABC− |

일러두기

　　　　　　　　　　《스노볼》원고를 쓰려고 5년 넘는 세월 동안 워런 버핏과 인터뷰를 했다. 인터뷰는 직접 만나서 하기도 하고 전화로 하기도 했다. 여러 주 동안 계속해서 버핏의 사무실에 나가기도 하고, 함께 여행하면서 버핏이 일하는 모습을 지켜보기도 했다. 하지만 무엇보다 소중한 통찰들은 워런과 직접 부대끼는 과정에서 나왔다. 나는 또한 버핏의 가족들, 친하게 지내는 친구들, 예전에 함께 학교에 다녔던 친구들, 사업으로 만나는 사람들을 비롯해 다양한 관계의 사람들을 만났다. 모두 250명이었다. 이런 사람들을 인터뷰하는 시간은 때로 며칠씩 이어지기도 했다. 또한 인터뷰가 한 차례로 끝나지 않고 여러 차례 계속된 경우도 많았다.

　워런은 나에게 사실상 무제한의 시간을 주었다. 그리고 편지를 비롯해서 사적이고 공적인 온갖 자료들을 내 마음대로 뒤적여도 좋다는 놀라운 자유를 주었다. 워런은 물론이고 친구들이나 가족들 가운데 많은 사람들이 편지를 자주 하는 사람들이었다는 점은 무엇보다도 행운이었다. 또한 버크셔 해서웨이의 여러 자료들 덕분에 복잡한 사건들을 시간 순서로 나열할 수 있었을 뿐만 아니라 묘사에 구체적인 살을 붙일 수 있었다. 이 원고를 쓰는 동안 나는 워런을 보다 더 많이 이해하게 되었고, 이런 것이 집필에 커다란 힘이 되었다. 때로는 내가 직접적으로 경험한 사건들도 있어서 보탬이 되었다. 인터뷰나 문서에서 진술이 일치하지 않는 부분은 각주를 이용해서 구체적인 내용을 밝혔다.

또한 이 책에서는 문서나 인터뷰 내용을 인용하는 방식을 많이 취했는데, 이런 인용의 대부분은 녹음된 인터뷰에서 나온 것들이다. 그리고 또한 이 인용은 길이를 고려하고 또 선명한 내용 전달을 고려해서 내가 나름대로 편집한 것임을 밝혀둔다. 그리고 이름을 드러내기를 바라지 않는 경우를 제외하고는 모두 인터뷰 출처를 밝혔다.

인터뷰하는 동안 많은 사람들이 예전에 있었던 대화를 회상했다. 때로 이 사람들이 회상하는 대화가 수십 년 전에 있었던 것임에도 불구하고 대화 내용을 선명하게 기억하는 경우도 있었다. 하지만 사람들의 이런 기억이 과거에 있었던 실제 사실과 정확하게 일치한다고 믿는다면 아마도 너무 고지식한 태도일 것 같다. 그럼에도 불구하고 이런 내용은 당시에 있었던 사건이나 대화의 진면목을 전달하는 데 매우 유익할 것이라고 생각한다.

나는 워런과 알고 지내며 그의 다양한 면면들을 보았다. 이렇게 해서 생긴 경험과 수많은 자료들에서 비롯된 수천 개의 그림 퍼즐 조각들이 한데 어우러져서 매혹적이고 복잡하기 짝이 없는 한 인물의 초상이 완성되었다는 말을 마지막으로 덧붙이고 싶다.

사진 저작권

- *Alpha Sigma Phi Fraternity National Archives:* insert page 8, center
- *Bryson Photo:* insert page 22, bottom left: ©2007, Bryson Photo
- *Buffalo News:* insert page 12, bottom; page 26, top
- *Doris Buffett:* insert page 3, top left, top right; page 28, bottom right
- *Howard Buffett:* insert page 27, bottom
- *Susie Buffett Jr.:* insert page 1; page 3, bottom left; page 2, top right; page 4, top left; page 5, bottom left; page 6, top left and bottom; page 8, bottom; page 10, top and bottom left; page 11, bottom; page 12, top left; page 13, bottom; page 14, top left and bottom left; page 22, top; page 30, center
- *Warren Buffett:* insert page 3, bottom right; page 2, top left and bottom; page 4, top right and bottom; page 5, bottom right; page 6, top right; page 7, center; page 9, top right and bottom left; page 10, bottom right; page 14, top right; page 15, top left, center left, and bottom; page 17, top right; page 19, center left; page 20, top; page 21, bottom; page 31, top
- *Capp Enterprises, Inc.:* insert page 7, top: ©Capp Enterprises, Inc. Used by permission
- *C. Taylor Crothers:* insert page 31, bottom
- *Lauren Esposito:* insert page 32
- *Katharine Graham Collection:* insert page 14, bottom right
- *Greater Omaha Chamber of Commerce:* insert page 25, top: Greater

Omaha Chamber of Commerce and A Better Exposure; the Chamber Annual Meeting on Feb. 20, 2004

- *Lynette Huffman Johnson:* insert page 23, top
- *Arthur K. Langlie:* insert page 18, center left
- *Magic Photography, Sun Valley:* insert page 20, center; page 21, center
- *Jack L.Mayfield:* insert page 26, bottom right: Photo by Jack L.Mayfield
- *Munger family:* insert page 12, top right; page 26, bottom left: courtesy of the Munger family
- *Charles Munger Jr.:* insert page 17, bottom
- *Museum of American Finance/Graham-Newman Collection:* insert page 11, top
- *The Nebraska Society of Washington, D.C.:* insert page 9, bottom right
- *Omaha World-Herald:* insert page 15, top right; page 16; page 20, bottom: Reprinted with permission from *The Omaha World-Herald*
- *Sharon Osberg:* insert page 18, top and bottom right; page 28, top right, top left, bottom left; page 30, top
- *REUTERS/Peter MacDiarmid:* insert page 29, top
- *Ruane, Lili:* insert page 19, center right
- *Stark Center for Physical Culture and Sports:* insert page 9, top left: The image of Pudgy Stockton on the cover of *Strength and Health* magazine was provided by the Stark Center for Physical Culture and Sports at the University of Texas in Austin—where the Pudgy and Les Stockton collection is housed.
- *M. Christine Torrington:* insert page 27, top
- *www.asamathat.com:* insert page 29, bottom

감사의 글

                         많은 사람의 도움이 없었더라면 이 책은 세상에 태어나지 못했을 것이다. 만일 이 책이 성공적이라면 그것은 다른 사람들이 나에게 베풀어 준 너그러움 덕분일 것이다. 물론 누구보다 먼저 워런 버핏에게 고마움을 표시하고 싶다. 워런은 나에게 자기 시간을 할애하고 가족과 친구를 만나게 해주고 또 자기가 모은 자료를 보여 주었다. 이런 너그러움과, 원고가 인쇄기로 들어갈 때까지 꼬박 5년이라는 긴 세월 동안 간섭하고 싶은 마음을 참고 억눌렀던 그 용기는 정말 놀라울 뿐이다. 똑똑한 사람은 무엇이든 다 할 수 있다는 그의 신념과 부드럽지만 끈질긴 의지와 설득력은 작가로서 그리고 한 인간으로서 내가 가진 열망을 한껏 드높여 주었으며, 덕분에 내 인생이 바뀌었다. 워런이 나에게 미친 영향력은 한 문단, 아니 한두 쪽의 지면으로는 결코 다 말하지 못할 것이다. 워런, 모든 점에서 고맙습니다.

    나의 출판 에이전트인 데이비드 블랙은 비할 데 없이 완벽하게 나를 이끌었다. 나는 데이비드를 절대적으로 믿는다. 특히 내가 듣기 싫어하지만 꼭 필요한 중요한 사항들을 이야기해 준 친구다. 이건 친구만이 가질 수 있는 가장 소중한 덕목이 아닐까 싶다. 데이비드의 협상 기술에 심지어 워런까지도 한순간 놀라서 아무 말 하지 못했다. 《스노볼》 작업에서 데이비드만이 할 수 있었으며 결코 작게 평가할 수 없는 중요한 역할이었다.

밴텀 델 출판사의 발행인이자 사장인 어윈 애플바움과 이 책 계약을 맺은 것도 나에겐 큰 행운이었다. 어윈의 지원과 지혜는 책을 집필하는 내내 끊이지 않았다. 편집자인 앤 해리스는 《스노볼》이 워런 버핏이라는 한 남자의 일생을 전체적으로 조망할 수 있도록 위치를 잡아 주었다. 앤의 눈 밝은 편집 덕분에 전체적인 어조와 맥락이 균형 속에서 조화를 이루었고 미묘한 뉘앙스가 섬세하게 살아났다. 나중에 베스 래시바움은 붉은색 색연필을 사정없이 휘둘러서, 처음 책을 내는 초짜 저자인 내 마음을 아프게 했지만, 덕분에 책이 헤아릴 수 없을 만큼 개선되었다. 함께 작업한 편집부의 이 재능 넘치는 두 사람에게 감사한다. 그럼에도 불구하고 책에서 발견되는 오류와 흠은 전적으로 내 탓임을 밝혀둔다.

밴텀 델 출판사에는 고마운 사람들이 또 있다. 로렌 노벡은 복잡한 책을 만들어 내는 여러 과정들을 전체적으로 관장했다. 그리고 디자인을 담당한 버지니아 노리, 앤의 조수 앤젤라 폴리도로, 그 외에도 《스노볼》 작업의 부발행인인 니타 토블립, 출판 담당인 지나 왝텔, 법률 대리인인 매슈 마틴, 제작 담당인 톰 레디와 매기 하트, 마거릿 벤턴, 창조적 마케팅 담당인 벳시 헐스보시와 그녀의 팀, 판매 마케팅 담당인 신시아 래스키, 홍보 담당인 바브 버그 등이 그들이다.

나는 모건 스탠리의 자문 이사로 있으면서 이 책의 집필 작업을 했는데, 친구들과 동료들 그리고 회사에서 지원해 준 일을 무척 고맙게 생각한다. 작업하는 기간 내내 친구이자 조수인 리사 에드워즈는 나 대신 자료들을 정리하고, 인터뷰 일정을 짰고, 연례행사로 했던 버크셔 해서웨이 만찬을 계획했고, 그 외에도 수없이 많은 일을 처리하면서 내 생활을 짜임새 있게 조직해 주었다. 역시 모건 스탠리 출신의 인재로 나를 위해 자료를 수집하고 정리하고 분석했던 로렌 에스포지토는 결정적인 조사 자료들을 능숙하게 배치하며 금융 관련 전문 기술을 유감없이 발휘하여 큰 도움을 주었다. 그리고 디자이너인 매리언 애틀링어가 하는 작업을 가까이에서 바라보면서 나는 마지막 순간까지 큰 힘을 얻었다. 매리언의 작업 결과에 감사의 마음을 전한다.

도리스 버핏, 로버타 버핏 비알렉, 워런 버핏의 세 자녀인 수전과 하워드와 피터, 찰리 멍거, 빌 게이츠, 돈 그레이엄은 특히 시간과 자기 생각을 아낌없이 나눠주었다. 중요한 도움을 준 이들에게 감사의 마음을 전하고 싶다.

나와 워런이 모두 신뢰했던 사람들, 즉 샤론 오스버그, 비네이 사퀴, 데번 스퍼전은 작업 기간 내내 금융 관련 논평을 해주는 것에서부터 잔뜩 날카로워진 신경을 진정시켜 주는 것에 이르기까지 온갖 다양한 도움을 주었다. 동생인 엘리자베스 데이비와 아버지 켄 데이비의 사랑과 지원도 이 책이 탄생하는 데 도움을 주었다. 데이비드 모이어는 마침 그 시기에 내 인생에 들어와 마감 기한이 임박한 책을 쓰는 사람과 함께 사는 것이 어떤 것인지 깨달았을 것이다. 그는 농담으로 자기가 나의 '유배지의 약혼자'라고 말하면서 기댈 수 있는 어깨와 조언, 웃음, 사랑, 낭만을 나에게 베풀었다. 데이비드는 샤론 오스버그와 저스틴 베넷과 함께 초고를 읽어주었다. 이들의 논평과 도움말이 없었더라면 《스노볼》은 지금의 모습보다 현저하게 부족했을 것이다.

나는 또한 수많은 사람과 기관으로부터도 많은 도움을 받았다. 자료 조사를 할 때 도움을 주었고, 사진이나 기타 자료의 판권 및 사용권을 허락해 주었으며, 이것 외에도 직·간접적인 수많은 방식으로 나에게 도움을 준 고마운 분들 및 기관들이다. 고마움을 전하고 싶은 분들을 소개하면 다음과 같다. 캐럴 앨런, 허버트 앨런, 에드 앤더슨과 조앤 파슨스, 잰 바비악과 브라이언 바비악, 블럼킨 집안 사람들, 할 보스위크, 데비 보사네크, 벳시 보웬, 조 브랜든, 필 브룩스, 켈리 브로즈, 잰 클리어리와 존 클리어리, 칼론 콜커, 로버트 콘테, 제럴드 코리건, 마이클 댈리, 레이 앤 엘리시오, 스튜어트 에릭슨, 폴 피시먼, 신시아 조지, 조지 길레스피, 릭 게린, 마크 햄버그, 캐럴 헤이스, 리즈 힐튼, 마크 얀코프스키, 하워드 젠슨 부부, 글래디스 카이저, 돈 커우, 톰 냅과 버지니아 냅, 마거릿 랜든, 아서 K. 랭글리, 데이비드 라라벨, 스탠퍼드 립시, 잭 메이필드, 존 맥팔레인, 마이클 맥기브니, 번 매켄지, 찰스 T. 멍거 주니어, 몰리 멍거, 웬디 멍거, 토니 나이슬리, 도로시 오버트, 론 올슨, 척 피터슨, 수전 레이호퍼, 로드 래스번, 뎁 레이, 에릭 로젠펠드, 닐 로시니, 프레드 라인하르트, 믹 루드, 게리 로젠버그, 에디스 루빈스타인, 마이클 러델, 리처드 샌툴리, 월터 슐로스, 루 심슨, 캐럴 스클레니카, 스탠리 스포킨 판사, 매리 스탠턴 플로덴워드로, 크리스 스타브로, 밥 설리번, 제프리 비테일, 마셜 와인버그, 셰일라 위첼, 브루스 휘트먼, 재키 윌슨, 앨 재너 그리고 이름을 밝히지 말아 달라고 한 수많은 사람들.

이어서 다음 회사나 기관에도 감사의 마음을 전하고 싶다. 더글러스 카운티 역사학회, 가이코, 제너럴 리, 그리니치 응급 의료 서비스, 그리프 사(社), 하버드 경영대학원, 하버드 로스쿨, 메릭 도서관, 마틴 루터 킹 주니어 공립도서관 워싱턴 컬렉션, 모건 스탠리, 국립기록보관소, 내셔널 인뎀너티 코퍼레이션, 네브래스카 퍼니처 마트, 뉴베드퍼드 공립도서관, 뉴베드퍼드 포경박물관, 뉴욕 공립도서관, 넷제츠, 오마하 프레스클럽, 〈오마하 월드-헤럴드〉, 〈아웃스탠딩 인베스터 다이제스트〉, 롤스-로이스 재단, 로즈힐 스쿨, 루안 커니프 앤드 골프파브 컴퍼니, 증권거래위원회 그리고 웨스트체스터 아파트.

앨리스 슈뢰더

이경식

서울대학교 경영학과와 경희대학교 대학원 국문학과를 졸업했다. 옮긴 책으로《내 아버지로부터의 꿈》《신호와 소음》《소셜 애니멀》, 쓴 책으로《1960년생 이경식》외 다수가 있다. 오페라 〈가락국기〉, 영화 〈개 같은 날의 오후〉, 연극 〈춤추는 시간 여행〉, TV 드라마 〈선감도〉 등의 각본을 썼다.

워런 버핏 공식 전기

스노볼 2

1판 1쇄 발행 2009년 8월 20일
2판 1쇄 발행 2022년 4월 25일
2판 3쇄 발행 2025년 2월 5일

지은이 앨리스 슈뢰더
옮긴이 이경식

발행인 양원석
디자인 신자용, 김미선
영업마케팅 조아라, 박소정, 이서우, 김유진, 원하경

펴낸 곳 ㈜알에이치코리아
주소 서울시 금천구 가산디지털2로 53, 20층 (가산동, 한라시그마밸리)
편집문의 02-6443-8902   **도서문의** 02-6443-8800
홈페이지 http://rhk.co.kr
등록 2004년 1월 15일 제2-3726호

ISBN 978-89-255-7909-2 (04320)
       978-89-255-7904-7 (세트)